1940년 9월, 본회퍼의 행동이 국민을 분열시킨다
서에 주소지 신고 의무를 부과받다.

1941년 10월, 베를린에서 유대인이 추방당하기 시작하자, 이들을 방첩대 요원으로 위장해 구출하는 "작전7"을 수행하다.

1943년 1월 13일, 37세에 마리아 폰 베데마이어와 약혼하다.
4월 5일, 게슈타포의 가택수색으로 한스 폰 도나니 부부, 요제프 뮐러 부부와 함께 체포되다.

1944년 1월, 수사책임자 뢰더가 교체되어 기소가 무기한 연기되다.
7월 20일, 슈타우펜베르크가 히틀러 암살을 시도하다.
9월 22일, 게슈타포 수사관 존더레거가 초센 방첩대 방공호에서 히틀러의 범죄성을 입증할 증거자료로 보관하던 문서철을 적발하다.
10월, 프린츠-알브레히트-슈트라세 게슈타포 지하 감옥으로 이송되다.

1945년 2월 7일, 부헨발트 강제수용소로 이송되다.
4월 3일, 부헨발트에서 레겐스부르크로 이송되다.
4월 6일, 쇤베르크(바이에른 삼림지대)로 이송되다. 이틀 뒤 플로센뷔르크로 이송되어, 야간에 즉결재판을 받다.
4월 8일, 플로센뷔르크로 이송되어, 야간에 즉결재판을 받다.
4월 9일 새벽, 플로센뷔르크 강제수용소에서 39세의 나이로 교수형에 처해지다. "이로써 끝입니다. 하지만, 나에게는 삶의 시작입니다"라는 마지막 말을 남기고 떠난 그의 묘비에 "디트리히 본회퍼, 그의 형제들 가운데 서 있는 예수 그리스도의 증인"이라는 비문이 새겨지다.

1951년 9월, 뮌헨의 카이저 출판사가 유고 문서집 『옥중서신—저항과 복종 *Widerstand und Ergebung*』을 출간하다.

1996년 8월 1일, 베를린 지방법원이 본회퍼의 복권 탄원건에 대해 "본회퍼의 행동은 결코 국가를 위태롭게 할 의도가 아니었으며, 오히려 나치의 폐해로부터 국가와 국민을 구한 행동이었다"는 취지로 판결하다.

복 있는 사람

오직 여호와의 율법을 즐거워하여 그 율법을 주야로 묵상하는 자로다.
저는 시냇가에 심은 나무가 시절을 좇아 과실을 맺으며 그 잎사귀가 마르지 아니함 같으니
그 행사가 다 형통하리로다. (시편 1:2-3)

본회퍼의 설교에는 여느 설교자에게서 듣기 힘든 질문이 유난히 많다. 삶과 텍스트가 질문에 실려 어느 한쪽도 자명한 것으로 당연시하지 않은 채 치열하게 서로 주고받는다. 이 가운데 본회퍼는 철저히 그가 몸담고 있는 시대에 속한 동시대인으로 자신을 위치시킨다. 본회퍼 자신의 삶과 교회 공동체의 삶을 이미 시작한 하나님 나라와 완성될 하나님 나라 사이의 시간 속에서 이해한 점에서 그의 설교는 철저히 종말론적이다. 처음부터 끝까지 그리스도 중심적이라는 것도 그의 설교의 특징이다. 그리스도는 하나님과 죄인 사이의 중보자일 뿐 아니라 모든 면에서 중보자로 드러난다. 그러므로 본회퍼의 설교는 오늘날 여전히 경청할 가치가 있다.

강영안 서강대학교 철학과 명예교수·미국 칼빈신학교 철학신학 교수

이 책에 담긴 본회퍼의 설교들은 제1차 세계 대전이 끝난 뒤 독일 사회가 혼란 속에서 제2차 세계 대전으로 향하고 있던 시기에 행해졌다. 설교 한 편 한 편마다 복음의 눈으로 시대를 보며 교회와 인류를 품고 갈 길을 찾는 구도자의 뜨거운 심장이 느껴진다. 자신의 내면과 인간성의 본질에 대한 깊은 성찰, 시대 상황에 대한 예언자적 비전, 그리고 교회에 대한 간절한 소망이 녹아 있어서 탐독할 수밖에 없다. 설교의 높은 품격과 심오한 사상, 광활한 종말론적 비전에 탄복하며 읽는다. 본회퍼의 설교집은 사회적으로 양극화가 더욱 심화되고 교회가 좀처럼 신뢰를 회복하지 못하는 상황에서 우리의 영적 갈증을 해갈하고 새로운 길을 가리켜 줄 더없이 귀한 선물이다.

김영봉 와싱톤사귐의교회 담임목사

본회퍼의 설교는 오로지 하나님과 그 독생자 그리스도만을 밝히 드러내고 자랑하는 순전한 설교의 모범으로서, 그 안에는 성서의 깊은 세계에 대한 집중적 묵상과 성찰이 녹아 있다. 그의 설교는 대중의 환심을 사려는 아첨은 단 한 마디도 들어 있지 않지만 마음을 움직이고 감화를 일으킨다. 젊은 목사 본회퍼의 눈에 비친 맑은 성서 가락이 명징하게 들려오는 이 설교집을 읽고 있노라면, 우리 시대의 혼탁한 대중 추종적인 만담 설교, 흥행용 설교의 빈곤과 궁색함이 드러난다. 맑은 설교, 성서에서 우러나는 하나님의 음성을 대변하는 설교의 진면목을 보여주는 본회퍼의 설교집은 한국 교회의 강단을 건강하고 윤택하게 해줄 것이다.

김회권 숭실대학교 기독교학과 교수

본회퍼는 심오한 신학자이자 그의 경력의 대부분을 설교에 바쳤다. 본회퍼에게 설교란 그리스도의 현존이며, 새롭게 성육신이 일어나는 사건이다. 이 책은 설교자로서 그의 최선의 노력이 맺은 반가운 수확이다.

조지 헌싱어 **프린스턴 신학교 조직신학 교수**

디트리히 본회퍼 설교집

Dietrich Bonhoeffer

Predigten

Dietrich Bonhoeffer
디트리히 본회퍼
설교집
Predigten

디트리히 본회퍼 지음

김순현 옮김

복 있는 사람

디트리히 본회퍼 설교집

2023년 1월 27일 초판 1쇄 인쇄
2023년 2월 10일 초판 1쇄 발행

지은이 디트리히 본회퍼
옮긴이 김순현
펴낸이 박종현

(주) 복 있는 사람
주소 서울특별시 마포구 연남동 246-21(성미산로23길 26-6)
전화 02-723-7183(편집), 7734(영업 · 마케팅)
팩스 02-723-7184
이메일 hismessage@naver.com
등록 1998년 1월 19일 제1-2280호

ISBN 979-11-92675-41-1 04230

Predigten
by Dietrich Bonhoeffer

Originally published in 1965/1972 in German under the title
Dietrich Bonhoeffer, Gesammelte Schriften, Bd. 4-5 by Chr. Kaiser Verlag

차례

일러두기

1. 이 책은 크리스티안 카이저 출판사에서 간행된 본회퍼 전집 4-5권(Dietrich Bonhoeffer, Gesammelte Schriften, Bd. 4-5)에 수록된 모든 설교 및 설교 초안을 번역한 것이다. 각 설교는 연대순으로 배열했으며, 제목이 없는 설교는 원서에 따라 해당 성서 본문을 제목의 위치에 두었다.

2. 이 책의 성서 인용은 『새번역』을 따랐으나, 이해를 돕기 위해 저자의 '사역'을 옮긴이가 번역한 구절은 별도 표시했다.

3. 이 책에서 '편집자'는 디트리히 본회퍼의 유고를 편집한 그의 제자이자 친구 에버하르트 베트게를 가리키며, 별도의 표시가 없는 주는 모두 베트게의 주이다.

해설의 글 하나님의 말씀, 벌겋게 단 쇠

디트리히 본회퍼라는 이름은 우리 시대의 현상이 되었다. 그의 이름을 전유하여 자기들의 사적 욕망을 근사하게 치장하려는 이들도 있다. 시대의 어둠을 향해 온몸을 내던져 마침내 파란 불꽃을 일으켰던 그가 혹시 라헬처럼 울고 있는 것은 아닐까? 그는 "자유에 이르는 길 위의 정거장들"을 하나도 빠짐없이 거쳐 갔다. 욕망으로부터 자유롭게 되기 위해 자기를 쳐서 훈련했고, 가능성 속에 허우적대지 않고 현실적인 것을 과감히 붙들기 위해 행동에 나섰고, 마침내 자기에게 다가온 시련 속에서도 차분하고 침착하게 더 강한 손에 자기를 맡김으로 고난의 잔을 남김없이 마셨다. 마침내 죽음을 바라보며 그는 의연한 목소리로 노래했다. "어서 오라, 영원한 자유에 이르는 길 위에 있는 최고의 향연이여!"

천재적인 신학자요 삶의 현장에서 사람들을 그리스도에게로 인도하려 했던 진실한 목회자, 스스로 참된 그리스도인이요 참사람이기를 꿈꾸었던 그의 삶과 죽음은 가장 아름다운 인간 예수 그리스도를 가리키는 또 하나의 이정표가 되었다. 그는 어떤 시련 앞에서도 흔들리지 않는 강철 같은 믿음과 의지의 사람이었는가? 그는 우리와 마찬가지로 평범한 행복을 꿈꾸던 사람이었다. 감옥에서 쓴 시 「나는 누구인가?」에서 그는 '남들이 말하는 나'와 '나 스스로 아는 나'가 동일한 존재인가를 묻고 있다. 남들은 그를 보고 어떤 위험 앞에서도 당당하고 침착하고 쾌활하고 확고한 태도로 현실을 대하는 사람처럼 보인다고 말한다. 그러나 그도 다른 이들과 다를 바 없이 불안해하고 누군가를 그리워하고 병들어 신음했다. 현실이 척박하기에 빛깔과 꽃과 새소리에 주리고 따스한 말과 인정에 목말라하기도 했다. 어느 것이 진짜 그의 모습일까? 본회퍼는 스스로 대답하지 않는다. 다만 "당신은 아시오니, 나는 당신의 것입니다"라고 고백할 뿐이다.

사람은 자기 시대를 선택하지 못한다. 시대 속에 던져질 뿐이다. 그것을 운명이라 하는 이도 있고, 소명이라 하는 이도 있다. 프로이센적 규율과 절제, 그리고 시민적 교양으로 무장했던 그이지만, 독일인이라는 운명이 그로 하여금 1, 2차 세계 대전이라는 격랑을 피하지 못하게 만들었다. 제1차 세계 대전의 패전국인 독일은 막대한 전쟁 배상금을 지불해야 했고, 국민의 삶은 피폐하기 이를 데 없었다. 물가가 연일 폭등하여 서민들은 생존조차 힘겨웠고 민족적 자긍심은 땅에 떨어졌다. 군부는 패전의 책임이 군대의 무능력 때문이 아니라 내부의 적 때문이라고 호도했다. 내부에 들끓는 폭력적 열정의 출구는 취약한 이들을 향할 수밖에 없었다. 희생양을 찾던 시대, 강력한 힘에 대한 열망이 꿈틀꿈틀 솟아오르던 그때에, 히틀러를 중심으로 한 파시스트 정당 나치가 출현했다. 히틀러의 등장을 독일 국민은 열광적으로 반겼다. 히틀러는 게르만 기독교 국가를 선언했다. 예수는 아리아인의 영웅으로 받들어졌다. 히틀러는 열정적 연설, 제복과 깃발, 음악과 노래를 통해 사람들의 마음을 강하게 사로잡았다. 세상의 힘과 이목이 자기에게 집중되자 그는 '거짓 주'의 자리를 탐했다. 강함을 추구했던 그는 이웃 사랑, 약자에 대한 연민, 용서, 화해, 겸손 등 기독교의 전통적 가르침을 비난했다. 권력과 손잡은 교회는 주춤거리면서도 그의 폭주를 용인했다.

바로 이러한 시대 속에 본회퍼는 던져졌다. 명문가에서 태어나 부러울 것 없는 학창 시절을 보냈지만, 시대의 격랑 속에서 확고한 그리스도 신앙을 품고 있었던 그는 '거짓 주'에게 굴복할 수 없었다. 참된 주가 누구인지 고백해야 하는 상황이 되었을 때, 그는 "기드온"이라는 설교를 통해 그의 마음을 사로잡고 있던 확신의 일단을 절절하게 드러낸다.1933.2.26

"교회 안에는 제단이 하나만 있습니다. 그것은 지존하시고 유일하시며 영광과 경배만을 받으셔야 하는 주님, 모든 피조물이 무릎을 꿇어야 하는 창조주, 가장 힘 있는 자를 먼지처럼 여기시는 창조주의 제단입니다. 교회 안에는 인간 숭배를 위한 보조 제단 따위는 없습니다. 교회의 제단에서 이루어지는 것은 인간 예배가 아니라, 하나님 예배입니다."

"다른 곳이 아니라 오로지 설교단에서 믿음은 누구에게나 쉬운 일이 아닌 절박한 사건, 공포와 두려움을 유발하는 사건이 됩니다. 설교단에서는 인간을 가차 없이, 주저 없이, 과도하게 다룹니다. 이때 인간은 굴복하든지 부서지든지 해야 합니다."

믿음은 인생을 건 모험이다. 어중간한 태도는 용납되지 않는다. 그는 돌이킬 수 없는 길에 접어들게 되었다. 정치적이었기 때문이 아니라 성서적 신앙에 투철했기 때문이다. 본회퍼는 나치 의회가 '아리아인 조항'을 통과시키면서 아리아인이 아닌 이들이 관료적 지위를 갖는 것은 불법이라고 규정하자 명확한 반대 의사를 밝힌다. 그는 1933년 4월 목회자 모임에서 "유대인 문제에 직면한 교회"라는 제목으로 강연을 행한다. 그 강연에서 본회퍼는 국가의 행위는 적법한가를 물어야 한다고 주장한다. 그리고 교회는 사회 질서에 의해 희생당한 이들에게 무조건적인 빚을 지고 있다면서 국가가 과도하게 법 집행을 할 때 저항할 의무가 있다고 역설한다.[1] 바야흐로 순교자의 피를 요구하는 시대가 열린 것이다. 나치에 부역하고 있는 독일제국교회를 바라보며 본회퍼는 단호하게 말한다.고후 12:9 설교, 1934

> "기독교계는 권력 숭상에 너무 쉽게 순응했습니다. 그리스도인들은 지금 하는 것보다 세상을 더 많이 공격해야 하고, 세상에 더 많은 충격을 주어야 합니다. 그리스도인들은 강자에게 당연히 있을 법한 도덕적 권리를 존중하기보다는 약자의 편을 더 힘차게 들어야 합니다."

권력에 의해 길들여지기를 거부하는 것, 권력이 제공하는 달콤한 미끼를 삼키지 않는 것은 위험을 자초하는 일이지만, 신앙 양심이 옳다고 말하기에 그렇게 행동할 때 그리스도인은 세상

1. 에버하르트 베트게, 『디트리히 본회퍼』, 김순현 옮김, 복 있는 사람, 2014, 106.

의 변혁자가 된다. "하나님의 진리를 통해 자유롭게 되어 사랑하는 사람이야말로 이 세상에서 가장 혁명적인 사람입니다. 그는 모든 가치를 뒤집어엎는 사람입니다."요 8:32 설교, 1932. 7. 24 초기 그리스도인들은 "세상을 소란하게 하는 자들"이라는 혐의를 받곤 했다. 누릴 것 다 누리며 사는 사람들, 안일함에 젖어 있는 사람들, 자기 배를 하나님으로 삼은 사람들은 기존 질서를 뒤흔드는 이들에게 불온의 팻말을 붙인다. 그러나 교회의 책무는 현상에 순응하는 이들을 양산하는 것이 아니라, 불의한 현실의 민낯을 폭로하는 동시에 새 하늘과 새 땅의 비전을 세상 앞에 제시하는 것이다.

본회퍼의 권력 비판은 깊은 성서 이해에 근거한 것이다. 그의 설교는 텍스트 속에 숨겨진 보화를 찾아내는 과정에 빗댈 수 있다. 성서라는 주름진 텍스트 속에서 그는 언표된 것과 언표되지 않은 것에 두루 주목한다. 그의 설교는 그리스도 중심적이다. 모든 본문의 의미를 그리스도에 대한 알레고리로 이해한다는 말이 아니라, 어떤 설교를 하든 그리스도의 현존을 느끼려 한다는 측면에서 그러하다. 그에게 있어서 그리스도는 모든 존재의 중심이고, 역사의 중심이고, 자연의 중심이다. 그는 심지어 악인들과 거짓말쟁이들, 젊은 사자들의 이빨을 부수어 달라는 복수 시편 속에서 '피투성이 구원자의 이미지'를 본다. 복수 시편을 기도로 바칠 수 있는 사람은 누구인가? "자신의 보복 기원과 증오로부터 완전히 벗어난 사람, 다시는 기도를 이용하여 사적인 복수심을 채우지 않는 사람은 깨끗한 마음으로 기도할 수 있습니다."시 58편 설교, 1937.7.11

본회퍼는 교회라는 설교의 현장을 매우 중요하게 생각한다. 출애굽 공동체의 금송아지 사건을 다루면서 그는 조급함과 성급함 때문에 하나님의 시간을 기다리지 못하는 "아론 교회"가 아닌, 신뢰 위에 세워진 "모세 교회"를 선택해야 한다고 말한다.출 32장 설교, 1933.5.28 그러나 현실은 그렇지 못했다.

> "우리는 기다리지 못하는 교회, 눈에 보이지 않는 분에게 기대어 살지 않는 세상 교회, 자기를 신으로 만드는 교회, 자기 마음에 드는 신을 섬기려고 할 뿐 하나님의 마음에 들려고 하지는 않는 교회, 하나님이 하시지 않는 것을 자기가 직접 하려고 하는 교회, 우상 숭배를 중요시하고, 인간의 사고와 가치들을 우상화하는 일을 기리는 곳에서 기꺼이 희생할 용의가 있는 교회, 제사장이 하나님의 전권을 주제넘게 차지하는 교회의 예배에 자꾸 모여듭니다."

본회퍼는 현실 교회가 무흠하다고는 생각하지 않는다. 넘어질 때마다 일어나 "거룩하게 슬퍼하며 기쁨으로 나아가는 것"이 교회를 교회 되게 한다. 언약의 장소인 교회는 인간의 헌신을 통해서가 아니라 하나님의 성실하심을 통해 새롭게 된다. 이것이 근원적 희망이다.

십자가가 예수가 살아온 삶의 결과인 것처럼, 교수형은 참된 주가 누구인지를 온몸으로 고백하고 그 길을 따르려 했던 본회퍼의 운명일 수밖에 없었다. 말씀을 바로 전한다는 것, 그것은 참으로 위험한 일이다. 조르주 베르나노스의 『어느 시골 신부의 일기』에 나오는 토르시의 신부는 번민에 빠진 일인칭 화자에게 이렇게 말한다.

> "하느님의 말씀! 그건 벌겋게 단 쇠일세. 그런데 그 진리를 가르치는 자네는 손으로 덥석 움켜쥐지 않고 화상을 입을까 봐 부젓가락으로 그걸 집으려 들 텐가? 나 참 우스워서. 진리를 가르쳐야 할 강단에서 입매를 암탉 부리같이 만들고 약간 들뜨긴 했지만 만족해서 내려오곤 하는 사제는 강론을 한 게 아니고 그저 기껏해야 잠꼬대를 한 것뿐이야."[2]

모골이 송연한 말이 아닐 수 없다. 말씀을 전하는 이들은 화상을 입을 각오를 해야 한다. 본회퍼는 그런 진실을 삶으로 보여

2. 조르주 베르나노스, 『어느 시골 신부의 일기』, 정영란 옮김, 민음사, 2009, 80.

주었다. 그의 설교는 맛 잃은 소금처럼 길바닥에 버려져 오고 가는 사람들에게 짓밟히고 있는 오늘의 교회에 커다란 경종인 동시에 진리의 세계로 함께 나아가자는 초대장이다.

김기석
청파교회 담임목사

I.

바르셀로나 시절의 설교

1928-1929년

의인과 종교[1]

로마서 11:6

1928년 3월 11일, 사순절 셋째 주일

은혜로 된 것이면, 행위에 근거한 것이 아닙니다. 그렇지 않으면, 그 은혜는 이미 은혜가 아닙니다.

그리스도의 십자가를 알고 난 후부터 바울은 십자가에 관해 말하는 것을 유익하게 여겼습니다. 십자가 외에도 그가 중요시한 것이 하나 있는데 그것은 무엇일까요? 그것은 우리에게 구원을 주시려는 하나님의 뜻, 바로 의인義認입니다. "은혜로 된 것이면, 행위의 공로에 근거한 것이 아닙니다. 그렇지 않으면, 그 은혜는 이미 은혜가 아닙니다." 제가 이 설교단에 처음으로 서는 오늘, 왜 이 말씀을 택했는지를 놓고 많은 분들이 의아해할 것 같습니다. '은혜로만 의롭다 인정받는다는 것이 우리와 무슨 관계가 있나요? 언급할 만한 주제들 가운데 보다 중요하고 중대한 주제가 있지 않나요' 하는 여러분의 말소리가 들리는 것 같습니다. 그러나 과연 그 말이 옳을까요? 바울과 초기 그리스도인들이 중요하게 여겼던 것을, 그 당시부터 오늘 우리에게까지 이르는 2천 년의 세월을 지나면서 우리가 넘어서게 된 걸까요? 아니겠지요. 더 정확히 말하자면, 정반대입니다. 우리는 초기 그리스도인들의 마음을 움직였던 생각들의 정점에서 추락한 상태에 있습니다. 이어서 살펴보겠지만, 의인이라는 주제는 결국엔 우리와 깊은 관계가 있는 것입니다. 광활하고 우주적인 것이 이 세상에 있고, 그것이 여전히 진지하게 작동하기까지 한다면 어떻습니까? 게다가 그것이 바로 의인에 관한 중요한 사실이라면, 바로 이 사실로부터 하나님의 명예와 영광이, 그분의 진실하심과 선하심이 명백해질 것입니다. 이 의인에 관한 사실에 우리의 안목이 열려, 온 세상을 보면서 무엇이 헛된 것이고 무엇이 중대한 것인지 분별하게 될 것입니다. 이 사실에서 우리는 우리 자신을 이해하고, 우리 하나님을 이해하게 될 것입니다. 그런데 이해한다는 것은 무슨 뜻일까요?

이 본문은 우리 앞에 두 방향, 곧 서로 속해 있으면서도 서로 대립하는 두 가능성, 하나님과 사람을 함께 생각할 때 존재하는 불가분의 가능성을 그려 보입니다. 하나는 행위의 공로이고, 다른 하나는 은혜입니다. 하나의 방향은 사람에게서 하나님에게로 올라가는 길이고, 다른 방향은 하나님에게서 사람에게로 내려오는 길입니다. 두 방향은 서로 배제하면서도 짝을 이룹니다. 바로 이것이 우리가 규명하려고 하는 기독교 신앙의 놀라움입니다.

먼저 첫 번째 가능성에 관해 말씀드리겠습니다. 이 가능성을 바울은 행위의 공로라고 부르고, 우리는 하나님께로 다가가는 사람의 길이라고 부릅니다. 위대한 교부 아우구스티누스는 자신의 『고백록』을 이런 말로 시작합니다. "당신께서 우리를 당신 쪽으로 향하도록 지으셨으므로, 우리 마음은 당신 안에서 쉼을 얻을 때까지 **불안**합니다." 여기서 중요한 단어가 나옵니다. "불안"입니다. 불안, 이것은 사람을 짐승과 구별해 주는 표지입니다. 불안, 이것은 역사와 문화를 창조하는 힘입니다. 불안, 이것은 도덕으로 승화하는 모든 정신의 뿌리입니다. 불안, 이것은 모든 종교 안에 도사린 가장 깊은 느낌이자 애태우는 힘입니다. 불안, 이것은 덧없는 인간적인 것 속에 자리하지 않습니다. 인간적인 것 속에는 과민함과 초조함이 자리할 뿐입니다. 불안은 영원에 대한 지향 속에 자리합니다. 우리는 불안을 공포, 걱정, 동경, 사랑이란 말로 대신할 수도 있습니다. 정녕 사람이라면, 그 사람의 영혼 안에는 불안하게 하는 것이 존재하기 마련입니다. 바로 이것이 무한한 것, 영원한 것을 가리킵니다. 영원한 것, 무한한 것이 존재한다는 이 생각이 무상한 영혼을 불안하게 합니다. 영혼은 자신을 넘어서 불변하는 것으로 나아가려 합니다. 영혼은 자신이 불변하기를 바라지만, 그것을 어떻게 시작해야 하는지는 모릅니다. 영혼은 영원한 것을 자기 안에 끌어들이고 싶어 합니다. 영혼은 영원한 것에 대한 지배력을 얻어, 걱정과 불안에서 벗어나려고 합니다. 영혼은 영원한 것에 이르는 길을 스스로 걸어서, 그것을 자기 세력권 안에 두려고 합니다. 영혼의 이 불안에서 철학과 예술의 위대한 작품들, 플라톤과 헤겔의 체계, 미켈란젤로의 조각과 렘브란트의 회화, 베토벤의 사중주와 교향곡, 고딕 양식의 대성당, 괴테의 『파우스트』와 「프로메테우스」가 유래했습니다. 이들은 모두 영원하고 변함없는 것이 존재한다는 생각에 압도되어, 자기 마음의 걱정과 불안을 토로하며 그림을 그리고, 건축물을 세우고, 조각을 하고, 시를 지었습니다. 어쩌면 그들은 그렇게 함으로써 무한한 것을 차지했는지도 모르겠습니다. 위대한 도덕 설교자, 플라톤, 칸트와 같은 사람들, 인간의 최고 경지, 곧 도덕의 준수에 의해 최고점에 서 있을 법한 사람들이 있습니다. 바로 바리새인이 그들입니다. 그들은 영원한 방법에 대해 마음속으로 반응할 줄 알았습니다. 그들은 그들의 정신을 도덕 쪽으로 향하게 하면서 영원과 스스로 관계를 맺고, 영원에 다다르는 길을 스스로 찾고, 스스로 영원하게 되었습니다.

마음의 걱정과 불안으로부터 영원에 다다르려고 하는 인간의 모든 시도 가운데 가장 웅장하면서도 섬세한 시도는 종교입니다. 영혼은 영원한 수수께끼 같으면서도 불안을 일으키는 것을 구하고 찾습니다. 그런 것과 계속 관계를 맺고 은밀히 사귀다가, 마침내 스스로 영원하게 됩니다. 불안으로부터 유래하는 인간의 영성은 여기서 최고의 절정에 이릅니다. 영원에 다다르는 길을 찾아야겠다면 바로 이 절정에서 찾아야 합니다. 인간은 자신이 영원에 완전히 굴복하는 이 절정에서 영원에 다다르는 길을 발견하고 획득하는 수밖에 없습니다. 인간은 어둠으로부터, 걱정으로부터, 풀지 못할 수수께끼로부터, 시간의 무상함으로부터 빛에 이르는 길, 기쁨에 이르는 길, 영원에 이르는 길을 찾았습니다.

인류는 의기양양하게 자기 영혼의 이 절정을 향할 수 있지만, 여기에는 여전히 엄중하게 존재하는 사실이 있습니다. 다름 아닌 하나님은 하나님이시고, 은혜는 은혜라는 것입니다. 바로 이 사실로부터 우리의 환상과 문화적인 행복을 겨냥한 거대한 방해가 시작됩니다. 이는 하나님이 직접 일으키시는 방해, 곧 바벨 탑 건축 이야기가 보여주는 방해입니다. "은혜로 된 것이면, 행위의 공로에 근거한 것이 아닙니다. 그렇지 않으면, 그 은혜는 이미 은혜가 아닙니다." 영원에 이르는 우리의 길이 중단

되고, 우리는 우리가 나왔던 심연 속으로 우리의 철학과 예술, 우리의 도덕과 종교와 함께 추락합니다. 그러자 다른 길이 열립니다. 그 길은 인간에게 다가오시는 하나님의 길, 계시의 길, 은혜의 길, 그리스도의 길, 오직 은혜로만 의롭다 인정받는 길입니다. "너희의 길은 나의 길이 아니다"[2] 우리가 하나님께 가는 것이 아니라, 하나님이 우리에게 오십니다. 종교가 우리를 하나님 앞에서 선하게 하는 것이 아닙니다. 오직 하나님이 우리를 선하게 하십니다. 중요한 것은 하나님의 행동입니다. 하나님의 행동 앞에서 우리의 모든 주장은 가라앉고 맙니다. 우리의 문화와 종교가 그분의 심판을 받고, 우리의 도덕과 종교의 동기가 폭로됩니다. 비로소 우리는 하나님을 영원의 주님으로 모시며 그분의 종이 됩니다. 구원만이 변함없이 존재합니다. 하나님의 길, 곧 은혜만이 불변합니다. 은혜로 된 것이면, 행위의 공로에 근거한 것이 아닙니다. 그렇지 않으면, 그 은혜는 이미 은혜가 아닙니다. 다시 말해 하나님이 우리에게 오시지 않으면, 우리가 하나님께 나아갈 수 있는 길은 단연코 없습니다. 우리의 종교 역시 하나님이 말을 건네지 않으시면 아무것도 아닙니다. 기독교의 의미는 종교가 아니라 계시이며 은혜이자 사랑입니다. 그것은 사람이 하나님께 나아가는 길이 아니라, 하나님이 사람에게로 다가오시는 길입니다.

바로 여기에 커다란 실망과 더욱 큰 희망이 함께 자리하고 있습니다. 우리의 공로, 우리의 자랑, 우리의 명예는 끝나고, 하나님의 은혜, 하나님의 명성과 명예가 시작됩니다. 우리의 종교—기독교의 탈을 쓴 종교—가 아니라 하나님의 은혜입니다. 이것이야말로 오늘 본문의 주제이자 기독교 전체의 가르침입니다. 구걸하려고 뻗은 우리의 손이 아니라, 하나님이 우리의 손에 채워 주시는 것이 중요합니다. 이는 우리와 우리의 행위가 우선이 아니라, 하나님과 하나님의 행동이 우선이라는 뜻입니다. 우리의 행위는 하나님께서 활동하실 여지를 만들어 드리는 도구, 곧 하나님의 은혜를 은혜가 되도록 하는 도구에 지나지 않습니다. 우리의 희망은 우리가 아니라 다만 하나님에게 있습니다. 우리의 희망이 서기에 하나님보다 더욱 확고한 자리가 있을까요?

우리를 끈질기게 따라붙는 물음이 있습니다. "만약 모든 것이 하나님에게 나아가지 않는다면, 하나님의 길이 우리의 길과 정녕 다른 길이라면, 우리의 종교와 도덕은 무의미하다는 말인가?" 결단코 아닙니다. 그 이유는 우리가 우리에게 은혜를 베푸시는 하나님을 섬기도록 부름받았기 때문입니다. 우리의 종교 생활과 도덕 생활은 이제 하나님의 심판을 받고 인간적인, 너무나 인간적인 것으로 드러나게 됩니다. 그것은 하나님께 헌신하려는 하나의 시도로 머무를 뿐 그 이상은 아닙니다. 그 이상을 하려는 사람은 하나님께 나아가는 길, 곧 바벨 탑 건축을 다시 꾀하는 자입니다. 종교와 도덕은 하나님의 은혜를 깨닫지 못하게 하는 가장 심각한 위협 요소입니다. 종교와 도덕은 스스로 하나님이 되는 길을 찾으려고 하는 싹, 곧 하나님을 능가하는 주主가 되려고 하는 싹을 품고 있기 때문입니다. 하지만 그것들은 인간의 작품에 불과해서 영원한 심판의 지배를 받습니다. 그렇지만 은혜가 있는 동안은 그것들이 필요합니다. 그것들은 약한 시도 혹은 표현, 제물에 지나지 않으므로, 하나님은 그에 대해 자기 뜻에 따라 긍정과 부정을 하실 수 있습니다. 우리는 우리의 도덕으로는 하나님의 호의를 얻을 수 없다는 사실을 이제 이해하게 되었습니다. 루터가 말한 대로 종교 역시 인간의 육신에 속해 있습니다. 우리가 제대로 이해한 것이라면 바로 이것이 오늘 본문이 우리에게 매우 인상적으로 말하는 내용입니다. 우리가 이것을 이해하려고 하지 않는다면 우리에게 화가 있을 것입니다. "나에게 순종하며 흠 없이 살아라."창 17:1 이 말씀은 하나님이 우리에게 내리신 결단코 취소할 수 없는 명령입니다. "너희도 명령을 받은 대로 다 하고 나서 '우리는 쓸모없는 종입니다. 우리는 마땅히 해야 할 일을 하였을 뿐입니다' 하여라."눅 17:10 예수의 이 말씀은 우리의 모든 행위에 한도를 정합니다. 그러고는 그 모든 행위를 하나님의 심판을 받는 덧없는 세상 안에서 수

행하게 합니다.

지난 몇 해 동안 어떻게 기독교가 서로 경쟁하는 종교들 가운데 하나로 남지 않고 세상에서 승리를 거둘 수 있었는가에 대해 많은 논쟁이 이루어졌으며, 그 답도 다수 제시되었습니다. 엄밀히 말하면, 사실에 부합하는 답은 한 가지뿐입니다. 즉, 기독교의 하나님 사상이 타종교 전체와 전혀 다르게 분류된다는 것입니다. 어떻게 다를까요? 우리가 주목한 바에 따르면, 그 종교들은 사람들에게 그들을 하나님께로 이끄는 길, 곧 성스러움의 길, 정의의 길, 진리의 길을 가르쳤습니다. 하지만 기독교는 유일하게 이런 시도의 불가능성을 선언했습니다. 인간이 가장 영적인 영성 안에, 곧 종교 안에 있다고 해도 그는 여전히 인간입니다. 그는 죄인에 지나지 않습니다. 그의 종교는 그의 육체적 욕망의 한 부분, 곧 행운과 복과 쾌락을 바라고, 자기 자신의 자아Ich를 바라는 탐욕의 한 부분일 뿐입니다. 사람은 있는 그대로 전부가 하나님의 심판 아래 있습니다. 남는 것은 하나님이 사람에게 다가오셔서 은혜를 선물로 주신다는 것, 그 한 가지뿐입니다. 영원으로부터 시간 안으로 들어오는 길, 곧 예수 그리스도의 길입니다. 이것은 역설적인 메시지입니다. 이 메시지는 고대 세계를 관통하며 영향력을 발휘했고, 인간으로부터 온 것에 대해 회의적이었습니다. 종교가 아니라 계시와 은혜, 바로 이것이 구원하는 말씀이었고, 이 말씀으로 세상이 열렸습니다.

우리는 성금요일과 부활절을 앞두고 있습니다. 성금요일과 부활절은 하나님의 위대한 행동이 역사 안에서 이루어진 날들입니다. 하나님의 이 행위로 하나님의 심판과 은혜가 가시화되었습니다. 주 예수 그리스도께서 십자가에 달리시던 순간에 심판이 드러났고, 승리가 죽음을 삼키던 순간에 은혜가 나타났습니다. 여기서 인간이 한 일은 아무것도 없습니다. 하나님께서 홀로 다 하셨습니다. 그분이 사람에게 다가오는 길을 한없는 사랑으로 걸으셨습니다. 그분이 인간적인 것을 심판하시고, 공로를 초월한 은혜를 선사하셨습니다.

루터가 임종했을 때, 그의 책상 위에서 쪽지 하나가 발견되었습니다. 그 쪽지에는 그가 말년에 쓴 글귀가 있었습니다. "우리는 영 안에서 거지들이다." 이 말은 사람이 존재하는 한 타당한 말입니다. 그러나 영 안에는 우리의 왕, 곧 모든 생명과 은혜의 주님이 계십니다. 우리의 희망과 우리의 삶이 하나님의 은혜로 서기도 하고 넘어지기도 한다는 것을 주님이 우리에게 가르쳐 주시기를 바랍니다. 행위도 그분의 것이고, 길도 그분의 것이며, 은혜도 그분의 것이고, 영도 그분의 것입니다. 우리의 봉사와 우리의 생명도 그분의 것이고, 만물 위에 뛰어난 영광도 그분의 것입니다.

부활절

고린도전서 15:17

1928년 4월 8일

그리스도께서 살아나지 않으셨다면, 여러분의 믿음은 헛된 것이 되고, 여러분은 아직도 죄 가운데 있을 것입니다.

본문은 실로 위험한 부활절 본문입니다! 만약 우리가 이 본문을 꼼꼼히 살펴본다면 부활절의 기쁨을 빼앗길 수도 있기 때문입니다. 그래서 부활절에 가장 중대한 것에 관해 말하는 것은 적절치 않아 보입니다. 하지만 기독교 절기들 가운데 위험하지 않은 절기는 하나도 없습니다. 성탄절은 물론이고 부활절 이야기도 우리의 실존 전체를 공격하며 우리를 심판대 앞으로 끌고 갑니다. 그렇지만 그 공격이 우리에게 영향을 미치도록 허락하기만 한다면, 우리는 그 공격의 주체가 되어 본래의 부활절 기쁨, 곧 감상적인 것과는 완전히 다른 기쁨을 조금이라도 느끼게 될 것입니다.

그리스도께서 살아나지 않으셨다면, 우리의 믿음은 헛된 것이 될 것입니다. 그리스도께서 살아나지 않으셨다면, 우리는 죄 속에서 하나님을 거스르며 살다가, 결국엔 지상에서 가장 비참한 인간이 되고 말 것입니다. 그리스도께서 살아나지 않으셨다면, 우리의 삶을 떠받치는 받침점이 사라져 우리의 삶 전체가 붕괴하고 말 것입니다. 우리의 삶이 무의미에 빠지고, 하나님의 승리에 관한 모든 말이 거짓이 되며, 모든 희망이 공허한 것이 되고 말 것입니다. 그래서 바울은 부활절에 우리의 삶이 달려 있다고 말합니다. 이 말씀에 무엇을 더 보탤 수 있겠습니까?

여기서 우리는 바울이 "살아나다"라는 표현으로 무엇을 말하려고 했는지 제대로 이해할 필요가 있습니다. 부활은 무엇을 뜻할까요? 그리고 부활은 우리에게 어떤 의미가 있을까요? 이는 우리가 대답하려고 하는, 부활절과 관련된 오랜 물음입니다. 늘 새롭게 시작하는 봄의 압도적 사실을 통해서 온 세상의 인류는 어둠과 빛의 아주 오래된 싸움, 끝내 빛이 승리를 거두는 그 싸움을 조금이라도 예감할 수 있습니다. 태양은 변함없이 자연의 부활을 반복합니다. 자연의 죽음 속에는 생명의 씨앗이 자리하고 있습니다. 그래서 죽음은 실제적인 죽음이 아니라 생명의 전환점입니다. 겉으로는 마비된 것으로 보이는 육체 속에도 생명이 계속 씨앗으로 존재하고 있습니다. 마침내 생명과 빛이 승리할 수밖에 없으며, 죽음과 어둠은 생명과 빛의 외형에 지나지 않습니다. 이는 아주 오래전부터 인류가 공통적으로 가져온 사상입니다. 현대를 살아가는 우리의 부활 신앙도 이 사상에 영향을 받았습니다. 그래서 우리는 기독교가 부활절에 관해 전혀 다른 것을 말해야 한다는 사실을 쉽게 깨닫지 못합니다.

어둠과 빛의 싸움, 곧 어둠은 실로 아무것도 아니며, 죽음도 이미 생명이므로 결국엔 빛이 승리를 거두는 싸움이 중요한 것이 아닙니다. 또한 겨울과 봄의 싸움, 얼음과 태양의 싸움이 부활절에 중요한 것이 아닙니다. 정말 중요한 것은 죄지은 인류가 하나님의 사랑에 맞서는 싸움입니다. 좀 더 정확히 말하면, 하나님의 사랑이 죄지은 인류에게 맞서는 싸움입니다. 바로 성금요일에 하나님이 패한 것으로 보였지만, 부활절에 이기는 그 싸움이 중요합니다. 하나님이 승자일까요? 아니면 프로메테우스가 승자일까요? 그분이 부활절에 능력을 행사하심으로 이 물음에 대답하십니다. 성금요일은 빛을 무조건 피하는 어둠이 아니며, 생명의 씨앗을 품고 기르는 겨울잠도 아닙니다. 성금요일은 사람이 되신 하나님, 곧 인격이 된 사랑이 하나님이 되려고 하는 사람들에게 죽임당한 날입니다. 하나님의 성자가 자기 의지로, 그러나 사람들의 죄과 때문에 죽어서, 정말로 죽어서,

생명의 씨앗이 자기 안에 있지 않게 하고, 죽음이 잠처럼 여겨지지 않도록 한 날입니다. 성금요일은 겨울과 같은 과도기가 아닙니다. 성금요일은 다만 끝입니다. 죄 범한 인류의 끝, 곧 인류가 자신에게 내린 최후의 심판입니다. 여기서 인류에게 도움이 되는 것은 한 가지뿐입니다. 그것은 다름 아닌 영원한 하나님의 능력 행사입니다. 그러므로 부활절은 내재적이고 세속적인 사건이 아니라 초월적이며 초자연적인 사건입니다. 하나님께서 영원으로부터 개입하셔서 그분의 성자를 편드시고, 그를 죽음에서 일으키신 사건입니다. 그래서 부활절은 불멸을 말하지 않고, 부활을 말합니다. 부활, 그것은 진짜 죽음인 사망으로부터, 육체와 영혼의 죽음으로부터, 온 인류의 죽음으로부터 하나님의 능력 행사에 힘입어 살아나는 것을 말합니다. 바로 이것이 부활절의 메시지입니다. 부활절은 인간 안에 자리한 신적 씨앗이나 자연 안에 자리한 신적 씨앗이 반복적으로 소생함을 축하하는 것이 아닙니다. 부활절은 인간의 죄와 죽음에 관해, 하나님의 사랑과 죽음의 죽음에 관해 말합니다. 부활절이 말하는 것은 영원하신 하나님의 능력 행사이지, 자연에 내재하는 법칙이 아닙니다.

인류 가운데서 전개된 하나님의 이야기가 성금요일에 끝났다면, 아마도 인류에 대한 결론은 죄와 모반과 모든 인간적 거대 세력의 붕괴가 되고 말 것입니다. 또한 그 결론은 인간의 공격과 신성모독과 하나님께 버림받음이 되고, 종국에는 무의미와 절망이 될 것입니다. 그러면 여러분의 믿음은 헛된 것이 되고, 여러분은 아직도 죄 가운데 있을 것입니다. 그러면 "우리는 모든 사람 가운데서 가장 불쌍한 사람일 것입니다."[3] 다시 말해 인간이 결론이 될 것입니다.

우리의 도덕 생활과 종교 생활은 예수 그리스도의 십자가에서 물거품이 됨은 물론이고, 유죄가 입증될 것입니다. 우리의 문화도 완전히 심판을 받습니다. 십자가가 끝이라면, 과학과 예술도 끝장일 테니 말입니다. 우리의 모든 문화적 행위는 궁극과 의미와 로고스와 하나님을 지향하는 행위입니다. 진리가 존재하지 않는다면, 하나님이 아니라 인간이 참과 거짓을 가르는 궁극적 기준이라면, 진리 추구가 무슨 소용이겠습니까? 다들 우리의 예술에서 생명선을 잘라 낸 채 궁극적인 것, 의미 있는 것, 신성한 것을 지향하더군요. 하나님이 죽었다면, 우리야말로 가장 불쌍한 인간일 것입니다. 바로 이것이 우리가 지금 사도의 말씀을 통해 이해하려고 하는 내용입니다.

고대의 기이한 이야기가 생각납니다. 그리스 뱃사람들의 작은 배가 남이탈리아 해안을 지나가는데, 갑자기 거대한 탄식 소리가 들려왔습니다. 조타수의 이름을 부르는 소리였습니다. 조타수가 대답하자, "위대한 판Pan 신이 죽었소. 위대한 판 신이 죽었소"라고 외치는 목소리가 들려왔습니다. 그때 엄청난 근심과 혼란이 배 안에 퍼졌습니다. 저 소식이 전해지는 곳마다 사람들이 당황하고 경악하며 달아났습니다. 다양하게 해석되는 수수께끼 같은 이야기입니다. 저에게는 한 가지가 확실해 보입니다. 이를테면 이것은 "하나님이 죽었다. 세상이 하나님을 부인하고, 하나님에게 버림받았다"라는 성금요일 메시지의 이교판板이라는 것입니다. 뱃사람들이 보인 당황과 경악은 "이제 어떻게 될까?"라는 물음이나 다름없습니다. 정말 하나님이 죽었다면, 세상은 붕괴하여 무의미하게 사라질 수밖에 없을 것입니다. 고대 세계는 "하나님이 죽었다"라는 거대한 탄식 앞에 어떻게 대답해야 할지 몰랐습니다. 그러나 그 대답을 기독교의 부활절 메시지가 제시했습니다. 부활절 메시지가 의미하는 바는 이렇습니다. "하나님은 죽음의 죽음이시다. 하나님은 살아 계신다. 또한 그리스도가 살아 계신다. 죽음은 하나님께 굴복할 수밖에 없다. 하나님은 죽음에게 준엄한 명령을 내려 그가 사라지게 하시고, 예수 그리스도를 살리셨다." 어떻게 해야 이 말씀을 이해할 수 있을까요?

여기서 많은 물음이 생깁니다. "몸의 부활은 무엇인가?" "빈 무덤은 무엇인가?" "여러 차례 이루어진 현현顯現은 무엇인가?" 호기심 때문이든, 미신적인 것에 대한 욕망 때문이든, 중요한 비밀이 있는 척하기 위해서든, 우리는 수많은 물음을 던져보지만 여전히 만족을 얻지 못합니다. 이 질문들은 도무지 만족할 줄 모릅니다. 무덤이 비어 있었다는 것은 확실하지만, 중요한 것은 하나님께서 그리스도의 편을 드시고, 그리스도에게 그 영원한 생명의 손을 대셨다는 것뿐입니다. 그리스도는 지금도 살아 계십니다. 하나님이 살아 계시고, 하나님의 사랑이 살아 있기에 그리스도가 살아 계십니다. 우리는 이것으로 만족합니다. "어떻게"wie에 대해 골똘히 생각할 수는 있지만, 그렇다고 "사실"daß이 조금이라도 바뀌는 것은 아니니 말입니다.

하나님이 살아 계시다면, 십자가에도 불구하고 사랑이 살아 있는 것입니다. 그것은 우리가 더는 죄 가운데 살지 않는다는 것을, 하나님이 우리를 용서해 주셨다는 것을 의미합니다. 그분은 예수의 편을 들어 주셨고, 예수는 우리의 편을 들어 주셨습니다. 예수가 살아 계시다면 우리의 믿음은 새 의미를 얻을 것이고, 우리는 모든 사람 가운데 가장 복된 사람이 될 것입니다.

부활절은 죄지은 인류에 대한 하나님의 긍정Ja입니다. 다름 아닌 우리의 모든 행위에 찾아온 새로운 의미입니다. "위대한 판Pan 신은 죽은" 것이 아닙니다. 하나님은 살아 계시고, 우리는 그분과 함께 살아갑니다. 부활절은 하나님께 버림받은 상태가 아니라 하나님으로 충만한 상태입니다. 부활절은 하나님에 대한 인간의 위대한 승리가 아닙니다. 그것은 다만 인류와 죽음과 죄와 모반에 대한 하나님의 힘찬 승리입니다.

그렇지만 아직 한 가지 중요한 사실이 남아 있습니다. 이 부활절에 한 희망이 우리의 소유가 되는 것입니다. "그리스도 안에서 우리가 바라는 것이 이 세상에만 해당되는 것이라면, 우리는 모든 사람 가운데서 가장 불쌍한 사람일 것입니다"라고 바울은 말합니다.[4] 앞에서 말한 대로, 부활절은 하나님께서 영원으로부터 개입하신 사건입니다. 부활절은 최후의 형언할 수 없는 일들, 절정에 접근할 때 비로소 일어나는 일들, 우리가 이미지와 비유로만 말할 수 있는 일들의 서막입니다. 부활절은 오늘 우리와 그저 조금 관계가 있는 사건이 아닙니다. 그것은 우리에게 하나님의 능력의 영광 전부를 드러냅니다. 하나님은 죽음의 지배자이시며, 예수 그리스도의 죽음은 물론이고 저와 여러분의 죽음도 지배하시는 분입니다. 그러나 하나님은 형언키 어려운 능력으로 예수를 살리셨듯이, 그분의 거룩한 백성 역시 죽음에서 생명으로 이끄실 것입니다. 오늘 우리의 희망찬 시선은 거기로 향하고 있습니다.

마태복음 28:20

1928년 4월 15일, 부활절 후 첫째 주일

보아라, 내가 세상 끝 날까지 항상 너희와 함께 있을 것이다.

옛이야기와 전설들은 하나님이 사람들 가운데 거니시던 시절, 사람들이 여인숙을 구하는 소박한 나그네를 길거리에서 만나던 시절, 사람들이 진심으로 하나님을 알고 보상도 충분히 받던 시절에 관해 이야기합니다. 그 이야기들이 알려 주는 그 시절은 인간 안에 은밀한 희망으로 잠자고 있는 모든 것이 마치 현실인 양 회자되던 시절입니다.

우리의 성서도 첫 부분에서 주 하나님이 저 낙원에서 거니시고, 사람들과 함께 사시며 대화하셨다고 전하지요. 하나님과 사람이 가까이 지내던 시절을 말하지 않는 민족은 거의 없을 것 같습니다. 그런데 우리의 성서는 타락 이야기에서 전환점이 발생합니다. 사람들은 하나님과 함께 살던 동산에서 쫓겨나, 하나님과 떨어진 채 죄와 불행 가운데 살아야 했습니다. 죄와 불행은 대를 거듭할수록 쌓여 갔지요. 하나님과 사람 사이의 틈이 점점 더 심하게 벌어지고, 인류는 암흑에 빠지고 말았습니다. 이제 우리는 하나님이 더는 사람들 가운데 출입하지 않으신다고 생각하고, 그 어둠의 시간에 대해 말합니다. 그리움에 사무친 눈길을 아무리 실향失鄕 이전 시대로 돌려도, 더는 본향을 알 수 없습니다. 하지만 어떤 이들은 큰 희망을 품고 하나님이 다시 우리 가운데 사시고 그분의 나라를 지상에 세우시는 미래의 날들에 관해 말합니다. 하나님이 어떻게든 사람들과 긴밀한 관계를 맺으시고, 다시 오셔서 사람들 가운데 손님으로 계시리라는 것입니다.

인류 역사에서 이 희망이 철저히 물거품이 될 수밖에 없었던 날이 있습니다. 누구든지 사람과 하나님 사이의 영원한 거리를 깨달을 수밖에 없었던 날이 있습니다. 그날은 바로 인류가 자기들 가운데 살려고 하셨던 하나님께 맞서고, 손을 치켜들어 예수 그리스도를 십자가에 못 박은 성금요일입니다. 그러나 인류의 이 소행에 하나님께서 응답하시고 사람들 가운데 사시기로 한 날도 있습니다. 인간이 거룩하지 않은 손을 뻗어 모든 희망에 맞섰는데도, 하나님께서 예수 그리스도, 곧 부활하신 분 안에서 인간의 손에 은혜를 듬뿍 채워 주신 날입니다. 그날이 바로 부활절입니다. "보아라, 내가 (…) 너희와 함께 있을 것이다." 이것이 부활절의 메시지입니다. 멀리 계시지 않고 가까이 계신 하나님. 이것이 부활절입니다.

고독이 우리 시대에 들이닥치고 있습니다. 이 고독은 하나님께 버림받은 상태가 지배하는 곳에 도사립니다. 바로 우리가 사는 대도시 한가운데로, 북적거리는 군중 속으로 고립과 실향의 곤경이 들이닥치고 있습니다. 한편에서는, 하나님이 사람들 가운데 계시던 때가 다시 돌아오기를 간절히 기다리는 마음도 자라고 있습니다. 신적인 것과 닿기를 갈망하는 마음이 타는 듯이 열을 내며 진정되기를 바라고 있습니다. 이 갈망을 해결해 주겠다고 약속하는 수많은 약품이 시장에 나와 있고, 탐욕스런 손들은 그것을 붙잡으려 하고 있습니다. 이 소란스러운 군중 한가운데 "보아라, 내가 (…) 너희와 함께 있을 것이다"라는 예수 그리스도의 말씀이 임합니다. "내가 여기 **있으니**, 너희는 많은 것을 구하며 알 수 없는 허상을 다그칠 필요가 없다."

우리가 보든 안 보든, 느끼든 느끼지 못하든 간에, 예수께서 우리가 있는 곳 어디에나 우리와 함께 계시니, 우리가 뭔가를 할 필요가 없다는 사실은 변함이 없습니다. "내가 (…) 항상 너희와 함께 있을 것이다." 과연 이렇게 된다면, 예수께서 정말로 우리와 함께 계신다면, 하나님께서도 우리가 있는 곳에서 우리와 함께 계실 것입니다. 우리는 더는 버림받지도, 고향 없이 떠돌지도, 고독하지도 않을 것입니다. 우리가 상상만 하던 전설의 시대가 다시 현실이 될 것입니다. 하나님께서 우리 한가운데 사실 것입니다. 그리고 낯선 나그네가 주 하나님임을 깨달은 옛이야기 속 인물처럼, 우리에게 필요한 것은 눈을 열어 두는 일 한 가지뿐입니다. 하나님이 우리와 함께 계시겠다는데, 우리가 이 말씀을 믿지 않는다니, 하나님을 거짓말쟁이로 만들 셈인가요?

그런데도 우리는 환호성을 지르기는커녕 이런 물음을 던집니다. "예수 아니면 하나님이 우리와 함께 계신다니, 이게 도대체 무슨 뜻이지요? 하나님이 이 세상에 계신다니, 이건 또 무슨 뜻인가요? 우리가 어디서 어떻게 그것을 조금이라도 느낄 수 있을까요? 하나님이 우리와 함께 사신다고요? 예수 그리스도, 곧 부활하신 분이 우리와 함께 사신다는데, 이것은 모두 비유적인 말에 불과한 게 아닐까요? 우리는 이를 어떻게 말할 수 있을까요? 이것은 정말로 결정적인 것이 아니라 적당히 느끼는 느낌에 불과한 게 아닌가요?"

그렇지 않습니다. 예수께서 우리와 함께 계시되, 자기의 말씀 안에서 그렇게 하신다는 것은 매우 분명한 사실입니다. "자기의 말씀 안에서"라는 표현은 "예수께서 의도하시고 우리를 생각하시는 것 안에서"라는 의미를 분명하고 명백하게 합니다. 예수께서 자기의 뜻과 말씀으로 우리와 함께 계시고, 우리는 예수의 이 말씀을 만나면서 그분이 가까이 계심을 느낍니다. 그러나 말씀은 영적인 존재들이 상통하는 가장 분명하고 명백한 표현 수단입니다. 우리가 어떤 사람의 말을 들으면 그의 의사와 인격을 알게 되듯이, 우리가 예수의 말씀을 들으면 그분의 뜻과 그분의 완전한 인격을 알게 됩니다.

예수의 말씀은 늘 동일하면서도 늘 다릅니다. 예수의 말씀은 우리에게 이렇게 말합니다. "너는 하나님의 사랑 아래 있어라. 하나님이 거룩하니, 너희도 거룩하여라. 하나님은 너희를 거룩하게 하려고 너희에게 성령을 주신다." 그분은 매 순간 각 사람에게 다른 방식으로 말씀하십니다. 하나님의 말씀은 아이에게 다르고 성인에게 다르며, 소년에게 다르고 소녀에게 다르며, 남편에게 다르고 아내에게 다릅니다. 예수의 말씀과 관계없는 생의 순간이나 연령대란 없습니다. 우리의 전 생애는 예수의 말씀에 복종할 때 그 말씀을 통해 거룩해집니다.

교회의 선포는 세례를 받는 순간부터 무덤에 이르기까지 사람들을 따라다니면서, "보아라, 내가 너희와 함께 있다"라는 말씀을 확신시킵니다. 교회는 이를 위한 상징으로 인생의 결정적인 시기들을 교회의 선포 아래 둡니다. 예수 그리스도의 말씀은, 어린아이에게는 모든 인간적 행위를 앞서는 은혜를 선포하고 모성애의 거룩함에 관해 말해 줍니다. 장난꾸러기 소년에게는 하나님의 진실하심과 진지하심과 선하심에 관해 말해 주고, 또 봉사와 신적 사명의 거룩함과 영원한 목표들에 관해 말해 줍니다. 그분의 말씀은 그에게 세상의 아름다움을 의식하게 하고, 그의 갈망을 허무한 것 너머로 향하게 합니다. 그분의 말씀은 그에게 하나님의 순수하심과 마음의 순결에 관해 말해 줍니다. 그분의 말씀은, 소녀에게는 기쁨과 명랑함에 관해 말해 주고 죄가 무엇인지에 관해서도 말해 줍니다. 성인에게는 노동의 엄숙함과 운명과 죄와 책임과 성실함에 관해 말해 주고, 사람이 자기 생의 주도권을 쥐고 경건하게 살도록 하시는 하나님의 뜻에 관해서도 말해 줍니다. 노인에게는 죽음으로 우리를 갈라놓는 저세상과 종말에 관해 말해 줍니다. 예수 그리스도의 말씀은 어린아이에게나 노인에게나 동일한 말씀, 곧 "하나님이 너를 사랑하시고 너와 함께 계시니, 이 말을 믿어라"라는 말씀을 들려주거나, "하나님이 거룩하시니, 너희도 거룩하여라"라는 말씀을 들려줍니다. 형언할 수 없는 하나님의 자비에 관한 말씀은 모든 연령대에 필요하고, 하나님의 호의와 선의에 관한 말씀은 인생의 모든 순간에 필요합니다.

"보아라, 내가 너희와 함께 있다." 이 말씀은 우리가 원하

든 원하지 않든 간에 꼭 필요한 말씀입니다. 우리가 이 말씀을 바라지 않는 순간이 있을까요? 하나님의 현존이 우리에게 짐이 되는 순간이 있을까요? 우리 모두가 알고 있듯이, 하나님이 우리를 심판하시는 것만 같은 순간이 있습니다. 그 순간은 바로 "하나님이 우리와 함께 계신다"라는 말씀이 갑자기 우리를 꿰뚫는 순간입니다. 우리는 하나님과 함께하지 못하는데도 하나님이 우리와 함께하신다면, 과연 무엇이 문제가 될까요? 하지만 우리는 이 생각에서 더 나아가 끝까지 생각해 보도록 합시다. 세상의 그 어떤 명망가나 예언자, 세상의 통치자가 우리에게 와서 언제까지나 우리와 함께 있는 것이 아닙니다. 생명의 통치자, 온 세상의 통치자께서 우리와 함께 계시면서, 우리를 심판하시고 우리에게 요구하십니다. 우리가 그분을 올바르게 평가할 수 있을까요? 우리가 반항하며 그분을 거부해도, 그분은 세상 끝 날까지 날마다 계십니다. 하나님이 다시 사람들 가운데 거하신다는 사상, 하나님이 인류의 삶에 다시 의미를 부여하신다는 사상, 하나님이 온 세상에 편만해 계신다는 사상, 우리를 행복하게 하는 이 사상들은 지나치게 책임을 요구하는 까닭에 매우 위험하고 불안합니다. 우리의 삶과 행위가 무의미하게 되어선 안 되는데도, 우리가 둔감하게 살고 경솔하게 행동한다면 어떻게 되겠습니까? 모든 세대가 저마다 나름의 거룩한 사명을 맡고 있는데, 우리가 그것에 주의하지 않는다면 어떻게 되겠습니까? 우리 생의 모든 순간이 하나님과 관련되어 있는데, 우리가 그것을 조금도 느끼려 하지 않는다면 어떻게 되겠습니까? 우리가 "보아라, 내가 너희와 함께 있다"라는 말씀을 진지하게 생각하는 순간, 갑자기 무거운 짐이 우리 위에 놓이게 됩니다.

그러나 하나님은 포기하시면서도, 베풀고 용서도 하십니다. 하나님의 심판이 있는 곳에 그분의 은혜도 있습니다. 하나님이 세상에 오신 것과 세상 안에서 사신 것이 세상을 망하게 하려는 것이겠습니까? 그렇지 않습니다. 그분은 자기의 생명을 세상의 생명에 내주셨습니다. 많은 이들이 그 생명을 원합니다. 그분은 고독한 사람들, 그분의 생명을 원하는 모든 사람들을 품고, 그들과 복된 유대 관계를 맺으려고 하십니다. "나는 항상 너희와 함께 있다." 하나님은 살아 계십니다. 그분은 세상 안에서 세상을 위해 살아 계시며, 세상에 의미와 생명을 주시고, 우리가 세상을 고향으로 삼게 하시고, 우리의 삶을 영원에 잇대어 주십니다. 바로 이것이 우리가 이 예언으로부터 배우는 은혜입니다.

그러나 아직 한 가지 더 전해야 할 말이 있습니다. 다름 아닌 옛이야기의 깊은 특성입니다. 앞서 말한 대로, 옛이야기에서는 하나님이 우리 가운데 사시며 사람처럼 거니십니다. 옛 이야기의 이 예언도 현실이 되었습니다. 예수 그리스도는 고독한 시간에만 우리와 함께 계시는 것이 아닙니다. 예수 그리스도는 우리가 만나는 각 사람 안에서, 우리가 걸음을 뗄 때마다 우리를 마주하시면서 "보아라, 내가 너희와 함께 있다"라고 말씀하십니다. 예수 그리스도께서, 하나님께서 친히 각 사람을 통하여 우리에게 말을 거십니다. 타자,他者 이 수수께끼 같고 의중을 알 수 없는 당신,Du 이는 우리에게 하나님의 부르심이자, 우리와 마주치는 거룩하신 하나님 자신입니다. 하나님은 길거리의 나그네들, 집 앞의 걸인들, 교회 입구의 병자들 안에서 우리에게 큰 소리로 말을 거시고, 우리와 친밀한 사람들, 우리가 날마다 함께 지내는 사람들 안에서도 그렇게 하십니다. "너희가 지극히 보잘것없는 사람 하나에게 한 것이 곧 내게 한 것이다"라고 예수는 말씀하십니다.[5] 나는 너에게, 너는 나에게 하나님의 요구이고, 하나님 자신입니다. 우리의 눈은 이 인식으로 세상을 돌파하며, 세상에 충만한 하나님의 생명을 봅니다. 이제 생명은 인간 공동체 안에서 신적인 의미를 얻습니다.

공동체는 하나님의 현현顯現 형식 자체입니다. 공동 사회가 존재하는 한, 하나님은 우리와 함께 계십니다. 이것은 우리가 사회생활과 연결되면 될수록, 하나님과 더욱더 확고하게 연결됨을 의미합니다.

“보아라, 내가 **세상 끝 날**까지 항상 너희와 함께 있을 것이다.” 다시 한번 종말이 언급됩니다. “나는 처음이며 마지막이다.”사 41:4, 계 1:8, 17 “예수 그리스도께서는 어제나 오늘이나 영원히 한결같은 분이십니다.”히 13:8 예수께서는 시간의 주인이시므로, 고난의 시대에도 항상 자기 사람들과 함께 계십니다. 그분은 언제까지나 우리 곁에 머무르실 것입니다. 이것이 우리의 위로입니다. 환난과 근심이 우리에게 닥쳐와도, 예수께서는 우리와 함께 계시면서 우리를 하나님께로, 영원한 하나님 나라로 인도하십니다. 예수 그리스도께서는 우리 삶의 넓이이시고, 우리의 공동 사회의 중심이시므로, 세상 끝 날까지 우리와 함께 계십니다. 이것이야말로 우리가 부활절에 감사해야 할 사실입니다.

시편 62:1

1928년 7월 15일, 삼위일체 주일 후 여섯째 주일[6]

내 영혼이 잠잠히 하나님만을 기다림은 나의 구원이 그에게서만 나오기 때문이다.

수천 년 전 인생의 폭풍우에 맞닥뜨린 한 경건한 유대 사람을 떠올려 봅니다. 그는 성전의 고요함 속에 계신 하나님 앞에 털썩 주저앉습니다. 그는 자기의 가장 깊은 영혼으로 이 거룩한 고요를 들이켜며 말합니다. "내 영혼이 잠잠히 하나님만을 기다림은 나의 구원이 그에게서만 나오기 때문이다." 오, 그대 노래하는 노인이여, 그대는 우리 마음에 드는 꿈속의 그림 같군요. 그리움을 돋우면서도 정말 멀리 떨어져 있으니 말입니다. 우리는 그대의 그림을 좋아하지만, 더는 이해하지 못하겠습니다. 부디 우리에게 영혼의 고요, 하나님 앞에 감도는 그 고요에 관해 조금이라도 이야기해 주면 좋겠습니다.

아기가 엄마 품에서 진정되고 잠잠하듯이, 소년이 영웅을 묵묵히 우러러보듯이, 우는 아이가 자기 이마에 손을 얹어 모든 근심을 없애 주는 어머니를 그리워하듯이, 남편이 사랑하는 아내를 바라보면서 자신의 격정과 불안이 진정되는 것을 느끼듯이, 사람이 진실한 자기 친구의 눈을 말없이 마주 보듯이, 병자가 의사 앞에서 평온해지듯이, 노인이 고요하게 죽음을 마주하듯이, 우리의 영혼은 하나님 앞에서 불안과 난폭함과 분주함으로부터 진정되어야 합니다. 우리의 영혼은 하나님 앞에서 갈증을 달래야 합니다. 영혼의 욕망은 하나님 앞에서 환희가 되어야 합니다. 영혼은 한낮의 열기를 뒤로하고 하나님의 손그늘 안에서 쉼을 얻어야 합니다. 우리의 영혼은 하나님을 바라보면서 무거운 짐을 내려놓고 홀가분해져야 합니다. 우리의 영혼은 입을 다물고 침묵하면서 경배하고 경외해야 합니다. "내 영혼이 잠잠히 하나님만을 기다린다." 잠잠하다는 것은 한 마디 말도 하지 않는 것을 의미하고, 다른 누군가의 부드러운 손을 우리의 입술에 대고 입을 다물도록 하는 것을 의미하며, 거기에 완전히 몰두하는 것을 의미합니다. 잠잠하다는 것은 우세한 타자,他者 곧 전적인 타자 앞에 굴복하는 것을 의미합니다. 단 한 순간도 자기 자신을 바라보지 않고 오로지 타자를 바라보는 것을 의미합니다. 그것은 기다림, 곧 타자가 우리에게 뭔가를 말할 때까지 기다리는 것을 의미합니다. 하나님 앞에서 잠잠하다는 것은 서론과 결론을 우리에게 말할 권리를 오직 하나님께 드리고, 말씀을 영원히 있는 그대로 받아들이는 것을 의미합니다. 하나님 앞에서 잠잠하다는 것은 자기를 변명하려 하지 않고, 하나님이 우리의 변명에 대해 무슨 말씀을 하시는지 귀 기울여 듣는 것을 의미합니다. 잠잠하다는 것은 빈둥거리는 것을 의미하지 않습니다. 그것은 하나님의 뜻을 들이마시는 것을 의미하고, 주의 깊게 경청하고 복종할 각오가 되어 있는 것을 의미합니다. 고요의 시간은 책임의 시간이며, 하나님과 우리 자신을 진지하게 생각하는 시간이며, 그러면서도 복이 있는 시간입니다. 그 시간이 바로 하나님의 고요 속에서 지내는 시간이기 때문입니다. "내 영혼이 잠잠히 하나님만을 기다린다"라는 말은 "주님, 말씀하십시오. 주님의 종이 듣고 있습니다"[7]라는 뜻입니다.

"내 영혼이 잠잠히 하나님만을 기다림은 **나의 구원이 그에게서만 나오기** 때문이다." 하나님의 시간은 구원의 시간입니다. 하나님은 답을 준비해 놓고 계십니다. 이 답은 받는 사람 누구에게나 동일한 답입니다. 평일의 분주함과 불안으로부터 탈출하는 사람에게, 근심에 싸여 하나님 앞으로 나아가는 병자에게, 사랑하는 이의 죽음을 애도하는 사람에게, 죄를 지은 사람에게, 남녀노소 누구에게든 그분은 매혹적인 말씀을 건네십니다. "내가 너를 사랑한다."

물론 하나님의 사랑의 불은 인간 안에 자리 잡은 모든 위선적이고 추악한 것을 전부 태워 버립니다. 이 불은 고통을 줍니다. 그래서 하나님 앞에 잠잠하다는 것은 그분 앞에서 작아지는 것을 의미합니다. 그것은 뉘우치고 후회하는 고통을 초래하지만, 사랑의 기쁨과 은혜를 차고도 남도록 몰고 옵니다. "내 영혼이 잠잠히 하나님만을 기다림은 나의 구원이 그에게서만 나오기 때문이다." 우리의 영혼이 먼저 그분께 나아가는 길을 찾을 때 그분은 우리를 도우시니, 그분은 진실로 하나님이십니다.

많은 이들이 "당신은 이 아름다운 이야기를 또 한 번 들려주시는군요. 그런데 그것을 향해 나아가는 사람은 얼마 안 되는 이유가 무엇일까요?" 하고 물을 것입니다.

두 가지 단순한 이유 때문입니다. 첫째로, 우리가 고요함을 두려워하기 때문입니다. 우리는 사건에서 사건으로 바쁘게 달려갈 뿐, 한 순간도 우리 자신을 마주 보거나, 우리 자신을 거울에 비춰 보지 않습니다. 우리는 홀로 있는 시간이 필요하지만, 그 시간은 종종 가장 따분하고 비생산적인 시간이 되기도 합니다. 그래서 우리는 우리 자신을 마주하기를 두려워하고, 우리 자신을 발견하는 것도 두려워하지만, 무엇보다 하나님을 더 많이 두려워합니다. 그분이 갑작스레 우리를 찾아내실까 봐, 그분이 우리를 자기의 고독 속으로 데리고 들어가셔서 우리를 자기 뜻대로 처리하실까 봐 두려운 것입니다. 이처럼 우리는 하나님을 고독하게 만나는 것이 두려워서, 그런 만남을 피하지요. 하나님이 갑자기 우리 가까이 오시지 않도록 하려는 것입니다. 우리가 미처 생각할 겨를도 없이 하나님을 주시해야 한다면, 그분 앞에서 해명해야 한다면, 굉장히 두렵고 떨릴 것입니다. 우리가 낯설어하는 뭔가가 진지하게 다루어진다면, 우리의 미소는 싹 사라지고 말 것입니다. 이 두려움이야말로 우리 시대의 특징입니다. 우리는 갑자기 무한하신 분 앞에 나아가게 될지도 모른다는 두려움에 휩싸인 채 살고 있습니다.

또 다른 이유는 우리가 종교 생활에 너무 나태하기 때문입니다. 어쩌면 우리가 언젠가 시작하기는 했는데, 잠시 후에 모든 열의가 식어 버렸는지도 모르겠습니다. 흔히들 흥이 전혀 나지 않는다고 말합니다. "종교는 기분의 문제이니, 기분이 날 때까지 기다려야겠지요" 하고 말하면서 여러 해 동안 기다리고 또 기다립니다. 그렇게 다시 한번 종교인이 되는 듯한 기분이 날 때까지 기다립니다. 어쩌면 그렇게 임종 때까지 기다려야 할지도 모릅니다. 이 나태함의 배후에는 엄청난 기만이 숨어 있습니다. 좋습니다. 종교는 기분의 문제로 남겨 둡시다. 그러나 하나님은 우리가 기분에 사로잡힐 때까지, 그분과 맞닿은 듯한 기분이 날 때까지 기다려야 하는 그런 대상이 아닙니다. 자기 감정에 의지하는 사람은 결국 빈약해지고 맙니다. 화가가 기분이 날 때만 그림을 그리려고 한다면, 그는 성공하지 못할 것입니다. 예술이나 과학과 마찬가지로 종교 생활에도 고도의 긴장과 냉철한 연구와 실천의 시간이 요구됩니다. 하나님과의 교제는 실제적인 연습이 필요합니다. 그렇지 않으면 우리는 그분이 우리를 급히 찾아오실 때 적절하고 올바른 말을 찾지 못할 것입니다. 그래서 우리는 하나님의 언어를 힘써 배워야 하고, 하나님께 아뢰는 일에도 집중해야 합니다. 우리는 일하는 중에도 기도를 드려야 합니다. 종교 생활을 지나치게 감상적인 태도와 혼동한다면, 이는 치명적인 착오입니다. 종교 생활은 수고입니다. 가장 고된 수고일 수 있지만, 실로 사람이 할 수 있는 가장 거룩한 수고입니다. 우리를 소유하고 싶어 하시는 하나님이 계시는데도, "나는 종교에 소질이 없습니다"라는 말로 만족하는 것은 애처로운 일입니다. 이는 핑계에 불과합니다. 물론 어떤 사람이 그 소질을 다른 사람보다 더 어렵게 얻는 것은 틀림없는 사실입니다. 그러나 아무런 수고 없이 그 소질을 얻은 사람은 하나도 없습니다. 이 말은 믿을 만한 말입니다. 그래서 **하나님 앞에 잠잠히 있는 것은 수고와 연습을 요구합니다.** 그것은 날마다 우리 자신을 하나님의 말씀에 담대하게 내맡겨 그 말씀에 조율되는 것을 요구하고, 날마다 하나님의 사랑을 기뻐하는 발랄함을 요구합니다.

이로써 우리는 "이 고요로, 곧 하나님께로 뚫고 들어가려면 어찌해야 하는가?"라는 물음을 마주하게 되었습니다. 저의 얕은 경험에 의지하여 몇 마디만 말씀드리겠습니다. 혹시 여러분 가운데 날마다 아침이나 저녁에 단 십 분이라도 시간을 내어 자기 주위를 고요하게 하고, 영원하신 분을 마주하여 그분의 말씀을 듣는 교우가 계십니까? 그 정도의 시간이라도 그분께 물으면서 자기 자신을 깊이 들여다보고, 자기 너머를 바라보는 것이 불가능할 만큼 분주하게 사는 사람은 없을 것입니다. 누구든지 성서 구절 몇 개를 손에 들고 그렇게 해보십시오. 그러면 그 사람은 홀가분해져서 그 영혼이 아버지의 집, 곧 안식이 있는 본향 쪽으로 길을 잡게 될 것입니다. 이렇게 날마다 진심으로 애쓰며 실천하는 사람은 그런 순간들의 아름다운 열매를 넘치도록 받게 될 것입니다. 진실로 모든 시작은 어렵습니다. 이 일을 시작하는 사람은 처음에는 아주 어색할 것입니다. 어쩌면 완전히 멍한 기분일지도 모르겠습니다. 그러나 얼마 지나지 않아 영혼이 충만해지고, 생기와 힘을 얻기 시작하고, 하나님의 사랑 안에 감도는 영원한 고요를 경험하게 될 것입니다. 영혼 안에 곤경과 근심, 불안과 황망함, 소음과 소란, 꿈과 걱정이 그치면, 영혼은 고요한 상태가 되어 자기를 도우시는 하나님을 바라보게 될 것입니다.

이 세상에는 평온과 만족이 존재하지 않습니다. 어떤 열정도 완전히 진정되지 않습니다. 그것이 세상의 법칙입니다. 모든 만족에는 이미 얻은 것을 넘어서려는 충동이 도사리고 있습니다. 부자는 더 부유해지려 하고, 힘이 있는 사람은 더 많은 힘을 가지려 합니다. 이 세상에는 완전한 것이 없고, 아무리 큰 성공도 부분적인 성공에 지나지 않기 때문입니다. 평온과 고요는 완전한 것을 얻을 수 있는 곳, 바로 하나님 안에만 있습니다. 인간의 모든 행위와 욕망이 마침내 하나님에게로 향할 때, 그분에게서만 최고의 만족을 얻을 수 있습니다. 오직 하나님 안에만 진정한 평온과 고요가 있습니다. 위대한 교부 아우구스티누스는 그것을 더없이 아름다운 말로 표현했습니다. "주 하나님, 당신께서 만물을 당신에게로 향하도록 지으셨으므로, 당신 안에서 평온을 얻을 때까지 우리 영혼은 평온하지 않습니다." 하나님께서 모든 이에게 이 평온을 선물로 주시고, 우리를 그분의 고요와 고독으로 이끌어 주시기를 기원합니다. 우리 모두를 그렇게 해주시는 하나님께 감사하기를 바랍니다.

교회

고린도전서 12:26-27

1928년 7월 29일, 삼위일체 주일 후 여덟째 주일[8]

한 지체가 고통을 당하면, 모든 지체가 함께 고통을 당합니다. 한 지체가 영광을 받으면, 모든 지체가 함께 기뻐합니다. 여러분은 그리스도의 몸이요, 따로 따로는 지체들입니다.

가톨릭 신자에게는 그저 듣기만 해도 사랑의 감정을 불러일으키는 한 단어가 있습니다. 그 단어는 심판의 공포와 전율에서 하나님을 가까이하는 삶의 달콤함에 이르기까지 가톨릭 신자의 내면에 자리한 온갖 종교 감정의 심층을 흥분시킵니다. 그 단어는 본향에 있는 것 같은 감정을 일깨우기도 합니다. 이를테면 감사와 경외가 충만하여, 헌신적인 사랑을 베푸는 어머니를 향해 아이가 느끼는 것과 같은 감정을 일깨우는 단어입니다. 오랜 시간이 지난 뒤 우리가 고향 집에 방문하거나, 유년 시절에 뛰놀던 공원에 발을 들여놓을 때 갑작스레 찾아오는 것과 같은 감정을 불러일으키지요. 개신교 신자에게는 한없이 평범한 단어, 다소 냉담하고 쓸데없는 것의 울림처럼 들리는 한 단어가 있습니다. 그 단어는 개신교 신자의 가슴을 두근거리게 하지 못하고, 오히려 종종 권태감과 연결되기도 합니다. 우리의 종교감정에 전혀 활기를 주지 못하는 단어이지요. 비록 우리가 그 단어에서 새로운 의미를 길어 올리거나 아득한 옛적의 의미를 회복하지 못하고 있지만, 바로 그 단어가 우리의 운명을 결정할 것입니다. 우리가 앞으로 이 단어를 다시 중요하게 여기지 않고, 우리 삶의 관심사로 삼지 않는다면 우리에게 화가 있을 것입니다. 그렇습니다. 우리가 그 의미를 망각한 단어는 다름 아닌 "교회"입니다. 오늘은 교회의 영광과 위대함을 조금이라도 살펴보고자 합니다.

오늘 이 시간, 우리는 교회의 광채와 빛을 조금이라도 살펴보는 일에 성공할 수 있을까요? 아, 수백 년 동안 이 단어에 먼지가 잔뜩 내려앉은 상태여서, 감히 성공을 바라지 못하겠습니다. 우리는 교회가 무엇인지, 예수께서 고별사에서 귀히 여기신 것이 무엇인지, 바울이 에베소서에서 탁월하게 언급한 것이 무엇인지를 파악하지 못하고 있습니다. 이는 우리 현대인이 겪고 있는 가장 심각한 곤경일 것입니다. 여러분에게 부탁드립니다. 이 모든 것을 이해하기 위해서만이 아니라, 우리 자신이 교회가 되기 위해서 오늘 오후에 에베소서의 몇 장을 읽어 보시기 바랍니다. 그럼 이제 교회가 된다는 것이 무슨 뜻인지 말씀드리고자 합니다.

교회가 된다는 것은 외적 정치 세력으로서의 교회와 아무 관계가 없으며, 가톨릭교회에 맞서는 것과도 관계가 없습니다. 교회가 된다는 것은 전혀 다른 일, 형언할 수 없을 만큼 위대한 일을 의미합니다. 바울은 그것을 "그리스도의 몸이 되는 것"이라 말합니다. 바울은 고린도 공동체에 편지를 써 보냈습니다. 온갖 문제에 시달리며 바울에게 많은 어려움을 안겨 준 사람들, 그리스도의 부활을 부인하는 사람들, 근친상간하는 사람들이 속해 있는 무리에 보낸 편지입니다. 오늘의 우리와 같이 죄의 영향 아래 있으며 믿음이 부족한 공동체에 "여러분은 그리스도의 몸**입니다**"라고 바울은 편지를 써 보냈습니다. "여러분은 무엇이어야 합니다"가 아니라, "여러분은 무엇**입니다**"라고 썼습니다. 바로 몸입니다. 죄인이든 아니든 간에, 그들이 그리스도의 몸의 지체라는 것이 바울에게는 대단히 중요했습니다.

"여러분은 그리스도의 몸**입니다**." 본문은 우리에게도 이렇게 소리쳐 알리는 듯합니다. "여러분은 그리스도의 몸입니다. 하나님께서 이미 다 하셨으니 여러분은 아무것도 할 필요가 없습니다. 그분이 담대한 은혜로 우리에게 우리가 그리스도의 몸이라는 사실을 주셨습니다. 다시 말해 그분은 우리 모두를 한 생명체에 이어 붙이셨습니다. 그 생명체의 힘과 명예와 피와 정신이 바로 예수 그리스도입니다." 하나님께서 우리를 자기 백성에 합류시키셨습니다. 그분은 지상에 한 공동체를 택하여 세우셨습니다. 예수 그리스도께서 그 공동체의 주님이시고, 우리는 그 공동체의 일원입니다. 잎새가 나무의 삶을 함께 영위하듯이, 우리 몸의 한 지체가 우리의 삶을 함께 영위하듯이, 우리는 그 공동체의 삶을 함께 영위하고 있습니다. 하나님께서 우리를 이 공동체에, 곧 자기 교회에 받아들이셨습니다. 그리스도의 몸, 지상에 있는 하나님의 백성, 하나님이 친히 선택하신 거룩한 공동체, 바로 이것이 우리가 말하는 교회입니다. 우리는 종탑이 있는 이런저런 건물이나 조직에 관해 말하는 것이 아닙니다. 다름 아닌 하나님의 백성, 곧 순례하는 백성의 현세적 집이자 본향을 말하는 것입니다. 거룩하게 구별된 공동체, 예수 그리스도의 거룩한 교회, 바로 우리가 그 지체인 예수 그리스도의 몸을 말하는 것입니다. 그러므로 교회에 속해 있다는 것은 하나님의 공동체에 속해 있다는 뜻입니다. 그것은 우리 교회의 공동체와 똑같은 것이 존재하지 않는다는 뜻입니다. 교회에 속해 있다는 것은 영원의 선물을 가질 자격을 하나님께 인정받았다는 뜻입니다. 교회에 속해 있다는 것은 하나님이 택하신 백성 가운데서 그리스도의 깃발을 들고 그분의 세상 순례를 시작한다는 뜻입니다. 교회에 속해 있다는 것은 그리스도와 하나님께 기대어, 곧 영원에 기대어 살아간다는 뜻입니다. 교회에 속해 있다는 것은 홀로 사는 것이 아니라, 그리스도를 사랑하는 모든 이와 더불어 산다는 뜻입니다. 교회란 하나님 안에서 하나님의 백성과 연합하는 것을 의미합니다.

우리는 다양한 민족을 알고 있습니다. 우리 가운데 많은 분들이 멀리서 세상을 가로질러 오셨기 때문에, 우리는 다양한 민족과 그 관습들을 접해 보았습니다. 그러나 오늘 우리는 한 백성에 관해서 하는 말을 듣고 있습니다. 적은 수일지라도 우리 가운데서도 만날 수 있고, 자기 고향을 떠나 보지 못한 사람들도 마주칠 수 있는 백성입니다. 그 백성은 다름 아닌 하나님의 백성입니다. 하나님의 백성은 온 세상에서 하나님을 구하고 찾는 다수의 개인을 뜻하는 단순한 표현은 아닙니다. 그것의 참된 뜻은 독자적인 법과 규칙을 지닌 당당한 백성을 가리킵니다. 하나님의 백성은 서로 은밀하게 신비로운 관계를 맺고, 서로를 위해 행동하고, 눈에 띄지 않으면서도 힘차게 서로를 섬기는 백성입니다. 하나님의 백성은 성배 수호 기사들의 현세적인 눈에는 잘 이해되지 않았듯이, 보이지 않게 존속하는 백성입니다. 하나님의 백성은 매일 밤마다 모여서 연합하는 백성입니다. 하나님의 백성은 아주 멀리서 찬란히 빛나는 본향을 향해 순례하는 백성입니다. 하나님의 백성은 암흑 가운데 살면서도 빛을 보고 가야 할 길을 아는 백성입니다. 하나님의 백성은 왕들과 제후들의 백성이 아니라, 저마다 자기 짐을 끌고 가야만 하는 백성입니다. 하나님의 백성은 짐을 지고 수고하면서도 하나님께 은혜를 받고 해방된 사람들로 이루어진 백성입니다. 하나님의 백성은 십자가를 지고 있지만 탁월한 통찰력을 갖춘 사람들로 이루어진 백성입니다. 칠흑 같은 밤중에도 안전하게 인도할 줄 아는 통치자가 있는 백성입니다. 길에서 발을 헛디딘 사람을 일으켜 부축할 줄 아는 백성, 하나님께 사랑받고 있기에 서로 사랑하는 백성입니다. 독일이나 프랑스나 미국이 아니라, 온 세상으로 손을 뻗어 여기저기서 자신의 지체를 찾고, 우리 가운데서도 여전히 찾고 있는 백성! 이 백성이 바로 하나님의 백성이고 그리스도의 교회입니다.

서로 사랑하는 백성. 이는 전례 없이 새로운 백성, 인간의 모든 경험을 능가하는 백성입니다. 저마다 자기에게 유익을 주는 것만 바라보고, 타인을 낯설게 대하는 이곳에서 서로 사랑하는 백성을 알고 있다고 우리에게 말해 준 사람이 있었는지요. 서로 사랑하는 완전한 백성이 있다는 것은 이 세상에서 단 하나밖에 없는 사실입니다. 하나님께서 우리를 이 백성에 합류시키셨습니다. 그래서 우리가 진심으로 그리스도를 사랑하는 것입니다. 우리는 알지도 못한 채 이 백성 가운데서 살고 있습니다. 우리는 이 백성의 지지와 부축을 받고, 이 백성의 사랑을 먹고 살고 있습니다. 우리는 홀로 본향을 찾아서 돌아다니는 것이 아닙니다. 우리 곁에는 우리를 도와주고 떠받치고 부축하며 길을 가리키는 수많은 사람들이 있습니다.

그런데 정말 놀라운 것은 그 백성 자체가, 곧 그리스도의 몸인 하나님의 교회가 스스로 돕는 도구가 된다는 것입니다. 여기서 인간의 힘을 능가하는 세 가지 능력이 유효합니다. 그것들은 하나님께서 각 공동체, 곧 그분의 교회들에 선사하시는 선물입니다. 각 공동체는 오직 그 능력들을 통해 존속하고, 이 공동체 안에서 우리 그리스도인은 세상에서 가장 큰 능력을 부여받습니다.

첫 번째 능력은 타인을 위해 즐거운 마음으로 희생하는 능력입니다. 우리의 삶은 하나님과 사람들에게 희생—눈에 보이는 희생이나 보이지 않는 희생이나 매한가지로—할 때만 가능한 삶입니다. 희생의 능력은 연합의 능력입니다. 하나님의 백성 안에서는 한 사람이 다른 사람을 위해 희생하기에, 하나님의 백성은 세상에서 가장 강력한 백성이 됩니다.

두 번째 능력은, 불가해하여 소수만이 알고 있지만 누구든지 약간의 믿음만 있어도 갖추게 되는 능력, 타인을 위해 기도하는 능력입니다. 수백만이 마음으로 우리를 위해, 우리의 믿음을 위해, 우리의 능력을 위해 기도하고 있습니다. 우리는 세상이 하나의 제단이며, 이 제단 위에서 백만 가지 기도가 하늘에 상달되는 것을, 백성이 두 손을 들어 우리를 위해 매 순간 은혜를 간구하고, 온 공동체의 마음이 우리의 구원을 위해 기도하는 것을 생각만 할 따름입니다. 우리의 친구 동아리에서 몇몇 사람이 우리의 영혼을 하나님 앞으로 인도하여 대변하는 것을 상상만 할 따름입니다. 이런 생각을 하다 보면, 철저히 겸손해지지 않을 사람이 없을 것입니다. 이 사람 혹은 저 사람이 내 영혼의 구조자일 수도 있고, 적지 않은 수의 사람들이 우리를 위해 하나님 앞에 무릎을 꿇을지도 모릅니다. 우리의 공로가 아니라 하나님께서 우리의 이웃과 우리에게 베풀어 주시는 한없는 은혜와 사랑이 우리를 돌보는 것이지요. 그러나 우리는 공동체가 날마다 우리를 위해 기도하고 있다는 사실을 기억할 필요가 있습니다. 공동체는 주일마다 예배 기도에서 우리를 위해 기도하며, 주기도에서도 "내 아버지"가 아니라 "**우리** 아버지"라고, "내 죄"가 아니라 "**우리의** 죄"라고 기도합니다. 눈에 보이지 않는 그물처럼 중보 기도는 온 세상에 있는 공동체를 결속시킵니다. 자기에게 없던 이 능력, 달라고 구한 적도 없는 이 능력이 어디서 갑자기 임하게 되었는지는 아무도 모릅니다. 그저 하나님 앞에서 우리를 대변해 주는 공동체의 기도에 대해 우리가 조금도 감사하지 않았음을 돌아볼 뿐입니다.

세 번째 능력은 특히 사람들 가운데 있는 것 중 가장 고상하고 신성한 것입니다. 이 능력은 가장 놀랍고, 가장 신비롭고, 가장 거룩한 것으로서 한 사람이 다른 사람의 죄를—나는 너의 죄를, 너는 나의 죄를—하나님의 이름으로 용서하고 없애 주는 능력입니다. 이것이야말로 고백의 엄청난 비밀입니다. 이를테면 한 사람이 자기가 신뢰하는 다른 사람에게, 자기 어머니에게, 자기 남편에게, 자기 친구에게 자발적으로 고백하면, 그 다른 사람이 자기 신앙의 전권으로 고백자의 어깨에서 무거운 짐을 벗겨 주고, 고백자의 모든 죄를 하나님의 이름으로 용서해 주는 것입니다. 기독교 공동체의 생활 속에 있는 모든 것 중에서 우리가 다른 사람의 죄를 없애 주는 능력은 가장 심오하고 참된 능력입니다. 너는 나에게, 나는 너에게 한 사람의 그리스도가 될 수 있습니다. 우리는 마땅히 그렇게 되어야 합니다. 그런데도 우리는 이 능력을 가장 심각하게 잃고 말았습니다. 우리의 공동체는 고백과 죄 용서에서 얼마나 엄청난 능력이 나오는지를 완전히 잊었습니다. 한 사람이 곤경에 처한 다른 사람의 편을 들고 그의 죄를 용서해 달라고 기도할 뿐 아니라, 그리스도를 대신하여 그에게 그리스도가 됨으로써 그를 구해 내고 용서하는 데서 무적의 능력이 나오는데 말입니다.

희생과 중보 기도와 죄의 용서, 이 세 가지는 기독교 공동체의 놀라운 능력들이며, 하나님이 우리에게 보여주신 것처럼 사랑이라는 하나의 단어로 요약할 수 있는 능력들입니다. 이 세 가지 능력은 모든 것을 연결하는 그리스도의 몸의 피입니다.

하나의 몸은 **하나**의 생명체를 의미합니다. 모든 지체가 **하나**의 삶을 영위하고, 같은 공기를 호흡합니다. 모든 지체가 하나님의 말씀이라는 같은 양식을 먹고, 같은 음료, 곧 주 예수의 피를 마십니다. 한 사람이 있는 곳에 모든 공동체가 있습니다. 누구도 혼자가 아니고, 누구도 버림받지 않으며, 누구도 떠돌지 않습니다. 다만 공동체가 사랑으로, 곧 희생과 중보 기도와 죄의 용서로 그와 함께 있습니다. 누구도 먼 곳에 홀로 있지 않습니다. 누구도 고통 가운데 홀로 있지 않습니다. "한 지체가 영광을 받으면, 모든 지체가 함께 기뻐합니다." 처음으로 세례반盤을 향해 나아갈 때 누구도 혼자가 아닙니다. 살면서 처음으로 하나님을 경험할 때 누구도 혼자가 아닙니다. 생의 고된 투쟁 속에 있을 때도 혼자가 아닙니다. 의지할 곳 없이 병상에 누워 있는 사람도 혼자가 아닙니다. 가족 없이, 위안거리 없이 고독하게 떠돌며 늙어 가는 사람도 혼자가 아닙니다. 죽을병에 걸려 임종의 자리에 누운 사람도 혼자가 아닙니다. 슬픔과 괴로움 앞에 마음을 가다듬지 못하는 사람도 혼자가 아닙니다. 그가 여전히 혼자라고 할지라도, 공동체와 공동체의 주님이 그와 함께 하면서 그를 위해 기도하고, 그와 함께 하나님 앞에 서고, 보이지 않는 손으로 그를 붙잡고, 그를 위로하며, 불행 가운데 있는 그를 고향에 있는 것처럼 느끼게 해줍니다. 그렇게 이 모든 것이, 곧 사랑이 그를 에워쌉니다.

그러므로 슬퍼하고, 병들고, 버림받고, 떠돌며, 죽어 가는 여러분, 여러분은 혼자가 아닙니다. 여러분은 하나의 백성에게 둘러싸여 있습니다. 어머니가 아이를 사랑하듯이, 고향이 제 자식을 품으로 끌어당기듯이, 그 백성이 여러분을 사랑으로 떠받치고 있습니다. "여러분은 서로 남의 짐을 져 주십시오. 그렇게 하면 여러분이 그리스도의 법을 성취하실 것입니다"[갈 6:2]라고 했으니, 서로 떠받치고 사랑하되 자신도 사랑하고 떠받쳐 주십시오. 주님은 공동체 안에서 활동하십니다. 공동체가 있는 곳에 그리스도가 계시고, 하나님의 사랑도 거기에 있습니다. 공동체 안으로, 하나님의 백성 안으로 들어가십시오. 여러분은 그리스도의 몸**이고**, 하나님의 교회**이며**, 하나님께서 거룩하게 구별하신 공동체**이니**, 다만 바라보고 놀라며 감사하십시오.

무능하고 연약하며 고향을 잃은 우리 시대를 구할 방법은 한 가지뿐입니다. 그것은 교회로 돌아가는 것입니다. 한 사람이 다른 사람을 사랑으로 떠받치고, 다른 사람의 삶을 위하고, 하나님 안에서의 연합이 있으며, 무엇보다 사랑이 있는 고향과 같은 곳으로 돌아가는 것입니다. 우리의 세상은 하나님 백성의 한 부분, 곧 교회가 되어야 합니다. 그러나 이것은 우리의 모든 공동 사회와 결혼과 친구 관계의 목표이자 의미이기도 합니다. 결혼 생활이 교회가 될 때, 한 사람이 다른 사람을 위해 희생할 때, 한 사람이 다른 사람을 위해 기도할 때, 한 사람이 다른 사람의 죄를 용서해 줄 때, 두 사람이 하나의 삶을 영위할 때, 결혼 생활은 그 의미를 가장 깊게 표현하고 성취할 수 있습니다. 하나님은 우리를 그분의 자녀로 부르셨습니다. 그분은 우리의 사랑하는 아버지가 되려고 하십니다. 하나님은 우리의 아버지이고, 교회는 우리를 품고 사랑하는 우리의 어머니입니다.

교회는 우리가 믿어야 할 대상입니다. "나는 거룩한 공교회를 믿습니다."[9] 교회, 이것은 우리 인간 공동체의 의미입니다. 교회, 이것은 이런저런 시대에 우리의 희망입니다. 옛 교부[10]는 이렇게 노래했습니다. "하나님은 우리 아버지, 교회는 우리 어머니, 예수 그리스도는 우리 주님." 이것이 우리의 믿음입니다.

마태복음 5:8

1928년 8월 12일, 삼위일체 주일 후 열째 주일[11]

마음이 깨끗한 사람은 복이 있다. 그들이 하나님을 볼 것이다.

고대 이스라엘에서 주 하나님의 임재의 상징인 언약궤에 손을 댔다가 목숨을 잃은 사람이 있습니다. 그 궤에서 아무도 견뎌낼 수 없는 신성한 능력이 나왔기 때문입니다. 마찬가지로 오늘 본문과 한 번이라도 가까이 접촉하는 사람은 목숨을 잃을 수도 있습니다. 말씀은 기이한 힘을 내뿜습니다. 말씀은 얼마나 고요한 광채를 지니고 있는지, 우리가 거기서 눈을 돌리지 못할 정도입니다. 이는 예수의 비유에 등장하는 한 상인이 그가 찾아낸 극히 값진 진주에서 더는 눈을 돌릴 수 없어, 그것을 평생토록 감상하려고 자기의 모든 소유를 포기한 것과 같습니다. 저는 오늘 말씀을 설교에 담아 여러분에게 전하고 있지만, 우리가 말씀을 마주하여 할 수 있는 최선은 침묵임을 잘 알고 있습니다. 우리가 할 수 있는 것은 다만 말씀을 바라보며 침묵하는 것, 말씀을 만나고 말씀에 압도되는 것, 말씀에 우리의 목숨을 거는 것, 말씀이 우리를 들어 올려 끝없이 높고 광활한 곳으로 데려가도록 하는 것뿐입니다.

세상이 하나님을 등졌을 때, 인류가 피조물의 고집을 부려 세상을 창조하신 뜻을 저버렸을 때, 피조물이 창조주께 반발하기 시작했을 때, 우주 공간과 우리의 지구에 밤이 찾아왔을 때, 무자비와 질투라는 냉랭한 바람이 불어와 인류가 두려워 떨게 되었을 때, 선하신 하나님께서 인류에게 한 가지를 허락하셨습니다. 인류가 소유하고 있는 것 중에서 희미한 그림자로만 존재하는 한 가지, 곧 기원과 본향과 하나님을 갈망하는 것입니다. 우리의 눈은 온갖 비참과 불행, 화려한 기만을 어쩔 수 없이 바라보며 괴로워합니다. 우리의 영혼은 두려움에 떨다가 하늘을 우러르며 저 시편의 시구와 같이 외칩니다. "내가 언제 하나님께로 나아가 그 얼굴을 뵈올 수 있을까?"시 42:2 하나님을 뵙는 것, 이것은 밤이 낮을 갈망하고, 겨울이 봄을 갈망하고, 악이 선을 갈망하듯이 세상이 갈망하는 것입니다. 우리 모두가 알다시피 우리의 인생에는 우리 자신을 미워하던 시간, 우리 자신이 역겹던 시간, 우리의 처신이 아주 딱해 보이던 시간이 있습니다. 우리의 바람과 달리 추락과 실패의 시간도 있고, 패배와 그로 인한 굴욕의 시간도 있으며, 우리 자신을 경멸하던 시간도 있으며, 온갖 비참과 치욕이 밀려들어 바울과 같이 탄식하던 시간도 있습니다. "아, 나는 비참한 사람입니다. 누가 이 죽음의 몸에서 나를 건져 주겠습니까?"롬 7:24 이럴 때에 우리는 하나님의 얼굴을 갈망하고, 영원한 도성의 황금 길을 갈망하고, 하나님 뵙기를 갈망하는 마음이 샘솟습니다. 이는 바로 그 시간들이 선사하는 은총입니다. 이 시간들을 모르는 사람, 이 갈망을 알지 못하는 사람은 예수께서 오늘 우리에게 하시는 말씀을 많이는 이해하지 못할 것입니다.

각 사람과 마찬가지로, 모든 세상도 하나님을 부정하다가 하나님께 버림받은 상태에서 하나님을 뵙게 해달라고 아우성치는 시간을 경험합니다. 고대 이스라엘은 "내가 언제 하나님께로 나아가 그 얼굴을 뵈올 수 있을까?" 하고 외친 유일한 민족입니다. 소크라테스와 플라톤, 칸트와 독일 철학, 이들도 모두 그 외침에 동의했습니다. "우리가 어떻게 하나님을 뵈올 수 있을까?"라는 이 오래된 물음이 우리 시대를 관통하며 메아리치고 있습니다. 그런데도 우리의 눈은 세상적이고 분주한 일, 혼탁하고 암울한 일, 음침하고 추한 일에만 묶여 있는 것 같습니다. 우리는 눈을 들어 다른 방향을 보지 못하는 것 같습니다.

그러면서도 우리는 암흑 한가운데서 "빛 주위에는 영원히 아름다운 것이 있음"을 예감합니다. 누가 우리에게 볼 줄 아는 눈, 곧 광선이 힘차게 비추어도 곧바로 감기지 않는 눈을 주겠습니까? 주위를 살피며 빛이신 하나님을 어렴풋이 느끼기만 하는 것이 아니라, 그분을 갈망하고 마침내 그분을 뵈려면 어떻게 해야 할까요?

예수의 말씀이 이 물음 속으로 파고듭니다. "마음이 깨끗한 사람은 복이 있다. **그들이** 하나님을 볼 것이다." 깨끗한 마음, 우리가 지닌 본성의 깨끗함만이 우리에게 하나님을 볼 수 있는 자격을 부여합니다. "눈이 태양 같지 않으면, 눈은 태양을 알아볼 수 없다"라고 괴테는 말했지요. 이 말은 눈이 태양의 특성을 조금이라도 갖추지 못하면 태양을 바라볼 수 없고 그저 눈먼 상태, 곧 둔감한 상태로 머무르게 된다는 뜻입니다. 이것을 오늘의 말씀에 비추어 표현하면, "너희 눈이 영원한 것, 신적인 것의 특성을 조금이라도 갖추지 못하면 하나님을 결단코 보지 못할 것이다"가 될 것입니다. 깊은 산속의 호수가 높고 푸른 하늘을 비추듯이, 맑디맑은 수정이 여러 사물을 반영하듯이, 우리의 마음도 깨끗해지면 하나님의 형상을 받아들여 비추게 될 것입니다. 깨끗함, 이것은 우리 모두에게 매우 아름답고 충만하고 풍부한 울림을 지닌 단어입니다. 깨끗함, 이것은 듣는 순간 우리의 심장을 잠시 멎게 하는 단어입니다. 이것은 우리의 가슴을 아릴 정도로 두근거리게 하는 단어입니다. 최근에 저는 한 노학자의 이야기를 읽었습니다. 그는 오랜 세월이 흐른 뒤 요한계시록을 다시 읽으면서 난생처음 깨끗함이라는 관념에 충격을 받았고, 거기에 압도된 나머지 왈칵 울음을 터뜨렸다고 합니다. 요한계시록에서 그가 읽은 부분은 흰옷을 입고 하나님 앞에 서 있는 사람들에 관한 기록이었습니다. 우리는 자연을 바라볼 때, 별이 총총한 밤하늘을 우러러볼 때, 태양이 더없는 아름다움에 싸여 바닷속으로 잠기며 세상에 금빛을 뿌릴 때, 이슬에 젖은 백합이 태양을 향해 하얀 꽃봉오리를 열 때, 맑고 깨끗함을 경험합니다. 우리는 어린아이에게서 그것을 어렴풋이 느끼며 고요히 갈망하고 아련히 회상합니다. 아이가 뛰놀 때, 아이가 잠잘 때, 아이가 어머니의 품에 안겨 있을 때, 반짝이는 크리스마스트리 아래서 아이의 눈이 영혼의 광채를 발하고 성탄의 빛을 받아 환히 빛날 때 말입니다. 우리는 신랑 신부가 제단 앞에서 서로 손을 건네는 모습을 보면서 깨끗함이 지닌 아름다움에 사로잡힙니다. 깨끗함은 성숙한 사람들의 눈에서 빛을 발하고, 얼굴을 환히 빛나게 합니다. 무엇보다 우리는 예수를 똑바로 바라보는 순간 깨끗함에 압도되고 맙니다. 우리가 이 모든 것에 그토록 감동하는 이유가 무엇일까요? 우리가 깨끗함을 보는 곳에서만 세상이 맑고 투명하게 드러나며, 그 깨끗함은 세상에 의미와 아름다움과 생명을 주시는 하나님을 가리키고 있기 때문입니다. 우리가 깨끗함을 보는 곳에서만 유형의 무기물이 빛을 발하기 시작하고, 깨끗한 것이 하나님을 담는 그릇으로 여겨지기 때문입니다. 우리가 깨끗함을 보는 곳에서만 우리가 인간의 덧없는 것에서, 곧 우리의 살과 피에서 하나님을 보게 되기 때문입니다. "마음이 깨끗한 사람은 복이 있다. 그들이 하나님을 볼 것이다"라고 한 것은 깨끗함과 거리가 먼 우리에게 깊은 속까지 충격을 주려는 것입니다.

그렇습니다. 다시 절망이 시작됩니다. 우리는 깨끗하지 않습니다. 우리의 영혼은 죄의 얼룩과 허물을 지니고 다닙니다. 우리는 하나님을 맑게 비추는 존재가 아닙니다. 우리는 우리 안의 빛을 어둡게 했고, 거짓과 허위와 위선과 욕정으로 인해 더러워졌습니다. 그래서 예수께서 우리를 도우려고 하신 말씀, 곧 "마음이 깨끗한 사람은 복이 있다. 그들이 하나님을 볼 것이다"라는 말씀을 들을 때면, 우리 안에서 뭔가가 매우 고통스럽게 움츠러드는 것입니다. 팔복이 허공 속으로, 절망적인 데로 점점 사라지는 이유가 이 한 말씀 안에 요약되어 있습니다. 세상이 가면무도회를 열고 있다는 우리의 아픈 인식이 예수의 말씀 앞에 마주하여 섭니다. 사람들은 저마다 자기 취향과 자기를 과시하려는 마음에 따라 가면을 준비합니다. 자기 가면을 쓰고 사람들 사이에서 유유히 거닐며 알려지고 싶어 합니다. 이상한 색깔로 단장하고 몸치장을 하여, 자연적인 본성이 조금도 드러나지 않게 하지요. 아, 밝은 빛 가운데로 들어가기는커녕 어떤 색깔도 어렴풋이 빛을 발할 뿐인 어둑한 상태에 머무는 것을 더 좋아하다니요. 누군가가 기회를 살펴 "가면 속에 숨다니, 당신은 누구인가요?" 하고 물으려 하면, 다들 가면을 얼굴에 더 바짝 붙이고 달아납니다. 세상은 가면무도회를 열지만, 이제 예수의 말씀이 파고듭니다. "마음이 깨끗한 사람은 복이 있다. 그들이 하나님을 볼 것이다." 이 말씀은 우리 얼굴에서 가면을 벗겨냅니다. 그것은 맑음과 순전함을 창조하려는 것이며, 우리의 눈을 열어 하나님을 보도록 하려는 것입니다. 하지만 우리가 알고 있듯이, 하나님을 바라보는 우리의 눈이 우리 본성의 흐림, 거짓됨, 왜곡으로 인해, 바로 우리의 가면무도회로 인해 날마다 어두워지고 있습니다. 예수는 이 곤경에서 우리를 끌어내려고 이렇게 말씀하십니다. "순전하고, 맑고, 참되고, 소박하고, 반듯하고, 깨끗하여라. 그러면 너희 마음이 하나님 아버지의 마음을 비추는 거울이 될 것이다. 가면무도회와 단절하고 너희 자신에게 솔직해져서, 너희가 하나님의 피조물에 지나지 않는다는 것을 기억하여라. 너희는 독자적인 명성이나 권리를 조금도 가질 수 없다. 너희는 다만 하나님을 맑게 비치는 자가 되고 깨끗하게 되어야 한다. 그래야만 너희 안에 있는 하나님의 형상을 지킬 수 있다는 사실도 알아 두어라. 세상으로부터 너희를 깨끗하게 지키고, 하나님께서 너희에게 입혀 주신 흰옷을 더럽히지 말아라. 마음이 깨끗한 사람은 복이 있다."

자신이 깨끗한 상태로 머무르지 못하며, 날마다 다시 넘어지고, 밤마다 다시 하나님께 이렇게 외칠 수밖에 없음을 아는 것이야말로 그리스도인이 살면서 갖게 되는 가장 충격적인 깨달음입니다. "주님, 나 혼자서는 할 수 없으니, 주님께서 나를 깨끗하게 해주십시오. 그러면 내가 깨끗할 것입니다. 하나님, 내 속에 깨끗한 마음을 창조하여 주십시오.[시 51:10] 저는 기꺼이 깨끗하게 되고 싶고, 하나님을 뵙고 싶습니다. 우리가 이 땅에서 방황하는 한, '그들이 하나님을 볼 것이다'라는 대단히 영광스러운 약속은 성취될 수 없으니 말입니다." 우리의 시야가 덧없는 세상 너머로, 모든 시간 너머로, 별이 총총한 하늘 너머로, 사랑하는 아버지께서 계시는 곳으로, 빛이 있는 곳으로, 맑음과 참됨과 깨끗함이 있는 곳으로 확장됩니다. 찬송가 가사와 같이 진주로 장식한 문과 황금빛 거리가 있는 도성에서 우리는, 새 눈이 열리고 흰옷을 입은 채 하나님 앞에 서서 하나님을 뵙게 될 것입니다. 하나님을 본다는 것은 아버지를 모시고 그분을 똑바로 보는 것을 의미합니다. 이는 마치 사랑하는 사람을 똑바로 보면서 기뻐하는 것과 같습니다. 마음이 깨끗한 사람은 복이 있으니, 그들이 하나님을 볼 것입니다. 하나님을 본다는 것은 그분의 빛, 그분의 맑음을 생수처럼 들이마시는 것을 의미합니다. 하나님을 본다는 것은 우리가 일생토록 헤매며 그리워하던 본향을 마침내 발견하는 것을 의미합니다. 하나님을 본다는 것은 아버지의 마음을 향해 힘차게 뛰어가는 것을 의미합니다. 하나님을 본다는 것은 어머니 품에 안긴 아기처럼 실컷 울고 나서 기뻐하는 것을 의미합니다. 마음이 깨끗한 사람은 복이 있으니, 그들이 하나님을 볼 것입니다. 그리고 하나님을 본다는 것은 그 이상입니다. 하나님을 본다는 것은 자기 삶 속에서 하나님을 인식할 뿐 아니라, 세상 안에서 그분을 인지하는 것을 또한 의미합니다. 하나님을 본다는 것은 그분을 보면서 그분의 뜻을 이해하는 것을 의미합니다. 하나님을 본다는 것은 한 깊이에서 다른 깊이로, 곧 거룩한 영 안으로 들어가는 것을 의미하며, 하나님의 비밀이 드러나는 것을 보고 아이처럼 놀라고 두려워 떠는 것을 의미합니다. 우리는 이 세상에서 이 모든 것을 예감만 할 뿐입니다. 우리는 이 세상에서 부분적으로 보지만, 저세상에서는 하나님을 대면하여 뵙게 될 것입니다. 하나님을 본다는 것은 사랑하고 감사하고 깨끗해지면서 영원의 한 조각이 되는 것을 의미합니다. 하나님을 본다는 것은 구원받은 사람들이 흰옷을 입고 찬송하는 자리에서 "만물이 하나님에게서 와서 그분을 위해 그분으로 말미암아 존재하니, 하나님의 지혜와 하나님의 지식은 실로 깊고 풍부하구나!" 하고 함께 환호하는 것을 의미합니다.

그러나 우리는 순례하는 사람들이 모두 똑같이 내고 있는 둔탁한 발걸음 소리를 들으면서 여전히 순례 중에 있습니다. 그러면서 하늘로 향하는 그들의 거듭된 외침, 곧 "내 마음을 깨끗하게 해주소서"라는 그들의 외침과 함께 합창합니다. 지금 하늘이 우리를 유인하고 있습니다. 예수께서 우리를 유인하고 계십니다. "마음이 깨끗한 사람은 복이 있다. 그들이 하나님을 볼 것이다".

시간과 죽음

요한일서 2:17

1928년 8월 26일, 삼위일체 주일 후 열둘째 주일[12]

이 세상도 사라지고, 이 세상의 욕망도 사라지지만, 하나님의 뜻을 행하는 사람은 영원히 남습니다.

고대 그리스의 위대한 철학자 헤라클레이토스는 세상에 대한 자신의 가장 깊은 이해를 "만물은 유전流轉한다"[13]라는 말로 요약했습니다. 그는 이러한 생각을 "당신은 같은 강물에 두 번 발을 담글 수 없다"라는 말로도 요약했습니다. 그의 말을 다르게 표현하면 이렇게 될 겁니다. "당신이 삶을 붙잡으려 하면, 삶은 이미 지나가고, 당신의 손에서 살그머니 달아나며, 무無처럼 사라진다. 삶은 사는 것이 아니라 죽는 것이다. 삶은 곧 죽음을 의미한다."

같은 시대에 멀리 동양에서는 부처가 인도 사람들에게

세상의 허상과 덧없음을 가르쳤습니다. 유혹이 가득한 세상은 아주 매력적인 촉수로 인간을 욕정에서 욕정으로 끌어당기며 그를 놓아주지 않습니다. 하지만 이 모든 것은 고통을 주고 마음을 혼란스럽게 하는 환상과 미몽에 지나지 않습니다.

조금 후대에 이르러 전도자 솔로몬은 다소 과도하게 "모든 것이 헛되다"라고 말했습니다.전 1:2 세상도 헛되고, 세상의 분주함도 헛됩니다. 이 옛 노래는 사라지는 욕망, 뒤따르는 수고, 차라리 죽음이라고 불러도 될 삶을 두고 그렇게 말합니다. 모든 것이 헛되다는 것입니다. "사람의 손으로 지은 것은 하찮고 하찮다."[14] 세상에 드리운 재앙, 세상을 헛되게 하는 그 불행은 다름 아닌 시간입니다. 시간이란 무서운 단어입니다. 그 이유는 시간이 다음 두 가지를 의미하기 때문입니다. 첫째, 일어난 일은 일어난 일로 남을 뿐, 일어나지 않은 것이 될 수 없습니다. 이미 일어난 일의 아무리 작은 부분도 물릴 수 없으며, 죄는 죄로 남고, 태만은 태만으로 남는 것입니다. 일어난 일은 언제나 일어난 일로 남습니다. 둘째, 잠깐의 멈춤도 없고, 모든 것이 끊임없이 변하면서 일정한 목적지인 죽음을 향해 나아간다는 것입니다. "아름다운 것이 사라지고, 완전한 것이 멸하여, 신들이 울고, 여신들이 운다"라고 실러는 말했습니다. 시간은 순간, 곧 원망의 순간, 기쁨의 순간, 행복의 순간, 욕망의 순간을 무자비하게 넘어서 갑니다. 니체는 자신의 시에서 "모든 욕망은 영원을 원하고, 심오한 영원을 원한다"라고 말했습니다. 우리 생에는 수수께끼 같은 모순이 있습니다. 이를테면 우리는 특정한 장소에서 복을 받으면 그곳이 영원하기만을 바라는데, 반드시 그곳도 덧없기는 다른 곳과 마찬가지라는 것입니다. "이 세상은 사라지고, 이 세상의 욕망도", 이 세상의 아름다움도, 이 세상의 화려함도, 이 세상의 인류도, 이 세상의 문화도 사라집니다.

그런데 베토벤의 작품, 바흐의 작품, 괴테의 작품, 미켈란젤로의 작품은 영원하지 않을까요? 이 세상이 사라지면 이것들도 사라집니다. 하나님의 세계 역사에서, 헤아릴 수 없이 오래된 별들 앞에서 몇백 년의 명성이 무슨 대수겠습니까? 하나님의 영원한 아름다움과 무한한 능력 앞에서 인간의 모든 문화와 아름다움과 예술이 무슨 대수겠습니까? 먼지도, 바다의 물방울도, 잎사귀도 바람에 흩날려 무無가 되고 맙니다. 그 앞에서 우리의 문화와 철학과 도덕이 영원하다고 말하는 것은 정신 나간 짓이나 다름없습니다. 인간의 어리석음과 오만이 그렇게 말할 뿐입니다. 언젠가 지구가 산산조각이 나고, 세상도 산산조각이 나는 때가 이를 것입니다. 땅도 사라지고, 세상도 사라질 것입니다. 온 세상을 지배하는 것은 시간이고, 좀 더 명확하게 말하면 죽음입니다. 시간과 죽음은 같은 것입니다. 이 세상은 쇠

퇴와 죽음의 세상입니다. 그 안에서 일어나는 일들은 모두 죽음이라는 궁극das Letzte을 뒤따르는 차극次極, das Vorletzte에 지나지 않습니다. 따라서 세상의 결론은 삶과 기쁨과 욕망이 아니라 무상함과 죽음입니다. 죽음의 법이 세상을 다스립니다. 초기 교회의 표현으로 말하면, 죽음의 법이 "사악한 세상"을 지배합니다. 죽음이야말로 세상이 넘을 수 없는 최후의 한계입니다.

이 운명이 세상에 떠안기는 고통을 떠올리면 죽음의 재앙이 두렵고 무섭게 느껴집니다. 그러면서도 우리는 세상의 창조주께서 죽음의 재앙을 바라지는 않으셨을 것이라고 어렴풋이 깨닫게 됩니다. 세상이 하나님의 뜻을 저버리고, 태초의 행위,die Urtat 곧 태초의 악행das Urböse이 발생했습니다. 악마가 창조주 하나님께 반항한 것입니다. 재앙은 이 태초의 악행과 관련이 있습니다. 태초의 악행, 이것이 지금도 우리 안에서 활동하며 하나님께 반항하고 그분의 뜻에 반발하고 있습니다. 하나님께서 불순종한 아담과 그의 후손에게 죽음의 운명을 정하시며, "너는 흙에서 나왔으니, 흙으로 돌아갈 것이다"창 3:19라고 말씀하셨다는 구약성서의 이야기도 다른 것을 말하려는 게 아닙니다. 덧없는 운명이 사악한 마법처럼 세상 위에 군림하고 있으니, 세상과 우리 안에 도사린 태초의 악행을 제압하는 자만이 이 마법을 몰아낼 수 있습니다. 이 죽음의 운명은 세상 안에 도사린 악과 밀접한 관련이 있습니다. 그런 까닭에 죽음이 이 세상에서 우리가 직면하는 가장 중대한 문제라고 하겠습니다.

이 세상에서 중대한 것은 죽음입니다. 세상이 끝날 때, 세상이 한계에 봉착할 때, 그 중대한 것이 시작됩니다. 우리의 생명이 끝날 때, 우리가 더는 존재하지 않게 될 때, 이를테면 우리의 시간이 한계에 다다를 때, 비로소 그 중대한 것이 시작됩니다. **세상에서 중대하지 않은 것은 순간**이고, 차극이며, 요한이 말한 세상의 욕망입니다. 이 세상에서 진지하게 살 것인지 진지하지 않게 살 것인지, 차극에 머무를 것인지 궁극을 향해 돌파해 갈 것인지, 본문의 용어로 말하면 세상의 욕망을 궁극적인 것으로 여길 것인지, 이 욕망의 덧없음을 궁극적인 것으로 여길 것인지는 인간에게 달려 있습니다.

(이 부분에서 원고 한 페이지가 분실된 것으로 보인다.—편집자)

구약성서는 우리에게 메멘토 모리memento mori를 힘차게 선포합니다. 메멘토 모리는 실로 '네 연한을 계수하라'는 뜻이고, 영원 이외의 어떤 것도 시간의 폭력을 견뎌 낼 수 없다는 뜻이며, 우리는 모두 죽는다는 뜻입니다. "주님, 알려 주십시오. 내 인생의 끝이 언제입니까? 내가 얼마나 더 살 수 있습니까? 나의 일생이 얼마나 덧없이 지나가는 것인지를 말씀해 주십시오."시 39:4 이 사실을 아무 생각 없이 맞이할 셈입니까? 궁극, 곧 죽음을 진지하게 생각하고, 일어난 기적을 바라봅시다. 세상의 한계를, 시간의 한계를 생각합시다. 그러면 놀라운 일이 일어날 것입니다. 우리의 눈이 열려서 세상의 한계를 보게 될 것입니다. 시간의 끝은 진정한 새로움의 시작, 곧 영원의 시작임을 보게 될 것입니다. 시간은 제힘을 영원에 빼앗기고, 세상의 궁극인 죽음은 차극이 됩니다. 모든 덧없는 것이 영원의 관점 아래로 옮겨 가게 됩니다. 그러나 이 영원은 우리에게서 멀리 떨어져 있지 않습니다. 영원하신 하나님이 시간 안으로, 예수 그리스도 안으로, 덧없는 죽음의 세상 한가운데로 손을 뻗으셨기 때문입니다. 이제 우리는 하나님의 손을 잡고, 그분의 이끄심을 따라서 영원 안으로 진입할 수 있습니다. 바로 이것이 예수 그리스도 안에서 일어난 계시의 기적입니다. 영원에서 나온 한 표지가 온갖 덧없음과 어둠 가운데 우뚝 서서 신성한 은혜의 빛을 받아 환히 빛나고 있습니다. 바로 십자가입니다.

앞서 말씀드린 대로, 죽음의 마력을 몰아낼 수 있는 자만이 인류 안에 도사린 태초의 악을 근절할 수 있습니다. 그 일을 하신 분이 바로 예수 그리스도입니다. 그분은 악인을 깨끗하게 하시고, 거역하는 자를 자기에게로 돌아서게 하시며, 사울을 바울로 만드십니다. 그분은 죽을 운명의 죄인을 인도하여 영원 안으로 들여보내십니다. 가장 놀라운 일은 그분이 우리를 지금 여기서 영원하게 하신다는 것입니다. 하나님께서 우리를 부르셨으니, 우리는 이제 덧없는 존재가 아니라 영원한 존재입니다. 우리는 시간 안에 있지 않고, 이미 영원 안에 있습니다. 우리는 영원을 가슴에 품고 있습니다. 그분을 믿는 사람은 영생을 얻고, 더는 죽지 않으며, 죽어도 살 것입니다. 영원한 존재가 되어 매 순간 하나님을 우러러보는 것, 바로 이것이 우리 삶의 의미입니다. 우리는 죽음을 이겼습니다. 죽음은 이제 아무것도 아닌 것이 되어 우리 뒤에 처져 있습니다. 우리는 이미 죽음에서 생명으로 옮겨진 상태입니다. "이 세상도 사라지고, 이 세상의 욕망도 사라지지만, 하나님의 뜻을 행하는 사람은 영원히 남습니다."

이제 우리에게는 이런 물음이 제기됩니다. "당신은 죽음의 사람, 정처 없이 떠돌다가 풀잎처럼 스러지는 사람으로 남으시겠습니까? 아니면 영원의 사람, 죽음이라는 관념에 깜짝 놀라서 영원을 찾은 사람이 되시겠습니까? 우리에게는 둘 중 하나의 길만 있을 뿐입니다. 경솔하고 지각없이 사시렵니까? 그러면 당신은 죽음의 세상에 속한 사람이 될 것입니다. 아니라면 오늘부터 가서 참되고 성실해지십시오. 그러면 당신은 영원의 사람이 될 것입니다. 그러나 그렇게 되려면 어떻게 해야 할까요?" 예수께서는 놀라울 정도로 간단한 답을 주십니다. "하나님의 뜻을 행하여라!" 우리는 여전히 부족하지만, 예수의 이 답을 잘 알고 있습니다. "집으로 가서, 네 형제자매, 네 아내, 네 자녀, 네 부모, 네 친구를 사랑하여라. 네 이웃과 화목하고, 도움이 필요한 이에게 도움을 주고, 가진 것 없는 이에게 네가 가진 것을 베풀고, 온화하고 자비로운 사람이 되고, 생각과 말을 순전하게 하여라. 너는 이 세상 안에서 살고 있다."

우리는 세상을 뒤로하고 고독 속으로 달아나야 할까요? 금욕주의자가 되고 고행하며, 내 속의 모든 세상 기쁨을 죄스러운 것으로 여겨 억제하고 억눌러야 할까요? 태양과 기쁨과 행복에 대한 전쟁을 선언해야 할까요? 그리하면 영원의 사람이 될까요? 중세 시대와 수도사는 그리해야 한다고 생각했으니 말입니다.

아닙니다. 하나님께서 당신을 세상 안에 들여보내셨습니다. 그러니 당신은 세상 안에서, 곧 무상한 것들 한가운데서 하나님의 뜻을 행해야 합니다. 즐겨도 되는 것을 즐기되, 세상에 집착하지는 마십시오. 당신의 마음은 영원, 곧 하나님의 소유입니다. 세상이 당신의 마음을 원하거든, 세상에 대해 전쟁을 선포하십시오. 세상이 당신의 힘, 당신의 도움, 당신의 목숨을 원하거든, 그 모두를 세상에 내어주십시오. 그러면 당신은 많은 일을 할 수 있으며, 죽음의 사람에서 영원의 사람으로 바뀔 것입니다.

만일 여러분이 '그리스도인은 눈에 보이는 모든 것을 허무하게만 여기고 단념하는 비관적인 사람들이다'라고 생각한다면, 이는 오늘 본문과 이 설교를 오해한 것입니다. 확실히 많은 그리스도인이 세상에 대해 부정적이어서 세상으로부터 너무 많은 것을 바라지 않고, 세상의 문화도 즐거워하지 않습니다. 하지만 이 세상 안에서 그리스도인은 신적인 것과 관련해서는 긍정적인 사람들입니다. 그들은 하나님이 자신들에게 영원을 선물로 주신다는 것을 알고 있습니다. 그래서 그리스도인은 기뻐하는 사람들, 명랑한 사람들입니다. 물론 이 명랑함은 약간의 비애와 세상의 고통이 변함없이 기웃거리는 명랑함입니다. 그리스도인은 이 세상 안에서 그들 고유의 활동 영역을 가지고 있습니다. 그들은 이 활동 영역에서 돕고, 함께 창조하고, 함께 활동합니다. 그들은 이 활동 영역에서 하나님의 뜻을 행합니다. 그런 까닭에 그들은 비관적인 염세가들이 아니라, 하나님께 모든 것을 기대하는 사람들, 그래서 세상 안에서 기뻐하는 사람들, 명랑한 사람들입니다. 그들에게 세상이란 영원을 파종할 경작지이기 때문입니다. "그러나 하나님의 뜻을 행하는 사람은 영원히 남습니다."

우리가 영원한 죽음에 이를 것인지, 영원한 생명에 이를 것인지가 결정되는 때가 올 것입니다. 그때가 되면, 『파우스트』의 끝부분에서처럼 악령이 "심판받았느니라!" 하고 외치고, 영원하고 선한 영이 "구원받았느니라!" 하고 외칠지도 모르겠습니다.

종교와 행복

고린도후서 12:9

1928년 9월 9일, 삼위일체 주일 후 열넷째 주일[15]

내 은혜가 네게 족하다. 내 능력은 약한 데서 완전하게 된다.

이 본문을 이해하려면, 먼저 이런 질문으로부터 시작해야 합니다. "종교는 무엇 때문에 존재하는가, 종교의 의의와 종교의 유익은 도대체 무엇인가?" 하는 질문입니다. 세계 종교들은 "인간을 안팎으로 행복하게 하기 위해서"라는 단 하나의 답을 제시합니다. 행복과 종교는 황금과 그 광채처럼 떼려야 뗄 수 없는 관계입니다. 다시 말하면, 종교는 인간에게서 시작되며, 인간과 관련해서만 세상의 중심으로 평가됩니다.

이 질문에 대해서 성서는 무슨 답을 줄까요? 성서는 단 하나의 사건, 단 하나의 표지, 곧 예수의 십자가만을 가리킵니다. 십자가에서 전례 없는 일이 일어났습니다. 하나님께서 인간을 사랑하여 인간을 위해 죽으신 그곳에서 종교와 행복의 공식이 철저히 깨졌습니다. 하나님께서 보내신 예수가 "나의 하나님, 어찌하여 나를 버리셨습니까?"막 15:34라고 외치며 죽으신 곳에서 감히 내적인 행복을 말할 수 있는 사람이 있을까요? 예수가 죽으시는 순간에 종교와 행복이, 곧 내적인 것과 외적인 것이 무너지고 하늘이 찢어졌습니다. 그리고 은혜와 사랑이라는 이해할 수 없는 새 단어들이 십자가에서 선포되었습니다. 이 단어들은 메시아적인 세계 제국의 황제가 좌정한 옥좌에서 공포한 것도 아니고, 인류가 최고의 경지에 이르러서 공포한 것도 아닙니다. 그것들은 죄인의 언덕에서, 곧 한 경건한 사람이 하나님께 버림받아 십자가에서 소리치며 죽은 그 자리에서 선포되었습니다. 이로써 기독교와 타종교의 차이가 분명해졌습니다. 이곳은 은혜를 말하고, 저곳은 행복을 말합니다. 이곳은 십자가를 말하고, 저곳은 왕관을 말합니다. 이곳은 하나님을 말하고, 저곳은 인간을 말합니다. "내 은혜가 네게 족하다." 바로 이 말씀이 십자가의 말씀입니다. "행복을 힘차게 잡아당겨라." 이것은 이교도의 설교입니다.

여러분은 어느 곳을 택하시겠습니까? 십자가의 언덕, 바로 여러분 자신의 십자가가 서 있는 곳, 다름 아닌 체념과 포기 가운데 발견되는 하나님의 은혜인가요? 세상이 미화하는 안과 밖의 행복인가요? 하나님의 종교인가요? 인간의 종교인가요? 옳고 그름을 이 자리에서 말할 수 있으려면, 먼저 우리가 양쪽의 실제를 단편적으로라도 알아야 합니다. 확실히 쉽지는 않지만, 우리가 무력함을 느끼는 곳에서 하나님을 발견하고, 우리가 단념할 수밖에 없는 곳에서 우리 눈에 보이지 않는 은혜를 보며, 하나님의 은혜에 실제로 만족해야 합니다. 그러면 우리가 살아 있는 동안 우리 마음대로 되지 않는 세상의 정원에 아름다운 꽃들이 피고, 금빛 열매들이 익을 것입니다.

우리의 친구나 배우자나 자녀가 병상에 누워 있어서, 우리가 털썩 주저앉아 "주님, 도와주십시오. 우리를 보살펴 주십시오" 하고 기도하는데, 하나님은 듣지도 않으시고, 그저 한 음성이 "내 은혜가 네게 족하다" 하며 사랑하는 고인을 부른다면 어떨까요? 그러면 우리는 버럭 화를 낼지도 모르겠습니다. 도움을 호소할 때 도움이 되지 않는 이 은혜의 말씀은 우리의 불행을 비웃는 것일까요? 아니면 정말로 누군가에게는 이 말씀이 가장 심오한 진리이자 가장 큰 선물로 주어질 수도 있을까요?

어느 날 우리의 인생이 실패하고 망할 수 있다는 것은 확실히 두려운 일입니다. 그러나 세상에는 이보다 더 두려운 현실이 있습니다. 그 두려운 현실은 바로 우리의 종교와 도덕으로부터 나온 것입니다. 그것은 하나님이 우리에게 세상의 행복을 포기하도록 하시는 것이 아니라, 하나님 자신이 선한 사람을 포기하시는 것입니다. 이것이 하나님이 우리에게 직면하도록 하시는 가장 가혹한 일입니다. 이를테면 우리에게 가장 무거운 짐을 지우시고는 우리를 내던져 버리시는 것입니다. 선한 사람, 깨끗한 사람, 거룩한 사람을 포기하시다니, 이것은 정녕 무슨 뜻일까요?

살아가면서 언젠가 하나님의 뜻을 진지하게 생각한 적이 있는 사람, 자기 어깨 위에 놓인 악의 짐에 짓눌려 주저앉은 적이 있는 사람, 자신의 추악함과 비열함을 깨닫고 돌아서서 하나님의 길을 걸으려고 한 적이 있는 사람만이 그 뜻을 이해할 수 있습니다. 바라기만 하던 모든 일이 잘될 것이란 희망을 품었다가 다시 타락했을 때, 우리는 놀라고 두려워하면서 "주 하나님, 마지막으로 저지른 짓이었습니다. 이번 한 번만 더 용서해 주십시오"라고 말하고는 이 과정을 계속 되풀이하다가 끝내 환멸에 이르고 맙니다. 이는 우리가 살면서 경험하는 것 중에 가장 심각하면서도 경악스러운 경험입니다. 우리는 선하지 않고, 깨끗하지도 않습니다. 우리는 결심한 것에 줄곧 미치지 못하며, 그 미치지 못하는 순간이 결심보다 더 강하기 때문에 우리가 끝내 선에 다다를 수 없다는 것을 깨닫곤 합니다. 여러분은 이것이 과장된 말이라고 생각할지도 모르겠습니다. 그렇다면 예수를 바라보십시오. 그런 다음 여러분 자신을 바라보십시오. 그러면 여러분은 두려움에 떨게 될 것입니다. 그렇습니다. 악과 비열함은 압도적입니다. 그래서 우리는 사는 동안 그 악과 비열함의 속박에 매여 있습니다. "내 은혜가 네게 족하다. 내 능력은 약한 데서 강하게 된다"라는 말씀이 우리에게 주어지지 않는다면, 우리는 선한 사람에게, 거룩한 사람에게, 우리 자신에게, 그리고 하나님께 절망하게 될 것입니다.

이로써 분명해진 사실이 있습니다. 이를테면 종교는 세상이 약속하는 것의 성취를 우리에게 가져다주거나, 지상의 행복을 제공하지 않는다는 것입니다. 종교는 세상 안에서 불행, 불안, 단념을 강화할 뿐입니다. 은혜의 말씀은 이 세상에서 일어나는 모든 일에 맞서며 말합니다. "**내 은혜**가 네게 족하다."

은혜란 무엇일까요? 은혜는 분명하게 드러나지 않는 어떤 것이며, 우리가 살면서 직접 파악할 수 없는 어떤 것입니다. 우리가 경험한 바에 따르면, 은혜는 있음직하지 않은 것이며, 믿을 수 없는 것입니다. 은혜는 온 세상을 넘어서는 사건을 말하면서 우리를 우리의 세상에서 저세상을 향해 인도합니다. 어두운 심연이 열리고, 한 음성이 이렇게 명령합니다. "뛰어넘어라. 내가 너를 받아 주겠다. 내가 너를 붙들겠다. 내가 손을 뻗겠다. 네 삶을 과감히 시도하여라. 나를 믿고, 다른 어떤 것도 믿지 말아라. 내 은혜가 네게 족하다. 나는 사랑이다. 내가 너를 지명하여 불렀으니 너는 내 것이다."

이 세상에서 다른 모든 것이 보이지 않고 오직 사랑의 하나님이 계신 것만 보인다면, 하나님이 이제 여기서 내 소원을 이루어 주신다면, 과감하게 나아가기가 훨씬 쉬울 것입니다. 그러나 하나님은 우리를 넘어뜨리시면서 말씀하십니다. "나의 생각은 너희의 생각과 다르며, 너희의 길은 나의 길과 다르다." 사 55:8 이 말씀은 우리가 세상에서 일어나는 일을 아직은 다 이해하지 못하기 때문에, 그저 다음 한 가지만이라도 알아야 한다는 뜻입니다. 즉, 그 일은 하나님이 일으키시는 일이며, 그분은 우리의 최선을 바라시며, 자기의 은혜로 우리와 함께 계신다는 것입니다. 어쩌면 우리는 우리에 대한 하나님의 생각을 온전히 이해하지 못하고, 그분의 은혜를 느끼거나 맛보거나 보지 못하고, 그분의 진노하심만을 볼지도 모릅니다. 하나님은 하나님이시기 때문입니다. 그러나 그분이 말씀하신 것에 따라서, 우리는 모든 것이 우리에게 거부된 곳에서도 하나님의 은혜를 믿을 수 있습니다. 하나님의 은혜를 믿는 것은 우리 발 아래의 바닥이 갑자기 옮겨지는 것을 느끼는 것입니다. 하나님의 은혜를 믿는 것은 누구도 설 수 없는 곳에 서는 것입니다. 하나님의 은혜를 믿는 것은 한없이 불합리하고 대담한 일을 시도하는 것입니다. 하나님의 은혜를 믿는 것은 더는 세상을 보지 않고 하나님을 보는 것입니다. 하나님의 은혜를 믿는 것은 더는 우리의 불행과 죄를 보지 않고 하나님의 충만하심을 보는 것입니다. 하나님의 은혜를 믿는 것은 자기는 작아지고 하나님이 커지는 것을 보는 것입니다. 하나님의 은혜를 믿는 것은 하나님이 세상과 관계하려고 하신다는 이해할 수 없는 모순을 진지하게 대하는 것입니다. 하나님의 은혜를 믿는 것은 하나님이 모든 곤경보다 크시고, 우리를 비난하는 우리의 마음보다 크신 분임을 아는 것입니다.

하나님의 은혜를 믿는 것은 우리의 불행과 죄를 들추는 것이 아니라, 자기 자신을 넘어 십자가를 바라보는 것입니다. 하나님께서 친히 불행과 죄를 떠맡아 짊어지시고, 무거운 짐을 질 수밖에 없는 모든 이에게 자기의 사랑을 부어 주신 곳이 바로 십자가입니다. 인간의 불행과 죄, 그리고 하나님의 은혜와 사랑, 이 둘은 떼려야 뗄 수 없는 관계입니다. 불행이 많고 죄가 많은 곳이야말로 하나님의 은혜와 사랑이 더욱 많은 곳입니다. 인간이 작아지고 약해지는 곳이야말로 하나님께서 자기의 영광을 드러내시는 곳입니다. 하나님의 사랑은 강한 사람, 행복한 사람, 의로운 사람에게 있지 않습니다. 오히려 하나님의 사랑은 불행한 사람, 그분을 바라보지 않는 사람, 죄지은 사람에게 있습니다. 그분의 능력은 약한 데서 강하게 됩니다. 내가 약해지는 곳이 바로 내가 강해지는 곳입니다. 우리는 세상이 우리의 갈망 충족을 허락하지 않기 때문에, 포기와 단념의 세상, 고난의 세상이 의미심장하기 때문에, 바로 그런 이유들 때문에 하나님이 이 세상과 함께하신다고 확신합니다. 인간의 마음이 찢어지는 곳에 하나님은 들어가십니다. 인간이 커지려고 하는 곳에 하나님은 계시려 하지 않으십니다. 인간이 어둠 속에 침몰하는 듯 보이는 곳에 하나님은 자기의 영광의 나라, 곧 사랑의 나라를 세우십니다. 이를 두고 세례자 요한은 "그는 흥하여야 하고, 나는 쇠하여야 한다"요 3:30라고 말했습니다. 인간이 약하면 약할수록, 하나님은 더욱더 강해지십니다. 이것은 그리스도의 십자가에서 하나님의 사랑과 인간의 불행이 만나는 것처럼 확실합니다. 이것은 그리스도의 십자가가 종교는 행복이라는 방정식을 깨뜨린 것처럼 확실합니다. "내 은혜가 네게 족하다. 내 능력은 약한 데서 강하게 된다." 그러니 행복을 바라지 말고, 이 세상에서의 성취도 바라지 마십시오.

인류의 절망과 갈망, 인류의 완전한 단념이 가장 뚜렷하게 드러나는 곳, 불행과 도시 생활의 죄, 세리와 죄인의 집, 인간의 비참과 불행이 도사린 시설들, 생의 기쁨을 빼앗긴 사람의 마음속, 자신의 죄 때문에 회복되지 못하는 사람의 가슴속, 바로 이 모든 곳에서 신적인 은혜의 말씀은 승리의 노래를 부릅니다. 이쪽은 희미해서 눈에 보이지 않고, 저쪽은 찬란합니다. 이쪽은 있음직하지 않지만, 저쪽은 현실입니다. 이쪽은 시간의 수평선에서 번갯불이 번쩍이는 것과 같고, 저쪽은 영원의 불꽃이 타오르는 것과 같습니다.

로마서 12:11

1928년 9월 23일, 삼위일체 주일 후 열여섯째 주일[16]

시간을 섬기십시오.[17]

현대적인가, 현대적이지 않은가? 이 물음은 오늘날 패션이나 건강의 문제뿐만 아니라 인간적 관심사의 모든 영역, 곧 과학과 문학과 종교에서도 대단히 중요한 물음입니다. 본문 앞에서 사람들은 두 갈래로 나누어집니다. 한쪽 사람들은 오로지 현대적인 것에 마음이 기울고, 의식적 비현대인들은 좋았던 옛 시절을 밝게 회고합니다. "당신은 현대인이 되고 싶습니까?"라는 물음에 한쪽 사람들은 단호하고 자신만만하게 그렇다고 대답하고, 다른 쪽 사람들은 아니라고 대답하지요. 그리스도인을 자처하는 사람은 어느 쪽일까요? 그리스도인은 보수적으로 생각해야 할까요? 아니면 진보적으로 생각해야 할까요? 그리스도인은 비현대인이 되어야 할까요? 현대인이 되어야 할까요?

모든 그리스도인에게 본질적인 문제는 영원에 관한 문제인 것 같습니다. 그런데 우리가 시간의 한가운데서 영원에 이르려면 어찌해야 할까요? 하지만 생성과 소멸이 끊임없이 반복되는 이 세상에는 영원하고 항구적인 것이란 존재하지 않습니다. 그래서 시간을 넘어서서, 이 세상에서 일어나는 모든 일에 무관심해야 하며, 오로지 영원 속에 사는 것, 이 한 가지 길만 있는 것 같습니다. 그래서 시간이라는 폭군에게서 벗어나는 것이 중요해 보이지요. 그런데 오늘 본문은 우리에게 "영원을 발견하고 싶거든 시간을 섬기십시오"라고 촉구합니다. 불멸의 것을 바라거든 덧없는 것을 고수하고, 영원한 것을 바라거든 일시적인 것을 고수하고, **하나님을 바라거든 이 세상을 고수하라니,** 이 모든 말은 우리에게 엄청난 모순으로 여겨집니다. 이미 우리는 이 세상에서 천상으로 이어진 덕행의 사다리를 타고 오르는 일에 성공한 듯하고, 이미 세상의 해안을 멀리 벗어나 반신반인半神半人의 상태로 영원한 공간 속으로 들어간 것만 같습니다. 하지만 말씀이 비상飛上 중인 우리를 도로 떨어지게 합니다. 우리는 꼭대기에서 추락하여, 우리가 세상 안에 있음을 불현듯 깨닫습니다. 영원한 존재가 되려거든 시간을 섬기라는 말이 우리 귀에 울리는 것 같습니다.

시간을 섬기라니, 그 이유가 뭘까요? 바로 시간 안에서만 하나님을, 영원을 찾을 수 있기 때문입니다. 하나님의 숨은 뜻은 시간 속에서 발견됩니다. 이것은 마치 우리가 예수 그리스도 안에서 하나님의 뜻을 발견하는 것과 같습니다. 물론 시간 속에 있는 것들은 어떤 것도 신적이지 않습니다. 교회도 그렇고 우리의 종교도 마찬가지입니다. 이 모든 것은 덧없음에 사로잡혀 있습니다. 그렇지만 시간 속에 있는 모든 덧없는 개체들과 개인들 안에는 하나님의 뜻이 부분적으로 담겨 있고, 영원도 부분적으로 담겨 있습니다. 그런 의미에서 시간은 너무 깊어서 길어 올릴 수 없는 우물, 깊디깊은 바닥에서 황금이 반짝이는 우물과 같습니다. 시간은 까마득히 깊은 곳에 금광맥이 알려지지 않은 채 뻗어 있는 산악 지대와 같습니다. 이 모든 것은 불완전하지만 적어도 완전한 것을 반영하고 있습니다. 모든 무상한 것은 영원한 것을 가리키는 상징입니다. 위대한 역사학자 랑케는 "모든 순간은 하나님과 직결되어 있다"라고 말했습니다. 이 말은 모든 순간에는 영원이 부분적으로 드러나지 않게 숨어 있으니, 그것을 찾는 것이 중요하며, 하나님께서 모든 순간을 주재하신다는 뜻입니다.

순간과 현재. 오늘 본문이 노리는 가장 중요하고 결정적인 단어들입니다. 시간을 섬기라는 말은 현재를 의미하는 모든 시간을 섬기라는 뜻입니다. 달리 말하면, 현재는 거룩하고, 하나님의 눈 아래 있고, 축성되었고, 영원의 빛으로 가득 차 있다는 뜻입니다. 현재는 우리와 함께하시는 하나님의 시간, 그래서 책임을 요구하는 시간입니다. 오늘이든 내일이든, 모든 현재는 매우 현실적이면서도 형체가 없는 지금을 의미합니다. 전 세계 역사에서 진실로 의미심장한 시간이 있으니, 그게 바로 현재입니다. 현재에서 도망치는 사람은 하나님의 시간을 피하는 사람이며, 시간으로부터 도망치는 사람은 하나님을 피하는 사람입니다. 시간을 섬기십시오! 하나님은 시간의 지배자이시고, 그리스도는 시간의 전환점이시며, 성령은 진정한 시간의 영이십니다. 매 순간 우리의 할 일은 다음 세 가지입니다. 하나님을 내 생의 주인으로 인정하기, 내 삶을 은혜 쪽으로 전환하시는 그리스도께 굴복하기, 세계정신 한가운데서 성령께 힘껏 공간과 힘을 내어드리기. 시간을 섬기십시오! 주 하나님께, 화해자 그리스도께, 우리의 세상을 정결케 하시는 성령께 감사하십시오. 현재가 제 권리를 획득하게 될 때, 우리는 비로소 그리스도인의 삶을 영위하면서 시간을 섬기게 될 것입니다.

시간을 섬긴다는 것은—이로써 우리는 첫 번째 물음으로 되돌아갑니다—시간의 노예가 되는 것을 의미하지 않습니다. 시간을 섬긴다는 것은 시대에 맞는 것을 단지 시대에 맞는다는 이유로 허가하는 것을 의미하지도 않습니다. 섬김은 무력하게 추종하며 함께 외치는 것이 필요하지 않습니다. 다만 섬김은 자기의 의지와 생각이 필요합니다. 패션을 섬기지 말고 시간을 섬기십시오. 패션은 인간이 하는 것이므로 좋을 수도 있고 비루할 수도 있습니다. 하지만 시간은 하나님이 하시는 것입니다. 시간을 섬기는 것은 인간을 섬기지 않고 하나님을 섬긴다는 뜻입니다. 따라서 그리스도인은 현대인도 아니고 비현대인도 아닙니다. 그는 자신의 시간을 섬길 뿐입니다. 다시 말해 그는 인간에게 마음을 쓰지 않고, 하나님께 마음을 씁니다. 그는 **자신의 시간**을 섬깁니다. 그는 시간 한가운데로, 곧 시간의 과제들과 난제들 속으로, 시간의 진지함과 곤경 안으로 들어가 섬깁니다. 그는 가장 깊은 의미에서 현재의 사람입니다. 정치적 난관이든, 과학적 난관이든, 도덕적·종교적 타락이든, 우리 청년 세대에 대한 우려이든, 이 모든 문제에도 불구하고 우리는 현재의 곤경 안으로 들어가되 마음껏 사용할 수 있는 사랑과 힘을 다 동원하여 그 안으로 들어가야 합니다. 시간의 샘물이 혼탁해서 영원한 근저의 황금이 더는 보이지 않을 수 있으니, 그 샘이 다시 깨끗해지고 맑아지도록 애쓰십시오. 시간 속에서 영원을 조금이라도 발견하도록 애쓰십시오. 영원한 원천을 만날 때까지 깊이 뚫으십시오.

섬김에서 가장 중요한 것은 사랑입니다. 만일 여러분이 시간을 섬기려거든 여러분의 시간을 사랑하십시오. 현대의 사건들 바깥에 서지 마십시오. 우리는 모두 우리의 죄와 불행에 대하여 책임이 있기 때문입니다. 그리고 무엇보다 인류 안에 연대 의식이 자리하고 있음을 이해하고 배우십시오. 자기는 오늘날의 흥청거림과 아무 상관이 없고, 그 속에 섞이는 것만큼 혐오스러운 일도 없다는 이유로 밖에 서서 말하는 것은 섬김이 아니라 심판하는 것입니다. 그러니 형제처럼 되어서 시간을 섬기십시오.

그러나 우리가 다음의 사실을 숙고할 때 비로소 가장 깊은 것이 열립니다. 이를테면 세상에만 나름의 때와 시간이 있는 것이 아니라, 우리 자신의 생에도 나름의 때와 시간, 곧 하나님의 때와 시간이 있다는 것입니다. 또한 우리 인생의 시간 배후에 하나님의 시간이 분명히 흐르고 있으며, 우리의 좁은 길 아래에 깊디깊은 영원의 수직 갱도가 자리하고 있어서 우리가 걸을 때마다 영원으로부터 희미한 메아리가 울려온다는 것입니다. 여기서 필요한 것은 이 시간의 깊고 순수한 상태를 이해하고, 그것을 우리의 생활로 표현하는 일입니다. 그러면 우리는 우리의 시간 한가운데서 하나님의 거룩한 현재와 맞닥뜨리게 될 것입니다. "나의 시간은 주님의 손에 달려 있습니다."시 31:15 [18]

나의 유년기, 청년기, 성년기, 노년기도 그렇습니다. **여러분의** 삶 속에서 **여러분의** 시간, 곧 하나님의 현재를 섬기십시오. 하나님께서 여러분의 시간을 거룩하게 하셨기 때문입니다. 또한 우리가 제대로 이해한다면, 모든 시간은 하나님과 직결되어 있으며, 하나님께서는 우리가 온전히 현존하기를 바라시기 때문입니다.

유년 시절에는 순전히 아이가 되어, 놀고, 기뻐하고, 잘 받아들이고, 감사하고, 사랑하는 사람들의 뜻에 자기를 맡기십시오. 청소년 시절에는 온전히 청소년이 되어, 그에 걸맞는 자립심과 확신, 용기와 담력을 기르십시오. 힘을 기르되, 여러분이 여러분의 지도자로 여겨 존경하는 이에 대한 책임도 기르십시오. 이처럼 여러분이 하나님께서 주시는 이 시간의 의미를 성취한다면, 영원의 깊은 곳을 기초로 삼는 셈이 될 것입니다. 여러분의 성장기가 주는 기쁨과 슬픔을 온전히 받아들이십시오. 어린 시절의 곤경과 자유가 지닌 특성에 충분히 만족하십시오. 그러면 여러분은 하나님을 기쁘게 해드리면서 시간에서 영원으로 들어가게 될 것입니다. 하나님께서 창조하신 본성대로 온전한 남성과 여성이 되십시오. 의지와 열정과 근심, 행복과 곤경, 진지함과 경솔함, 환희와 절규를 모두 담고 있는 사람이 되십시오. 하나님께서 보고 싶어 하시는 이는 사람이지, 땅을 무서워하는 허깨비가 아닙니다. 하나님은 흙을 사랑하시고, 그 흙으로 우리를 지으셨습니다. 하나님은 땅을 우리의 어머니로 삼으시고, 자신은 우리의 아버지로 계십니다. 우리는 천사로 창조되지 않았습니다. 우리는 죄와 욕정, 힘과 약함을 지닌 땅의 자녀die Erdenkinder로 창조되었습니다. 그러나 우리는 우리의 약함과 욕정과 죄에도 불구하고 하나님이 아끼는, 하나님께 사랑받는 땅의 자녀입니다. 하나님은 우리가 땅 위에 당당하게 설 때—시간 속에서, 우리의 시간 속에서—우리를 사랑하십니다. 우리가 우리의 어머니 땅과 그것이 제공하는 것을 꽉 붙들고, 연약한 인류와 연대하며, 우리 자신의 작고 약한 시간과 친밀해질 때, 하나님은 우리를 소유하고 싶어 하시고, 모든 시간을 제압하는 영원을 우리 마음속에 조금씩 비추십니다.

거인 안타이오스에 관한 고대 그리스 전설이 있습니다. 그는 힘이 아주 강해서 누구도 그를 제압하지 못했다고 합니다. 많은 이들이 싸움을 걸었으나 번번이 패했습니다. 마침내 한 사람이 다가가서 싸우다 그 거인을 땅에서 들어 올리자, 갑자기 그 거인은 파멸하고 말았습니다. 그가 두 발을 땅에 딛고 서 있는 동안에만 그에게 흘러들던 힘이 그만 빠져나갔기 때문입니다. 거인 안타이오스 전설은 매우 의미심장하지요. 두 발을 땅에 딛고 서 있는 사람, 온전히 땅의 자녀로 머무는 사람, 도달할 수 없는 정점을 향한 가망 없는 비상飛上을 꾀하지 않는 사람, 자기에게 있는 것으로 만족하고 그것을 감사하게 붙드는 사람, 인간됨의 힘을 충분히 지닌 사람만이 시간을 섬기고, 더불어 영원도 섬길 수 있습니다. 그때 우리는 시간 안에서, 시간의 덧없음에서 벗어나 마지막에 다가오는 시간 쪽으로 시선을 돌리게 될 것입니다. 시간, 곧 하나님께서 여러분의 민족과 함께, 여러분 자신과 함께 소유하려고 하시는 이때를 섬기십시오. 저 자비로운 사마리아 사람이 현재의 사람이 되었던 것처럼, 결단코 되풀이되지 않는 거룩한 현재의 사람이자 영원의 사람이 되십시오.

시간의 지배자는 하나님이시고, 시간의 전환점은 그리스도이시며, 진정한 시간의 영은 성령이십니다.

누가복음 17:33[19]

1928년 10월 21일, 삼위일체 주일 후 스물한째 주일

자기 영혼을 보존하려고 애쓰는 사람은 그것을 잃을 것이요, 영혼을 잃는 사람은 그것을 살리게 될 것이다.[20]

자신이 청소년기에 겪은 방황을 기억하는 사람이라면 알 겁니다. 청소년기에는 모든 사고와 행동의 중심에 하나의 물음이 자리하고 있다는 것을요. 청소년은 어린이와 구별되지요. 청소년 시기는 마치 그 영혼이 쪼개지는 때와 같습니다. 왜냐하면 그가 자기 자신을 관찰의 대상으로 삼기 때문입니다. 다시 말하면, 자신의 심층에 "자아"Ich라는 수수께끼가 자리하고 있음을 느끼는 것입니다. 이는 마치 사람이 심연에 맞닥뜨려 압도된 나머지, 거기서 격렬하게 활동하며 움직이는 것을 응시하고, 이 모든 것이 자기 자신, 곧 그의 자아라는 것을 인식하는 것과 같습

니다. 이제 새로운 세계가 그에게 열립니다. 바로 외부의 큰 세계보다 더 커다랗고 더 인상적인 자기 영혼의 세계입니다. '이것이 **내** 자아인가, 이것이 **내** 영혼이란 말인가? 예측할 수 없고 제어할 수 없는 것, 악마처럼 나를 엄습하는 것이 나란 말인가? 내가 바로 나라니 도대체 어떻게 그런가? 나는 본래 무엇인가? 나는 누군가? 나는 무엇 때문에 있는가? 나는 어디서 왔는가? 나는 무엇을 해야 하는가? 나는 무엇을 기대해야 하는가?' 이는 사람이 각성하는 순간부터 그를 놔주지 않는 물음입니다. 그는 엄청난 힘이, 곧 그 자신의 자아가 엄습하는 것을 느낍니다. 그러고는 자기 영혼을 살피고, 골똘히 생각하기 시작하면서 발견에서 발견으로 나아갑니다. 그런 그는 자기 자신을 마주하면서 불안과 공포에 사로잡힙니다. 빠져나갈 길 없는 그는 자아라는 악령으로부터 자유롭게 해달라고, 그 악령을 다스려 달라고, 구원해 달라고 아우성치지요. 내가 자유롭게 되려면 어떻게 해야 하는가? 이것이야말로 인간의 사고와 행동의 결정적인 문제입니다. 어떻게 나는 그 무형의 것을 형성할 것인가? 어떻게 나는 그 형체 없는 것을 만들어 낼 것인가? 어떻게 나는 그 혼돈을 다스릴 것인가?

이런 물음으로 영혼을 열망해 본 적이 없는 사람, 이런 질문을 한 번도 제기해 본 적이 없는 사람은 종교가 무엇인지,

또한 종교가 무엇을 줄 수 있는지 조금도 알 수가 없습니다. 고대 그리스의 모든 신전 위에는 "너 자신을 알라!"γνῶθι σεαυτόν라는 글귀가 적혀 있었습니다. "그러면 너는 네 자아에 대한 지배력을 얻게 될 것이다"라는 뜻으로 그렇게 적어 놓은 것입니다. 그러나 누구든 일생토록 자신을 알지 못할 수 있습니다. 우리는 우리를 모른 채 살아갑니다. 오직 하나님께서 우리를 아실 뿐입니다. 자기에게 몰두하는 것은 자기를 괴롭히는 것이고, 구원이 아니라 절망입니다. 그러므로 자아의 구원을 위해서는 다른 길을 걸어야 합니다. 자기 인식은 의지를 통한 자기 극복이자 자기 수양에 지나지 않으니까요.

흔히들 영혼 수양을 위한 이 의지로 하나님의 뜻과 실제로 만날 수 있다고 생각합니다. 수많은 그리스도인들이 살면서 자기 영혼을 지키고 닦는 데 열중합니다. 자기 영혼의 구원을 모든 관심사의 전면에 내세우는 것이지요. 이는 그리스도인의 영혼 수양이 맺을 수 있는 최상의 열매인 것처럼 보이지만, 사실은 영적인 것으로 변장한, 그래서 더 위험한 극도의 이기주의에 지나지 않습니다. 오늘 우리의 본문은 말합니다. "자기 영혼을 보존하려고 애쓰는 사람은 그것을 잃을 것이요." 이것은 인간 중심적 사고의 근본적인 방향 전환이라고 할 수 있습니다. 영혼 수양이나 인간의 문화나 도덕적 예의범절이 아니라, 영혼을 다른 데 맡기는 겁니다. 영혼이 세상의 중심이 아니고, 영혼의 헌신을 받는 대상이 세상의 중심이기 때문입니다.

누구나 언젠가 하게 되는 확고한 경험이 있습니다. 그것이 사유에 대한 열정이든, 직업을 위한 열정이든, 다른 사람을 위한 열정이든, 그 어떤 열정에 사로잡히는 것입니다. 이 열정에 사로잡힐 때, 사람이 자기 자신을 더는 느끼지 못할 때, 다른 사물이나 다른 사람에게만 사로잡힐 때, 그의 영혼이 연인이나 연인의 영혼 속으로 침잠할 때, 더는 그 자신이 아닐 때, 이러한 때에 사람은 갑자기 이해할 수 없는 방식으로 다른 자기, 곧 새롭고 더 나은 자기로 변하는 것을 느끼게 됩니다. 사람이 스스로 침잠하고, 그렇게 몰입하여 새롭게 창조되는 것, 바로 자기 영혼이 자신의 헌신을 받는 이에게 빠져들어 정화되는 것이야말로 하나님께서 의도하신 모든 열정의 의의입니다. 바로 여기에 우리의 직업 활동이 지닌 무한한 복이 있습니다. 하지만 동시에 다음과 같은 저주도 거기에 기초를 두고 있습니다. 이 저주는 기계에 걸린 저주입니다. 기계는 날이면 날마다 그것에 매달리는 사람을 기계 장치의 한 부분으로 만들어 버립니다. 그러면 사람은 개인적으로 그 기계와 열정적인 관계를 맺을 수 없게 됩니다. 바로 여기서 직업이란 단어는 본래의 종교적이고 영원하고 신성한 의미를 조금씩 되찾게 됩니다. 이 열정을 조금도 느껴 본 적이 없는 사람은 불쌍한 사람입니다. 직업에 몸을 맡기고 직업에서 자신을 발견하는 것을 허용하지 않는 족속은 화가 있을 것입니다. 직업에 몸을 맡기고 거기서 자신을 발견한다면, 친구 관계, 부부 관계, 가족 관계, 곧 모든 인간관계에서 영원의 샘이 솟을 것입니다. 자기를 내어주는 것, 자기를 잊는 것, 자기를 잃는 것, 희생적인 열정 속에서, 열정적인 희생 속에서 이웃의 요구에 부응하는 것, 가장 외적인 헌신의 제단 위에서 자기 자신을 재발견하는 것, 이 모든 것이 바로 지복至福이요 하나님의 은혜입니다. "자기 영혼을 보존하려고 애쓰는 사람은 그것을 잃을 것이고, 영혼을 잃는 사람은 그것을 살리게 될 것이다."

그러나 내가 나를 타인에게 완전히 내어주면, 나의 영혼은 어떻게 될까요? 나의 영혼은 다듬어지지 않은 상태, 무지한 상태, 거친 상태로 남을 것입니다. 아무리 잘 다듬어도 도움 되는 것이 별로 없을 테니, 여러분의 영혼을 비천하고 거친 상태 그대로 두십시오. 여러분의 영혼이 어떻게 보이느냐가 중요한가요? 아니면, 여러분이 하나님의 뜻을 행하고, 하나님이 여러분에게 부과하시는 정화 과정에 들어가는 것이 중요한가요? 조바심치며 영혼 구원을 중시하지 말고, 매 순간 하나님이 여러분에게 새롭게 공급하시는 것을 중요하게 여기며, 다만 그분에게 여러분의 영혼을 맡겨 드리십시오. 그분은 영혼을 다루는 법을 여러분보다 더 잘 알고 계십니다.

이제까지 자아의 구원에 관해 이야기하려고 했는데, 그 의미를 충분히 전달했는지 모르겠습니다. 오늘 우리는 우리의 영혼을 맡겨도 좋을 만한 것 여러 가지를 이야기했습니다. 하지만 그 모든 것은 다음 한 가지에 포함되어 있습니다. 그것은 자기 영혼을 하나님의 뜻에 맡기는 것입니다. 하나님을 위해 자기 영혼을 보존하지 말고 맡겨 버리라니, 다시 말해 더는 자기 영혼을 중시하지 말고 하나님만을 중시하여 그분의 손에 맡겨 드리라니, 정말 역설이 아닐 수 없습니다. 내 영혼을 잃는다는 것은 내 뜻을 하나님의 뜻에 내맡기고, 내 계획을 하나님의 계획에 내맡기며, 내 생각을 하나님의 생각에 내맡긴다는 뜻입니다. 이렇게 할 때만 구원의 드라마는 절정과 결말을 발견할 수 있습니다. 자아의 열정, 이 대단히 무서운 열정, 이 무시무시한 열정은 하나님께로 돌아섭니다. 자아는 열정 속에서 하나님께 자기를 내던지고, 그분께, 그분의 뜻에 자기를 바칩니다. 그러나 이는 괴테가 자신의 시에서 읊은 것처럼, 연기 구름이 모락모락 피어오르는 자기희생의 제단에서 새 사람이 일어서는 것과 같습니다. 자기 자신을 고려하지 않고 타인의 구원을 위해, 그리고 하나님의 영광을 위해 자신을 버리고 희생한 자아는 하나님 안으로 침잠하여 그분의 마음을 움직입니다. 자아는 영원에 값을 치르고 새로워집니다. 자아는 자기 자신을 통해서가 아니라 하나님을 통해서, 자기 보존이나 영혼 돌봄이나 완전의 추구를 통해서가 아니라 자기를 잃어버리고 잊음으로, 곧 자기희생과 자기를 내어줌으로 구원을 얻습니다. 자아는 자신의 결점과 장점을 중요하게 여기는 것이 아니라, 하나님의 선하심만을 중요하게 여김으로 구원을 얻습니다. 자아는 세상 한가운데서 구원을 얻습니다. 세상 안에서만 하나님을 사랑할 수 있고, 세상 안에서만 하나님께 바칠 수 있기 때문입니다. "세상 안에서"는 바로 "이웃 옆에서"를 의미합니다. 여러분이 여러분 자신을 이웃에게 온전히 내어주는 것은 여러분 자신을 하나님께 드리는 것과 같습니다. 여러분은 여러분의 이웃을 통하여 하나님에게서 구원을 얻습니다. 여러분은 청소년기를 거쳐 여러분이 갈망하는 자아를 발견했습니다. 그래서 이제 여러분이 여러분의 자아를 다스리는 주인이라는 건가요? 아닙니다. 하나님만이 여러분의 자아를 다스리는 분입니다. 여러분이 여러분 자신을 구하고 풀어 주었습니까? 아닙니다. 하나님께서 여러분의 자아가 겪는 곤경에서 여러분을 구해 내시고 풀어 주셨습니다. 여러분이 여러분의 영혼을 하나님에게 빼앗겼다고요? 아닙니다. 하나님께서 그분의 사랑을 여러분에게 빼앗기셨습니다. 여러분이 하나님의 생명 속으로 깊이 들어갔습니까? 아닙니다. 하나님께서 여러분의 삶 속으로 깊이 들어오셨습니다. 여러분이 여러분을 풀어 주었다고요? 아닙니다. 하나님께서 여러분을 묶으셨습니다.

(결론부가 분실되었다.—편집자)

요한계시록 3:20

1928년 12월 2일, 대림절 첫째 주일

보아라, 내가 문밖에 서서, 문을 두드리고 있다.

대림절은 기다림을 의미합니다. 기다림은 참을성 없는 우리 시대가 망각해 버린 기술입니다. 우리 시대는 막 싹튼 것에서 익은 열매를 따려고 합니다. 탐욕적인 눈은 겉보기에 맛 좋아 보여도 속은 아직 여물지 않은 열매에 실망하고, 예의를 모르는 손은 실망을 안겨 준 그 열매를 저 멀리 내던져 버리지요. 기다림, 곧 소망 속에서 그리워해야 하는 떫은 복을 모르는 사람은 성취라는 복도 전혀 경험하지 못할 것입니다. 진리가 모습을 드러낼 때까지 자기 생의 가장 심원한 물음과 오래 씨름하면서 갈망하고, 기대하고, 기다리는 그 심정이 무엇인지 모르는 사람은 진리가 밝게 빛을 발하는 순간의 영광을 조금도 꿈꾸지 못할 것입니다. 자기의 영혼이 다른 이의 영혼에 마음을 털어놓고, 다른 이의 영혼이 다가와 주기를 기다림으로 우정과 사랑을 얻으려 하지 않는 사람은, 두 영혼이 뒤섞여 한 몸이 되는 삶의 심오한 복을 영원토록 알 수 없을 것입니다. 이 세상에서 가장 고귀하고, 탁월하고, 섬세한 것은 기다려야만 다가옵니다. 그것은 요란함이 아니라, 싹틈과 성장과 기다림이라는 하나님의 법칙에 따라 움직입니다.

물론 모든 사람이 기다릴 수 있는 것은 아닙니다. 배부른 사람, 만족하는 사람, 불경한 사람은 기다리지 못합니다. 속이 타는 사람과 세상에서 가장 위대한 분을 우러러보며 경외하는 사람만이 기다릴 수 있습니다. 영혼이 평안하지 않은 사람과 자기의 가난함과 불완전함을 아는 사람, 다가올 일의 위대함을 조금이라도 예감하는 사람만이 대림절을 기뻐할 수 있습니다. 기다림을 마주하는 데 필요한 것은 두려워하며 겸손히 몸을 굽히는 것뿐입니다. 성자이신 분, 곧 구유에 누인 아기의 모습으로 오시는 하나님께서 우리를 굽어보실 때까지 기다리는 것입니다.

하나님께서 오신다, 주 예수께서 오신다, 성탄절이 다가오고 있다는 소리가 오늘 우리에게 계속 들려옵니다. 그러나 아직 조금 멀었는데도 우리는 "하나님께는 영광이요, 땅에서는 평화"라는 천사의 찬양을 미리 듣고 싶어 합니다. 하지만 아직은 그럴 때가 아닙니다. 지금은 우리가 기다리는 법을 배울 때입니다.

대림절이 다시 다가오면서 우리가 오래된 크리스마스 캐럴을 다시 부르거나 들을 때면, 우리 자신도 모르게 특별한 감정에 휩싸입니다. 딱딱하게 굳은 마음이 부드러워지고, 어린 시절을 뒤로하고 어머니 품을 떠날 때 깨달았던 뭔가를 다시 느끼게 됩니다. 지난 시절에 대한 그리움과 멀리 떨어진 곳에 대한 향수를 느끼는 것이지요. 그러나 우리를 괴롭게 하거나 화나게 하지 않는 복된 그리움도 있습니다. 그 그리움은 우리로 하여금 지난 세월과 고향 집을 그리워하기보다, 바깥 먼 곳 하늘 저편에 있는 본향과 영원한 아버지의 집을 그리워하도록 합니다. 우리는 세상에 가득한 실향의 저주, 목표도 종점도 없이 영원히 떠돌아야만 하는 저주를 적지 않게 받았습니다. 그래서 우리 주위를 둘러보면 겨울 같은 냉랭함과 죽음이 보이는 것이고, 우리 내면을 들여다보면 살벌한 눈으로 무섭게 우리를 주시하는 어떤 것이 있는 것입니다. 바로 우리를 거듭거듭 세상 속으로 들이미는 악이며, 우리가 아무리 노력해도 벗어날 수 없는 악이 보이는 것입니다. 우리가 지난 교회력의 마지막 두 주일 동안 말했던 악과 죽음이라는 가장 현실적인 두 실재가 새 교회력의 시작인 지금 우리의 마음을 또 한 번 무겁게 짓누르고 있습니다. 누가 우리를 도울 수 있을까요? 누가 우리를 구원할 수 있을까요?

악과 죽음으로부터 우리를 구원하는 이는 우리 주님이십니다. 가슴에서 탄원이 새어 나옵니다. '하나님이여, 주 예수 그리스도여, 오십시오. 우리의 세상 안으로, 고향을 잃은 우리 안으로, 우리의 죄 속으로, 우리의 죽음 속으로 들어오십시오. 당신께서 직접 오셔서 우리와 함께하시고, 우리와 같은 사람이 되셔서 우리를 위해 승리하십시오. 나의 악과 일상적인 불성실 가운데로 들어오셔서, 내가 미워하면서도 버리지 못하는 죄를 불쌍히 여겨 주소서. 거룩하신 하나님, 나의 형제가 되어 주소서. 악과 슬픔과 죽음의 나라에서 나의 형제인 사람이 되소서. 나의 죽음과 슬픔과 힘겨운 투쟁을 이해해 주시고, 나를 거룩하고 깨끗하게 해주셔서 악과 죽음에 맞서게 하소서.' 세미한 음성이 오늘 우리에게 답합니다. "보아라, 내가 문밖에 서서, 문을 두드리고 있다!" 이 말씀은 다음과 같은 말씀이기도 합니다. "우리가 소리쳐 부르는 영, 곧 세계를 구원하는 영은 멀리 있지 않다. 그 영이 문밖에 서서, 문을 두드리고 있다. 그 영은 오래전부터 그 자리에 있으면서 문이 열릴 때까지 그저 기다리고 있다. 주께서 오신다. 하나님께서 오신다. 우리에게 오신다." 이 말씀을 우리가 들을 때 정말로 전율이 온몸을 관통하지 않습니까? 물론 말하는 음성은 나직한 음성이고, 이 음성을 듣는 이도 소수입니다. 만일 질 나쁜 상품을 선전하는 호객 상인이 지나치게 큰 소리로 떠들어 대면, 누구든지 먼저 가게 문을 성급하게 통과하려고 할지도 모릅니다. 하지만 이 문에 주의하지 않는 사람은 화가 있을 것입니다. 온갖 불량품이 그의 집을 가득 채우게 될 테니까 말입니다. 유혹하는 자들 가운데 위엄찬 아버지께서 참을성 있게, 알아보지 못하도록 조용히 서 계십니다. 그분은 가만히 문을 두드리십니다. 여러분은 그 소리가 잘 들리는지요?

여러분은 그분이 문을 두드리지 않으신다고 생각합니까? 그렇다면 먼저 시끄러운 소리를 한 번이라도 침묵시키고, 그분이 여러분의 마음 문을 두드리지 않는지 귀 기울여 들어 보십시오. 그분은 여러분의 마음을 자기 마음으로 삼으시고, 여러분의 집에서 조용한 손님이 되려고 하십니다. 예수께서 여러분과 내 집의 문을 두드리십니다. 이때 필요한 것은 두 귀를 열어 자기 내면에 갖다 대고서 "예수께서 반드시 오신다"라는 말씀을 듣는 일뿐입니다.

오래전 그리스도인들은 주 예수의 재림을 말하면서 대심판일을 생각했습니다. 우리에게 이 사상은 성탄절에 어울리지 않는 것으로 여겨지지만, 초기 기독교의 사상이니 우리는 이것을 신중하게 대해야 합니다. 만일 예수께서 우리 집 문을 두드리시는 소리가 들리면, 그때 우리의 양심이 우리를 때리며 물을 것입니다. '과연 우리는 제대로 준비되어 있는가? 우리의 마음은 하나님께서 거하실 처소가 될 만한가?' 대림절은 방문의 절기입니다. 옛 성가는 "오, 사람들이여, 그대들의 마음은 진지하게 정돈되어 있구나!"발렌틴 틸로라고 노래합니다. 이전의 민족들은 하나님의 날을 두려워했고, 예수 그리스도께서 땅 위에 오셨을 때 세상은 전율했습니다. 그런데도 우리는 하나님께서 직접 오신다는 사상을 너무도 태연하게 마주하고 있으니 이상한 일이지요. 인간적인 고난의 흔적, 곧 골고다에 새겨진 십자가의 흔적과 함께 세상에 새겨진 하나님의 흔적을 보면서도 태연하다니 정말로 이상한 일입니다. 우리는 하나님의 사랑이나 성탄절 강림 사상에 너무나 익숙해진 나머지, 하나님의 오심이 우리 안에 일깨우곤 했던 전율을 더는 느끼지 못하고 있습니다. 우리는 말씀에 둔감해진 채 그중에서 반가운 것과 편안한 것만 받아들일 뿐입니다. 우리는 온 세상의 하나님께서 작은 땅 위에 있는 인간들에게 다가와 그들을 필요로 하셨다는 사실의 엄숙함은 잊고 말았습니다. 하나님께서 오신다는 것은 진실로 기쁜 소식이지만, 양심을 가진 이에게는 불길한 소식이기도 합니다.

하나님께서 오신다는 사실이 얼마나 두려운 것인가를 느낄 때 비로소 비교할 수 없는 은혜를 깨닫게 됩니다. 하나님은 악과 죽음 한가운데로 들어오셔서 우리와 세상 안에 있는 악을 심판하십니다. 하나님은 우리를 심판하심으로 깨끗하게 하시고 거룩하게 하십니다. 하나님은 우리에게 다가오셔서 은혜와 사랑을 베푸시고, 우리를 기쁘게 하시며, 어린아이처럼 즐거워하게 하십니다. 그분은 우리가 어디에 있든지 우리와 늘 함께 계시며, 우리의 죄와 슬픔과 죽음 속에도 함께 계십니다. 우리는 이제 더 이상 혼자가 아닙니다. 그분이 우리와 함께 계시기 때문입니다. 우리는 이제 더 이상 고향을 잃은 사람이 아닙니다. 우리 안에 영원한 본향의 한 부분이 자리하고 있기 때문입니다. 어른이 된 우리가 여전히 크리스마스트리 아래서 마음 깊이 기뻐할 수 있는 것은 그 때문입니다. 어쩌면 우리가 어린아이보다 더 많이 기뻐하는지도 모르겠습니다. 하나님의 선하심이 다시 한번 우리에게 가까이 다가올 것을 기대하며, 지난 한 해 동안 하나님의 선하심을 통해 우리의 길에 들어온 모든 것을 돌아보고, 또 신비로운 본향을 어느 정도 느끼기 때문입니다. 예수께서는 심판하러 오시며, 동시에 은혜를 베풀러 오십니다. "보아라, 내가 문밖에 서 있다." "문들아, 활짝 열려라."시 24:7

그리스도께서 문밖에 서서, 문을 두드리십니다. 여러분이 그분을 뵙고 싶다면, 여러분 곁에 믿음으로만이 아니라 구체적이고 현실적으로 그분을 모시는 일에 온 힘을 기울여야 할 것입니다. 그러려면 어떻게 해야 할까요? 예수께서는 우리를 아십니다. 우리의 보고자 하는 욕망과 바라는 바를 구체적인 데까지 잘 아시기에, 우리가 어떻게 해야 상상이 아니라 정말로 우리 곁에 그분을 모실 수 있는지 장엄한 비유를 들어 이야기해 주십니다. 장차 그분은 최후 심판의 때 양과 염소를 가르시고, 오른쪽에 있는 이들에게 이렇게 말씀하실 것입니다. "내 아버지께 복을 받은 사람들아, 오너라. (…) 너희는 내가 주릴 때 내게 먹을 것을 주었다."마 25:34-35 뜻밖의 놀라움으로 "언제, 어디서"를 묻는 우리에게 그분은 이렇게 대답하십니다. "너희가 여기 (…) 지극히 보잘것없는 사람 하나에게 한 것이 곧 내게 한 것이다."40절 여기서 우리는 충격적인 사실을 마주합니다. 예수께서 걸인의 모습과 누더기를 걸친 기운 없는 아이의 모습으로 여러분에게 도움을 구하며, 실제로 문밖에 서서 문을 두드리고 계시다는 것입니다. 여러분과 마주치는 사람들을 통해 여러분의 얼굴을 마주 대하신다는 것입니다. 그리스도는 사람이 있는 동안은 여러분의 이웃으로, 여러분을 부르시는 하나님의 통로 역할을 하는 사람으로 이 세상을 거니십니다. 그러고는 여러분에게 말을 건네시고, 여러분에게 요구하십니다. 이것이 바로 대림절에 가장 중요하고 복된 메시지입니다. 그리스도께서 문밖에 서 계십니다. 그리스도께서 사람의 모습으로 우리 사이에 살고 계십니다.

여러분은 문을 닫아거시렵니까? 아니면 그분에게 문을 열어 드리시렵니까?

이처럼 가까운 얼굴들 속에서 그리스도를 뵙는다는 것이 우리에게는 이상하게 여겨질지도 모르겠습니다. 하지만 그분은 그렇게 말씀하셨습니다. 이와 같이 현실을 진지하게 대하는 대림절 메시지를 피하는 사람은 그 마음속에 그리스도께서 오신다고 말할 수 없습니다. 그리스도로 인해, 하나님으로 인해 우리 모두가 형제자매라는 사실을 배우지 않는 사람은 강림의 의미를 조금도 이해하지 못한 사람입니다.

그리스도께서 문을 두드리고 계시지만, 아직 성탄일은 아닙니다. 그리스도의 성대한 마지막 강림도 아직입니다. 우리가 일생토록 경축하는 모든 대림절을 관통하는 것은 마지막 강림에 대한 동경입니다. 마지막 강림 때는 이런 말씀이 울려 퍼질 것입니다. "보아라, 내가 모든 것을 새롭게 한다."계 21:5 대림절은 기다림의 절기입니다. 하지만 우리의 온 생애가 대림절이고, 궁극적인 것을 기다리는 시간입니다. 새 하늘과 새 땅이 임하고, 사람들이 모두 형제자매가 되어 즐겁게 지내고, 천사들이 "땅에서는 주님께서 좋아하시는 사람들에게 평화로다"[21] 하고 노래하는 때를 기다리는 시간입니다. 기다리는 법을 배우십시오. 그리스도께서 오시겠다고 약속하셨습니다. "보아라, 내가 문밖에 서서, 문을 두드리고 있다." 큰 소리로 그분을 불러 봅시다. "아멘. 오십시오, 주 예수여!"[22]

고별 설교
빌립보서 4:7

1929년 2월 3일, 사순절 두 주 전 주일

그리하면 사람의 헤아림을 뛰어넘는 하나님의 평화가 여러분의 마음과 생각을 그리스도 예수 안에서 지켜 줄 것입니다.

모든 이성보다 뛰어난 하나님의 평화가 여러분의 마음과 생각을 그리스도 예수 안에서 지켜 줄 것입니다.[23]

자연에 에워싸이는 것을 느껴 본 적이 있는지요? 저녁 숲속의 잔잔한 호수와 다른 피조물들에게 인사를 건네듯이 우리를 대하는 소박한 꽃들 앞에서 넋을 빼앗긴 경험이 있는지요? 이처럼 창조 세계와 어머니 대지에 마음이 압도된 적이 있는 사람은 자신이 한없이 부족한 존재라는 것을 알게 됩니다. 그는 그런 순간들이 자신에게 씁쓸한 여운을 남기고, 환희의 눈물도 짜다는 것을 압니다. 그는 이제 세상과 커다란 간격이 있음을 깊이 깨닫습니다. 그 간격이 자연에는 없지만, 사람이 있는 곳에서는 확연하게 보입니다. 사람은 이방인처럼, 더 심하게 말하자면 추방자처럼, 변절자처럼 하나님의 세상을 떠돕니다. 그는 낙원을 목전에 두고 추방된 자와 같습니다. 그는 복을 누리지 못하며, 그 이마에는 죄의 낙인, 사람의 표, 추방의 표가 찍혀 있습니다.

하나님께 맞서려는 섬뜩한 의지가 사람 안에서 자라나더니 추방의 운명을 인류에게 안겨 주었습니다. 그러나 이 운명은 사람의 영혼 안에서 타오르는 갈망, 평화에 대한 고통스런 갈망을 허락받았습니다. 이 평화는 하나님과 화해할 때만 이루어질 수 있습니다. 평화라는 단어는 다른 세계에서 찾아와, 우리에게 그 세계에 관해 이야기해 주는 것처럼 들립니다. 그 단어는 우리의 영혼 깊은 곳을 건드립니다. 평화라는 단어는 부드러운 면과 강한 면을 지니고 있습니다. 이 단어는 우리를 기쁘게 하면서 동시에 슬프게도 합니다. 왜냐하면 우리는 완전히 추방된 족속이기 때문입니다. 우리는 우리의 소명과 인간적인 삶에서 괴리된 채 정처 없이 떠돌며 쫓기며 살고 있습니다. 우리는 풀리지 않는 문제들과 씨름하고, 도달할 수 없는 선善을 위해 분투합니다. 우리는 우리의 운명을 원망하면서도 사실상 한 가지만을 추구합니다. 다만 우리 속에 도사리고 있는 두렵고 무서운 불안을 뒤로하고 평화 안으로 들어가 그 안에서 성장하는 것 말입니다. "아, 나는 흥청거림에 질렸다. 온통 고통과 욕망뿐이니 어찌 된 일인가? 감미로운 평화여, 오라, 어서 내 가슴속으로 오라."괴테 그러나 우리는 우리 자신을 제대로 이해해야 합니다. 이를테면 우리의 모든 조급함과 서두름, 활동과 고투, 걱정하고 애태우는 마음이 갈망하는 것은 그 어떤 소원이 충족될 때 얻는 것과 같은 평화가 아니라 오직 하나님께서 우리의 마음에 주실 수 있는 평화입니다. 바로 궁극적인 평화, 하나님의 영원한 평화입니다. 우리는 우리와 무한 사이의 간격을 느낍니다. 우리는 이 간격, 곧 우리의 신성모독과 하나님께 버림받은 상태가 우리의 약함과 추방과 불안의 원인이라는 것을 압니다. 우리의 모든 활동은 사실상 이 간격을 극복하기 위한 움직임이라 하겠습니다. 그러나 우리는 우리 자신을 잘못 생각해선 안 됩니다. 다만 우리는 꽃이 태양만을 바라듯이 하나님의 평화만을 바라야 합니다. 그분이 우리로 하여금 평화를 지향하도록 하셨기 때문입니다. 한 교부는 이를 두고 다음과 같이 표현했습니다. "당신께서 우리를 당신 쪽으로 향하도록 지으셨으므로, 우리 마음이 당신 안에서 쉼을 얻을 때까지 평안하지 않습니다."아우구스티누스 이 세상은 하나님의 평화를 갈망하며 뇌우가 지나간 뒤 평화의 무지개, 곧 신적 은혜의 무지개가 빛나는 것을 보려고 하지만, 정작 불안과 조급함을 넘어서지 못합니다. 이 세상이 타락한 세상, 추방이라는 가혹한 운명을 짊어진 세상이기 때문입니다. 온 인류는 옛 전설 속 유대인, 곧 하나님을 모독한 아하스베루스Ahasverus를 닮아서 고향도 쉴 틈도 없이 영원히 유랑하며 영원한 불안 속에서 생을 마감하지 않으면 안 됩니다.

그러나 인류 안에서 평화에 대한 호소는 끝내 막을 수 없는 힘으로 나타납니다. 처음에는 고대 예언자 그룹에서 강력하게 나타났고, 최근에는 곳곳에서 세계 평화에 대한 갈망으로 나타나고 있습니다. 이 모든 희망은 훌륭하고 진지한 말을 하지만, 우리에게 필요한 평화는 영원으로부터 오는 평화, 곧 하나님이 인류와 우리 각 사람과 맺으시는 참된 평화임을 깨닫지 못하고 있습니다. 여러분이 이 평화를 조금도 알지 못하는 한, 다른 모든 것은 표면상의 평화에 지나지 않습니다. 여러분이 표면상의 평화만을 안다면, 여러분은 불안한 삶의 깊이를 조금도 이해하지 못한 것입니다. "여러분은 하나님과 화해하십시오"라고 신약성서가 우리에게 소리쳐 알리고 있으니,고후 5:20 여러분과 세계를 위해 그분의 평화를 구하십시오. 여러분의 삶이 일치와 조화를 추구한다면, 하나님의 평화 말고 어디서 그것들을 얻겠습니까? 여러분의 삶이 걱정과 불안에 들볶이고 있다면, 하나님의 영원한 평화 말고 어디서 그것들을 진정시키겠습니까?

"이 평화는 도대체 무엇인가?"라고 누군가 묻는다면, 저는 영원한 것의 비유로서 무상한 것을 가리킬 수밖에 없습니다. 여러분은 잠든 아기의 평화를 어느 정도 알 것입니다. 여러분은 남편이 사랑하는 아내를 바라보며 얻는 평화를 어느 정도 알 것입니다. 여러분은 사람이 신실한 친구를 바라보며 얻는 평화를 어느 정도 알 것입니다. 여러분은 아이가 어머니의 품에서 느끼는 평화를 어느 정도 알 것입니다. 여러분은 임종 자리에 있는 사람의 원숙한 얼굴에 어리는 평화를 어느 정도 알 것입니다. 여러분은 석양의 평화, 모든 것을 덮는 밤의 평화, 영원한 별들의 평화를 어느 정도 알 것입니다. 여러분은 십자가에 못 박혀 죽으신 분의 평화를 어느 정도 알 것입니다. 이 평화들을 하나님의 평화가 어떤 것인지 가리키는 무상한 표지, 곧 약한 상징으로 여기십시오. 평화를 누리는 것은 자신이 안전하다는 것, 사랑받고 있다는 것, 보호받고 있다는 것을 안다는 뜻입니다. 평화를 누리는 것은 완전히 고요해질 줄 아는 것을 뜻합니다. 평화를 누리는 것은 어떤 사람과 더불어 평화를 누리는 것을 뜻합니다. 평화를 누리는 것은 어떤 사람의 성실함에 의연히 기댈 줄 아는 것을 뜻합니다. 평화를 누리는 것은 어떤 사람과 하나가 될 줄 아는 것을 뜻합니다. 평화를 누리는 것은 어떤 사람에게서 용서받을 줄 아는 것을 뜻합니다. 평화를 누리는 것은 불안한 세상 가운데서 고향을 확보하는 것을 뜻합니다. 평화를 누리는 것은 딛고 설 확고한 토대를 확보하는 것을 뜻합니다. 평화를 누리는 것은 파도가 거세게 밀려와 사납게 몰아쳐도 더는 그것에 평화를 빼앗기지 않는 것을 뜻합니다. 평화는 이 세상으로부터 저를 자유롭게 하고 강하게 해주어 세상에 맞서게 했습니다. 저를 성숙하게 하여 다른 세상에 적응하도록 해주었습니다. 우리가 이 평화를 하나님과 더불어 누리는 것이야말로 인간의 모든 개념과 모든 헤아림을 능가하는 우리의 목적입니다. 하나님의 평화는 모든 헤아림을 뛰어넘는 평화입니다.

하나님을 수없이 배반하는 사람, 바람에 날려 사라지는 낙엽 같은 사람, 바다의 모래알 같은 사람, 다수 가운데 한 사람, 다른 사람과 똑같이 거대한 기계의 부품처럼 대체될 수 있는 사람과 더불어 하나님이 화해를 이루셨다니 누가 그것을 이해할 수 있겠습니까? 그분이 그 사람에게 다음과 같이 말씀하시니 누가 그것을 이해할 수 있겠습니까? "조급함과 세상 걱정과 불안에서 벗어나, 내게로 오너라. 내 평화 안으로 들어오너라. 네 괴롭고 불안한 마음을 내게 바쳐라. 내가 네 고뇌를 치료하고, 내 평화를 주겠다. 너희 수고하고 무거운 짐을 진 사람은 모두 내게로 오너라. 내가 너희 기운을 북돋워 주겠다. 그리하면 너희는 영혼에 쉼을 얻을 것이다."[24]

하나님의 평화는 우리의 불성실에 맞서는 하나님의 성실입니다. 하나님의 평화 안에서 우리는 안전과 보호와 사랑을 받습니다. 물론 그분이 우리의 걱정과 책임과 불안을 완전히 제거해 주지는 않습니다. 그러나 모든 분주함과 걱정의 뒤편에서 신성한 평화의 무지개가 떠오르면, 우리는 우리의 생명이 하나님의 영원한 생명과 하나가 되었음을 알게 됩니다. 우리는 우리가 뼈저리게 느낄 수밖에 없던 간격이 다음의 사실을 가리키는 것에 지나지 않음을 알게 됩니다. 이를테면 하나님께서 그 간격을 메우시고, 우리를 있는 모습 그대로, 곧 땅의 사람, 마음과 생각을 지닌 사람, 성서가 말하는 욕정과 걱정을 지닌 사람, 세상의 흔적을 지닌 사람으로 자기의 생명 안에 합류시키셨다는 것입니다. 부디 모든 헤아림을 뛰어넘는 하나님의 평화가 우리의 마음과 생각을 그리스도 예수 안에서 지켜 주기를 바랍니다. 하나님의 평화가 우리의 욕정을 다스려 주기를 바랍니다. 그 평화가 우리의 사고와 의지를 훈육하여, 우리를 예수 그리스도의 평화로 인도해 주기를 바랍니다. 예수 그리스도는 "나는 평화를 너희에게 남겨 준다. 나는 내 평화를 너희에게 준다. 내가 너희에게 주는 평화는 세상이 주는 것과 같지 않다. 너희는 마음에 근심하지 말고, 두려워하지도 말아라"요 14:27 하고 말씀하셨습니다. 하나님의 평화는 우리가 그것을 두고 하는 모든 말보다 훨씬 큰 평화입니다. 하나님의 평화는 인간의 모든 의도와 생각을 뛰어넘는 평화입니다. 하나님의 평화가 세상을 진정시킵니다. 하나님의 평화는 갈라진 것을 연결해 줍니다. 하나님의 평화는 상처 난 것을 치료해 줍니다. 하나님의 평화는 우리의 마음과 생각을 그리스도 예수 안에서 지켜 줍니다.

사랑하는 교우 여러분, 제가 이 설교단에서 마지막으로 말씀을 전하면서 여러분을 위해 기원하는 것 말고 무슨 마음을 더 품겠습니까? 이 평화가 여러분에게 임하고, 여러분에게 스며들고, 여러분과 함께 거하기를 기원합니다. 하나님께서 여러분을 세상일의 분주함 한가운데서도 위대한 평화의 사람들로 만들어 주셔서, 여러분이 그 평화 안에서 쉬게 되기를 기원합니다. 이 평화가 여러분의 영혼을 맑고 깨끗하게 해주어, 여러분의 영혼이 하나님께서 여러분의 마음속에 주시는 평화의 광채와 깨끗함을 어느 정도 나타내고, 그것을 다른 불안한 영혼들에게도 드러내기를 기원합니다. 한 사람이 다른 사람에게, 친구가 친구에게, 배우자가 배우자에게, 어머니가 자녀에게 이 거룩한 평화의 전달자가 되기를 기원합니다. 우리는 여전히 불안한 삶의 한가운데 서 있습니다. 그래서 우리 영혼의 고요한 시간에만 하나님의 평화를 거듭 받지만, 언젠가 하나님께서 평화가 왕으로 있는 나라, 곧 영원한 평화의 나라를 세우실 것입니다. 그 나라는 이 세상의 나라가 아니라 평화가 발원하는 세상의 나라입니다. 이미 이 세상에서 하나님의 평화를 살아 낸 사람들, 곧 영원 안에 삶의 뿌리를 내린 사람들은 다 그 나라에 초대받게 될 것입니다. 이 영원한 나라에서 평화의 빛이 구름을 뚫고 나오면, 우리는 그 빛 가운데서 그 나라를 어렴풋이 느끼게 될 것입니다. 그 빛이 여러분 위에, 여러분 안에 내려오고, 하나님의 평화가 여러분의 마음과 생각을 그리스도 예수 안에서 지켜 주며, 여러분을 영원한 나라로 인도하기를 바랍니다.

사랑하는 여러분, 제가 여러분의 공동체와 작별할 시간이 되었습니다. 저는 이제 이 공동체에서 사역한 일 년의 세월을 뒤로합니다. 지난 일 년 동안 저는 되도록 많이 알려 드리려고 했습니다. 이 시간들은 저의 실천 사역 첫해였고, 저는 그 가운데서 우리의 소명이 얼마나 아름답고 중대한지를 온전히 느낄 수 있었습니다. 하나님에 관해 말하면서도 다음의 사실을 아는 것은 언제나 큰 과제입니다. 즉, 인간의 말은 기껏해야 하나님의 거룩한 옷의 끝자락만 건드릴 뿐이며, 하나님께서 자기의 명예를 위해 뭔가 이루려고 하시는 것만이 그분이 주시는 은혜라는 것입니다. 저는 이따금 불안한 마음을 안고 설교단에 올랐습니다. 제가 제대로 전했는지 모르겠습니다만, 저는 설교단에 오를 때마다, 모든 헤아림을 뛰어넘는 하나님의 평화, 자유롭게 움직이며 활동하는 그 평화의 도움을 거듭거듭 받았습니다. 더는 말할 필요가 없겠지만, 저는 이 경험이 점점 제 것이 되도록 해준 이 공동체를 잊지 못할 것입니다. 흘러가 버린 지난 일 년의 세월을 생각하니, 깊은 감사가 제 마음에 사무칩니다. 먼저 올브리히트 담임목사님에게 감사드립니다. 저는 그분과 함께 지난 일 년을 보냈습니다. 그동안 저의 온전한 생활을 위해 모든 사랑과 신뢰와 친절과 우정을 베푸셔서 저를 풍요롭게 해주신 것에 대해 담임목사님과 여러분 모두에게 감사드립니다. 제가 다른 활동 분야로 부름을 받아서 여러분을 떠나게 된 것은 순례나 다름없는 우리의 인생을 상징하는 것 같습니다. 이제 제가 좋아하는 시구, 이미 여러분에게 여러 번 읊어 드렸던 시구로 작별을 고하고자 합니다.

> 한 날이 다른 날에게 말하네.
> 나의 생은 떠나노라,
> 위대한 영원을 향해.
> —게르하르트 테르슈테겐[25]

신명기 32:48-52

1930년 12월 21일, 대림절 넷째 주일, 아바나[26]

바로 같은 날, 주님께서 모세에게 말씀하셨다. "너는 여리고 맞은쪽 모압 땅에 있는 아바림 산줄기를 타고 느보 산 꼭대기에 올라가서, 내가 이스라엘 자손에게 소유로 준 가나안 땅을 바라보아라. 너의 형 아론이 호르 산에서 죽어 백성에게로 돌아간 것 같이, 너도, 네가 오른 이 산에서 죽어서 조상에게로 돌아갈 것이다. 이는, 네가 신 광야에 있는 가데스의 므리바 샘에서 물이 터질 때에, 이스라엘 자손이 보는 데서 믿음 없는 행동을 하고, 이스라엘 자손에게 나의 거룩함을 나타내지 않았기 때문이다. 너는, 내가 이스라엘 자손에게 주는 저 땅을 눈으로 바라보기만 하고, 그리로 들어가지는 못할 것이다."[27]

이 말씀은 매우 심각한 주제를 다루고 있습니다. 하지만 대림절도 우리에게 대단히 심각한 주제입니다. 어쩌면 우리는 정말 유별난 사람들입니다. 대림절이 돌아올 때마다 집에서 자녀들과 함께 캐럴을 부르고, 서둘러 성탄절 용품을 구매하고, 성탄 축하 인사말을 쓰지요. 그러고는 모임이나 회사에서 성탄절 축제를 벌이고, 유쾌하게 웃으면서 약속의 땅, 곧 성탄의 땅으로 들어갑니다.

그러나 모세는 산꼭대기에서 멀리 보이는 약속의 땅에 다만 인사를 보내고 죽었습니다. 성서에서 하나님의 약속을 말할 때 중요한 것은 생명과 죽음입니다. 하지만 우리가 하나님의 약속을 말할 때 중요하게 생각하는 것은 두서너 번의 가족 모임입니다. 하나님께서 모세에게 말씀하셨습니다. "아바림 산줄기를 타고 올라가 산꼭대기에서 약속의 땅을 바라보며 죽어라." 모세는 하나님의 예언자, 곧 하나님께서 자기 백성을 종살이의 집에서, 근심과 두려움에서 자유로 이끄시려고 택한 사람입니다. 일찍이 모세는 바위틈에서 하나님의 영광의 신비를 바라보았고, 천둥 치는 시내 산에서 받은 계약의 돌판을 불성실한 백성에게 전달하기도 했습니다. 그는 하나님께 부름을 받은 이후 한 가지 일, 곧 백성을 하나님의 약속으로 인도하는 일만을 알고 원했습니다. 그의 생은 약속을 향한 여정, 곧 실망과 고난과 패배와 배반과 불성실을 겪으면서 희망을 향해 나아가는 여정이었습니다. 그를 계속해서 다그친 것은 그의 안에 자리한 갈망, 곧 약속의 땅에 대한 갈망이었습니다. 이제 그는 노인입니다. 그는 한 가지, 곧 약속의 땅에 관한 하나님의 말씀만을 붙잡고 서 있습니다. 그는 희망에 부풀어 있습니다. 드디어 모든 것이 성취될 때가 다가왔습니다. 그가 지금껏 믿었던 모든 것이 이제야 정당성과 의미를 얻게 됩니다. 성서는 아주 단순하게 이야기합니다. "같은 날, 주님께서 모세에게 말씀하셨다." 그리고 모세는 주님의 말씀대로 죽었습니다.

그렇습니다. 이것은 매우 심각한 주제입니다. 우리는 성취되지 않은 작은 희망들이 있다는 것을 우리의 소소한 일상생활을 통해서 알고 있습니다. 각 사람마다 그런 것들을 어느 정도는 말할 수 있을 것입니다. 아이들은 더더욱 그렇겠지요. 또 우리 중 몇몇은 성취되지 못한, 바랄 만한 가치가 있는 큰 소망들을 지니고 있을 것입니다. 내면의 은밀한 약점을 극복하고, 타인이 알지 못하는 죄를 단념하겠다는 희망 말입니다. 절망적인 상황 가운데도 도전하고, 곤경 속에서 열렬히 기도하지만, 간직한 희망들이 성취되지 않아 괴로워한 적도 많을 겁니다. 바울은 어떤 괴로움 속에서 자신을 건져 달라고 하나님께 간청하다가 "내 은혜가 네게 족하다"라는 응답을 들었습니다.고후 12:9 이 말씀은 "희망 안에서 살고, 희망 안에서 죽어라. 그러나 성취는 네 마음대로 되지 않는다"라는 뜻입니다. 우리가 이 말씀을 진지하게 숙고한다면, 오늘 본문이 얼마나 심각한 것을 말하고 있는지 깨닫게 될 것입니다.

정말로 두렵고 떨리는 말씀입니다. 어째서 모세는 약속의 성취를 눈앞에 두고 죽어야 한단 말입니까? 성서에서 중요한 단어들이 차례대로 언급됩니다. "믿음 없는 행동, 거룩함을 나타내지 않음, 죄, 죽음." 이 단어들은 우리가 더는 눈여겨보지 않는 연속 관계에 있습니다. 약속 앞에서 죄인이 죽었습니다. 모세 역시 백성의 일원이므로 그는 죽었습니다. 만약 우리가 이 이야기를 지었다면, 기도하는 모세를 약속의 땅에 들어간 첫 번째 사람이 되게 했을 것입니다. 하지만 하나님은 모세에게 "산꼭대기로 가서 죽어라" 하고 말씀하십니다. 그는 믿고 바라던 사람, 한 번도 본 적이 없는 본향에 대한 그리움을 품었던 사람입니다. 예수께서 "의에 주리고 목마른 사람은 복이 있다. 그들이 배부를 것이다"[28] 하고 말씀하셨지만, 모세는 산꼭대기에서 약속을 바라보며 죽었습니다.

이 태곳적 이야기가 전하는 뜻은 분명합니다. 그것은 하나님을 본 사람은 반드시 죽고, 하나님의 약속 앞에서 죄인은 죽는다는 것입니다. 성탄절을 앞둔 우리에게 이 말씀이 의미하는 바는 무엇일까요? 성탄절에는 하나님의 위대한 약속, 약속의 땅보다 더 중요한 약속이 꼭 성취되어야만 합니다. 하나님께서 친히 이 땅에 찾아오시겠다고, 우리에게 가까이 오시겠다고 하십니다. 하나님께서 우리를 구원하여 지극한 복으로 이끄시겠다고 약속하십니다. 이제 우리도 이 약속을 알고 모세처럼 찾아다녀야 합니다. 그리고 모세가 죽어야만 했던 것처럼, 하나님이 그분의 법에 따라 우리를 이끄시는 대로 우리도 죽어야 한다는 사실을 명심해야 합니다. 그러나 우리는 그리스도인으로서 다음의 사실도 알고 있습니다. 이를테면 우리는 죽지 않고 약속 안에서 살아야 하며, 이 약속은 우리의 것이 되어야 한다는 것입니다.

무엇보다 우리는 우리 자신이 모세가 되어 산꼭대기로 올라가 다음과 같은 하나님의 말씀을 겸손히 기다려야 합니다. "산꼭대기에서 죽어라, 대림절에 죽어라, 더는 성취를 기대하지 말아라." 이 모든 것을 깊이 생각하고도, 선입견 없이 아무것도 모른 척 약속의 땅으로 들어가려고 할 사람이 있을까요? 아이들이라면 그럴 수 있을 것입니다. 어쨌든 우리는 그럴 수 없습니다. 우리는 이 사실을 마주하면서 대림절이 얼마나 중대한 절기인가를 분명히 알게 됩니다. 약속된 엄청난 일들이 다가오는 중입니다. 아무도 들어 본 적 없는 사건이 고지되고, 아무도 본 적 없는 비밀이 열립니다. 이 비밀이 진입해 오자 대지와 그 자녀들이 떨고, 한 예언자의 음성이 다음과 같이 외치며, 두려워하는 세상 안으로 들어옵니다. "천국이 가까이 왔다. 주 하나님께서 친히 오신다. 창조주요 심판자이신 그분이 인류의 육신을 입고 가까이 다가오신다. 인류를 집으로 데려다가 성대한 축하 잔치를 베푸시려고 그분이 오신다. 너는 준비되었느냐?" 신약성서의 시작과 끝을 이루는 엄청난 물음, 온 세상과 우리의 삶 전체를 결정하는 유일한 물음이 던져집니다. 그 물음은 바로 "너는 하나님을 맞이할 준비가 되어 있느냐?"입니다. 이것이 성서가 세상을 대하는 방식입니다. 깨어 있으십시오. 지금은 밤중이고 여러분은 잠자고 싶겠지만, 밤 한가운데로 영광의 하나님께서 침입하실 것입니다. 이 일이 베들레헴에서 일어나지 않았습니까? "너희는 허리에 띠를 띠고 등불을 켜 놓고 있어라. 주인이 와서 종들이 잠들어 있는 것을 보면 그 종들은 화가 있다." 눅 12:35-37 우리는 지쳐 있고, 캄캄한 세상 가운데서 눈이 감기는 것은 당연한 일이지만, 밤새 신랑을 맞으러 갈 수 있도록 등불에 기름을 가득 채워둡시다. 축하 잔치에서 쫓겨나지 않도록 혼례복을 입읍시다.

이처럼 대림절 메시지 전체는 인류에게 참회를 촉구합니다. 대림절 메시지는 충격적인 참회 설교입니다. 세례자 요한은 예수에 앞서 등장하여 우리에게 참회를 촉구했습니다. 고대의 모든 기독교 세계에서 대림절은 기쁨의 기간이 아니라 참회의 기간이었습니다. 우리가 방금 부른 찬송가들도 다 참회에 관해 말하는데, 제가 보기엔 그게 옳은 것 같습니다(사흘이 지나면 정말로 성탄절이 돌아옵니다. 거대한 변화가 다시 일어납니다. 하나님께서 그 변화를 바라십니다. 바라고 기다리고 갈망하던 세상이 약속을 받는 세상이 됩니다. 온갖 소리가 그치고, 눈물이 더는 흐르지 않고, 고독의 괴로움이 더는 우리를 질식시키거나 위협하지 않습니다. 그분은 우리 곁으로 와서 머물며 우리를 도우십니다. 그분은 우리를 홀로 있도록 버려두지 않으십니다[29]).

우리는 우리가 구원을 받는다는 사실에 두려워하며 떱니다. 그러나 이 모든 것 외에도 성서는 인간의 행위가 아닌 오직 하나님의 행위에 의해 엄청난 기적이 일어났다는 전언으로 가득합니다. 영원 안에서 이루어진 하나님의 거룩한 뜻에 따라 아들이 아버지에게서 왔고, 같은 시간에 베들레헴의 마구간에서 작은 아기가 태어났습니다. 들판에서 온 소들과 나귀들과 목자 두서넛이 첫 번째 성탄절을 경축했습니다. 이 마구간 위로 하늘이 열리고, 천사들과 별들이 거룩한 밤 한가운데로 환호성을 올리고, 하나님의 사랑이 아기와 그분의 신자들을 굽어보았습니다. 하나님께서 친히 크리스마스트리를 밝히셨습니다. 별들이 총총한 하늘이 바로 그 트리였습니다.

무슨 일이 일어난 것일까요? 하나님께서 이 세상의 불

행을 보시고는, 직접 오셔서 도우셨습니다. 하나님께서 힘 있는 자의 모습으로 오시지 않고, 인간의 내밀한 데로 오셨습니다. 하나님은 죄스러운 것, 참담한 것, 약한 데, 불행한 데로 찾아오셔서, 거기서 각 사람에게 발견되셨습니다. 이 말씀은 해마다 다시 세상을 가로지르며, 올해도 우리에게 다시 찾아옵니다.

우리는 저마다 개인적으로 다른 감정을 가지고 성탄절을 마주합니다. 어떤 이들은 이날을 환호의 날, 친절의 날, 사랑의 날로 바라보며 순전히 기뻐할 것입니다. 어린이들이 그럴 것입니다. 다른 이들은 크리스마스트리 아래서 잠시 일상의 휴식을 구하고, 과거 명랑했던 나날의 추억에 빠지고, 성탄의 등불을 바라보며 자기 주위에 있는 것을 잊고, 오래된 캐럴을 들으며 이 복된 망각을 갈망할 것입니다. 또 다른 이들은 성탄절을 맞이하여 큰 염려를 품을지도 모르겠습니다. 그들에게는 성탄절이 순전한 축제가 아닐 것입니다. 그들 안에서 두려운 분리의식이 깨어날 것입니다. 그들은 하필이면 이날에 개인적인 불행과 고독을 더욱 심하게 느낄 것입니다.

크리스마스트리 아래 선 사람들의 마음이 정말 다양해 보입니다. 세상일을 어느 정도 아는 우리 각자에게는 성탄절을 경축하는 것이 특히 올해는 이상하게 여겨질 것 같습니다. 실직자들, 전 세계에서 굶주리며 비참하게 살아가는 수백만의 어린

이들, 굶주리는 중국인들, 인도와 여타의 불행한 나라들에서 억압받는 이들이 우리 눈앞에 서 있다가 사라지며 절망적인 속수무책을 말하고 있기 때문입니다. 그럼에도 성탄절은 다가옵니다. 우리가 원하든 원하지 않든, 우리가 동의하든 동의하지 않든 간에, 우리는 "구원자 그리스도께서 와 계신다"라는 말씀을 다시 들을 수밖에 없습니다. 구원을 바라는 세상은 다름 아닌 우리의 타락한 세상이지만, 그분은 그리스도라 불리십니다.

(결론부가 분실되었다.—편집자)

II.

베를린 시절의 설교
1931-1933년

추수감사절 설교

시편 63:3

1931년 10월 4일, 저녁 예배

주님의 한결같은 사랑이 생명보다 더 소중합니다.

2천5백 년 전, 고향 예루살렘으로부터 멀리 떨어져 육체와 영혼이 불행으로 쇠약해 가는 한 경건한 유대 노인을 떠올려 봅니다. 그는 조롱하는 자들과 하나님의 적들에게 포위된 채, 하나님과 동행하는 기이한 길을 숙고하고 있습니다. 이 숙고는 차분하고 고요한 숙고가 아니라, 하나의 싸움입니다. 절망의 언저리에서 벌이는 싸움, 생명과 그 의미를 구하는 싸움, 하나님과 그분의 성실하심을 구하는 싸움입니다. 그런데 그의 생명의 버팀목에 금이 가고 말았습니다. 붙잡을 것이 있겠지 생각하며 손을 뻗었는데 텅 빈 허공이었습니다. "하나님, 당신은 어디에 계십니까? 하나님, 당신은 누구십니까? 하나님, 나는 누구입니까?

나의 생명이 쇠하여 바닥없는 곳으로 추락하고 있습니다. 하나님, 나는 두렵습니다. 당신의 한결같은 사랑은 어디에 있습니까? 그렇지만, 당신은 나의 하나님이시고, 당신의 한결같은 사랑은 나의 생명보다 더 소중합니다."

오늘 본문은 이해한 사람을 더 이상 놓아주지 않는 여러 말씀 가운데 하나입니다. 겉으로는 부드럽게 빛나는 것 같지만, 속으로는 딱딱하기 그지없는 말씀, 두 세계가 충돌하는 데서 발생하는 격한 말씀, 우리의 세계가 아닌 성서의 세계에서 오는 말씀입니다.

"당신의 한결같은 사랑이 생명보다 더 소중합니다." 이 말씀은 불행한 이들과 버림받은 이들, 비참한 이들과 짐 진 이들이 내지르는 환호입니다. 병자들과 눌린 이들이 갈망하며 외치는 소리입니다. 대도시의 실직자들과 굶주린 이들이 부르는 찬송입니다. 세리들과 창녀들처럼 눈에 띄거나, 혹은 은밀히 가려진 모든 죄인들이 드리는 감사 기도입니다. 하지만 과연 이 환호성이 현실적일까요? 아니, 그렇지 않습니다. 적어도 우리 시대에 우리 세계에서는 그렇지 않습니다. 이것은 성서의 기이한 세계에나 어울리는 환호성입니다. 그래서 만일 우리가 성서의 말씀에 귀를 기울이면서, 성서의 세계에 예민하게 반응한다면, 우리는 성서의 생경함에 깜짝 놀라며 화를 낼지도 모릅니다. 아니면 반대로 이 말씀이 우리에게 전혀 기이해 보이지 않을 수도 있을까요? "말씀은 정말로 분명한 거야. 어떤 그리스도인에게는 말씀이 이미 살과 피가 되었으니 말이야"라면서 너무도 당연하게 생각할 수 있을까요? 아니겠지요. 그렇다면, 이제 우리는 오늘 읽은 시편이 정말로 무엇을 말하는지, 그리고 이 말씀이 정말로 우리에게 저절로 이해되는지를 살펴봐야 할 것입니다.

언젠가 시편 기자의 삶에 결정적인 일이 일어났습니다. 하나님께서 그의 삶 속으로 들어오신 것입니다. 그때부터 그의 삶이 달라졌습니다. 저는 그가 불현듯 선하고 경건한 사람이 되었을 것이라고 생각하지는 않습니다. 그는 오래전에 그런 사람이 되었을 겁니다. 그러나 이제 하나님이 그에게 다가와 친히 임하시고, 변함없이 그와 함께하심으로 그가 더는 그분에게서 벗어나지 않게 된 것일 뿐입니다. 바로 이 사실이 그의 삶 한가운데를 찢으며 뚫고 들어왔습니다. 우리는 이런 말을 자주 듣기도 하고 입 밖에 내기도 합니다. "종교는 사람을 행복하고 화목하게, 평온하고 만족하게 해준다." 하지만 이 말은 종교에는 맞을지 모르나, 하나님 자신과 인간에게는 맞지 않으며, 근본적으로 완전히 틀린 말입니다. 이제 시편 시인의 삶에 이런 일이 일어납니다. 그의 안에 어떤 균열이 생겨나서, 그는 자신이 쪼개지는 것을 느낍니다. 그의 안에서 싸움이 시작됩니다. 이 싸움은 날마다 더 격렬해지고 더 무시무시해집니다. 그는 매시간 자기 내면으로부터 자기가 믿었던 것이 점점 더 찢겨 나가는 것을 경험합니다. 이런 까닭에 그는 몸부림치면서 자기가 믿었던 것을 간직하려고 합니다. 그러나 하나님은 그에게서 그것을 빼앗으시고, 다시 내주지 않으십니다. 그는 잃으면 잃을수록, 자기에게 남아 있는 것을 향해 더 힘껏 더 간절히 손을 뻗습니다. 하지만 그가 자기 소유물에 집착하면 집착할수록, 하나님은 더 가혹하게 때리시고, 찢어짐은 더 심한 고통을 줍니다. 이처럼 숨 막히는 싸움이 벌어지면, 하나님은 이기시고, 인간은 굴복합니다. 인간은 그 싸움이 어디로 이어지는지 도무지 알지 못합니다. 다만 패배한 자기 모습을 볼 뿐입니다. 그는 자기에게 사납게 침입하여 평화를 깨뜨리신 분을 미워하는지, 아니면 좋아하는지도 알지 못합니다. 그저 그는 완전히 녹초가 되어, 하나님의 무기 앞에 절망적으로 굴복할 뿐입니다. 그렇다고 모든 것이 그에게 절망적인 것은 아닙니다. 하나님의 무기는 매우 놀랍고 기이해서, 파괴하고 세우며, 상처를 입히다가도 치료하고, 죽이다가도 살리기 때문입니다. 하나님은 이렇게 말씀하십니다. "내 한 결같은 사랑을 원하느냐? 그러면 내가 너를 이기게 하여라. 내 생명을 바라느냐? 그러면 내가 네 악을 미워하고 쳐부수게 하여라. 나의 한결같은 사랑을 원하느냐? 그러면 내가 네 생명을 취하게 하여라." 이제 중요한 것은 최후의 것이므로, 그는 모든 것을 포기해야 합니다. 오로지 그에게 남은 것은 그의 생명뿐입니다. 그래서 그는 자기 생명을 꽉 잡으려고 합니다. 그러나 하나님은 멈추지 않으시고, 이 최후의 요새를 향해 돌진하십니다. 이 최후의 것을 놓고 싸움이 격해지고, 인간은 미친 듯이 저항합니다. 하나님이 그것을 원하실 리 없고, 나에게서 최후의 것을 빼앗아 가실 리 없다는 것이지요. 하나님은 잔혹하신 분이 아니라, 선하신 분이라는 것입니다. 그에게 이런 말씀이 들려옵니다. "너는 나의 한결같은 사랑 원하느냐? 그러면 최후의 것, 곧 네 생명을 나에게 바쳐라. 이제 선택하여라!"

우리는 이 벼랑 끝에 이르러 몸서리칩니다. 이는 어떤 사람이 우리를 세상 끝으로 데려가서, 저 아래 펼쳐진 심연을 가리키며 "뛰어!" 하고 말하는 것과 같습니다. 우리는 자신이 찢어지는 것을 느낍니다. 정말 하나님의 한결같은 사랑과 우리의 생명 사이에서 선택해야만 하는 것일까요? 우리의 생명이란 무엇입니까? 우리가 보고, 쥐고, 듣고, 맛보고, 느끼는 모든 것이지요. 우리를 에워싼 모든 것입니다. 우리가 소유한 모든 것입니다. 우리에게 익숙한 모든 것입니다. 우리가 사랑하는 모든 것입니다. 그러면 하나님의 한결같은 사랑은 무엇입니까? 우리가 보지 못하고, 움켜쥐지 못하고, 믿지 못하는 모든 것, 우리가 소유하지 못하는 것, 전혀 있을 것 같지 않은 어떤 것, 피안의 것, 모든 사건 위에 그리고 그 배후에 있으면서도 우리에게 가까이 다가와 말을 거는 것입니다. 그러니 누가 기꺼이 선택하려고 하겠습니까? 그러나 하나님은 스스로 승리를 쟁취하십니다. 이제 우리는 시편 시인의 입에서 나오는, 인간적으로 불가능해 보이는 말씀을 듣게 됩니다. "하나님, 당신은 나의 하나님이십니다. 당신의 한결같은 사랑이 생명보다 더 낫습니다."

어떤 사람들은 화가 나서 이렇게 이의를 제기할지도 모르겠습니다. "듣자니, 참 격하고 과장된 말씀이로군요. 흔히 하나님의 한결같은 사랑에 대해서 이렇게 말하지 않나요? 내가 건강하게 지내고, 가족과 함께 먹고 마시고, 직업과 집을 가지고 있는 것, 바로 이런 것들이 나에겐 좋은 일이고, 나는 그분께 감사하고 있다구요. 도무지 하나님의 한결같은 사랑을 상대로 싸우는 것은 조금도 알지 못하고 이해도 못하겠습니다."

사랑하는 교우 여러분, 오늘은 추수감사절입니다. 우리가 하나님의 한결같은 사랑이 의미하는 바를 철저하게 숙고해 볼 기회의 날입니다. 밖에서 자연은 우리 시대의 고통스런 염려와 불안과는 무관히 움직이고 있습니다. 자연은 무언가를 생산하여 땅의 사람들을 부양합니다. 자연이 주저하면 수백만 명이 죽고, 자연이 풍성하게 양식을 내주면 인류는 생기를 얻습니다. 누구도 자연에 대한 지배권을 쥐고 있지 않습니다. 그저 인간은 자연의 힘 앞에 입을 다물고 작아져서, 자연을 다스리시는 분을 떠올릴 수밖에 없습니다. 하지만 우리는 오늘 특수한 상황에서 특별한 생각을 가지고 함께 추수감사절을 지킵니다. 추수는 우리가 바라던 것을 주지 않았습니다. 8월과 9월에 비가 줄기차게 내렸지요. 이 비는 다가오는 겨울에 어린이와 어른 수백 명이 배고픔과 궁핍을 겪게 될 것을 의미했습니다. 이 일 때문에 우리는 오래도록 마음이 아팠습니다. 게다가 가장 무서운 재앙 중 하나가 다가오고 있습니다. 국민에게 타격을 줄지도 모를 재앙, 지금 전 세계에 퍼지고 있는 재앙은 다름 아닌 실업입니다. 다가오는 겨울에는 독일에서만 7백만 명이 일자리를 얻지 못하고, 이에 따라 천5백만 명에서 2천만 명이 굶주림을 겪을 것으로 추산됩니다. 영국에서는 천2백만 명 이상이, 미국에서는 2천만 명 이상이 굶주림을 겪을 것입니다. 현재 중국에서는 천6백만 명이 굶어 죽어 가고, 인도 역시 형편이 나은 것이 아닙니다. 이것은 있는 그대로의 수효입니다. 이 수효 이면에 끔찍한 현실이 자리하고 있습니다. 우리가 교회 안에서 추수감사절을 지내면서 이 현실을 간과해야 할까요? 그래선 안 됩니다. 이 사실에 기초해서 우리의 기독교적 사고와 계획을 재어 보고 예리하게 하기를 바랍니다.

오늘 밤 우리가 식탁에 앉아서 하나님의 한결같은 사랑 떠올릴 때, 우리는 기분이 좀 이상해질 것입니다. 이해할 수 없게도 그러한 선물이 바로 우리에게 주어졌다는 사실이 우리를 압도할 것입니다. 우리는 그 선물들을 다른 뭔가를 통해서가 아니라 하나님에게서 받았으며, 우리 도시의 굶주린 형제자매들보다 더 많은 것을 받은 것도 아니라고 생각해야 할 것입니다. 우리가 우리를 향하신 하나님의 한결같은 사랑에 대해 감사드리는 바로 그 순간, 종종 벌어지듯이 우리 집 입구에서 초인종이 울립니다. 거기에 어떤 사람이 서 있습니다. 그는 지극히 작은 선물로도 기꺼이 하나님께 감사할 줄 아는 사람입니다. 하지만 그런 선물을 받지 못한 채 자기 자녀들과 함께 굶주리며 씁쓸한 기분으로 자러 가고 있다고 생각해 보십시오. 그 순간 우리의 감사 기도는 어떠한 기도가 될까요? "하나님이 우리에게는 관대하시고 저 사람에게는 화를 내셔"라고 할까요? 아니면, 우리가 먹을거리를 조금 더 받았다는 것으로 하나님이 우리에게 유리한 자리를 주셨음을 증명하겠습니까? 하나님은 사랑하는 자녀들에게는 양식을 공급하시고, 버림받은 이들은 굶주리도록 내버려 두시는 분인가요? 은혜로우신 하나님은 이와 같이 감사하는 유혹으로부터 우리를 지키십니다. 하나님은 우리가 그분의 한결같은 사랑을 바르게 이해하도록 우리를 이끄십니다. 그런데도 우리가 잘못된 생각을 품고 그렇게 행동한다면 어떻게 되겠습니까? 우리가 겸손히 하나님의 불가해성과 우리 소유의 빈곤함을 바라보며 무한한 책임—우리가 하나님의 선하심을 통해 맡게 되는 책임—을 의식하지 않고 우리 자신만을 중요시한다면 어떻게 되겠습니까? 오히려 그분의 한결같은 사랑이라는 선물이 우리에게 저주가 되지 않겠습니까? 그러므로 우리가 하나님의 선물에서 하나님의 한결같은 사랑을 헤아리려고 한다면, 그 한결같은 사랑을 형제자매에 대한 책임으로 이해해야 합니다. 아무도 이렇게 말하지 마십시오. "하나님이 돈과 재물을 주셔서 나를 행복하게 하셨다. 그러니 이 세상에서 나와 나의 선하신 하나님만이 존재하는 것처럼 살자." 이렇게 말하는 사람은 언젠가는 자기가 행운과 이기심이라는 우상을 숭배해 왔음을 깨닫고 후회하게 될 것입니다. 소유는 하나님의 복도 아니고, 하나님의 한결같은 사랑도 아닙니다. 소유는 책임입니다.

그러나 이와 동시에 우리는 무엇이 하나님의 한결같은 사랑인지 이해할 수 있게 됩니다. 하나님으로부터 책임을 부여받은 사람은, 자신이 두 세계, 곧 하나님의 세계와 이웃의 세계 사이에 있다고 생각합니다. 그는 하나님으로부터 이런 말씀을 듣습니다. "나의 한결같은 사랑이 네 집에 자리하기를 원하느냐. 그러면 이웃을 섬겨라." 왜냐하면 하나님은 이웃 안에서 그를 만나시기 때문입니다. 그는 이웃에게서 육체적 빈곤과 영적 빈곤을 보고, 그 빈곤을 해결할 책임 안으로 끌려 들어갑니다. 그러면 우리가 시편 시인에게서 들은 대로 서서히 싸움이 시작됩니다. "나의 은총을 원하거든, 네 소유를 이웃에게 주어라. 나의 사랑을 원하거든, 이웃에게 네 영혼을 주어라. 나의 선함을 원하거든, 이웃을 위해 네 목숨을 걸어라. 네가 이 모든 것을 행하지 않으면, 이제껏 네게 나의 선함이었던 것, 곧 네 육신 및 네 영혼과 관계있는 네 소유가 너에게 저주로 바뀌고 말 것이다." 우리 가운데 누가 감히 "나는 이 모든 것을 행하였고, 하나님의 한결같은 사랑을 생각과 행위로 온전히 이해했다"고 말할 수 있겠습니까? 하나님의 한결같은 사랑이 우리를 고투로 이끈다는 걸 확실히 이해한 것만으로도 대단한 일입니다. 하나님의 한결같은 사랑은 우리가 받고 나서, 좀 더 부유하게, 좀 더 풍요롭게, 그러면서도 전반적으로 변함없이 계속 살기 위해 그저 간직하고 소유하는 것이 아닙니다. 하지만 우리는 열의가 적습니다. 오히려 불안과 약함과 소심함과 슬픔이 많습니다. 이 싸움에 돌입하기에는 우리 존재의 뿌리가 든든하지 못합니다. 그렇기에 우리가 이 싸움을 철저하게 이해하지 않는다면, 이 싸움을 결코 제대로 이해한 것이 아닙니다. "당신의 한결같은 사랑이 생명보다 더 낫습니다." 이는 주님의 한결같은 사랑이 여러분의 집보다, 여러분의 음식보다, 여러분의 일자리보다, 여러분의 명성보다, 여러분의 명예보다, 여러분의 육체적 쾌감보다, 여러분의 예술적 즐거움보다, 여러분의 영적 기쁨보다, 여러분의 아내와 남편과 여러분의 자녀보다 더 나음을 의미할 뿐 아니라, 그 이상을 의미하기도 합니다. 주님의 한결같은 사랑은 그 모든 것을 잃어버린 뒤에도 여러분에게 남아 있는 것, 곧 여러분의 생명보다 더 낫습니다. 우리 삶의 육체적인 측면과 상관있든, 우리의 일자리와 상관있든, 우리의 명예와 상관있든, 우리의 가족과 상관있든, 하나님의 한결같은 사랑이 우리를 갈등으로 이끈다는 것을 우리 가운데 누가 경험했겠습니까? 누가 하나님에게 이끌려 그런 갈등에 돌입하겠으며, 누가 그런 갈등을 하나님의 한결같은 사랑으로 여기겠습니까? 갈등이 더 심화되지 않으면, 우리의 생명에 손을 대지 않으면, 우리의 생명을 넘어서지 않으면, 하나님의 한결같은 사랑이 이해되지 않는다는 것을 누가 알겠습니까?

예를 들어 보겠습니다. 두 사람이 서로 사랑합니다. 한 사람이 다른 사람에게 묻습니다. "나에 대한 당신의 사랑이 얼마나 큰지, 나의 사랑이 당신에게 얼마나 가치가 있는지 말해 봐요." 그러자 다른 사람이 대답합니다. "나는 당신의 사랑을 받기 위해 나의 소유를 다 버렸어요." "그게 다인가요?" "나는 당신의 사랑을 받기 위해 나의 모든 즐거움, 나의 모든 행복을 버렸어요." "그게 다인가요?" "나는 당신의 사랑을 받기 위해 나의 명성과 나의 명예를 버렸어요." "그게 마지막인가요?" "나는 당신의 사랑을 받기 위해 형제자매와 친구들을 전부 버렸어요. 오오, 내가 당신만을 소유한다면 (…) 나는 당신의 사랑을 받기 위해 모두, 전부, 다 줄 거예요." "그러면 당신이 여전히 소유하고 있는 최후의 것도요? 나의 사랑을 받기 위해 그것까지 내어줄 건가요?" "당신이 생각하기에, 내가 당신의 사랑을 받으려고 나의 생명을 내어줄 것 같아요? 모순된 말이지만, 나의 생명 없이 어떻게 당신의 사랑을 받을 수 있겠어요? 나에게 그것만은 요구하지 말아 줘요. 하지만 당신의 사랑은 그 이상이지요. 당신의 사랑은 나의 생명보다 더 나아요!"

이 대화의 강도強度를 누가 우러러보지 않겠습니까? 인간이 이런 말을 할 줄 안다는 사실에 누가 뿌듯함을 느끼지 않겠습니까? 하지만 그리스도인이라면 우리가 방금 이야기한 엄청난 비유를 끌어댔을 때 새삼 깜짝 놀라지 않을까요? 인간의 열정도 사랑하는 사람을 얻기 위한 싸움에서 이처럼 크고도 많은 일을 할 수 있건만, 우리는 하나님의 사랑이 언급되는, 그러나 전혀 다른 게 걸려 있는 데서 실패하니, 도대체 어떻게 된 일일까요? 이 사람이 연인을 위해서 자신의 소유, 자신의 행복, 자신의 명예, 자신의 생명을 어떻게 흔쾌히 내던지는지 보십시오. 어떻게 그에게 새로운 것이 여전히 생각나는지 보십시오. 그가 자신의 사랑에게 무엇을 제물로 바치는지 보십시오. 어떻게 그가 다른 이의 사랑을 소유하기 위해 치르는 대가를 비싸게 여기지 않는지 보십시오. 그리고 하나님의 사랑을 얻기 위한 우리의 생각과 행위가 얼마나 옹색한지를 보십시오. 어떻게 우리가 동전 두서너 개를 헌금함에 넣고 상냥한 표정을 짓거나, 온건한 성향을 품는 것으로 하나님의 사랑을 얻기 위해 할 일을 충분히 했다고 생각하는지를 보십시오. 우리의 열정은 애초에 사그라들었건만, 저들의 열정은 활활 타오르니, 어떻게 된 일일까요? 과연 이런 게 그리스도인의 삶인가요? 예수 그리스도의 삶이 우리 앞에 어떻게 그려져 있나요? 오, 하나님, 우리가 더 이상 당신을 알려고 하지 않고, 더는 당신을 찾으려고도 하지 않습니다. 우리 생의 처음과 마지막에 서 계시면서 우리를 영원토록 심판하시는 당신을 생각하지 않고 사는 것이 얼마나 무모한 짓인지 우리가 모르기 때문입니다. 우리가 더는 예수 그리스도의 생명 안에서 하나님의 사랑을 보지 않고, 예수 그리스도에게서 일깨움을 받아 새로운 생명으로 나아가지 않기 때문입니다. 우리 자신에게 집착하고 스스로 서려고 하기 때문입니다. 하나님만이 우리를 제대로 떠받치실 수 있고, 산산이 조각나 버린 우리의 삶에 영원한 의미를 주시는 분임을 믿지 않기 때문입니다. 우리가 하나님의 유일한 영광과 사랑에 어긋나 하나님 앞에 죄를 지었기 때문입니다. 하나님이 우리에게 책임을 맡기셨는데도, 우리는 하나님보다 자신에게 더 집착하는 까닭에 그 책임을 거부하고 있습니다! 하나님이 "나의 사랑이 너에게 얼마나 큰 가치가 있느냐?"고 물으시는데도, 우리는 "어쨌든 우리 자신의 것보다 적어요"라며 하나님의 한결같은 사랑을 우리의 삶에서 밀어내고 있습니다.

그러나 이제 이 세상이 알고 있는 가장 큰 기적이 일어납니다. 우리가 우리의 죄책 때문에 하나님으로부터 떨어지고, 하나님에 대하여 죽고 둔감해진 곳에서 하나님의 한결같은 사랑이 우리에게 다가옵니다. 하나님의 한결같은 사랑은 예수 그리스도 안에서 모든 죄책과 모든 생명을 능가하는 하나님의 영원한 언약으로 우리에게 새로이 나타납니다. 하나님을 거스르는 죄, 하나님에 대한 불성실, 하나님에 대한 적대감의 어둠 속에서 자신이 사랑에 닿고 있음을 느끼는 사람만이 하나님의 한결같은 사랑이 무엇인지를 제대로, 온전히 알 수 있습니다. 그는 결코 멈추는 법이 없는 사랑, 모든 것을 용서하는 사랑, 모든 불행을 넘어서 하나님의 세계를 가리키는 사랑에 자신이 닿아 있음을 느끼는 사람입니다.

물론 우리 생명은 없어지지 않습니다. 우리는 책임 안에 머무르며, 하나님으로부터 늘 새롭게 질문을 받습니다. "나의 사랑이 너에게 얼마나 가치가 있느냐?" 우리가 하나님의 한결같은 사랑이 무엇인지 깊이 알면 알수록, 우리의 대답은 더욱 선명해질 것입니다. 하나님의 한결같은 사랑이 우리에게 새로운 책임을 맡기고, 죄책은 우리를 그분에게로 인도할 것입니다. 교회 안에서만이라도 이 시편 시인의 세계가 드러나는 때는 언제쯤 올까요? 우리가 복 가운데 있든 불행 가운데 있든, 굶주림과 질병 가운데 있든, 불안과 근심 가운데 있든, 슬픔과 죄책 가운데 있든, 풍작을 맞든 흉작을 맞든, 다음과 같이 말하면서 진정한 추수감사절을 경축할 수 있는 때는 언제쯤 올까요? "저들이 육체와 재산과 명예와 자녀와 아내를 빼앗거든, 떠나보내라. 저들은 아무 유익도 얻지 못하리니. 그러나 우리에게는 그 나라가 영속하리라."[1] 하나님, 당신의 한결같은 사랑이 생명보다 더 낫습니다. 아멘.

대림절 첫째 주일 설교

누가복음 12:35-40

1931년 11월 29일

너희는 허리에 띠를 띠고 등불을 켜 놓고 있어라. 마치 주인이 혼인 잔치에서 돌아와서 문을 두드릴 때에, 곧 열어 주려고 대기하고 있는 사람들과 같이 되어라. 주인이 와서 종들이 깨어 있는 것을 보면, 그 종들은 복이 있다. 내가 진정으로 너희에게 말한다. 그 주인이 허리를 동이고, 그들을 식탁에 앉히고, 곁에 와서 시중들 것이다. 주인이 밤중에나 새벽에 오더라도, 종들이 깨어 있는 것을 보면, 그 종들은 복이 있다. 너희는 이것을 알아라. 집주인이 언제 도둑이 들지 알았더라면, 그는 도둑이 그 집을 뚫고 들어오도록 내버려두지 않았을 것이다. 그러므로 너희도 준비하고 있어라. 생각하지도 않은 때에 인자가 올 것이기 때문이다.

오늘 본문의 중앙에는 복의 선언이 자리하고 있습니다. "주인이 와서 종들이 깨어 있는 것을 보면, 그 종들은 복이 있다."

눈에 보이는 세계 앞에서 성서의 세계가 붕괴하는 일은 누구에게나 일어나는데, 그때 우리에게 남는 것은 현실뿐입니다. 그래서 우리는, 예수께서 건네시는 이 복의 선언을 우리의 기독교적인 생각과 노력에 대한 각별한 변호로 여깁니다. 어떤 것도 더는 지속하려 하지 않을 때, 우리는 이 복의 선언 덕분에 다시 기운을 얻습니다. 그렇습니다. 우리는 이 말씀을 아무것도 아닌 것으로 여기고 쉽게 말해선 안 됩니다. 그리스도께서 이런 말씀을 하시다니, 그분은 사람을 정말 사랑하신 것이 틀림없습니다!

그러나 특이하게도 그리스도께서 말씀하신 사람은 자신의 이상을 현실화하려고 분투하고 고투하며 애쓰는 사람이 아닙니다. 그분은 사람을 이미 투쟁과 상처와 죽음에서 벗어나 하나님의 평화 속에 완전히 받아들여진 존재로 여기십니다. 그분은 사람을 이미 여기서 그 나라의 다스림을 받는 존재로 여기십니다. 그 나라는 이긴 영들이 복을 누리는 나라입니다. 예수께서 사람을 그렇게 여기시지만, 불행하게도 우리는 그분이 복을 선언하는 자리에 서지 못하고, 저 바깥에, 저 옆에, 저 먼 곳에 서 있습니다. 그런 까닭에 우리가 잘 알고 있는 것처럼 예수께서 말하는 사람이 우리는 아닙니다. 우리가 현재의 상태로 사는 한, 우리는 예수께서 말하는 사람이 아닙니다. 우리의 본문은 사람을 전혀 다른 관점으로 보고 있습니다. 이를테면 결코 체험으로 살지 않는 사람들, 진실로 하나님의 평화와 하나님의 구원이 영원토록 그 위에 펼쳐지는 사람들, 다가오는 새 하늘과 새 땅의 다스림을 받는 사람들로 보는 것입니다. 다시 말해, 그들은 처음이요 마지막으로서, 처음부터 그 나라의 소유자로서 인류 역사에 현현하여 고난받으시고 고투하시고 죽으신 하나님의 미래의 전망 속에서 살아가는 사람들입니다. 그리스도는 자기의 신비롭고 영원한 식견으로 이 미래를 아는 까닭에, 사람에게 복을 선언하십니다. 장차 하나님이 기대하며 찾으실 사람, 바로 이 하나님의 오심에 사로잡히고 압도되어 살아가는 사람은 복이 있는 사람입니다. 기다리는 사람, 깨어서 기다리는 사람으로 여겨 복을 선언하십니다. 그러므로 자기 주인을 기다리는 종들과 같이 되십시오! 주인이 와서 종들이 깨어 있는 것을 보면, 그 종들은 복이 있습니다.

지금 우리는 세계관의 시대 가운데 서 있습니다. 역사상 오늘날처럼 세계관이 성취되거나, 요동치거나, 갈기갈기 찢기는 시대를 보는 것은 흔치 않은 일입니다. 어떤 옷을 입을지, 무엇을 먹을지, 어떤 운동을 할지, 이런 것들이 세계관의 현안이 되었습니다. 요즘처럼 세계관에 매여 외곬이 되고 편협해지는 사람들을 보는 것도 흔치 않은 일입니다. 물론 이러한 현상을 비웃는 이들이 있을지도 모르겠습니다. 하지만 그런 비웃음은 적절하지 않습니다. 그것은 자신이 이 기이한 사태의 문제가 무엇인지 이해하지 못했음을 보여줄 뿐입니다. 이 세계관의 사고를 움직이는 단 하나의 거대한 주제가 있는데, 그것은 다름 아닌 미래의 인간입니다. 세계관의 시대 가운데 서 있는 우리는 모두 최근의 세계사적 사건들이 일어나는 동안 다음과 같은 한 가지를 분명히 알게 되었습니다. 이를테면 우리는 지금 전환기에 서 있다는 것입니다. 현대인은 어쨌든 이 전환기에 대처할 능력이 없습니다. 기술과 경제가 독립적인 세력이 되어, 인간을 말살하겠다고 위협하고 있습니다. 기술과 경제가 세력을 떨치고, 그 악령들이 우리 시대의 올림포스에 살고 있습니다. 민족들의 갈등이 그들 자신의 몰락을 재촉하고 있건만, 이 운명을 저지할 힘은 누구도 충분히 갖고 있지 않은 것 같습니다. 예술가들이 자기 주위에서 일어나는 일을 표현하려고 하면, 음조가 날카로운 음악이나, 색조가 자연스럽지 않은 음악이 나오고 맙니다. 그러면 그는 종교들에 머무르면서 단 한 걸음을 내딛는 것조차 거부합니다. 현실 앞에서 인간의 패배를 깨닫는 순간, 새로운 부류의 인간, 신생과 미래 인간에 대한 희망이 생겨납니다. 이 인간을 정치적 인간으로 여길 것인지, 윤리적 인간으로 여길 것인지, 지성인으로 여길 것인지, 종교적 인간으로 여길 것인지, 투사로 여길 것인지, 평화주의자로 여길 것인지는 근본적으로 미래의 인간과 관련된 큰 걱정거리입니다. 인간은 몰락해서는 안 됩니다. 그러니 그는 현실의 힘에 짓밟히지도 굴종하지도 않겠다고 자기 의견을 주장해야 합니다. 그는 주인으로, 미래의 주인으로 이 세계에 남아 있어야 합니다. 다들 그렇게 하고 싶어서 자기 개조에 열중합니다. 미래의 구름은 검고, 그 구름이 언제 어떻게 걷힐지는 아무도 모르기 때문입니다.

제가 보기에, 성서는 이처럼 새로운 부류의 인간을 창조하려는 시도를 두고 자기의 의견을 말하고 싶어서, 미래로 나아가는 인간의 이상을 제시한 것 같습니다. 성서가 말하는 인간은 정치적 인간도, 윤리적 인간도, 종교적 인간도 아닙니다. 성서가 말하는 인간은 바로 깨어서 기다리는 사람, 때를 기다리는 사람입니다. 우리의 본문은 바로 그 사람에 관해 말하고 있습니다. 예수께서 우리에게 그려 보이는 그림은 이렇습니다. 땅 위에 어둠이 내려앉습니다. 그 땅에는 집 한 채가 서 있습니다. 그 집에서 빛이 흘러나와 어둠 속으로 파고듭니다. 거기서 허리에 칼을 차고 손에 등불을 든 남자들이 칠흑같이 캄캄한 땅 위를 주시합니다. 그들은 기다립니다. 혼인 잔치에서 집으로 돌아오는 주인을 기다리는 그들은 다름 아닌 종들입니다. 그들은 잠을 몰아내고 기꺼이 긴장하며 깨어 있습니다. 주인이 오면 곧바로 문을 열어 주려는 것이지요. 언제 주인이 올지 아무도 모릅니다. 하지만 그들은 압니다. 주인이 오고 있고, 그래서 자신들이 밤중에 깨어 있는 것임을. 얼마나 오래 깨어 있을지는 모르지만, 오늘 우리 가운데도 깨어 있는 이들이 있습니다. 이제 예수께서는 그 종들에게 복을 선언하시면서 제자들에게 이렇게 말씀하십니다. "그러므로 주인을 기다리는 종들과 같이 되어라. 너희도 준비하고 있어라! 기다리는 사람이 되어라."

우리가 이 말씀을 꼭 따라야 할까요? 어떤 이들은 이렇게 말할지도 모릅니다. '오로지 깨어 있는 것이 중요했다면, 우리는 모두 복의 선언을 받았을 거야. 지금 우리의 삶은 변화와 개선을 기다리고 있는 게 분명해.' 기다리는 법을 배워야 하는 세대가 있다면, 그것은 다름 아닌 우리 세대일 것입니다. 이를테면 더 나은 정세, 더 좋은 경기, 채용, 일자리, 새로운 도덕, 새로운 종교를 기다리는 것이지요. 그러나 다들 기다리더라도 걱정하면서 기다립니다. 기다리던 것이 언제 출현할지, 전혀 다른 모습으로 오는 것은 아닐지 아무도 모르기 때문입니다. 실망감에 사로잡힐 수밖에 없더라도, 그것 때문에 평정을 잃어선 안 되고 굳건해야 합니다. 우리의 기다림 속에는 언제나 체념이 어느 정도 담겨 있습니다. 우리의 속마음에는 언제나 우리의 가장 간절한 희망과 소원들이 마비된 채 자리하고 있습니다. 왜냐하면 우리의 내면은 그 소원들이 이루어지지 않는 경우를 표준으로 삼기 때문입니다. 우리는 어리석은 사람이 되기를 바라지 않습니다. 하지만 미래의 어떤 것을 기대하는 것은 어리석은 일입니다. 이는 우리의 삶 전체가 뜻대로 되지 않고 부서지는 경우를 표준으로 삼으면서도 힘껏 기다리고 바라는 것이 어리석은 일인 것과 같습니다. 그런 까닭에 우리의 신중한 기다림은 고통스러운 기다림입니다. 우리의 기다림의 이런 이중적 성격은 숙명적이라 하겠습니다. 이를테면 소유하고 낚아채려고 하면서 그렇게 하기 위해 아무것도 단념하거나 포기하지 않는 것이고, 미래의 상상에서 출발하지만 현재에 집착하는 것이며, 기대에 부풀어 뭔가를 준비하면서도 끊임없이 선취하는 것입니다. 알아채셨겠지만, 그리스도는 이러한 기다림에 대해 복을 선언하신 것이 아닙니다. 이러한 기다림은 대림절의 기다림이 아닙니다.

그렇다면 이 모든 신중한 기다림을 지난 다른 기다림이 우리 안에 자리하고 있다면, 이 기다림은 대림待臨이 될 것입니다. 이 기다림이 우리가 신중하고 고통스럽게 기다리는 모든 것을 완전히 넘어선다면, 게다가 결코 억누를 수 없는 갈망이 그 안에 있다면, 그래서 이 갈망이 모든 것이 성취되는 자리에서 그저 침묵하지 않고, 모든 것이 물거품이 되는 곳에서 더 힘차게 반발한다면, 이런저런 수단으로 세계에 철저히 도움이 되는 것 이외의 것에, 그리고 도움이 되는 것보다 못한 것에 결단코 순응하지 않는 기다림이 우리 안에 자리하고 있다면, 이 기다림은 대림이 될 것입니다. 다시 말해서 우리 안의 무언가가, 전혀 예측할 수 없는 것, 곧 하나님이 친히 우리에게 오시는 것을 기다리고 있다면, 이 기다림은 확실히 대림이 되기 시작할 것입니다. 우리가 묻고, 시험하며, 더듬어 찾으며 기다리다가 갑자기 우리 존재의 고통스런 곤경과 소원들을 깨닫고 당황할 때, 우리가 우리의 본질을 잃고 무의미에 빠지면 어쩌나 하는 불안감에 싸일 때, "아, 구름이 찢어져, 당신께서 하늘로부터 행차하시면 좋으련만"[2]이라는 말이 우리의 입에서 새어 나올 때, 그제야 우리는 성서가 말하는 "기다림"을 조금이라도 알 수 있게 될 것입니다. 기나긴 밤 불안을 느낀 나머지, "주인이 곧 오시지 않겠어?"라며 등불을 밝혀 들고 어둠 속을 주시할 때, 다시 희망이 싹틀 때, 그러한 표적과 이적이 일어날 때, 머지않아 예수의 복의 선언이 사람들에게로 힘차게 돌아올 것입니다. 그리고 우리는 "보아라, 내가 문밖에 서서 문을 두드리고 있다. 주인이 와서 종들이 깨어 있는 것을 보면, 그 종들은 복이 있다"라고 말씀하시는 분의 음성을 멀리서부터 듣게 될 것입니다. 그때 우리의 기다림은 진정한 기다림이 될 것입니다. 물론 그것은 다른 기다림입니다. 전혀 다른 것, 곧 하나님을 기다리는 것이지요. 하지만 어떤 사람은 그분을 기다리지 못하고 이렇게 생각할지도 모르겠습니다. '그분이 오시면 좋겠지만, 그분이 오시지 않더라도, 나는 그분 없이 계속 살아가야 해.' 어떤 사람은 봉급 인상을 기다리듯이 삼가며 얌전하게 하나님을 기다릴지도 모르겠습니다. 그래서는 안 됩니다. 사람이 정말로 하나님을 생각한다면, 그의 기다림은 정말로 비합리적이고 무분별한 기다림이 될 것입니다. 하나님 대용품Gottersatz에 만족하려 하지 않고, 그저 계속 기다리고 그리워하고 갈망하고 희망할 때, 마침내 하나님이 직접 오셔서 도우시고 위로해 주실 것입니다.

그때 희망은 희망하는 자의 고통을 더 깊게 만드는 애처로운 공상이 아니라, 그의 삶 자체가 될 것입니다. 그때 그는 오로지 살려고만 할 것입니다. 하나님을 기다려야 하니까요. 그때 그는 합리적인 방법과 합당한 것을 기다리는 사람과 달리 뒷날로 미루는 일이 없을 것입니다. 그때 그는 자기 자신에게서 벗어나게 될 것입니다. 그는 자신이 이제껏 견지하려고 했던 기다림에서 벗어나, 자신의 관여 없이도 지체하지 않고 일어나는 낯설고 압도적이고 놀라운 사건 속으로, 하나님의 시간 속으로, 하나님의 미래 안으로, 이 세상에 오시는 하나님께로 다가가게 될 것입니다. 미래가 그에게 생생한 현실이 되고, 그는 오시는 분의 그늘 아래로 들어가 살게 될 것입니다. 어떤 절박한 운명의 그늘 혹은 숙명의 그늘이 아니라, 오시는 하나님, 곧 정의와 사랑과 평화의 하나님의 그늘 아래로 들어가 살게 될 것입니다. 그가 걷는 길은 미래 안으로 자신 있게 들어가 하나님께로 가는 길이 아닙니다. 그는 다만 하나님으로부터 미래를 받습니다. 그는 자기가 하나님께 가는 것이 아니라, 하나님이 불가해한 은총 속에서 자기에게로 오신다는 것을 잘 압니다. 그가 다른 방식으로 헛되이 기다리지 않고, 자기의 목숨을 잃지 않는다면 말입니다. 그가 할 수 있는 일은 깨어 기다리는 것뿐입니다. 이를테면 열정적으로 기다리고, 완전히 사로잡혀 기다리고, 의심으로 헷갈리게 하는 모든 말을 듣지 않고, 자기와 하나님의 미래 사이에 끼어들려는 온갖 세력을 무시해 버리는 것입니다. 그가 중시하는 것은 하나님 한분밖에 없습니다. 그는 하나님만을 바라보고, 하나님의 말씀만을 듣고, 하나님만을 영접하고, 하나님만을 알고, 하나님만을 섬기고 싶어 합니다. 정말 이해할 수 없게도, 그는 하나님을 바라는 만큼 그분 이외의 것은 조금도 바라지 않습니다.

물론 그때가 되면, 근근이 이어지던 우리의 안전한 삶은 끝나고 맙니다. 그사이에 하나님이 갑자기 오셔서 그분의 참말씀을 우리에게 건네실지도 모르고, 우리가 사람과 운명을 마주하여 안심할지도 모르지만, 살아 계신 하나님 앞에서는 누구도 안심할 수 없습니다. 그때가 되면, 명성은 그치고, 궁궐은 무너지며, 왕관은 떨어집니다. 그때가 되면, 사람은 밤사이에 자기에게 오신 창조자와 심판자 앞에 서게 됩니다. 그분이 그가 잠들어 있는 것을 보셨는가, 아니면 깨어 있는 것을 보셨는가, 이것이 문제입니다. 그때가 되면, 관직도, 지위도, 합리성도, 신중함도 아무 도움이 되지 않습니다. 모든 희망이 사라지고 맙니다. 그때가 되면, 마침내 모든 사람이 그분에게 시선을 향하게 됩니다. 그런 까닭에 깨어 있는 종들에게 예수께서 하신 복의 선언은, 모든 안전한 삶에 대한 사형 선고, 자신의 삶을 지키려는 필사적인 시도에 대한 사형 선고, 온갖 미래 걱정—미래는 안전한 삶을 위태롭게 하므로—에 대한 사형 선고, 자기의 안전한 삶을 확보하기 위한 모든 조급증과 고민에 대한 사형 선고, 너무도 거대한 온갖 합리성에 대한 사형 선고나 다름없습니다. 기다리는 사람은 모든 것, 바로 하나님에게서 오는 모든 것을 기다립니다. 그는 하나님 자신을 기다리고, 그분에게 공간을 만들어 드립니다. 그는 자기 자신을 위해서는 아무것도 바라지 않고, 무엇을 바라든 하나님을 위해서만 바랍니다. 기다리는 사람만이 열려 있고, 준비가 되어 있습니다. 기다리는 사람만이 대림절에서 성탄절로 나아갈 수 있습니다. 기다리는 사람은 복이 있습니다.

우리는 이 질문을 피하면 안 됩니다. "미래가 현재라는 듯이, 미래 안에서 살 수 있는 사람은 누구입니까? 하나님이 내 생명보다 더 확실하다는 듯이, 하나님께 기대어 살 수 있는 사람은 누구인가요?" 그는, 여기에 오시려는 하나님은 이미 오래전에 오신 분이라는 것을 아는 사람입니다. 그는, 역사 한가운데로 오신 하나님과 처음이요 장차 마지막이 되실 하나님은 동일한 분이라는 것을 아는 사람입니다. 하나님은 오셨습니다. 그래서 우리는 그분이 거듭거듭 오시기를 바라며, 그분이 장차 마지막으로 오시는 그날을 기다릴 수 있습니다. 우리는 하나님이 더는 역사의 옷, 고난의 옷, 죽음의 옷을 입은 채 숨어 계시는 것이 아니라, 마지막 때에 심판자이자 구원자로서 온 세상에 나타나시는 그날을 기다릴 수 있습니다. 하나님이 오셨기에, 우리가 기다리는 것입니다. 그분의 초림初臨이 신비로 남아 있으며, 하나님이 직접 그 신비 안으로 끌어들이신 사람만이 그분을 알기에, 그 사람이 그분의 영원한 재림의 신비를 이해할 수 있는 것입니다. 더는 기다리지 않아도 될 만큼 하나님을 소유하는 사람은 없습니다. 하지만 하나님이 이미 오래전에 자신을 기다리셨음을 알지 못하는 사람은 결코 하나님을 기다릴 수 없습니다.

이로써 우리는 우리의 출발점으로 다시 돌아왔습니다. 예수께서 우리에게 현실화하라고 보여주시는 것은 미래 인간의 새로운 이상이 아닙니다. 예수께서 말씀하시는 사람은 하나님의 사람 그 자체입니다. 그분은 그 사람이 깨어 기다리는 것을 보시고, 그가 복이 있다고 말씀하십니다. 그러나 하나님의 사람은 제힘으로 사는 사람이 아니라, 기다림을 통해—혹은 기다림을 통하지 않고도—상상할 수도 없이 자비로우신 하나님의 힘으로 사는 사람입니다. 그 사람이 기다릴 수 있는 유일한 이유는, 하나님이 오고 계시기 때문입니다. 아무도 누가 복된 기다림 가운데 있는지를 판단할 수 없습니다. 아무도 하나님이 누구에게 오고 계시는지를 판단할 수 없습니다. 그러므로 이 시간, 우리 가운데 진지하게 그리스도인이 되려고 하는 이들은 모두 다만 기도할 수밖에 없습니다. "하나님, 우리의 기다림 가운데 들어오소서. 하나님, 우리는 당신의 구원, 당신의 심판, 당신의 사랑, 당신의 평화를 기다립니다." 예수께서 우리에게 "보아라, 내가 문밖에 서서, 문을 두드리고 있다"[3]고 말씀하십니다. 그리고 우리는 "예, 오십시오, 주 예수여"라고 응답합니다. 아멘.

국민애도일 저녁 설교

마태복음 24:6-14

1932년 2월 21일, 사순절 둘째 주일

또 너희는 여기저기서 전쟁이 일어난 소식과 전쟁이 일어나리라는 소문을 들을 것이다. 그러나 너희는 당황하지 않도록 주의하여라. 이런 일이 반드시 일어나야 한다. 그러나 아직 끝은 아니다. 민족이 민족을 거슬러 일어나고, 나라가 나라를 거슬러 일어날 것이며, 여기저기서 기근과 지진이 있을 것이다. 그러나 이런 모든 일은 진통의 시작이다. 그때에 사람들이 너희를 환난에 넘겨줄 것이며, 너희를 죽일 것이다. 또 너희는 내 이름 때문에, 모든 민족에게 미움을 받을 것이다. 또 많은 사람이 걸려서 넘어질 것이요, 서로 넘겨주고, 서로 미워할 것이다. 또 거짓 예언자들이 많이 일어나서, 많은 사람을 홀릴 것이다. 그리고 불법이 성하여, 많은 사람의 사랑이 식을 것이다. 그러나 끝까지 견디는 사람은 구원을 얻을 것이다. 이 하늘나라의 복음이 온 세상에 전파되어서, 모든 민족에게 증언될 것이다. 그때에야 끝이 올 것이다.

교회는 그 누구도 홀로 두지 않습니다. 오늘 이 자리에 참석하여 애도하는 분, 실제로 위로를 구하며 추도 예배를 드리는 분은 오늘 홀로 지내서는 안 됩니다. 물론 위로는 아주 다양한 장소에서, 적적한 곳에서도, 자연에서도, 일터에서도, 사교 모임에서도, 어디서든 **구할** 수 있습니다. 하지만 우리는 오직 하나님을 아는 지식 안에서만 위로를 **얻을** 수 있습니다. 불가해한 일, 곧 자신을 두렵게 하고 불안하게 하는 것 앞에서 하나님의 뜻을 알려고 하는 사람, 하나님의 말씀을 직접 듣는 곳에서 자신의 괴로움과 복잡한 문제를 순전히 감당하려는 그 사람이 있어야 할 바른 자리는 바로 여기 교회입니다. 국민애도일 의식은 아주 다양한 방식으로 거행할 수 있습니다. 유가족의 방식이 다르고, 국가의 방식이 다르며, 교회의 방식도 다릅니다. 유가족이 거행하는 의식이라면 국민애도일에 전사자의 위패를 모든 생각의 중심에 놓고, 그에게 집중하면서 그에 대한 모든 사랑을 다시 생각할 것입니다. 이때에 우리의 애도는 사랑의 애도가 될 것입니다. 공공조직, 곧 국가가 거행하는 성대한 추도식이라면 역사상 위대한 독일적 행위와 희생을 추모할 것입니다. 이때에 우리의 애도는 자부심 넘치는 애도가 될 것이며, 결국에는 사람과 그 업적이 중심에 서게 될 것입니다. 물론 오늘 우리가 사람의 위대한 행적을 기리는 것도 대단히 중요한 일이지만, 그리스도의 교회는 이 모든 것과는 다른 것을 말해야 합니다. 교회가 국민애도일 추도식을 거행할 때, 교회는 특별한 것을 말해야합니다. 교회는 다른 이들, 곧 민족의 전사한 아들들을 기리며 전 국민이 분명히 들을 수 있도록 탄식의 소리를 지르고, 그 탄식을 통해 새로운 행동과 큰 용기를 촉구하는 그런 합창대에 하나의 음성으로 끼어선 안 됩니다. 교회는 위대한 영웅의 행적을 노래하는 옛 시인들처럼, 고무된 청년들의 귀에 영웅의 전쟁과 죽음을 기리는 찬가를 읊어 주어선 안 됩니다. 교회는 위대한 시인의 장식물인 월계관을 바라서도 안 됩니다. 월계관을 엮어 누군가에게 건네는 것은 교회가 할 일이 아니기 때문입니다. 교회가 그리하면 좋으련만, 그래선 안 된다니 마음이 편하지 않고 고통스럽습니다. 이상하게도 교회는 오늘날 장중하지 않고, 자부심도 덜하고, 영웅심도 덜합니다. 교회는 옛 시대의 예언자와 같습니다. 백성의 위업을 추모하려고 모두 모인 곳에 심심한 마음으로 참석하면서도, 남이 보지 못하는 것을 자기가 본다는 데 괴로워하고, 남이 들으려 하지 않는데도 자기가 들은 것을 말해야 하는 예언자 말입니다. 물론 우리는 이 자리에 있는 모든 사람이 혼란을 원치 않고 불협화음을 원치 않으며, 모두 예외 없이 수긍하고 협조하기만을 원한다는 것을 잘 알고 있습니다. 아무도 이 자리에 있는 누군가가 남이 보지 못하는 특별한 무언가를 보는 것을 원치 않습니다. 사정이 이러하니, 이제는 다들 그런 사람에게서 벗어나려고만[4] 합니다. 그와 같은 예언자들이 집회에서 창피와 모욕을 당하며 추방되고, 그들이 섬기려고 하는 백성, 그들이 이 세상에서 가장 사랑하는 백성으로부터 쫓겨나는 일이 벌어지고 있으니 말입니다. 하지만 그들이 예언자가 된 것은 그들이 그 백성을 너무나 사랑했기 때문입니다. 가장 많이 사랑하는 사람만이 가장 깊은 것을 보고, 가장 위험한 것까지도 볼 수 있습니다. 적어도 그와 같은 시기에 예언자는 인기가 없습니다. 그래서 교회 역시 인기가 없습니다.

오늘 독일 국민은 1914-1918년의 시기, 곧 조국을 죽도록 사랑할 수 있고 마땅히 그래야 함을 수백만의 독일 남성과 젊은이가 보여준 시기를 기념하고 있습니다. 이들은 인류 역사상 유례없는 상황 속에서 그것을 보여주지 않으면 안 되었습니다. 이 자리에 차분히 서서 깊이 감사하고, 그들이 바라던 바를 결연한 자세로 긍정하는 것보다 더 근원적이고 인간적인 일은 없을 것입니다. 우리 가운데는 그들과 같은 시기를 보내며 죽음을 목격한 수백만 명이 여전히 생존해 있습니다. 죽음의 그늘이 덮여 있는, 기이하게도 알려지지 않은 사람들의 무리가 죽은 것처럼 꼼짝하지 않는 사회에서 우리와 함께, 그리고 고인들과 함께 살고 있습니다. 우리 젊은 세대에게는 끊임없이 침묵과 중용을 유발하고, 노인 세대에게는 그들 자신의 죽음에 힘을 주는 말, 모든 세대가 건성으로 들어 넘겨선 안 될 말이 있는데, 그것은 이러합니다. "네 민족과 너 자신은 네 형제가 피 흘려 산 땅에서 살고 있음을 잊지 말아라! 독일 국민이여, 애도하라, 감사하라, 희망을 품어라!"

어느 그리스도인이 이렇게 말하고 싶지 않으며, 이렇게 느끼지 않겠습니까? 어느 누가 의견의 일치를 보이는 모든 형제와 함께 집회에 참석하고 싶지 않겠습니까? 어느 누가 감히 분열의 씨앗을 뿌리고 싶겠습니까?

그러나 우리는 좀 더 질문하지 않으면 안 됩니다. 그리스도의 복음 위에 세워진 교회는 더 많은 것을 보는 까닭에 더 많이 발언해야 한다는 것을 그리스도인이 모르면 되겠습니까? 우리가 맨 먼저 언급한 것[5]을 신봉하지 않으면 안 되는 까닭에, 그리스도의 공동체는 그 이상의 것, 보다 심원한 것, 더 결정적인 것을 말할 줄 알아야 합니다. '노이에 바헤'Neue Wache [6] 추모지는 모두에게 우리가 앞서 언급한 것을 말하고 있습니다. "잊지 말아라. 그리고 감사하라." 이는 전몰장병의 훈장 모양으로 주조된 추모 화환[7]이 하는 말입니다. "희망을 품어라." 이는 하늘을 향해 열려 있는 천장 구멍이 전하는 말입니다. 그러나 거기에는 단 하나의 십자가도 서 있지 않습니다. 그것은 국민의 기념물이지만, 기독교의 상징은 아닙니다. 그것은 괴로워하는 형제들, 죽어 가는 형제들을 십자가의 표지 안에서 생을 마감한 이들과 하나로 이어 주는 교회가 아닙니다. 사람들에게 감사의 의무를 지우는 것은 기독교적 추도식이 아니기 때문입니다. 그 추도식에서 샘솟는 것은 기독교적 희망이 아닙니다. 그 자리에서 선포되는 것은 기독교적 위로도 아닙니다. 어쩌면 그것은 나름대로 옳을지도 모르겠습니다. 하지만 오늘 아침 '노이에 바헤'에 서 있다가, 이런저런 전몰자 기념비 앞에 서 있다가, 교회로 모인 우리는 기독교적 추도식이란 어떤 것인지를, 기독교적 위로란 어떤 것인지를, 기독교적 희망이란 어떤 것인지를 이 자리에서 들을 권리가 있습니다.

공교롭게도 이 점을 진지하게 생각하는 이들은 오늘 이러한 질문의 습격을 받고 괴로워하게 될 것입니다. "1914-1918년에 일어난 일을 그리스도의 관점에서 어떻게 보아야 하는가?" 우리는 이 모든 것을 그저 독일인으로서가 아니라 그리스도인으로서 어떻게 이해해야 하는지를 알고 싶어 합니다. 우리 가운데는 전쟁과 그 희생자들을 생각할 때마다 자신의 기독교적 양심이 떨리는 분들이 많을 것입니다. 그리고 그분들은 전쟁과 그 희생자들을 어떻게 대해야 할지 몰라 당황해할 것입니다. 우리 가운데 누가 "나는 그런 사람들 축에 들지 않는다"라고 말하겠습니까? 평화 계명을 알고, 하나님이 평화의 하나님이심을 알며, 그리스도를 두고 "그분은 우리의 평화이시다"[8]라고 말할 줄 안다면, 어느 누가 "전쟁은 성스러운 것"이라고 확신하거나 그런 신념을 갖겠습니까? 누군가 불안해하며 이런 물음을 던지지 않겠습니까? "1914-1918년에 일어난 사건은 무엇을 의미하나요? 그때 죽은 수백만의 독일인은 오늘 나에게, 그리고 우리에게 무엇을 의미하나요? 하나님은 그들을 통해 어떤 말씀을 하시는지요?" 이는 한 번 더 다음과 같이 묻는 것을 의미합니다. "하나님과 그리스도와 전쟁을 어떻게 함께 생각할 수 있나요? 그것은 '하나님의 사건'이었다고 말해야 하나요? 아니면 '이 사건에서는 하나님의 능력이 다했습니다'라고 말하거나, '이 사건에서는 그리스도께서 멀리 계셨어요'라며 절망해야 하나요?"

수난절 초입이니 더 쉽게 이해되겠지만, 우리는 이런 물음을 던지는 가운데 무엇보다도 골고다의 십자가에서 일어난 일에 대해 주의를 기울이겠다고 굳게 다짐해야 합니다. 어떻게 하나님과 십자가를 함께 생각할 것인가? 이 자리에서 이 물음을 정확히, 비할 데 없이 날카롭게, 더 절박하게 제기하지 않으면, 기독교의 메시지 전체를 지배하는 대답, 곧 "그리스도는 십자가를 통해서, 오직 십자가를 통해서만 삶으로, 부활로, 승리로 나아가신다"라는 대답을 얻지 못할 것입니다. 이 세상에 유일하게 가시적으로 나타난 하나님의 표지는 십자가입니다. 이것이야말로 놀라운, 모든 사람을 놀라게 하는 성서적 주제입니다. 그리스도께서는 땅에서 하늘로 영광스럽게 사라지신 분이 아닙니다. 그분은 십자가로 나아가신 분입니다. 그리고 십자가가 서 있는 바로 그곳에 부활이 가까이 자리하고 있습니다. 모든 사람이 하나님에 대해 갈피를 못 잡는 곳, 모든 사람이 하나님의 능력에 절망하는 바로 그곳에 하나님이 온전히 계시고, 그곳 가까이에 그리스도께서 살아 계십니다. 결말을 알 수 없는 일이 임박하여 사람들이 변절하든 신의를 지키든 간에 거기에 하나님이 계시고, 그리스도께서 계십니다. 어둠의 세력이 하나님의 빛을 억누르는 그곳에서 하나님이 승리하시고, 어둠을 바로잡으십니다. 이는 제자들이 그리스도께 그분의 죽으심 뒤에 이루어질 재림의 징조를 묻자, 그분이 자기 공동체 앞에 서게 될 날을 생각하면서 하신 말씀이기도 합니다. 이는 일회성 재림이 아닙니다. 성서에서 말하는 마지막 때는 모든 때이고, 모든 날은 그리스도의 죽으심과 최후 심판 사이에 자리하고 있습니다. 그렇습니다. 신약성서는 그리스도의 죽으심을 이토록 진지하게, 이토록 결정적으로 봅니다.

자기의 길이 십자가로 향하고 있음을 아시는 그리스도께서는 제자들의 길도 영화롭고 안전하게 하늘로 곧장 이어지는 길이 아니며, 그들 역시 어둠, 곧 십자가를 통과해야 한다는 것을 아십니다. 그들도 힘들게 싸워야만 합니다. 그러므로 그분이 가까이 계심을 나타내는 첫 징조는 다음과 같습니다. 그리스도의 적들이 강해지고, 유혹과 배반과 배교의 힘이 강대해지며, 그리스도의 공동체가 나락으로 빠져들어 하나님에 대해 갈피를 못 잡게 되는 것입니다. 그리스도의 적들이 그리스도의 이름 뒤에 숨어 기독교를 가장한 채, 우리를 그리스도에게서 떼어내려고 하는 것도 첫 징조입니다. 이는 "그리스도"라는 이름이 하는 일이 아닙니다. 오늘날과 같은 혼란의 시대에는 그리스도의 이름으로 그리스도에게 맞서 싸우기가 쉽습니다. 영들이 일단 혼란에 빠지면, 세상의 권세들이 풀려나 적나라하게 일어날 것입니다. 제자들을 그리스도에게서 잡아채려고 하는 세력들이 그들에게 알려 주는 것이 있습니다. 이를테면 그리스도와 동행하는 것은 미친 짓이다, 그리스도는 힘은커녕 가진 것이라곤 오로지 말뿐이다, 현실의 실세인 자신들은 사실의 언어를 말하며 이 언어가 그리스도의 언어보다 더 설득력이 있다는 것입니다. 세상 사람들이 뭉쳐서 그리스도의 영에 맞서고, 악령들이 준동합니다. 이는 그리스도께 맞서는 봉기나 다름없습니다. 강대한 모반 세력은 "전쟁!"을 의미하고, 또 다른 세력은 악성 전염병과 혹독한 시절을 의미합니다. 그러므로 전쟁, 질병, 굶주림은 그리스도에게서 그분의 통치권을 빼앗으려고 하는 세력들이라고 하겠습니다. 이 세력들은 모두 살아 계신 그리스도의 철천지 원수인 죽음의 사주를 받습니다. 그리스도께서 죽음을 정복하셨으므로 이미 그리스도와 함께 승리를 거둔 것처럼 보이고 싶었건만, 저 세력들이 이렇게 소리칩니다. "우리가 여기에 있으니 우리를 보고 놀라거라. 우리에게는 힘이 있고, 우리는 힘을 빼앗기지 않았다. 그리스도는 승리하지 못했고, **우리**는 지금도 승리하고 있다. 그리스도는 죽었지만, 우리는 살아 있다. 우리는 전쟁, 질병, 굶주림을 의미한다. 너희가 어찌 평화와 사랑, 하나님과 그의 나라를 말하는 이 엉터리 예언자들에게 홀린단 말인가. **우리**가 여기에 있다!"

그 세력들은 민족들을 습격하여 그들을 끌어당깁니다. 죽음이 배회하면서 엄청난 수확을 올립니다. 수백만 명을 수확하는 것이지요.

기독교에 거대한 분열이 일어나고, 기독교 나라들이 붕괴하여 갈기갈기 찢깁니다. 무시무시한 당혹감과 불안이 그리스도의 제자들을 엄습합니다. 그리스도의 제자들은 이 모든 공격이 사실은 그리스도와 그분의 말씀에 대한 공격이며, 그분의 말씀에는 그런 공격에 맞설 힘이 조금도 없어 보인다는 사실을 깨닫습니다. 지난 전쟁은 수천, 수백만의 사람들에게 그리스도에 대해 갈피를 못 잡게 했으며, 그들 중에는 그리스도의 말씀을 진지하게 생각했다가 크게 실망한 자들도 있습니다. 전쟁 서간들을 읽어 보십시오. 우리의 노동자들이 교회와 기독교를 두고 했던 증언을 베를린의 한 목회자가 엮어 펴냈으니[9] 그것도 읽어 보십시오. 거기에는 누구나 읽을 수 있게 이런 글귀들이 적혀 있습니다. "전쟁은 나에게 그리스도가 옳지 않음을 알려 주었다.", "전쟁은 내게서 믿음을 빼앗아 갔다.", "전쟁 이래로 나는 믿음을 미친 짓이라고 생각한다." 이는 전쟁과 그리스도의 교회에 대한 거침없는 발언입니다. 여기서 곧바로 "결론적으로 말하건대, 그들은 결코 바른 믿음의 소유자가 아니었네요"라고 말하는 것은 매우 바리새주의적일 것입니다. 사랑하는 교우 여러분, 자신의 믿음이 파괴되었음을 분명히 느끼는 것이야말로 이미 참된 믿음에 속합니다. 도대체 우리 가운데 누가 "나야말로 바른 믿음의 소유자야. 어떤 것도 나의 믿음을 더는 위태롭게 할 수 없어"라고 말하겠습니까? 설령 어떤 사람이 "나야말로 그런 믿음의 소유자야"라고 생각하더라도, 그는 이 믿음이 어떤 일이 있어도 태연할 만큼 냉담한 것이 되지는 않았는지 곰곰이 생각해 봐야 할 것입니다. 그러므로 바리새주의적인 비난을 삼가십시오. 저 수백만의 사람들도 그리스도에 대한 권리를 가지고 있다가 그리스도를 빼앗기지 않았습니까? 우리도 1914-1918년의 사건으로 갈기갈기 찢겼습니다. 하지만 그들에게서 믿음을 빼앗은 책임이 우리에게 있는데, 우리가 그에 대하여 무슨 말을 하겠습니까?

이렇게 본다면 상황이 전혀 다르게 보일 겁니다. 우리는 정말로 자신 있는 불굴의 기독교도일까요? 그리스도를 빼앗기는 상황에 놓여 있으면서도 가장 신실한 사람들, 가장 강한 믿음으로 무장한 사람들이 이루 말할 수 없는 근심에 사로잡히지 않고, 하나님의 참 백성이 마음 깊이 슬퍼하지 않으며, 그리스도께서 걱정하시는 공동체가 전쟁의 괴로움을 놓고 다음과 같이 부르짖지 않으니 말입니다. "나의 하나님, 어찌하여 나를 버리셨습니까?"[10] 그리스도는 십자가에서 친히 그렇게 부르짖으셨으며, 한 복음서의 기자에 따르면 그렇게 부르짖고 숨지셨습니다. 아, 수백만의 사람들이 믿음을 저버리고, 깊은 증오에 싸여 사랑이 식게 된 것은 충분히 이해할 수 있는 일입니다. "너희는 당황하지 않도록 주의하여라. 이런 일이 반드시 일어나야 한다"라는 그리스도의 말씀이 없었다면, 우리 주위는 도무지 서 있을 수도 없는 절망적인 곳이 되었을 것입니다. 예수께서는 자신의 제자들에게 때때로 "너희는 두려워하지 말아라! 내가 너희와 함께 있다"라고 말씀하지 않으면 안 되었습니다.[11] "너는 두려워하지 말아라! 내가 너를 지명하여 불렀다"라고 구약성서는 말했지요.[12] 천사들도 깜짝 놀란 목자들에게 "두려워하지 말라"고 말했습니다.[13] 또 예수께서는 "두려워하지 말고 믿기만 하라"고 말씀하셨습니다.[14] "두려워하지 말아라. 적은 무리여, 너희 아버지께서 그 나라를 너희에게 주시기를 기뻐하신다."[15] 그리고 이렇게도 말씀하셨지요. "너희는 당황하지 않도록 주의하여라. 이런 일이 반드시 일어나야 한다. 끝은 아직 오지 않았다." 그런데 우리는 "이 모든 일이 왜 일어나야 하지?"라고 묻고 있습니다. 그렇지만 여기에 중요한 이유가 있습니다. 그 이유는 그리스도께서 친히 죽음을 통과하셔야 하기 때문이고, 그리스도와 하나님께서 실제로 계신 곳에서 어둠이 가장 무시무시하게 버티며 그분을 십자가에 못 박기 때문입니다. 그러므로 우리도 이 모든 일을 통과해야만 합니다. 끝이 오려면, 이 모든 일이 반드시 일어나야 합니다.

이 세상에서 하나님의 길은 십자가로 이어지고, 십자가를 거쳐 생명으로 이어집니다. 그러니 놀라지 말고, 두려워하지 말며, 신실하십시오! 그러나 여기서 말하는 신실함은 그리스도의 말씀, 곧 평화의 나라에 대한 그분의 선포와 흥망성쇠를 같이하는 것과 같습니다. 또한 이 모든 것에도 불구하고 모든 악의 세력보다 그리스도의 말씀이 더 강력하다는 것을 아는 것과 같습니다. 여기서 말하는 그리스도 공동체의 신실함이란 "평화가 있어야 한다, 사랑이 있어야 한다, 복이 있어야 한다, 그분은 우리의 평화이시다,[16] 하나님은 평화의 하나님이시다"[17]라는 그리스도의 말씀들을 외치는 것입니다. 미친 듯이 펄펄 뛰며 재삼재사 외치는 것입니다. 지치더라도, 화가 나더라도, 심지어 순교에 이를지라도 외치는 것입니다. 그리스도의 말씀들이 무섭게 몰아치면 몰아칠수록 우리는 더 많이 외쳐야 합니다. 우리가 더 많이 외치면 외칠수록 그리스도의 말씀들은 더 무섭게 몰아칠 것입니다. 왜냐하면 그리스도의 말씀이 실제로 언급되는 곳에 세상 사람들은 생명과 관계된 위험한 열정이나 무서운 진리가 존재한다고 느끼기 때문입니다. 평화가 실제로 언급되는 곳에서 전쟁은 이중으로 반항합니다. 그 이유는 전쟁 자신이 완전히 끝장날지도 모른다고 느끼기 때문입니다. 그리스도는 전쟁의 끝이 되고 싶어 하십니다.

이제 교회는 비난과 박해를 통과해야 하더라도 주님을 더욱 신실하게 섬길 것입니다. 더 열정적으로 평화의 말씀을 전파할 것입니다. 교회는 주님이 십자가에 못 박히셔야 했음을 잘 알고 있습니다. 더욱이 교회는 예수께서 교회를 위하신다는[18] 언약도 들어서 알고 있습니다. 전쟁은 끝이 아닙니다. 전쟁은 끝이 오게 하는 존재입니다. "이 하늘나라의 복음이 온 세상에 전파되어서, 모든 민족에게 증언될 것이다. 그때에야 끝이 올 것이다." 바로 이 말씀을 통해 우리의 시야가 넓어져, 만물을 인도하시는 주님, 악령들과 두려운 것들마저 종으로 부리시는 주님께 닿습니다. 전쟁, 질병, 굶주림, 이 모든 것은 발생하기 마련입니다. 하지만 그것들은 모두 평화의 나라, 사랑의 나라, 구원의 나라의 복음이 더 뚜렷하게, 더 분명하게, 더 깊게 선포되고 들리도록 하기 위한 것입니다. 복음이 모든 민족에게 이르러 모든 민족이 그것을 듣도록 하려면 어떻게 해야 할까요? 악의 세력들이 복음을 섬기도록, 적대와 반목의 세력들이 민족들을 섬기도록 해야 합니다. 이 모든 세력은 모든 사람의 소유가 될 그 나라를 위해 봉사해야 합니다. 전쟁은 평화에 봉사하고, 증오는 사랑에 봉사하고, 악마는 하나님께 봉사하고, 십자가는 생명에 봉사해야 합니다. 다만 이런 일이 숨김없이 그대로 드러나 이루어질 때 끝이 올 것입니다. 그때가 되면 교회의 주님이 신실한 종에게 하시듯이 교회 위에 손을 얹고 복 주시며 지켜 주실 것입니다.

교회 안에서 지내는 국민애도일! 이것은 무엇을 의미할까요? 이것은 우리가 하나님 나라에 대해 선포하며 하나의 큰 희망을 세우고, 우리 모두가 그 희망에 기대어 살아가는 것을 의미합니다. 이것은 우리가 오늘 돌아보는 과거와 그 모든 공포와 모든 무신성Gottlosigkeit을 직시하되, 놀라지 않고 평화의 말씀을 듣는 것을 의미합니다. 또 이것은 모든 일이 일어나야 끝이 오는 것을 의미합니다. 그래야만 하나님께서 변함없이 주님이 되십니다. 또 이것은 우리가 저 밖에 서 있던 이들이 지닌 것과 같은 신실함으로 평화의 메시지를 전하고, 죽음의 존재 이유였던 그 나라를 더욱 명백하게 설교할 때만 세계 대전으로 죽은 이들을 제대로 애도할 수 있음을 의미합니다. 이는 곧 우리가 민족의 경계선을 넘어 온 세상을 내다보면서, 모든 전쟁을 종식시키는 그 나라의 복음이 모든 민족에게 전파되게 해달라고, 그래서 끝이 오게 해달라고, 다만 그리스도께서 가까이 오시게 해달라고 기도하는 것을 의미합니다.

교회 안에서 지내는 국민애도일! 이것은 십자가에 달리신 하나님이 우리 가까이에 계심을 뜻합니다. 십자가에 달리신 그리스도, 십자가를 통과해 승리하신 그리스도를 바라보는 것을 의미합니다. 교회 안에서 지내는 국민애도일! 이것은 "오직 그리스도만이 승리하신다!"는 사실을 아는 것입니다. 아멘.

견신례 설교

창세기 32:24-32, 33:10

1932년 3월 13일, 사순절 넷째 주일, 베딩 시온 교회

뒤에 홀로 남았는데, 어떤 이가 나타나 야곱을 붙잡고 동이 틀 때까지 씨름을 하였다. 그는 도저히 야곱을 이길 수 없다는 것을 알고서, 야곱의 엉덩이뼈를 쳤다. 야곱은 그와 씨름을 하다가 엉덩이뼈를 다쳤다. 그가, 날이 새려고 하니 놓아 달라고 하였지만, 야곱은 자기에게 축복해 주지 않으면 보내지 않겠다고 떼를 썼다. 그가 야곱에게 물었다. "너의 이름이 무엇이냐?" 야곱이 대답하였다. "야곱입니다." 그 사람이 말하였다. "네가 하나님과도 겨루어 이겼고, 사람과도 겨루어 이겼으니, 이제 네 이름은 야곱이 아니라 이스라엘이다." 야곱이 말하였다. "당신의 이름이 무엇인지 가르쳐 주십시오." 그러나 그는 "어찌하여 나의 이름을 묻느냐?" 하면서, 그 자리에서 야곱에게 축복하여 주었다. 야곱은 "내가 하나님의 얼굴을 직접 뵙고도, 목숨이 이렇게 붙어 있구나!" 하면서, 그 곳 이름을 브니엘이라고 하였다. 그가 브니엘을 지날 때에, 해가 솟아올

라서 그를 비추었다. 그는 엉덩이뼈가 어긋났으므로, 절뚝거리며 걸었다. (…) 야곱이 말하였다. "아닙니다, 형님, 형님께서 저를 좋게 보시면, 제가 드리는 이 선물을 받아 주십시오. 형님께서 저를 이렇게 너그럽게 맞아 주시니, 형님의 얼굴을 뵙는 것이 하나님의 얼굴을 뵙는 듯합니다."

견신례를 받는 여러분! 지난 시간에 저는 견신례를 앞둔 여러분에게 여러 번 물었습니다. 견신례 시간에 제가 여러분에게 무슨 말씀을 전해 주면 좋겠냐는 질문이었지요. 그때마다 여러분은 이렇게 대답했습니다. "삶에 도움이 될 만한 진지한 가르침을 원합니다." 여러분에게 보증합니다. 오늘 제가 전하는 말씀을 잘 듣는 사람은 귀담아들을 만한 한두 가지 중요한 가르침을 얻게 될 것입니다. 하지만 보십시오. 삶은 이미 우리에게 진지한 가르침을 너무 많이 안겨 주었습니다. 그래서 저는 오늘 미래를 바라보는 여러분의 눈을 지금보다 더 무겁고 어둡게 하진 않을 작정입니다. 여러분 가운데 많은 분들이 이미 삶의 현실을 너무도 잘 알고 있지요. 그러니 이제부터 저는 삶 앞에서 여러분을 불안하게 하기보다는, 격려하고자 합니다. 우리는 오늘 교회 안에서 전보다 더 많이 희망을 이야기해야 합니다. 우리가 이미 품고 있고, 아무도 여러분에게서 앗아 가지 못할 희망 말입니다.

오늘 여러분을 보니, 오랜 유랑 생활 후 거대한 성문 앞에 도착하여 성문을 두드리며 입장 허가를 바라는 한 무리의 젊은 방랑자들을 보는 것 같습니다. 이들은 멀리서부터 이 성문과 성벽을 바라보며 그 너머가 바로 고향이라고 생각했습니다. 그래서 이들은 "열어 주십시오. 성문 안의 모습이 어떠한지 보고 싶어요. 안으로 들어가고 싶어요!"라고 말합니다. 이들은 다 함께 소리 내어 외치며 성문을 두드립니다. 어떤 사람들은 좀 더 용감하고 끈질기게 문을 두드리고, 어떤 사람들은 조심스럽고 작게 소리 내며 문을 두드리고 있습니다. 이 중에는 겨우겨우 끌려온 사람들도 있습니다. 하지만 그들 모두가 성문 안으로 들어가고 싶어 합니다.

이 성문은 얼마나 특별한 문일까요? 그리고 성문 너머에 있는 땅은 얼마나 특별한 땅일까요? 어쨌든 젊은 방랑자들은 모두 이 특별한 땅에 들어가려 합니다. 이 땅은 평화와 사랑과 정의가 있다고 전해지는 땅입니다. 말할 수 없이 아름다운 주님이 통치하시므로 가난도 눈물도 없는 땅입니다. 그 땅은 언약의 땅, 약속의 땅, 하나님이 다스리시는 땅입니다.

우리는 이렇게 묻고 싶습니다. "그런 땅이 있다는 엄청난 생각을 하도록 여러분을 부추긴 자는 도대체 누구입니까?" 그러면 여러분은 이렇게 대답할 것입니다. "교회와 교회의 목사요. 그리고 우리 모두를 찾으시는 예수 그리스도요."

아직 우리는 무엇부터 시작해야할지 모릅니다. 어떤 결과에 이를지도 모릅니다.여러분은 이 성문을 어떻게 통과해야 할까요? 여러분은 이 성문 뒤에 있는 땅을 어떻게 발견할 수 있을까요?

제가 여러분에게 낭독해 드린 이야기로 눈길을 돌려봅시다. 야곱은 오늘의 여러분과 똑같은 사람입니다. 그는 일찍이 가나안 땅, 약속의 땅, 하나님이 그의 조상들과 그에게 주신 땅에서 형의 분노를 피해 달아났습니다. 그렇게 하여 그는 자기 생의 여러 해를 타향에서 보냈습니다. 그러나 이제 가나안 땅이 그를 처음의 자리로 다시 이끕니다. 그는 고향 땅에 들어가려고 합니다. 언약의 땅에 들어가려고 합니다. 하나님이 다른 어떤 이가 아닌 주님으로 계시는 땅에 들어가려고 합니다. 그는 자기 형에게 가서 화해하려고 합니다. 그는 하나님의 땅으로 들어가려고 합니다.

그런데 저녁이 되었을 때, 그에게 기이한 일이 일어납니다. 타향에서 보내는 마지막 저녁입니다. 야곱은 형과 약속의 땅이 가까이에 있으며, 아침이 되면 자기가 고향에 있게 되리라는 것을 압니다. 밤중입니다. 그는 강변에 홀로 남습니다. 몇 시간이 지나면 아침이 되고, 그러면 그는 고향 땅에 들어가게 될 것입니다. 하지만 그때 갑자기 기습을 받습니다. 어떤 사람이 그의 길을 가로막고서, 그를 붙잡고 그와 씨름을 합니다. 그를 놓아주려 하지 않고 그를 짓누릅니다. 야곱이 언약의 땅으로 돌아가선 안 된다는 것이지요. 야곱이 형과 화해해선 안 된다는 것입니다. 무시무시하고 엄청난 힘이 개입하여 야곱이 들어가는 것을 방해하고, 그를 도로 타향으로 밀어내려 합니다. "네가 빠져나온 곳에 머물러라. 너는 언약의 땅에 들어가선 안 된다. 너는 일개 이방인, 그저 배반자에 지나지 않으니, 여기서 멀리 떨어져 살아라." 미지의 거인은 억지로 야곱을 어둠 속에 밀어 넣으려고 합니다. 그러나 약속의 땅을 동경하는 야곱은 엄청난 힘을 발휘해 밀려나지 않습니다. 물러나기는커녕 오히려 상대를 단단히 붙잡습니다. 그러고는 싸움 중에 자기의 적수가 누군지를 알아내고야 맙니다. 그의 적수는 다름 아닌 하나님입니다. 하나님은 자기 땅을 지키는 분, 단 한 명의 침입자도 허용치 않는 분, 자기 땅을 성스럽게 유지하는 분입니다. 하나님은, 아무나 곧바로 즐거이 만족하며 이 땅에 들어올 수 없고, 오로지 거룩하고 의로운 사람만 이 땅의 경계를 넘을 수 있으며, 여타의 모든 사람, 모든 이방인, 모든 신실하지 못한 사람은 멀리 떨어져 고독과 악의 어둠 속에 머물러야 함을 알려 주는 분입니다. 이 말씀이 이해가 되는지요? 이 말씀은 약속의 땅에 들어가는 것이 나에게나 여러분에게나 아무 일도 아닌 것이 되어서는 안 된다는 것입니다. 교회 공동체의 일원이 되는 것, 곧 견신례를 받는 것이 나에게나 여러분에게 아무 일도 아닌 것이 되어서는 안 됩니다. 어째서 그럴까요? 하나님이 개입하셔서 자기 땅을 지키고 성스럽게 유지하시며, 우리가 거룩하지 않은 상태로 그 땅에 들어가기를 바라지 않으시기 때문입니다. 오늘과 모레 밤에 여러분이 성찬을 받으려고 성찬대로 나아가는 길도 성스러운 땅에 들어가는 길이 되어야 합니다. 거룩하지 않은 상태로 나아가선 안 된다는 것을 명심하십시오.

그러나 우리가 거룩한 상태가 되어 하나님의 땅에 들어가려면 어떻게 해야 할까요? 야곱을 눈여겨봅시다. 밤이 아침으로 바뀌어 갑니다. 야곱은 여전히 자기 적수를 붙잡고 선 채 물러서지 않습니다. 여전히 그를 꽉 붙잡고 있습니다. 그때 적수가 무시무시한 최후의 일격을 가하면서 말합니다. "날이 새려고 하니 나를 놓아주어라. 나는 물러갈 테니, 너는 어둠 속에 머물러 있어라." 그러자 야곱의 격정이 솟구칩니다. 그는 감히 하나님께 항변하고 대듭니다. "안 됩니다. 당신이 저에게 축복해 주지 않으면, 당신을 보내지 않겠습니다." 이는 야곱이 과감히 손을 집어넣어 하나님의 심장을 붙잡고 말하는 것 같습니다. "당신은 저에게서 떠나서는 안 됩니다. 당신은 저를 어둠 속에 홀로 두어선 안 됩니다. 저는 당신 없이는 살 수 없습니다. 저는 그럴 수 없습니다. 저는 당신의 땅을 보며 그곳에서 살고 싶습니다. 하나님, 당신은 저를 어둠 가운데, 죄 가운데, 곤경 가운데 두어선 안 됩니다. 부디 저를 홀로 두지 마십시오. 저를 홀로 두시면, 이는 당신의 마음에 어긋나는 일입니다. 당신이 저에게 축복해 주지 않으면, 저는 당신을 보내지 않겠습니다. 제가 바라는 것은 한 가지뿐, 곧 당신은 저의 적이 아니며, 제가 타향에서 저지른 모든 악으로 인해 화를 내는 분이 아니라는 것을 아는 것이고, 당신은 저와 함께하는 분이며, 저에게 자비로운 분이라는 것을 아는 것입니다. 당신이 저에게 축복해 주지 않으면, 저는 당신을 보내지 않겠습니다."

그는 지금 하나님이 떠나지 않도록 붙잡으려면 어찌해야 할지를 모릅니다. 그래서 그는 하나님께 묻습니다. "제가 당신을 부를 수 있도록, 당신이 어떤 분인지 제가 알 수 있도록 당신의 이름을 가르쳐 주십시오." 그러나 하나님은 "어찌하여 나의 이름을 묻느냐? 나의 이름은 너무 불가해하여 너는 그것을 이해할 수 없다"라고 대답하십니다. "그는 그 자리에서 야곱에게 축복해 주었다." 이 말씀이 하나님의 대답이었습니다. 이 대답으로 하나님은 그분의 이름을 은밀히 알리신 셈입니다. 이를테면 그 이름은 진노하는 이름이 아니라, 자비로운 이름이라는 것입니다. 그분은 그 자리에서 야곱에게 복을 주셨습니다. 이 사실이 의미하는 바는 이렇습니다. "그분은 그를 어둠 속에 홀로 두지 않으셨다. 그분은 그를 되짜 놓지 않으셨다. 그분은 그를 물리치지 않으셨다. 오히려 그분은 그에게 자비를 베풀고 자기를 알리셨다. 그분은 자기의 성실을 약속하셨다. 그분은 그에게 복을 주셨다." 달리 말하면, 그분이 그를 약속의 땅에 들어가게 하신 것입니다. 그러자 야곱은 그곳의 이름을 "브니엘"이라고 하였습니다. "내가 하나님의 얼굴을 직접 뵙고도, 목숨이 이렇게 붙어 있구나!"라는 뜻입니다. 하나님께서 그에게 복을 주신 그 순간, 밤이 물러가고 아침놀이 번지더니, 해가 솟아올라 그를 비추었습니다. 그가 어둠을 극복하자, 하나님이 그 위에 날이 밝게 하신 것입니다. 해가 솟아올라 그를 비추었습니다. 그 햇빛은 여느 햇빛과 같았습니다. 그 빛이 비춘 이 땅은 여느 땅과 다르지 않았습니다. 그러나 해가 솟아올라 그를 비추었습니다. 하나님이 거기에 계시면서 그의 주위와 그 내면을 밝게 하셨습니다. 하나님의 은혜의 날이 밝기 시작했고, 밤은 지나간 뒤였습니다. 야곱은 약속의 땅에 서게 되었습니다. 하나님의 얼굴을 직접 뵙고도 그의 목숨이 붙어 있었기 때문입니다.

물론 새로운 어둠을 상기시키는 표지들이 여전히 있었습니다. 야곱은 엉덩이뼈가 어긋나 절뚝거리며 걸었다고 성서는 말합니다. 이는 그가 자신의 과거를 잊지 못했음을 의미합니다. 약속의 땅에 들어가서 하나님의 복을 받는 것은 그에게 비싼 값을 요구했습니다. 상처 자국이 없으면 하나님의 땅에 들어가지 못합니다. 여러분은 이것을 이해했는지요? 우리가 하나님 앞에서 죄인임을 알게 되고, 우리의 곤경이 심해지며, 하나님이 우리를 버리려 하시는 그런 어둠 속에서, 우리는 하나님의 복을 쟁취하지 않으면 안 됩니다. 거기서 우리는 이렇게 소리쳐야 합니다. "당신이 내게 복을 주지 않으면 당신을 보내지 않겠습니다." 그러면 아침이 가까워져 날이 밝기 시작하고, 하나님이 친히 찾아오셔서 우리의 내면을 밝고 고요하게 해주십니다. 그렇게 우리는 약속의 땅에 들어가게 됩니다. 과거의 날들과 다름없는 것처럼 보이지만, 거기에 계신 하나님이 우리에게 은총과 복을 허락하셔서 우리가 약속의 땅에 있게 되는 것입니다.

얼마 안 되어, 야곱은 형이 다가오는 것을 봅니다. 하나님의 날이 밝기 시작한 지금, 그는 형의 얼굴을 적의 얼굴로 보지 않고, "하나님의 얼굴"로 봅니다. 그는 형을 하나님 자신으로 여깁니다. 형이 그를 맞이하고, 그는 마침내 고향에 있게 됩니다. 그가 하나님과 형을 만났기 때문입니다.

여러분은 이 이야기를 제대로 이해했는지요? 하나님을 만난 사람은 형제를 만납니다. 하나님을 만난 사람은형제의 얼굴을 하나님의 얼굴로 보지만, 형제를 만나지 못한 사람은 하나님도 만나지 못합니다. 또한 하나님께서 친히 그리스도 안에서 우리의 형제가 되어 주셨으니, 이는 우리로 하여금 모든 형제 뒤에 계신 그분을 다시 볼 수 있도록 하려는 것입니다.

이제 여러분에게도 날이 밝기 시작할 것입니다. 이는 아침부터 모든 일이 갑자기 순조롭고 쉽게 풀려서가 아니라, 여러분에게 복 주시려는 하나님께서 여러분을 절대로 버리지 않으신다는 것을 여러분이 알기 때문입니다. 야곱에게 솟아올랐고, 여러분에게도 솟아오르는 해는 하나님의 사랑과 은총입니다. 이는 여러분이 십자가에 달리시고 부활하신 그리스도, 우리의 형제와 주님 안에서 하나님의 사랑과 은총을 목격하는 것과 같습니다. 교회 안에서 여러분은 하나님과 형제를 만나고, 고향을 발견하고, 약속의 땅을 차지해야 합니다. 교회 안에서 어떤 이는 주님이 되어야 하고, 어떤 이는 다른 이에게 그리스도가 되어야 합니다.

이처럼 우리 모두는 살아가면서 거듭거듭 밤의 한가운데로 들어가 밤을 통과하여 낮으로 나아가지 않으면 안 된다는 것을 알아야 합니다. 덧없는 곳에서는 날이 영원히 밝지 않으니 말입니다. 진실로 우리는 모두 낮보다는 밤을 더 많이 볼지도 모릅니다. 그래도 여러분은 밤에게 속아선 안 됩니다. 여러분이 굳게 믿고 있듯이, 하나님은 여러분을 위해서도 낮과 해와 아침놀을 마련해 놓으셨습니다. 하나님은 우리를 밝게 빛나는 해, 곧 그리스도에게 소개하고 계십니다. 하나님은 그리스도가 다스리는 까닭에 정의와 평화와 사랑이 지배하는 약속의 땅을 여기 우리에게 멀리서 보여주시지만, 장래에는 영원토록 보여주려 하십니다. 아무도 여러분에게서 이 믿음을 앗아 가지 못하도록 하십시오. 어찌 우리가 두려워하겠습니까? 그저 안으로 들어가서 통과하기만 하십시오! 하나님 곧 그리스도는 주님이시고, 교회 공동체는 우리의 고향입니다.

"당신이 내게 축복해 주지 않으면 당신을 보내지 않겠습니다." 하나님이 우리 편이시면, 누가 우리를 대적하겠습니까?[19]

누가복음 16:19-31

1932년 5월 29일, 삼위일체 주일 후 첫째 주일[20]

어떤 부자가 있었는데, 그는 자색 옷과 고운 베옷을 입고, 날마다 즐겁고 호화롭게 살았다. 그런데 그 집 대문 앞에는 나사로라 하는 거지 하나가 헌데 투성이 몸으로 누워서, 그 부자의 상에서 떨어지는 부스러기로 배를 채우려고 하였다. 개들까지도 와서, 그의 헌데를 핥았다. 그러다가, 그 거지는 죽어서 천사들에게 이끌려 가서 아브라함의 품에 안기었고, 그 부자도 죽어서 묻히었다. 부자가 지옥에서 고통을 당하다가 눈을 들어서 보니, 멀리 아브라함이 보이고, 그의 품에 나사로가 있었다. 그래서 그가 소리를 질러 말하기를 "아브라함 조상님, 나를 불쌍히 여겨 주십시오. 나사로를 보내서, 그 손가락 끝에 물을 찍어서 내 혀를 시원하게 하도록 하여 주십시오. 나는 이 불 속에서 몹시 고통을 당하고 있습니다" 하였다. 그러나 아브라함이 말하였다. "얘야, 되돌아보아라. 네가 살아 있을 동안에 너는 온갖 호사를 다 누렸지만, 나사로는 온갖 괴로움을 다 겪었다. 그래서 그는 지금 여기서 위로를 받고, 너는 고통을 받는다. 그뿐만 아니라, 우리와 너희 사이에는 큰 구렁텅이가 가로놓여 있어서, 여기에서 너희에게로 건너가고자 해도 갈 수 없고, 거기에서 우리에게로 건너올 수도 없다." 부자가 말하였다. "조상님, 소원입니다. 그를 내 아버지 집으로 보내 주십시오. 나는 형제가 다섯이나 있습니다. 제발 나사로가 가서 그들에게 경고하여, 그들만은 고통받는 이곳에 오지 않게 하여 주십시오." 그러나 아브라함이 말하였다. "그들에게는 모세와 예언자들이 있으니, 그들의 말을 들어야 한다." 부자는 대답하였다. "아닙니다. 아브라함 조상님, 죽은 사람들 가운데서 누가 그들에게로 가야만, 그들이 회개할 것입니다." 아브라함이 그에게 대답하였다. "그들이 모세와 예언자들의 말을 듣지 않는다면, 죽은 사람들 가운데서 누가 살아난다고 해도, 그들은 믿지 않을 것이다."

복음을 충분히 이해하면서도, 손에 잡힐 듯이 선명하게 설교하는 것은 불가능한 일일 겁니다. 그렇지만 진정으로 복음적인 설교는, 마치 어린아이에게 잘 익은 사과를 내밀거나, 목마른 사람에게 시원한 물을 한 잔 건네며 "물 좀 드시겠어요?" 하고 묻는 것과 같아야 합니다. 우리는 우리가 채워 주려고 하는 것보다 더 빨리 사람들이 손을 뻗도록 우리 신앙의 사건들을 이야기해 줄 수 있어야 합니다. 만약 우리가 이렇게 복음을 이야기하면, 유랑하며 치료하시는 그리스도에게 병자들이 달려갔던 것처럼, 사람들이 뛰어와서 치료를 받을 것입니다. 하지만 현실은 그렇지 못하지요. 이것은 우리가 잘 아는 사실입니다.

그렇지만 이는 어쩔 수 없는 현실이라며 마음 놓고 있어서는 안 됩니다! 우리는 "어째서 상황이 이런 것인가?" 하고 끊임없이 새롭게 물어야만 합니다. 여기 여러 이유 가운데 한 가지 이유, 확실한 단 하나의 이유가 있습니다. 그것은 우리가 복음을 손에 잡힐 듯이 선명하게 제시하거나, 삶과 연결시키기를 두려워하기 때문입니다. 우리는 복음을 너무 영적인 것으로만 만들고 말았습니다. 다시 말하면, 우리는 복음의 무게를 가볍게 하고, 복음을 변질시키고 말았습니다.

이제 부자와 가난한 나사로 이야기에서 복음을 들어 봅시다. 흔히 우리는 이 이야기를 "부자는 가난한 사람을 도와야 한다"라는 의미로 이해합니다. 이 이야기를 도덕적인 예화로 만드는 것이지요. 그렇게 하면 이 이야기는 완전히 다른 것이 됩니다. 바로 손에 잡힐 것만 같은 선명한 복음 선포가 되는 것입니다. 물론 너무나 선명하고 너무나 현실적이어서, 우리가 더는 진지하게 생각하지 않지만 말입니다.

한 무리의 병자들과 가난한 이들과 불쌍한 이들, 거지 나사로 같은 이들이 그리스도 주위에 모여드는 모습을 생각해 봅시다. 그리스도께서 부자의 대문 앞에 누운, 더군다나 개들에게까지 괴롭힘을 당하는 가련한 나환자 나사로에 관해 이야기하기 시작합니다. 그러다가 이야기의 방향이 바뀝니다. 그 거지가 죽어 천사들에게 이끌려 가서 아브라함의 품에 안기는 일이 일어나지요. 나사로는 생전에 온갖 괴로움을 다 겪었지만, 이제는 위로를 받습니다. 이 이야기를 듣는 무리에게서도 기쁨과 희망의 외침이 흘러나왔을 것입니다. 그것은 기쁜 소식이었고, 사람들이 간절한 마음으로 손을 뻗는 시원한 생수였으며, 가난한 이들과 불쌍한 이들에게 건네는 하나님의 사랑 자체였습니다. 버림받은 여러분, 피해자 여러분, 빈자 여러분, 질병에 걸린 여러분, 멸시받는 여러분, 여러분은 모두 위로를 받게 될 것입니다. 여러분은 세상에서 괴로움을 많이 겪지만, 조금 후에는 여러분에게 영원한 기쁨과 영원한 위로가 찾아올 것입니다. 부잣집 대문 앞에 누워 경멸을 당하던 거지 나사로가 아브라함의 품에 안겨 하나님의 위로를 받는 것에 주의를 기울이십시오. "너희 가난한 사람들은 복이 있다. 하나님의 나라가 너희의 것이다. 너희 지금 굶주리는 사람들은 복이 있다. 너희가 배부르게 될 것이다. 너희 지금 슬피 우는 사람들은 복이 있다. 너희가 웃게 될 것이다. (…) 기뻐하고 뛰놀아라. 보아라, 하늘에서 받을 너희의 상이 크다."눅 6:20-23 이는 누가복음에 기록된 복의 선언입니다.

누가복음은 심령이 가난한 사람, 의에 주린 사람을 전혀 언급하지 않고, 우리가 이 세상에서 알고 있는 여러분과 같이 "가난한 사람들, 지금 굶주리는 사람들, 지금 슬피 우는 사람들은 복이 있다"라고 말합니다. 어느 시대이든 나사로 같은 여러분은 복이 있습니다. 여러분은 아브라함의 품에 안겨 위로를 받게 될 것입니다.

버림받은 여러분, 경멸당하는 여러분, 사회의 희생자 여러분, 실직한 남녀 여러분, 도산한 여러분, 파산한 여러분, 고립감을 느끼는 여러분, 의지할 데 없는 여러분, 억압받는 여러분, 부당한 고난을 받는 여러분, 영혼과 육신의 질병으로 고생하는 여러분, 여러분은 복이 있습니다. 하나님께서 주시는 기쁨이 여러분에게 찾아들어, 영원히 여러분의 머리 위에 머무를 것입니다! 이것이야말로 새로운 세상과 질서의 시작을 알리는 복음입니다. 이 새로운 세상과 질서는 하나님의 세상과 질서입니다. 청각 장애인이 듣고, 시각 장애인이 보고, 다리가 마비된 사람들이 걷고, 가난한 사람들에게 복음이 전파되는 것이지요.

중간 질의로 설교를 잠시 중단하기 전에, 다른 이야기, 두렵고 떨리는 맞은쪽 이야기도 들어 봅시다. 어떤 부자가 있습니다. 그는 자색 옷과 값비싼 베옷을 입고 있습니다. 거지 나사로가 죽은 뒤 그 부자도 죽어서 묻힙니다. 벌써 아주 괴로운 소리가 납니다. 그는 이제 지옥에서 영원한 목마름의 고통을 당할 수밖에 없습니다. 그가 이 세상에서 날마다 즐기며 호화롭게 살았던 까닭입니다. 그는 아브라함의 품에 안긴 나사로를 보고서, 나사로를 보내어 잠시나마 자신의 갈증을 풀어 달라고 탄원합니다. 하지만 그것은 안 될 일입니다. "얘야, 네가 살아 있는 동안에 너는 온갖 호사를 다 누리지 않았느냐." 그 뒤에 우리는 이런 말씀을 듣게 됩니다. "너희, 지금 배부른 사람들은 화가 있다. 너희가 굶주리게 될 것이기 때문이다. 너희, 지금 웃는 사람들은 화가 있다. 너희가 슬퍼하며 울 것이기 때문이다."눅 6:25 지금 자색 옷을 입고, 즐겁고 호화롭게 사는 여러분은 화가 있습니다. 여러분이 영원히 목마를 것이기 때문입니다.

어제도 오늘도 나사로처럼 가난하고 버림받고 나병에 걸린 이여, 당신은 복이 있습니다. 당신이 하나님을 모시고 있기 때문입니다. 어제도 오늘도 즐겁고 호화롭게 살며 존경받는 이여, 당신은 화가 있습니다. 바로 이것이 알기 쉽게 선포된 하나님의 기쁜 소식입니다.

그러나 이제 우리는 한 걸음 더 나아가기 전에 일련의 격한 항변을 듣게 될지도 모릅니다.

신약성서가 말해도 되는 것과 말해선 안 되는 것을 신약성서보다 더 잘 안다고 여기는 자들이 있습니다. 이는 국민을 위해 재단된 조잡한 신약성서 해석을 두고 하는 말입니다. 하지만 그런 것을 중시해서는 안 됩니다. 사람들은 앞서 언급한 대로 신약성서가 현실적으로 전하는 말씀을 심령화心靈化하지 않으면 안 된다고 합니다. 우리는 '심령화하다'vergeistigen를 '순화하다',sublimieren 곧 '정제하다', '끌어올리다', '교화하다'로 말하기도 합니다. 복이 있다고 선고받은 이들이 눈에 띄는 빈민들이 아니고, 화가 있다고 선고받은 이들이 눈에 보이는 부자들이 아니며, 오로지 자신의 가난과 자신의 부에 대해 어떤 생각을 취하고 있느냐가 가장 중요하다는 것이지요. 눈에 보이는 게 중요한 것이 아니라, 신념이 중요하다는 것입니다. 이런 항변이 진실을 담고 있기도 하지만 오로지 변명으로만 사용될 위험성이 있습니다. 말하자면 모든 외적인 것을 내적인 것으로 바꾸는 것입니다. 외적으로 부유하면서도 마음만은 가난할 수 있다고 말하는 것이지요. 다음과 같이 말하는 것은 대단히 쉬운 일입니다. "눈에 보이는 가난과 부가 중요하다고 복음을 이해하는 것은 어리석은 일이다. 그것이 중요한 것이 아니라, 오로지 내면적인 것이 중요하다." 천만의 말씀입니다. 도대체 가난한 나사로 이야기의 어디에 그의 내면에 관한 것이 있습니까? 나사로는 자신의 가난에 대해 내적으로 바른 자세를 취한 사람이었다고 누가 우리에게 말하겠습니까? 그렇기는커녕 나사로는 부잣집 대문 앞에 누워서 떠나지 않을 만큼 실제로 귀찮은 빈민이었습니다. 여기에 우리에게 부자의 영혼에 대해 조금이라도 말하는 것이 있습니까? 이 이야기의 충격적인 점은 다음과 같습니다. 이를테면 여기서는 교화가 아니라 명백하게 빈부를 이야기하고, 한 사람이 받은 약속과 다른 한 사람이 받은 협박을 이야기하고 있다는 것입니다. 이 이야기는 외적인 것을 그저 외적인 것으로 대하지 않고, 대단히 중요한 것으로 대합니다. 그토록 외적인 것을 중요시하지 않았다면, 어찌 그리스도께서 병자들과 불쌍한 사람들을 치료하셨겠습니까? 어찌 하나님 나라를 청각 장애인이 듣고 시각 장애인이 보는 나라로 말씀하셨겠습니까? 그리스도께서 명백하게 보시고 수행하신 이 일들을 내적으로 심령화하다니, 도대체 우리는 이 오만한 태도를 어디서 취한 것입니까?

우리는 이 뻔뻔하고 위선적인 심령화, 복음의 심령화와 단절하지 않으면 안 됩니다. 복음을 있는 그대로 대하든가, 아니면 솔직하게 복음을 증오하든가 하십시오!

이 증오가 생기는 것은, 복음을 있는 그대로 충실히 받아들였기 때문입니다. 복음에 대한 증오는 서로 다른 두 방향에서 옵니다.

"약자들, 천민들, 빈민들, 병자들을 위하는 복음이 우리와 무슨 관계가 있나요? 우리는 건강하고 강한 사람들입니다.

그래서 나사로 같은 이들의 집단을 경멸하고, 이 빈민의 복음Armenevangelium을 업신여깁니다. 이 빈민의 복음은 우리의 자부심과 활력과 능력을 상하게 합니다. 우리는 부자이지만 자부심도 있거든요." 이는 존경할 만한 말인 것 같지만 한없이 경솔한 말, 완전한 착각이라고 할 수 있습니다. 나사로 같은 이들의 집단을 경멸하기는 쉽습니다. 그러나 그중 단 한 사람, 실직한 나사로, 재난을 당한 나사로, 당신의 잘못 때문에 파산한 나사로, 나사로처럼 구걸하는 아이, 나사로와 같이 절망하는 어머니, 범죄자가 된 나사로, 하나님을 부인하는 단 한 사람의 나사로가 당신 앞에 나설 때, 당신은 그 앞에서 이렇게 말할 수 있는지요? "나사로, 나는 너를 경멸해. 나는 너를 기쁘게 하는 복음을 경멸해." 당신은 정말 이렇게 말할 수 있는지요? 이렇게 말할 수 있다면, 어찌 이런 것을 대단한 일이라도 된다는 듯이 하나요?

아니라면, 어떤 이는 조금 다르지만 더 가혹하게 다음과 같이 말할지도 모릅니다. "불행하고 비참하게 살아가는 이들에게 더 나은 미래가 다른 세상에서 기다리고 있다며 희망을 주고 달래는 것도 경멸이 아닐까요? 이것은 이 불행한 사람들이 자신의 운명에 저항하는 것을 방해하는 것처럼 생각되진 않나요? 그들에게 복을 선포하는 것은 그들이 현 상태 그대로 조용히 지내며 다른 이들을 귀찮게 하지 않게 하려는 것처럼 생각되진 않나요? 지상의 위로는 주고 싶지 않고 그래서 천상의 위로를 말한다면, 이것이야말로 비겁한 일 아닌가요? 가난한 사람들을 겨냥한 이 복음은 엄밀히 말해서 국민 기만이자 우민화가 아닌가요? 이 복음은 사람들이 불행을 조금도 진지하게 대하지 않고, 선의의 빈말 뒤에 숨어 냉소를 머금는 모습을 보여주는 것 아닙니까? 아, 우리의 현재에 이르기까지 이렇게 속이려고 한 자들이 수없이 나타났습니다. 그래서 수백만의 사람들이 복음에서 멀어졌지요." 그러나 복음을 읽어 보면, 뭔가 정말 다른 것을 알게 됩니다. 예수께서는 가난한 이들이 복이 있다고 선언하시되, 그들을 치료도 하십니다. 이미 이 땅에서요. 그렇습니다. 하나님 나라가 와 있습니다. 시각 장애인이 보고, 다리가 마비된 사람이 걷습니다! 예수께서는 불행을 너무나 심각하게 여기시기 때문에, 그것을 멸하지 않을 수 없었습니다. 그리스도가 계신 곳에서는 마귀의 세력이 꺾일 수밖에 없습니다. 그분이 치료하시는 것도 그 때문이고, 제자들에게 "너희는 믿음이 있으니, 내가 하는 일보다 더 큰 일을 하게 될 것이다"라고 말씀하시는 것도 그 때문입니다.[21] 지금도 하나님 나라는 나타나고 있습니다. 치료 행위는 번개와 같고, 새로운 세상의 천둥과 같습니다. 그런데 더 강력한 것은 기쁜 소식입니다. "너희 지금 슬피 우는 사람들은 복이 있다. 너희가 웃게 될 것이다. 너희 지금 굶주리는 사람들은 복이 있다. 너희가 배부르게 될 것이다." 냉소적 위로보다는 하나의 큰 희망, 새로운 세상, 기쁜 소식, 자비로우신 하나님이 더 강력합니다! 아브라함의 품에 안긴 나사로, 하나님의 품에 안긴 가난한 자들과 부랑자들. 그렇습니다. 이것은 대단히 순진하고 알기 쉬운 표현처럼 생각될 것입니다. 하지만 이것이 **실제의 표현**이라면 어떨까요? 이것이 진짜**인데도,** 여전히 순진한 표현처럼 생각됩니까? 여전히 분별력 없는 표현 같습니까? 그렇다면 우리는 우리의 귀를 열고서, 나사로가 어제도 오늘도 천사들에게 이끌려 가서 아브라함의 품에 안겼고, 즐겁고 호화롭게 살던 부자는 영원한 목마름을 견뎌야만 한다는 이 놀라운 일을 듣고 또다시 들어야 하지 않을까요?

이제껏 우리는 전혀 상관없는 것처럼 여겨지는 두 가지를 이야기했는데, 보아하니 상관없는 것 같지 않습니다. 나사로가 부잣집 대문 앞에 누울 때, 비로소 그의 가난이 부자를 부자이게 합니다. 이는 다른 이의 부가 나사로를 가난하게 하는 것과 같습니다. 부자가 어떤 일을 했고, 빈자가 어떤 일을 했는지, 또는 어떤 일을 해야 했는지는 언급되지 않습니다. 단 하나의 공통된 사건이 이들 두 사람에게 똑같이 일어납니다. 그것은 다름 아닌 죽음입니다. 죽음이 두 사람을 기이한 빛 아래로 떠밉니다. 둘 다 죽고, 다른 생이 그들을 기다립니다. 이 사실이, 부자라면 마땅히 가난한 자를 도와야 한다는 모든 도덕규범보다 그들을 더 가까이 서로 잇닿게 해줍니다. 엄밀히 말하면, 두 사람은 그들 자신에게 임박한 공통의 운명을 통해 서로 긴밀히 연결되어 있습니다. 죽음 앞에서 부자는 더는 부자가 아니며, 가난한 자도 더는 가난한 자가 아닙니다. 이제 그들은 동등합니다. 죽음 이후에 새로움이 시작됩니다. 죽음의 세계의 권세들이 더는 지배하지 못하는 새로움입니다. 하지만 부자는 그것을 깨닫지 못했던 것 같습니다. 자신의 완전한 세계는 죽음의 세계이고, 거기로 가야만 하나님께로 인도된다는 것을 몰랐던 것 같습니다. 두 사람 다 죽어 다른 세계에서 살아야 하며, 두 사람 다 죽음과 심판의 친구이므로, 자신이 나사로와 조금이라도 관계있다는 것을 몰랐던 것 같습니다. 그는 자신과 나사로의 뒤에 무궁하고 영원한 것들이 자리하고 있음을 몰랐습니다. 이 세상에서는 자색 옷 아래, 나사로의 헐벗은 몸을 싸고 있던 누더기 아래 말없이 눈에 보이지 않게 숨겨져 있지만, 거기에 그것들이 존재하면서 기다리다가 실제로 나타난다는 것을 몰랐습니다. 게다가 목마른 부자와 나사로의 이야기는 여기서 말하는 영원의 중대성에 대한 의심을 조금도 허용하지 않는 것 같습니다.

부자가 자기 형제들을 위해 이 영원의 가시화可視化를 간청하지만, 모세와 예언자들의 말씀에 담긴 것, 오늘날 교회의 설교를 통해 언급되는 것 이상의 가시화는 원칙적으로 이 세상에서 일어나지 않습니다. 죽음의 세계에 있는 부자의 형제들에게는 모세와 예언자들이 있으니, 그들에게 모세와 예언자들의 말씀을 들려주십시오. 하나님의 영원한 계명에 관한 말씀, 죽을 수밖에 없는 인간의 약함과 불행에 관한 말씀, 겸손한 이들에게 내리는 하나님의 은총에 관한 말씀, 힘 있는 자들에게 임하는 하나님의 심판에 관한 말씀을 들려주십시오. 그리스도의 십자가에 관한 말씀이 가난한 사람들과 탕자들에게는 구원이 되고, 배부른 사람들과 의인들에게는 저주가 되는 말씀이라는 것을 들려주십시오. 그들에게 이 말씀들을 들려주어 그들 모두 나사로와 매한가지로 같은 죽음의 세계에서 살고 있다는 것을 상기시켜 주십시오. 그들이 그것을 듣지 않는다면, 죽은 사람들 가운데 하나가 살아나 말한다고 해도, 그들은 듣지 않을 것입니다. 그들은 자신들의 죽음의 세계에서 가장 가시적인 돌파가 일어난다 해도 그것에 놀라지 않을 것이고, 그것을 분별하지도 못할 것입니다. 도리어 그들은 그에 맞설 것입니다. 그들은 부잣집 대문 앞에 누운 나사로가 영원한 나사로임을 알지 못할 것입니다. 영원이 나사로 안에서 그들을 마주 보고 있는데도 그들은 지나치고 말 것입니다.

나사로는 누구일까요? 부자는 누구일까요? 도대체 부자는 어찌해야 할까요?

나사로는 누구일까요? 당신은 자신을 나사로로 알고 있을 겁니다. 안팎으로 생을 다 누리지 못하는 가난한 사람, 때로 바보 같고, 염치없고, 성가시고, 하나님을 부인하고, 그러면서도 한없이 가난한 사람, 유식하든 아니든 간에 고통을 겪는 형제, 식탁에서 빵 부스러기가 떨어지기를 간절히 바라는 형제로 알고 있을 겁니다. 어쩌면 당신은 조금 울먹일지도 모르겠습니다. 당신 자신이 나사로라는 이유로요. 당신이 나사로인지 아닌지는 하나님만이 아십니다. 그래서 당신은 자신이 그 부자가 아닌지 여러 번 되풀이해서 물어야만 합니다. 나사로는 누구일까요? 그는 언제나 타자입니다. 십자가에 달려 수천 가지 경멸적인 모습으로 당신을 마주 보는 그리스도 자신입니다.

한 번 더 물음을 던집시다. 나사로는 누구일까요? 아마도 모든 인간적인 가능성과 신적인 가능성에 덧붙여 최후의 가능성을 생각해 봐야 만족스러울 것 같습니다. 우리는 모두 하나님 앞에서 나사로입니다. 부자도 나사로입니다. 그는 하나님 앞에서 가난한 나환자이기 때문입니다. 모두 다 하나님의 은총에 기대어 살아가므로, 우리가 나사로임을 알 때 우리는 비로소 형제 안에서 나사로를 보게 될 것입니다.

부자는 누구일까요? 우리의 이야기는 이 물음에 대답하지 않습니다. 확실히 우리는 부자가 아니며, 배부른 사람도 아니고, 즐겁고 호화롭게 사는 사람도 아닌 것 같습니다. 그런데 정말로 아닐까요? 이것이 당신의 진심인가요? 나사로가 당신을 마주 보는데도요? 혹은 나사로가 당신을 마주 보지 않아도요? 우리는 정말 부자가 아닌가요? 다른 이야기가 이 물음에 대한 답을 제공합니다. 바로 부자 청년 이야기 말입니다. 이 젊은이는 대단히 경건하고 의로운 사람이었지만, 자신의 재물을 포기해야 한다는 예수의 말씀에 슬퍼하며 떠나가고 말았습니다. 그것이 부자입니다. 우리는 어떤가요?

부자는 어찌해야 할까요? 이 물음에 대한 대답은 자비를 베푼 사마리아 사람 이야기 안에 들어 있습니다. 우리의 이야기 안에는 부자와 나사로의 뒤에 죽음이 도사리고 있으며, 나사로의 뒤에 하나님 자신, 곧 그리스도가 계시고 영원하고 기쁜 소식이 자리하고 있음을 알아야 한다는 내용만이 들어 있습니다. 우리는 지독히 비참한 처지에 있는 나사로를 보면서, 그 뒤에 계신 그리스도, 곧 나사로를 자기 식사 자리에 초대하여 그가 복이 있다고 선언하시는 그리스도를 보아야 합니다. 가난한 나사로여, 그대를 보여주시오. 가난한 나사로 안에 계시는 그리스도여, 당신을 보여주소서. 부디 우리가 보게 되기를 바랍니다! 아멘.

본문이 같은 설교 I

골로새서 3:1-4

1932년 6월 12일, 삼위일체 주일 후 셋째 주일

그러므로 여러분이 그리스도와 함께 살려 주심을 받았으면, 위에 있는 것들을 추구하십시오. 거기에는, 그리스도께서 하나님의 오른쪽에 앉아 계십니다. 여러분은 땅에 있는 것들을 생각하지 말고, 위에 있는 것들을 생각하십시오. 여러분은 이미 죽었고, 여러분의 생명은 그리스도와 함께 하나님 안에 감추어져 있습니다. 여러분의 생명이신 그리스도께서 나타나실 때에, 여러분도 그분과 함께 영광에 싸여 나타날 것입니다.

사랑하는 교우 여러분, 만약 어떤 사람이 "'당신은 그리스도와 함께 살려 주심을 받았으니' 이러이러한 일을 하십시오"라고 말하며 대화를 시작한다면 어떻겠습니까? 정말 낯설겠지요. 우리는 세례를 받았고, 견신례도 받았습니다. 성서를 펼치고 싶어서 견딜 수 없던 때도 있었습니다. 우리는 여러 가지 종교 문제에 대해 관심을 품고 있고, 사랑과 성실로 우리의 교회를 지지합니다. 무엇보다 우리는 천 년 반 혹은 2천 년 동안 예수 그리스도의 이름 아래 기독교 세계로 발전한 세상에서 살고 있습니다. 그런데도 어떤 사람이 우리와 대화를 시작하면서 "우리가 그리스도와 함께 살려 주심을 받았다"는 사실을 바탕에 깔고 우리에게 말을 걸려고 한다면, 우리는 더 이상의 대화를 포기하고 싶을지도 모릅니다. 그의 동요하는 모습, 그의 흥분하는 모습, 그러면서도 자기 말을 대단히 진지하게 대하는 그의 모습이 보이는 것 같습니다. 하지만 그가 바탕에 두고 결코 버리려 하지 않는 전제 앞에서, 자기가 털어놓으려는 모든 말을 듣고 이해하는 데 꼭 필요한 자격 요건이라고 생각해 그가 제시하는, 곧 "우리가 그리스도와 함께 살려 주심을 받았으면"이라는 전제 조건 앞에서 이 대화를 마주하면 우리는 마음을 닫은 채 놀라고 당황하여 몸을 돌리고 말 것입니다. 우리는 그런 사람에게 머리를 가로저을 것입니다.

사실 이런 인사말은 우리에게 심판처럼 우리를 엄습할 것임에 틀림없습니다. 엄밀히 말하면 이 엄청나고, 비장하고, 어마어마한 말 한마디가 우리에게 갑작스레 들이닥치면, 우리는 이 말씀 앞에 두려움으로 벌벌 떨면서 얼굴이 창백해지고 말 것입니다. 그리스도와 함께 살려 주심을 받는 것, 이 광휘, 이 영광은 정말로 **우리에게는** 걸맞지 않아 보입니다. 우리가 제아무리 탁월한 의지와 예리한 눈을 가지고 있다고 해도 **우리의** 생에서는 결코 발견할 수 없는 것이기 때문입니다. 하지만 우리는 발견하기는커녕 오히려 당황하여 몸을 돌리고, 머리를 가로젓고 말 것입니다. 세례를 받고 견신례를 받은 우리 그리스도인들이 이런 인사말을 들으면, 어떤 신비로운 비밀 동맹의 대리인이 그들의 과격한 표어로 우리에게 접근하는 것 같은 느낌이 들 것입니다. 우리는 그와 같은 인사말을 듣고 결코 환상을 갖지 않을 것입니다. "여러분이 그리스도와 함께 살려 주심을 받았으면"이라는 인사말은 이제 일반적으로 우리 그리스도인의 핵심을 완전히 벗어난 말입니다. 오래전에 우리는 이 인사말을 분파들 속으로 추방했습니다(그런 다음 분파들이 존재한다는 사실에 상처를 받았습니다). 이 인사말은 우리가 오래전에 낡고 진부한 것으로 여겨서 버리고 떠난 말씀입니다. 좀 더 중요한 일, 좀 더 유익한 일, 좀 더 흥미로운 일, 좀 더 기독교적인 일에 몰두하기 위해서 말이지요.

우리가 그리스도와 함께 살려 주심을 받았다니, 이 말씀이 우리더러 어찌하라는 뜻일까요? 이 말씀은 우리에게 수수께끼와 같습니다. 이 말씀은 우리가 평범한 일상을 시작하는 데 적합하지 않습니다. 우리가 주시하는 계획을 실행하거나, 중요한 결정을 내리는 데도 적합하지 않습니다. 이것은 우리가 다른 사람들과 좋은 관계를 시작하거나 유지하는 데도 적합하지 않아 보입니다. 우리가 모두 그리스도 안에서 살려 주심을 받았다는 확신을 품고서, 이 말을 스승이 제자에게, 친구가 친구에게, 아내가 남편에게, 아버지가 자녀에게 말한다면 어떨까요? 만약 우리가 이 사상을 용납할 수 있다면, 그것은 그저 이 사상이 종교성이 넘치는 논문의 좋은 결말이 되는 때 정도일 것입니다. 우리가 이 사상이 하는 말을 좀 더 자세히 들을 수 있는 때는 다만 근무와는 동떨어진 시간, 우리의 현실적인 결정들과는 거리가 먼 시간, 우리의 일상생활에 조금이나마 영향을 미칠 권리를 가지고 있다고 인정되는 경건의 시간일지도 모릅니다. 우리가 그리스도와 함께 살려 주심을 받았다는 이 수수께끼 같고 알쏭달쏭한 주장이 우리에게 영향을 끼치려면 어떻게 해야 할까요?

사랑하는 교우 여러분, 우리는 우리 기독교의 전반적인 위기를 슬쩍 드러낸 셈이 되었습니다. 피상적으로 숙고해 봐도 다음의 사실이 분명해지기 때문입니다. 말하자면 기독교가 존재하던 처음 시절에는 사람들이 "여러분은 그리스도와 함께 살려 주심을 받았다"는 말을 믿고 그토록 엄청난 사상을 전달했으며, 그들 스스로 모두 그리스도와 함께 살려 주심을 받았다고 계속 확신하면서 한 사람이 다른 사람을 만나고, 그에게 말을 걸고, 그와 일을 완전히 매듭지을 수 있었다는 것입니다. 그렇다면 우리의 시대, 우리의 기독교, 우리의 믿음은 엄청난 빈곤에 처해 있으며 우리는 막대한 손실을 보고 있는 셈이 될 것입니다. 우리가 멀리 떨어져 있어서, 도대체 이 말씀이 무슨 뜻인지를 이해하지 못할 것이니 말입니다. 우리는 이 사도의 단언을 마주하여 궁색한 상태로, 아무것도 모르는 상태로 당혹감에 휩싸인 채 '이것은 사도의 까다로운 말임이 틀림없다'고 생각하며, 사도의 말을 까다로운 사람들, 곧 분파주의자들에게 맡기게 될 것입니다. 게다가 우리는 "우리가 그리스도와 함께 살려 주심을 받았다"는 확신이 삶에 어떤 영향을 미치는지 이해하지 못하게 될 것입니다. 만일 우리가 곤경에 처하고, 정치 문제, 경제 문제, 교육 문제, 부부의 공동생활 문제에 처한다면, 우리가 삶을 어떤 형태로 어떤 목표에 따라 설계할 것인지 분명히 알지 못하는 상태라면, 그렇다면 우리가 질문하는 사람이든 대답하는 사람이든 간에, "우리는 그리스도와 함께 살려 주심을 받았다"라는 말을 단 한 번이라도 첫 화두로 삼으려는 마음이 우리 중 단 한 사람에게라도 일어날까요? 이쪽과 저쪽의 민족 여러분, 여러분은 그리스도와 함께 살려 주심을 받았습니까? 수십억의 세계인을 지배하고, 소수 중에서도 극소수의 예금을 관리하는 자산가 여러분, 여러분은 그리스도와 함께 살려 주심을 받았습니까? 부모와 부부 여러분, 서로 친구 사이인 여러분, 어려운 일을 함께 겪고 언쟁을 주고받기도 하는 동거인 여러분, 고용주와 직원 여러분, 유능한 사람이 되고 싶어 하는 여러분, 여러분은 모두 그리스도와 함께 살려 주심을 받았습니까?"

사랑하는 교우 여러분, 인간적으로 말하건대 우리가 기독교라 부르는 것이 온통 곤경에 처해 있습니다. 기독교는 지금 몹시 보잘것없는 상태입니다. 미국의 경우처럼 초만원인 교회나, 독일의 경우처럼 텅 빈 교회나 마찬가지입니다.

우리 선조들은 "하나님의 이름으로 아멘"이라고 말했습니다. 그들은 중요한 것을 말하지 않으면 안 된다는 생각으로 살았습니다. 그들은 여전히 모두가 공통으로 지니고 있고, 모두가 의무로 여기는 일, 모두를 연결하는 일을 말하지 않으면 안 된다는 생각으로 살았습니다. 그러나 그들은 이 "하나님의 이름으로 아멘"을 극도로 위험한 것, 극도로 성가신 것, 극도로 선동적인 것이 되도록 두진 않았던 것 같습니다. 그들은 어째서 그렇게 한 것일까요? 다만 이 도입, 이 전제가 모든 것을 아무것도 아닌 것으로 여기게 했던 것 같습니다. 그들은 먼저 "하나님의 이름으로 아멘"을 말한 다음 자신 있게 마침표를 찍고, 그 밖에 모든 좋은 것으로 여겨지는 일을 인간의 이름으로 결정하고 확정했습니다. 그들은 자유로이 제 항로를 그리고, 하나님의 이름에 안전하게 의지하며 인간의 현세적 행복을 그렸습니다. 굳이 하나님의 이름에 기대어 인간의 현세적 행복을 얻을 필요가 있었을까요? 이처럼 대단히 오래되고 모호한 하나님의 이름이, 반드시 풀어야 할 과제들을 푸는 데 조금이라도 이바지했을까요? 하지만 인간의 부가 점점 더 매혹적인 것이 되면 될수록, 그 부는 하나님의 오래된 이름을 점점 더 어둡게 했습니다. 하나님의 이름이 멀리 물러나면 물러날수록, 독립적이고 구체적인 삶의 풍요가 더 가까이 다가왔습니다.

만약 우리가 삶의 모든 영역에 두루 통용될 만한 현자의 돌을 찾아낼 수 있다면, 그 돌이 무엇일까요? 가장 이상적인 형태의 국가일까요? 민족들 사이의 순조로운 교역일까요? 온갖 자유재량에서 추출한 공황 없는 화폐경제일까요? 최선의 교육법, 가장 정교한 위생학과 식이 요법, 오류 없는 치료법일까요? 가장 깊이 있는 정신분석, 최고의 철학, 엄선한 예술 작품, 혹은 종교성의 온갖 형식 중 가장 뛰어난 형식일까요? 이 모든 것은 다른 어떤 것으로부터 구원을 기대하지 않아도 될 정도는 아니지 않나요? 바라고 바라던 이 구원이 없어지면 없어질수록, 우리가 계획한 것이 실패하면 실패할수록, 우리의 삶이 암초에서 암초로, 위기에서 위기로 달려가면 달려갈수록, 우리는 더 큰 소리를 지르며 전문가들을 찾아 나서게 될 것입니다. **"그들이**

라면 알 거야. **그들이라면** 할 수 있을 거야. 결국 학문적 엄밀성이 목적지에 이르게 할 거야. 그것이 우리의 혼란 속에 질서를 가져다줄 거야. '하나님의 이름으로 아멘'이라는 무미건조한 말보다는 열성적으로 헤치고 나아가는 학술 활동이 더 유망하지. '여러분은 그리스도와 함께 살려 주심을 받았다'라는 오래전에 잊힌 말씀보다 훨씬 유망하지."

그런데 우리가 추구하는 이 세계는 정말 신뢰할 만하고 유망할까요? 우리가 앎과 지식을 통합하여 모순이 더는 계속되지 않도록 하고, 이 땅에서 서로가 적대하는 일이 계속되지 않도록 함께 행동하고 일하는 데 성공할 수 있을까요? 우리가 성공한다면, 그다음에는 모두 어디로 가게 될까요? 우리가 "끝이 없는 곳"으로, 한 현대 시인이 명명한 "무한한 곳"으로 비틀거리며 들어가게 된다는 것이 정말일까요?[22] 하지만 우리를 에워싸는 것은 무한한 공포이며, 그것은 우리 앞에 어떻게 자리하든 **너무** 공허하고, **너무** 어둡고, **너무** 불가해할 뿐입니다. 우리의 미래는 공허한 눈으로 우리를 바라봅니다. 어쩌면 우리는 이 전망에 도취하여, 이 자유에 흠뻑 취해, 하나님 없이, 희망 없이, 목표 없이, 끝없이 혼돈을 향해 질풍처럼 나아가는지도 모릅니다. 가장 무가치한 것이 높아져 열정과 예술이 되고, 삶이 되고, 충동이 될 수 있지만, 우리가 멈출 때, 곧 우리가 도취 상태에서 깨어나자마자 그것은 대단히 공허한 것이 되고 말 것입니다. “혹시 여러분은 이 공허의 잔, 곧 어두운 음료를 맛보고 있습니까?”[23]

이 잔을 마셨다면, 이제 우리의 바람은 무엇인가요? 위기를 극복하고 죽는 것인가요? 우리가 누군가에게 “나는 너무 많은 것을 경험했어. 나는 이제 종교 없이는 더는 살 수 없어”라고 말한다면, 이는 다음을 의미할 것입니다. “나는 이 공허를 너무 깊이 들여다보아서, 그것을 더는 참지 못하겠어. 그러니 돌아가자.” 하지만 어디로 돌아가겠습니까? 우리가 읽은 대로, 정부는 이렇게 포고합니다. “온 국민이—기독교 세계관을 통해—파멸에서 벗어나야 한다.”[24] 우리는 지금 개인과 민족을 불문하고 상상도 할 수 없는 추락 앞에서 도주 중입니다. “하나님의 이름으로 아멘”, 이것은 다시 종교를 장려하고 기독교 세계관을 확산시키는 것을 의미할 것입니다.

우리가 “하나님의 이름으로 아멘”이라는 말에 정말로 다시 사로잡힐 것이라고, 그런 표현이 정말로 우리의 모든 행위를 규정할 것이라고, 부유한 이들과 가난한 이들, 프랑스인들과 독일인들이 이 하나님의 이름으로 한데 묶일 거라고 여기다니, 이 모든 것이 그저 궁색하고 연약하고 애처롭게 생각됩니다. 아니면 우리의 종교적 성향 뒤에 숨겨진 자유와 독단에 대한 우리의 억제되지 않은 충동, 곧 하나님의 이름으로 **우리를** 즐겁게 하는 일만을 행하고, 기독교 세계관의 이름으로 한 민족성과 다른 민족성의 반목을 자극하고 부추겨 어부지리를 얻으려는 갈망이 도사리고 있는 것은 아닐까요?

이제서야 우리의 눈에서 비늘이 떨어지고 있습니다. 우리가 하나님 앞에서 도피 중이라는 커다란 확신이 우리를 엄습하고 있습니다. 저 공허의 잔, 곧 어두운 음료를 과감히 맛보든, 아니면 그 음료를 거부하고 종교적 움직임과 잡담 속으로 피하든, 우리는 성서가 맛보여 주며 세상에 선포하는 다른 잔 앞에서 도망치고 있습니다. 성서가 맛보여 주며 세상에 선포하는 잔은 진노의 잔, 바로 살아 계신 하나님의 삼키는 불의 잔입니다.[25] 우리가 덜 종교적인 것이 불순종이 아닙니다. 엄밀히 말하자면 우리가 너무 종교적인 것이 불순종입니다. 어떤 사람이 어디선가 "하나님의 이름으로 아멘"이라고 말하거나 쓸 때, 그것을 대단히 신심 깊은 것으로 여기는 것이 불순종입니다. 어떤 정부가 기독교 세계관을 표방할 때 그저 그것으로 만족하고 마는 것이 불순종입니다. 바로 **이것이** 우리의 도피이고, 바로 **이것이** 우리의 불길한 거역입니다. 말하자면 우리가 신심 깊은 척하면 할수록 다음과 같은 사실을 점점 귀담아듣지 않게 되는 것입니다. "하나님은 위험한 분이셔서 업신여김을 당하지 않으신다. 우리 인간은 살아 계신 하나님과 참된 관계를 맺지 않으면, 죽을 수밖에 없다. 우리가 실제로 물세례뿐 아니라 불세례와 성령세례를 받으려 하지 않으면, 우리의 생명을 잃을 수밖에 없다. '하나님의 이름으로 아멘'이라는 말은 잡담에 불과한 것이 아니라 위엄 있고 엄숙한 영역이므로, 완전히 사로잡힌 종으로만 거기에 다다를 수 있고, 그렇지 않으면 다다를 수 없다."

자기가 무엇을 하고 있는지 실제로 알지도 못하면서 하나님의 이 잔을 마시는 것은 심각한 일입니다. 자기가 무엇을 하고 있는지 알면서도 공허의 잔, 곧 어두운 음료를 마시는 것도 심각한 일입니다. 영원하신 하나님과 그분의 언약은 이러한 일을 하는 사람들이 멀리서 어렴풋이 느끼는 것보다 훨씬 더 그들 가까이 있습니다.

그러나 어딘가에 동석하여 어떤 악의 없는 잡담, 아무것도 모르는 잡담, 경건한 잡담이나 불경한 잡담, 종교적 관심사나 비종교적 관심사를 나누며 영원히 살아 계신 분 앞에서 달아나거나 영원히 죽으신 분 앞에서 달아나는 것, 바로 이런 것이 공허입니다. 그래서 하늘의 사자들에게는 기쁨이 없습니다. 하늘의 사자들은 이런 일을 기뻐하지 않을 것입니다. 이들은 의사가 필요하지 않은 건강한 사람들이며, 아흔아홉 명의 의인들일 뿐입니다.[26] 그러나 우리는 **저기** 두 불꽃 한가운데 서 있습니다. 그래서 우리는 "여러분은 그리스도와 함께 죽었고, 그리스도와 함께 십자가에 달렸다"라는 말씀이 무슨 뜻인지를 더는 알지 못합니다. 아니지요. 우리는 이 구절의 의미를 더는 알려고 **하지** 않는 까닭에, "여러분은 그리스도와 함께 살려 주심을 받았다"라는 말씀이 무슨 뜻인지를 더는 알지 못하는 것입니다. 이제는 파문이라도 당할 것 같고, 더는 **알려고 해선** 안 되는 것처럼 보입니다. 우리는 눈먼 상태와 귀먹은 상태로 이 말씀을 마주하여, 이 말씀이 무엇을 의미하며, 우리가 살면서 이 말씀을 가지고 무엇을 시작할지 모르게 되었습니다. 이는 우리에게 형벌이나 다름없습니다.

우리의 귀와 눈은 다시 열릴 수 있을까요? 우리는 낡은 말씀들, 먼지에 파묻힌 말씀들을 다시 이해할 수 있을까요? 이 말씀들은 생명을 지닐 수 있을까요? 생명은 과학이나 종교학이 줄 수 있는 것이 아닙니다. 오직 영원하신 하나님이 그분의 아들 안에서 우리에게 생명을 주십니다. 우리는 살든지 죽든지, 하나님의 아들 안에서 비할 데 없는 위로와 안정을 다시 발견할 수 있을까요? 우리가 이미 죽었고 우리의 생명이 그리스도와 함께 하나님 안에 감추어져 있으니, 우리가 그리스도와 함께 살려 주심을 받고, 그리하여 "땅에 있는 것들을" 추구하지 않고 "위에 있는 것들을" 추구하는 일이 가능할까요?

오늘은 이쯤에서 그쳐야겠습니다. 우리의 사적인 삶과

공적인 삶이 이러한 인식으로부터 얼마나 멀리 떨어져 있는지를 정확히 아는 것이 보다 낫고 유익할 것입니다. 이 인식을 회복하는 것은 정말 쉬운 일이라며 그 자리에서 잠깐 설명하고 지나치는 것보다 훨씬 더 나은 일입니다. 그것이 쉬운 일이라면, 그것은 **이러한** 인식도 아니고, **하나님의** 인식도 아닐 것입니다. 그것은 또다시 두서너 가지 인간의 유익한 생각에 불과할 것입니다.

그러나 **하나님의** 생각들은 존재합니다. 그러므로 하나님의 생각들은 영원히 감추어져 있어선 안 됩니다. 하나님이 살아 계셔서 이 그리스도 안에서 우리를 굽어보시며 우리를 자기에게로 끌어당기시는 까닭에, 그분이 우리를 항상 사랑하시는 까닭에, 이 모든 것은 영원히 수수께끼로, 어리석은 것으로 남아 있을 수 없습니다. 하나님이 친히 자신의 말씀을 덮고 있는 너울을 다시 벗기실 것입니다. 하나님이 친히 우리의 눈을 열어 주셔서 그 영광을 보게 해주실 것입니다. 우리가 그리스도와 함께 죽었으나 그리스도와 함께 살려 주심도 받았다는 사실, 지금 그리고 영원히 그리스도와 함께 하나님 안에 감추어져 있는 생명이 우리의 참 생명이라는 사실은 참된 말씀이기 때문입니다.

하나님의 이 진리가 우리를 포로로 붙잡아 묶고, 의무를 지워 줄줄이 이어 놓을 것입니다. 하지만 우리가 어깨를 맞대고

"하나님의 이름으로 아멘" 하고 쉽게 말한다면, 불굴의 인간적 교만이 찾아올 것입니다. 그러면 우리는 정말로 제정신을 차리지 못하게 될 것입니다. 그러면 우리는 서로 참으로 만나지 못하고, 우리의 말은 회의장에서나[27] 가족 안에서나 서로 어긋나게 될 것입니다. 그러면 겉으로는 정당해 보이는 우리의 주장들을 확실히 포기하는 것이 절대로 불가능하게 될 것입니다. 그러나 우리가 예수 그리스도와 함께 십자가에 달렸으나 살려 주심을 받은 자로서, 오만한 인생을 버리고 그리스도 안에서 생명을 새로 획득한 자로서, 사형 선고를 받았다가 사면을 받은 자로서 어깨를 맞댄다면, 우리는 제정신을 차리게 될 것입니다. 우리는 우리를 똑바로 보고, 하나님이 우리를 인식하시는 것처럼 우리를 새롭게 인식하게 될 것입니다. 오직 그럴 때만 우리는 서로 사랑하게 될 것입니다. 우리의 통치자이신 주님, 영원하신 하나님, 이 땅에 갈망을 보내소서. 빵과 물을 바라는 갈망이 아니라, 주님의 말씀을 귀담아듣고자 하는 갈망을 보내소서.[28] 아멘.

본문이 같은 설교 II

골로새서 3:1-4

1932년 6월 19일, 삼위일체 주일 후 넷째 주일

그러므로 여러분이 그리스도와 함께 살려 주심을 받았으면, 위에 있는 것들을 추구하십시오. 거기에는, 그리스도께서 하나님의 오른쪽에 앉아 계십니다. 여러분은 땅에 있는 것들을 생각하지 말고, 위에 있는 것들을 생각하십시오. 여러분은 이미 죽었고, 여러분의 생명은 그리스도와 함께 하나님 안에 감추어져 있습니다. 여러분의 생명이신 그리스도께서 나타나실 때에, 여러분도 그분과 함께 영광에 싸여 나타날 것입니다.

사랑하는 교우 여러분, 이 말씀 속에 우리의 생명이 실려 있고, 담겨 있고, 간직되어 있는 것 같습니다.

어떤 사람들은 "위에 있는 것들을 생각하라"는 이 말씀을 두고 "도대체 무엇을 끝도 없이 바라라는 거야?"라고 말하면서, 위에 있는 것들에 끊임없이 뜻을 두는 그 사람의 발이 땅

바닥에서 멀어지는 것을 상상할지도 모르겠습니다. "그가 위로 올라가서 정수리로 별들을 건드려도, 불안한 발바닥은 어디에도 닿지 않으니, 구름과 바람이 그와 함께 즐기네."[29] 그 사람과 뜻을 같이하여 원하는 대로 해보십시오. 사회가 구름 산책자Wolkenwandler에 대해 근거 있는 의혹을 품는데도, 이 세상에서 불타는 심장과 활기찬 팔로 질서와 발전을 일으키기보다는 도리어 놀고먹는 쓸모없는 사람이 되려고, 더 나은 피안을 꿈꿀 뿐, 모든 세대가 수행해야만 하는 혁명적 활동, 곧 낡은 석판石板을 깨뜨리고 더 나은 석판을 세우는 활동에는 쓸모가 없게 되는 것입니다. "여러분은 땅에 있는 것들을 생각하지 말고, 위에 있는 것들을 생각하십시오"라는 글귀 때문에 그리스도인들이 총살을 당했습니다. 이 글귀 때문에 기독교는 이 땅에서 반역죄를 뒤집어썼습니다. 땅에 성실히 머물러 땅에 있는 것들을 추구하는 것, 이것이야말로 수많은 사람들의 신성한 관심사입니다. 우리는 그들이 사람들의 계획과 활동과 노력을 이 땅에 열심히 경쟁적으로 붙들어 맨다는 것을 잘 알고 있습니다. 우리 역시 이 땅에 매여 **존재하기** 때문입니다. 이 땅은 우리가 서기도 하고 넘어지기도 하는 **곳입니다.** 이 **땅**에서 일어나는 일은 무엇이든 해명이 필요합니다. 만약 우리가 무익한 자가 되고, **무신론자**가 "잘했다! 착하고 신실한 종아. 네가 적은 일에 신실하였으니, 이제 내가 많은 일을 네게 맡기겠다. 와서, 주인과 함께 기쁨을 누려라"[30]는 말을 듣게 된다면, 우리 그리스도인에게는 화가 있을 것입니다. **무신론자**가 자기에게 맡겨진 이 땅의 과제들에 신실했고, 자기에게 맡겨진 재능을 활용했기 때문입니다. 반면에 우리 그리스도인들은 이런 말을 듣게 될 것입니다. "이 쓸모없는 종을 바깥 어두운 데로 내쫓아라." 이는 우리가 재능을 이 땅에서 감추어 둔 채, 위에 있는 것들을 추구했기 때문입니다. 러시아 영화 「삶에 이르는 길Der Weg ins Leben」[31]은 많은 이들에게 깊은 감동을 주었습니다. 다들 보셨겠지만, 한 뛰어난 지도자가 보살핌을 받지 못하는 청소년들, 범죄의 길에 들어선 청소년들을 모아서, 질서 잡힌 자발적 노동 활동을 통해 그들을 부랑자에서 어엿한 사람으로 탈바꿈시킵니다. 충격적인 사실은 이 노동 공동체를 수용한 건물이 수도원 소속의 성당이었다는 것입니다. 성직자들이 쫓겨나고 수양과 기도가 최후를 맞았지만, 새로운 시간과 위대한 현세적 목표, 곧 인간을 현세적 암흑에서 현세적 광명으로 인도하겠다는 목표가 거기 곳곳에 넘쳐흘렀습니다. **땅**에 있는 것들에 뜻을 두라는 것입니다!

오늘날 우리 그리스도인들이 몽상가도 아니고 구름 산책자도 아니라는 것을 세인들에게 증명할 힘을 충분히 가지고 있는지 아닌지는 다음의 사실로 결정됩니다. 이를테면 사물을 쥐락펴락하지 않고 있는 그대로 두는 것, 하지만 우리의 믿음이 불의한 세상 한가운데 만족을 주는 아편이 아니라는 것, 위에 있는 것에 뜻을 두는 까닭에 이 세상에서 더 집요하고 목적의식이 투철하게 항거할 뿐이라는 것을 증명하는 겁니다. 어떤 대가를 치르더라도 앞장서서 말과 행동으로 저항하십시오. 일찍이 혁명적으로 시작했던 기독교가 이제는 영원한 보수파라니, 모든 새로운 운동이 교회 없이 활로를 개척하다니, 실제로 무슨 일이 일어났는지를 교회가 20년 뒤에야 비로소 인식하게 되었다니, 도대체 그래서야 되겠습니까? 정말로 그럴 수밖에 없다면, 우리는 순교자의 피를 요구하는 시대가 우리의 교회에 다시 닥치더라도 놀라선 안 될 것입니다. 그러나 우리가 용기와 신의를 갖추지 않은 채 그 피를 흘린다면, 그것은 초기 교회 증인들의 피만큼 순결하지도 빛나지도 않을 것입니다. 우리의 피 위에는 어마어마한 죄과, 곧 바깥 어두운 데로 내쫓기는 쓸모없는 종의 죄과가 놓이게 될 것입니다.

"위에 있는 것들을 생각하십시오. 거기에는, 그리스도께서 하나님의 오른쪽에 앉아 계십니다"라는 말씀 속에 도사린 위험—우리가 이 말씀을 오해할 위험, 우리가 쓸모없는 종이 될 위험, 사람들이 우리에게 땅을 배신했다고 비난할 위험—이 크겠지만, 우리는 우리의 생명이 이 말씀들 속에 실려 있고, 담겨 있고, 간직되어 있음을 어렴풋이 느끼게 될 것입니다. 게다가 우리는 이 말씀들 속에서 우리의 삶이 전에는 결코 얻지 못했을 의미를, 곧 우리가 땅에 성심을 다하고, 세상을 개혁하려는 가장 신성한 열망과 활동 욕구를 품고 거센 바람처럼 나아갈 때 비로소 얻게 된다는 것을 예감하게 될 것입니다. 절박하고 꼭 해야 할 말이 무수히 많겠지만, 꼭 필요한 고백은 한 가지뿐입니다. 그것은 맹세코 우리의 생 전체가 하나님께 간직되는 것입니다. 우리 인간들이 멀리서 감히 청할 수도 없었던 것, 바로 그것의 소유권이 우리에게 있다는 판결이 이렇게 내려졌습니다. "여러분은 그리스도와 함께 살려 주심을 받았고, 여러분의 생명은 그리스도와 함께 하나님 안에 감추어져 있습니다."

우리는 이 말씀을 좀 더 현대적으로, 좀 더 단순하게, 좀 더 이해하기 쉽게 말해 주기를 바랄지도 모르겠습니다. 이를테면 다수의 교회에서 설교하고, 다수의 그리스도인이 믿는 것처럼, "위에 있는 것들을 생각하십시오. 여러분의 생명은 하나님 안에서 **보호받기** 때문입니다"라고 말하는 것입니다. 우리는 주일에 이런 말을 듣고 싶어 합니다. "우리는 우리 삶의 더없는 충만함, 우리 삶의 더없는 풍부함을 교회 안으로 가져옵니다." 그러면 교회의 목사는 자신의 직무를 다하여 축복하고 봉헌하며, 우리 시대의 깊이와 높이, 슬픔과 기쁨, 비애와 눈물, 일과 근심에 대하여 이렇게 구원의 말씀을 선포할 것입니다. "이 모든 것은 창조주 하나님 안에 간직되어 **보호받고** 있습니다." 교회 밖 세상에서는 우리의 귀에 다른 말이 들립니다. 거기서는 우리의 귀에 이런 말이 들립니다. "우리의 모든 일과 우리의 계획들이 위기에 빠져들고, 그런데도 우리의 모든 수고가 암흑 속으로, 끝없는 데로만 돌진하네요." 교회 밖 세상에서는 이런 말도 들립니다. "절망적이에요. 숨 막혀 죽을 지경이에요." 거기서는 행복한 가정생활 속으로 이런 유혹의 외침이 파고들기도 합니다. "아래에 있는 것들을 생각하세요. 인간은 동물에서 유래했으므로 동물처럼 되어야 합니다." 그러면 우리는 더없이 스산한 이 세상으로부터 친숙하고 푸근한 고향의 품에 안기듯이 교회로 도피할 것입니다. 교회에서는 모든 것이 환히 빛나리라는 것입니다. 이를테면 여러분이 계획하고 행하고 고생하는 모든 것이 세상의 창조자 하나님 안에 간직될 테니, 위에 있는 것들을 생각하라는 것이지요.

그러나 스산한 이 세상의 진리는 이 경건한 대화를 곧바로 비웃으며 말합니다. "우리 안의 동물이 자기 권리를 내세우는데, 인간의 신성에 관한 대화가 무슨 소용이 있겠는가? '아래에 있는 것들을 생각하라'는 외침이 유혹하는데, '위에 있는 것들을 생각하라'는 간절한 권고가 무슨 소용이 있겠는가? 마귀들이 우리를 습격하여 우리에게서 주도권을 빼앗는데, '모든 것이 하나님의 뜻이다'라는 견해가 우리에게 무슨 위로가 되겠는가? 죽음이 우리를 붙잡으려고 하는데, 영생을 증거로 끌어대어 어쩌겠다는 것인가?"

"위에 있는 것들을 생각하십시오. 우리의 생명은 하나님 안에 감추어져 있습니다." 이것은 아름답고 경건하고 신심을 불러일으키는 문구일는지 모르나, 이 세상의 현실 속에서는 견뎌 낼 수가 없습니다. 이 문구는 세상으로부터 이런 항변을 받을 **수밖에** 없습니다. "이 문구는 우리를 유혹하여 땅을 배반하게 한다. 이 문구는 우리를 달래서 잘못된 하나님의 보호 속으로 밀어 넣는다. 이 문구는 우리에게서 결단력을 빼앗아 세상의 극심한 불의 한가운데서도 잠자코 있게 한다"

그러나 성서에는 이 문구만 들어 있는 것이 아닙니다. 사도는 자기가 무엇을 하는지 알고 있습니다. 그는 "그것은 그다지 현대적이지 않습니다. 그것은 그다지 이해하기 쉽지 않아요. 그것은 그다지 단순하지 않고 평이하지도 않습니다"라는 우리의 외침에도 개의치 않고 그것을 끈질기게 고수하며 말합니다. "위에 있는 것들을 생각하십시오. 거기에는, 그리스도께서 하나님의 오른쪽에 앉아 계십니다. 여러분의 생명은 그리스도와 함께 하나님 안에 **감추어져** 있습니다." 그래서 우리가 건강한 이해력에 의지해 열심히 달려들어 "그리스도와 함께 하나님 안에 감추어져 있다"는 말씀의 의미를 규명하려는데, 본문 한가운데 있는 다른 말씀, 곧 "여러분은 이미 죽었다"라는 말씀이 불칼을 든 그룹처럼 버티고 섭니다. 살아 계신 하나님에 대해 논하는 자리에 이처럼 죽음이 끼어들고, 생명 획득에 대해 논의하는 자리에 이처럼 생명 상실이 끼어들다니 참 섬뜩합니다. 생명 한가운데에 이처럼 죽음 내지 죽은 상태가 자리하다니 도대체 어찌 된 일일까요?

극복할 수 없는 한계가 우리의 삶 전체에 선포됩니다. 그 한계는 우리가 **알려고 해서도** 안 되고, 섬뜩해서 **알아낼 수도** 없는 한계입니다. "여러분은 이미 죽었고." 이 말씀은 "여러분 모두 예외 없이 죽음을 향해 가고 있고, 한 걸음 한 걸음 죽음에 예속되고 있다"는 뜻이 아닙니다. 이 말씀은 죽음 속에 진정한 수수께끼가 자리하고 있으며, 이 수수께끼에 이미 생명이 예속되어 있다는 뜻입니다. 우리의 죽음이 섬뜩하게 증언하는 인간의 궁극적 운명은 우리 생명의 운명이기도 합니다. 우리의 삶과 죽음 배후에는 하나의 힘이 자리하고 있습니다. 그리고 그 힘은 우리가 여러 번 되풀이하고 싶어 하는 것과 달리 생명에 비유되지 않습니다. 그 힘을 가장 일찍부터 죽음에 빗대는 것은 우리가 그 힘에 어울리는 비유를 찾아내지 못했기 때문입니다.

죽음과 생명을 하나의 선 위에, 좀 더 정확히 말해서 죽음의 선 위에 놓고 함께 보려면 하나님의 눈으로 볼 줄 알아야 합니다. 우리 인간에게는 죽음과 생명의 차이들이 어마어마하게 크지만, 하나님에게는 그 차이들이 하나로 일치하기 때문입니다. 살아 있든 죽어 있든, 인간은 하나님에게 더한 존재도 덜한 존재도 아닙니다. 더 먼 존재도 더 가까운 존재도 아닙니다. 그러나 인간이 살든 죽든, 하나님이 보시기에 인간의 죽음이 삶과 매한가지이든, 인간이 **어떤** 상태인가를 인간의 말과 이해력으로 논하려고 하자마자, 우리의 본문은 반대되는 것을 숙고하라고 단호하게 권고합니다. 그런데 하나님이 보시기에는 우리의 생명도 죽음과 마찬가지라니 무슨 뜻일까요? 우리 인간이 요란을 떨며 뽐내는 "생명"이 아니라, 엄밀히 말하자면 매우 불안정하고 절망적이고 아무 가망 없고 하나님에게 패한 "죽음"이라니요? "여러분은 이미 죽었고." 성서는 우리 현대인이 너무 약해서 감당하지 못하는 사상, 우리를 넘겨받는 것은 "공허"가 아니라는 엄청난 사상을 전합니다. 우리는 살든지 죽든지 그저 모든 책임을 면제받고 공허한 곳으로 가라앉는 것이 아니라, 하나님 자신, 곧 우리 자신의 피보다 우리에게 더 가까이 계시는 하나님으로 인해 못 쓰게 되어 산산이 조각난다는 사상입니다. 하나님의 진노가 우리에게 닥친다는 사상을 성서는 이처럼 과

감히 표현합니다. "여러분은 이미 죽었고." 이 말씀은 결국 "여러분은 죽든지 살든지 이미 패했고, 하나님께 패했다"는 말과 같습니다.

이것은 우리에게 통보된 섬뜩한 한계입니다. 우리는 그 통보에 이렇게 반발합니다. "우리는 기꺼이 남의 가르침을 듣고, 종교적인 것에 관해서도 남의 말을 듣습니다. 하지만 이 모든 것은 이런 식으로 이루어져야 합니다. 이를테면 말하는 우리, 듣는 우리가 아름답게 장식되어 아늑하고 지내기 좋은 우리 생명의 공간 안에서 오르락내리락하면서 설교도 듣고, 충고도 받고, 도움도 받고, 책망도 받는 것이지요. 그러나 누구도 우리를 저 한계로 인도해선 안 됩니다. 우리는 우리 자신을 오래전부터 분명히 알고 있기 때문입니다. 저 한계는 우리가 살든지 죽든지 하나님께 패한 인간이 될 수 있다고 하지만, 우리는 그 한계가 낡고 잘못된 교설임을 오래전에 폭로했습니다. 우리는 더 나은 것을 알고 있습니다. 이를테면 정반대입니다. 우리는 살든지 죽든지 하나님 안에서 보호받으며, 우리에게서 하나님에게로 넘어가는 데는 단 한 걸음이면 되며, 릴케가 이따금 암시한 것처럼 하나님은 마치 옆방에 거주하는 분과 같다는 것이지요.

하지만 우리는 우리의 생명이 결국 하나님께 보호받는

신적 생명임을 아는 까닭에 교회에 무엇을 요구해야 하는지도 알고 있습니다. '우리의 눈에 보이는 생명에 관해 이야기해 주세요. **그 생명**을 그 성스러운 깊이까지 규명해 주세요. 신적인 성스러움과 축복으로 **그 생명**을 거룩하게 해주세요.'" 그러나 우리는 도대체 이 모든 것을 어디서 알게 되었을까요? 하나님 앞에서 인간의 상태가 그리 나쁘지는 않다고 우리가 인식하게 된 것은 자연과학 때문일까요? 아니면 괴테와 횔덜린이 그런 견해였기 때문일까요?

하지만 "여러분은 이미 죽었고"라고 사도는 말합니다. 사도는 아마도 이 사실을 알고 있었던 것 같습니다. 즉, 우리의 생명과 죽음이 하나님 앞에 아무것도 아니라는 것이 참된 말씀이라면, 우리의 생각 역시 아무것도 아니라는 것입니다. 하나님을 모시되, 우리가 그분에게 패해선 안 된다는 사상이 정말로 아름다워 보이고, 간단해 보이며, 유익한 것 같다고 천 번을 해도, 그 천 번의 생각은 모두 오류가 되고 말 것입니다. 우리가 이미 죽었다는 말씀이 참된 말씀이 아니라고 끝까지 주장한다면, 우리는 우리가 이미 죽었다는 이 말씀을 반드시 하나님 자신에게서 듣게 될 것입니다. 패한 생각은 자신의 패한 상태를 조금도 알지 못하기 때문입니다. 하나님께서 이 모든 것을 직접 알려 주지 않으셨다면, 바울도 우리도 이 죽음의 선, 이 한계, 이 패한 상태를 조금도 알지 못했을 것입니다. 그러나 하나님은 직접 우리와 함께 이야기하시고, 직접 우리에게 오시고, 직접 우리가 패했다고 우리에게 알려 주십니다. 그러나 **그분**은 그렇게 하시되, 우리가 그분에게 패해도 확실히 우리와 함께하시고, 이미 오래전부터 우리를 돕고 계십니다. 이는 하나님께서 실로 이 패한 상태를 무시하시고, 우리를 그분에게서 갈라놓는 모든 것을 완전히 제압하시기 때문이고, 그분의 사랑이 우리를 그분 자신에게로 끌어들이기 때문이며, 그래서 세상의 어떤 힘도 우리를 그분의 손에서 잡아챌 수 없기 때문입니다.

사도는 이 믿기 어려울 정도로 놀라운 사실을 말하려고 한 것입니다. "여러분은 이미 죽었고." 그가 우리에게 이 말을 하는 이유는 우리를 괴롭히려는 것도 아니고, 우리를 낙담시키려는 것도 아닙니다. 그가 우리에게 이 말을 하는 이유는, 오로지 단숨에 "여러분의 생명은 그리스도와 함께 하나님 안에 감추어져 있습니다"라는 말씀을 선포하려는 것입니다. 우리는 결코 우리의 패한 상태에 홀로 버려져 있는 것이 아닙니다. 우리를 창조주와 참 생명으로부터 갈라놓는 한계를 넘으시고, 우리 죽음의 구역으로 뚫고 오셔서 우리의 생명과 죽음을 속속들이 겪으시고, 그러면서도 이 죽음을 돌파하셔서 영원하신 아버지, 영원한 생명에 이르신 분이 계십니다. 그분은 지금 하나님의 오른편에 앉아 계십니다. 그분은 온 세상을 낚아채서 생명과 빛으로 이끄셨고, 죽음을 삼키시고 승리를 거두셨으며, 우리의 감옥 전체를 붙잡아 이끌어 우리에게 자유를, 하나님의 자녀가 누리는 영광된 자유를 주셨습니다.

사랑하는 교우 여러분, 우리는 이 모든 것을 다 이해한 것처럼 보이려고 해선 안 됩니다. 이 모든 것은 인간의 모든 이해의 한계 너머에서, 우리 이해의 한계 너머에서 진행되는 일입니다. 예수께서 갈릴리 출신의 현인 그리스도가 되셔서 인간의 죽음과 생명의 경계선을 부수시고, 승리의 노래를 부르시며 우리를 아버지께로 이끄시는데, 이제껏 이 사실을 이해한 이는 아무도 없습니다. 이 사실을 이해하는 데는 천 가지의 숙고와 의문이 있을 것이고, 극복하기 힘든 수많은 난제가 있을 것입니다.

그리스도께서 이 세상에 오신 것은, 자신을 우리에게 이해시키려는 것이 아니라, 우리가 그분에게 의지하고 그분에게 붙잡혀서 부활 사건에 참여하여, 불가해한 그분의 말씀을 다음과 같이 듣게 하려는 것입니다. "너희는 이미 죽었지**만**, 살려 주심을 받았다! 너희는 어둠 속에 있지**만**, 빛 가운데 있다! 너희는 근심하지**만**, 기뻐해도 된다!" 이처럼 양립할 수 없는 것이 아주 가까이 나란히 있다니, 마치 두 세계, 곧 우리의 세계와 하나님의 세계가 아주 가까이 나란히 있는 것 같습니다.

"여러분은 이미 죽었고, 여러분의 생명은 그리스도와 함께 하나님 안에 감추어져 있습니다." 이것은 우리에게 주어진 빛나는 약속입니다. 우리의 눈에 보이는 생명의 성패는 다음 중 어느 것을 늘 바라느냐에 달려 있습니다. 죽은 뒤 풍성한 수확으로 칭찬과 영예와 영광을 받는 것을 바랄 것인가, 바닥에서 난관을 극복하다가 부끄럽게 곤경과 죄과의 무거운 짐에 눌려 주저앉는 것을 바랄 것인가, 씩씩하고 고상하고 위대하게 되는 것을 바랄 것인가, 아니면 하찮고 한심하고 우둔하게 되는 것을 바랄 것인가, 양심이 환희에 넘쳐 환호하는 것을 바랄 것인가, 아니면 양심이 다음과 같이 섬뜩한 탄핵으로 강타하는 것을 바랄 것인가에 달려 있습니다. "우리 인간은 이 생명을 찬미해서도 안 되고, 하늘로 들어 올려서도 안 된다. 우리가 그렇게 하려고 했다면, 우리는 하나님 앞에서 훼손되고 말았으리라. 그러나 우리는 훼손되어선 안 되니, 우리의 가시적 생명이 늘 바라는 대로 하라. 우리의 가시적 생명을 포기하지 말고, 하나님 앞에서도 포기하지 말고, 그것을 잃지도 말고, 그리스도 때문에 잃지도 말라. 이 완전하면서 동시에 고귀하고 절망적인 삶을 포기하지 말라."

당당히 감추어져 있는 우리 바로 옆에서 하나님은 모든 것 안에서 모든 것alles in allem [32]이 되시고, 아드님은 아버지의 오른편에 앉아 계십니다. 오, 모든 기적 중의 기적이여, 우리의 참 생명은 여기에 마련되어 있습니다. **우리의** 생명은 그리스도와 함께 하나님 안에 감추어져 있으니, 우리는 실향失鄕 상태 한가운데서도 이미 고향에 있습니다.

우리의 눈에 보이는 생명은 꿈처럼 혹은 저주처럼 흘러가면서 악마의 지배를 받고, 여러 위기에 빠지고, 죄과를 쌓습니다. **이러한** 생명은 죽은 생명입니다. 그것은 자신의 암담한 길을 갑니다. 하지만 그것은 모두 하나님 안에 간직됩니다. 하나님은 죽음에 예속된 그것을 죽음에서 구해 내십니다. 그분은 길 잃은 그것을 구해 내십니다.

아, 하나님께서 우리 죄인들을 없애시고 새 사람을 창조하셨더라면, 그분이 우리의 생명을 죽이신 뒤 완전히 새로운 생명, 곧 구원받은 생명을 우리를 위해 준비하셨더라면 얼마나 좋을까요? 하지만 그분은 그렇게 하지 않으십니다. 그분은 우리의 생명을 있는 모습 그대로 들어 올리셔서 당당히 감추십니다. 우리의 생명은 있는 모습 그대로 영화롭게 되어 그분의 열광적인 영광에 휩싸입니다. 전능하신 분이 보시기에는 우리의 가시적 생명, 그 기쁨과 성공, 그 근심과 비애와 불복종까지도 저 숨겨진 하나님의 세계 안에 예수 그리스도를 위하여 오늘도 내일도 영원히 거룩하게, 나무랄 데 없이, 완벽하게 서 있는 것처럼 보입니다. 어떤 눈물도 헛되이 흐르지 않고, 어떤 한숨 소리도 무시되지 않고, 어떤 고통도 업신여김을 받지 않으며, 어떤 환호성도 사라지지 않습니다. 가시적인 세계는 이 모든 것을 위반하지만, 하나님은 은총과 자비와 위대한 선으로 우리의 뜨겁고 열렬한 생명을 거둬들이시고, 예수 그리스도를 위해 그 생명을 영광스럽게 하시며, 저 감추어진 세계 안에 그 생명을 새롭고 선하게 세우십니다. 그제야 우리와 하나님을 가르는 죽음의 선이 제거됩니다. 우리의 참 생명은 감추어져 있지만, 그것은 영원 속에 확고히 자리하고 있습니다. "여러분의 생명이신 그리스도께서 나타나실 때에, 여러분도 그분과 함께 영광에 싸여 나타날 것입니다." 아멘.

요한복음 8:32

1932년 7월 24일, 삼위일체 주일 후 아홉째 주일, 삼위일체 교회 학기 말 예배

진리가 너희를 자유롭게 할 것이다.

이 말씀은 신약성서에서 가장 혁명적인 말씀이 아닐까 싶습니다. 그런 까닭에 이 말씀이 겨냥하는 대상은 대중이 아닙니다. 이 말씀은 소수의 진정한 혁명가가 이해하는 말씀입니다. 이 말씀은 한정적인 말씀입니다. 대중에게 이 말씀은 수수께끼나 다름없습니다. 대중은 판에 박힌 진부한 말을 늘어놓곤 하지요. 그것은 가장 위험한 일입니다. 뻔한 말은 혁명을 완전히 약화시키기 때문입니다.

이 자리에서 이 말씀을 건네받는 한정된 무리는 어떤 사람들인가요? 위대한 정치적 혁명가들 아니면, 학술적인 혁명가들과 그 추종자들인가요? 민중에게 자유를 선사하는 영웅들인

가요? 진보와 깨달음을 위해 싸우는 사람들인가요? 이 무리는 어디서 만날 수 있을까요? 이 말씀이 적용되는 무리는 어떤 모습일까요?

저마다 이미 다음과 같은 상황을 경험했을 것입니다. 어른이 된 사람들이 무리를 이루어 함께 있습니다. 대화 중에 문제 하나가 제기되는 바람에 다른 참석자들을 개인적으로 불편하게 하는데도 다들 그 주제를 피하지 않습니다. 대화는 불안하고 거짓으로 가득한 괴로운 토론이 되고 맙니다. 한 어린아이가 우연히 그 자리에 있게 되어 상황을 파악하지 못하다가, 다른 모든 이들이 알면서도 소심하게 감추는 무언가를 알게 됩니다. 아이는 자기가 아는 것을 다른 이들이 모른다는 사실에 놀라, 자기가 아는 것을 솔직하게 말합니다. 무리는 너무 놀라 경직되지요. 아이는 자기가 진실을 알고 있다는 사실에 놀라며 기뻐합니다. 돌이킬 수 없는 일이 일어난 것입니다. 불안하고 거짓으로 가득한 대화가 갑자기 중단됩니다. 거짓과 불안은 돌연 번쩍이는 빛을 만나 제 정체를 드러내고, 이 빛 아래서 무력하게 죽는 수밖에 없습니다. 그 일어난 일은, 어른들을 이상하게 여기는 아이의 모습으로 진실이 드러난 것에 지나지 않습니다. 자기 자신을 마주하여, 그리고 서로를 마주하여 남을 속이려고 하는 어른들을, 말씀이 웃음거리로 만든 것입니다. 여기서 일어난 일은 혁명적 사건입니다. 이 사건은 누구를 통해 일어났습니까? 웃는 아이, 아무것도 모르는 아이, 사태를 있는 그대로 말한 아이를 통해서 일어났습니다. 그 아이만이 자유로웠습니다.

또 하나의 비유가 있습니다. 영주의 궁정에는 그 관습과 거짓을 수호하는 기사들과 가수들과 시인들 외에 한 사람이 더 있었습니다. 궁정 사람들은 그의 옷차림을 보고 그가 그들의 일원이 아니라고 생각했습니다. 다들 그를 대수롭지 않은 사람으로 대했습니다. 그는 궁정에서 예외적인 모습이었습니다. 그러나 어느 궁정이든 이 예외가 필요했습니다. 그는 궁정에 속하지 않았지만, 없어선 안 될 존재였습니다. 그 사람은 다름 아닌 바보였습니다. 그는 모든 이에게 진리를 말하도록 허락받은 유일한 사람이었습니다. 누구나 그 진리를 귀담아듣지 않으면 안 되었습니다. 그는 본래 대수롭지 않은 존재였지만, 다들 그가 없는 걸 바라지는 않았습니다. 진리의 처지가 이와 똑같습니다. 그러나 그는 궁정에서 유일한 자유인이었습니다.

이제 세 번째 비유를 말씀드리겠습니다. 앞서 말한 비유들을 제대로 이해한 사람이라면 세 번째 비유가 암시하는 바를 무가치하게 여기지 않을 것입니다. 제가 말하는 사람은, 매 맞고 가시에 찔리고, 왕관이 씌워진 채 조롱을 받으며, 재판관 앞에 서서 진리의 왕을 자처하는 분입니다. 빌라도가 그분에게 영리하면서도 대단히 세속적인 질문을 던집니다. "진리가 무엇이오?" 이 물음은 자기를 일컬어 "내가 곧 진리다"라고 말씀하시는 분에게 던진 질문입니다. 이제 그분은 자신이 진리이기에 빌라도의 물음에 침묵으로 이렇게 대답하십니다. "빌라도, 진리인 나의 앞에 선 당신은 누구인가?" 여기서 일어난 사건은 진리가 십자가에 달렸고, 십자가에 달린 진리를 통해 빌라도가 재판을 받는 것입니다. 당신이 진리에 관해 묻고 있는 것이 아니라, 진리가 당신에 관해 묻고 있습니다. 우리가 기도를 드리는 왕, 곧 십자가에 달린 진리의 왕, 바로 이것이 우리가 바라보는 섬뜩한 그림입니다. 우리는 이 그림을 보면서 신약성서에서 말하는 진리를 듣게 됩니다. 어린아이, 바보, 십자가에 달리신 분, 이는 특이하게도 사람들과 재판관들과 진리가 고르고 고른 이들입니다. 이제 우리는 "진리가 너희를 자유롭게 할 것이다"라는 말씀을 들으면서 무엇을 생각해야 할지 좀 더 알게 됩니다.

진리는 인생에 낯선 것, 예외의 것입니다. 전혀 예기치 않은 일이 갑자기 우리 삶 속에 세차게 들이닥치는 것과 같습니다. 나팔 소리가 우리의 귀에 들릴 때, 완전한 진리를 듣게 되는 것은 조금도 이례적인 일이 아닙니다. 하지만 과정상의 진리는 아직 참된 진리가 아닙니다. 참된 진리는 모든 공허한 진리와는 구별되는 것입니다. 참된 진리는 완전히 확정된 것을 원하고,

그래서 뭔가가 이루어지기 때문입니다. 다시 말하면, 참된 진리는 몸값을 치르고 인간을 구출하여 자유롭게 합니다. 참된 진리는 갑자기 인간의 눈을 열어 줍니다. 참된 진리는 인간이 이제껏 거짓과 불확실성과 불안 속에서 살아 왔음을 보게 합니다. 참된 진리는 인간에게 자유를 돌려줍니다. 인간이 전적으로 노예 상태와 거짓 속에 있으며, 오로지 하나님으로부터 오는 진리만이 인간을 자유롭게 한다는 것이야말로 성서의 명백한 주장입니다.

지금 자유에 대해 말하기는 쉽습니다. 좀 더 정확히 말하자면 독일인의 열정을 깨우고, 그 내면에 있는 모든 것을 끌어올려 다른 모든 것을 잊게 하는 것을 말하기란 어려운 일이 아닙니다. 오늘날 독일에는, 옛적에 포로로 잡혀간 이스라엘 사람들처럼 깊은 명상에 잠겨 자유만 학수고대하는 사람들, 고매한 환상 속에서 자유의 그림을 보고, 그것을 향해 손을 뻗다가 깨어나 그것이 소실된 것을 보는 사람들이 많을지도 모르겠습니다. 그렇습니다. 오늘날 자유에 대해 그런 식으로 말하기는 쉽습니다.

그러나 자유에 대해 성서처럼 말하기는 대단히 어렵습니다. "진리가 너희를 자유롭게 할 것이다." 이는 모든 시대에 맞는 말씀이 아닌 것만 같습니다. 요즘 우리를 자유롭게 하는 것은, 우리의 행위, 우리의 힘, 우리의 용기, 우리의 인종, 우리의 도덕, 요컨대 **우리**, 바로 우리일 것입니다. 이것이 이치에도 맞고, 대중적입니다. 그러나 이와 관련하여 "진리"라는 이 냉정한 단어는 어떤가요? "진리"라는 단어는 대중성이 없습니다. 우리는 이 단어에 우리를 거스르는 뭔가가 있음을 느낍니다. 이 단어에는 뾰족한 끝이 있습니다. 오늘날 종교 문제, 정치 문제, 세계관 문제와 관련해 가장 탁월한 말을 하는 곳에서 던지는 물음, "과연 이것은 다 진실인가?"라는 물음만큼 인기 없는 것도 없을 것입니다. 사람들이 그런 물음에 귀를 기울이려 하지 않는 이유는, 그것이 너무 비판적이고, 파괴적이며 이해심이 없고, 쌀쌀맞고, 난폭한 질문처럼 생각되기 때문입니다. 우리가 진리를 이 세상에 가져오도록 부름받았다고 생각하건 그렇지 않건간에, 우리는 끊임없는 불안, 극복하기 어려운 불안 가운데 진리를 마주하며 살고 있습니다. 여전히 우리는, 우리보다 더 깊이 보는 자, 우리를 주시하며 질문하는 자, 눈길만으로 우리의 모든 가치를 떨어뜨리는 자가 우리에게 다가올까 봐 두려워합니다. 그리고 이 공공연한 두려움은 마치 우리가 진리를 알고 있다는 듯 더욱 정도가 심해집니다.

우리는 진리 앞에서 두려워합니다. 그리고 그것은 엄밀히 말하자면 우리가 하나님 앞에서 품는 두려움입니다. 하나님은 진리이시므로, 우리는 그분을 두려워합니다. 그분이 갑자기 우리를 진리의 빛 가운데 두시고, 우리가 거짓 속에서 살아 왔음을 폭로하실까 봐 두려워합니다. 진리는 우리보다 우월하여서, 지금이라도 우리를 파괴할 수 있는 능력입니다. 진리는 개념과 관념의 허공이 아니라, 하나님의 검, 곧 파괴하고 밝게 하며 어둠 속으로 들이닥치는 위협적인 번개입니다. 진리는 하나님 자신이자 그분의 말씀입니다. 이 진리 앞에서 인간은 죽을 수밖에 없습니다. 인간은 영리하여 그것을 잘 아는 까닭에 거짓과 허위로 자신을 점점 더 두껍게 두릅니다. 인간은 진리를 보려고 하지 않습니다. 죽고 싶지 않기 때문입니다. 그래서 그는 더 세련되게, 더 심오하게, 더 주의 깊게 속이는 법을 배울 수밖에 없습니다. 실로 그는 거짓에 깊이 연루되는 수밖에 없습니다. 그래야 자기가 속이고 있다는 것도 더는 알지 못하고, 자신의 거짓을 진리로 여길 수 있기 때문입니다. 인간은 이 지경이 되었습니다. 이 지경이 되었기에, 그는 우리가 이 자리에서 말하는 모든 것을 도를 넘은 것으로, 거짓으로 간주하고 맙니다.

다들 인정하시겠지만, 정치적인 거짓, 습관적인 거짓, 세계관의 거짓, 사회적 거짓, 이기적 거짓은 우리를 지배하는 파괴적 힘을 지니고 있습니다. 우리는 우리를 감싸고 있던 거짓의 너울과 덮개가 갑자기 떨어져 나가면 무슨 일이 일어날지 상상으로만 고민해선 안 됩니다. 우리가 이제 진리 안에 온전히 드러나게 될 것입니다. 우리의 상태가 어느 깊이까지 노출될지는 알 수 없습니다. 우리가 아는 것은 한 가지뿐입니다. 이를테면 지금 살아가는 것과 같은 삶은 불가능하리라는 것입니다. 우리가 이제 살아가는 삶은 투명한 빛 속에서 살아가는 삶이 아니라, 불투명한 어둠 속에서 영위하는 삶이기 때문입니다. 이 자리에서 우리에게 제시되는 과제는 최후 심판, 곧 종말을 떠올리는 것만큼이나 중요한 일입니다.

그런데도 우리는 우리의 주변과 우리 안에 수많은 거짓이 있을 뿐 아니라, **우리 자신**이 순 사기꾼이라는 주장에 반발합니다. 한동안 그렇게 반발하겠지만, 언젠가는 전혀 예기치 않은 일이 일어날 것입니다. 즉, 진리이신 하나님이 친히 우리를 만나시고, 우리가 하지 못하는 일을 직접 하시고, 우리를 진리 속에 그리고 그분 앞에 세우실 것입니다. 물론 이때 문제가 되는 것은 정치적 거짓이나 습관적 거짓이 아니라, 내내 순 사기꾼으로 삶을 영위해 온 우리입니다. 이때 무자비한 일이 실제로 일어납니다. 이때 우리는 본의 아니게 피고인이 되어 재판관 앞에 끌려가게 됩니다. 이때 우리는 더는 이런저런 것을 가리키지 못하고, 우리 자신이 처분 대상이 됩니다.

그리고 이제는 우리가 더는 통제할 수 없는 어떤 일이

벌어집니다. **진리가 나타나는** 것입니다. 진리는 기이한 모습으로 우리와 마주칩니다. 환히 빛나서 범접할 수 없는 영광과 빛을 발하며, 감동을 주는 광채의 모습이 아니라, 십자가에 달린 진리, 십자가에 달린 그리스도의 모습으로 우리와 똑바로 부딪칩니다. 진리는 우리에게 말을 건네며 이렇게 묻습니다. "누가 나, 곧 진리를 십자가에 못 박았는가?" 그러고는 같은 순간에 이렇게 대답합니다. "이쪽을 보아라, **네**가 그랬구나. 네 죄다,tua culpa 너의 대죄다.tua maxima culpa 너를 다스리는 하나님의 진리를 네가 미워했구나. 네가 그 진리를 십자가에 못 박았구나. 그러고는 너 자신의 진리를 세웠구나. 너는 네가 진리를 알고 있다고, 진리를 소유하고 있다고, 진리로 사람들을 행복하게 해줄 수 있다고 생각하고, 그렇게 하여 너를 하나님으로 만들었구나. 네가 하나님에게서 그분의 진리를 빼앗고, 그래서 진리가 하나님과는 거리가 먼 곳에서 거짓이 되었구나. 너는 진리를 만들고, 창조하고, 전할 수 있다고 생각했겠지만, 너는 너를 대중화해서 하나님이 되려고 하다가 실패한 것이다. 네가 진리를 십자가에 못 박은 것이다."

설령 우리가 이것을 수수께끼 같은 말로 듣는다고 해도, 우리는 진리가 더 분명하게 하는 말을 듣게 될 것입니다. "너는 세상에 너 혼자만 있다는 듯이 살았어. 너는 하나님 안에만 있는 진리의 샘을 네 안에서 찾았어. 네가 다른 사람들을 미워한 것도 그 때문이고, 다른 사람들이 너와 똑같이 하는 것도 그 때문이야. 너는 네 안에서 세상의 중심을 발견했지만, 이것이야말로 거짓이었단다. 너는 형제자매와 세상을 네가 통치하는 나라로 여겼을 뿐, 너희들 모두, 곧 너와 그들이 하나님의 진리에 의지하여 살고 있다는 것을 알지 못했어. 너는 하나님과 형제자매들로 이루어진 공동체를 뿌리치고 나가 혼자 살 수 있다고 생각했어. 너는 네 진리에 반대한다는 이유로 하나님과 형제자매들을 미워했어. 하지만 그것은 거짓에 지나지 않았어. 네가 완전히 거짓말쟁이이기 때문이지. 네 독존獨存의 욕망, 곧 네가 품은 증오는 거짓이야. 그것 때문에 네가 하나님의 진리를 십자가에 못 박은 거야. 너는 네가 떨어져 나가 진리를 미워하면서 자유인이 되었다고 생각하지만, 너는 노예가 되었을 뿐이야. 네 증오의 노예, 네 허위의 노예가 된 것에 지나지 않아. 너에게는 진리와 자유에 이르는 길이 막혀 있어. 진리와 자유에 이르는 길은 십자가로, 죽음으로 이어지지." 이것이 진리가 우리에게 하는 말입니다. 진리가 우리와 우리의 거짓 진리에게 건네는 최후의 말은 죽음입니다. 우리에게 생생하게 말하는 이는 다름 아닌 십자가에 달린 진리이기 때문입니다. 오늘, 내일, 최후 심판의 날에 누가 이것을 믿을까요?

대단히 독특한 것이 명백해졌습니다. 이를테면 우리의 거짓은 하나님께 맞서는 거짓이란 것입니다. 우리의 거짓은 하나님의 현실과 하나님의 진리에 맞서고, 그분의 공동체와 은총에 맞서고, 그분의 사랑에 맞서는 거짓입니다. 우리의 거짓은 하나님의 사랑을 미워합니다. 하나님의 사랑이 필요 없다고 생각하기 때문입니다. 우리가 소유한 거짓의 본질은 증오입니다. 하나님의 진리의 본질이 은총, 곧 사랑이기 때문입니다. 이로써 진리와 거짓은 우리의 **말**인 것만이 아니라, 우리의 **행위**이기도 하다는 사실이 분명해집니다. 우리는 처음부터 끝까지 이 두 가지 안에서 살아갑니다. 거짓 안에 사는 자는 곧 증오 속에서 사는 자입니다. 그는 자기 자신에게 매여 사는 자, 사슬에 매인 자입니다. 그는 자기 자신의 노예입니다. 그러나 이 깨달음은 하나님의 진리를 아는 첫 번째 깨달음, 하나님만이 주시는 깨달음입니다. 자기가 거짓과 불안과 증오의 노예임을 깨닫는 사람은 이미 하나님께서 진리 안에 두신 사람입니다. 그는 자신의 모든 거짓 자유가 예속에 지나지 않으며, 자신의 모든 거짓 진리가 허위였음을 알아차립니다. 들을 귀가 있는 자는 이루 다 말할 수 없는 탄식을 발하게 마련입니다. "주님, 나를 나 자신에게서 풀어 주셔서, 내가 감금 상태에서 벗어나 밖을 보게 하소서." 이제 "진리가 너희를 자유롭게 할 것이다"라는 말씀이 우리를 다시 맞이합니다. 우리의 행위, 우리의 용기, 우리의 힘, 우리 민족, 우리의 진리가 아니라, 오직 하나님의 진리가 우리를 자유롭게 합니다. 어째서 그럴까요? **자유롭게** 된다는 것은 이 세상에서 **크게** 되는 것, 형제자매에게 **맞서** 자유롭게 되는 것, 하나님에게 **맞서** 자유롭게 되는 것을 의미하지 않기 때문입니다. 오히려 자기 자신에게서 놓여나는 것, 오직 나만 존재한다는, 나야말로 세상의 중심이라는 거짓에서 벗어나는 것, 하나님의 창조 세계를 파괴하는 수단인 증오에서 벗어나는 것, 자기 자신에게서 벗어나 타자를 위하는 것을 의미하기 때문입니다. 하나님의 진리만이 내 눈을 열어 다른 이를 볼 수 있게 합니다. 하나님의 진리는 자기 안으로 굽은 나의 시선을 나의 너머로 향하게 하여, 다른 사람을 보게 합니다. 하나님의 진리가 그렇게 하는 것은 나에게 하나님의 사랑과 은총의 일을 하는 것입니다. 하나님의 진리는 우리의 거짓을 없애고 진리를 창조합니다. 하나님의 진리는 증오를 없애고 사랑을 창조합니다. 하나님의 진리는 하나님의 사랑이고, 하나님의 사랑은 우리를 우리 자신에게서 풀어 주어 타자를 위해 살게 합니다. 자유롭다는 것은 사랑 안에 있다는 뜻이고, 사랑 안에 있다는 것은 하나님의 진리 안에 있다는 뜻입니다.

하나님의 진리를 통해 자유롭게 되어 사랑하는 사람이

야말로 이 세상에서 가장 혁명적인 사람입니다. 그는 모든 가치를 뒤집어엎는 사람입니다. 그는 인간 사회의 폭탄입니다. 그는 가장 위험한 사람입니다. 그는 인간들이 속속들이 부정직한 상태임을 깨닫고서, 언제나 진리의 빛을 그들에게 던질 준비를 하기 때문입니다. 하지만 이것은 다름 아닌 사랑 때문에 일어나는 사건입니다. 하지만 그들이 세상에 가져오는 혼란은 세상 사람들의 증오를 유발합니다. 그런 까닭에 진리와 사랑의 기사騎士는 사람들이 숭배하고 존경하는 무적의 영웅이 아니라, 사람들에게 버림받는 자, 사람들에게 외면당하는 자, 사람들에게 법률의 보호 밖으로 추방당하는 자, 사람들에게 죽임당하는 자입니다. 이 세상에서 하나님의 진리가 걸었던 길은 십자가로 이어집니다. 그 이후로 우리가 알다시피, 하나님 앞에서 존속하려고 하는 진리는 모두 십자가로 나아갈 수밖에 없습니다. 그리스도를 따르는 공동체는 반드시 그분과 함께 십자가로 나아가야 합니다. 그 공동체는 자신의 진리와 자유 때문에 세상 사람들로부터 미움을 받을 것입니다. 그러나 민족조차도 하나님의 진리의 법정에 출두하지 않으면 진리와 자유를 얻을 수 없습니다. 민족은 한동안 거짓과 노예 상태에 머무르다가, 언젠가는 오로지 하나님으로부터만 그분의 진리와 자유를 얻으려 할 것이고, 진리와 자유는 사랑으로 이어진다는 것을 알게 될 것이며, 또 사랑의 길은 십자가로 이어진다는 것을 알게 될 것입니다. 오늘날 한 민족이 정말로 이것을 알게 된다면, 그 민족은 자유로운 민족으로 불려야 마땅한 유일한 민족, 자기 자신의 노예가 아니라 하나님의 진리의 자유로운 종이 되는 유일한 민족일 것입니다.

개인으로서든 전체로서든, 우리는 예외 없이 우리가 차고 있는 쇠고랑의 견디기 힘든 무게를 느낍니다. 하나님, 우리가 아우성치오니, 자유를 주소서. 오 하나님, 우리를 지켜 주셔서, 우리가 거짓 자유를 꿈꾸지 않게 하시고, 거짓 속에 머무르지도 않게 하소서. 우리에게 자유를 주셔서, 은총을 향해 당신에게로 우리를 던지게 하소서. 주님, 예수 그리스도이신 당신의 진리로 우리를 자유롭게 하소서. 주님, 우리가 당신의 진리를 기다립니다.

마가복음 9:23-24[33]

네가 믿을 수 있다면![34] 믿는 사람에게는 모든 일이 가능하다. (…) 내가 믿습니다. 믿음 없는 나를 도와주십시오.

인간적인 눈으로는 도무지 희망이 없는 처지에 놓인 한 사람에게 예수께서 말씀하십니다. "네가 믿을 수 있으면, 그러면 너는 좌절하지 않고 이 자리에 서서, 너에게 불가능한 일은 없다는 것을 알게 되리라." 이 말씀은 아이가 불치병에 걸려서 그 아이를 돕기 위해서라면 무슨 일이든 하려고 했지만, 그저 무력하게 그 불행을 바라볼 수밖에 없는 한 아버지에게 예수께서 하신 말씀입니다. 이 아버지는 제자들에게 찾아갈 때까지 모든 길을 다 걸어 본 상태였습니다. 이제 그에게는 누구든 처음에는 두렵고 떨리는 마음으로 찾아가는 단 하나의 길만 남아 있습니다. 그 길은 바로 예수를 찾아가는 길입니다.

그런데 어째서 우리는 이상하게도 그리스도를 찾아가는 이 길보다 다른 모든 길을 더 즐겨 걷는 것일까요? 어째서 우리는 이 길을 피하는 것일까요? 아마도 우리가 중대한 물음을 피할 수 없다는 것을 잘 알기 때문일 것입니다. 그 물음은 이렇습니다. "너는 믿을 수 있느냐? 네 평생의 삶이 하나님에 대한 큰 신뢰와 모험이 될 정도로 믿느냐? 너는 좌우를 보지 않고, 하나님에게만 눈길을 두며, 네가 해야 할 일을 할 정도로 믿느냐? 너는 하나님에게 복종할 정도로 믿느냐? 너는 믿을 수 있느냐? 네가 믿을 수 있다면, 이미 도움이 임했을 것이고, 너에게는 어떤 것도 더는 불가능하지 않을 것이다."

아, 제가 순전하게 **믿을 수** 있다면 얼마나 좋을까요! 제가 지난 주간에 성 프란체스코의 생애 연극[35]을 관람했던 것처럼, 우리가 믿음 안에서 살다 간 한 사람의 생애를 보게 된다면, 우리는 이 길이 힘써 걸을 가치가 있다고 확신할 것입니다. 그런 다음에는 그리스도께서 우리에게 바라신 대로 살고, 그 결과로 우리 개개인에게 무슨 일이 일어나든 개의치 않게 될 것입니다. 그러면 우리는 이렇게 말하기 시작할 것입니다. "제가 믿을 수만 있다면 얼마나 좋을까요? 그렇습니다. 제 생의 모든 것이 정말로 달라질 것입니다. 저는 자유로운 사람이 되고, 행복한 사람이 되고, 불가능한 일은 조금도 없을 것입니다. '저에게 능력을 주시는 분, 곧 그리스도를 통해서 저는 모든 것을 할 수 있습니다!'"

우리는 온갖 것을 믿습니다. 우리는 너무 많은 것—권력, 우리 자신, 다른 사람들—을 믿습니다. 우리는 인류를 믿고, 우리 민족을 믿고, 우리 종교 공동체를 믿습니다. 우리는 이념도 믿습니다. 하지만 우리는 이 모든 것을 넘어 한분이신 하나님은 믿지 않습니다. 이제 하나님을 믿는 믿음은, 다른 능력들을 빼앗아 불가능하게 하는 모든 것을 믿는 믿음이 되고 말았습니다. 하지만 하나님을 믿는 사람은 이 세상에서 다른 어느 것도 믿지 않습니다. 그는 이 세상의 모든 것이 무너져 소멸한다는 사실을 잘 알기 때문입니다. 하나님을 믿는 사람은 다른 어느 것도 믿을 필요가 없습니다. 모든 것의 근원이신 분, 모든 것을 손에 쥐고 계시는 분을 모시고 있기 때문입니다. 우리가 듣기에, 자기 자신을 믿는 인간, 이 땅의 이념을 믿는 인간이 승리를 거머쥐고, 심지어 초인적인 것, 불가능한 것까지 할 수 있다고 하는데, 유령이 아니라 살아 계신 하나님을 믿는 사람은 얼마나 더 큰 승리를 얻겠습니까! 예수께서 일으키신 이적은 다만 그분의 믿음이었습니다! **우리는** 그분처럼 믿음의 사람이 되어야 합니다. 인간이 이 세상에 대한 믿음을 가지고 이루어 낸 일을 바라보면서 우리가 우리의 생에 마음을 쓴다면 얼마나 부끄러운 일이겠습니까. 아, 우리가 그저 믿을 수만 있다면! 어째서 우리는 믿을 줄 모를까요? 어째서 믿음 없는 사람이 존재할까요? 이 물음에 대한 대답은 여러 가지일 것입니다. 어떤 사람에게는 지적인 능력이 있기 때문이고, 어떤 사람에게는 "종교적 은사"가 불충분하게 있기 때문이고, 어떤 사람에게는 괴로운 경험이 있기 때문일 것입니다. 우리가 끌어다 댈 수 있는 이유는 넘쳐 납니다. 설령 다른 모든 것이 부족하다고 해도, 그 이유는 결단코 모자라지 않습니다. 그러나 "어째서 우리는 **믿으려 하지** 않습니까?"라는 이 물음에 대한 솔직한 대답은 무엇이지요? 제 생각에는, 우리는 이런 질문을 받으면 감정부터 상하는 것 같습니다. 우리는 믿으려고 수백 번 시도했고, 지금도 그러려고 하지만, 정말로 단순하게 **믿을 수** 없게 된 것이 우리의 상태이기 때문입니다. 비록 우리는 믿으려고 온갖 애를 썼던 것 같지만, 엄밀히 말하면 최선의 믿음에 속하는 것은 구하지 않았습니다. 우리 자신을 버리고, 우리를 더는 바라보지 않는 길도 구하지 않았습니다. 하나님만을 인정하며 신뢰하고, 과감히 그분을 상대하는 것을 원하지 않았습니다. 우리에게 곤혹스러운 것은 버리면서도, 우리 마음에 드는 것은 버리지 않았습니다! 믿음이란 무조건 신뢰하고 과감하게 행동하는 것을 의미하건만, 우리는 그러려고 하지 않았습니다. 오히려 온갖 조건들을 내세우려 했고, 그래서 다른 모든 일이 잘못되고 부실해지고 말았습니다. 우리는 믿으려고 하지 않았습니다.

설령 어떤 사람이 성서에 기대어, 하나님께서 믿지 못하도록 정해 놓으신 자들, "천한 데 쓸 그릇"[36]이 되도록 정해 놓으신 자들이 그 자신임을 입증하려고 해도, 우리는 이렇게 대답하고자 합니다. "그 말씀이 맞는지는 모릅니다. 하지만 당신이 그런 이들 축에 든다고, 감히 누가 그렇게 말합니까! 어디서 그렇게 알게 되었나요? 누가 당신에게 그것을 말해 주었나요? 당신은 하나님이 당신을 변함없이 부르시는 곳에서 믿기를 거부하지 않았나요? 그 거부가 당신의 잘못이 아니라고 하는데, 도대체 그런 생각은 어떻게 하게 되었나요? 만약 당신이 잘 믿고 싶다면, 그 하나님의 부르심으로 충분하지 않습니까? 당신이 하나님만을 신뢰하고자 한다면, 당신은 당연히 믿어야 하고 능히 믿을 수 있습니다. 그러니까 당신은 그저 믿지 않고 싶은 것은 아닙니까?"

우리는 믿으려고 하지 않지만, 예수께서는 "네가 믿을 수 있으면"이라고 말씀하십니다. 이와 같이 우리를 부르시는 소리에는 다음과 같이 애타는 마음과 자비심이 담겨 있습니다. "그대가 평생토록 떼려고 했으나 떼지 못했던 걸음을 떼기로 마음먹으면, 그대가 그대의 개인적인 모든 것을 내어드려 예수께서 그대를 다스리실 수 있게 한다면."

"믿는 사람에게는 모든 일이 가능하다." 이는 하나님의 능력을 믿는 믿음을 통해 실제로 극복된 한 불치병을 두고 하신 말씀입니다. 우리가 막다른 길에서 돌파구를 모색할 때, 그리스도께서 이렇게 말씀하십니다. "아니, 그 모든 것으로도 안 된단다. 다만 믿음과 하나님으로만 될 거야."

"모든 일." 영적인 일에 정통한 자들이 잘 알고 있는 것처럼, 어떤 사람에게 작용하는 영적 법칙, 곧 영적 영향력을 떨어뜨려서 그를 다른 방향으로 데리고 가는 것만큼 불가능한 일은 없는 것 같습니다. 그러나 예수께서는 "모든 일"이라고 말씀하십니다. 영적인 삶을 살아가는 사람들이 잘 알고 있는 것처럼, 우리가 절망적으로 우리의 약점들에 맞서 싸우는 가운데 죄에 맞서 싸우는 것보다 더 절망적인 일은 없습니다. 예수께서는 "믿는 사람에게는 모든 일이 가능하다"라고 말씀하십니다. 제아무리 완고하고 완강한 죄인이라도, 일단 믿기만 하면, 그는 새로운 사람, 자유로운 사람이 됩니다. 믿을 수만 있으면, 제아무리 우울한 사람도 기뻐하는 사람이 되고, 제아무리 소심한 사람도 열린 사람이 되고, 제아무리 냉담하고 미지근한 사람도 새로운 열정과 생명으로 충만하게 됩니다.

"모든 일이 가능하다." 우리는 이 말씀을 믿고 싶어서 하나님께 기도하며 "당신의 뜻이라면 우리를 도와주소서"라고 부르짖었으나, 도움이 오지 않고 우리의 간청대로 되지 않았던 때들을 떠올릴 것입니다. "모든 일이 가능하다." 이 말씀은 참말일까요?

믿음은 하나님을 **항복시킬** 수 있다고 하지 않던가요? 그래요, 실제로 그렇습니다! 그러나 하나님께서 우리의 탄식과 한탄과 근심과 한숨이 아니라 우리의 믿음에 항복하신다는 말은 들어 보지 못한 말입니다. 이는 신성모독처럼 들립니다. 하지만 정말 신성모독일까요? 진정한 믿음은 정말 하나님의 뜻에 인접해 있지 않을까요? 믿음이 우리와 세상에 대한 하나님의 뜻 이외의 것에 공간을 허용하려고 할까요? 하나님의 뜻인데도, 불가능한 일이 하나라도 있을까요? 우리는 하나님의 뜻이 우리 삶에 어떻게 작용하는가를 분명히 알고 있지 않습니까? 우리는 하나님의 뜻이 우리 민족에게, 우리 교회에 어떻게 작용하는가를 분명히 알고 있지 않습니까? 마지막으로, 우리는 믿음 안에서 하나님의 뜻이 우리에게서 이루어지게 하려고 시도하지 않습니까?

그대는 이렇게 대답합니다. "내가 믿습니다. 믿음 없는 나를 도와주십시오." 예수께서 믿음에 관하여 주신 약속이 아이의 아버지가 자기를 극복할 수 있도록, 그에게 강한 믿음을 요구합니다. 예수께서는 그에게 믿음을 강하게 요구하십니다.

"내가 믿습니다." 이는 다음과 같은 것을 의미합니다. "주님이 하신 말씀을 내가 믿습니다. 주님의 말씀과 주님의 약속이 진리임을 내가 믿습니다. 나는 주님을 중히 여기면서 나 자신도 중히 여깁니다. 사랑하는 주님, 믿음 없는 나를 도와주십시오! 불신이 나를 엄습하고, 모든 것—이성, 역사, 세계, 경험—이 주님의 약속에 반발합니다. 나의 믿음 없음이."

주님은 우리에게 믿음이 있는지 물으시며, 우리의 믿음을 촉구하십니다. "아, 네가 믿을 수 있다면." 그리고 우리에게 약속하십니다. "모든 일이 가능하다." 우리가 이 말씀에 주목하여 "내가 믿습니다"라고 대답하는 것 말고 무슨 고백을 할 것이며, 우리의 본성에 비추어 "주님, 믿음 없는 나를 도와주십시오"라고 기도하는 것 말고 무엇을 하겠습니까? 아무도 이 분열 상태에서 벗어날 수 없습니다. "네가 믿느냐?" "내가 믿습니다. 믿음 없는 나를 도와주십시오. 날마다 불신이 내 주변에 있습니다." 매 순간 유혹을 경험하고 직면하지만, 누군가는 이렇게 말할 수 있을까요? "내가 믿습니다. 주님, 우리가 주님의 말씀을 따라 담대히 나아갑니다. 하지만 그리할 수 있는 것은 우리의 믿음이 아니라 오로지 주님이십니다. 우리도 아니고, 우리의 믿음도 아니고, 주님이 그리하십니다. 주님께는 어떤 일도 불가능하지 않습니다. 주님, 믿음 없는 나를 도와주십시오!" 아멘.

종교개혁 기념 주일 설교[37]

요한계시록 2:4-5, 7

1932년 11월 6일

그러나 너에게 나무랄 것이 있다. 그것은 네가 처음 사랑을 버린 것이다. 그러므로 네가 어디에서 떨어졌는지를 생각해 내서 회개하고, 처음에 하던 일을 하여라. 네가 그렇게 하지 않고, 회개하지 않으면, 내가 가서 네 촛대를 그 자리에서 옮기겠다. (…) 귀가 있는 사람은, 성령이 교회들에 하시는 말씀을 들어라. 이기는 사람에게는, 내가 하나님의 낙원에 있는 생명 나무의 열매를 주어서 먹게 하겠다.

차츰 명백해지는 사실이지만, 우리는 지금 개신교 일생의 밤 열두 시에 자리하고 있습니다. 이대로 끝장날 것인지, 아니면 새날을 시작할 것인지를 결단할 시간이 별로 남아 있지 않습니다. 아시다시피, 팡파르 연주로는 죽어 가는 사람을 위로하거나 소생시키지 못합니다. 게다가 팡파르 연주는 장례식, 그저 냉랭한 침묵을 더 냉랭한 소음으로 넘어서는 곳, 장례식 화환과 장송곡이 부패를 감추는 곳에 알맞습니다. 어두운 거리에 있는 아이들 같으면, 불안감을 느낄 때 용기를 내려고 피리를 불며 힘차게 걸어 나와 소란을 피우겠지요. 원래는 불안에 지나지 않을 용기와 팡파르 연주는 단지 죽음이 이미 시작되었음을 알려 줄 뿐입니다. 교회의 생존에 여전히 협력하고 있는 우리는 너나없이 이러한 죽음의 팡파르를 모르지 않습니다. 종교개혁 기념 주일, 이날은 우리가 그 역사를 가장 잘 알고 있는 중대한 날입니다. 오늘은, 독일이 죽을병에 걸렸다고 증언하는 수많은 팡파르 사이에 교회의 죽음을 세상에 소리 높이 알리는 다른 팡파르도 섞여 울리고 있습니다. 미래가 불안한 독일은 용기를 내어 온갖 종류의 크고 시끄러운 말들을 쏟아 내고 있지만, 그 말들은 그저 죽음의 불안만을 일으킬 뿐입니다. 종교개혁의 교회는 자신과 개혁을 분리하는 심연을 은연중 알고도, 죽음의 손아귀 근처에서 벌벌 떨면서도 매우 용감하게 노래를 부르고 있습니다. "우리 하나님은 강한 성이시니 (…) 그는 다른 어떤 하나님이 아니라 만군의 주 예수 그리스도이시다."[38] 그러면서 자기가 "하나님"을 이야기할 때마다 이 하나님이 교회 자체에 맞서신다는 사실은 모르고 있습니다. **우리**가 "우리 하나님은 강한 성이시니, 하나님이 우리를 위하시면 누가 우리를 대적하리요?"

라고 노래하면, **하나님**은 "그러나 너에게 나무랄 것이 있다!"고 말씀하십니다. 교회는 종교개혁을 경축하면서도 옛적의 루터에게 쉼을 허락하지 않습니다. 오늘날 교회 안에서 일어나는 온갖 불미스런 일들은 그가 욕을 먹게끔 합니다. 그를, 그 고인을 우리의 교회 안에 다시 세우고, 그가 손을 뻗어 이 교회를 가리키며 넘치는 열정으로 "내가 여기에 서 있다. 나 루터는 바뀔 수 없다!"라고 여러 번 되풀이해서 말하게 합니다. 그러면서도 이 교회가 더는 루터의 교회가 아니라는 것을, 루터가 벌벌 떨면서 악마를 등지고 하나님을 경외하는 최후의 자리로 나아가 "여기에 내가 서 있다"라고 말했다는 것을, 오늘의 우리가 이 말을 입에 담는 것이 조금도 적합하지 않다는 것을 알지 못합니다. 만일 우리가 그 말을 구실로 둘러대려고 한다면, 이는 참이 아니거나 용서받지 못할 경거망동이나 오만이 될 것입니다. 그렇지만 **우리는 바뀔 수 있습니다**. 어쨌든 우리는 바뀔 수 있습니다. 만일 우리가 특별한 이유 없이 바뀌지 않는다면, 이것이야말로 하나님과 사람 앞에서 불명예가 될 것입니다. 우리 가운데 누구도 하나님께 기도하면서 "나는 바뀔 수 없습니다. 하나님, 나를 도와주십시오"라고 아뢸 최후의 자리에 있지 않습니다. 우리는 바뀔 수 있고, 마땅히 바뀌어야 합니다. 오늘날 설교단에서는 "여기에 내가 서 있다. 나는 바뀔 수 없다"라는 소리가 수천 번이나 울려 나오지만, 하나님은 "그러나 너에게 나무랄 것이 있다"라고 말씀하십니다.

항의하는 교회개신교회는 오늘 자기의 날을 기념하고 있습니다. 항의하는 것이야말로 개신교회의 관례적 의무 가운데 하나입니다. 개신교회는 항의하지 않으면 안 됩니다. 항의의 대상은 매우 다양합니다. 무신론의 형태를 취하는 세속주의에 항의하기도 하고, 로마가톨릭교회와 그 위험들—물론 정치적 위험들을 의미합니다—에 항의하기도 하고, 온갖 부자유스런 속박과 독단과 권위에 항의하기도 하고, 사상과 양심의 자유를 위해 항의하기도 하고, 개인주의의 자유를 위해 항의하기도 하고, 악습과 불신에 항의하기도 하고, 교회 안에 있지 않아서 항의에 그다지 주의하지 않는 모든 이들에게 항의하기도 합니다. 이렇게 항의하는 오늘은 그야말로 개신교Protestantismus의 날입니다! 우리는 너무나 쉽게, 너무나 자신 있게 항의할 수 있고, 게다가 문서로 보증된 권리도 가지고 있습니다. 참 영광스러운 날입니다. 그러나 우리는 "항의한다!"라고 외치지만, 하나님은 "너에게 나무랄 것이 있다"라고 말씀하십니다. 하나님께서 항의하시는 것입니다. 누구에게 항의하시는 것일까요? 우리에게 그리고 우리의 항의에 항의하시는 것입니다! 하나님의 항의하시는 소리가 들리지 않습니까? 그렇습니다. 개신교는 세상에 대한 우리의 항의를 의미하기보다는, "그러나 너에게 나무랄 것이 있다"라고 하나님께서 우리에게 항의하시는 것을 의미합니다.

그런데도 우리는 위장을 합니다. 우리는 이 항의가 "강한 성"을 의미하지도, "여기에 내가 서 있다"는 것을 의미하지도 않는다는 것을 너무나 잘 알고 있습니다. 우리는 하나님이 우리에게 항의하신다는 것을 너무나 잘 압니다. 우리는 종교개혁 기념일이야말로 우리에게 맞서시는 하나님의 가장 강력한 출정의 날이라는 것을 알고 있습니다. 그런데도 우리는 우리 앞에서도 세상 앞에서도 그것을 인정하려 하지 않습니다. 우리는 이 공격을 감당할 능력이 없기 때문에 두려워합니다. 우리는 이것을 시인하면 하나님 앞에서 그리고 세상 앞에서 창피를 당할까 봐 두려워합니다. 우리가 이날에 이 소동을 일으키는 것도 그 때문이고, 10월 31일에 수천 명의 학령기 아동에게 잘못된 것, 곧 우리가 하나님 앞에서 완전히 잃어버린 교회에 대한 존중을 반복적으로 주입하여, 우리의 약점을 알아채기보다는 아예 잊게 하려고만 하는 것도 그 때문입니다.

이래선 안 되겠지요. 우리는 교회 축제를 엄숙하게 벌이면서도, 종교개혁을 더는 경축할 마음이 없는 우리 자신을 보여줄 시간이 조금도 없습니다! 이제 고인 루터에게는 부디 쉼을 허락하고, 복음을 귀 기울여 듣고, 성서를 읽고, 하나님의 말씀

자체를 귀담아들으십시오. 하나님께서 최후 심판의 날에 우리에게 "너희는 감명 깊은 종교개혁 기념제를 거행했느냐?"라고 묻지 않으시고, "너희는 나의 말을 듣고 지켰느냐?"라고 물으실 것이기 때문입니다. 우리는 "그러나 너에게 나무랄 것이 있다. 그것은 네가 처음 사랑을 버린 것이다"라는 말씀을 듣게 될 것입니다.

어쨌든 제가 이 말씀을 입 밖에 내서 우리를 조금이라도 불편하게 할 수 있다면 좋겠습니다. 우리가 이 말씀을 듣고도 괴로워하지 않는다면, 이것은 하나님의 말씀이 아닐 것입니다. 하지만 제 눈에는 여러분이 평범한 소설을 읽을 때처럼 이야기의 행복한 결말을 먼저 읽고, 앞부분의 내용에 그다지 흥분하지도 않고, "여전히 모든 것이 잘 진행되고 있군" 하고 말하는 모습이 보입니다. "그러나 너에게 나무랄 것이 있다. 그것은 네가 처음 사랑을 버린 것이다." 여기서 처음 사랑이라고 불리는 것과 흔히 그렇게 불리는 다른 모든 것의 차이는 대단히 큽니다. 이를테면 이 처음말고는 결코 다른 사랑이 더는 존재하지 않는다는 말입니다. 이 처음 사랑은 일반적으로 존재하는 것과는 비교할 수 없는 사랑입니다. 그것은 하나님에게서 비롯되어 하나님에게로 가는 사랑이기 때문입니다. 이 사랑, 곧 이 처음 사랑의 바깥에는 미움만 존재할 뿐입니다. 이 처음 사랑을 버리는 것은 하나님을 버리는 것과 같고, 형제자매를 버리는 것과 같으며, 하나님과 세상을 더욱 미워하는 것과 같습니다. "그러나 너에게 나무랄 것이 있다. 그것은 네가 처음 사랑을 버린 것이다." 이 말씀은 이런 뜻입니다. "전에는 달랐다! 전에는 네 안에서도 한 처음이 이루어졌었다! 전에는 너에게도 뭔가가 일어났었다. 전에는 네가 하나님과 조금이라도 관계가 있었다. 전에는 네가 그분에게 기도했었고, 네 악함과 네 근심을 그분에게 아뢰었었다. 전에는 네가 그분을 사랑했었다. 전에는 네가 하나님을 시험하고 싶다고 생각했었다. 그때는 네 주위에서도 뭔가가 일어났고, 실제로 일어났다. 전에는 네가 하나님의 사랑을 생각한 나머지 다른 사람들, 곧 너에게 화를 내고 너에게 많은 어려움을 준 사람들을 사랑했었다. 전에는 네가 하나님께서 네 삶을 가장 내밀하고 은밀한 근저까지 다스리는 주님이 되셔야 한다고 생각했었다. 네가 숙고하고 마음을 다하여 예수 그리스도와 함께 형제자매에게 찾아가던 때에는 실제로 하나님께서 네 삶을 다스리는 주님이 되어 주셨다. 그러나 이제는 너에게 나무랄 것이 있다."

하지만 교회 전체에 대해서는 나무람의 방향이 이렇게 바뀝니다. "처음 은혜를 받던 때, 초기 교회 그리스도인들이 예수 그리스도를 우리의 삶을 다스리는 주님이라 부르고, 집 밖으로 나와 그분을 예배하러 가던 때, 불이 붙어 타오르기 시작하던 때, 하나님 나라가 가까이 오기를 애타게 기다리고 이 기다림에 대한 응답으로 하나님 나라가 임하여 가장 이례적인 징조로 나타나던 때는 어디로 갔느냐? '많은 신도가 다 한마음과 한뜻이 되어서, 아무도 자기 소유를 자기 것이라고 하지 않고, 모든 것을 공동으로 사용하였다. 사도들은 큰 능력으로 주 예수의 부활을 증언하였고, 사람들은 모두 큰 은혜를 받았다'행 4:32-33라고 하던 때는 어디로 갔느냐? 하나님의 기적을 알고, 죽음에서 생명으로 옮겨지는 부활을 알기에, 은혜의 능력 안에서, 하나님의 사랑의 능력 안에서 믿는 사람에게는 모든 일이 가능하다고 생각하던 그 신도들은 어디로 갔느냐? 서로 사랑하고, 자신을 낮추어 타인의 곤경 안으로 들어가서 겸손히 돕던 신도들은 어디로 갔느냐? 이 세상에서 촛대처럼 하나님의 빛을 이야기하던 처음 사랑의 공동체는 어디에 있느냐?"

그러나 이처럼 과거를 떠올린들 무슨 소용이 있겠습니까. 전혀 소용없는 일입니다. 사람들은 각기 이렇게 말할 것입니다. "그것은 그야말로 내가 성장하던 시절에 품었던 처음 사랑, 내 유년 시절의 사랑이었습니다. 나는 지금 그 사랑을 넘어서 다 자란 상태입니다. 실로 그 시절의 사랑은 아름다웠습니다. 하지만 그것은 환상이었습니다. 내가 계속 더 배우면서 알게 된 사실은, 이 세상은 적대적이어서 모든 일이 가능한 것은 아니며, 그저 우리는 타협하지 않으면 안되기에 중용을 지켜야 한다는 것입니다. 이 사실이 저를 옴짝달싹하지 못하도록 했지만, 저는 이제 좀 더 꾀바른 사람이 되었습니다." 그리고 지금의 교회도 이렇게 똑같이 말하고 있습니다.

여기서 어떤 대답이 주어질까요? "도무지 너는 초기 교회 그리스도인들과 종교개혁자들이 이 세상이 적대적이라는 것을 몰랐다고 생각하는 것이냐? 사랑하는 주님을 세상이 십자가에 못 박는 모습을 목격한 사람들이 그것을 몰랐겠느냐? 그것을 그들은 우리 모두보다 훨씬 더 잘 알고 있었다. 성서를 꼭 읽어 보고, 루터의 글을 꼭 읽어 보려무나. 그래, 그들은 결정적인 것을 더 많이 알고 있었다. 그들은 세상의 악의, 곧 하나님과 형제자매에 대한 증오, 인간의 자기애를 알고 있었어. 하지만 그들은 하나님이 이 증오를 이기셨으며, 그것도 세상 한가운데서 예수 그리스도와 그분의 십자가와 부활을 통해 이기셨음을 듣기도 하고 보기도 했지. 그들은 이 세상에서 하나님의 사랑의 기적을 믿었고, 그래서 하나님과 형제자매를 사랑했단다."

각 사람에게는 이렇게 대답할 수 있습니다. "한때 너는 증오가 패하고, 사랑이 옳음을 믿고 또 그렇게 알지 않았느냐? 그 시절의 사랑이 환상이었을 수도 있지. 너에게는 그 지난 시간이 환상이었을 수도 있어. 누가 과거에 매달리고 싶겠니? 하지만 그렇다고 해도 들어 보렴. 그것은 지금 환상이 아니고 사실이야. 하나님이 직접 그것을 두둔하고 지키시며 '너에게 나무랄 것이 있다. 그것은 네가 처음 사랑을—나를—버린 것이다'라고 말씀하시니까 말이야."

"그러므로 네가 어디서 떨어졌는지를 생각해 내서 회개하라." 루터를 종교개혁에 몰두시킨 것은 바로 이 호소였습니다. 그는 가톨릭교회를 향해 "네가 어디서 떨어졌는지를 생각해 내서 회개하라!"고 소리쳤습니다. "네가 전에는 타오르더니 지금은 차갑구나. 전에는 깨어 있더니 지금은 굼뜬 상태구나. 전에는 갈망하더니 지금은 싫증을 내는구나. 전에는 믿더니 지금은 두려워하는구나. 전에는 희망하더니 지금은 권력을 쥐려고 하는구나. 전에는 사랑하더니 지금은 너를 버리지 않는구나. 전에는 그리스도를 주님이 되시게 하더니 이제는 그분의 말씀을 가로막는구나. 전에는 그분 안에서 기적을 행하더니 이제는 지극히 평범한 것도 행하지 못하고 있구나. 네가 어디서 떨어졌는지를 생각해 내서 회개하여라."

개혁교회는 이 회개의 호소를 곧이곧대로 받아들인 사람들, 하나님을 하나님 되게 하는 사람들의 교회입니다. 개혁교회가 아는 사실이지만, 서 있는 사람은 넘어지지 않으려고 하며, 자기의 서 있는 상태를 자랑하지 않으려고 노력하는 사람입니다. 우리의 교회는 하나님의 말씀 안에 서 있고, 우리는 그분의 말씀 안에서 방향을 잡은 사람들입니다. 회개하는 교회, 하나님을 하나님 되게 하는 교회, 그것이 사도들과 루터의 교회입니다.

"네가 어디서 떨어졌는지를 생각해 내서 회개하고, 처음에 하던 일을 하여라." 처음에 하던 일을 하는 것은 다름 아니라 오로지 개혁교회가 할 일입니다. 그렇게 하지 않으면 앞서 한 일은 아무 의미가 없습니다. 종교개혁 기념 주일에 그 일들에 관해 이야기하는 것은 대단히 부적절한 것으로 여겨집니다. 하지만 우리가 믿음, 곧 회개를 저녁 경건회와 아침 경건회에 걸맞은 일이라고 생각한다면, 그것이야말로 복음의 지독한 오해입니다. 믿음, 곧 회개는 하나님을 하나님 되게 하는 것—우리가 무슨 일을 하건 간에 그분에게 복종하는 것—을 의미합니다. "**처음에 하던** 일을 하여라." 이는 오늘날 꼭 필요한 말씀입니다. 현대의 교회를 아는 사람이라면 누구도 교회가 아무 일도 하지 않는다고 불평하지 않을 것입니다. 그렇습니다. 교회는 끊임없이 많은 일을, 그것도 대단히 헌신적이고 진지하게 하고 있습니다. 하지만 우리는 너나없이 둘째 일, 셋째 일, 넷째 일은 많이 하면서도 **처음에 하던** 일은 하지 않습니다. 교회가 결정적인 일을 하지 못하는 것은 그 때문입니다. 우리는 축일을 기념하고, 재연하고, 영향력을 추구하고, 복음적인 운동을 전개하고, 프로테스탄트 청소년 양육에 힘쓰고, 복지 사업과 구제 사업을 펼치고, 무신론 선전 반대 운동도 전개하고 있지만, 이 모든 일의 관건인 처음에 하던 일을 제대로 하고 있는지요? 저 처음 사랑, 열정적으로 타오르는 사랑, 전부를 거는 사랑으로 하나님을 사랑하고 형제자매를 사랑하는지요? 정말로 하나님을 하나님 되게 하여, 우리와 우리의 교회를 그분의 판단에 온전히 맡기는지요? **만약 우리가 이렇게 한다면, 모름지기 다르게 보이고, 조금씩 돌파가 이루어질 것입니다.** 그래도 우리는 이 돌파를 직접 해내려고 하는 가장 무시무시한 유혹에 빠지지 않을 것입니다. 하나님이 하셔야 하는 일이므로, 다만 우리는 그분을 섬기고, **저 처음 사랑으로 그분을 하나님 되게 할 것입니다.** 어쩌면 우리가 앞서 읽은 문구가 다시 한번 실현될지도 모릅니다. "많은 신도가 다 한마음과 한뜻이 되어서 (…) 모든 것을 공동으로 사용하였다."

이제 말씀이 심각해집니다. "네가 그렇게 하지 않고, 회개하지 않으면, 내가 가서 네 촛대를 그 자리에서 옮기겠다." 이것은 하나님이 마지막으로 심각하게 하신 말씀입니다. 우리 교회의 때가 가까이 다가오고 있습니다. 하나님은 오랫동안 많이 참으셨습니다. 우리는 그때를 알지 못합니다. 그때는 우리에게 갑자기 들이닥쳐 모든 것을 쓸어버릴 것입니다. 이미 그 조짐이 곳곳에서 보이고 있습니다. 하나님은 그분이 친히 행하신 파괴 행위에 가장 기이한 도구를 사용하신 적이 있습니다. 믿지 않는 자들을 통한 예루살렘의 파괴가 지금 우리에게 대단히 임박한 의미를 얻기 시작하고 있습니다. 그때가 어떻게 다가오든, 우리는 그런 파멸 속에서 우리의 영웅적 행위들을 조금도 기억할 마음이 없습니다. 하나님, 우리의 주님이 되어 주소서.

우리가 엎드려 절하는, 파괴하시는 주님은 약속의 주님입니다. 그분만이 자기 백성을 아시고, 그 가운데 계시며, 여기 우리 가운데에도 계실 것입니다. 다음의 말씀이 누구를 향한 말씀인지는 그분만이 아십니다. "귀가 있는 사람은, 성령이 교회들에 하시는 말씀을 들어라. 이기는 사람에게는, 내가 하나님의 낙원에 있는 생명 나무의 열매를 주어서 먹게 하겠다." 우리는 이러한 사람이 될 수 있을까요? 우리는 이길 수 있을까요? 우리는 끝까지 믿을 수 있을까요? 미래는 우리를 불안하게 하지만, 약속은 우리를 위로합니다. 이 약속을 받을 자격이 있는 사람은 복이 있습니다.

이제 이 교회 밖으로 나가거든, 멋진 종교개혁 기념 주일 예배였다거나 평범한 종교개혁 기념 주일 예배였다고 생각하지 마십시오. 교회 밖으로 나가서, 처음에 하던 일들을 침착하게 행합시다. 하나님께서 우리를 도와주시기를 바랍니다. 아멘.

마태복음 8:23-27

1933년 1월 15일, 주현절 후 둘째 주일, 삼위일체 교회 저녁 예배

예수께서 배에 오르시니, 제자들이 그를 따라갔다. 그런데 바다에 큰 풍랑이 일어나서, 배가 물결에 막 뒤덮일 위험에 빠지게 되었다. 그런데 예수께서는 주무시고 계셨다. 제자들이 다가가서 예수를 깨우고서 말하였다. "주님, 살려 주십시오. 우리가 죽게 되었습니다." 예수께서 그들에게 "왜들 무서워하느냐? 믿음이 적은 사람들아!" 하고 말씀하시고 나서, 일어나 바람과 바다를 꾸짖으시니, 바다가 아주 잔잔해졌다. 사람들은 놀라서 말하였다. "이분이 누구이기에, 바람과 바다까지도 그에게 복종하는가?"

성서, 복음, 그리스도, 교회, 믿음. 이 표현들은 모두 두려움에 맞서서 외치는 소리입니다. 두려움, 이것은 오랜 원수입니다. 두려움은 사람의 마음속에 깊숙이 자리 잡고 그를 내적으로 약하

게 만듭니다. 그러면 사람은 갑자기 저항력을 잃고 무력하게 주저앉습니다. 두려움은 사람을 하나님 및 타인과 연결하는 모든 끈을 은밀히 갉아서 망가뜨리고, 곤경에 처했을 때 그 줄에 매달리려고 하면 그 끈을 끊어 버립니다. 그러면 그 사람은 속수무책으로 자기 안에 빠져서 지옥의 웃음거리가 됩니다. 두려움은 그를 보며 노골적으로 히죽거리며 말합니다. "지금 우리 둘 다 혼자야. 너와 나 말이야. 너에게 내 진짜 얼굴을 보여주지." 적나라한 공포가 사람에게 모습을 드러내면, 그 사람은 무시무시한 외로움에 싸여 그 두려움 아래 매이고 맙니다. 중요한 결정에 대한 두려움, 괴로운 운명에 대한 두려움, 실직에 대한 두려움, 질병에 대한 두려움, 사람을 압제하는 짐에 대한 두려움, 치욕에 대한 두려움, 타인에 대한 두려움, 죽음에 대한 두려움 아래 매이게 되는 것입니다. 그 사람은 공포가 악의 가면이며, 하나님에게 적대적인 세계가 그 가면을 쓰고 자기를 향해 손을 뻗고 있음을 압니다. 이 외로움, 이 속수무책, 모든 것 위에 퍼져 있는 이 안개 같은 상황, 이 절망적인 상태, 무시무시한 절망에서 벗어나려고 하는 이 격한 상태만큼 하나님을 적대하는 세력의 실체를 느낄 수 있게 하는 것도 없을 겁니다. 여러분은 공포에 휩싸인 사람을 본 적이 있는지요? 어린아이도 견디지 못하고, 성인은 더 견디지 못하기에 짐승처럼 벌벌 떨며 간절한 마음으로 거부하는 상태 말입니다. 아마도 하나님의 피조물은 그런 상태일 것 같지 않고, 악인,Teufelmensch 압제받는 피조물, 파괴된 피조물, 병든 피조물은 그런 상태일 것 같습니다.

그러나 사람은 모름지기 두려워해선 안 됩니다! 절망적인 상태, 불명확한 상태에서도, 죄과 속에서도 희망을 품을 줄 아는 것, 이것이야말로 사람과 모든 피조물의 차이입니다. 여기서 희망은 이런 뜻입니다. "**아버지의** 뜻이 이루어지게 하소서. 진실로 **아버지의** 뜻은 이루어집니다. 모든 것이 쇠하나, 하나님은 흔들림 없이 서 계십니다. 그분의 생각, 그분의 말씀, 그분의 뜻은 영원히 서 있습니다." 만약 당신이 "여러분은 그것을 누구로부터 알게 되었나요?"라고 묻는다면, 우리는 악을 움찔하게 하시는 분, 두려움과 불안이 무서워할 수밖에 없어서 떨며 도망치는 분, 홀로 두려움을 극복하시고 오만한 그것을 붙잡아 십자가에 못 박아서 무가치하게 만드시는 분, 공포에서 건져진 인류의 개선가이신 분의 이름을 말하겠습니다. 그 이름은 십자가에 달리셨다가 살아나신 예수 그리스도입니다. 그분은 두려움의 지배자이시며, 두려움은 그분을 자신의 지배자로 알고 그분에게 굴복합니다. 그러니 여러분이 두려움 가운데 있다면, 그분에게 시선을 집중하십시오. 그분을 생각하고, 그분의 편에 서십시오. 그분을 부르고, 그분에게 기도하십시오. 그분이 여러분과 함께 계시면서 여러분을 도우신다고 믿으십시오. 그러면 두려움이 약해지고 누그러질 것입니다. 다만 여러분은 강하신 구주, 살아 계신 구주 예수 그리스도를 믿는 믿음 안에서 자유롭게 될 것입니다.

배 한 척이 파도를 헤치고 나아가며 고전합니다. 하지만 폭풍은 점점 더 격렬해집니다. 배는 작아서 마치 파도의 노리개 같고, 하늘은 너무도 검습니다. 아무리 힘써도 마음대로 되질 않습니다. 그때 뭔가가 선장에게 들이닥칩니다. 그는 누구일까요? 혹은 무엇일까요? 그는 배 자체를 알지 못하지만, 배 안에 들어와 있습니다. 전에는 배에 없던 이입니다. 그가 선장에게 가까이 다가옵니다. 그런 다음에 노를 젓는 선장의 두 팔 위에 자신의 차가운 두 손을 얹습니다. 선장은 자기 몸의 근육이 마비되는 것 같은 느낌을 받습니다. 선장에게서 힘이 빠져나갑니다. 이 미지의 사람은 이제 선장의 심장과 뇌를 향해 손을 뻗어, 그의 가장 특별한 그림들을 드러내 나타나게 합니다. 그의 가족, 그의 자녀들이 보입니다. 선장이 더는 존재하지 않는다면, 그의 가족과 자녀들은 어떻게 될까요? 그런데 갑자기 선장은 자신이 어떤 장소에 있는 것만 같은 느낌이 듭니다. 악마가 그를 몰고 간 곳, 그가 오랫동안 부역하며 악마에게 봉사하던 곳입니다. 악한 동료들의 얼굴이 보이고, 어제까지도 그가 악담으로 상처를 입힌 이웃들이 보입니다. 그러다가 갑자기 더는 아무것도 보이지 않고 아무 소리도 들리지 않게 되어, 그는 노를 저을 수 없게 됩니다. 파도가 그를 덮칩니다. 마지막 구조 요청이라는 듯이 그는 소리를 내지릅니다. "배 안에 있는 미지의 사람이여, 당신은 누구십니까?" 그러자 이런 대답이 들려옵니다. "나는 두려움이다." 배 전체에 이런 외침이 파고듭니다. "배 안에 두려움이 나타났다." 모든 팔이 사로잡힌 듯 마비되어 축 늘어지고, 모든 희망이 사라집니다. 하지만 그때 온 하늘이 찢어지는 듯한 소리와 함께 천사의 무리가 "그리스도께서 배 안에 계신다, 그리스도께서 배 안에 계신다"라며 승리의 함성을 지르는 것 같은 일이 일어납니다. 선장도 이 말씀을 외치며 받아들이니, 공포가 물러가고, 파도가 뒷걸음질하고, 바다가 고요해지고, 배는 잔잔한 바다 위에 떠 있습니다. 정말 그리스도께서 배 안에 계셨던 것입니다!

우리도 그 항해에 함께하지 않았나요? "그리스도께서 배 안에 계신다"라는 외침은 한때 우리의 구조 수단이지 않았나요? 지금도 우리는 모두 두려움에 짓눌리고 사로잡혀서 마비된 상태로 믿음 없이, 희망 없이 항해하고 있지는 않은지요? 팔과 다리가 마치 납덩이처럼 무거운 상태가 되어, 그저 무기력하게 아무 기쁨 없이 항해하고 있지 않은지요? 저마다 자신의 상태를 잘 알고 있을 것입니다. 우리는 이 상황을 받아들일 만큼 이미 익숙해져서, 실로 이런 비참한 상황을 점차 좋아하게 되서, 우리한테 무슨 일이 일어났는지를 도무지 모르는 게 아닐까요? 우리가 비참한 상황을 더는 겪지 않으려면 어떻게 해야 할까요? 우리가 더는 헤어나려고 하지 않는 것이야말로 가장 심각한 일입니다. 우리는 두려움에서 벗어나게 될까 봐 무서워하고, 비굴하게 두려움에 굴복하는데, 이것이야말로 두려움이 우리를 상대로 해서 거두는 궁극적 승리입니다. 두려움이 우리를 상대로 승리하며, 지금도 다양한 모습으로 우리 주변을 돌아다니고 있습니다. 우둔하고 둔감하게 멍하니 생각에 잠긴 채 시간을 보내면서 하루살이 생활을 하다가 스스로 목숨을 끊고 마는 자들이 있는가 하면, 요란스럽게 벌벌 떨면서 모든 사람에 대한 두려운 마음을 비명으로 쏟아 내는 자들도 있습니다. 거창한 말과 거침없는 상상만으로 두려움을 몰아낼 수 있다고 생각하여, 그런 말들을 대단히 큰 소리로 외치면서 얼마간은 그것을 몰아내는 데 성공하는 자들도 있습니다. 하지만 전문가는 그런 목소리들 속에서 두려움의 힘을 다시 식별해 냅니다. 다가오는 시간에 대한 적나라한 두려움, 곧 내일과 모레에 대한 두려움이 배 안에, 독일 안에, 우리 자신의 삶 속에, 이 교회 안에 깊숙이 자리 잡고 있습니다. 우리가 둔감한 것도 그 때문이고, 우리가 신음하는 것도 그 때문이며, 우리가 다양한 것에 심취하는 것도 그 때문입니다. 도대체 섣달그믐의 흥분과 열광이 새로움에 대한 두려움, 미래에 대한 두려움이 아니라면 무엇이겠습니까? 두려움은 인간을 끈질기게 뒤쫓습니다.

여기서 누가 감히 자기는 조금도 관계없다는 듯이 처신할 수 있겠습니까? 다만 인류가 왜 두려워해야 하는지를 이해한 사람만이 그렇게 할 수 있을 것입니다.

그러나 이 두려운 세상 가운데 한 장소가 정해져 있습니다. 그 장소는 이 세상은 이해할 수 없는 독특한 과제를 맡고 있습니다. 단 한 가지를 사람들에게 끊임없이 새삼스럽게, 단조롭게 소리쳐 알리는 과제입니다. "두려움이 극복되었으니, 너희는 무서워하지 말아라. 너희가 세상을 두려워하나, 위로를 받아라. 내가 세상을 이겼노라! 너희 믿음이 적은 자들아, 왜 두려워하느냐? 그리스도께서 배 안에 계신다!" 이같이 말하는 장소는 다름 아닌 교회의 설교단입니다. 살아 계신 예수께서 설교단에서 세상 사람들에게 직접 말씀하고 싶어 하시므로, 그분이 설교단에 찾아오시면 두려움은 가라앉고 맙니다. "너희 믿음이 적은 자들아, 왜들 무서워하느냐? 우리는 이 말씀에서 제자들에 대한 예수 그리스도의 실망과 완전한 사랑을 간파하지 않으면 안 됩니다. "아직도 모르겠느냐, 너희가 하나님의 손안에 있다는 것을, 내가 있는 곳에 하나님도 있다는 것을? 어찌 두려워하느냐? 담차고, 강인하고, 굳세고, 씩씩하고, 믿음직하고, 확신하는 사람이 되어라. 적대적인 시대라 해서 떨지 말고, 의기소침하지 말고, 탄식하지도 말아라! 내가 배 안에 있다." 그분은 이 교회당의 신도석Kirchenschiff에도 계십니다. 그러니 그분의 말씀을 귀담아듣고, 그분을 믿으십시오!

우리가 지금 이 자리에 와 있는 것은, 우리의 삶에서 무언가 달라져야 한다는 것을 알기 때문입니다. 교회가 우리를 도와줄 수 있을 것이라 여기기 때문입니다. 우리가 느끼고 있듯이, 우리의 삶은 매우 보잘것없고, 초라하고, 하찮고, 근시안적입니다. 우리는 우리 자신의 걱정거리, 어려운 문제들만 바라볼 뿐, 타인의 훨씬 큰 문제들은 바라보지 않습니다. 우리의 일만 크고 중요하게 여겨서, 다른 모든 것에는 둔감한 상태입니다. 바로 이것이 우리 안에 두려움을 조성했습니다. 우리는 우리가 이 편협성을 더는 견디지 못하고 질식할 지경임을 어렴풋하게 느끼고 있습니다. 그 어렴풋한 느낌과 물음 속으로 교회의 외침이 파고듭니다. "단 한 가지가 부족하다. 그것은 이 사실들을 믿는 것이다. 하나님은 전능하신 분이다. 하나님은 우리의 아버지다. 하나님은 우리의 주님이다. 부모가 어린 자녀의 걱정거리를 작게 여기듯이, 하나님도 우리의 가장 큰 걱정거리들을 작게 여기신다. 하나님은 사건을 일으키기도 하시고 그것을 순식간에 흩어 버리기도 하신다. 우리가 어렵게 여기는 문제들이 하나님에게는 어렵지 않고 쉽다. 하나님에게는 천 년이 하루 같다. 하나님의 생각은 우리의 생각보다 높다. 그런데도 하나님은 우리와 함께하신다. 우리는 이 모든 사실을 믿는 믿음이 부족하다." 그러니 우리는 교회가 우리에게 하는 말을 귀담아듣도록 합시다. "너희 믿음이 적은 자들아, 왜들 무서워하느냐? 폭풍 한가운데도 그리스도께서 배 안에 계신다! 비켜라, 두려움아! 오소서, 든든한 조력자요 구원자이신 주 예수여!"

하지만 많은 항변과 발뺌이 터져 나옵니다. **우리는** "기꺼이 믿고 싶기는 하지만, 더는 그럴 수 없어요"라고 **말합니다**. 아, 이 말을 너무 심각하게 대하지는 맙시다. 믿을 수 없다고요? 지금은 **믿을 수** 없을 것입니다. 하지만 여러분이 믿으려고 하면, 지금 여러분은 어떤 식으로든, 어쩌면 적게나마 시작하는 수준으로라도 믿게 될 것이고, 어쩌면 믿을 수 있다고 생각하는 다른 많은 이들보다 훨씬 힘차게 믿게 될 것입니다. 사람들의 말이나 여러분의 적은 믿음에 너무 마음 쓰지 마십시오. 다만 여러분이 믿는 그분에게 마음을 쓰십시오. "주님, 믿음 안에서 우리를 강하게 해주소서!"라고 그분에게 말씀드리십시오.

우리는 말합니다. "우리를 깜짝 놀라게 하는 것은 불행이 아닙니다. 우리가 두려워하는 것은 우리 자신의 죄입니다. 우리는 죄를 두려워해야 합니다. 그러지 않으면 죄가 우리를 덮칠 것입니다!" 이것은 옳은 말처럼 들리지만, 두려움의 술책에 지나지 않습니다. 우리가 죄를 두려워해야 한다는 말은 진실이 아닙니다. 두려워하는 사람은 이미 그 두려움의 한가운데 있는 것이기 때문입니다. 두려움은 악마의 그물입니다. 악마는 먼저 두려움을 조성하여 우리를 당황하게 합니다. 그러면 우리는 그의 소유가 됩니다. 그러니 두려워하지 말고, 용기, 다만 용기를 내십시오! 마음속으로 두려워하면서 어떻게 적에게 대항할 수 있겠습니까? 믿음이 적은 여러분, 왜들 무서워합니까? 하나님이 여러분의 죄보다 크시지 않습니까? 그분이 여러분 안에서 힘을 떨치게 하십시오. 그러면 죄가 넘어질 것입니다. 그분을 믿으십시오! 주님이 우리의 믿음을 강하게 해주시기를 바랍니다!

끝으로 잔뜩 겁먹은 사람들이 와서 말합니다. "우리의 때가 지나가지 않았나요? 재앙과 몰락의 세월이야말로, 크든 작든 누구도 전망할 수 없는 혼돈이야말로 하나님께서 우리를 넘어뜨리셨음을 알려 주는 표지가 아닐까요? 하나님은 우리에게서 자비를 거두어들이시고, 우리를 더는 원치 않으시며, 우리를 미워하시는 것만 같습니다. 그런데도 우리가 복종해야 할까요? 그분이 우리를 더는 원치 않으시니, 그분을 더 이상 굳게 믿고 의지해서는 안 되겠지요?" 이것은 가장 깊숙한 곳에서 터져 나온 음성입니다. 이 의문에 대해서 단 한 가지 질문만이 도움이 됩니다. 순전히 **십자가를 붙잡고,** 십자가를 떠올리며 "하나님이 십자가에 달리신 분을 버리셨는가?"라고 묻는 것입니다. 하나님은 십자가에 달리신 분을 버리지 않으셨듯이, 우리도 버리지 않으실 것입니다. 평생토록 이 십자 표지를 꼭 기억하십시오! 폭풍과 몰락의 시간을 확실히 이해하십시오! 그 시간은 하나님이 멀리 계신 시간이 아니라, 오히려 아주 가까이 다가오시는 시간입니다. 다른 모든 안전이 깨지고 붕괴할 때, 삶의 버팀목이 우리에게서 다른 데로 옮겨갈 때, 우리가 체념하는 법을 배울 수밖에 없을 때, 바로 그 사건이 일어납니다. 그 이유는 하나님이 가까이 다가오셔서 친히 우리의 도움과 확증이 되어 주시기 때문입니다. 하나님은 운명과 죄과로 우리를 부수시고 온 사방에 좌초시키십니다. 그러고는 그 좌초 속에서 우리를 그분에게로 다시 던지십니다. 이는 우리가 모든 것을 다 떠나보내고, 우리 자신의 모든 안전을 잃고 포기할 수밖에 없을 때, 우리가 가볍고 편안해져서 하나님을 위하게 되고, 그분 안에서 보호를 받게 된다는 것을 알려 주시려는 것입니다. 우리가 불행과 시련의 폭풍, 우리 인생의 거친 바다 위로 다가드는 폭풍을 제대로 이해하게 되기를 바랍니다! 하나님은 그 폭풍 속에서 멀리 계시지 않고 아주 가까이에 계십니다. 우리 하나님은 바로 십자가 안에 계십니다.

십자가는 거짓 평안을 심판하고 하나님을 믿는 믿음을 우뚝 세우는 표지입니다. 흔히 대담하고, 씩씩하고, 믿음직하고, 확신하는 사람이 되라고 합니다. 그렇습니다. 하지만 여기서 심각한 오해가 발생하지 않도록 하는 것이 대단히 중요합니다. 거짓 용기, 거짓 확신도 있기 때문입니다. 그리고 이 거짓 확신은 그 자체가 두려움의 세련된 가면에 지나지 않습니다.

본문 이야기로 주의를 돌려 봅시다! 제자들이 배에 올랐을 때, 그들은 대단히 안전한 것처럼 보였습니다. 그들은 어떤 두려움도 없는 것 같았습니다. 왜 그들은 안심했습니까? 그들은 아름답고 잔잔한 바다를 보면서 평안하고 근심 없는 상태가 되었습니다. 그러나 바람이 점점 거세지고 파도가 차츰 높아지자, 그들의 평안은 간데없이 사라지고 공포가 생겨났습니다. 그들은 전전긍긍하면서 성난 바다를 주시했습니다. 그들의 안전이 바다에 있었건만, 이제는 그 바다에서 안전을 거스르는 두려움이 생겨난 것입니다. 예수께서는 주무시고 계셨다고 합니다. 오직 믿음만이 근심 없이 잠잘 수 있습니다. 그러므로 잠은 낙원의 추억입니다. 믿음은 하나님 안에서 평안을 얻습니다. 제자들은 잠을 잘 수 없었습니다. 그들의 평안이 사라졌기 때문입니다. 그들은 평안을 송두리째 잃었습니다. 그것은 거짓 평안이었습니다. 그것은 두려움의 다른 모습일 뿐이었습니다. 그런 평안은 두려움을 극복하지 못하고, 곧바로 깨지고 맙니다. 믿음만이 모든 거짓 평안을 능가합니다. 자기 자신, 잔잔한 바다, 유리한 관계들, 자신의 능력, 타인의 능력을 믿지 않는 믿음, 폭풍이 불든 안 불든 간에 오로지 하나님만을 믿는 믿음, 미신이 아닌 믿음, 다시 두려움으로 이어지지 않는 믿음, 두려움에서 벗어나게 하는 믿음만이 거짓 평안을 능가합니다. 주님, 믿음이 적은 우리에게 이런 믿음을 굳세게 하여 주십시오!

우리는 이 말씀을 다른 한편에서 살펴볼 필요가 있습니다. 즉, 그리스도께서 배 안에 계실 때면, 변함없이 폭풍이 불기 시작하고, 온갖 악한 힘을 지닌 세상이 그분을 붙잡으려 하고, 그분과 제자들을 없애려 하고, 그분에게 반항하고, 그분을 증오한다는 것입니다. 그리스도인이라면 마땅히 이 사실을 알아 두어야 합니다. 그리스도인만큼 불안과 두려움을 통과해야 하는 존재도 없습니다. 하지만 그리스도인은 이 사실에 놀라서는 안 됩니다. 그리스도께서 십자가에 달리신 분이며, 그리스도인은 십자가에 달리지 않고는 생명으로 나아가지 못하기 때문입니다. 따라서 그리스도인은 그리스도와 함께 어렵고 고된 일을 겪을 것입니다. 그렇지만 그리스도인은 자기와 함께 배 안에 계시다가 바로 그 즉시에 일어나셔서 바다를 꾸짖으며 잔잔하게 하시는 분을 끊임없이 믿고 바라볼 것입니다.

그러나 그리스도께서 오늘날 그토록 놀라운 일을 더는 행하지 않으신다는 말은 정말인 것처럼 여겨집니다. 우리가 그분은 여기에 더는 계시지 않는다고 생각할 정도로, 이상하게도 그분은 숨어 계십니다. 사랑하는 형제 여러분, 그리스도께서 오늘 저녁에 우리에게 무슨 일을 하실 수 있는지, 무슨 일을 하려고 하시는지를 우리가 안다면, 우리는 그분에게 실제로 외치게 될 것입니다. "주님, 살려 주십시오. 우리가 죽게 되었습니다." 이것은 확실히 공포지만, 공포 속의 믿음, 도움이 어디서 오는지를 아는 믿음입니다. 우리는 흔히 기적이 더는 존재하지 않는다고 말합니다. 그러나 여러분과 저는 기적을 얼마나 알고 있는지요? 하나님께서 장차 우리에게 자신의 길들을 보여주시면, 우리는 부끄러워하게 될 것입니다!

"사람들은 놀라서 말하였다." 우리는 이 놀란 사람들을 충분히 이해하고 이렇게 묻게 될 것입니다. "이분이 어떤 분이기에, 공포까지도 그에게 복종하는가? 이분이 어떤 분이기에 공포의 힘을 빼앗는가?" 이 물음을 던지면서 우리는 무릎을 꿇고, 그분에게 경배하고, 완전한 기적의 사람인 그분을 가리키면서 "이분은 하나님이시다!"라고 말하게 될 것입니다. 아멘.

기드온
사사기 6:15 이하, 7:2, 8:23

1933년 2월 26일, 사순절 전 마지막 주일, 삼위일체 교회 학기 말 예배[39]

기드온이 주님께 아뢰었다. "감히 여쭙습니다만, 내가 어떻게 이스라엘을 구할 수 있습니까? 보시는 바와 같이 나의 가문은 므낫세 지파 가운데서도 가장 약하고, 또 나는 아버지의 집에서도 가장 어린 사람입니다." 그러나 주님께서는 "내가 반드시 너와 함께 있을 것이니, 네가 미디안 사람들을 마치 한 사람을 쳐부수듯 쳐부술 것이다" 하고 말씀하셨다. (…) 주님께서 기드온에게 말씀하셨다. "네가 거느린 군대의 수가 너무 많다. 이대로는 내가 미디안 사람들을 네가 거느린 군대의 손에 넘겨주지 않겠다. 이스라엘 백성이 나를 제쳐 놓고서, 제가 힘이 세어서 이긴 줄 알고 스스로 자랑할까 염려된다." (…) 그러나 기드온은 그들에게 말하였다. "나는 여러분을 다스리지 않을 것입니다. 나의 아들도 여러분을 다스리지 않을 것입니다. 오직 주님께서 여러분을 다스리실 것입니다."

오늘 본문은, 하나님께서 모든 근심하는 사람들과 믿음이 적은 사람들, 극도로 소심한 사람들과 걱정하는 사람들, 하나님 앞에서 이렇다 할 존재가 되려고 하다가 아무것도 되지 못한 모든 이들을 비웃으신다는 강렬한 이야기입니다. 하나님께서 인간의 능력을 꾸짖으신다는 이야기이자, 의심과 믿음—인간을 비웃으시고, 이 비웃음으로 인간을 이기시고 사랑하시는 하나님에 대한 믿음—을 다룬 이야기입니다. 힘을 내도록 용기를 북돋우는 영웅 전설이 아니라—기드온은 지그프리트Siegfried가 아닙니다—우리 모두를 있는 그대로 꾸짖는 매우 거칠고 불편한 이야기입니다. 누가 조롱받고 싶겠습니까? 처음부터 세상의 주님에게 비웃음을 당하는 것보다 더 굴욕적인 일이 또 있을까요? 성서는 천상에서 인간의 소란과 분주한 활동을 조롱하시는 하나님, 자신의 덧없는 피조물을 비웃으시는 하나님을 여러 번 이야기합니다. 여기서 자신의 피조물을 그런 식으로 다루는 이는 통치자, 비할 데 없이 강력하신 분, 살아 계신 주님입니다. 모든 능력을 두 손에 쥐고 계시는 분, "있어라" 하고 말씀하시고 숨을 쉬시면 세상이 살아나고, 숨을 거두어들이시면 세상이 소멸하고 마는 분입니다. 민족들을 질그릇처럼 집어던져 박살 내시는 분 앞에 인간은 영웅이나 용사가 아니라, 그분의 뜻대로 행하면서 그분에게 복종하지 않으면 안 되는 피조물, 그분에게 조롱받기도 하고 사랑받기도 하면서 그분을 섬기도록 강하게 요구받는 피조물에 지나지 않습니다.

지그프리트라고 하지 않고 기드온이라고 한 것은, 이 의심하는 사람이 거센 타격을 받으면서 믿는 법을 배웠기 때문입니다.

교회 안에는 **제단**이 **하나**만 있습니다. 그것은 지존하시고 유일하시며 오직 영광과 경배를 받으셔야 하는 주님, 모든 피조물이 무릎을 꿇어야 하는 창조주, 가장 힘 있는 자를 먼지처럼 여기시는 창조주의 제단입니다. 교회 안에는 인간 숭배를 위한 보조 제단 따위는 없습니다. 교회의 제단에서 이루어지는 것은 인간 예배가 아니라 하나님 예배입니다. 이와 다른 것을 원하는 자는 꽤 멀리 떨어져 있어서, 하나님의 집에서 우리와 함께 있을 수 없습니다. 자기의 제단이 필요하거나, 다른 사람의 제단을 세우려고 하는 자는 하나님을 조롱하는 자입니다. 하나님은 조롱받으실 분이 아닙니다. 교회 안에 있다는 것은, 용기가 있다는 뜻입니다. 오직 주님이신 하나님과만 함께한다는 것은 인간을 섬기는 자가 아니라 하나님을 섬기는 자가 된다는 뜻이기 때문입니다. 이렇게 하는 데 필요한 것은 바로 용기입니다. 하나님을 주님이 되지 못하도록, 하나님을 믿지 못하도록 막는 인간의 가장 큰 방해물은 우리의 비겁함입니다. 그래서 기드온입니다. 그는 지존하고 전능하신 분의 단 하나의 제단 앞에서 우리와 함께 무릎을 꿇고 예배하는 사람이기 때문입니다.

교회 안에는 **설교단**도 **하나**만 있습니다. 이 설교단에서 전하는 것은 하나님을 믿는 믿음이지, 그 외의 어떤 믿음이나 다른 선한 의지가 아닙니다. 그래서 기드온입니다. 그 자신, 그의 삶, 그의 이야기가 이 믿음의 생생한 설교입니다. 그래서 기드온입니다. 우리는 사람들이 기꺼이 경청하면서도 실제로는 주의를 전혀 기울이지 않을 정도로 추상적이고, 세상과 동떨어지고, 비현실적인 이야기를 하고 싶지 않습니다. 게다가 우리가 실제로 믿음을 조금이라도 보게 된다면, 그러니깐 우리가 믿음이 무엇인지를 듣기만 하는 게 아니라, 믿음이 무엇인지, 믿음이 한 인간의 삶과 이야기 속에서 어떻게 생겨나는지를 보기까지 한다면, 이는 유익한 일이 아닐 수 없습니다. 다른 곳이 아니라 오로지 설교단에서, 믿음은 누구에게나 쉬운 일이 아닌 절박한 사건, 공포와 두려움을 유발하는 사건이 됩니다. 설교단에서는 인간을 실로 가차 없이, 주저 없이, 과도하게 다룹니다. 이때 인간은 굴복하든지 부서지든지 해야 합니다. 신앙인들의 형상, 성서 속 인물들의 형상이 때로 아름답거나 조화롭지 않고 갈기갈기 찢겨진 인간의 형상인 것은 그 때문입니다. 하지만 믿는 법을 배운 사람의 형상은 독특한 면을 지니고 있습니다. 그것은 그 사람을 가리키지 않습니다. 오히려 그것은 그 사람을 자기의 통치 아래 두시고, 그 사람을 포로와 묶인 자로 거느리시는 분을 가리킵니다. 그래서 기드온입니다. 그의 이야기는 하나님을 찬미하고 인간의 자존심을 상하게 하는 이야기이기 때문입니다.

기드온, 그는 천 명의 다른 사람들과 동일한 한 사람입니다. 하지만 하나님은 그 천 명 중에서 누구보다 그를 만나시고, 그를 부르셔서 자신을 섬기게 하시고, 그를 부르셔서 일하게 하십니다. 왜 하필 그를 부르셨을까요? 왜 하필 여러분이나 저를 부르실까요? 그분이 나와 이야기하시다니, 그분이 저를 조롱하시는 걸까요? 이는 단지 도저히 이해할 수 없는 그분의 은총일까요? 도대체 우리는 무슨 물음을 던져야 할까요? 우리가 원래부터 그분을 고려하지 않았던 것처럼, 그분도 지위가 높은 사람이든 낮은 사람이든, 강한 사람이든 약한 사람이든, 가난한 사람이든 부유한 사람이든, 우리가 아닌 다른 사람을 부르면 안 되는 걸까요? 하지만 그분이 나를 부르시면 경청하고 복종하는 것 말고도 다른 길이 있는지요?

기드온은 박해받는 이스라엘을 강하고 뛰어난 적 미디안 사람들의 손아귀에서 구해야 합니다. 그는 천 명의 여느 사람들과 같은 사람인데도, 이전에는 없던 일을 하라고 부름을 받습니다. 그는 자신과 자신의 힘을 따져 보고, 무적의 강한 적을 주시합니다. 그의 손에는 아무것도 없습니다. 적이 모든 것을 가지고 있습니다. 그래서 그는 그분에게 여쭙니다. "주님, 내가 어떻게 이스라엘을 구할 수 있습니까?" 이 말은 이런 뜻입니다. "주님이 나를 부르셔서 맡기신 그 일을 제가 어떻게 완수할 수 있습니까? 주님, 주님이 맡기신 과제는 너무 중요하고 큽니다. 저를 가혹하게 대하지 마십시오. 저에게서 이 과제를 거두어 주십시오. 그러지 않으시려거든 저에게 도움을 보여주시고, 저에게 군대와 무기와 재화를 제공해 주십시오. 주님, 주님은 우리의 곤경이 어느 정도인지를 모르십니다. 굶주려 허약해진 주님의 백성을 부디 보십시오. 집도 없고, 빵도 없어서 주님에게 절망하는 모습을 보십시오. 그들이 주님에게 굴복하지 않고, 다른 신들에게 굴복하는 모습을 보십시오." "주님, 내가 어떻게 이스라엘을 구할 수 있습니까?" 우리는 이 기드온을 압니다. 그렇지요? 그는 활달한 성격의 소유자입니다. 기드온이여, 우리는 그대의 음성만은 너무도 잘 압니다. 오늘도 그대는 그때와 똑같이 말하고 있으니 말입니다.

세상의 수많은 교회들 가운데 하나인 우리의 개신교회에 이런 외침이 들려오고 있습니다. "이스라엘을 구하여라. 사람들이 두려움과 비겁함과 악의 사슬에 묶여 있으니, 그들을 구하여라." 이 호소가 교회를 극도로 놀라게 하고 당황케 하고 있습니다. 영향력이 없고, 약하고, 뛰어난 점이 전혀 없는 교회이건만, 바로 이 교회를 향해 이런 막막한 외침 소리가 들려오다니 어떻게 된 일입니까? 교회는 지금 선포의 절망적인 상태와 선포를 듣는 자들의 둔감함과 애처로움을 보면서, 자신에게는 이 일을 감당할 능력이 없다는 것을 깨닫고 있습니다. 교회는 자신의 공허와 황폐를 보고, 그 불안과 비난을 이렇게 표현하고 있습니다. "내가 **어떻게** 백성을 구할 수 있습니까? 어떻게 내가 이전에 없던 일을 할 수 있습니까?" 갑자기 이런 외침이 우리에게 다가옵니다. "네가 몸담은 종살이를 끝내라. 너를 쇠약하게 하는 실존적 불안에 종지부를 찍어라. 너를 태워서 죽이는 탐욕의 힘, 네 고통스런 자아도취적 독존獨存, Alleinsein에 종지부를 찍어라. 인간에 대한 두려움과 허영에 종지부를 찍고, 자유롭게 살아라." 우리 가운데 누가 "나는 그런 외침을 들은 적이 없고, 기드온처럼 '주님, **내가 어떻게** 그토록 엄청난 일을 할 수 있습니까?'라고 아뢴 적이 없다"고 말하겠습니까?

그러나 기드온은 그때나 오늘날이나 아무 말도 하지 못합니다. 말문이 막히고 맙니다. "'어떻게?'라고 물었느냐? 하나님이 너에게 큰소리로 외치시는데, 이것이 무슨 뜻인지 모르겠느냐? 그분의 외침이면 충분하지 않으냐? 이 외침을 제대로 들었거든, '어떻게'를 묻지 말고 이 외침 소리에 결속되어라. '내가 너와 함께 있을 것이다.' 너는 다른 어떤 도움에 기대어 그 일을 해서는 안 된다. 내가 너를 불렀으니, 내가 너와 함께 있겠다. 내가 그 일도 해주겠다. 어제의 기드온아, 오늘의 기드온아, 이 말을 듣고 있느냐? 하나님이 부르셨으니 그것이면 된다. 너, 사람아, 절망하는 사람아, 질문하는 사람아, 그리스도인아, 이 말을 듣고 있느냐? 하나님이 너와 함께할 사건을 계획하셨다. 바로 너와 함께할 사건을 계획하셨다! 다만 준비하고 바라보아라. 네 약함이 너를 제압하려고 하더라도, 그분이 너와 함께하시려고 전에는 없던 사건, 헤아릴 수 없는 사건, 위대한 사건을 계획하고 계신다는 사실을 잊지 말아라. 내가 너와 함께 있겠다."

기드온은 어떻게 행동합니까? 그는 나서서 나팔을 불며 모든 지파로부터 군대를 소집합니다. 그는 자기가 소집할 수 있는 병력을 자기 주위로 불러 모읍니다. 우세한 적에 비하여 적은 수의 군대이기에 기드온은 꼭 싸워야 하는지를 두고 겁을 냅니다. 그리고 그가 막 적의 맞은편에 진을 치자, 하나님이 또 다시 그의 길을 가로막으십니다. "기드온아, 무슨 짓을 한 것이냐? 기드온아, 네 믿음은 어디로 갔느냐? 보아하니, 네가 거느린 군대의 수가 너무 많다. 기드온아, 네가 두려움과 의심에 휩싸여 이 군대를 소집했구나. 네가 거느린 군대의 수가 너무 많다. 이대로는 내가 너에게 승리를 줄 수 없다. 너희가 자랑하며

'우리가 우리 자신을 구했다. 우리가 승리를 쟁취했다'고 말할까 염려되기 때문이다. 나는 너희의 자랑을 원치 않는다. 너희가 나의 앞에서 무릎을 꿇고 내가 주님이 되게 하여라. 오직 나만이 너희를 구할 수 있다는 사실을 알아라. 이것은 내가 한 약속이다. 내 말은 세상의 모든 군대보다 더 강하다."

여기서 하나님은 결정적인 물음을 던지십니다. "기드온아, 너는 두려운 적의 위협 앞에서 네 주 하나님을 진심으로 믿고 있느냐? 기드온아, 네가 거느린 군대의 무리를 돌려보내어라. 내가 너와 함께 있으니, 너는 그들이 필요 없다. 승리는 나의 것이지, 네가 거느린 군대의 것이 아니다." 그야말로 터무니없는 요구입니다. 실로 살아 계신 하나님과의 심란한 대면이 아닐 수 없습니다! 기드온은 적은 수의 군대를 거느린 채 우세한 적을 마주 보고 서서 겁을 냅니다. 그러자 하나님이 가까이 다가오셔서 그를 거칠게 비웃으시며 꾸짖으십니다. "기드온아, 네가 거느린 군대의 수가 너무 많다." 그분은 무기와 군대와 엄청난 무리를 제공하시기는커녕 오히려 무장 해제를 요구하십니다. 오로지 믿음만을 요구하십니다. "군대를 돌려보내라!" 인간의 모든 능력에 대한 하나님의 가차 없는 조롱, 믿음을 겨냥한 모든 시험 가운데 가장 혹독한 시험이 아닐 수 없습니다. 정말로 이해할 수 없는 주님, 세상의 폭군이 아닐 수 없습니다! 적을 앞에 두고 인간적 판단에 따라 유일하게 믿을 수 있는 자신의 능력까지 포기하라니, 그것은 정신 나간 행동이 아닐까요? 그것은 기드온의 내면을 갈기갈기 찢어 놓지 않았을까요? 인간이 예상하지 못하도록 그의 길과 계획을 거듭거듭 방해하시다니, 자신의 영광을 얻는 일에만 열중하시는 하나님은 얼마나 소용없는 신입니까? 하나님은 어째서 방해하시는 걸까요? 그분은 교만한 사람을 싫어하시고, 인간이 늘 헛수고를 하기 때문입니다. 어째서 인간은 헛수고를 되풀이하는 걸까요? 그것은 인간이 번번이 자신의 명성을 얻을 생각만 하고, 하나님을 믿으려고 하지 않기 때문입니다!

그러나 기드온은 하나님을 믿고 복종합니다. 그는 자기가 거느린 사람들을 떠나보냅니다. 그리고 사람들을 떠나보낼 때마다, 그를 조롱하셨던 하나님에 대한 믿음이 자랍니다. 사람들이 거의 다 떠나고 아주 적은 수만 남게 되었을 때, 비로소 승리가 그의 손에 쥐어집니다. 그가 믿고, 복종하고, 하나님께 영광을 돌리고, 자신의 명성을 포기하자, 하나님이 약속을 지키신 것입니다.

이 이야기가 한 편의 동화처럼 여겨집니까? 이렇게 말하는 사람은 기드온이 실존 인물이며, "내가 적 앞에서 반드시 너와 함께 있을 것이다!"라는 기드온 이야기가 기독교 안에서 날마다 되풀이되고 있다는 사실을 파악하지 못한 사람입니다. 기드온은 어떻게 행동했고, 우리는 어떻게 행동하는지요? 흔히들 자신의 모든 힘을 모으고, 모든 도움의 수단을 향해 손을 뻗습니다. 고려하고, 검토하고, 계산합니다. 그러고는 군비를 갖추고 방어하지요. 그러다 보면 예기치 않은 일이 갑자기 일어나기도 합니다. 하지만 누구도 그때를 알지는 못합니다. 살아 계신 하나님이 직접 그 사람을 갑자기 찾아오셔서 말씀하십니다. "네가 믿음이 있다면, 네 무기를 내려놓아라. 내가 네 무기다. 네 갑옷을 벗어라. 내가 네 갑옷이다. 네 자랑거리를 버려라. 내가 네 자랑거리다. 기드온의 교회야, 네가 이 말을 듣고 있느냐? 하나님만을 받아들이고, 그분의 말씀, 그분의 성례전, 그분의 계명을 네 무기로 삼아라. 다른 도움은 구하지 말아라. 두려워하지 말아라. 내가 너와 함께 있다. 내 은혜가 네게 족하다![40] 강하고, 힘 있고, 영예롭고, 추앙받는 사람이 되려고 하지 말고, 하나님만을 네 힘, 네 명예, 네 영광으로 삼아라! 너는 나를 믿지 않느냐?" 두려운 위협이 사방에서 에워싸고 있는데, 교회더러 어떤 수단으로도 방어하지 말라니, 매우 심한 착각처럼 여겨집니다! 그런데 기드온이 이 세상에 가져온 것은 어떤 착각일까요. 이 모든 것은 다름 아닌 기독교 신앙 자체가 지닌 착각입니다. 이 이야기에서 중요한 것은 모든 시대에 적용되는 특별히 정해진 명령이 아니라,

살아 있는 믿음의 어리석음과 분노입니다. 그 믿음은 "우리 힘으로는 아무것도 할 수 없습니다"라고 고백합니다.[41]

"너, 사람아, 너는 종살이에서 벗어나라는 외침, 속박과 두려움에서 벗어나라는 외침을 들었으면서도 이따금 불신앙의 한가운데로 다시 빠져드는구나. '나는 필사적인 노력을 기울여 그것을 할 수 있어'라고 생각하고는, 네가 가지고 있는 온 힘을 다하여 그것을 직접 손에 넣으려고 하는구나. 그것도 하나님이 직접 네 길을 막으시고, 온갖 훌륭한 계획을 방해하실 때까지 그렇게 하는구나. 너의 무기를 내려놓아라. 내가 너의 무기다. 너의 수많은 무기는 내 무기와 같지 않다. 네가 하지 못하는 일을 내가 하겠다. 너는 네가 자신을 구했다고 자랑할 수 있게 되기를 바랄 테지만, 스스로 자랑하지 말아라. 명예와 영광을 나에게 돌리고, 나를 믿어라. 내 은혜가 네게 족하다. 나의 능력은 약한 데서 강해진다."

기드온의 전사들은 돌아가라는 명령을 듣고 떨며 경악했을 것입니다. 이제 교회는 힘과 명예를 단념하고, 모든 계산을 포기하고, 하나님이 홀로 그분의 일을 하시게 하라는 명령을 듣고 떨며 경악합니다. 우리 중 대다수 기드온이 머리를 가로젓고 화를 내면서 제 갈 길을 가는 모습이 보이는군요. 하지만 이런 모습이 교회 한가운데서 십자가를 바라보는 **우리를** 헷갈리게 할 수 있을까요? 아니겠지요. 십자가는 무력함, 불명예, 무장해제, 절망적 상황, 무의미의 표지이지만, 동시에 하나님의 능력, 명예, 방어, 희망, 뜻, 영광, 생명, 승리가 자리하는 곳입니다. 우리는 기드온으로부터 십자가로 이어지는 끈을 보고, 이 끈이 의미하는 단어가 바로 "믿음"이라는 것을 이해하고 있는지요?

기드온이 승리하고, 교회가 승리하는 것은, 오직 믿음만이 승리하기 때문입니다. 하지만 기드온이, 교회가, 우리가 승리하는 것이 아닙니다. 승리는 하나님의 것입니다. 그리고 하나님의 승리는 우리의 패배를 의미하고, 우리의 굴복을 의미하며, 인간의 모든 거창한 행동과 허세와 스스로 뭔가가 되려고 하는 것에 대한 하나님의 조롱과 진노를 의미합니다. 또 세상과 그 소동을 잠재우는 것을 의미하며, 우리의 모든 생각과 계획을 방해하는 것을 의미하며, 십자가를 의미합니다. 십자가는 세상을 이깁니다. 이 말은 제아무리 고귀한 사람도 먼지로 돌아가기 마련이며, 이 세상의 모든 신과 우상과 통치자도 그렇다는 뜻입니다. 예수 그리스도의 십자가, 이것은 인간의 모든 정점에 대한 하나님의 신랄한 조롱, 인간의 모든 심층에서 하나님이 느끼시는 쓰라린 고통, 온 세상에 대한 하나님의 주권을 의미합니다.

백성이 승리한 기드온에게 다가와 말합니다. 마지막 반란, 마지막 유혹입니다. "당신이 우리의 통치자가 되어 주십시오.” 그러나 기드온은 자신의 과거와 백성의 과거를 잊지 않고 말합니다. “하나님이 여러분을 다스리셔야 합니다. 여러분은 어떤 통치자도 두어선 안 됩니다.” 바로 이 말씀 아래 신들의 제단과 우상들의 제단이 무너지고, 모든 인간 예배, 인간의 모든 자기 숭배가 무너집니다. 홀로 주님이신 분이 그 모든 것을 심판하시고, 유죄 판결을 내리시고, 형을 가하시고, 십자가에 못 박으시고, 먼지 속에 밀쳐 넘어뜨리시는 것입니다. 불안과 의심에서 믿음으로 옮겨 간 사람 기드온은 유일하신 하나님의 제단 앞에서 우리와 함께 무릎을 꿇고, 우리와 함께 기도합니다. “십자가에 달리신 주님, 주님만이 우리의 주님이십니다.” 아멘

베드로전서 1:8-9

1933년 5월 25일, 승천주일, 카이저 빌헬름 기념 교회[42]

여러분은 그리스도를 본 일이 없으면서도 사랑하며, 지금 그를 보지 못하면서도 믿으며, 말로 다 표현할 수 없는 즐거움과 영광을 누리면서 기뻐하고 있습니다. 여러분은 믿음의 목표 곧 여러분의 영혼의 구원을 받고 있는 것입니다.

"예수는 내 기쁨"이라고 우리는 찬송했습니다. 이 선율이 낯설게 여겨지는 사람, 혹은 이 선율 속에서 그저 열광만 듣는 사람은 아직 복음을 온전하게 듣지 못한 사람입니다. 예수 그리스도께서 우리 인간을 위해 베들레헴 마구간에서 사람이 되셨으니 기뻐하십시오. 그리스도인 여러분! 예수 그리스도께서 세리들과 창녀들 사이에서 죄인의 친구가 되셨으니 기뻐하십시오. 그리스도인 여러분! 예수 그리스도께서 유죄 판결을 받은 자들을 위해 골고다의 십자가에서 유죄 판결을 받은 이가 되셨으니 기뻐하십시오. 그리스도인 여러분! 예수 그리스도께서 우리 모두를 위해 부활하셨으니 기뻐하십시오. 그리스도인 여러분! 예수 그리스도께서 자기 공동체를 위해 이 땅에서 자신의 하늘나라로 돌아가셨으니 기뻐하십시오. 그리스도인 여러분! 예수 그리스도께서 하나님으로부터 와서 하나님에게로 돌아가신 것, 이것은 문제와 질문과 대답의 새로운 세계가 아니고, 새로운 윤리적 법칙이 아니며, 인간이 이미 짊어질 수밖에 없는 짐들에 더해진 새로운 짐이 아닙니다. 이것은 정말로 무엇보다도 기쁨을 갈망하는 인류 안에 자리한 하나님의 기쁨입니다. 그리스도의 교회여, 그대는 그것을 알고 있으니, "그리스도, 내 기쁨"이라고 큰 소리로 외치십시오.

그리스도의 승천은 두 상황 사이에 자리하고 있습니다. 그리스도의 승천은 예수와 제자들의 이별, 예수와 그분이 사랑하신 세상의 이별입니다. 제자들이 예수와 함께 걸었던 길은 길고 험난한 길이었습니다. 예수는 그들에게 많은 것을 말씀하셨지만, 이제 그들을 홀로 남겨 두어야 할 시간이 되었습니다. 이제 그들은 그분을 되풀이해서 바라보는 일 없이 길을 걸어야 합니다. 그들은 그 길의 마지막 구간을 예수와 함께 걷습니다. 그리고 마지막 순간이 다가옵니다. 그분은 그들에게 손을 얹고 축복하신 뒤, 그들의 시야에서 사라지십니다. 이제 그들은 혼자입니다. 막이 내렸습니다. 그분은 사악한 세상을 뒤로하고 하늘 아버지께로 돌아가신 것입니다. 주님, 우리를 불쌍히 여겨 주십시오!

그러나 기뻐하십시오, 그리스도인 여러분! 그분은 아버지께로 돌아가셔서, 자신의 나라에 여러분의 거처, 곧 본향을 마련하시고, 자신의 때에 여러분을 그 본향으로 데려가실 것입니다. 그러니 그저 기다리면서 기뻐하십시오. 그분이 돌아오실 것입니다!

그러나 버림받은 이가 어떻게 기뻐하며, 고아가 어떻게 위로를 받을 수 있을까요? 그리움에 사무쳐 마음이 여러 가닥으로 찢어진 사람이 어떻게 즐거워할 수 있을까요? 버림받은 이와 고아가 되어 예수 그리스도와 그분의 승천과 자신의 귀향을 사모하는 교회여, 기뻐하십시오. 그대는 그분을 보지 못하고도 사랑할 수 있으며, 그분을 보지 못하고도 믿을 수 있기 때문입니다. 누구도 그대에게서 그 사랑과 믿음을 빼앗지 못할 것입니다. 본문이 "여러분은 그리스도를 본 일이 없으면서도 사랑하며, 지금 그를 보지 못하면서도 믿으며"[8절]라고 말하는 대상은 다름 아닌 우리의 교회, 곧 그리스도의 승천과 재림 사이에 있는 교회입니다. 기다리며 믿으며 기뻐하는 것도 다름 아닌 교회입니다. 주님, 당신을 보지 못하는 이 교회에 참된 그리스도의 기쁨을 가르쳐 주십시오!

언젠가 루터는 "그분은 땅에 계실 때는 우리에게서 멀리 떨어져 계셨으나, 하늘에 계시게 된 이후에는 우리 가까이에 계십니다"라고 말했습니다. 이것은 무슨 뜻일까요? 그분은 더는 유대인만의 왕이 아니라 온 세상의 왕이 되셨다는 뜻입니다. 그분은 자신의 온 나라를 다스리시고, 세계 곳곳의 유대인과 이방인 사이에 흩어져 있는 자기 공동체 전체에 보이지 않게 가까이 현존하신다는 뜻입니다. 그분은 자신의 교회, 자신의 말씀, 자신의 성찬, 형제자매의 사랑 안에서 우리 가까이에 계십니다. 이 모든 것 가운데서 그분은 버림받은 이들을 위로하십니다. 이 모든 것 가운데서 그분은 우리의 그리움을 달래 주십니다. 이 모든 것 가운데서 그분은 하나님을 멀리하며 대책 없이 고독하게 지내는 우리가 그리스도를 가까이하며 즐거워하게 하십니다. 설교의 기쁨, 성찬식의 기쁨, 형제자매와 함께하는 기쁨, 이 모든 것은 눈에 보이지 않는 천상의 주님을 믿는 공동체의 기쁨입니다.

설교의 기쁨. 이는 우리 현대인이 도무지 얻기 어려운 기쁨입니다. 그 이유는 우리가 설교자의 말에 귀 기울일 뿐 그리스도의 말씀에는 귀 기울이지 않기 때문입니다. 우리는 스스로 기쁨을 망치는데, 이는 우리가 세상의 기쁨과 천상의 기쁨을 혼동하기 때문입니다. 우리의 가난한 개신교회는 우리에게 세상의 기쁨을 아주 조금만 줄 수 있을 뿐입니다. 그러니 우리에게서 그것을 구하지 마십시오. 하지만 그리스도는 자신의 연약한 교회를 통해 천상의 기쁨을 친히 선물로 주십니다. 우리는 그 기쁨을 설교자에게서가 아니라 그분에게서 선물로 받아야 합니다. **그분**은 설교에 몸을 싣고 우리를 방문하셔서 친히 우리에게 천상의 기쁨이 되려고 하십니다.

성찬식의 기쁨. 이 기쁨은 너무나 많이 사라졌습니다. 성찬식의 기쁨, 그것은 가톨릭의 것처럼 여겨집니다. 그렇기도 하지만, 무엇보다도 우리는 성찬식이 초기 교회의 것이었음을 기억해야 합니다. 성찬식, 곧 천상의 주님과 함께하는 성만찬은 말로 표현할 수 없는 주님의 현존의 기쁨입니다. 성찬식은 구원받은 죄인들의 공동체가 모여 천상에 계신 임금의 재림을 간청하는 잔치입니다. 성찬식은 서로 기쁨을 나누는 형제들의 연합입니다. 성찬식의 기쁨, 그것은 갈망하고 동경하고 열망하는 마음이 하나님을 만나고서 느끼는 기쁨입니다. 그것은 이방인들, 무국적자들의 기대에 찬 기쁨입니다. 그 기쁨 속에서 그들은 우리도 영원한 나라를 갖게 해달라고 간청합니다. 교회의 왕, 비할 데 없는 기쁨의 주인이시여, 우리에게 당신에 대한 갈망, 당신에 대한 강한 소망, 당신을 그리워하는 마음을 주시고, 우리에게 오셔서 당신의 승천으로 우리를 위로해 주십시오! 장차 우리를 떼어 놓는 막을 내리시겠다는 당신의 약속을 우리가 확신하게 해주십시오! 우리는 당신을 보지 못하면서도 당신을 사랑하고, 당신을 보지 못하면서도 당신을 믿습니다. 우리는 근심하고 슬퍼하지만, 당신의 설교와 당신의 성찬식이 우리를 기쁘게 합니다! 설교의 기쁨, 성찬식의 기쁨이 없으면, 교회도 없습니다. 교회가 없으면, 이 세상은 끝없는 배고픔과 목마름 속에서 아무 즐거움 없는 불행한 세상이 될 것입니다.

승천의 기쁨. 이 단어의 울림을 주의 깊게 들으려면 마음이 매우 고요해져야 합니다. 이 기쁨의 자양분은 고요함과 불가해성입니다. 실제로 이 기쁨은 불가해합니다. 하지만 이해할 수 있는 것은 우리를 기쁘게 하지 못합니다. 기쁨은 이해할 수 없으면서도 참된 것, 현실적이고 살아 있는 것으로부터 솟구칩니다. 그래서 참된 기쁨은 그 기쁨을 느끼는 사람에게만 아니라 다른 이들에게도 언제나 이해할 수 없는 면을 가지고 있습니다. 교회가 그리스도께서 온 세상 위로 높여지신 것과 그분의 재림을 이야기할 때, 그분이 굳세게 기다리는 공동체를 성찬식 가운데서 친히 만나 주실 때, 승천의 기쁨은 곧바로 임합니다. 승천의 기쁨은 시끄럽게 자리하지 않고 조용히 임합니다. 세상이 불안하게 하고 죄가 불안하게 하지만, 승천의 기쁨은 밤에 깨어 촛불을 밝혀 들고 고대하는 종들이 자신들의 사랑하는 주인이 귀가할 때까지 누리는 천상적인 기쁨처럼 임합니다. 이 세상에서 느끼는 모든 그리스도 기쁨Christusfreude은 기대에 찬 기쁨입니다. 그러니 누가 자신의 기대에 찬 기쁨을 요란하게 드러내겠습니까? 그리고 어떤 기쁨이 기대에 찬 기쁨보다 더 강렬하겠습니까?

그런데 기대에 찬 기쁨은 무엇을 기대하는 기쁨일까요? 종말을 기대하는 기쁨입니다. 갈망하는 공동체의 배고픔과 목마름을 믿음의 성찬식 가운데 달래 주시는 천상의 주님, 우리가 보지 못하고도 사랑하는 주님은 다시 오십니다. 막이 열리는 것입니다. 우리는 그분을 대면하게 될 것입니다. 그분은 우리 이방인들이 있는 이 세상으로 또 한 번 오실 것입니다. 그분은 교회 안에서 믿음으로 하나님의 새 땅을 기대하는 무국적자들을 하늘 아버지의 본향으로 인도하실 것입니다. "여러분은 그리스도를 본 일이 없으면서도 사랑하며, 지금 그를 보지 못하면서도 믿으며, 말로 다 표현할 수 없는 즐거움과 영광을 누리면서 기뻐하고 있습니다. 여러분은 믿음의 목표 곧 여러분의 영혼의 구원을 받고 있는 것입니다."[8-9절] 그때가 되면 기다리는 교회의 시간이 지나가고, 믿음의 시간의 끝이 다가오며, 기쁨이 더는 조용한 불안에 싸이지 않게 될 것입니다. 그때가 되면 성취의 시간, 영원한 바라봄의 시간, 곧 대환희가 시작될 것입니다. 형제자매 여러분, 그때가 되면 주님이 나타나실 것이고, 그분의 공동체는 거룩한 기쁨 가운데 그분 앞에 무릎을 꿇을 것입니다. "여러분은 말로 다 표현할 수 없는 즐거움과 영광을 누리면서 기뻐하게 될 것입니다." 그때가 되면 세상이 무너지고, 교회도 무너질 것이며, 예수께서 친히 우리의 기쁨이 되실 것입니다. 우리의 거처는 이 세상에 존재하지 않기에, 우리는 미래의 처소를 구합니다. 그리스도의 승천. 막이 내리고, 믿음의 교회는 깨어 기다립니다. 성찬식은 그런 교회의 기쁨입니다. 그리스도의 재림. 하늘이 열리면 거기에 본향이 있고, 목마름이 진정되고, 구원받은 자들의 공동체가 말로 다할 수 없는 신비를 보고, 예수 그리스도 곧 하나님이 친히 그들의 기쁨이 될 것입니다. 우리는 지금 승천과 재림 사이에서 길고도 불안한 기다림의 여행을 하고 있습니다. 하지만 주님의 구원받은 이들은 환호성을 올릴 것이고, 영원한 기쁨이 그들 머리 위에 감돌 것입니다. 기뻐하십시오, 그리스도인 여러분! 아멘.

모세 교회와 아론 교회

출애굽기 32:1-7, 15-16, 19-20, 30-34

1933년 5월 28일, 부활절 후 여섯째 주일, 카이저 빌헬름 기념 교회[43] [44]

백성은, 모세가 산에서 오랫동안 내려오지 않으니, 아론에게로 몰려가서 말하였다. "일어나서, 우리를 인도할 신을 만들어 주십시오. 우리를 이집트 땅에서 올라오게 한 모세라는 사람은 어떻게 되었는지 모르겠습니다." 아론이 그들에게 말하였다. "여러분의 아내와 아들딸들이 귀에 달고 있는 금고리들을 빼서, 나에게 가져오시오." 모든 백성이 저희 귀에 단 금고리들을 빼서, 아론에게 가져왔다. 아론이 그들에게서 그것들을 받아 녹여서, 그 녹인 금을 거푸집에 부어 송아지 상을 만드니, 그들이 외쳤다. "이스라엘아! 이 신이 너희를 이집트 땅에서 이끌어 낸 너희의 신이다." 아론은 이것을 보고서 그 신상 앞에 제단을 쌓고 "내일 주님의 절기를 지킵시다" 하고 선포하였다. 이튿날 그들은 일찍 일어나서, 번제를 올리고, 화목제를 드렸다. 그런 다음에, 백성은 앉아서 먹고 마시다가, 일어나서 흥청거리며 뛰놀았다. 주님께서 모세에게 말씀하셨다.

“어서 내려가 보아라. 네가 이집트 땅에서 이끌어 낸 너의 백성이 타락하였다.” (…) 모세는 돌아서서 증거판 둘을 손에 들고서 산에서 내려왔다. 이 두 판에는 글이 새겨 있는데, 앞뒤에 다 새겨 있었다. 그 판은 하나님이 손수 만드신 것이며, 그 글자는 하나님이 손수 판에 새기신 글자이다. (…) 모세가 진에 가까이 와서 보니, 사람들이 수송아지 주위를 돌면서 춤을 추고 있었다. 모세는 화가 나서, 그는 손에 들고 있는 돌 판 두 개를 산 아래로 내던져 깨뜨려 버렸다. 그는, 그들이 만든 수송아지를 가져다가 불에 태우고, 가루가 될 때까지 빻아서, 그것을 물에 타서, 이스라엘 자손에게 마시게 하였다. (…) 이튿날 모세는 백성에게 말하였다. “당신들은 크나큰 죄를 지었습니다. 그러나 이제 내가 주님께 올라가서, 당신들을 용서하여 달라고 빌겠습니다.” 모세가 주님께로 돌아가서 아뢰었다. “슬픕니다. 이 백성이 금으로 신상을 만듦으로써 큰 죄를 지었습니다. 그러나 이제 주님께서 그들의 죄를 용서하여 주십시오. 그렇게 하지 않으시려면, 주님께서 기록하신 책에서 저의 이름을 지워 주십시오.” 주님께서 모세에게 말씀하셨다. “누구든지 나에게 죄를 지으면, 나는 오직 그 사람만을 나의 책에서 지운다. 이제 너는 가서, 내가 너에게 말한 곳으로 백성을 인도하여라. 보아라, 나의 천사가 너를 인도할 것이다. 그러나 기억하여라. 때가 되면, 내가 그들에게 반드시 죄를 묻겠다.”

제사장과 예언자의 대결, 세상 교회와 믿음의 교회의 대결, 아론 교회와 모세 교회의 대결. 오늘은 그리스도의 교회 안에서 벌어지는 이 영원한 갈등과 그 해법에 관해 듣고자 합니다.

모세와 아론, 가족도 같고, 혈통도 같고, 역사도 같은 두 형제가 한 길을 나란히 걷다가 갈라졌습니다. 모세는 최초의 예언자이고, 아론은 최초의 제사장입니다. 모세는 하나님으로부터 부르심을 받은 사람, 신분의 구별 없이 선택된 사람, 말을 더듬거리는 사람, 오로지 제 주인의 말씀만 들으며 사는 하나님의 종입니다. 반면에 아론은 자색 상의를 입고 신성한 관을 쓴 사람, 성직에 임명받고 거룩해진 제사장, 백성의 예배를 인도하는 사람입니다. 우리의 이야기에서 모세는 홀로 공포의 산꼭대기에서 살아 계신 하나님과 함께 있습니다. 번개가 치고 천둥이 울리는 가운데 생사의 기로에 있습니다. 그는 하나님이 백성과 맺으신 계약의 율법을 받도록 부름받았습니다. 그러나 저 아래 골짜기에서는 이스라엘 백성이 자색 상의를 입은 제사장과 함께 제사를 올리며 하나님에게서 멀어지고 있습니다.

어찌하여 모세와 아론이 서로 맞서는 것일까요? 어찌하여 그들은 같은 섬김 속에 나란히 서지 못하는 것일까요? 어찌하여 모세 교회와 아론 교회, 말씀의 교회와 세상 교회가 거듭거듭 갈라지는 것일까요? 이 질문에 대한 대답이 본문에 들어 있습니다.

모세는 하나님의 부르심을 받아 자기 백성을 위해 산 위에 있습니다. 산 위에서 하나님은 그와 함께 말씀을 나누려고 하십니다. 이를 이스라엘 자손은 알고 있습니다. 그들이 아는 바와 같이, 모세는 그들을 위해 산 위에 서서 몹시 어렵게 분투하고 기도하면서 괴로워합니다. 그는 자색 상의를 걸치지도 않았고, 제사장도 아닙니다. 진실로 그는 아무것도 아닙니다. 그저 자기 주인의 말씀을 기다리는, 이 말씀을 듣지 못하면 병이 나고 마는 종일 따름입니다. 진실로 그는 아무것도 아닙니다. 자기가 모시는 하나님의 예언자일 뿐입니다. 그러나 아론 교회, 곧 세상 교회는 기다리지 못하고 참을성이 없습니다. "모세는 어디에 머무르고 있습니까? 어찌하여 그는 돌아오지 않습니까? 그를 더는 볼 수 없는 것입니까? 그는 어디서 하나님과 함께 있습니까?"라고 묻습니다. 그리고 이렇게 말합니다. "모세라는 사람은 어떻게 되었는지 모르겠습니다. 어쩌면 그는 더는 존재하지 않을지도, 죽었을지도 모릅니다."

이렇게 아론 교회는 어느 때나 말씀의 교회에 관해 물으면서 말합니다. "말씀의 교회가 보이지 않는군요. 그 교회의 업적들, 그 교회의 행적들은 어디에 있습니까? (…) 확실히, 그 교회는 죽었습니다." 과연 우리는 왜 하나님께서 모세를 친히 산 위에 붙잡아 두시고, 그에게 하실 말씀이 더 있어서 그를 놓아

주지 않으신다는 것을 깨닫지 못하는 걸까요? 정말로 우리는 오늘 하나님께서 모세 교회, 곧 오직 하나님의 말씀을 들으려고 하는 교회를 놓아주지 않으시고, 그 교회와 조용히 말씀을 더 나누려고 하신다는 것을 깨닫지 못하는 것일까요? 하나님에게도 그분의 예언자, 곧 그분의 교회와 함께할 시간이 필요합니다. 그러니 우리가 참을성이 없으면 되겠습니까? 확실히, 오늘 말씀의 교회는 다시 시내 산 위에서, 번개와 천둥, 불안과 떨림 속에서 하나님의 말씀을 견뎌 내고, 기다리고, 믿고, 기도하면서, 몹시 어렵게 분투하고 있습니다. 말씀의 교회는 누구를 위해서 그러는 것일까요? 아론 교회, 저 아래 골짜기에 있는 교회, 세상 교회를 위해서입니다. 세상 교회의 조급함, 세상 교회의 성급함, 바로 이것이 옛날부터 세상 교회가 말씀의 교회와 충돌하게 된 첫 단계였고, 지금도 그렇습니다.

"일어나서, 우리를 인도할 신을 만들어 주십시오. (…) 모세라는 사람은 어떻게 되었는지 모르겠습니다." 이것은 첫 단계에 곧바로 이어지는 두 번째 단계입니다. 세상 교회, 곧 제사장 교회는 뭔가를 보고 싶어 합니다. 더는 기다리려고 하지 않습니다. 자기가 직접 일에 착수하고, 직접 행동하고, 하나님과 예언자가 하지 않는 일을 직접 하려고 합니다. "기댈 것이 기다림뿐이라면, 제사장이 무슨 필요가 있고, 교회가 무슨 필요가 있겠습니까? 그래요, 우리의 교회에는 뭔가가 있어야 합니다. 우리는 교회 안에서 뭔가를 보고 싶습니다. 우리는 기다리고 싶지 않습니다. 제사장 여러분, 성인 여러분, 성직자 여러분, 우리의 책임자가 되어주십시오. 아론 제사장이여, 일어나서, 당신의 직무를 다하고 예배를 드리십시오. 하나님이 우리를 떠나셨지만, 우리는 신들이 필요합니다! 종교들이 필요합니다! 살아 계신 하나님을 제어할 수 없다면, 우리에게 직접 신들을 만들어 주십시오!"

사실 방금 한 말들이 나쁜 간청은 아닙니다. 경건한 간청이라 말해도 좋을 것입니다. 그들이 신들을 치워 달라고 하지는 않았습니다. 단지 신들, 곧 종교들이 필요하니까 우리에게 뭔가를 만들어 달라고 합니다. 그들은 제사장을 쫓아내는 것이 아니라, 그에게 예배를 집전해 달라고 합니다. "백성을 인도할 종교를 유지해 주십시오. 백성을 위해 예배를 집전해 주십시오." 그들은 신들과 제사장들과 종교를 둔 교회가 지속되기를 바랍니다. 하지만 아론 교회는 하나님 없는 교회입니다. 아론은 굴복합니다. 그는 자신의 직무, 자신의 성직 임명을 중시하고, 백성을 중시합니다. 그는 백성의 조급함, 그들의 활동 욕구, 그들의 경건한 소동을 너무도 잘 이해합니다. 그래서 그는 굴복하며 말합니다. "하나님과 예언자에게서 버림받은 여러분, 이리 오십시오. 여러분을 더는 버리지 않는 신, 여러분을 버린 하나님보다 더 화려하고 더 호화로운 신을 직접 만드십시오. 값나가는 장식품, 금, 장신구를 이리 가져와 제물로 바치십시오." 그러자 그들은 너나없이 달려옵니다. 그들은 자기들만의 신상을 만들기 위해 자기들의 값나가는 제물도 가져옵니다. 그들은 몸에서 장신구를 떼어 내, 달아오른 대중 속으로 던집니다. 아론은 그것들을 가져다가 황금 송아지라는 빛나는 괴물을 만들어 냈지요. 흔히 대중은 기꺼이 희생하지 않는다고 하지만, 그들은 그런 세상의 말을 잘 알지 못했습니다! 인류는 자신의 작품을 숭배해도 될 때, 기꺼이 희생할 용의가 생겨서 스스로 축제를 벌입니다. 세상 교회, 곧 아론 교회도 자기의 신을 만들어도 될 때, 기꺼이 희생할 용의가 있습니다. 인류와 세상 교회는 마음 내키는 대로 만들어 낸 신 앞에 기뻐하고 웃으며 무릎을 꿇습니다. 그러나 그 신은 희생하는 마음을 조금도 받지 못합니다. 아니, 아론 교회는 아낌이 없습니다. 아론 교회는 인색하지 않습니다. 아론 교회는 자기 신에게 돈을 헤프게 씁니다. 자기가 보기에 값지고 가치 있고 성스럽게 여겨지는 모든 것을 우상의 잉걸불 속으로 던져 넣습니다. 우상을 예찬하기 위해 모든 것을 감수합니다. 저마다 자신의 소망과 능력에 따라 자신의 이상을 용광로에 던지고 나서 열광하기 시작합니다. 세상 교회는 자신의 대성공을 축하합니다. 제사장이 자신의 능력을 입증해 보인 것입니다. 그는 자색 상의를 걸치고 성스러운 관을 쓴 채 중앙에 서서 제 손으로 만든 피조물을 숭배합니다. 그의 주위에 백성이 기쁨에 겨워 무릎을 꿇고, 자신의 능력과 자신의 제물로 마련한 우상을 바라봅니다. 누가 이 경건한 환호성, 비할 데 없는 흥분, 인간의 의욕과 능력을 담은 이 위업을 피하고 싶겠습니까? "이제 세상 교회가 자신의 신을 모시고 있으니, 와서 그에게 제물을 바치고 기뻐하며 뛰놀아라. 먹고 마시고 춤추며 환호하고 열광하여라. 너희가 다시 신을 모시게 되었다! 이스라엘아, 이 신이 너를 종살이에서 인도해 낸 너의 신이다. 와서 보고 숭배하여라!"

그러나 시내 산에서 굉음이 울립니다. 하나님께서 모세에게 그의 믿음 없는 백성을 가리키십니다. 그러자 모세는 자신의 백성 때문에 떨며 급히 산에서 내려갑니다. 그때 춤과 흥분과 도취의 환성과 외침이 들립니다. 자색 상의를 걸치고 성스러운 관을 쓴 형이 보이고, 중앙에 자리한 세상 교회의 황금 신, 세상 신, 우상, 제사장의 신이 보입니다. 모세는 그들 가운데 섭니다. 예기치 않은 예언자입니다. 그가 증거판을 두 손으로 높이 들어 흔들자, 그들 모두 그것을 볼 수밖에 없습니다. 하나님께서 손수 새기신 글자입니다. "나는 주 네 하나님이다. 너는 나 외에 다른 신을 두지 말아라!"[45] 그 순간, 무언의 불안, 경악이 세상 교회를 엄습하고 흥분이 끝납니다. 살아 계신 하나님께서 그들 가운데로 다가오셔서 그들을 향해 돌진하십니다. 어떤 일이 일어날까요? 엄청난 광경, 두렵고 놀라운 순간입니다. 우상 때문에 증거판이 박살 나고, 우상 자체는 파괴되어 불살라졌습니다. 이것이 세상 교회의 최후입니다. 하나님께서 그렇게 하셨습니다. 하나님께서는 주님으로 머무르십니다. 주님, 측은히 여겨 주십시오!

제사장 교회와 말씀의 교회, 아론 교회와 모세 교회, 시내 산 발치에서 일어난 이 역사적 충돌, 세상 교회의 최후와 하나님 말씀의 출현은 지금도 우리 교회 안에서 날마다, 주일마다 되풀이되고 있습니다. 우리는 기다리지 못하는 교회, 눈에 보이지 않는 분에게 기대어 살지 않는 세상 교회, 자기를 신으로 만드는 교회, 자기 마음에 드는 신을 섬기려고 할 뿐 하나님의 마음에 들려고 하지는 않는 교회, 하나님이 하시지 않는 것을 자기가 직접 하려고 하는 교회, 우상 숭배를 중요시하고, 인간의 사고와 가치들을 우상화하는 일을 기리는 곳에서 기꺼이 희생할 용의가 있는 교회, 제사장이 하나님의 전권을 주제넘게 차지하는 교회로서 예배에 자꾸 모여듭니다. 그러고는 우상을 파괴하여 바닥에 눕히는 교회, "나는 주 너의 하나님이다"라는 말씀을 또다시 들어야만 하는 교회, 이 말씀에 맞아서 쓰러지는 교회, 모세 교회, 말씀의 교회가 되어서 다시 흩어집니다. 참을성 없는 교회가 고요히 기다리는 교회가 되고, 성급히 보려고 하는 교회가 냉철한 믿음의 교회가 되고, 자기를 우상화하는 교회가 유일하신 하나님을 경배하는 교회가 됩니다. 이 교회도 그런 헌신, 그런 희생을 발견하고 있는지요?

그러나 불화는 지속되지 않습니다. 모세는 다시 한번 산으로 올라갑니다. 이번에는 자기 백성을 위해 청원하려고 갑니다. 그는 자신을 제물로 바칩니다. "나와 나의 백성을 빼 버리십시오. 그러나 주님, 나와 나의 백성은 한 몸이고, 나는 나의 형제자매들을 사랑합니다." 하지만 하나님의 대답은 뚜렷하지 않으며, 두렵고, 위협적입니다. 모세는 화해를 주선하지 못합니다. 그렇다면 여기서 화해를 주선할 수 있는 이는 누굴까요? 바로 제사장과 예언자를 한 몸에 아우르는 분, 자색 망토를 걸치고 가시관을 쓰신 분, 십자가에 달리신 하나님의 아들, 하나님 앞에 서서 우리를 위해 기도하시는 분만이 그리할 수 있습니다. 그분의 십자가 안에서 모든 우상화는 최후를 맞습니다. 그분의 십자가 안에서 인류 전체, 교회 전체가 심판과 동시에 사면을 받습니다. 그분의 십자가 안에서 하나님은 온전히 하나님이 되십니다. 그분은 자기 외에 다른 어떤 신도 참지 않으시지만, 무한히 용서하는 분이시기에 온전히 하나님이십니다. 우리는 모세 교회이면서 동시에 아론 교회인 교회로서 십자가를 가리킵니다. 우리는 십자가를 가리키면서 말합니다. “보아라, 이스라엘아, 이분은 너를 종살이에서 인도해 내셨고, 앞으로도 다시 인도하실 네 하나님이다. 와서 믿고 경배하여라!” 아멘.

교회 선거가 있는 주일의 설교

마태복음 16:13-18

1933년 7월 23일, 삼위일체 주일 후 여섯째 주일, 삼위일체 교회

예수께서 빌립보의 가이사랴 지방에 이르러서, 제자들에게 물으셨다. "사람들이 인자를 누구라고 하느냐?" 제자들이 대답하였다. "세례자 요한이라고 하는 사람들도 있고, 엘리야라고 하는 사람들도 있고, 예레미야나 예언자들 가운데에 한 분이라고 하는 사람들도 있습니다." 예수께서 그들에게 물으셨다. "그러면 너희는 나를 누구라고 하느냐?" 시몬 베드로가 대답하였다. "선생님은 살아 계신 하나님의 아들 그리스도십니다." 예수께서 그에게 말씀하셨다. "시몬 바요나야, 너는 복이 있다. 너에게 이것을 알려 주신 분은, 사람이 아니라, 하늘에 계신 나의 아버지시다. 나도 너에게 말한다. 너는 베드로다. 나는 이 반석 위에다가 내 교회를 세우겠다. 죽음의 문들이 그것을 이기지 못할 것이다."

우리가 마음대로 할 수 있었다면, 우리는 우리 앞에 놓인 결단

들을 결단코 피했을 것입니다. 우리가 마음대로 할 수 있었다면, 우리는 교회를 위한 이 투쟁에 끌려들어 가지 않았을 것입니다. 우리가 마음대로 할 수 있었다면, 우리는 우리의 대의大義를 여러 번 되풀이하여 주장하려 하진 않았을 것입니다. 다른 편에 맞서는 강한 자부심의 대가로 다가오는 이 두려운 위험을 결단코 피했을 것입니다. 우리가 마음대로 할 수 있었다면, 우리는 내일이 아니라 오늘이라도 당장 시골의 한적한 곳으로 물러났을 것입니다. 그저 논쟁과 자부심은 다른 이들에게 넘겨주었을 것입니다. 하지만 감사하게도 우리 마음대로 할 수 있는 것이 아니었습니다. 하나님께서 우리 마음대로 하는 것을 반대하십니다. 우리는 결단을 요구받고 있습니다. 우리는 결단을 피할 수도 없고, 피해서도 안 됩니다. 우리가 어디에 서 있든 간에 "독선적이다"라는 치명상, 다른 쪽을 오만하게 비난하고 행동한다는 치명상을 받을 수밖에 없는데도, 우리가 결코 떨쳐 버릴 수 없는 것, 그것은 다름 아닌 결단입니다. 그것은 영들의 분별을 의미합니다. 이런 이유로 우리는 솔직하게 현시점이 의미하는 바도 숨기지 않으려 합니다. 우리는 죽음의 문들이 이기지 못할 영원한 교회에 관한 약속을 듣습니다. 깊은 곳까지 충격을 받아 갈라지고 부서지면서 무너져 가는 교회의 한가운데를 뚫고 들려오는 약속입니다. 그리스도가 세우셨고, 모든 시대를 통해 계속 세우시는 반석인 교회에 관한 약속입니다. 그 교회는 어디에 있습니까? 그 교회를 찾으려면 어디로 가야 합니까? 그 교회의 의견을 들으려면 어디로 가야 합니까? 이처럼 진지하게 묻는 여러분, 교회를 잃어버리고 홀로 남겨져 고독한 여러분, 오십시오. 우리는 다시 성서로 돌아가려고 합니다. 여러분과 함께 그 교회를 찾아 나서고 싶습니다. 들을 귀 있는 사람은 들으십시오.

예수께서는 제자들과 함께 외딴곳, 이방 지역을 고되게 찾아가십니다. 그곳에서 제자들과 함께 지내십니다. 거기는 그분이 처음으로 유언 삼아 자신의 교회를 약속하신 곳입니다. 그분은 백성 한가운데나 눈에 잘 보이는 사역의 절정에서가 아니라, 바깥에서, 곧 독실한 율법학자들, 바리새파 사람들, 종려주일에 자기에게 "호산나" 하고 외치고 성금요일에 "십자가에 못 박으시오" 하고 외치던 대중으로부터 멀리 떨어진 곳에서 제자들에게 자기 교회의 비밀과 미래에 대해 말씀하십니다. 그분은 이 교회가 우선 첫째로 율법학자들과 제사장들과 대중 위에 세워지지 않을 것이라고 말씀하십니다. 오히려 그분을 따르는 소수의 제자 무리가 그 교회를 세우는 일에 부름받았음을 명백히 하십니다. 그분은 성전의 도시이자 종교 생활의 중심인 예루살렘마저도 교회를 세우기에 적합한 곳으로 여기지 않으셨습니다. 그분은 자기가 행하는 선포의 표면적이고 눈에 보이는 효과를 기대할 수 없는 한적한 곳으로 가십니다. 그분은 그 어떤 성대한 환희의 날도 자신의 교회를 말하기에 적합한 시간으로 여기지 않으셨습니다. 그분은 죽음을 눈앞에 두고, 첫 번째 수난 예고 목전에 이 교회를 약속하십니다. 그러므로 적은 무리의 교회, 바깥 외딴곳에 있는 교회, 죽음을 눈앞에 둔 교회, 이와 같은 것이 본문이 말하는 내용이 아닐까 싶습니다.

예수께서는 친히 결정적인 물음을 던지십니다. 제자들이 오래전부터 기다렸던 질문입니다. "사람들이 인자를 누구라고 하느냐?"라는 질문이지요. 제자들은 대답합니다. "세례자 요한이라고 하는 사람들도 있고, 엘리야라고 하는 사람들도 있고, 예레미야나 예언자들 가운데에 한 분이라고 하는 사람들도 있습니다." 의견들, 그저 의견들에 지나지 않지만, 우리는 이 의견들을 좀 더 확대해서 나열할 수도 있을 것입니다. "위인이라고 하는 사람들도 있고, 이상주의자라고 하는 사람들도 있고, 종교천재라고 하는 사람들도 있고, 영웅, 용사, 모든 위대함을 갖춘 지도자라고 하는 사람들도 있습니다." 대체로 진지한 의견들이라 할 수 있습니다. 하지만 그리스도는 이 의견들 위에 교회를 세우려고 하지 않으십니다. 그분이 친히 물으시는 것은 이 때문입니다. "그러면 너희는 나를 누구라고 하느냐?" 그리스도와의 이 불가피한 대면 속에는 "아마도"라든가, "몇몇 사람이 말하기를"이라든가, 어떤 의견이라는 것이 존재하지 않습니다. 그저 침묵만 있거나, 베드로가 제시하는 대답이 있을 뿐입니다. "선생님은 살아 계신 하나님의 아들 그리스도십니다." 인간의 의견들과 견해들의 소용돌이 한가운데서 완전히 새로운 것이 드러납니다. 하나님이 거명되고, 영원한 것이 발설되고, 비밀이 알려집니다. 이 대답 속에는 인간의 견해가 더는 자리하지 않고, 그 반대가 자리하고 있습니다. 이 대답 속에는 신적 계시와 신앙고백이 자리하고 있습니다. "시몬 바요나야, 너는 복이 있다. 너에게 이것을 알려 주신 분은, 사람이 아니라, 하늘에 계신 나의 아버지시다. (…) 너는 베드로다. 나는 이 반석 위에다가 내 교회를 세우겠다."

베드로와 다른 이들의 차이점이 무엇일까요? 베드로는 다른 이들을 능가할 만큼 영웅적인 기질의 소유자일까요? 그는 그런 사람이 아닙니다. 그는 대단히 강인한 성격을 지닌 사람일까요? 그는 그런 사람이 아닙니다. 그는 확고하고 신실한 사람일까요? 그는 그런 사람이 아닙니다. 베드로는 아무것도 아닙니다. 다만 고백하는 사람, 그리스도의 길을 가로막다가 그리스도를 알아보고 이제야 믿음 안에서 그리스도를 인정하는 사람일 뿐입니다. 이제 고백하는 사람 베드로는 반석이라 불립니다.

그리스도는 이 반석 위에다가 교회를 세우려고 하십니다.

베드로 교회, 그것은 반석 교회, 그리스도 신앙을 고백하는 교회라고 불립니다. 베드로 교회, 그것은 견해들과 의견들의 교회가 아니라, 계시의 교회입니다. "사람들이 말하는" 것을 이야기하는 교회가 아니라, 베드로의 이 고백을 새롭게 말하고 전하는 교회입니다. 노래하고 기도하고 선포하고 행동하면서 이 고백을 끊임없이 전하는 일만 하는 교회입니다. 이 고백 속에 머무는 동안은 반석 위에 서 있지만, 어떤 무모한 이유로 그 고백을 포기하거나 단 한 순간이라도 단념해도 된다고 생각하는 때는 모래 위에 지은 집, 바람이 세차게 부는 집이 되고 마는 교회입니다.

그러나 베드로 교회가 완벽한 자부심을 가지고 있다고 말할 수 있는 것만은 아닙니다. 고백하고 믿는 제자 베드로는 유다가 주님을 배반하던 날 밤에 주님을 모른다고 주장했습니다.[46] 그리스도께서 대제사장 앞에 서시던 날 밤에 그는 불 옆에서 있다가 부끄러워했지요. 그는 바다에 가라앉았던 것처럼 믿음이 적은 사람, 두려워하는 사람입니다.[47] 그는 예수께서 "사탄아, 내 뒤로 물러가라"[48] 하고 꾸짖으신 제자입니다. 그는 그 뒤에도 여러 번 되풀이하여 약해지고, 거듭하여 부인하고 넘어진 사람입니다. 그는 연약하고, 변덕스럽고, 순간의 지배를 받는 사람입니다. 베드로 교회, 그것은 베드로의 이 약함을 공유하는 교회, 스스로를 다시 부정하고 넘어지는 교회입니다. 베드로 교회, 그것은 불성실하고, 믿음이 적고, 두려워하는 교회, 다시 자기 임무를 저버리고 세상과 세상의 견해를 중시하는 교회입니다. 베드로 교회, 그것은 주님을 대변해야 하는 자리에서 그분을 부끄럽게 여기는 모든 사람의 교회입니다.

그러나 베드로는 바깥으로 나가서 슬픔과 아픔을 참지 못해 눈물 흘린 사람이기도 합니다. 똑같이 주님을 부인한 뒤 바깥으로 나가서 자살하고 만 유다와는 사뭇 다르지요. 베드로는 바깥으로 나가서 몹시 울었습니다. 베드로 교회는 고백하고 부인하는 교회일 뿐 아니라, 울 줄 아는 교회이기도 합니다. "우리가 바빌론의 강변 곳곳에 앉아서, 시온을 생각하면서 울었다."시 137:1 이것이 교회입니다. 이렇게 우는 것은, 길을 다시 찾은 것과 같고, 귀로에 오르는 것과 같으며, 탕자가 되어 아버지 앞에 무릎을 꿇고 우는 것과 같기 때문입니다. 베드로 교회는 거룩하게 슬퍼하면서 기쁨으로 나아가는 교회입니다.

실로 흔들리는 터전이지 않습니까? 하지만 반석 같은 터전입니다. 이 사람 베드로, 이 흔들리는 갈대는 하나님께서 부르시고, 하나님께서 사로잡으시고, 하나님께서 붙잡으신 사람이기 때문입니다. "너는 베드로다." 우리는 모두 베드로입니다.

가톨릭 사람들이 두고 싶어 하는 것과 같은 교황은 아닙니다. 우리는 이런저런 사람이 아니라, 두려워하는 사람, 신실하지 못한 사람, 믿음이 적은 사람, 그러면서도 하나님께 붙잡힌 사람으로서 다만 그리스도에 대한 신앙고백으로 사는 자들입니다.

그러나 이 교회는 우리가 세우는 것이 아닙니다. 누구도 교회를 세우지 못합니다. 교회는 오직 그리스도가 세우십니다. 교회를 세우려는 사람은 이미 교회 파괴 작업에 착수하고 있는 것이나 다름없습니다. 그는 부지불식간에 우상의 신전을 세우게 될 것이기 때문입니다. 우리는 고백해야 합니다. 그래야 그분이 세우십니다. 우리는 선포해야 합니다. 그래야 그분이 세우십니다. 우리는 그분에게 기도해야 합니다. 그래야 그분이 세우십니다. 우리는 그분의 계획을 모릅니다. 우리는 그분이 세우실지 파괴하실지를 알지 못합니다. 어쩌면 인간적인 생각으로는 붕괴의 시대가 그분에게는 위대한 건설의 시대일지도 모르고, 인간적으로 볼 때는 위대한 교회의 시대가 파괴의 시대일지도 모릅니다. 그리스도는 자기 교회를 크게 위로하시면서 말씀하십니다. "나를 인정하고, 전하고, 증언하여라. 그러나 내 마음에 드는 곳에 내가 홀로 세울 것이다. 나를 다스리려고 하지 말아라. 교회야, 네가 네 일을 바르게 하면, 그것으로 족하다. 단지 그것을 제대로 하여라. 의견들과 견해들에 마음 쓰지 말고, 평판을 중시하지 말고, 끊임없이 계산하지 말고, 다른 지지를 찾지 말아라! 교회는 교회로 남아 있어라! 너 교회여, 고백하고, 고백하며, 고백하여라! 그리스도만이 네 주님이다. 너는 그의 은혜에 기대서만 지금처럼 살 수 있다. 그리스도가 세우신다."

죽음의 문들은 교회를 이기지 못할 것입니다. 죽음은 모든 현존하는 것의 주요 상속자이지만, 이 자리에서 최후를 맞습니다. 교회는 죽음의 그늘 골짜기에 기초를 두고서 그리스도가 자기의 생명임을 밝힙니다. 교회는 죽음이 자기를 움켜쥐려고 하는 바로 그곳에서 영원한 생명을 얻습니다. 죽음이 교회를 향해 손을 뻗는 것은, 교회가 영원한 생명을 소유하고 있기 때문입니다. 고백하는 교회는 영원한 교회입니다. 그리스도가 그 교회를 보호하시기 때문입니다. 이 세상에서는 교회의 영원성이 눈에 보이지 않습니다. 교회의 영원성은 이 세상의 방해를 받지 않습니다. 파도가 높이 쳐서 교회를 덮치면, 교회는 이따금 완전히 덮여 없어진 것처럼 보입니다. 하지만 승리는 교회의 것입니다. 교회의 주님이신 그리스도께서 교회와 함께 계시고, 죽음의 세상을 이기셨기 때문입니다. 여러분이 승리를 보게 될 것인지를 묻지 마십시오. 다만 승리를 믿으십시오. 그러면 그분이 여러분의 차지가 될 것입니다.

오늘 본문은 로마에 있는 교황 교회, 곧 베드로 대성당의

둥근 지붕에 큰 글자로 새겨져 있습니다. 그 교회는 자신의 영원성, 세상에 대한 자신의 가시적 승리를 수 세기에 걸쳐 자랑스럽게 가리켜 보입니다. 하지만 그런 영광은 우리 주님도 원하지 않으시고 받지도 않으셨으니, 우리에게 약속된 것이 아닙니다. 오히려 세상에서의 이 영광보다 훨씬 더 큰 영광이 우리에게 확실히 보장되어 있습니다. 무리가 많든 적든, 지위가 낮든 높든, 약하든 강하든, 그리스도를 인정하는 자에게는 승리가 영원히 지속될 것입니다. "두려워하지 말아라, 너 적은 무리야. 너희에게 풍성함을 주시는 것이야말로 내 아버지의 기쁨이기 때문이다. 두세 사람이 내 이름으로 모여 있는 자리, 거기에 내가 그들 가운데 있다. 하나님의 도성이 확고히 서 있다." 아멘.

공과대학의 기도회에서 행한 설교 I

누가복음 4:3-4

1932년 2월

악마가 예수께 말하였다. "네가 하나님의 아들이거든, 이 돌더러 빵이 되라고 말해 보아라." 예수께서 악마에게 대답하셨다. "성서에 기록하기를 '사람은 빵만 먹고 사는 것이 아니다' 하였다."

사람의 마음을 움직이는 두 가지 질문이 있습니다. 하나는 하나님에 관한 질문이고, 다른 하나는 빵에 관한 질문입니다. 이 두 질문은 서로를 심하게 질투합니다. 두 질문 가운데 어느 것도 나머지 질문을 쫓아내지 못하면서, 저마다 으뜸 자리에 서려고 하지요. 하나님에 관한 질문은 인간이 빵에 관한 질문을 결코 제기해선 안 된다고 말하는 것은 아닙니다. 그리고 빵에 관한 질문도 인간이 빵에 관한 질문을 해결한 다음이라면 하나님에 관해 물어봐도 된다고 말하지요. 인간은 어째서 이렇게 말할까요? 특히 후자의 입장은 모든 합리적 사고와 인생철학, 인간 본성에 관한 모든 지식과 경험과 영리함을 배경으로 삼고 있습니다. "사람들을 배불리 먹이고, 그들에게 빵을 주고, 그런 다음 그들에게 하나님에 관해 말해 보십시오. 그러면 그들은 당신의 말을 들을 것입니다. 그래요, 그들은 당신을 신격화할 것입니다. 당신이 그들에게 먹을 것을 주었기 때문입니다." 우리의 사회적 사고는 정확히 그런 식으로 진행됩니다. 사람들이 몸담고 살아가는 상황을 바꾸고, 그들에게 빵과 공간을 충분히 제공해야 합니다. 그때야 비로소 하나님에 관해 말해도 그들이 귀 기울여 듣기를 기대할 수 있을 것입니다. 사람들이 교회가 무자비하다고 말하는 때가 있습니다. 이를테면 교회가 자기의 최우선 과제를 물리적 곤궁과 필요를 해결해 주는 것으로 이해하지 못하고, 오늘도 되풀이해서 하나님에 관해 말하는 것을 우선순위로 삼고, 빵 문제는 둘째 순위가 되도록 한다는 것이지요. 우리는 이런 생각에 너무 심하게 물이 들어 도무지 벗어날 줄을 모릅니다. 그저 하나님에 관한 이야기가 빈말이 되지 않기만을 바랄 뿐입니다. 그러나 우리는 무자비한 상태가 되고 싶지 않지만, 그런 상태가 되고 맙니다. 배고픈 자들에게 빵을 주지 않은 채 하나님에 관해 말하는 것입니다.

예수께서는 처음에, 사역을 시작하기에 앞서 악마에게

시험을 받으셨습니다. 악한 힘들, 곧 하나님을 거역하게 하는 힘들이 그분에게 접근하여, 그분이 메시아의 직무를 개시하려고 하는 순간에 그분을 넘어뜨리려고 했습니다. 예수께서 바깥 광야에서 쉬고 계시는데, 악마가 그분에게 다가와서 말했지요. "네가 하나님의 아들이거든, 이 돌더러 빵이 되라고 말해 보아라. 네게 하나님의 능력이 있다면, 너 자신을 도와라. 기적을 일으켜 보아라. 돌덩이로 빵을 만들어라. 그러면 너는 배부르게 될 것이다. 그런데 네가 이 능력을 쓰지 않겠다니, 그럼 무엇 때문에 그것을 가지고 있는 것이냐? 네가 하나님의 아들이거든, 네 능력을 증명해 보아라. 보아하니, 너만 배고픈 게 아니라 수백만의 사람들도 배곯고 있어서, 자신들에게 먹을거리를 줄 사람만을 바라보고 있구나. 그들은 약해서, 네가 먼저 빵을 주지 않으면 너와 하나님에게 감격할 줄을 모른다. 그들은 모두 하나님이 자신들을 도와주기를 바라고, 하나님이 보낸 사람이 자신들을 도와주기를 바란다. 하지만 무엇보다도 그들이 바라는 것은 자신들에게 빵을 주는 것이다. 그러면 그들은 모든 것을 내려놓고, 너를 뒤쫓고, 너에게 매달리며, 너에게 경배하고, 너를 신격화할 것이다. 이전에는 누구도 하지 못한 일을 네가 해내는 것이다. 네가 그들에게 빵을 제공하여 먹도록 한다면 말이다. 그들은 비참하고 연약한 자들이지만, 악하지는 않다. 다만 먼저 배부르게 되기를 바랄 뿐이다. 너는 무자비한 자가 되어, 누구도 행할 수 없는 이 일을 그들에게 요구할 셈이냐? 너는 몰인정한 자가 되어, 그들의 간청에 눈을 감을 셈이냐? 너는 그들이 빵을 구하는 곳에서 그들에게 돌을 줄 셈이냐? 수백만의 사람들이 너를 기다리고 있고, 너는 하나님의 아들이다. 네가 이 한 가지 기적을 일으키기만 하면, 너는 그들을 도울 수 있고, 그들 모두를 네 편으로 얻을 수 있다. 그러나 네가 기적을 일으키지 않으면, 그들이 너를 미워하고, 저주하고, 쫓아낼 것이다. 네가 그들을 사랑하지 않고 미워한다는 것을 그들이 알기 때문이다. 네가 하나님의 아들이거든, 이 돌더러 빵이 되라고 말하여 너와 그들을 배부르게 해보아라."

예수께서는 사람들을 위해 요구하는 것처럼 들리는 이 사랑스러운 음성 속에서 악마의 음성을 알아채십니다. 전례 없는 분별입니다. 그분은 악마를 물리치며 말씀하십니다. "사람이 빵으로만 살 것이 아니라, 하나님의 모든 말씀으로 살 것이다."[49] 이 말씀은 이런 뜻입니다. "하나님은 누구도 속이지 않으신다. 그분은 빵을 만들어 내실 수 있다. 하지만 사람들은 그분을 자신들에게 빵을 만들어 주신 분으로 여겨 경배할 뿐, 그분을 있는 그대로의 하나님, 곧 배고픔 속에서도, 궁핍 속에서도, 십자가에서도, 죽음 가운데도 여전히 하나님이신 분으로 인정하고 경배하지 않을 것이다." 하나님의 정체성을 놓고 사람들을 속이는 것은 하나님의 사랑이 아닐 겁니다. 물론 속이기만 하면 수백만의 사람들을 얻게 될 것입니다. 하지만 그들은 빵과 행복을 주는 하나님의 편이 될 뿐, 자기 자신을 위해 영광을 받으시고 자기 자신을 위해 명령하시는 하나님, 십자가와 죽음 속에 계신 하나님의 편이 되지는 않을 것입니다. 하나님은 말씀을 통해 자기 자신을 알리시는 분이지, 빵을 통해 자기 자신을 알리시는 분이 아닙니다.

공과대학의 기도회에서 행한 설교 II

누가복음 4:5-8

1932년 2월

그랬더니 악마는 예수를 높은 데로 이끌고 가서, 순식간에 세계 모든 나라를 그에게 보여주었다. 그러고 나서 악마는 그에게 말하였다. "내가 이 모든 권세와 그 영광을 너에게 주겠다. 이것은 나에게 넘어온 것이니, 내가 주고 싶은 사람에게 준다. 그러므로 네가 내 앞에 엎드려 절하면, 이 모든 것을 너에게 주겠다." 예수께서 악마에게 대답하셨다. "성경에 기록하기를 '주 너의 하나님께 경배하고, 그분만을 섬겨라' 하였다."

우리는 사순절에 접어들었습니다. "십자가에 달리신 그리스도는 하나님이시다!" 이제 우리는 이 말씀이 무슨 뜻인지를 이해하기 위해 온 생각을 모아야 합니다. 십자가에 달리신 그리스도는 바울이 요약하여 전한 핵심 표현입니다. 최초의 순교자들은 하나님을 위해 죽었습니다. 루터는 하나님을 재발견했습니다. 그리고 오늘 우리도 하나님을 다시 새롭게 이해하려고 합니다. 좀 더 낫게 말하면, 우리는 하나님을 새로이 붙잡으려고 합니다. 십자가에 달리신 그리스도, 숨겨진 나라의 숨겨진 왕 그리스도, 이는 개신교회의 메시지입니다. 가시적인 나라의 공공연한 왕 그리스도, 이는 가톨릭교회의 메시지입니다.

그리스도의 수난은 수난주간에 비로소 시작되는 것이 아니라, 그분의 선포 첫날과 함께 시작됩니다. 그분의 이 세상 나라 포기는 골고다에서 비로소 완성된 것이 아니라, 처음부터 완성되었습니다. 본문은 이 사상을 표현하고 있습니다.

예수께서는 이 세상의 통치자가 되실 수도 있었습니다. 그분은 유대인들이 애타게 바라던 메시아로서, 이스라엘을 해방시켜 주어 명예롭고 영예롭게 하실 수도 있었습니다. 그분은 이 세상의 가시적인 왕으로서 당당히 입성하실 수도 있었습니다. 그분은 사역을 시작하기도 전에 이미 이 세상의 통치권을 제의받고 주목을 받으셨으니 말입니다. 더 주목할 만한 사실은, 그분이 그 제안을 물리치셨다는 것입니다. 그러므로 예수께서 이 세상의 모든 왕 가운데 가장 영광스럽고 가장 강력한 왕이 되실 수도 있었다는 말은 그저 비유적으로 한 말이 아니라 참말입니다. 그분이 자기가 하나님의 아들이라고 과감히 말씀하셨더라면, 다들 그분을 숭배하고, 그분을 믿었을 것입니다. 그러나 사람들은 로마의 황제를 그렇게 믿었습니다. 예수께서 자기가 하나님의 아들이라고 과감히 말씀하셨더라면, 이 세상은 실제로 기독교 세상이 되었을 테고, 그리스도를 자신의 왕으로 모셨을 것입니다. 세상은 사람들이 오랫동안 기다려 온 그분을 갖게 되었을 것입니다. 자신의 능력을 온 땅에 펼쳐 지상에 평화의 나라를 건설하시는 그분을 말입니다. 그렇게 예수께서는 그 모든 것을 소유하실 수도 있었습니다. 하지만 그분은 높은 산에서 한순간에 세상의 모든 나라를 조망하시면서 자신이 그 통치자가 될 수 있다는 것을 아셨지만, 그 통치권을 얻으려면 너무 비싼 대가를 치를 수밖에 없음을 또한 아셨습니다. 그리하면 하나님의 뜻에 대한 자신의 복종을 해치게 되며, 악마에게 절하고 무릎을 꿇을 수밖에 없게 되고, 그러면 더는 자유인이 되지 못하고 종, 곧 명예욕의 종, 자신을 원하는 자들의 종이 되리라는 것도 아셨습니다. 그래서 그분은 하나님의 자유로운 아들로 남으시고, 자기를 노예로 만들려고 꾀하는 악마에게 말씀하셨습니다. "주 너의 하나님께 경배하고, 그분만을 섬겨라."

예수께서는 이 말씀이 무슨 뜻인지를 아셨습니다. 그것은 비천하게 되고 비방당하는 것, 박해당하는 것을 의미하고, 오해받는 것을 의미했습니다. 미움받는 것, 죽임당하는 것, 십자가에 달리는 것을 의미했습니다. 그분은 처음부터 이 길을 택하십니다. 이 길은 순종의 길이면서 동시에 자유의 길입니다. 이 길이 바로 하나님의 길이기 때문입니다. 그러므로 이 길은 인간을 사랑하는 길이기도 합니다. 아무리 사람의 마음에 더 좋아 보여도, 다른 모든 길은 인간을 증오하고 경멸하는 길일 것입니다. 예수께서는 이 인식 때문에 악마에게 거절을 선언하십니다. 그분은 처음부터 십자가에 이르는 길을 택하십니다. 이 길이야말로 세상을 관통하는 하나님의 길이기 때문입니다. 그리고 우리는 개인으로서 그리고 교회로서 그분과 함께 걷고 있습니다. 우리는 십자가 아래 있는 교회, 다시 말해 감추어져 있는 교회입니다. 그러나 여기서도 우리는 우리의 나라가 이 세상의 것이 아님을 아는 일만 할 수 있습니다. 아멘.

공과대학의 학기 초 기도회 설교

요한복음 8:31-32

1932년 여름

"너희가 나의 말에 머물러 있으면, 너희는 참으로 나의 제자들이다. 그리고 너희는 진리를 알게 될 것이며, 진리가 너희를 자유롭게 할 것이다."

이 말씀은 시작하는 데 잘 어울리는 말씀입니다. 이 본문은 우리로 하여금 종교 문제가 중요해질 때, 우리가 곧잘 잊는데도 종교의 중심 사상으로 남아 있는 한 생각에 주의를 기울이게 하기 때문입니다. 흔히 우리는 인간 영혼의 욕구를 채워 주는 것, 불안해하는 현존재를 평온하게 해주는 것, 조급함을 고요하게 해주는 것, 우리의 일상적인 직장 생활에서 멀리 떨어져 우리 자신을 찾도록 해주는 것을 종교로 여기는 데 익숙해져 있습니다. 그래서 우리는 종교가 아름답고, 값지고, 삶에 유익한 것이며, 인간을 가장 깊이 행복하게 해줄 수 있는 유일한 것이라고 말할지도 모르겠습니다.

그렇지만 우리는 그 밖의 결정적인 물음, 곧 종교가 참된 것인지, 종교가 진리인지를 따지는 물음은 생각하지 않습니다. 어떤 종교는 아름다울지는 모르나 참된 것이 아닐 수도 있고, 모든 것이 아름다운 환상처럼 보이지만 착각일 수도 있는데 말입니다. 교회의 한 인사는 진리 물음을 종교의 부차적인 물음이라고 말했습니다. 이를 두고 종교에 대한 정말로 열띤 논쟁이 일어났지요. 하지만 그렇게 말한 사람은 종교를 인간과 그 욕구의 관점에서만 보고, 하나님과 그분의 요구의 관점에서는 보지 않았습니다. 그러므로 처음부터 이 자리에서 다음 한 가지를 분명하게 하는 것, 곧 신약성서가 말하는 단 한 가지 사실을 듣는 것이 중요합니다. 사실상 종교에 반드시 있어야 하는 것은 단 한 가지 사실입니다. 그것은 다름 아닌 참됨wahr zu sein입니다. 진리, 이것은 학문 안에서 최고의 가치일 뿐만 아니라, 우리가 삶의 토대로 삼으려고 하는 종교 안에서는 훨씬 더 절실한 가치입니다.

기독교의 선포가 말하는 이 사실을 진리로 인식하려면 어떻게 해야 할까요? 성서는 특이한 대답을 제시합니다. "너희가 나의 말에 머물러 있으면." 이 말씀이 의미하는 바는 다음과 같습니다. "자유로운 연구, 치우침 없는 사고와 탐구를 통해서가 아니라, 그리스도의 이 말씀에 목숨을 걸고, 처음부터 끝까지 철저하게 그분과 함께 살고, 그분의 삶을 모범으로 삼고, 그분의 말씀을 주의 깊게 듣고, 그분에게 순종하려고 애쓰는 자유로운 삶을 통해서 진리를 알 수 있다." 목숨을 걸어 본 사람이라야 그리스도께서 진리를 말씀하시는지, 또한 그리스도께서 진리이신지를 판단할 수 있습니다. 그리스도께서는 이처럼 과감히 시도하는 사람이 진리를 알게 될 것이라고 약속하십니다. 진리는 삶 속에서만 알 수 있고, 무기는 전투 속에서만 시험해 볼 수 있습니다.

"진리가 너희를 자유롭게 할 것이다!" 이것은 진리의 선물입니다. 그렇습니다. 진리의 힘을 등에 업은 사람이 가장 자유로운 사람입니다. 그는 아무것도 무서워하지 않습니다. 그는 무엇에도 매이지 않습니다. 그는 선입견이 없고, 기만적인 희망들에 무력하게 굴복하지도 않습니다. 그는 한 가지, 다만 그 한 가지, 곧 진리에만 매입니다. 이 진리는 모든 진리를 존속하게 하시는 하나님의 진리입니다. 하나님의 진리와 함께하는 사람이야말로 참으로 자유로운 사람입니다. 하나님께서 우리를 자유롭게 해주시기를 바랍니다! 아멘.

다니엘 10:1-2, 8-9, 15-19

1932년 12월 1일, 어느 기도회의 단편 설교

페르시아의 고레스 왕 제삼 년에, 일명 벨드사살이라고 하는 다니엘이 계시로 말씀을 받았다. 그 말씀은 참된 것이었는데, 환상을 보는 가운데, 심한 고생 끝에 겨우 그 뜻을 깨달았다. 그때에 나 다니엘은 세 이레 동안 고행하였다. (…) 나 혼자만 남아서, 그 큰 환상을 보았다. 그때에 나는 힘이 빠지고, 얼굴이 죽은 것처럼 변하였으며, 힘을 쓸 수 없었다. 나는, 그가 말하는 소리를 들었는데, 그의 말소리를 들었을 때에, 나는 정신을 잃고 땅에 쓰러졌다. (…) 그가 내게 이런 말을 할 때에, 나는 얼굴을 땅에 대고, 벙어리처럼 엎드려 있었다. 그런데 갑자기 사람처럼 생긴 이가 나의 입술을 어루만졌다. 내가 입을 열어서, 내 앞에 서 있는 이에게 말하였다. "천사님, 제가 환상을 보고 충격을 받고, 맥이 모두 빠져 버렸습니다. 이제 힘이 다 빠져 버리고, 숨도 막힐 지경인데, 천사님의 종인 제가 감히 어떻게 천사님께 말씀을 드리겠습니까?" 사람처럼 생긴이가 다시 나를 어루만지시며, 나를 강하게 하였다. 그리고 그가 말하였다. "하나님이 사랑하는 사람아, 두려워하지 말아라. 평안하여라. 강건하고 강건하여라." 그가 내게 하는 말을 들을 때에, 내게 힘이 솟았다. 내가 말하였다. "천사님이 나를 강하게 해주셨으니, 이제 내게 하실 말씀을 해주시기 바랍니다."

저는 이 본문을 읽으며 깊은 감명을 받았던 처음 그 순간을 아직도 잊을 수 없습니다. 독일 청년들과 프랑스 청년들의 한 모임에서 있었던 일입니다. 그 모임에서 우리는 교회라는 공통의 기초 위에서 우리 가운데 놓인 문제들에 관해 이야기를 나누었습니다. 그리고 하나님께서 우리 시대에 내리신 계명, 곧 "땅에는 평화를, 사람들에게는 희열을"Friede auf Erden und Menschen ein Wohlgefallen이란 계명에 복종하고자 했지요.[50] 그리스도의 요구에 따라 세계를 보고, 유럽의 정세와 전 세계의 정세를 한번 살펴보니, 우리 모두에게 불안이 생기고, 우리의 발표문이 걱정되었습니다. 우리는 다니엘에 관한 말씀처럼, 곧 그가 하나님의 말씀을 들을 때 그의 마음이 아프고 괴로웠다고 한 것을 조금은 느낄 수 있었습니다. 그래서 우리는 그 명령, 곧 하나님의 말씀을 무심코 뿌리치려 했습니다. 우리가 다소 겁을 내며 모여 있을 때, 한 프랑스 청년이 바로 이 말씀을 성서에서 찾아 읽었습니다. 그가 "평안하여라. 강건하고 강건하여라"라는 대목에 이르렀을 때, 우리는 모두 "천사님이 나를 강하게 해주셨으니, 이제 내게 하실 말씀을 해주시기 바랍니다"단 10:19라고 말할 수 있게 되었습니다.

우리 가운데 누구도 이 순간을 조금도 낯설어하지 않았습니다. 하나님과 함께 살려고 진지하게 노력한 적이 있는 사람들은 누구도 낯설어하지 않았습니다. 우리의 사적인 생활에 혼란이 찾아와 우리를 불안하게 할 때, 우리가 그 혼란을 잠재우지 못할 때, 우리가 온갖 방해를 받아 좌절하며 바닥없는 곳으로 추락하는 것을 느낄 때, 우리의 삶이 선한 의지와 우리에게 닥치는 두려움 사이에서 흔들릴 때, 우리가 불가피하게 우리 자신의 약한 모습을 볼 수밖에 없을 때, 이해할 수 없는 운명이 우리에게 닥칠 때, 슬픔이나 커다란 분노가 우리를 엄습할 때, 우리가 당황하여 이 운명의 손아귀에 들어갈 수밖에 없다고 생각할 때, 우리가 믿음도 희망도 없어서 삶에서 잘못을 범하는 모습을 보게 될 때, 우리의 친밀한 관계의 모든 것이 깨질 때, 우리가 선한 마음을 품고 있으면서도 다른 이들을 만나지 않을 때, 한마디로 우리가 인간적인 혼란에 빠져들어 그것을 중요하게 여길 때, 우리는 이렇게 말할 수밖에 없을 것입니다. "하나님, 저는 당신을 더는 견디지 못하겠습니다. 이 참담하고 연약한 생명을 멀리해 주십시오. 저는 당신의 말씀을 더는 들을 수 없습니다. 아니, 더는 그러고 싶지 않습니다. 저는 늪에 너무 깊이 빠져 있습니다. 하나님, 더는 제게 말씀하지 마십시오. 저도 당신에게 더 이상 말 걸지 않겠습니다. 하나님, 우리는 더 이상 함께할 수 없을 것 같습니다." 이때 중요한 것은 이 말씀을 정말로 우리에게 주신 말씀으로 듣는 것입니다. "평안하여라. 강건하고 강건하여라." 그러면 우리는 마치 한 아이가 너무 많은 잘못을 저지르고서는 불행해하며 흐느끼는 마음을 공책에 적을 때, 아이의 어머니가 아이에게서 그 공책은 가져가고 새 공책을 내어주며 "다시 해봐. 용기, 용기를 내"라고 말하는 것과 같은 상태가 될 것입니다. 우리가 우리 때문에 두려워할 때, 하나님은 우리에게 용기를 내라고 말씀하십니다.

특별한 상황 속에서 다니엘에게 일어났던 일이 지금 우리에게도 일어나고 있습니다. 우리는 오늘 그 상황을 전에 없이 잘 알고 있습니다. 하나님께서 "내가 네게 말하련다" 하고 말씀하시는데도, 다니엘이 그것을 듣지 못하는 것이지요. 우리는 이 절망적인 혼란과 좌절 가운데 있습니다. 그러나 우리가 다시 이렇게 말하는 때가 오지 않을까요. "하나님께서 멀리 떨어져 계시는군요. 우리 모두가 아는 것처럼, 이 상황이 정말 끔찍합니다. 그러나 하나님께서 오시면, 이 상황은 완전히 끝나게 될 것입니다. 이것은 이루 말할 수 없는 불안, 곧 조국, 우리 민족, 우리의 행위에 대한 하나님의 심판입니다." 강건하고 강건하십시오! 그런데 우리가 무엇을 위해서 강건해야 할까요? 기운을 얻은 우리가, 하나님께서 자기 백성에게 들려주시는 음성을 귀담아듣고, 그분에게 또다시 복종하고, 다만 그분을 믿기 위해서입니다!

조카[51]를 위한 세례사

요한일서 4:16

1932년 5월 12일

하나님은 사랑이십니다. 사랑 안에 있는 사람은 하나님 안에 있고 하나님도 그 사람 안에 계십니다.

오늘 우리에게 주시는 하나님의 말씀을 이 아이에게 건넵니다. 사람들이 다른 어떤 말을 이 아이의 삶에 덧붙이는 것과는 다른 말씀입니다. 오늘 이 시간 하나님의 말씀이 이 아이 위에 머물고 있습니다. 이 시간에 이 말씀이 실제로 구체화되어서, 정말로 유효하게 되었습니다. "하나님은 사랑이십니다." 이 말씀은 오늘부터 이 아이에게 일반적인 인생 격언이 아닙니다. 이제 말씀은 아이의 삶을 떠받치는 실제적 기초, 파괴할 수 없는 든든한 기초입니다. 이 말씀은 진리이고, 현실입니다. 이것이 세례의 의미입니다.

"이것은 선의의 빈말이나 거짓말로 여겨진다"거나, 아니면 "이것은 자명한 것으로 여겨진다"고 인간에게 말해야 하는 것이 교회의 사명입니다. "하나님은 사랑이십니다"라는 말씀은 이러한 위험에 어느 정도 노출되어 있습니다. 그래서 우리는 때때로 자연스럽게 이 말씀을 선의의 과장법이나, 교회의 축하 모임을 위한 상투어로 여기기도 합니다. 그래서 이 말씀을 허위로 간주하여 거부하고, 이 말씀의 진정성을 박탈하기 쉽습니다. 또한 이 말씀을 경건하고 자명한 것으로 여기는 것도 이 말씀의 진정성을 파괴하는 것입니다. 그렇습니다. 하나님의 사랑을 말하는 것은 불명료한 것, 있을 법하지 않은 것, 전혀 믿을 수 없는 것을 말하는 것입니다. 하지만 우리가 말하는 이 있을 법하지 않은 하나님의 사랑은 한 사람의 온 생애를 떠받치는 든든한 기초가 될 만큼 참되고 참됩니다.

"하나님은 사랑이십니다"라는 말씀은 하나님께서 이 아이의 처음과 마지막을 간직하신다는 뜻입니다. 동시에 이 말씀은 우리의 눈에 보이고, 우리가 이해할 수 있고 경험할 수 있는 모든 것에 어긋나는 뭔가가 이 아이의 세상살이 한가운데로 들이닥치는 것을 의미합니다. 바로 이것이 이 아이의 인생을 인간의 모든 가능성 너머에 있는 한 기초, 곧 하나님 자신이라는 기초 위에 세울 것입니다. 하나님의 사랑이 사람에게 찾아오면,

인간의 삶의 법칙은 깨지고 맙니다.

"하나님은 사랑이십니다"라는 말씀은 운명의 힘에 굴복하는 인간이 이제 운명의 지배자이신 분과 한편이 된다는 뜻입니다. "하나님은 사랑이십니다"라는 말씀은 눈앞의 가까운 미래조차 알지 못해 불안을 느끼는 인간이 이제 궁극적 미래이신 하나님을 알기 때문에 이 불안에서 벗어나게 된다는 뜻입니다. "하나님은 사랑이십니다"라는 말씀은 하나님과 형제자매보다 자기 자신을 더 사랑하는 죄를 짓던 인간이 이제 하나님과 형제자매에게서 사랑을 받는다는 뜻입니다. "하나님은 사랑이십니다"라는 말씀은 바로 인간의 죄가 용서를 받는다는 뜻입니다. "하나님은 사랑이십니다"라는 말씀은 이 세상에서 고독한 존재로 알려진 인간이 이제 하나님이 그와 함께 계시기 때문에, 그리고 그가 하나님의 부르심을 받은 백성이기 때문에 결코 고독하게 지내선 안 된다는 뜻입니다.

하나님의 사랑이 한 사람 위에 자리하고 있다는 것은 그의 삶이 다른 모든 사람의 삶과 다르게 진행된다는 뜻은 아닙니다. 다만 그의 삶이 끝없는 이기심에서 벗어나 하나님을 위한 삶이 된다는 뜻입니다. 우리 대다수가 오해하지만 인간의 운명은 사랑이 아닙니다. 운명의 지배자인 분이 사랑이십니다.

이것은 우리가 이 아이에게 바라는 소원이 아니라, 교회가 살아 계신 하나님의 위임을 받아 전하는 현실입니다.

하나님의 사랑에 관해 말하는 것으로 말문을 여니 정말 기쁩니다. 덕분에 우리가 사랑에 관해 말하면서 그것을 매우 인간적인 것으로 이해할 위험에서 벗어나게 되었습니다. "사랑 안에 있는 사람은 하나님 안에 있고 하나님도 그 사람 안에 계십니다." "사랑 안에 있다"라는 말은, 하나님이 하시는 것처럼 세상의 법칙을 깨뜨리도록 우리가 부름을 받았다는 뜻입니다. 세상이 알지 못하고 이해하지 못하는 길, 사랑이 걷는 길, 결코 잘못을 범하지 않는 길, 안정적인 법칙을 가지고 있는 길, 기이해 보이지만 늘 옳은 길, 강도를 만나 쓰러진 사람을 못 보고 지나치는 바리새파 사람이 아니라 볼 줄 아는 눈으로 여기저기를 살피는 사람들의 길이어서 걸음이 자주 끊기는 길을 걷도록 우리가 부름을 받았다는 뜻이 아니고 무엇이겠습니까? 사랑 있는 것은 깨달음을 얻고 뭔가를 보게 되는 것, 적은 수의 사람만이 보는 것을 의미합니다. 즉, 길가에 있는 타인이 내민 손, 그 애원하는 손을 보게 된다는 뜻입니다. 또한 이것은 자기의 모든 소유를 내어주며 행동하고 돕고 섬기는 것과 같습니다.

"사랑 안에 있는 것"은 여기저기서 이루어질 수 있습니다. 이것이 이루어지는 곳엔 언제나 하나님이 끝까지 계십니다. 하지만 우리는 의식하지 못한 채로만 사랑 안에 있을 수 있습니다. 눈이 자기를 보지 못하듯이 사랑도 자기를 보지 못합니다. 자기가 사랑 안에 있다고 말하는 사람은 사랑 안에 있는 사람이 아닙니다. 그는 자기 자신을 보고 있기 때문입니다. 사랑 안에 있는 사람은 자기 자신을 보지 못할 때만 하나님의 안전 보장을 받아 제 길을 가면서 모든 것을 믿고, 바라며, 견디고 용서할 수 있습니다. 이 모든 것이 끝까지 현실이 되면, 실망도 의심도 중단도 없게 됩니다. 그러면 사랑은 결단코 그치지 않고, 시간에서 영원으로 뚫고 들어갑니다. 사랑 안에 있는 사람은 이 세상이 요구하는 빼어난 길을 걷지 않고, 때로는 불명료하고 때로는 어리석은 자기만의 길을 걷습니다. 그에게는 이기적 처세술이 없습니다. 그에게는 볼 수 있는 눈이 있어, 이 어리석고 기이한 길에서 하나님의 영광이 어느 정도 빛을 발하는 것을 바라봅니다.

오직 한분만이 이 세상에서 그 길을 완전히 걸으셨습니다. 그 길이 그분을 십자가로 이끌었습니다. 그분은 십자가를 통해서 우리를 하나님 안에 있는 참 생명으로 이끄십니다.

조카[52]의 세례에 부치는 인사말

에베소서 5:14

1932년 10월

잠자는 사람아, 일어나라. 죽은 사람 가운데서 일어서라. 그리스도께서 너를 환히 비추어 주실 것이다.

당신들의 아이와 유서 깊은 그리스도의 교회의 이 첫 만남은, 자신들의 인생을 그리스도의 교회를 통해 계획했던 선조들과의 연결을 긍정한다는 상징적 의미만 지닌 것은 아닙니다. 이 첫 만남은 부모가 이 아이를 이러한 생의 연결 속에 들여놓고, 빈약하고 왜곡되기도 하지만 절실한 어떤 말들을 이 아이의 인생을 위해 이 아이에게 전하고 싶어 하는 염원을 나타내는 것에 불과한 것도 아닙니다. 오히려 이 첫 만남은 우리의 모든 바람과 행위를 넘어서는 사건, 다른 질서의 사건, 인간이 아니라 하나님께서 일으키시는 사건입니다. 이 아이는 전통과 가치들이 무너지는 것은 물론이고, 이른바 기독교 전통과 기독교적 가치들이 무너지는 것을 우리보다 훨씬 더 많이 경험하게 될지도 모릅니다. 그렇지만 한분이신 하나님은 영원하십니다. 그분은 자기 뜻대로 부수기도 하시며 세우기도 하시는 분입니다. 그분은 자기 교회까지도 부수고 세우시는 분입니다. 미래, 곧 하나님 앞에서는 인간의 어떤 안전 보장책도 존재하지 않습니다. 유서 깊은 교회와 그 기독교 정신도 인간의 안전 보장책이 아닙니다. 이 아이의 미래도 이 교회의 미래도 오로지 하나님께 속해 있기 때문입니다. 그분이 이 아이에게 무엇을 주시고 빼앗으시든, 모두 우리가 알 수 없는 뜻에 따라 하시는 일입니다. 이 뜻을 거역해서는 우리는 몸을 지킬 수 없고 그렇게 지키려 해서도 안 됩니다. 다만 하나님의 뜻에 몸을 맡기고, 그분을 주님으로 모시고, 그분 옆에 다른 어떤 것도 두지 않아야 합니다. 가장 이상적이고, 도덕적이고, 종교적이라고 해도 우리의 염원들을 위한 어떤 우상도 두지 않아야 합니다. 하나님을 하나님 되게 하는 것, 바로 이것이 그리스도의 교회가 중요하게 선포하는 바입니다. 하나님이 이 아이에게 영원히 하나님이 되려고 하신다는 사실, 이것이야말로 교회가 오늘 이 아이에게 전하는 하나님의 자비입니다.

그리스도의 교회는 교회의 언어를 아직 이해하지 못하

는 이 아이에게 말하고 있지만, 이는 하나님의 영원한 뜻에 관해 말하는 것입니다. 하나님은 우리의 이해와 몰이해를 넘어서는 분이시고, 그분 앞에서는 우리 모두 어린아이와 다름없기 때문입니다. "잠자는 사람아, 일어나라. 죽은 사람 가운데서 일어서라." 이 말씀은 하나님 자신의 창조하시는 말씀입니다. 교회를 통해서 이 아이를 깨어 있게 하는 말씀이며, 곧 하나님 앞에서 살아가는 삶으로 부르시는 하나님의 말씀입니다. 인간은 잠들어선 안 되고, 깨어 있어야 합니다. 깨어 있음은 냉철한 상태를 의미합니다. 그것은 꿈과 염원 속에서 사는 것이 아니라, 밝은 현실 속에서 사는 것을 의미합니다. 깨어 있음은 대낮을 사랑하고, 대낮의 행실을 사랑하는 것을 의미합니다. 이것은 환상이 아닌 현실이며 생활입니다. 환상은 세상을 우상화하고, 어떤 우상도 만들지 말라 하시는 하나님을 보지 못하도록 하기 때문입니다. 우리 자신의 염원과 선입견이라는 편견 속에서 세상을 보도록 하기 때문입니다. 깨어 있음은 세상을 하나님 앞에 있는 것처럼 보되 판단하지 않고 보는 것을 의미합니다. 깨어 있음은 열린 상태, 미래를 위해 준비된 상태, 미래를 주시하고 두려워하지 않는 것을 의미합니다. 깨어 있음은 하나님의 환히 밝은 낮을 있는 그대로 보고, 하나님의 창조 세계와 그분의 작품을 사랑하는 것입니다. 동시에 피조물의 고통, 타인의 곤경과 절망을 보고, 그들이 이를 입 밖에 내지 않는 자리에서도 그 필요를 분별하고 항구적인 책임을 아는 것을 의미합니다. 이 깨어 있음은 인간 자신이 시작할 수 있는 것이 아닙니다. 이 깨어 있음은 타인에게는 해를 끼치고 자기에게는 유익을 끼치려는 인간의 간사하고 교활한 깨어 있음이 아닙니다. 하나님이 이 깨어 있는 상태로 사람을 부르셔야 합니다. 우리가 그림에서 본 것처럼 싱그러운 대지에서 잠자는 아담은 오직 하나님과 접촉함으로써 깨어 있는 상태, 하나님 앞에서 살아가는 상태로 부름을 받습니다. 깨어 있음은 하나님 앞에서 살아가는 것을 의미합니다. 깨어 있음은 하나님 앞에서만 살아가는 것을 의미합니다. 하나님 한분만이 영원하신 분이기 때문입니다. "죽은 사람 가운데서 일어서라" 하시고, 살라고 하신 것은 그 때문입니다. 모든 것을 포괄하는 이 말씀이 무슨 뜻인지는 말로 쉽게 표현할 수 없지만, 다음과 같은 것을 의미하는 게 틀림없습니다. "있는 그대로의 사람이 되어라. 하나님 앞에서 그렇게 되어라. 어떤 가면도 쓰지 말아라. 삶의 요령을 통달했다는 자의 가면을 쓰지 말아라. 그는 그 가면 뒤에서 죽은 상태나 다름없다. 어떤 가면도 쓰지 말아라. 영원히 죽어 가는 자의 가면을 쓰지 말아라. 영원히 만족하는 자의 가면을 쓰지 말아라. 도덕적인 자의 가면도 쓰지 말고, 부도덕한 자의 가면도 쓰지 말고, 경건한 체하는 자의 가면이나 냉소적인 자의 가면도 쓰지 말아라. 살아라. 살아 있어라. 죽은 사람 가운데서 일어서라. 하나님이 만드신 그대로 하나님 앞에서 살아라." 그러나 "살라"는 말씀은 명령이 아니라, 하나님 자신의 창조하시는 말씀입니다. 이 말씀이 의미하는 바는 이러합니다. "너는 이미 살아 있다. 나를 통해 살아 있으니, 이제 내 앞에서만 살게 될 것이다. 너는 더는 죽은 자에게 속하지 않고, 영원에 속해 있다."

"잠자는 사람아, 일어나라. 죽은 사람 가운데서 일어서라. 그리스도께서 너를 환히 비추어 주실 것이다." 아담의 창조를 표현한 저 그림에서 싱그러운 대지 위에 잠자는 아담은 하나님과의 접촉을 통해 깨어나 대낮의 찬란함 한가운데로 들어갑니다. 마찬가지로 한 사람을 표현한 그림이 우리 눈앞에 나타납니다. 그는 어두운 땅속에 잠들어 죽은 상태였다가, 한 외침 소리가 그 위에 내려앉자, 이 세상 가운데서 하나님의 빛을 넘치도록 받는 사람입니다. 그는 그리스도에 의해 환해진 사람입니다. 그는 완전히 이 세상에, 이 대지에 힘차게 뿌리를 박고서, 세상의 희망을 동시에 함께 보여주는 한 빛을 통해서 세상을 보는 사람입니다. 그리스도에 의해 환해진다는 것은, 그리스도께서 보시고 뛰어들어 십자가에 달려 죽기까지 하신 비참과 불행을 사랑의 눈으로 보는 것을 의미합니다. 이것은 사랑을 온갖 불행을 극복할 마지막 희망으로 여기는 것을 의미합니다. 희망은 세상의 주님에게서 오고, 주님만이 우상이 아니므로 자기 일을 영광스럽게 하실 수 있을 것입니다. 그리스도에 의해 밝아진다는 것은 무엇보다 하나님을 사랑하고, 사람을 자기 몸처럼 사랑하는 것을 의미합니다. 이것이야말로 "사는 것"을 의미합니다. 이 삶으로 부름을 받는 것이야말로 세례에 담긴 하나님의 은총입니다.

이 아이의 미래는 비밀의 베일에 싸여 있습니다. 우리는 이 비밀을 폭로하려고 해서는 안 됩니다. 하나님은 이 비밀이 드러나지 않게 하십니다. 이 아이와 동행하며 이 아이를 인도하시는 분은 하나님이지 우리가 아닙니다. 그리고 하나님은 약속을 지키시는 분입니다. 아멘.

III.

런던 시절의 설교
1933–1934년

고린도후서 5:20

1933년 10월 22일, 런던에서 행한 첫 설교

그러므로 우리는 그리스도의 사절입니다. 하나님께서는 우리를 시켜서 여러분에게 권고하십니다. 우리는 그리스도를 대리하여 간청합니다. 여러분은 하나님과 화해하십시오.

목사가 이임 및 부임하는 시기에는 항상 공동체 안에 만감이 교차합니다. 모든 것이 순조롭고 안정적인 공동체에서는 성실히 사역하던 목사의 떠나는 모습을 보며 모든 구성원이 괴로움을 느낄 것입니다. 참된 공동체와 참된 목사를 연결하는 요소는 정말 많습니다. 그는 주일마다 공동체와 더불어 삶과 죽음을 포함한 궁극적인 일들에 관해 이야기합니다. 신자들, 슬퍼하는 이들, 가난한 이들, 주리고 목마른 이들, 평화를 이루는 이들, 너그러운 이들을 대상으로 성찬식을 거행합니다. 그는 공동체 구성원들의 집을 날마다 심방하고, 그들에게 사랑과 능력과 정의와 평화와 자유를 갈망하는 마음이 있든 없든 간에 하나님께서 그들을 찾고 계신다는 것을 알려 줍니다. 다시 말해 사람만 하나님을 찾는 것이 아니라, 하나님도 불안과 의문과 두려움과 부담감과 고독에 둘러싸인 사람을 찾으신다는 사실을 알려 주고, 영혼을 완전히 평온케 하여 하나님과 이웃에게 열린 상태가 되도록 해주는 것이지요. 목사는 그러한 시간에 자기 공동체와 그 살아 있는 사람들에게 참으로 가까이 다가갑니다. 그는 다른 이들이 알지 못하는 곤경과 난관을 많이 알고, 그것을 조용하고 겸손하게 자기 공동체와 더불어 짊어집니다. 또한 자기 공동체의 성실한 목자로서 그 짐을 기도에 담아 하나님 앞에 바치기도 하지요. 그러니까 목사와 공동체의 관계가 올바르다면, 헤어질 때 인간적 슬픔에 사로잡히는 것은 충분히 이해할 수 있는 일입니다. 어떤 이들은 미래와 관련해 우려스러운 면이나 조심스러운 면도 볼 것입니다. '새로 부임한 목사는 어떨까? 그도 전임 목사와 같은 길을 걸으면서 자기 직무를 똑같이 이해할까? 아니면 전혀 다르게 이해할까?' 하고 이임하는 목사와 부임하는 목사에 대한 이와 같은 물음들이 매우 자연스럽게 일어날 것입니다. 그런 순간은 모두들 고통, 기쁨, 염려, 확신과 같은 가장 개인적인 감정으로 가득 차서 격해질 것입니다.

그러므로 목사 교체 시기에는 개인적 감정을 제쳐 두고 좀 더 넓고 관대하게 상황을 숙고하는 것이 좋겠습니다. 즉, 전임 목사나 신임 목사 개인의 용모가 중요한 것이 아니라 그들에게 맡겨진 사명이 중요하다는 사실을 알아야 합니다. 그 사명을 수행하는 자가 중요한 것이 아니라 그 사명을 맡긴 분이 전적으로 중요하다는 것을 알아야 합니다. 종이 중요한 것이 아니라 주님이 전적으로 중요하다는 것을 알아야 합니다. 주님의 사명을 수행하는 것, 오직 이 한 가지가 필요하다는 사실을 우리는 알아야 합니다. 목사가 사명에 짓눌려 부서지든 부서지지 않든, 목사가 삶의 특별한 부분을 남보다 더 많이 안다는 이유로 이따금 특별한 사람이 되든 아니든, 목사가 사람을 쉽게 얻든 그렇지 못하든 간에, 목사의 유일한 관심사가 주님을 위해 사명에 목숨을 거는 것이라면 설교와 삶으로 그 사명을 감당할 수 있을 것입니다.

그러니 지금 우리 공동체에 중요한 것은 목사 개인에 관한 물음에서 교회의 주님에 대한 물음으로 옮겨 가는 것입니다. 다시 말해, 선포자를 중시하는 것이 아니라 선포를 중시해야 한다는 것이며, "우리가 이 자리에서 듣고 있는 이 말씀은 우리 하나님 자신의 복음인가? 아니면 인간이 제멋대로 지어낸 생각들, 들풀처럼 오늘 피었다가 내일 지고 마는 생각들에 불과한가?"라고 물을 줄 아는 게 중요하다는 것입니다. 공동체가 목사에게 던질 진정한 물음은 다음 한 가지뿐입니다. "그가 설교단에서, 그리고 일상 속에서 하나님의 영원한 말씀, 생명의 말씀으로 우리를 먹이고 있는가? 아니면 양식 대신 돌을 주는가? 기분 좋게 들어오는 듯하지만 우리의 영혼을 배부르게 하지 못하는 대용물을 주는가?" 공동체는 날마다 목사에게 영혼을 만족시켜 줄 양식을 달라고 요청해야 합니다. 목사는 공동체의 목자로서 하나님 앞에 서서 공동체에 이 선물을 내려 달라고 기도해야 합니다.

여러분과 여러분의 목사 사이에는 오직 그리스도가 있어야 합니다. 여러분과 여러분의 목사 사이에 중요한 이, 우리가 진지하게 만날 때나 기쁘게 만날 때 중요한 이는 그리스도 한 분뿐이어야 합니다.

"그러므로 우리는 그리스도의 사절입니다." 우리가 사역에 착수하는 것은 독단적으로 하는 것이 아니고, 스스로 파송해서 하는 것도 아니며, 우리가 말씀의 보증인을 자처해서 하는 것도 아닙니다. 우리가 설교하는 것은 그리스도께서 홀로 복음의 진리를 보증하시기 때문이고, 우리가 그분의 부르심을 받았기 때문이며, 우리가 그분의 파송을 받았기 때문입니다. 우리는 그분의 메시지를 전하는 임무를 그분으로부터 위임받았습니다.

그러므로 우리는 모든 말로 그 임무를 추구하며, 오직 그리스도만을, 주님만을, 하나님의 말씀만을 전합니다. 하나님의 말씀은 우리의 모든 말을 능가합니다. 하나님은 언제 어디서나 자기 뜻대로 말씀하시고, 언제 어디서나 자기 뜻대로 말씀을 동원하여 사람의 마음을 찌르시고, 여시고, 불안하게 하시며, 위로하십니다. 그래서 우리의 말이 아니라 하나님의 말씀이 중요합니다. 그러나 하나님의 말씀은 우리의 말을 통해서 일합니다. 그런 까닭에 설교는 온 세상에서 비길 데 없는 것이며, 다른 모든 연설과도 전혀 다른 것입니다. 설교자가 성서를 펼쳐서 복음의 말씀을 설명하면, 하나님의 비밀과 기적과 은혜가 나타납니다. 설교를 통해 하나님은 천상에서 우리 한가운데로 내려오셔서 우리에게 말씀하시고, 문을 두드리시고, 물음을 던지시고, 우리를 훈계하시고, 압박하시고, 놀라게 하시고, 위협하시며, 우리를 다시 기쁘게 하시고, 자유롭게 하시고, 확신시키십니다. 교회 안에서 성서의 말씀이 생생하게 전달될 때, 성령이 영원한 보좌를 뒤로하고 우리의 마음속으로 내려오십니다. 그러나 바깥에서 분주히 움직이는 세상 사람들은 그것을 조금도 보지 못하고, 하나님께서 이 자리에서 친히 발견되려 하신다는 사실을 조금도 알지 못합니다. 그들은 화젯거리, 대도시의 야간 소동을 쫓아다니면서, 정작 본질적인 주제, 끊임없이 감화하는 사건이 이 자리에서, 곧 영원과 시간이 만나는 이곳에서 일어난다는 사실은 알지 못합니다. 이 자리는 영원하신 하나님께서 죽을 수밖에 없는 인간을 그분의 말씀을 통해서 돌보시는 곳이자, 인간의 영혼이 최후의 공포인 절망과 동시에 궁극적 깊이인 하나님의 영원을 맛보는 곳입니다.

어째서 세상 사람들은 그것을 알지 못할까요? 무수한 사람들이 몸서리를 치며 교회 앞을 지나치다니 어째서 그럴까요? 영화관이 교회보다 더 재미있고, 더 자극적이고, 더 인간적이고, 더 감동적인 곳이라니 어째서 이 지경이 된 걸까요? 이것이 정녕 우리 탓이 아니고 다른 이들 탓이겠습니까? 교회가 달랐던 적이 있습니다. 교회가 삶과 죽음의 문제를 해결하고 결정했던 적이 있습니다. 그런데 지금은 어째서 그렇지 않을까요?

바로 우리가 교회를 교회답지 않게 만들었고, 지금도 반복해서 그렇게 하고 있기 때문입니다. 우리가 교회 안에서 그릇되고, 부수적이며, 인간적인 일과 생각에 관해서 너무 많이 말하고, 하나님에 관해서는 너무 적게 말하기 때문입니다. 우리가 교회를 하나님의 말씀에 온전히 귀 기울이며 믿는 곳으로 만들지 않고, 우리의 온갖 감정의 놀이터로 만들고 있기 때문입니다. 우리가 강하신 하나님과 그분의 거룩한 불안보다는 평안함과 내적 기쁨을 선호하기 때문입니다. 하나님을 마음대로 부리려고만 할 뿐, 그분이 마음대로 부리시도록 우리를 내어드리지 않고, 그분이 옳다고 인정하지도 않으며, 그분 앞에서 세상이 옳지 않다고 고백하지도 않기 때문입니다. 우리가 하나님을 너무 쉽고 편하게 말하고 생각할 뿐, 그분이 임하셔서 우리를 불편하고 불안하게 하시는 것은 용납하려 하지 않기 때문입니다. 그분이 실제로 지금 이 자리에 우리 한가운데 계시면서 우리에게 삶과 죽음과 마음과 영혼과 몸을 요구하신다는 것을 우리가 믿으려 하지 않기 때문입니다. 끝으로 우리 목사들이 짧은 생각이나 만들어 낸 이야기, 경험 따위만을 너무 많이 말할 뿐, 정작 자신이 영원하신 그리스도의 위대한 진리를 전달하는 자에 불과하다는 사실은 모르기 때문입니다.

이 세상의 나라들은 저마다 사절단을 파견하여 그들이 전 세계에서 자기 나라의 뜻과 힘을 분명히 표출하도록 합니다. 그들은 조국과 그 통치자의 대변자 이외에 아무것도 되어선 안 되지요. 독일 사절은 독일인이어야 하고, 프랑스 사절은 프랑스인이어야 합니다. 개인이 중요한 것이 아니라 사명이 중요한 것입니다. 그들은 이 사명을 수행하기 위해 자기 나라의 모든 권한을 부여받습니다. 그들은 자기 나라를 대신해서 행동하고 발언합니다.

우리의 눈에 보이지 않지만, 영원한 나라와 교회의 통치자이신 주님도 그분의 사절들에게 사명을 부여하여 이 세상으로 보내십니다. 이 사명은 하늘이 땅보다 더 넓고, 영원이 시간보다 더 위대하듯이, 다른 모든 사명보다 훨씬 위대합니다. 주님이 자기 사절들에게 부여하시는 권한은 이 세상의 모든 권한보다 훨씬 강합니다. 하나님의 영원한 말씀, 하나님의 영원한 결정, 하나님의 심판과 은혜, 하나님의 진노와 자비, 하나님의 구원과 저주, 그리스도를 통한 용서. 이것들이 가장 거룩하고 값비싼 보화로 그리스도의 사절들에게 주어져 있습니다. 하나님의 은혜에 따라 그들은 이 보화를 베풀도록 부름받았습니다. 그리고 그들은 자신들이 주님의 이름으로 주님의 공동체 안에서 했던 모든 말에 대해 대목자大牧者이신 그분께 해명해야 합니다. 그들은 공동체의 목자로서 책무와 책임을 다해야 합니다. 이것이야말로 목사직의 궁극적 의미입니다!

이제 우리는 묻습니다. 어떤 사람이 이 일을 할 수 있을까요? 누가 이 사명을 수행할 수 있을까요? 누가 이 짐을 지고 쓰러지지 않을 수 있을까요? 누구도 그렇게 할 수 없습니다. 정말로 경건한 사람도 그렇게 할 수 없습니다. 누구도 이 사명에 관해 쉽게 아는 척하지 못할 것입니다. 그러나 그리스도를 알리는 것이 우리의 사명이므로, 우리가 그분을 알리지 않는다면 우리에게 화가 있을 것입니다. 이 의무와 사명이 우리를 지탱해

주는 것은 그 때문입니다. 우리가 이 의무를 잘못 감당하고, 우리가 이 짐에 눌려 계속해서 주저앉고 실패해도 어쩔 수 없습니다. 그러나 그럴 때 공동체가 우리와 함께 짐을 짊어지고, 우리를 돕고, 우리 편을 들어 주고, 우리의 결점을 알려 주고, 우리를 위해 기도하고, 우리의 잘못을 용서해 준다는 사실을 알아야 합니다. 이것을 알지 못하는 목사는 자신의 직무를 제대로 수행할 수 없습니다. 자신은 공동체를 떠받치려고 했건만, 정작 공동체가 자신을 떠받쳐 주지 않아서 상당수의 목사들이 좌절하고 있습니다. 목사의 직무를 위해 기도하지 않는 공동체는 더는 공동체가 아닙니다. 날마다 자신의 공동체를 위해 기도하지 않는 목사는 더는 목사가 아닙니다.

오늘 본문에는 우리가 전달하고자 하는 메시지가 짤막한 문장으로 요약되어 있습니다. "우리는 그리스도를 대리하여 간청합니다. 여러분은 하나님과 화해하십시오." 이 말씀이 의미하는 바를 남김없이 다 헤아리는 것은 불가능합니다. 엄밀히 말하면, 모든 설교는 이 문장의 해석이라고 할 수 있습니다. 세상의 종말이 다가오고 마지막 설교가 행해질 때, 그런 다음 그리스도께서 직접 오셔서 우리를 모든 진리로 인도하실 때 비로소 이 짧은 문장은 완전히 해석될 것입니다.

"우리는 그리스도를 대리하여 간청합니다." 그리스도는

우리를 통해서 **간청하십니다**. 그분은 온 세상을 다스리면서도 우리를 꾸짖지 않으십니다. 그분은 모든 힘을 소유하고 계시면서도 힘을 행사하지 않으십니다. 그분은 모든 이를 억누를 수 있는데도 억누르지 않으십니다. 그분은 우리에게 부탁하는 사람의 모습으로, 구걸하는 사람의 모습으로, 가난한 사람의 모습으로 찾아오십니다. 그분이 우리에게 오시는 것이야말로 그분의 사랑의 표지입니다. 그분은 우리를 멸시하지 않으시며, 우리의 마음을 열어 그 안에 들어오려고 하십니다. 그분이 가난한 자의 모습으로 우리에게 오셔서 우리의 마음을 얻으시는 것, 바로 이것이 하나님의 특이한 영광입니다. 그분이 "여러분은 하나님과 화해하십시오"라고 간청하시는 것이 너무나 특이해서 우리는 깜짝 놀라게 됩니다. 이 말씀이 의미하는 바는 다음과 같습니다. "여러분은 왕국을 선물로 받으십시오. 하늘을 선물로 받으십시오. 온 세상의 주님, 지존하신 분의 사랑을 받으십시오. 그분의 친구, 그분의 자녀, 그분의 보호와 감독을 받는 사람이 되십시오. 와서, 그분과 그분의 뜻에 굴복하십시오. 그러면 여러분은 모든 악, 모든 죄, 모든 사슬에서 풀려날 것입니다. 여러분은 여러분 자신에게서 풀려날 것입니다. 여러분은 본향을 발견할 것입니다. 여러분은 여러분의 아버지 집에 있게 될 것입니다."

우리는 화해가 안 된 사람들입니다. 이것은 그리스도만

이 홀로 알고 계신 우리의 비밀입니다. 우리는 화해가 안 된 사람들입니다. 그래서 우리의 근심, 우리의 이기심, 우리의 불친절, 우리의 불신이 있는 것입니다. 그래서 우리의 거짓이 있고, 우리의 나약함이 있는 것입니다. 그래서 우리의 고독이 있고, 그래서 우리의 죄가 있는 것입니다. 여러분은 하나님과 화해하십시오. 여러분에 대한 권리를 그분께 내어드리십시오. 그러면 여러분은 하나님과 더불어 형제와 이웃을 되찾게 될 것입니다. 하나님과 화해하십시오. 그러면 여러분은 여러분의 형제와도 화해하게 될 것입니다. 여러분 영혼의 심연을 들여다보십시오. 여러분이 하나님과 화해했는지, 아니면 그분과 사이가 나쁜지, 그분과 불화하는지, 그리스도가 여러분에게 물으시는 것을 용납하십시오. 그런 다음 그분을 바라보고 하나님께로 돌아서십시오. 불화하며 화해하지 못하는 여러분의 마음을 그분께 드리십시오. 그러면 그분이 여러분에게 새 마음을 주실 것입니다.

주님, 우리 모두에게 새 마음을 주십시오. 주님께 기꺼이 복종하는 새 마음을 주십시오. 형제를 사랑하고 공동체를 위해 주님께 기도하는 마음을 주십시오. 주님, 좋은 시작을 주십시오. 주님의 자비로운 마음을 열어 주셔서, 우리를 장차 주 예수 그리스도의 영원한 화해의 나라로 인도해 주십시오. 아멘.

속죄의 날

고린도후서 5:10

1933년 11월 19일, 주일

우리는 모두 그리스도의 심판대 앞에 나타나야 합니다. 그리하여 각 사람은 선한 일이든지 악한 일이든지, 몸으로 행한 모든 일에 따라, 마땅한 보응을 받아야 합니다.

아무것도 비밀로 남아 있지 않고, 어떤 것도 감추어지지 않습니다. 결단코 아무것도 감추어지지 않습니다. 속담은 "아무리 교묘하게 꾸며도 결국엔 탄로나게 마련이다"라고 말합니다. 이 속담이 말하는 것처럼 우리의 태양은 어둠 속에서 일어난 일을 갑자기 드러내면서 그렇게 말합니다. 그러면 대개는 머리를 감싸 쥐고서 "도대체 어떻게 이런 일이 가능하지?"라고 물으며 태양을 두려워하기 마련입니다. 때로 한 사람의 모든 비밀이 폭로되는 순간이 있습니다. 그 순간에는 힘센 손으로 돌덩이들을 슬쩍 들어 올리기만 하면 됩니다. 그러면 즉시 그 아래서 우글거리는 야행성 곤충들, 곧 태양을 피해 숨어 있다가 막 달아나려고 하는 곤충들을 보게 될 것입니다. 이런 돌덩이들은 여러 해 동안 주의를 끌지 못한 채 흩어져 있다가 서투른 발길질에 옆으로 밀려납니다. 그 아래에 무언가 있으리라고 아무도 기대하지 않던 돌덩이들입니다. 우리 마음의 해충은 숨어들 만한 이런 돌덩이들을 급히 찾습니다. 그러나 이 해충은 발걸음이 가까이 다가올 때마다 끊임없이 동요하며 무서워합니다. 그런데 누구를 무서워하는 걸까요? 아마도 모두가 같은 저주를 받은 것으로 짐작되는데도, 자기의 은밀한 비밀이 탄로 날 때까지 오래도록 다른 이들을 대놓고 손가락질하는 그런 사람들을 무서워하는 걸까요? 어쨌든 이 세상은 공정한 것 같지 않고, 그래서 모든 것이 탄로 나진 않는 것 같습니다. 때때로 아주 조금만 탄로 날뿐입니다. 저마다 자기는 감출 것이 전혀 없으며, 그래서 탄로 날 일도 전혀 없다는 일말의 희망을 품고 남에게 화를 냅니다. 앞서 언급한 속담이 완전히 들어맞는 것은 아닙니다. 딱 들어맞지 않기 때문에, 인류는 자신의 은밀한 구석이 탄로난 사람과 탄로나지 않은 사람으로 나뉘어, 한쪽은 부도덕하고 부정직한 자로 불리고, 다른 한쪽은 도덕적이고 행실이 바른 자로 불립니다. 물론 어느 정도 조심하는 삶도 있습니다. 여기서 말하는 조심하는 삶이란 빛을 피하는 방법을 더 잘 아는 삶입니다. 이를테면 타인은 대놓고 드러내는 것을 자신은 생각 속에 감추는 것입니다. 태양은 오로지 행위만 드러내고, 생각은 드러내지 않기 때문입니다.

하지만 우리가 이러한 생각에 만족하고, 이 생각을 근거로 삼아 계속 편안하게—조심스럽게—살아가려고 한다면 대단히 잘못된 생각이 될 것입니다.

속죄의 날 본문은 저 속담보다 더 많은 것을 말하고 있습니다. 그런 까닭에 우리의 본문은 속담으로서는 그다지 적합하지 않습니다. 속담은 도덕적이어야 하고, 적어도 한쪽 사람들이 옳다고 인정하지 않으면 안 되지요. 하지만 오늘 우리가 받아 읽은 본문은 그 누구도 옳다고 인정하지 않습니다. 다만 속죄의 날 위로 빛을 던집니다. 그 빛은 너무 번쩍이고 눈부셔서 우리를 몹시 놀라게 하는 빛입니다. 그래서 속죄의 날은 어두운 날이 아니라, 두렵도록 밝은 날, 빛으로 가득한 날입니다. 자연현상을 보면 대기가 매우 투명하여, 평소에는 먼 거리와 안개에 가려져 있던 것을 자세히 볼 수 있는 날이 더러 있습니다. 속죄의 날이 바로 그런 날입니다. 속죄의 날은 태양이 뭔가를 드러내는 날입니다. 그런데 이 태양, 곧 모든 구석진 곳으로 사정없이 감추어진 것을 드러내는 이 빛은 다름 아닌 그리스도를 의미합니다. 그리고 이로써 상황이 바뀝니다.

속죄의 날은 우리가 눈에 띄지 않는 수단인 성서의 말씀을 통해 다음과 같은 사실을 기억하는 날입니다. 이를테면 최후 심판의 날에 우리의 삶 전체가 완전히 노출되고 폭로되리라는 것입니다. "우리는 모두 그리스도의 심판대 앞에 나타나야 합니다."

우리는 우리의 삶을 어느 정도 느긋하게 이어 갈 수 있도록 해주는 두 가지 기만에 만족해 왔습니다. 첫 번째 기만은 과거에 이미 일어난 일이나 우리가 행한 일이 망각의 늪에 빠져서 시간이 지나면 없어진다고 생각하는 것입니다. 바꿔 말하면, 우리는 망각의 힘을 믿으며 살고 있습니다. 영원은 다름 아닌 망각이라는 것입니다. 우리가 기대어 살아가는 두 번째 기만은 우리가 감추어진 것과 드러난 것, 곧 은밀한 것과 공공연한 것을 구별할 줄 안다고 생각하는 것입니다. 우리는 공적이고 눈에 보이는 삶을 살아가면서, 남이 알지 못하는 생각과 감정과 희망의 비밀스럽고 은밀한 삶을 또한 살아갑니다. 우리가 낮에 품었던 모든 생각과 감정이 갑자기 모두에게 밝혀질 수도 있음을 알게 된다면, 옴짝달싹하지 못하도록 하는 공포의 습격을 받을텐데 말입니다. 우리는 감추어진 것은 그 감추어진 상태로 지속한다는 자연스러운 전제 아래서 살고 있습니다.

하지만 우리 삶의 이 자연스러운 전제들은 부당한 환상처럼 우리를 파멸시키고 말 것입니다. 영원은 망각이 아니라 기억, 곧 영원한 기억입니다. 시간 속에서 일어나는 일, 세상 안에서 일어나는 일은 영원히 간직됩니다. 그것은 영원 속에 제 흔적을 남깁니다. 옛사람들은 그것을 표현하기 위해 생명책이라는 이미지를 만들어 냈습니다. 우리의 삶을 기록한 그 책의 흰 종이는 지금도 기록되고 있습니다. 아무것도 잊히지 않습니다. 우리가 행하는 일은 무엇이든 하나님의 영원 앞에서 이루어지는 일입니다. 모든 일은 영원히 보존되고 간직됩니다. 우리가 잊든 잊지 않든, 하나님은 잊지 않으십니다.

그리고 다른 것도 말씀드립니다. 하나님 앞에서는 감추어진 것과 비밀스러운 것이 마찬가지입니다. 하나님 앞에서는 모든 것이 빛처럼 투명합니다. "주님 앞에서는 어둠도 어둠이 아니며, 밤도 대낮처럼 밝으니, 주님 앞에서는 어둠과 빛이 다 같습니다"라고 시편 시인은 말합니다.[시 139:12] 하나님은 빛이시고 숨김이 없으신 분이니, 우리도 빛 안에서, 그리고 그분 앞에서 숨김이 없어야 합니다. 따라서 하나님 앞에서는 비밀이 더는 존재하지 않습니다. 하나님 앞에서는 모든 비밀이 드러날 수밖에 없습니다. 만물의 마지막 때는 하나님의 비밀과 인간의 비밀이 드러나는 때입니다.

"우리는 모두 그리스도의 심판대 앞에 나타나야 합니다. 그리하여 각 사람은 선한 일이든지 악한 일이든지, 살아 있는 동안에 행한 모든 일에 따라, 마땅한 보응을 받아야 합니다."

이것은 인간의 가장 내밀한 본성에 어긋납니다. 우리는 감추어야 할 무언가를 가지고 있고, 남이 조금도 알지 못하는 비밀들, 근심들, 생각들, 희망들, 염원들, 욕정들을 가지고 있습니다. 누군가 나름의 의구심을 품고 이 영역들 가까이에 접근해 오면, 우리는 날카롭게 굴 것입니다. 하지만 성서는 모든 배려의 규칙을 거스르면서 우리가 결국엔 우리의 현재 모습 및 과거의 모습과 함께 그리스도 앞에 나타나게 될 것이며, 그리스도 앞에만이 아니라 다른 사람들 앞에도 나타나게 될 것이라고 말합니다. 결국 우리의 현재와 과거의 모습이 그리스도 앞에만 아니라 다른 사람들 앞에도 나타나게 될 것이라고 말합니다. 그리고 우리 모두가 아는 것처럼 우리는 인간의 여러 심판은 견딜 수 있지만, 이 최후 심판은 견딜 수 없습니다. 주님, 누가 견디겠습니까?

그리스도께서 심판하실 것입니다. 그분의 영이 영들을 구별할 것입니다. 가난한 자와 약자로 우리 가운데 계셨던 그분이 마지막 날 온 세상에 심판을 드러내어 알리실 것입니다. 그때 중요한 것은 한 가지 물음뿐입니다. "너는 이 영에 대해 어떤 마음 자세를 취하느냐? 너는 이 사람 예수 그리스도에 대해 어떤 마음 자세를 취하느냐?" 다른 모든 영, 다른 모든 사람에 대해 마음 자세를 취할 기회는 많습니다. 궁극적인 것은 그것들에 달려 있지 않습니다. 그러나 예수 그리스도에 대해서는 오직 문자 그대로의 "예"Ja 혹은 문자 그대로의 "아니요"Nein가 있을 뿐입니다. 그분은 인간의 영을 하나하나 심판하는 영이시기 때문입니다. 누구도 그분을 피할 수 없고, 누구도 그분을 지나칠 수 없습니다. 설령 어떤 사람이 자기는 그리할 수 있고, 자기는 스스로 설 수 있으며, 자기가 자기 자신의 심판자라고 생각해도 마찬가지입니다. 누구도 자기 자신의 심판자가 될 수 없습니다. 사람의 심판자는 그리스도이십니다. 그분의 심판은 영원합니다. "예"나 "아니요"를 분명히 말하지 않은 채 그분을 지나쳐 간 사람도, 자기 삶이 영원 속에서 평가받게 될 죽음의 시간에 그분을 마주하고 서서 그분의 얼굴을 들여다볼 수밖에 없습니다. 그때 그분은 "너는 하나님을 사랑하고 사람을 사랑하며 살았느냐, 아니면 너 자신만을 사랑하며 살았느냐?"라고 물으실 것입니다. 이 질문을 받는 순간, 빠져나갈 구멍이나 변명이나 핑계는 더 이상 존재하지 않습니다. 이 질문을 받는 순간, 전 생애가 그리스도의 빛 앞에서 명료하게 드러납니다. "그리하여 각 사람은 선한 일이든지 악한 일이든지, 살아 있는 동안에 행한 모든 일에 따라, 마땅한 보응을 받아야 합니다."

지금은 우리의 생명의 책이 펼쳐지고, 우리가 말과 행실로 하나님의 계명을 어긴 것이 우리 앞에 나타나고, 우리가 그리스도를 마주하고 서서 우리를 변호할 수 없게 되는 때를 생각해야 하는 초조한 시간입니다. 주님, 누가 견딜 수 있겠습니까?

그러나 성서는 원래부터 우리를 불안하게 할 마음이 없습니다. 하나님은 사람이 무서워하는 것을 바라지 않으십니다. 최후 심판에 대해서도 무서워하기를 바라지 않으십니다. 그분은 최후 심판을 알려 주셔서 삶이 무엇인지를 우리가 깨닫도록 하십니다. 그분은 최후 심판을 알려 주셔서 오늘 우리가 미리 최후 심판의 공명정대함과 빛 속에서 삶을 살아가도록 하십니다. 그분은 최후 심판을 알려 주셔서 우리가 예수 그리스도께 이르는 길을 찾게 하시고, 우리가 우리의 악한 길에서 돌아서서 그분을 만나게 하십니다. 하나님은 사람을 놀라게 할 마음이 없으십니다. 그분은 우리에게 심판의 말씀을 보내셔서, 우리가 좀 더 열정적으로, 좀 더 의욕적으로 은총의 약속을 향해 손을 뻗게 하십니다. 우리가 제힘으로는 하나님을 견디지 못하고 그분 앞에서 얻을 것은 죽음뿐이지만, 그래도 하나님은 그분이 우리의 죽음이 아니라 우리의 생명을 바란다는 사실을 알게 하십니다.

심판은 그리스도께서 하십니다. 그것은 진실로 진지하

게 이루어질 것입니다. 그러나 그 심판은 자비로운 분이 하시는 심판입니다. 그분은 세리들과 죄인들 가운데 사셨고, 우리와 똑같이 시험을 받으셨습니다. 우리의 괴로움, 우리의 불안, 우리의 염원을 자기 몸에 짊어지고 고난받으셨습니다. 그분은 우리를 아시고 우리의 이름을 불러 주시는 분입니다. 심판은 그리스도께서 하십니다. 다시 말하건대, 은총이 심판자이고, 용서와 사랑이 심판자입니다. 이에 의지하는 사람은 이미 죄를 용서받은 것이나 다름없습니다. 자기의 공로를 증거로 끌어대려고 하는 사람은 그리스도께서 그 공로에 따라 유죄 판결을 내리실 것입니다. 그러나 우리는 그날에 기뻐해야 합니다. 떨거나 겁내선 안 됩니다. 그분의 손에 우리를 기꺼이 내맡겨야 합니다. 루터는 최후 심판의 날을 두고 이렇게 말했습니다. "속죄의 날 예배를 마쳤으니 풀 죽은 마음이 아니라, 기뻐하는 마음, 믿는 마음으로 가자. 오라, 최후 심판의 날이여! 우리는 그대를 의연히 기다리노니, 우리는 자비로우신 주님을 뵙고 그분의 손을 붙잡을 것이고, 그분은 우리를 사랑해 주실 것이기 때문이다."

마지막으로, 그리스도께서 우리에게 물으시는 "선한 일과 악한 일"은 무엇일까요? 선한 일은 우리가 그분의 은혜를 구하고 그것을 붙잡는 것입니다. 악한 일은 다름 아닌 걱정이고, 자기를 하나님 앞에 내세우려고 하는 것이며, 스스로 의롭게 되려고 하는 것입니다. 속죄는 자기의 공로에서 하나님의 자비로 방향 전환하는 것을 정확히 아는 걸 의미합니다. 방향을 바꿔라, 방향을 돌이켜라! 이렇게 성서 전체는 우리에게 소리쳐 알립니다. 어디로 방향을 돌이키라는 말일까요? 우리를 버려두지 않으시는 하나님, 자기의 피조물인 우리를 넘치도록 사랑하셔서 우리에게 마음을 기울이시는 하나님의 영원한 은총으로 전환하라는 말입니다. 그분은 자비를 베푸실 것입니다. 그러니 오라, 최후 심판의 날이여! 주 예수여, 우리가 준비하게 하소서! 우리가 기뻐합니다. 아멘.

위령주일 설교[1]

지혜서 3:3

1933년 11월 26일

그러나 그들은 평화를 누리고 있다.[2]

오늘 우리는 두 가지 질문에 이끌려 교회에 나아왔습니다. 이 두 질문은 만족할 줄 모르는 질문입니다. 지금 이 질문들은 교회 안에서 대답을 원하고 있습니다. "우리의 고인들은 어디에 있습니까? 우리는 죽은 뒤 어디에 있게 됩니까?" 교회는 인간의 이 불가능한 질문들에 답할 수 있다고 주장합니다. 그렇습니다. 교회가 존재하는 이유는 이 두 가지 궁극적 질문에 대한 답을 알고 있기 때문입니다. 교회가 그 답을 겸손하면서도 단호하게 말할 줄 모른다면, 교회는 자신의 괴로움을 짊어지고 서로 짐이 되는 절망적인 사람들의 단체에 지나지 않을 것입니다. 하지만 그것은 그리스도의 교회가 아닙니다. 그리스도의 교회는 고통이 아니라 구원을 말하고, 회의가 아니라 확신에 찬 희망을 말합니다. 회의는 흥미롭지 않습니다. 아무것도 믿지 않는 것 역시 흥미를 자아내지 못합니다. 믿고 희망하는 것만이 흥미를 자아냅니다. 교회는 흔들림 없는 희망의 장소입니다.

우리의 고인들은 지금 어디에 있을까요? 오늘 우리 앞에 우리가 사랑했던 고인들이 기억에 남는 마지막 사진 속에 담겨 있습니다. 고인은 전혀 말이 없습니다. 우리는 자신이 본 비밀에 관해 다만 침묵으로만 말하는 고인에게 속절없이 우리의 시선을 보내고 있습니다. 이때가 되면 우리의 삶이 무척 무상하게 여겨집니다. 고인은 누구도 돌아오지 못하는 길 위에 있습니다. 산 자는 결코 얻지 못하는 신성한 지식이 자리한 길입니다. 그는 실로 이전에 없던 이 땅의 사람, 이 땅을 베고 잠자던 사람인데, 이제는 이 땅에서 멀리 떨어져 이전과는 다른 세상의 소인이 찍힌 상태입니다. 어머니가 자식을 부르고, 자식이 어머니를 부릅니다. 남편이 아내를 부르고, 친구가 친구를 부릅니다. 형제가 형제를 부르고, 연인이 망자를 애도하여 울며 말하는군요. "고인이 된 여러분은 어디에 있습니까? 여러분은 죽어서 말이 없겠지만, 이제 말해 주십시오. 어째서 여러분은 그리도 멀리 떨어져 있습니까?"

그러나 그들은 말이 없습니다. 흔히 말하는 것처럼, 고인의 영을 주문으로 불러낼 수 있다면, 하늘과 땅 사이에 우리가 알지 못하고 이해하지 못하는 온갖 것들이 있을 수 있습니다. 그러나 한 가지 틀림없는 사실은 우리의 고인들은 이 자리에 모습을 드러내는 것이 아니라, 우리에게서 떨어져 하나님의 손안에 있다는 것입니다. 우리의 눈물과 간청과 주문으로도 그들을 귀찮게 할 수 없습니다. 그들은 말이 없습니다. 그들은 잠자코 있습니다.

질문하는 연인에게 누가 대답할까요? 교회라고 고인들에게 말을 시킬 수 없고, 주문으로 영들을 불러낼 수도 없습니다. 그런데도 교회는 자기에게 찾아와 간청하며 자식에 대해 묻는 어머니에게 뭐라고 말할까요? 자식에게는 어머니에 대해 뭐라고 말해야 하겠습니까? 교회는 고인들을 가리키고 그들에 관해 이런저런 것을 말하거나, 비밀스러운 세계나 죽은 자들의 세계를 가리키지 않습니다. 교회는 다만 하나님을 가리킵니다. 비밀스러운 세계는 여전히 인간의 세계, 도달 가능한 세계, 온갖 마법을 통해 접근할 수 있는 세계입니다. 하나님의 세계는 모든 인간의 세계 너머에 있습니다. 하나님의 세계에 관해서는 하나님 자신과 그분이 보내신 분 곧 그리스도 외에는 누구도 말할 수 없습니다. 우리는 우리의 고인들을 하나님의 세계 안에서 찾아야 합니다. "고인들은 어디에 있습니까?"라는 뜨거운 물음을 품고 찾아오는 사람에게 교회는 가장 먼저 하나님 자신을 가리킵니다. 하나님을 믿는 믿음이 없으면, 죽은 자들에 대한 지식도 없습니다. 하나님은 죽은 자들의 주님이시고, 그들의 운명을 손에 쥐고 계십니다. 그러므로 그분을 아는 사람이어야 자신의 고인도 알 수 있습니다.

그러나 우리는 고인들에 대해 이기적으로 질문하면 안 됩니다. 우리는 고인들의 주님이 아니기 때문입니다. 고인들에 대해 묻고 실제로 대답을 구하는 사람, 반쪽짜리 위로에 만족하려 하지 않는 바로 그 사람은 하나님께 이르는 길을 과감히 모색하고 물어야 합니다. 그러면 그분이 대답하실 것입니다. 대답과 진리를 갈망하는 사람에게 나타나셔서 자신의 비밀을 알리시는 것이 주님의 뜻이기 때문입니다.

이제 평화와 영원한 사랑의 하나님이 오늘 자기 공동체에 말씀하십니다. 그분을 믿는 사람들에게 적합한 말씀입니다. 그분은 자기 공동체에 가장 확실한 약속으로 말씀하십니다. "그들은 나와 함께 있다. 그들은 평화를 누리고 있다." 하나님의 세계는 평화, 곧 최후의 싸움 뒤에 누리는 궁극적 평화입니다. 하나님의 평화는 살아가는 동안 지친 이들에게는 쉼을 의미하고, 보호와 보살핌을 받지 못한 채 떠돌던 이들에게는 보호를 의미하며, 고향을 잃은 이들에게는 고향을 의미합니다. 싸움에 지친 이들에게는 안도를, 고통을 겪은 이들에게는 고통의 진정을, 걱정하며 우는 이들에게는 위로를 의미합니다. 하나님의 평화는 어머니가 우는 자식의 이마를 손으로 쓰다듬어 주는 것과 같습니다. "어머니가 그 자식을 위로하듯이, 내가 너희를 위로하겠다."[3] 여러분의 고인들은 하나님의 위로를 받고 있습니다. 그분이 그들의 눈물을 닦아 주시고, 그들의 쉼 없는 활동을 끝마치게 해주셨습니다. 그들은 지금 평화를 누리고 있습니다.

강인한 생명, 곧 쉼 없던 생명이 죽음이라는 커다란 염려와 싸우는 임종의 자리 위에 "그러나 그는 평화를 누리고 있다"라는 말씀이 임합니다. 죽음이 저주의 공포를 예비할 때, 그 공포에 절망하고 낙담하며 크게 후회하는 죄인의 마지막 간구 위에 그리스도께서 나타나셔서 "그러나 그는 평화를 누리고 있다"라고 말씀하십니다.

임종의 시간에 순전한 믿음으로 오직 그리스도에게 희망을 걸었던 어린이들, 노인들, 신심 깊은 이들의 관 위에 천사들이 "그러나 그들은 평화를 누리고 있다"라고 노래합니다.

우리가 유족들에게서 당혹과 불안과 고통과 자책과 후회만을 볼 때, 우리가 절망과 공허를 볼 때, 하나님은 "그러나 그들은 평화를 누리고 있다"라고 말씀하십니다.

우리의 생각과 간구에 어긋나는 것이 하나님의 "그러

나"입니다. 고인들을 죽도록 내버려 두지 않고, 그들을 깨워 자기에게로 이끄시는 것이 하나님의 "그러나"입니다. 죽음을 잠자는 것이 되게 하시고, 우리를 새로운 세계에서 깨어나게 하시는 것이 하나님의 "그러나"입니다. 죽은 자들을 낙원으로 데려가시는 것이 하나님의 "그러나"입니다. 그리스도는 자기와 함께 십자가에 달려 참회하는 죄수에게 "내가 진정으로 네게 말한다. 너는 오늘 나와 함께 낙원에 있을 것이다"라고 말씀하십니다. "'그러나' 그들은 평화를 누릴 것이다." 이것은 하나님께서 일으키시는 사건이 당연한 것이 아니라, 완전히 새롭고 궁극적인 것임을 의미합니다. 그것은 우리의 평화가 아니라 하나님의 평화를 의미합니다.

그러므로 이 자리에 이기적인 물음이란 있을 수 없음을 한 번 더 말씀드리려고 합니다. 다만 우리가 하나님을 바라보고, 모든 것을 그분의 판단에 맡기고 그분을 믿을 때, 앎과 희망이 생깁니다. 그분이 "나는 부활이요 생명이다. 내가 살아 있으니, 너희도 살아 있어라"라고 말씀하시기 때문입니다.

아이들이 크리스마스트리가 놓인 거실에서 동경에 싸이듯이, 우리에게 기쁨이 가득하고 복된 평화가 자리하는 저 세계에 대한 무한한 동경과 말로 표현할 수 없는 그리움이 없다면, 우리는 우리의 세계가 아닌 하나님의 세계에 관해 전혀 들을 수 없을 것입니다. 아직 하나님과 그분의 나라를 믿지 못하고, 부활의 나라에 관해 들어 보지 못한 사람은 조금도 그리워하지 않을 것이고, 몸의 구원도 기쁜 마음으로 기다리지 않을 것입니다.

젊음이나 늙음은 여기서 중요하지 않습니다. 스무 살이든 서른 살이든 하나님 앞에 그것이 무슨 대수겠습니까? 자기가 마지막 지점에 가까이 이르렀다는 것을 도대체 누가 알 수 있겠습니까? 젊은이든 노인이든, 삶이란 여기서 끝날 때 비로소 시작된다는 것을 알아야 합니다. 모든 것이 종막終幕 앞의 서막에 지나지 않는다는 것을 유념해야 합니다. 어째서 우리는 죽음을 생각하기를 두려워할까요? 어째서 우리는 죽음을 걱정할까요? 죽음은 두려워하는 자에게나 두려운 것입니다. 우리가 마음을 고요히 하고, 하나님의 말씀에 의지하면, 죽음은 거칠지도 두렵지도 않을 것입니다. 우리가 비참해지지 않으면, 죽음은 쓰디쓴 것이 아닐 것입니다. 죽음은 하나님께서 자기를 믿는 사람들에게 선사하시는 은총, 그분의 크나큰 은총입니다. 죽음이 본향이요 기쁨의 장막, 영원한 평화의 나라로 들어가는 입구라는 것을 우리가 안다면, 죽음은 상냥하고, 달콤하고, 부드럽고, 매력적인 것, 천상의 힘을 지닌 것이 될 것입니다. 어쩌면 우리는 "죽음은 무섭지 않지만, 죽음에 임박한 상태는 무서워요"라고 말할지도 모르겠습니다. 죽음에 임박한 상태가 정말 섬뜩한 것인지 도대체 누가 알겠습니까? 인간의 불안과 곤경은 이 세계의 가장 영광스럽고, 가장 천상적이고, 가장 복된 사건 앞에 느끼는 떨림과 전율에 불과한 것은 아닌지 도대체 누가 알겠습니까? 죽음에 임박한 상태는 갓난아이가 세상의 빛을 보고 버둥거리는 것과 다름없을지 누가 알겠습니까? 우리가 임종의 자리에서 경험하는 모든 주목할 만한 것이 그에 대한 암시가 아니고 무엇이겠습니까? 오랫동안 죽음과 씨름하며 두려워하던 사람이 임종의 순간에 눈을 뜨고서 마치 영광스러운 것을 보기라도 한 것처럼 "하나님, 그분은 아름다우시다!"[4]라고 외친다면, 이것은 무슨 뜻일까요?

그렇습니다. 사람이 믿지 않을 때, 죽음은 두렵습니다. 사람이 의인—본문은 이들을 두고 "그러나 그들은 평화를 누리고 있다"라고 말합니다—에 속하지 않을 때, 죽음은 감각을 지닌 사신死神이 됩니다.

우리의 믿음이 죽음을 변화시키지 않으면, 죽음은 지옥이 되고, 밤이 되며, 추위가 되고 맙니다. 그러나 놀라운 사실은, 우리가 죽음을 변화시킬 수 있다는 것입니다. 하나님을 믿는 우리의 믿음이 죽음에 손을 대면, 거친 사신인 불안이 변해서 하나님의 친구이자 전령이 됩니다. 죽음이 변해서 그리스도 자신이 됩니다. 그렇습니다. 이것은 비밀리에 이루어지는 일들입니다. 그러나 우리는 이 일들을 알아야 합니다. 우리의 생명이 여기에 달려 있습니다. 믿는 자들은 평화를 누리게 될 것입니다. 죽음은 그들을 놀라게 하지도, 더 이상 건드리지도 않을 것입니다. 그들은 하나님의 손안에 있고, 어떤 고통도 그들은 건드리지 못하기 때문입니다.

수많은 이들이 죽음을 친구로 삼으려고 애썼습니다. 그런데도 죽음은 마지막 순간에 그들을 배반하고 그들의 적이 되었습니다. 죽음을 친구로 삼는 데는 하나의 길이 있을 뿐입니다. 그 길은 다름 아닌 믿음입니다. 이 길을 걸을 때만, 죽음은 친구가 됩니다. 이 길을 걸을 때만 임종의 자리 위에 "그들은 평화를 누리고 있다"라는 말씀이 울려 퍼질 것입니다. 그때에 우리의 눈은 기쁨에 넘쳐 그 나라와 평화를 보게 될 것입니다.

어쩌면 여러분은 이렇게 말하는 것을 순진한 것으로 여길지도 모르겠습니다. 그러나 우리가 이런 일들을 마주할 때 순진하게 말하는 것 말고 다르게 말할 수 있을까요? 우리가 이런 일들을 마주하며 어린이, 곧 아무것도 모르는 철부지가 되는 것 말고는 무슨 방법이 있겠습니까? 우리가 정말로 어린이와 같은 존재가 되는 것이 좋을까요? 우리가 어린이 아닌 다른 존재가 되려고 해야 그분의 나라에 들어가 기쁜 날을 보게 되는 것일까요? 아이들이 즐거워하는 모습을 보십시오. 그리고 여러분이 어린이들보다 더 나은 존재가 되고 싶어 하는지, 아니면 어린이보다 더 나은 존재가 되고 싶어 하는 것을 부끄럽게 여겨야 하는지 스스로 말해 보십시오. 하나님은 "어머니가 그 자식을 위로하듯이, 내가 너희를 위로하겠다"라고 말씀하셨습니다.

그리스도는 우리를 부활의 자녀라고 부르셨습니다. 향수병에 걸린 자녀는 다름 아닌 우리입니다. 우리가 이 노랫말을 참으로 가까이한다면 말입니다.

> 세상을 가로지르며 내 삶에 열중하려네.
> 그러나 이 어두운 장막에 오래 머물 생각은 없네.
> 나 본향으로 통하는 나의 길을 걷나니,
> 내 아버지께서 넘치도록 나를 위로해 주시리.[5]

누가복음 21:28

1933년 12월 3일, 대림절 첫째 주일

이런 일들이 일어나기 시작하거든, 위를 바라보며 너희의 머리를 들어라. 너희의 구원이 가까워지고 있기 때문이다.[6]

갱내 사고가 어떤 것인지 다들 아실 겁니다. 지난 몇 주에 걸쳐 신문에서 그 기사를 읽으셨을 테니 말입니다.[7]

가장 용감한 광부도 평생토록 무서워하는 순간이 있습니다. 벽을 향해 돌진해도 소용이 없고, 주위에는 침묵만 감돕니다. 그는 지상에 사람들이 모여 있지만 갱도가 막혀서 자기에게 오지 못한다는 것을 압니다. 지상에서 사람들이 매몰자들을 구조하려고 열심히 움직이고 있다는 것도 압니다. 수직갱의 맨 아래쪽에 있는 사람은 구조될까요? 기다리며 고통스럽게 죽어가는 일만 남아 있는지도 모릅니다. 그러나 갑자기 암반을 두들기고 깨는 듯한 소음이 들리고, "어디에 있습니까? 구하러 왔습니다!" 하고 외치는 목소리가 들리면, 낙담해 있던 광부는 벌떡 일어나 심장의 고동을 느끼면서 소리칠 것입니다. "여기요. 와서 나 좀 구해 주십시오! 여러분이 올 때까지 견뎌 볼게요! 빨리만 와 주세요!" 최후의 필사적인 망치질 소리가 그의 귀에 들려오고, 마침내 구조의 손길이 한 발짝 더 가까이 다가옵니다. 그리고 그는 구조됩니다.

이것은 대림절을 빗댄 이야기입니다. "위를 바라보며 너희의 머리를 들어라. 너희의 구원이 가까워지고 있기 때문이다"라는 말씀은 그리스도의 오심과 관련이 있습니다.

그런데 누구에게 하시는 말씀일까요? 갇힌 이들을 생각해 보십시오. 그들은 오랫동안 감금이라는 벌을 받았습니다. 그들 가운데 한 사람이 거듭 탈옥을 시도했지만, 번번이 도로 끌려오는 바람에 벌이 더 심해진 것입니다. 그러다 갑자기 감옥 안으로 이런 소식이 파고듭니다. "머지않아서 너희는 석방될 것이다. 너희의 사슬이 풀릴 것이다. 너희의 사형 집행인들이 묶이고, 너희는 구출될 것이다." 그러면 수감자들로 구성된 성가대는 "아멘, 오십시오, 구세주시여" 하고 소리칩니다.

병자를 생각해 보십시오. 그는 병증을 견디면서 그의 고통이 끝나기를 학수고대합니다. 그러다 마침내 의사가 그에게 침착하고 단호한 목소리로 "오늘 당신은 병이 나을 것입니다" 하고 말하는 날이 옵니다.

대개 속죄의 날에 털어놓곤 하는 비밀을 가진 사람, 용서받지 못한 죄 가운데 살며 삶의 의미와 모든 즐거움을 잃은 사람, 또한 기독교적인 순종의 삶을 살아가려고 애쓰다가 실패하는 우리 자신을 떠올려 보십시오. 아버지를 똑바로 보지 못하는 아들, 아내를 똑바로 보지 못하는 남편을 생각해 보십시오. 혼란스럽고 절망적인 상태를 떠올려 보십시오. 그러면 "위를 바라보며 너희의 머리를 들어라. 너희의 구원이 가까워지고 있기 때문이다"라는 말씀이 또 한 번 들려올 것입니다. "너희가 자유롭게 될 것이다! 너희 영혼의 곤경과 불안이 끝나고, 구원이 가까워지고 있다!"

아버지가 제 자식에게 "땅바닥을 보지 말고, 나 곧 네 아버지를 보라"고 말하듯이, 복음서는 "위를 바라보며 너희의 머리를 들어라. 너희의 구원이 가까워지고 있기 때문이다"라고 말합니다.

이 말씀은 누구에게 건네는 말씀일까요? 자신이 포로가 되어 사슬에 묶여 있음을 아는 사람들, 자신이 악질 인간의 지배를 받으면서 강제 노역에 시달리고 있음을 아는 사람들, 저 구금된 사람들, 저 포로 신세의 사람들, 그래서 기꺼이 구원받으려는 사람들에게 건네시는 말씀입니다. 자기 상태에 이미 익숙해져서 자기가 포로라는 것을 더는 알아채지 못하는 사람들, 갖가지 이유로 만족하는 사람들, 너무 둔감해져서 누군가 "당신의 구원이 가까워졌소!"라고 소리쳐 알려도 거기에 아무 자극도 받지 못하는 사람들에게 건네시는 말씀은 아닙니다. 대림절의 이 말씀은 배부른 사람들, 만족한 사람들이 아니라, 굶주리고 목마른 사람들을 향한 것입니다. 이 말씀이 힘차고 격렬하게 그들에게 다가옵니다. 그리고 우리는 갱내에 매몰된 광부처럼, 구원자가 두들길 때마다, 가까이 다가올 때마다 마지막 남은 주의력까지 모두 기울여 그 소리를 듣습니다. 첫 두들김을 들은 순간부터, 그 광부가 임박한 구출 이외의 다른 것을 생각할 수 있겠습니까? 대림절 첫째 주일에 우리는 "네 구원이 가까워지고 있다!"라는 말씀을 듣습니다. 여러분의 구원이 이미 와서 문을 두드리고 있는데, 여러분은 그 소리가 들리지 않습니까? 여러분의 구원이 돌더미, 곧 여러분의 돌같이 굳은 삶과 마음을 헤치고 길을 내고 있습니다. 빨라 보이진 않지만, 여러분의 구원이 오고 있습니다. 그리스도께서 길을 여시며, 여러분에게 오고 계십니다. 그분은 여러분의 굳은 마음을 다시 부드럽게 해 주려고 하십니다. 그분은 성탄을 기다리는 몇 주에 걸쳐 우리에게 소리쳐 알리십니다. 우리에게 오셔서, 우리 현존재의 감옥, 불안, 죄책감, 외로움으로부터 우리를 구원하시겠다고 말입니다.

여러분은 구원받고 싶으십니까? 이것이 바로 대림절이 우리에게 던지는 중대한 질문입니다. 우리 안에 갈망이 조금씩 타오르고 있는지요? 그렇지 않다면, 우리가 대림절에 무엇을 바랄 것이며, 성탄절에 무엇을 바라겠습니까? 내면의 움직임이 조금이라도 있는지요?

이 말씀을 듣고 우리가 조금이라도 타오른다면, 우리 안의 무언가가 이 말씀을 믿는다면, 그리스도께로 방향을 전환하는 일이 우리 삶 속에서 일어날 것 같다고 느낀다면, 어찌 우리가 복종하지 않을 것이며, 어찌 우리가 우리의 귀에 들려오는 말씀, "네 구원이 가까워지고 있다"라는 말씀을 듣지 못하겠습니까? 도대체 여러분은 들리지 않나요? 잠시라도 기다려 보십시오. 그러면 두드리는 소리가 시시각각 그리고 날마다 점점 더 크게, 점점 더 확실하게 들릴 것입니다! 그때쯤이면 성탄절이 될 테고, 우리는 준비를 마친 상태가 될 것입니다! 우리 구주 그리스도께서 그 자리에 계실 것입니다.

여러분은 이렇게 말할지도 모르겠습니다. "그것은 우리가 교회 안에서 줄곧 말한 것입니다. 하지만 아무 일도 일어나지 않았습니다! 어째서 아무 일도 일어나지 않은 걸까요?" 그것은 우리가 바라지 않았기 때문이고, 우리가 귀 기울이려 하지 않고, 믿으려 하지 않았기 때문입니다. 매몰된 자가 구조될 수도 있겠지만, 우리는 너무 깊이 너무 멀리 떨어져 있고 완전히 단절된 상태여서, 우리에게는 구조대가 뚫고 들어오지 못할 것이라고 우리 스스로 말했기 때문입니다. 우리에게는 종교적 자질이 전혀 없습니다. 우리가 바라면서도 귀 기울여 듣지 않은 것은 그 때문입니다. 그런데도 우리는 온갖 핑계를 댑니다. 우리가 정말로 원했다면, 다시 말해 핑계를 대지 않았다면, 우리는 마침내 기도하기 시작했을 것입니다. 그리스도의 강림이 우리에게서 이루어지게 해달라고 말입니다. 착각하지 맙시다. 구원이 가까워지고 있습니다. 문제는 이 구원이 "우리에게 오게 할 것인가, 아니면 우리를 거스르게 할 것인가, 하늘로부터 땅으로 이어지는 이 움직임 안으로 들어갈 것인가, 아니면 이 움직임을 외면할 것인가"입니다. 우리와 함께하든지 함께하지 않든지 간에, 성탄은 이루어집니다. 이것은 각 사람에게 달려 있습니다.

강림 사건은 의기소침하고 병약한 기독교와는 다른 것을 창조합니다. 이것은 본문의 서두를 장식하는 두 가지 요구로 분명해집니다. "위를 바라보며 너희의 머리를 들어라." 그리스도의 강림은 새 사람을 창조합니다. 이 땅을 바라보며, 이 땅에서 일어난 사건과 변화에 사로잡혀 있는 여러분, 위를 바라보십시오. 하늘에 실망해서 이 땅으로 몸을 돌린 여러분, 위를 바라보십시오. 눈이 눈물 때문에 부어 있고, 이 땅이 빼앗아 간 것 때문에 슬피 우는 여러분, 위를 바라보십시오. 죄책감에 눈을 들지 못하는 여러분, 위를 바라보십시오. "위를 바라보라. 너희의 구원이 가까워지고 있다." 여러분이 날마다 보는 것과는 다른 일, 훨씬 중대한 일, 정말로 고귀하고 강력한 일이 일어나고 있습니다. 그것을 포착하고, 경계에 힘쓰고, 잠시라도 기다리십시오. 대기하십시오. 그러면 새로운 일이 여러분에게 들이닥칠 것입니다! 하나님께서 오시고, 예수께서 여러분을 전유하실 것입니다. 그러면 여러분은 구원받은 사람이 될 것입니다!

여러분의 머리를 드십시오. 풀 죽은 이들, 굴욕감을 느낀 이들, 겁에 질린 이들, 매 맞는 이들이여, 숙인 머리를 드십시오. 폭력이 사라지지 않아도 승리는 여러분의 것이니, 용기를 내고, 강해지고, 씩씩해지십시오! 그리스도께서 오고 계시니, 머리를 가로젓지도, 의심하지도 마십시오.

다시 한번 묻습니다. 두드리며 재촉하며 애쓰며 전진하는 소리가 들리는지요? 우리 안의 무언가가 그리스도를 향해 튀어 오르려 하고, 그리스도를 향해 열리려고 하는 소리가 들리는지요? 이것이 비유적인 말이 아니라는 것을 알겠는지요? 무슨 일이 일어나고 있는지 느껴지는지요? 인간의 영혼이 고무되고, 충격받고, 찢어지고, 치료되는 것이 느껴지는지요? 하늘이 땅을 향해 몸을 굽히자 땅이 전율합니다. 이 변화가 느껴지는지요? 인간이 움찔하며 불안해하다가 기뻐하는 것이 느껴지는지요? 매몰된 광부가 구조대의 망치질과 두들김 이외의 것에 신경 쓸 수 있을까요? 예수 그리스도께서 우리의 삶 가운데 행하시는 망치질과 두들김에 신경 쓰는 것보다 우리에게 중요한 일이 있을까요? 우리가 행하는 모든 일 가운데 귀를 기울여 경청하고 떨며 그분을 갈망하는 것보다 중요한 일이 있을까요? 뭔가 일이 일어나고 있습니다. 오려고 하시는 그분에게 우리 모두 문을 닫아걸지 않고 열어 드리면 좋겠습니다. 한겨울 언젠가 대림절에 루터는 이 본문을 받아 설교하면서, "여름이 가까워지고 있어, 나무들에서 움이 트려고 하는군요. 바야흐로 봄철입니다" 하고 외쳤습니다. 귀 있는 사람은 알아들을 것입니다. 아멘.

누가복음 1:46-55

1933년 12월 17일, 대림절 셋째 주일

그리하여 마리아가 말하였다. "내 영혼이 주님을 찬양하며 내 마음이 내 구주 하나님을 좋아함은, 그가 이 여종의 비천함을 보살펴 주셨기 때문입니다. 이제부터는 모든 세대가 나를 행복하다 할 것입니다. 힘센 분이 나에게 큰일을 하셨기 때문입니다. 그의 이름은 거룩하고, 그의 자비하심은, 그를 두려워하는 사람들에게 대대로 있을 것입니다. 그는 그 팔로 권능을 행하시고 마음이 교만한 사람들을 흩으셨으니, 제왕들을 왕좌에서 끌어내리시고 비천한 사람을 높이셨습니다. 주린 사람들을 좋은 것으로 배부르게 하시고, 부한 사람들을 빈손으로 떠나보내셨습니다. 그는 자비를 기억하셔서, 자기의 종 이스라엘을 도우셨습니다. 우리 조상들에게 말씀하신 대로, 그 자비는 아브라함과 그 자손에게 영원토록 있을 것입니다."

이 마리아의 찬가는 가장 오래된 대림절 성가인 동시에 가장 열정적이고 격렬한 성가입니다. 이제까지 노래로 불린 것 중에서 가장 혁명적인 대림절 성가라고 말할 수도 있을 것입니다. 본문에서 마리아는 우리가 성화에서 보듯이 온화하고 다정하고 꿈꾸는 듯한 마리아가 아닙니다. 열정적이고, 열광적이고, 자부심이 강하고, 한껏 고무된 마리아입니다. 이 찬가는 대다수의 크리스마스 캐럴에서 볼 수 있는 것과 같은 감상적이고 애처로운 어조나 장난스러운 어조가 전혀 없으며, 통치 체제의 전복과 이 세상 통치자들의 굴욕, 하나님의 권능과 인간의 무능을 거칠고 힘차게 다루는 준엄함이 돋보입니다. 드보라, 유딧, 미리암 등 구약성서에서 예언자로 등장하는 여인들의 목소리가 마리아의 입에서 다시 살아납니다. 성령에게 사로잡힌 마리아, 성령이 명령하신 일이 자기에게서 일어나도록 겸허히 순종하는 마리아, 성령의 뜻대로 되도록 길을 내어드리는 마리아입니다. 그녀는 이 성령에 사로잡혀 하나님께서 이 세상에 오시는 것, 곧 예수 그리스도의 강림을 말합니다. 그녀는 그리스도를 기다린다는 것이 어떤 뜻인가를 다른 누구보다 잘 알고 있습니다. 그녀는 누구와도 다르게 그분을 기다립니다. 그녀는 그분의 어머니로서 그분을 기다립니다. 그분은 다른 누구보다도 그녀에게 가까이 있습니다. 그녀는 그분의 오심의 비밀을 알고, 이 오심에 관여하는 성령을 알며, 기적을 행하는 전능하신 하나님을 알고 있습니다. 그녀는 하나님께서 인간과 함께 경이로운 길을 걸으시며, 인간의 견해와 의견을 표준으로 삼지 않으시며, 인간이 규정하려고 하는 길을 걷지 않으시며, 모든 이해와 증명을 능가하는 하나님의 길이 자유롭고 매임이 없다는 것을 몸으로 경험합니다.

오성이 격분하는 곳, 우리의 본성이 반발하는 곳, 우리의 신심이 겁먹은 채 떨어져 있는 곳, 바로 그곳에 하나님은 기꺼이 계십니다. 그분은 그곳에서 분별 있는 사람들의 오성을 어리둥절하게 하십니다. 그분은 그곳에서 우리의 본성과 우리의 신심을 분노케 하십니다. 그분이 그곳에 계시려고 하기에, 그분이 그러시는 것을 아무도 방해할 수 없습니다. 겸손한 자들만이 그분을 믿고 반깁니다. 하나님은 자유하시며 광대하셔서, 인간이 절망하는 자리에서 기적을 행하시고, 인간이 보잘것없고 비천한 존재가 되는 자리를 영광스럽게 하십니다. 하나님께서 비천한 것을 귀히 여기신다는 사실이야말로 기적 중 기적입니다. "그가 이 여종의 비천함을 보살펴 주셨기 때문입니다." 하나님께서 비천함 가운데 계신다니, 이것이야말로 혁명적이고 격렬한 대림절 메시지가 아닐 수 없습니다. 먼저 마리아 자신을 살펴봅시다. 그녀는 목수의 아내, 우리 식으로 말하면, 가난한 노동자의 아내로서 사람들 사이에서 무명이나 다름없고 명망도 없었습니다. 그러나 세상에서 비천하고 초라하다는 바로 그 이유로, 그녀는 하나님께 주목을 받고 구원자의 어머니가 될 사람으로 택함을 받았습니다. 이는 그녀의 어떤 인간적 장점이나 깊은 신심, 겸손, 덕행 때문이 아니라, 오로지 하나님의 은혜로운 의지가 비천한 것, 하찮은 것, 보잘것없는 것을 귀히 여기고, 선택하여, 위대하게 하기 때문입니다. 강건하면서 온순하고, 구약의 세계 안에 살면서 자신의 구원자가 오기를 바라는 비천한 노동자의 아내 마리아가 하나님의 어머니가 되었습니다. 런던의 이스트엔드East End 지역의 가난한 노동자의 아들 그리스도, 구유 안의 그리스도. 하나님은 인간의 비천함을 부끄럽게 여기지 않으시고, 그 한가운데로 들어가시고, 한 사람을 택하여 자기의 도구로 삼으시고, 인간이 거의 기대하지 않는 자리에서 기적을 행하십니다. 하나님은 비천함을 가까이하시고, 잃은 것, 초라한 것, 손상된 것, 약한 것, 부서진 것을 중시하십니다. 인간이 "잃었다"라고 말하는 자리에서 그분은 "찾았다"라고 말씀하십니다. 인간이 "심판받았다"라고 말하는 자리에서 그분은 "구원받았다"라고 말씀하십니다. 인간이 "아니오!"라고 말하는 자리에서 그분은 "예!"라고 말씀하십니다. 인간이 냉담하게 혹은 교만하게 외면하는 곳은 다른 곳과 마찬가지로 하나님의 불타는 사랑의 눈길이 자리하는 곳입니다. 인간이 "비루한 곳이다!"라고 말하는 자리에서 하나님은 "복된 곳이다!"라고 외치십니다. 우리가 우리 생의 한 시점을 마주하여 우리 자신과 하나님 앞에 가까스로 부끄러움을 느낄 때, 하나님이 우리를 부끄러워하실 것이라고 여길 때, 하나님의 멀리 계심을 느낄 때, 바로 그때가 여느 때와 마찬가지로 하나님께서 우리 가까이 계시는 때입니다. 그때야말로 하나님께서 우리의 삶에 침입하시려는 때입니다. 그때야말로 하나님께서 우리에게 그분의 가까이 오심을 느끼게 하여, 우리가 그분의 사랑, 그분의 근접, 그분 은혜의 기적을 깨닫도록 하시는 때입니다.

"이제부터는 모든 세대가 나를 행복하다 할 것입니다"라고 마리아는 환호합니다. 비천한 여종 마리아를 "행복하다" 한다니, 이는 무슨 뜻인가요? 그녀에게 일어난 하나님의 기적에 깜짝 놀라서 찬미한다는 뜻입니다. 하나님께서 비천함을 주시하시고 높이신다는 것을, 그분은 이 세상에서 높은 데가 아니라 낮은 데로 찾아오신다는 것을, 하나님의 영광과 전능은 보잘것없는 것을 위대하게 하는 데 있다는 것을, 그녀를 보고서 알아챈다는 뜻입니다. 마리아를 행복하다 한다는 이 말은 그녀를 위한 제단을 세운다는 뜻이 아니라, 비천한 것을 주시하시고 택하시는 하나님, 큰일을 행하시며 그 이름이 거룩하신 하나님을 그녀와 함께 찬미한다는 뜻입니다. 마리아를 행복하다 한다는 이 말은 하나님의 "자비하심"이 "그분을 두려워하는 사람들", 깜짝 놀라며 그분의 길을 찾고 깊이 생각하는 사람들, 그분의 영이 불고 싶은 데로 불게 하는 사람들, 그분의 영에 순종하여 마리아처럼 "당신의 말씀대로 나에게 이루어지기를 바랍니다"[8]라고 겸손히 말하는 사람들에게 "대대로 있을 것"임을 안다는 뜻입니다.

하나님은 마리아를 도구로 택하여 친히 이 세상에 오십니다. 그분이 베들레헴의 구유 안으로 오신 것은 목가적인 가정사가 아닙니다. 이는 세상 만물의 완전한 전향의 시작이요, 새 질서의 시작입니다. 우리가 이 대림절 사건과 성탄절 사건에 참여하고자 한다면, 극장에서 관객이 그러듯 하는 일 없이 서서 마음에 드는 광경만 즐겨선 안 됩니다. 우리는 구유에서 벌어지는 이 사건의 진행 속으로, 만물의 전향 속으로 함께 들어가, 이 무대에 참여해야만 합니다. 그때는 관객도 이미 그 연극의 배우가 되겠지요. 우리도 그렇게 연극의 참여자가 될 것입니다.

그렇다면 우리는 어떤 역을 맡는 게 좋을까요? 무릎을 꿇는 경건한 목자 역일까요? 예물을 바치는 동방 박사 역일까요? 마리아가 하나님의 어머니가 되는 자리, 비천한 구유 안에 계신 하나님께서 세상 안으로 오시는 자리에서 어떤 장면이 연출될까요? 바로 세상 심판과 세상 구원, 그것이 여기서 벌어지는 광경입니다. 세상 심판과 세상 구원을 수행하는 이는 구유 안에 계신 아기 그리스도입니다. 그분은 위대한 사람들과 유력자들을 물리치시고, 제왕들의 권좌를 뒤엎으시며, 교만한 사람들의 자존심을 상하게 하시며, 그 팔로 높은 사람들과 힘센 사람들을 제압하십니다. 반면에 비천한 사람들을 높이시고, 그들에게 자비를 베푸셔서 그들을 위대하고 영예롭게 하십니다. 그런 까닭에 우리는 그분의 구유로 나아갈 때 여느 아기의 구유로 다가가듯 해서는 안 됩니다. 무슨 일이 있어도, 그분의 구유로 나아가려고 하는 사람은 심판받거나 구원받기 위해서만 나아갈 수 있습니다. 그는 구유 앞에 주저앉는 수밖에 없습니다. 그는 하나님의 자비가 자기 쪽으로 향하는 것을 알게 됩니다.

이것은 무슨 뜻일까요? 이 모든 것은 아름답고 경건한 전설의 허튼소리, 목가적인 과장법이 아닐까요? 아기 그리스도에 관한 것을 이런 식으로 말하다니, 이는 무슨 의미일까요? 허튼소리로 여기려는 사람은 그렇게 하십시오. 이전처럼 계속 신앙심 없이 냉담하게 대림절과 성탄절을 지내십시오. 하지만 우리에게는 이 모든 것이 허튼소리가 아닙니다. 만물의 창조주이신 주 하나님께서 친히 보잘것없는 존재가 되시고, 세상의 구석진 곳, 외진 곳, 초라한 곳으로 들어가시고, 의지할 곳 없이 무방비 상태인 아기의 모습으로 우리를 만나시며, 우리 가운데 계시기 위해 하시는 말씀이기 때문입니다. 이것은 그저 장난이나 농담으로 하시는 말씀도 아니고, 우리가 그것을 매우 감동적이라고 여기기 때문에 하시는 말씀도 아닙니다. 이것은 그분이 어디에 계시고, 그분이 누구신지를 알리기 위해, 바로 이곳에서 인간의 모든 욕망, 곧 커지려고 하는 모든 욕망을 심판하고, 무가치하게 만들고, 오만한 자리에서 쫓아내기 위해 하시는 말씀입니다.

이 세상에서 하나님의 보좌는 인간의 권좌 위에 있지 않고, 인간의 심연 깊은 곳, 구유에 있습니다. 그분의 보좌 주위에서는 사람들은 간신이 아니라, 몽매하고 무명이나 다름없고 수상쩍은 무리, 이 기적에 싫증을 내기는커녕 더 보고 싶어 하고, 전적으로 하나님의 자비에 기대어 살고자 하는 사람들입니다.

이 세상의 강자와 거물들이 용기를 잃고 영혼 깊이 두려워하며, 소심해져 마주하기를 피하는 장소가 두 군데 있습니다. 그것은 예수 그리스도의 구유와 십자가입니다. 권력자는 그 구유 근처에 얼씬도 하지 않습니다. 헤롯 왕도 얼씬하지 않았지요. 그 구유 앞에서 권좌들이 흔들리고, 제왕들이 고꾸라지며, 높은 자리들이 뒤집혀 엎어질 것입니다. 하나님께서 비천한 사람들과 함께하시기 때문입니다. 그 구유 앞에서 부자들과 배부른 사람들이 풀이 죽고 말 것입니다. 하나님께서 가난한 사람들, 굶주린 사람들과 함께하시면서 그들을 배부르게 하시고, 부자들과 배부른 사람들은 빈손으로 떠나보내시기 때문입니다. 여종 마리아 앞에서, 그리스도의 구유 앞에서, 비천함 가운데 계신 하나님 앞에서 강자는 쓰러지고, 권리와 희망을 잃고, 심판을 받습니다. 강자가 생각하기를 오늘 그런 일이 절대로 일어나지 않을 것이라고 해도, 내일이나 모레는 반드시 그 일이 일어날 것입니다. 하나님은 독재자들을 권좌에서 내쫓으시고, 비천한 사람들을 높이십니다. 이 일을 위해 구유 안의 아기, 마리아의 아들 예수 그리스도께서 이 세상에 오셨습니다.

여드레가 지나면 우리는 성탄절을 경축하게 될 것입니다. 이번 성탄절은 진실로 세상에 오신 그리스도의 잔치로서 기뻐하며 축하할 수 있기를 빕니다. 그전에 우리는 우리의 삶에서 중요한 역할을 한다고 생각하는 것들을 어느 정도 정화해야겠습니다. 다시 말해, 예수 그리스도의 구유를 바라보며 인간의 삶에서 정말로 무엇이 높고 낮은지를 물어야겠습니다. 구유 앞에서 우리는 모두 권력자가 아닙니다. 어쩌면 우리는 그렇게 되고 싶을지도 모르나, 그렇게 되는 것을 좋아하지 말라는 말씀을 듣습니다. 큰 권력자는 언제나 적습니다. 그러나 작은 권력자는 많지요. 그런 자들은 할 수만 있으면 자신의 적은 힘을 발휘하며 "점점 더 높이!"라는 한 가지 생각만을 위해서 삽니다. 그러나 하나님의 생각은 다릅니다. 하나님의 생각은 "비천함 속으로, 초라함 속으로, 사심 없음 속으로, 볼품없음 속으로, 중요해지려고 하지 않는 것 속으로, 높아지려고 하지 않는 것 속으로 점점 더 깊이 들어가는 것"을 의미합니다. 우리는 이 길에서 하나님을 만납니다. 우리는 흔히 높다고 하는 사람들과 비천하다고 하는 사람들 가운데 살고 있습니다. 우리는 모두 자신보다 더 비천한 자를 마주하며 살아가고 있습니다. 그렇다면 우리가 이제 다시 한번 철저히 다르게 사고하는 법을 이번 성탄절에는 배울 수 있을까요? 우리의 길이 진실로 하나님께 이르는 길이고자 한다면, 높은 데가 아니라 낮은 데로, 곧 보잘것없는 사람들에게로 이어지는 길이어야 함을 깨달을 수 있을지요? 산 정상과 같이 되려고 하는 인생 행로는 경악과 함께 끝날 수밖에 없다는 것을 알도록 이번 성탄절이 우리를 도울까요?

하나님은 놀림감이 되지 않으십니다. 하나님은 우리가 해마다 성탄절을 맞으면서도 진지하게 경축하지 않는 모습을 방관하지 않으십니다. 그분은 자기의 말씀을 확실히 지키십니다. 그분이 영광과 권능을 두르고 구유 안에 들어가시는 성탄절에 권력자들이 끝끝내 회심하지 않는다면, 그분은 그들을 권좌에서 끌어내리실 것입니다.

이제 중요한 일은 그리스도인 공동체가 자기를 이해하고, 이 인식을 바탕으로 공동생활을 위한 결론들을 도출하는 것입니다. 그러므로 우리 공동체는 마땅히 나아갈 방향을 진지하게 숙고하지 않으면 안 됩니다.

우리 중에서 누가 성탄절을 제대로 경축하게 될까요? 그는 모든 권력, 모든 명예, 모든 명성, 모든 허영, 모든 교만, 모든 독단을 마침내 구유 앞에 내려놓는 사람입니다. 그는 비천한 자의 편이 되어 오직 하나님만을 높이는 사람입니다. 그는 구유 안에 있는 아기를 바라보면서 비천함 가운데 자리하는 하나님의 영광을 보는 사람입니다. 그는 마리아처럼 "내 영혼이 주님을 찬양하며 내 마음이 내 구주 하나님을 좋아함은, 그가 이 여종의 비천함을 보살펴 주셨기 때문입니다"라고 말하는 사람입니다. 아멘.

그리스도와 함께하는 시작

누가복음 9:56-62

1934년 1월 7일, 재영 독일 개신교회 교역자 신년주일 기도회

그리고 그들은 다른 마을로 갔다. 그들이 길을 가고 있는데, 어떤 사람이 예수께 말하였다. "나는 선생님이 가시는 곳이면, 어디든지 따라가겠습니다." 예수께서 그에게 말씀하셨다. "여우도 굴이 있고, 하늘을 나는 새도 보금자리가 있으나, 인자는 머리 둘 곳이 없다." 또 예수께서 다른 사람에게 "나를 따라오너라" 하고 말씀하셨다. 그러나 그 사람이 말하였다. "주님, 내가 먼저 가서 아버지의 장례를 치르도록 허락하여 주십시오." 그러나 예수께서는 그에게 말씀하셨다. "죽은 사람들을 장사하는 일은 죽은 사람들에게 맡겨 두고, 너는 가서 하나님 나라를 전파하여라." 또 다른 사람이 말하였다. "주님, 내가 주님을 따라가겠습니다. 그러나 먼저 집안 식구들에게 작별 인사를 하게 해주십시오." 예수께서는 그에게 말씀하셨다. "누구든지 손에 쟁기를 잡고 뒤를 돌아다보는 사람은 하나님 나라에 합당하지 않다."

"지옥에 이르는 길은 선의로 포장되어 있다." 이 말은 여러 나라에서 발견되는 속담입니다. 이 속담은 개선의 여지가 없는 사람의 뻔뻔스런 처세술에서 생겨난 것이 아닙니다. 이 속담은 기독교적인 통찰을 담고 있습니다. 하지만 새해가 다가오는 무렵에 이미 저지른 그릇된 일의 목록을 작성하면서 "이제부터—이러한 '이제부터'가 어찌나 많은지요!—더 좋은 의도를 품고 시작해야지" 하고 결심하는 것보다 더 나은 일을 할 줄 모르는 그 사람은 아직도 이교 한가운데 푹 빠져 있는 자입니다. 왜 그럴까요?

첫째, 그는 좋은 의도를 품기만 해도 이미 새롭게 시작하는 것이라고 생각하기 때문입니다. 달리 말해, 그는 자기가 원하기만 하면 곧바로 자진해서 새롭게 시작할 수 있다고 생각하기 때문입니다. 이것은 해로운 착각에 지나지 않습니다. 새로운 시작은 하나님의 마음에 들 때 그분이 사람과 함께 수행하시는 것이지, 사람이 하나님과 함께 수행하는 것이 아닙니다. 그렇습니다. 새로운 시작은 결코 사람이 할 수 있는 것이 아닙니다. 사람은 그저 그것을 기원할 수 있을 뿐입니다. 사람이 제힘에 기대어 사는 곳에는 새로움과 시작이 존재하지 않습니다. 하나님은 사람이 이래라저래라 할 수 있는 대상이 아닙니다. 다만 사람이 기도를 드리는 대상입니다. 그런데 사람은 자기가 아무것도 할 수 없음을, 자기가 한계에 봉착했음을, 시작은 다른 쪽에서 하는 것임을 이해할 때만 기도할 수 있습니다.

둘째, 자기의 좋은 의도로만 살려고 하는 사람은 그 의도가 본래 어디서 오는 것인지를 알지 못하기 때문입니다. 이럴 때는 엄정한 시각이 필요합니다. 우리가 말하는 좋은 의도는 약한 마음이 만들어 내는 불안의 산물에 지나지 않습니다. 마음은 온갖 악행과 죄가 두려워 아주 인간적인 무기로 무장하고 그 힘들에 맞서 싸우기 마련입니다. 그러니까 죄를 겁내는 사람은 이미 그 속에 있는 것입니다. 두려움은 악마가 우리에게 던져 우리를 옭아서 넘어뜨리는 그물입니다. 두려워하는 사람은 이미 넘어진 사람입니다. 힘겨운 등산 중에 문득 두려워하는 사람은 틀림없이 발을 헛디디게 마련입니다.

이처럼 두려움이 가득한 좋은 의도는 아무것도 아닙니다. 우리는 결코 새로운 시작에 이르지 못합니다. 지옥에 이르는 길은 좋은 의도들로 포장되어 있습니다.

우리가 새로운 시작을 발견하려면 어떻게 해야 할까요? 오늘 본문은 먼저 예수 그리스도께 고무된 것처럼 보이는 한 젊은이에 관해 보도합니다. 그는 이미 오랫동안 자기의 열정을 표현할 기회를 기다렸던 것 같습니다. 예수께서 마을에 들어가시자, 고무된 그가 그분 쪽으로 급히 다가가서 그분의 길을 막으며 말합니다. "나는 선생님이 가시는 곳이면, 어디든지 따라가겠습니다." 그는 스스로 시작하고 싶어서 나섭니다. 그는 열띤 헌신으로 그분을 위해 무엇이든 하겠다고, 모든 것을 버리겠다고 말하지요. 그러나 예수께서 그를 막으십니다. 그의 이 열정이 의심스러웠기 때문입니다. "너는 네가 무슨 일을 하고 있는지 아느냐? 정말로 너는 내가 누군지 알고 있느냐? 도대체 너는 나의 길이 너를 어디로 데려갈지 알고 말하는 것이냐? 너는 인간의 열정으로는 나에게 치근댈 수 없다는 것을 알지 못하느냐? 내가 필요로 하는 것은 확고하고 흔들림 없는 믿음, 곧 나의 부름에만 의지하는 믿음이라는 것을 알지 못하느냐? 내가 너를 불렀느냐? 너는 내가 불러서 온 것이냐? 열정적인 사람아, 너는 새로 시작하려고 하느냐? 그렇다면, 네가 무슨 일을 하고 있는지 곰곰이 생각해 보아라. 네가 누구와 함께 시작하려고 하는지 숙고해 보아라. 열정과 곤경의 차이는 한 걸음밖에 안 된다는 것을 깊이 새겨라."

예수께서는 이어지는 본문에서 두 번째 사람을 친히 부르십니다. 그는 온통 과거 속에서 살면서, 잊히지 않는 커다란 고통에 열중하고 있습니다. 미래의 기쁨을 조금도 맛보지 못하는 사람입니다. 그는 죽은 자의 세계, 곧 과거 속에서 의식 없이 몽롱하게 살려고 하는 사람입니다. 그리스도께서 그를 불러내십니다. 그가 다시 한번 돌아가고 싶어서 머뭇거리자, 그리스도께서 말씀하십니다. "죽은 사람들을 장사하는 일은 죽은 사람들에게 맡겨 두어라." 이는 "과거의 일은 뒤에 남겨 두고 자유롭게 되어라. 지금 하지 않으면 다시는 기회가 없다"라는 뜻입니다. 그리스도께서 이제 여러분을 새로운 시작으로 부르십니다. 그러니 오로지 그 부르심에 응하십시오. 오늘도 그리스도께서 계속 움직여 가고 계시니, 그분과 동행하며, 그분의 부르심에 응하십시오. 지금 당장!

세 번째 사람은 동행하고 싶어 하는 사람 같습니다. 그는 그럴 생각을 진지하게 품고, 자청하여 예수를 따르겠다고 하고 있습니다. 그러면서 그는 작은 조건을 덧붙입니다. "먼저 집안 식구들에게 작별 인사를 하게 해주십시오." 이는 "내가 틀림없이 동행하겠습니다. 그러나 주님, 주님은 이런저런 '먼저'를 이해해 주시는 분이 맞으시지요?"라는 뜻입니다. 아닙니다. 그분은 이해하지 않으시고, 그럴 마음도 없으십니다. "누구든지 손에 쟁기를 잡고 뒤를 돌아다보는 사람은 하나님 나라에 합당하지 않다." 예수의 말씀입니다. 이 말씀이 의미하는 바는 이렇습니다. "쟁기를 조종하는 사람은 뒤를 돌아다보지 않고, 헤아릴 수 없이 먼 곳을 바라보지도 않는다. 다만 자기가 떼어야 할 다음 걸음만을 중요시한다. 뒤돌아보는 것은 그리스도인의 책무가 아니다. 불안과 염려와 의무를 뒤로하여라. 다만 너에게 새로운 시작을 주시는 그분을 바라보아라. 새로운 시작 위에서 모든 것을 잊어라."

새해에도 불안과 죄와 곤경이 없지 않을 것입니다. 하지만 모든 죄과와 불안과 곤경이 있더라도, 새해를 그리스도와 함께하는 것이 중요합니다. 그리스도와 함께하는 우리의 시작이 중요합니다. 날마다 그리스도와 함께 시작하는 우리의 이야기가 이어지는 것이 중요합니다.

독일 개혁교회 소속 성 바울 교회에서 행한 저녁 설교 I[9]

잠언 16:9

1934년

사람이 마음으로 자기의 앞길을 계획하지만, 그 발걸음을 인도하시는 분은 주님이시다.

제가 외국의 한 독일인 교회에 갔을 때, 저의 마음을 아주 강하게 울린 물음이 있었습니다. '이 사람들은 어떻게 이곳에 오게 되었을까? 어떤 낯선 운명이 이들을 여기로 데려왔을까? 우연과 무수한 사정이 이들의 삶 속에서 큰 역할을 했던 것이 아닐까? 어쩌면 대단히 사소한 이유가 이들에게 평생을 결정하게 하지는 않았을까?' 그러나 다른 한편, 이들은 틀림없이 대단히 강하고 완고하며 비할 데 없는 의지를 종종 발휘하면서, 온갖 어려움을 헤치고 마침내 목적지에 이르렀을 것입니다. 우리 각 사람이 일어서서, 자기가 어떻게 이 나라, 이 도시, 이 장소에 오게 되었는지를 이야기한다고 상상해 보십시오. 확신하건대, 우리는 모두 우리를 인도한 낯설고 놀라운 길들에 대해 듣고 몹시 놀라게 될 것입니다. 우리가 너무 빨리 잊는 것이 있습니다. 바로 우리의 삶이 지금까지 밟아 온 기적 같은 경로입니다. 우리가 이 경로를 다시 떠올려 보는 것은 확실히 좋은 일 같습니다. 자기가 품었던 커다란 계획과 희망, 수많은 실패와 좌절, 행복과 불행, 고립감과 동료애, 쉼 없는 노동과 고단함, 끝으로 오랜 방랑 뒤에 찾은 평화와 평안에 대해 이야기하지 못할 사람은 없을 것입니다. 우리 중에는 길의 중간쯤에 다다른 이도 있고, 길에 갓 들어선 이도 있으며, 갑작스레 자신의 경로에서 벗어나 새로 시작하지 않으면 안 되는 이도 있습니다. 이 자리에 있는 우리 대다수는 미래를 내다보기보다는 과거를 뒤돌아볼 것입니다. 그러나 끝에 다다른 이는 없습니다. 우리는 여전히 우리의 길 위에서 계속 헤맬 수밖에 없습니다. 이 길이 내일 자신을 어디로 이끌지 아는 사람은 아무도 없습니다.

젊은이들과 노인들이 자신의 인생 이야기나 계획을 이야기할 때, 그들로부터 오래된 독일 속담을 듣는 것은 참 인상적입니다. "모든 사람은 저마다 자기 행복의 개척자다." 이 속담은 많은 이들의 경험을 표현하는 것 같습니다. 흔히 우리의 인생이 성공할지 실패할지, 우리가 행복할지 불행할지, 우리가 만족스러울지 불만족스러울지는 우리에게 달려 있다고 생각합니다. 우리의 운명이 전적으로 우리의 의지력, 우리의 노력, 우리의 희생, 우리의 기질, 우리의 재능에 달려 있다는 것이지요.

"모든 사람은 저마다 자기 행복의 개척자다." **소년**은 성인이 되는 때를 꿈꾸고, 미래와 성공, 일과 명예와 명성, 모험과 행복을 꿈꾸지요. 그는 '거기에 다다르려면 어찌해야 하는가?'라고 밤낮으로 자신에게 묻습니다. 그럴 때 이 속담보다 더 훌륭하고 더 단순하고 더 고무적인 대답은 없을 것입니다. "모든 사람은 저마다 자기 행복의 개척자다. 쇠는 뜨거울 때 두들겨라." 어느 소년이든 이 속담에 자극을 받으면, 더 큰 희망을 품고 조바심치지 않을까 싶습니다.

성인이 된 사람은 다음과 같은 말을 충분히 경험한 사람일 것입니다. "그렇게 해야 하는 사람은 너뿐이다. 오직 너뿐이다. 네가 네 길을 내려고 애써야 한다. 설령 모든 것이 너를 거스를지라도, 너는 즐겁고 낙관적인 상태가 되어야 한다. 네 행복은 네가 개척해야 한다."

그리고 마지막으로 넓은 세상을 경험했고, 가난한 신분으로 시작하여 성공을 거둔 **노인**은 뒤를 돌아보며 이렇게 말할 것입니다. "모든 사람은 저마다 자기 행복의 개척자다." 그는 이 훌륭한 조언을 남기며 죽을지도 모르겠습니다.

그러나 이처럼 다들 동의하는 목소리들 가운데 다른 목소리가 있습니다. 우리에게 낯설고 생경하게 들리는 목소리입니다. 그것은 다름 아닌 늙은 현자 솔로몬 왕의 목소리입니다. **"사람이 마음으로 자기의 앞길을 계획하지만, 그 발걸음을 인도하시는 분은 주님이시다."** 이 목소리는 저 대중적인 속담과 정반대입니다. 사람이 이 성서 말씀을 자기 생의 기초로 삼느냐, 아니면 저 대중적인 속담을 기초로 삼느냐에 따라 그 생이 크게 달라집니다. 사람이 자기의 생각과 계획에 의지해 살려고 하면서 그것을 궁극적 실재라고 여기느냐, 아니면 자기의 생각과 염원도, 그 어떤 강도 높은 의지력 훈련조차도 자기 생을 결정해 주지 못함을 깨닫느냐 아니냐에 따라 그 생이 결정됩니다. 보이지 않게 숨어 있는 다른 어떤 미지의 힘이 유일하게 중요하며, 모든 것의 이면에 있으면서 인간들과 민족들의 역사를 만드는 그 요소가 궁극적 실재이며, 그 실재는 다름 아닌 전능하신 하나님이라는 것을 깨닫느냐 아니냐에 따라 그의 생이 정말 크게 달라집니다. 우리의 생은 우리의 의지와 정신으로 그리는 단 하나의 직선이 아닙니다. 인생은 두 개의 다른 선, 두 개의 다른 요소, 두 개의 다른 힘으로 이루어지는 어떤 것입니다. 인생은 사람의 생각과 하나님의 길로 이루어지며, 사실 여기에 인간 자신의 길과 같은 것은 존재하지 않습니다. "사람이 마음으로 자기의 앞길을 계획하지만"이라고 했는데, 그 길은 상상된 길, 꿈꾸어진 길, 생각된 길에 지나지 않습니다. 그러나 우리가 반드시 걸어야 하는 길이 있습니다. 그 길은 다름 아닌 하나님의 길입니다. 이 두 길의 차이는 이러합니다. 이를테면 사람은 자기의 전 생애를 미리 보고 싶어 하지만, 하나님은 우리를 한 걸음 한 걸음 앞으로 나아가게 하십니다. "사람이 마음으로 자기의 앞길을 계획하지만, 그 **발걸음**을 인도하시는 분은 주님이시다." 물론 이 말씀은 인간에게 아주 만족스럽지 못한 것으로 여겨집니다. 인간은 자기 생을 처음부터 끝까지 조망하고 싶어 하기 때문입니다. 하지만 하나님은 그것을 허락하지 않으십니다. 그분은 인간이 자기 인생관에 따라서가 아니라, 하나님의 말씀에 따라 한 걸음 한 걸음 걸어가기를 바라십니다. 하나님의 말씀은 인간이 청할 때마다, 그가 걸음을 뗄 때마다 그에게 다가옵니다. 우리의 삶 전체에 들어맞는 하나님의 말씀은 없습니다. 하나님의 말씀은 오늘도 내일도 새롭고, 날마다 자유롭습니다. 하나님의 말씀은 우리가 귀를 기울여 듣는 바로 그 순간에 적용할 수 있습니다. 하나님은 우리가 한 걸음 한 걸음씩 걸으면서 그분에게 나아가 도움을 구하기를 바라십니다.

우리는 우리 미래의 비밀을 알 수 없다는 것을 알면서도 여전히 우리의 상상력을 활용하거나 계산에 의지해 그것을 정확하고 자세하게 알려고 합니다. 하지만 삶은 우리가 계산할 수 있는 것이 아니지요. 삶은 계산과 생각의 영역 너머에 있습니다. 삶은 우리가 계산에 의지해 삶을 예견하려고 하는 모든 시도를 비웃습니다. 생명은 하나님 자신에게서 오는 것이기 때문입니다. 그분의 계획은 우리가 예견할 수 있는 것이 아니며, 그분은 무엇이든 마음대로 하실 수 있습니다. 삶은 모호한 것입니다. 삶은 인간의 이해력을 넘어섭니다. 인간의 길과 인간의 운명도 그러합니다. 그것을 누가 이해하겠으며, 누가 해석하겠습니까?

제가 소년 시절부터 마음속에 담아 두었던 한 가지 이야기를 들려드리고자 합니다. 체스는 인간이 이제껏 고안한 경기 중 가장 신중한 경기입니다. 그리고 동시에 인간의 삶을 가리키는 가장 놀라운 상징입니다. 인생은 고수를 상대로 하여 벌이는 체스 경기와 같습니다. 두 선수가 경기를 하며, 저마다 승리하기 위해 자기만의 계획을 세웁니다. 그러나 하수는 이내 다음과 같은 사실을 알게 됩니다. 그는 나름의 계획을 세우고, 썩 잘 진행하는 것처럼 보입니다. 고수가 계속 밀립니다. 그가 두는 수가 대단히 무의미해 보입니다. 하수의 의도를 파악하고 있는 것 같지도 않습니다. 하수가 상대의 수에 주의를 기울이지 않아도 될 정도로 고수가 밀리고 또 밀립니다. 그러다 고수가 최후의 결정적인 수를 두기 직전에 하수는 갑작스런 큰 실패에 봉착합니다. 하수는 상대의 수를 이해하기도 전에 이미 경기에서 졌다는 것을 인지합니다. 그리고 경기가 끝나 자신의 패배가 결정되었을 때, 비로소 하수는 상대의 수 하나하나를 차츰 이해하게 되지요. 어째서 상대가 그토록 굼뜨고 주춤거리는 것처럼 보였는지를 그제서야 깨닫기 시작합니다. 그는 무의미해 보이던 상대의 여러 수가 자신에게 패배를 안겨 주었음을 이해합니다.

제가 무엇을 말하려는지 이해하실 것입니다. 패자는 인간이고, 승자는 하나님이십니다. 하나님은 사람이 어떤 일을 시작하게 하시고, 사람이 앞서가며 성공하게 하십니다. 그분은 완전히 수동적인 것처럼 보이고, 그분의 대항 수단들은 굉장히 무의미해 보입니다. 그래서 우리는 그 수단들을 조금도 주목하지 않습니다. 우리는 의기양양하게 앞으로 나아갑니다. 그리고 우리는 성공과 최종적인 승리를 확신합니다. 하지만 하나님은 기다리십니다. 때로는 여러 해 동안 기다리십니다. 우리가 여러 해 동안 나아가도록 하십니다. 그릇된 길을 가는 우리의 모습을 보지 못하시는 것만 같습니다. 하나님은 그렇게 기다리시면서, 인간이 그분의 여러 수를 헤아리고, 저마다의 삶 속에서 단 한 번에 그분께 생명을 돌려주기를 바라십니다. 바로 이 죽음의 시간에 이르러서야 비로소 하나님은 인간의 길을 방해하십니다.

인간이 더는 앞서가지 **못하도록** 하시며, 인간이 멈춰 서서 두려움과 전율 속에서 하나님의 능력과 인간의 약함과 불행을 깨닫도록 하십니다. 다만 인간은 승자이신 하나님께 자기 목숨을 넘겨드리면서 자비를 구하는 수밖에 없습니다. 오직 자비만이 그를 도울 수 있기 때문입니다. 우리 삶의 이 중대한 순간에 이르러서야 비로소 우리는 우리 삶 속에서 이루어진 하나님의 인도하심과 오래 참으심, 하나님의 진노하심의 의미를 이해하게 됩니다. 그때에야 비로소 우리는 하나님께서 우리의 길을 방해하신 이 시기들이 우리 생에서 유일하게 중요한 시기들이며, 우리 생을 살아 있게 한 시기들임을 알아차리게 됩니다.

하나님의 길은 인간의 계획을 방해합니다. 이 방해는 하나님의 길이 인간의 모든 바람과 생각과 길을 방해했던 **그 장소를 가리킵니다**. 하나님의 의지가 인간의 의지를 방해하는 그곳은 다름 아닌 그리스도의 십자가입니다. 그리스도의 십자가는 두 방향, 곧 두 길 중에서 한쪽이 다른 한쪽을 가로막은 것입니다. 바로 하나님의 뜻이 인간의 뜻을 못 박은 것입니다. 그리스도의 십자가는 인간이 패배하고 하나님이 승리하신 것입니다. 그리스도의 십자가는 인간의 끝과 하나님의 시작입니다. 그리스도의 십자가는 인간의 못 박힘과 하나님의 나라입니다. 십자가로 이어지는 길만이 하나님께서 한 걸음 한 걸음 우리를 인도

하시는 길입니다. 그렇습니다. 마침내 그분의 십자가 길은 우리를 영원한 생명에 이르게 할 것입니다. 아멘!

독일 개혁교회 소속 성 바울 교회에서 행한 저녁 설교 II

고린도후서 12:9

1934년

내 능력은 약한 데서 완전하게 된다.

이 세상에서 약함이란 무엇인가요? 육체적 약함, 정신적 약함, 도덕적 약함이란 무엇을 의미하나요? 세계 곳곳에서 제기되는 이런 물음에 대해 모든 철학은 대답하고자 합니다. 이 물음을 지적으로 마주한 적이 없다고 해도, 우리는 날마다 이 물음에 대한 견해를 갖추려고 하지 않습니까? 하지만 우리가 모르던 것을 이제 하나님의 말씀을 통해서 깨닫게 될 것입니다. 인간의 본성에는 불쾌감을 유발하는 문제들을 회피하는 성향이 있습니다. 그래서 우리는 그 문제들에 대해 분명하고 확실한 지적 자세를 취하기보다는, 그 문제들을 우리의 잠재의식 속에 남겨 두고 싶어 합니다. 그러나 하나님은 우리가 타조처럼 머리를 모래 속에 처박기를 바라지 않으십니다. 우리가 현실을 있는 그대로 보고, 진실하고 분명한 결정을 내리기를 바라십니다.

어떤 사람은 "어째서 약함이 그토록 중요한가요?"라고 물을지도 모르겠습니다. 저는 이렇게 되묻겠습니다. 당신은 이 세상에서 가난한 자, 노인, 정신이상자보다 더 심오한 신비를 본 적이 있습니까? 그들은 스스로를 돕지 못하고, 다른 이들의 도움과 사랑과 보살핌에 기댈 수밖에 없지요. 지체장애인, 중환자, 사회로부터 착취당하는 사람, 백인 국가에서 살아가는 유색인, 차별받는 사람들이 어떤 인생관을 지니고 있는지 생각해 본 적이 있습니까? 생각해 본 적이 있다면, 여기서 말하는 인생이 당신이 생각하는 것과는 전혀 다르단 것을 깨닫지 못했는지요? 당신이 이 불행한 사람들과 떼려야 뗄 수 없게 연결되어 있다는 것을 깨닫지 못했는지요? 당신은 그들과 같은 사람으로서, 게다가 약하지 않고 강한 사람으로서 머릿속으로라도 그들의 약함을 느낄 텐데 말입니다. 우리가 이 약함의 세계를 기이하고 낯선 세계로 여겨 멀리하고, 의식적으로나 무의식적으로 그 세계를 외면하는 한, 우리의 삶은 결단코 행복하지 않으리라는 것을 깨닫지 못했습니까? 지금 당장은 우리가 그 세계의 일부가 아닐지 모르지요. 하지만 그 시간이 얼마나 오랠 수 있을까요? 언젠가 우리도 그 일부로 살게 될지 누가 알겠습니까?

이 세상에서 약함이란 무엇일까요? 우리 모두 알고 있듯이, 기독교는 약자를 위한 메시지 때문에 처음부터 계속해서 비난을 받아 왔습니다. 기독교는 노예들, 곧 약자 콤플렉스를 지닌 이들의 종교입니다. 기독교의 성공은 전적으로 다수의 비참한 사람들 덕분입니다. 기독교는 그들의 약함과 비참함을 영예롭게 했습니다. 약함에 대한 이 같은 태도가 사람들을 기독교의 신도로 변화시키기도 하고, 기독교의 적으로 만들기도 했습니다. 귀족의 인생철학은 강함과 힘과 폭력을 인류의 궁극적 이상으로 여겨 예찬하지요. 그들은 기독교가 약자에게 부여한 새로운 의미에 문제를 제기했습니다. 기독교가 약함을 칭송하는 일에 분개하며 이의를 제기한 것입니다. 우리가 보아 온 것처럼, 이 싸움은 오늘날까지 계속되고 있습니다. 기독교는 정권의 폭력과 전횡과 오만에 맞서 혁명적으로 저항하고 약자를 위해 탄원하면서 일어서기도 하고 넘어지기도 합니다. 그런데 제가 보기에 그리스도인들은 이 점을 조금도 분명히 하고 있지 않는 것 같습니다. 기독교계는 권력의 숭상에 너무 쉽게 순응했습니다. 그리스도인들은 지금 하는 것보다 세상을 더 많이 공격해야 하고, 세상에 더 많은 충격을 주어야 합니다. 그리스도인들은 강자에게 있을 법한 도덕적 권리를 존중하기보다는 약자의 편을 더 힘차게 들어야 합니다.

기독교적 관점과 귀족적 관점 사이에는 상충하는 견해들을 조정하려고 하는 중도적 관점이 무수히 존재합니다. 이 중도적 입장들 가운데 가장 위험한 태도는 우리가 흔히 볼 수 있는 자선과 시혜입니다. 그런데 사람들은 이 태도가 얼마나 심각한 문제인지 전혀 알아채지 못합니다. 자선과 시혜는 약함을 불완전함으로 여기고, 강함과 힘이 더 중요한 가치를 지니고 있다고 생각합니다. 그리스도인들은 이런 태도에 반드시 저항해야만 합니다. 자비로운 마음이라는 면에서는 진정한 희생에 대해 모든 합당한 존경을 보내야겠지만, 우리는 약함을 불완점함으로 여기는 태도가 전적으로 잘못되었고 비기독교적이라고 솔직하게 말해야만 합니다. 왜냐하면 그런 태도에는 겸손이 아니라 생색내기가 자리하고 있기 때문입니다. 약자에 대한 기독교적 사랑과 도움은 약자 앞에서 강자를, 고통당하는 사람 앞에서 건강한 자를, 착취당하는 사람 앞에서 유력자를 부끄럽게 하는 것을 의미합니다. 강자와 약자 사이에 있는 그리스도인들에게 요구되는 적절한 관계는 이렇습니다. 이를테면 강자가 약자를 존중하고, 경멸하지 않게 하는 것입니다. 약함은 거룩합니다. 우리가 약자를 열렬히 사랑하는 것은 이 때문입니다. 그리스도는 약함을 불완전한 것으로 여기지 않으십니다. 그분은 강함을 불완전한 것으로, 약함을 완전한 것으로 여기십니다. 약자는 강자를 섬길 필요가 없지만, 강자는 약자를 섬기지 않으면 안 됩니다. 시혜의 감정이 아니라 존중과 사랑을 다해 약자를 섬겨야 합니다. 궁극적으로 정당한 이는 강자가 아니라 약자입니다. 그런 까닭에 기독교는 인간의 가치 척도를 뒤엎고, 그리스도의 시각에서 새로운 가치 질서를 세웁니다.

이제 우리는 마지막 질문에 도달했습니다. "도대체 약함의 의미를 이처럼 새롭게 설명하는 이유가 무엇인가요? 어째서 고난이 거룩한가요?" 그 이유는 하나님께서 이 세상에서 인간으로 인해 고난을 겪으시고, 오실 때마다 인간으로 인해 또다시 고난을 겪으시기 때문입니다. 하나님은 십자가에서 고난을 겪으셨습니다. 그러므로 인간의 모든 고난과 약함은 이 세상에서 하나님의 고난과 약함을 나누는 것과 다름없습니다. 우리는 고난을 겪고 있습니다! 하나님은 더 많은 고난을 겪고 계십니다. 우리의 하나님은 고난을 겪는 하나님이십니다. 고난은 사람을 하나님의 형상으로 만듭니다. 고난을 겪는 사람은 하나님을 닮았습니다. "내 능력은 약한 데서 완전하게 된다"라고 하나님은 말씀하십니다. 육체적 약함이든, 사회적 약함이든, 도덕적 약함이든, 종교적 약함이든 간에, 약한 데 처해 있는 사람은 하나님과 함께하며 하나님을 닮아 가는 사람입니다. 약한 사람은 하나님의 생명을 공유하는 사람입니다. 하나님이 자기와 함께하고 계심을 느끼는 사람입니다. 그 사람은 인간의 모든 이해력과 인간의 모든 가치 척도를 능가하는 하나님의 뜻, 하나님의 은총, 하나님의 사랑, 하나님의 위로를 순순히 받아들입니다. 하나님은 십자가에서 영광을 받으셨듯이, 약자들 안에서도 영광을 받으십니다. 하나님은 사람이 아무것도 아닌 곳에서 힘을 떨치십니다.

소명의 고통[10]

예레미야 20:7

1934년 1월 21일, 주현절 후 셋째 주일

주님, 주님께서 나를 속이셨으므로, 내가 주님께 속았습니다. 주님께서는 나보다 더 강하셔서 나를 이기셨습니다.

예레미야는 하나님의 예언자가 되겠다며 나선 적이 없습니다. 그런데 갑자기 그에게 부르심이 임하자, 그는 뒷걸음치고 저항하며 피하려 했습니다. 그는 하나님의 예언자도 하나님의 증인도 전혀 되고 싶지 않았지요. 도주하는 그에게 말씀, 곧 부르심이 덮쳐 그를 사로잡았습니다. 그는 벗어나지 못합니다. 그에게는 더 이상 길이 없습니다. 하나님이 자기 제물을 손에 쥐셨습니다. 쫓기는 사냥감과 같은 그가 전능하신 하나님의 화살에 맞았습니다. 그렇게 예레미야는 하나님의 예언자가 되었습니다.

말씀은 밖에서 인간에게 다가오는 것이지, 인간의 마음

의 동경으로부터, 인간의 가장 은밀한 소원과 희망으로부터 솟아오르는 것이 아닙니다. 사람을 멈춰 세우고, 사람을 덮치고, 사람을 포로로 붙잡고, 사람을 묶는 말씀은 우리 영혼의 심층에서 오는 것이 아닙니다. 이 말씀은 주님의 낯선 말씀, 미지의 말씀, 뜻밖의 말씀, 난폭한 말씀, 압도적인 말씀입니다. 주님은 이 말씀으로 자기가 원하는 사람을 자기가 원하는 때에 부르셔서 자기를 섬기게 하십니다. 그때 거역하는 것은 아무 도움이 되지 않습니다. 거역하면 다음과 같은 하나님의 대답이 들려옵니다. "내가 너를 모태에서 짓기도 전에 너를 알았으니, 너는 내 것이다. 두려워하지 말아라! 나는 너를 지키는 네 하나님이다."[11] 바로 이때 멀리서 찾아온 생소하고 알려지지 않은 난폭한 말씀이 갑자기 피조물을 갈망하는 주님의 사랑의 말씀이 됩니다. 이 말씀은 이제 우리에게 매우 친숙한 말씀, 가까운 말씀, 설득하는 말씀, 매혹하는 말씀, 유혹하는 말씀이 됩니다. 인간의 머리에 올가미가 씌워지고, 그는 이제 더 이상 벗어나지 못합니다. 저항하려고 시도해 보지만, 저항할 수 없다는 것을 느낍니다. 올가미가 점점 오그라져 고통을 심화하면서 그의 포로 됨을 상기시킵니다. 포로인 그는 뒤따르는 수밖에 없습니다. 그 길은 정해진 길입니다. 그 길은 하나님이 풀어 주지 않으시는 길, 더는 하나님에게서 벗어날 수 없는 이의 길입니다. 그 길은 좋든 나뿐든 결코 하나님에게서 벗어나지 못하는 이의 길입니다.

그리고 이 길은 인간을 가장 취약한 곳으로 이끌어 갑니다. 그는 사람들에게 비웃음과 멸시를 받고, 광인으로 취급되었지요. 그는 사람들의 평온과 평화를 위태롭게 하는 바보가 되었고, 사람들에게 구타와 고문과 감금을 수없이 당해 죽은 거나 다름없는 바보가 되었습니다. 그 바보가 바로 이 예레미야입니다. 그럼에도 그는 하나님에게서 벗어날 수 없었습니다. 사람들은 그에게 별난 사람, 괴팍한 사람, 평화 교란자, 민족의 적이라고 욕을 해댔습니다. 오늘도 사람들은 시도 때도 없이 하나님의 소유가 된 자, 하나님에게 붙잡힌 자를 마구 욕합니다. 하지만 하나님은 그에게 너무나 강하셨습니다. 불화와 재앙이 닥친 곳에서 예레미야가 다르게 말했더라면 얼마나 좋았을까요? 그가 단지 평화와 구원을 외쳤더라면 얼마나 좋았겠습니까? 그가 침묵했더라면, 그가 다른 이들의 언행을 옳다고 인정했더라면 얼마나 좋았겠습니까. 그러나 그는 결코 그럴 수 없었습니다. 마치 그는 강압과 압박을 당하고 있는 것 같았습니다. 누군가 그를 바싹 뒤쫓으면서 하나의 진실에서 다른 진실로, 하나의 괴로움에서 다른 괴로움으로 몰아대는 것 같았습니다. 그런 그는 더 이상 자기 자신의 주인이 아니었습니다. 그는 더 이상 자기 자신을 지배하는 사람이 아니었습니다. 다른 이가 그를 지배하고 있었습니다. 다른 이가 그를 소유하고 있었습니다. 그는 다른 이의 소유였습니다. 물론 예레미야는 우리처럼 살과 피를 가진 사람이었습니다. 우리와 똑같은 사람이었지요. 그러나 그는 끊임없이 굴욕을 당하며 괴로워하고, 남들이 가하는 조롱과 폭력과 만행에 항상 노출되어 있었습니다. 그는 밤새도록 이어지는 고문의 고통 가운데 기도 속으로 피해 보려고 했습니다. "주님, 주님께서 나를 속이셨으므로, 내가 주님께 속았습니다. 주님께서는 나보다 더 강하셔서 나를 이기셨습니다."

"하나님, 당신이 나와 관계를 시작하셨습니다. 당신은 나를 추적하셨고, 나를 놓아줄 마음이 없으셨습니다. 당신은 이곳 저곳에서 갑자기 내게 닥쳐오시고 거듭거듭 나의 길을 가로막으셨습니다. 당신이 나를 꾀시고 유혹하셨으므로, 내 마음이 당신께 순종하며 유순하게 되었습니다. 당신은 당신이 품으신 그리움과 영원한 사랑에 대해, 당신의 성실하심과 강하심에 대해 내게 말씀하셨습니다. 내가 힘을 구하자, 당신은 나의 힘을 돋우어 주셨습니다. 내가 지지를 구하자, 당신은 나를 지지해 주셨습니다. 내가 용서를 구하자, 당신은 나의 죄를 용서해 주셨습니다. 나의 바람과 달리, 당신은 나의 의지, 나의 저항, 나의 마음을 이기셨습니다. 하나님, 당신은 나를 저항할 수 없도록 유혹하여, 나를 당신께 내어드리게 하십니다. 주님, 당신이 나를 설득하셨으므로, 내가 당신께 설득당했습니다. 당신은 나를 아무것도 모르는 사람처럼 붙드셨습니다. 저는 이제 당신에게서 더는 벗어날 수 없습니다. 당신은 나를 당신의 노획물처럼 끌고 가십니다. 당신이 우리를 당신의 개선 마차에 매어 끌고 가시니, 우리는 살갗이 벗겨져 괴로워하면서도 당신의 개선 행렬에 함께합니다. 우리는 당신의 사랑이 이토록 고통을 주고, 당신의 은총이 이토록 가혹하다는 것을 몰랐습니다. 당신은 나보다 강하셔서 나를 이기셨습니다. 당신을 생각하는 마음이 내 안에서 강해지자, 나는 약해졌습니다. 당신이 나를 이기자, 나는 패하고 말았습니다. 그때 나의 의지는 꺾이고, 나의 힘은 너무 빈약했습니다. 그때 나는 고난의 길을 가는 수밖에 없었습니다. 나는 당신께 더는 거역할 수 없었고, 더는 돌아갈 수 없게 되고 말았습니다. 나의 인생에 결정이 내려졌습니다. 결정을 내린 이는 내가 아니라 바로 당신이었습니다. 당신은 기쁠 때나 슬플 때나 나를 당신께 붙잡아 매셨습니다. 하나님, 어찌하여 당신은 너무도 두렵고 무섭게 우리 가까이 계시는 건지요?"

오늘날 우리의 고국 교회에서는 수천의 신자들과 목사들이 진리를 증언했다는 이유로 억압과 박해를 받을 위험에 처해 있습니다. 이들은 반항심과 자의로 이 길을 택한 것이 아니라, 오히려 이 길로 인도된 것입니다. 그들은 이 길을 가는 수밖에 없었습니다. 그들의 의지, 그들의 살과 피를 거스르면서까지 말입니다. 이는 그들 안에 계신 하나님이 너무 강하셨기 때문이고, 그들이 하나님을 더는 거역할 수 없었기 때문이며, 그들 뒤에 있는 성이 닫혀 버렸기 때문입니다. 그들이 더는 하나님의 말씀, 하나님의 부르심, 하나님의 명령을 뒤로하고 물러설 수 없었기 때문입니다. 그들이 그들의 내면에 평온과 안정과 고요가 깃들기를 얼마나 자주 바랐겠습니까. 되풀이해서 위협하거나, 반복해서 독촉하거나, 거듭 항의하거나, 진리를 또다시 증언할 필요가 없게 되기를 얼마나 자주 바랐겠습니까? 하지만 슬프게도 우리가 복음을 전하지 않아 그들이 위협을 받고 있습니다! "하나님, 어찌하여 당신은 이리도 우리 가까이에 계시는지요?"

더는 하나님에게서 벗어날 수 없다는 사실, 이것이야말로 모든 그리스도인의 삶을 압박하는 불안 요소입니다. 한 번이라도 하나님께 묶인 사람, 한 번이라도 하나님께 설득당한 사람은 더는 벗어날 수 없습니다. 이는 젖먹이가 제 어머니에게서 벗어나지 못하고, 남편이 제 사랑하는 아내에게서 벗어나지 못하는 것과 같습니다. 하나님이 한 번이라도 말을 건넨 사람은 그분을 더는 잊지 못하고, 좋든 나쁘든 끊임없이 그분과 동행합니다. 그림자가 사람을 뒤쫓듯이, 그는 그분을 뒤쫓습니다. 그리고 하나님의 이 영속적 근접이 사람에게 너무 강하고, 과도

하고, 인간적 능력을 뛰어넘는 까닭에, 그는 이따금 이렇게 생각할지도 모릅니다. '아, 내가 하나님과 함께 그 일을 시작하지 않았더라면! 그분은 내게 너무 과중한 분이라서 내 영혼의 평온과 내 행복을 깨뜨리시는구나.' 하지만 그래 봐야 아무 소용이 없습니다. 그는 더는 벗어날 수 없게 되었습니다. 그러니 이제 정면 돌파를 하는 수밖에 없습니다. 하나님과 함께라면 마음먹는 대로 될 것입니다. 설령 그가 더는 견딜 수 없어 그만두겠다고 하더라도, 그는 자기를 끌어들이신 하나님, 자기를 이기신 하나님에게서 절대 벗어날 수 없음을 다시 깨닫게 될 것입니다. 그는 하나님의 제물일 뿐입니다. 그는 그분 손안에 있기 때문입니다.

그러나 하나님이 너무 과중하셔서 더는 그분과 함께하지 못하겠다고 누군가 말할 때—이때는 살다 보면 누구에게나 찾아오기 마련입니다—, 하나님이 너무 강해지셨을 때, 그래서 우리가 하나님 때문에 무력해지고 기가 꺾일 때, 하나님의 가까이 계심, 하나님의 성실하심, 하나님의 강하심이 비로소 우리에게 위로와 도움이 됩니다. 그때에야 우리는 하나님과 우리 그리스도인의 삶의 의미를 제대로 알게 됩니다. 하나님에게서 벗어날 수 없다는 사실은 많은 근심과 위축과 시련을 의미하지만, 동시에 그것은 우리가 좋든 싫든 더 이상 하나님 없이 존재할 수 없음을 의미합니다. 이 사실은 우리가 믿음 안에 있든, 죄에 빠져 있든, 박해와 조롱을 받고 있든, 죽음에 처해 있든 간에 우리의 모든 길 위에 하나님이 우리와 함께하심을 의미합니다. 그러니 우리, 우리의 목숨, 우리의 행복, 우리의 평온, 우리의 약함, 우리의 죄가 무슨 대수겠습니까? 약하고, 죽을 수밖에 없고, 죄를 범하기 쉬운 우리의 목숨으로 하나님의 말씀, 하나님의 뜻, 하나님의 능력이 영광을 받는다면 말입니다. 우리의 약함이 하나님의 능력을 담는 그릇이라면 말입니다. 포로가 화려한 옷을 입을 수 없지요. 사슬을 몸에 감고 있을 뿐입니다. 그러나 이 사슬은 승리자로서 세상을 다니시며 인류를 끌어당기시는 분을 영화롭게 해드립니다. 우리 몸에 걸칠 수밖에 없는 사슬과 누더기, 우리의 상처 자국이야말로 그분을 기리는 찬송입니다. 진실과 사랑과 은총을 찬미하는 노래입니다. 진실과 정의의 개선 행렬, 온 세상을 가로지르는 하나님의 개선 행렬, 복음의 개선 행렬이 등장하면 포로들이 개선 마차의 뒤를 따를 것입니다.

그분은 마침내 우리를 자신의 개선 마차에 묶으실 것입니다. 우리는 속박을 받고 학대를 당하겠지만, 마침내 그분의 승리에 참여하게 될 것입니다! 그분은 우리를 설득하셨습니다. 그분은 너무 강하셔서, 이제 더 이상 우리를 풀어 주지 않으십니다. 그러니 어찌 속박과 무거운 짐이 우리를 괴롭히겠습니까? 어찌 죄와 괴로움과 죽음이 우리를 괴롭히겠습니까? 그분이 우리를 붙드십니다. 그분은 우리를 절대 놓아주지 않으십니다. 주님, 늘 새롭게 우리를 설득해 주시고, 우리보다 강하게 되십시오. 다만 우리가 주님만을 믿고, 살고, 죽어서, 주님의 승리를 보게 해주십시오.

음악

시편 98:1

1934년 4월 22일, 부활절 후 다섯째 주일[12]

새 노래로 주님께 찬송하여라.

오늘은 찬양 주일Cantate Sonntag입니다. 저는 찬양 주일을 맞이하여, 우리 하나님께서 노래와 음악을 통해 찬미를 받고 싶어 하신다는 사실을 말씀드리려고 합니다. 그리고 예수 그리스도의 하나님에 관해, 그분의 공동체가 음악으로 그분을 찬미하는 일에 관해서도 말씀드리려고 합니다.

누구든지 처음 교회에 예배드리러 갔던 때를 떠올리면, 다른 모든 소리를 압도하는 웅장한 오르간 소리에 큰 감명을 받았던 것을 기억할 것입니다. 그리고 그 웅장한 오르간 소리가 항상 예배와 연결되어 있었다는 것도 잘 아실 것입니다. 그 당시에 우리의 영혼이 느낀 격한 감흥을 표현한다면, "불안, 외경,

놀람, 내적 매혹이 반씩 담겨 마치 천상에 있는 듯하고, 천사들과 성인들이 하나님의 보좌 앞에서 찬미하는 듯한 느낌"이라고 할 수 있지 않을까요? 지금도 교회 음악을 처음 접하던 때의 여운을 모르는 사람은 없을 것 같습니다. 그러나 우리 가운데 많은 분들, 곧 어린 시절부터 개혁교회의 일원으로 살아온 분들은 예배당에 오르간이나 다른 악기가 있는 것이 정말 불편할 것입니다. 그런 분들은 선포된 하나님 말씀의 영광과 성서의 말씀에 인간이 뭔가를 더해서 그 권위가 상실되거나 흐려지는 것을 원치 않기 때문입니다. 그런 분들은 오르간 소리를 인간이 하나님의 영광을 그분의 말씀이 아닌 다른 방식으로 알리려고 하는 불법적인 시도라고 여길지 모릅니다.

르네상스 시대의 위대한 이탈리아 시인 프란체스코 페트라르카Francesco Petrarca에 관한 이야기입니다. 그는 언젠가 상부 이탈리아의 어느 산에서 꽃이 만발한 땅을 내려다보고는 감정에 북받쳐 "하나님, 참 아름답습니다. 이 세상이 참 아름답습니다" 하고 감탄하다가, 이내 자기 위의 십자가를 두드리며 성무일도聖務日禱를 붙들고 그 안에 있는 기도문을 암송했다고 합니다. 그는 세상의 아름다움에 감동하다가, 움찔하며 그 아름다운 세상으로부터 뒷걸음치는 자와 같습니다. 그는 정말로 이 세상의 아름다움을 그것을 지으신 분보다 더 사랑할 마음이 없는 사람입니다. 그는 피조물을 창조주보다 더 사랑할 마음이 없는 사람입니다. 로마의 베드로 대성당 안에 서서 교황 합창대가 노래하는 천상의 소리를 듣고 좋아하는 사람이 성서의 소박한 언어로 선포되는 하나님의 참된 음성을 귀 기울여 듣지 않고 좋아하지도 않는다면, 그것은 정말로 위험한 일입니다. 목수의 옷을 입고 분명하고 단순하게 사실적으로 말씀하시는 분을 인간의 호화롭고 화려한 예술 작품으로 찬미하면서, 그분의 가난과 비천함을 잊어버리는 것은 하나님을 모독하는 일에 가깝습니다.

피조물을 하나님보다 더 사랑하는 것은 마치 하나님을 위해 음악을 사랑하려고 하는 사람이 만나는 대단한 위험이자 시험과도 같습니다. 우리는 교회 안에서 그런 위험을 멀리하고, 하나님의 말씀만 언급되게 하려고 하는 이들을 경멸해선 안 됩니다. 그들은 대단한 진지함을 갖추고 있고, 신적 계시의 유일성과 배타성과 무장식성無裝飾性에 대한 지식도 많이 갖추고 있기 때문입니다. 하나님의 말씀은 어떤 장식도 필요로 하지 않습니다.

우리 모두 이것을 명심하면 좋겠습니다. 즉, 성서 안에서 그리고 복음의 선포 속에서 우리에게 선언되는 바와 같이, 하나님의 말씀은 어떤 장식도 필요로 하지 않으며, 그 자체가 장식이고, 영광이고, 아름다움이며, 그 이상이라는 것입니다. 그러나 인간이 추구하는 특별한 아름다움과 마찬가지로, 하나님의 말씀도 그것을 사랑하는 이들의 장식을 피할 수 없습니다. 참된 아름다움을 빛내는 모든 장식과 마찬가지로, 하나님의 말씀에 대한 장식도 말씀 고유의 아름다움이 더욱 찬란히 빛나게 하는 데 그 본질이 있습니다. 하나님의 말씀에 대한 장식은 낯선 것이나, 그릇된 것이나, 참되지 않은 것이나, 반짝이는 하찮은 것이나, 겉치레가 되어서도 안 되고, 고유의 아름다움을 덮어 버리는 것이 되어서도 안 됩니다. 그것은 다만 고유의 아름다움을 드러내고 가시화하는 그런 장식이 되어야 합니다. 하나님의 말씀에는 오직 이러한 장식만 허용됩니다.

2천 년 전부터 하나님의 말씀을 사랑한 사람들은 자신들의 가장 아름다운 것을 계속 장식해 왔습니다. 그 가장 아름다운 것은 눈에 보이지 않는 것, 곧 그들의 순종하는 마음이었습니다. 바로 이 순종하는 마음에서 하나님과 예수 그리스도의 영광을 기리는, 볼 수 있거나 들을 수 있는 작품이 생겨났습니다. 우리 앞에는 천5백 년 동안 예수 그리스도의 영광을 기려 온 성가들을 모은 책이 놓여 있습니다. 그 속에는 참되지 않거나 실패한 장식도 담겨 있겠지만, 비길 데 없이 고귀한 장식도 담겨 있습니다. 우리가 이 책에 숨어 있는 인류의 가장 고귀한 자산에 관해 아는 것이 없고, 탐구도 거의 하지 않는다면, 그것은 우리에게 부끄러운 일이 될 것입니다.

그런데 우리가 참되고 선한 것과 참되지 않은 실패작을 구별하려면, 그리고 그 구별의 열쇠를 얻으려면 어떻게 해야 할까요? 비유를 하나 들어 봅시다. 인간의 영혼은 마치 하프와 같고, 이 영혼에 충격을 주는 하나님의 말씀은 하프 연주자와 같다고 하지요. 하프의 현絃들이 깔끔하고 조율이 잘 되어 있을수록 영혼으로부터 나오는 선율도 그만큼 깔끔하고 청아하게 울릴 것입니다. 그런데 우리의 모습을 보면 자주 음이 맞지 않고, 불협화음이 발생하고, 현들이 전부 끊어진 듯한 소리가 울려 나오는 것 같지 않습니까? 우리의 입술에서는 거칠고, 고통스럽고, 괴롭고, 불협화음을 내는 외침만이 나올 뿐입니다.

물론 폭풍이 현들 위로 거칠게 불어와 그것들을 울리는 일이 생길 수도 있습니다. 격정의 폭풍, 격동의 폭풍, 운명에 대한 격앙의 폭풍이 불어닥치면 낮은 탄식과 흐느낌이 흘러나오고, 그다음에는 노래가 생겨나고 음악이 생겨나 소리가 커질 것입니다. 그러면 우리의 자아, 우리의 열정, 우리의 사랑, 우리의 증오, 우리의 절망, 우리의 슬픔, 우리의 활력에 대한 예찬이 터져 나올지도 모릅니다.

여기서 중요한 것은 하나님 자신이 하프 연주자인가, 아니면 우리의 괴로움과 격정이 하프 연주자인가입니다. 우리의 노래와 음악이 하나님의 영광과 예수 그리스도의 영광만을 전하려 하는가, 아니면 인간이 그 표준이며 중심인가에 따라서 크고 결정적인 차이가 발생합니다. 바흐는 자신의 모든 작품을 두고 "오직 하나님께 영광"Soli deo gloria이라고 쓰거나, "예수여, 나를 도와주소서"Jesu juva라고 썼습니다. 이는 그의 음악이 다만 이 하나님을 쉬지 않고 찬양하는 것이었음을 말해 줍니다. 반면에 베토벤의 음악은 인간의 괴로움과 열정에 대한 불후의 표현일 뿐이라고 하겠습니다.

이 깊은 차이가 우리의 성가집 전체를 관통하고 있습니다. 이 성가집에는 인간의 기분, 인간의 그리움, 인간의 감정을 하나님의 업적보다 더 많이 예찬하는 노래가 다수 담겨 있지만, 하나님의 영광, 하나님의 능력, 하나님의 사랑, 하나님의 은혜만을 추구하고 인간과 그 위대함을 완전하게 몰아내는 노래들도 담겨 있습니다. 바로 이런 노래들이 사실상 종교개혁 시기의 성가입니다. 이 성가집에서는 하나님의 위대하심과 그분이 일으키신 기적의 위대함이 불가항력으로 나타나고, 인간은 작아져서 전능하신 하나님을 예찬하고 찬미합니다. 1680년 이전에 지어진 성가들과 경건주의적인 성가들을 비교해 보십시오. 그러면 그 차이가 확연히 드러날 것입니다.

언젠가 톨스토이는 이렇게 말했습니다. "차르는 착한 사람들이 베토벤의 작품을 연주하는 것을 틀림없이 금지할 것이다. 그의 작품은 인간의 열정을 너무 깊이 자극하고 인간을 위태롭게 하기 때문이다." 반면에 루터는 인간에게 있는 것 가운데 하나님의 말씀 다음으로 음악이 가장 좋은 것이라고 종종 말했습니다. 이들은 두 가지 다른 면을 추구했습니다. 톨스토이는 인간의 영광을 위한 음악을 추구했고, 루터는 하나님의 영광을 위한 음악을 추구했습니다. 루터는 음악이 수많은 슬픔을 달래고, 억압받는 자들을 위로하고, 욕망을 진정시키고, 풀이 죽은 자들을 일으켜 세워 주고, 시련을 겪는 자들을 강하게 해주고, 굳어진 마음에 다시 눈물을 선사하고, 큰 죄인들을 다그쳐 하나님의 선하심 앞에 회개하도록 했음을 알고 있었습니다.

"새 노래로 주님께 찬송하여라." 이 말씀에 새로운 강조점이 있습니다. 이 새 노래는 인간을 새롭게 하는 노래와 다를까요? 이 새 노래는 어둠과 걱정과 불안을 겪은 인간으로부터 분출되어 새로운 희망, 믿음, 신뢰를 향해 나아가는 노래와 무엇이 다를까요? 바로 이 새 노래는 하나님께서 친히 우리 안에 다시 일깨우시는 노래입니다. 이 노래는 아주 오래된 새 노래, 곧 욥기에서 말하는 것처럼 "한밤중에도 찬양을 주시는"[13] 하나님께서 일깨우시는 노래입니다. 우리의 인생의 밤, 우리의 고난의 밤, 우리의 두려움의 밤, 우리의 죽음의 밤에 부르는 찬양, 바로 이것이 새 노래입니다. 지각없는 자에게 자기 성찰을 촉구하는 노래, 죄인에게 회개를 촉구하는 노래, 본향을 떠난 자에게 귀향을 촉구하는 노래, 완고한 자에게 울음을 촉구하는 노래, 우는 자에게 기쁨을 촉구하는 노래, 세례식에서 젖먹이를 하나님께 맡기며 부르는 노래, 견신례 때 청소년이 신앙을 고백하며 부르는 노래, 부부에게 순종과 성실을 촉구하는 노래, 임종의 자리와 열린 무덤 위에 부활의 소망을 선포하는 노래입니다. 바로 이것이 주님이요 구원자이신 그리스도의 새 노래입니다.

"새 노래로 주님께 찬송하여라." 하지만 예수 그리스도의 보좌 앞에 우리의 모든 노래는 노래 중의 노래, 영원을 찬미하는 노래의 반사광에 지나지 않습니다. 우리의 노래는 성서의 이미지들이 보여주는 것과 같이, 하늘의 천사들과 성도들이 성부, 성자, 성령 하나님을 향해 환성으로 올리는 찬미가와 할렐루야 합창의 여운에 지나지 않습니다. 기독교의 소망은 목소리와 하프 소리와 찬미 소리가 바다와 같이 충만해지는 것으로 하나님의 영원하심을 상상합니다. 이미지는 이미지일 뿐이지만, 나름의 권리를 가지고 있습니다. 이 자리에서 우리는 우리가 눈을 감을 때, 새 노래, 곧 모든 노래 가운데 가장 순수하고 달콤하고 힘차고 강력한 이 노래가 우리를 에워싸기를 고대하는 것이 어떨까요? "새 노래로 주님께 찬송하여라." 예, 주님, 우리의 입술에 노래를 담아 왔습니다. 우리의 노래가 그칠 때, 당신의 노래가 강해지게 하십시오. 우리의 두 손이 축 처질 때, 천사들이 연주하게 하십시오. 우리의 임종의 자리에 죽은 자는 들을 수 없는 노래가 큰 소리로 울리게 하십시오. 주님, 우리가 당신의 새 노래를 향해 급히 갑니다. 예수 유바![Jesu juva] 예수여, 도와주소서. 아멘.

비밀
고린도전서 2:7-10

1934년 5월 27일, 삼위일체 주일

우리는 비밀로 감추어져 있는 하나님의 지혜를 말합니다. 그것은, 하나님께서 우리를 영광스럽게 하시려고, 영세 전에 미리 정하신 지혜입니다. 이 세상 통치자들 가운데는, 이 지혜를 아는 사람이 하나도 없습니다. 그들이 알았더라면, 영광의 주님을 십자가에 못 박지 않았을 것입니다. 그러나 성경에 기록한 바 "눈으로 보지 못하고 귀로 듣지 못한 것들, 사람의 마음에 떠오르지 않은 것들을, 하나님께서는 자기를 사랑하는 사람들에게 마련해 주셨다" 한 것과 같습니다. 하나님께서는 성령을 통하여 이런 일들을 우리에게 계시해 주셨습니다. 성령은 모든 것을 살피시니, 곧 하나님의 깊은 경륜까지도 살피십니다.

우리의 현대적 삶에 비밀이 없다는 것은 그야말로 우리의 타락이자 우리의 빈곤이라고 할 수 있습니다. 인간의 삶은 이 비밀을 존중하는 만큼 가치가 있습니다. 인간은 이 비밀을 존중하는 만큼 내면에 아이를 유지합니다. 아이들은 열린 눈, 깨어 있는 눈을 소유하고 있지요. 이는 그들이 비밀로 둘러싸여 있음을 알기 때문입니다. 그들은 아직 이 세상에 어떻게 대처할 지를 모르고, 우리처럼 비밀들을 돌파할 줄도 모릅니다. 우리는 비밀을 파괴합니다. 그 이유는 비밀이 있으면, 우리가 우리 존재의 한계와 마주친다고 느끼기 때문입니다. 우리가 비밀을 파괴하는 이유는 우리가 모든 것을 마음대로 처리하려 하고, 주인이 되려 하기 때문이며, 비밀이 있으면 그럴 수 없기 때문입니다. 우리는 **비밀을 두렵게** 여깁니다. 이는 우리가 비밀과 함께 있으면 **편안하지** 않기 때문이고, 비밀이 우리의 것과는 다른 "편안함"Daheimsein을 말하기 때문입니다.

비밀 없이 산다는 것은 우리 삶의 비밀과 타자의 비밀, 세계의 비밀을 조금도 알지 못한다는 뜻입니다. 비밀 없이 산다는 것은 우리 자신과 타자와 세계의 내밀함을 무시한다는 뜻입니다. 비밀 없이 산다는 것은 그저 피상적인 데 머무른다는 뜻입니다. 비밀 없이 산다는 것은 모든 세계를 계산 가능한 것으로, 이용 가능한 것으로만 여길 뿐, 계산과 이용의 세계 배후로 돌아가지 않는다는 뜻입니다. 비밀 없이 산다는 것은 삶의 결정적인 사건들을 보지 못하고 부정한다는 뜻입니다. 나무 뿌리가 대지의 어둠 속에 자리하고, 빛 가운데 살아가는 모든 것이 모태의 어둠과 내밀함에서 유래하듯이, 우리의 사고와 우리의 영적인 삶 전체도 우리의 사랑, 우리의 생명과 마찬가지로 내밀하고 은밀한 어둠에서 유래합니다. 하지만 우리는 이런 사실을 조금도 알려고 하지 않습니다. 우리는 **"비밀이야말로 모든 명백함, 모든 명확함, 모든 공공연함의 뿌리다"**라는 말을 귀담아들으려 하지 않습니다. 설령 귀담아듣는다고 해도, 우리는 그 비밀에 달려들어 그것을 계산하고 설명하려 하거나, 그것을 세밀히 분석하려고 하다가, 끝내 그 속에 자리한 생명을 죽이고 비밀을 발견하지 못합니다. 비밀은 비밀로 남아야 합니다. 비밀은 우리에게 파악되기를 거부합니다.

그러나 비밀은 그저 알 수 없는 뭔가를 의미하지 않습니다. 가장 큰 비밀은 가장 멀리 떨어져 있는 저 별이 아닙니다. 이와 반대로 우리가 가까이 다가가면 다가갈수록, 우리가 알면 알수록 더욱 비밀에 싸이는 것이 있습니다. 우리에게 가장 큰 비밀은 멀리 떨어져 있는 사람이 아니라 바로 가장 가까운 사람입니다. 우리가 그를 끊임없이 알아 간다고 해도 그의 비밀은 더 줄어들지 않습니다. 그를 가까이하면 할수록, 그는 우리에게 더 비밀에 싸인 존재가 됩니다. 그래서 두 사람이 서로 가까이 다가가 서로 **사랑하는** 것이야말로 모든 비밀의 궁극적인 깊이입니다. 인간은 세상 그 어디에서도 사랑에서만큼 비밀의 힘을, 그 장엄함을 강하게 느끼지 못합니다. 두 사람이 서로에 관한 모든 것을 더 알면 알수록, 오히려 그들 사이에 사랑의 비밀도 그만큼 더 커집니다. 이 사랑 안에서 그들은 서로 더욱 이해하고, 더욱 깊이 알고, 서로를 온전히 인정할 수 있습니다. 그들이 서로 사랑하고, 사랑 안에서 서로에 관해 더 알면 알수록, 그들은 그들의 사랑의 비밀을 더 깊이 인식하게 됩니다. 이처럼 앎은 비밀을 파기하지 않고 깊어지게 합니다. 다른 사람이 이와 같이 나에게 가까이 있다는 **사실**이야말로 가장 큰 비밀입니다.

삼위일체 하나님을 말해야 하는 날인 오늘 **어째서 이 모든 것을 말하는 것일까요**? 바로 우리에게서 거듭 없어지려고 하는 개념, 그것 없이는 하나님의 삼위일체 사상을 조금도 이해할 수 없는 개념, 더 자세히 말해 비밀이라는 개념에 매우 인간적인 방법으로 주목하게 하려는 것입니다.

"우리는 비밀로 감추어져 있는 하나님의 지혜를 말합니다." 하나님에 관한 사상들은 때로 명료하지 않고, 상식적이지도 않습니다. 우리가 하나님을 정확히 이해하려고 해도, 그분은 도무지 이해되지 않지요. 교회는 **비밀로 감추어져 있는 하나님의 지혜**로 존속합니다. 하나님은 비밀 안에 살아 계십니다. 그분의 존재는 우리에게 비밀입니다. 영원부터 영원까지 비밀입니다. 그것은 우리—아직 편안하지 않은 우리—를 편안하게 해 주는 본향을 말하기 때문에 비밀입니다. 우리가 하나님을 두고 하는 모든 생각은 이 비밀을 파기하는 일이 되어서도 안 되고, 하나님을 명백한 존재, 비밀 없는 존재로 만드는 일이 되어서도 안 됩니다. 오히려 하나님에 관한 모든 생각은 우리를 완전히 능가하는 **비밀**을 가시화하는 일에, 비밀로 감추어져 있는 하나님의 지혜와 그 거룩함과 내밀함을 밝히는 일이 되어야 합니다. 하나님의 지혜에 감추어진 비밀을 박탈해선 안 됩니다. 비밀이 그 원천인 본향을 드러나게 할 것입니다. 교회의 모든 교의는 다만 하나님의 비밀을 가리키는 것에 지나지 않습니다.

그러나 세상은 이 비밀을 볼 수 있는 안목이 없습니다. 세상은 자신이 계산할 수 있고 이용할 수 있는 신만을 원하지요. 아니면 그 어떤 신도 원하지 않습니다. 그래서 하나님의 비밀은 세상이 보지 못하게 감추어져 있습니다. 세상은 하나님의 비밀을 원하지 않습니다. 세상은 신을 자기가 원하는 대로 만들기는 해도, 가까이 계시되 비밀스럽게 숨어 계신 하나님은 알지 못합니다. "이 세상 통치자들 가운데는, 이 지혜를 아는 사람이 하나도 없습니다." 통치자들은 계산과 이용으로 살아가고, 그로 인해 이 세상에서 크고 높아집니다. 하지만 그 때문에 정작 중요한 비밀을 깨닫지 못합니다. 비밀을 알 수 있는 이는 아이들뿐입니다. 이 세상은 하나님의 비밀을 보는 눈이 없습니다. 이 사실을 증명하는 분명한 표지가 있습니다. 그 표지는 다름 아닌 예수 그리스도의 십자가입니다. 이 세상이 그분을 알았더라면, "영광의 주님을 십자가에 못 박지 않았을 것입니다." 예수 그리스도야말로 이 세상이 알지 못하는 하나님의 비밀입니다. 나사렛 목수 예수가 영광의 주님이었다는 사실이야말로 하나님의 비밀입니다. 하나님께서 인간을 사랑하심으로 이 세상에서 가난하고 비천하고 보잘것없고 연약한 존재가 되셨으니, 이것이 비밀이 아니고 무엇이겠습니까? 우리를 하나님처럼 되게 하시려고 그분이 우리와 똑같은 사람이 되셨으니, 이것이 비밀이 아니고 무엇이겠습니까? 우리를 하나님께 나아가게 하시려고 그분이 우리에게 오셨으니, 이것이 비밀이 아니고 무엇이겠습니까? 하나님께서 우리를 위해 보잘것없게 되신 것, **하나님께서 나사렛 예수 안에 계신 것**, 이것이야말로 "**비밀로 감추어져 있는 지혜**"입니다. 이 지혜는 우리가 눈으로 보지 못하고, 귀로 듣지 못하고, 마음으로도 느끼지 못한 지혜입니다. 하나님께서 자기를 낮추고 가난하게 되신 데에 그분의 영광이 있고, 사람을 사랑하신 데에 그분의 영광이 있습니다. 바로 이 사실, 하나님께서 사람을 멀리하시지 않고 그에게 가까이 다가와 그를 사랑하신다는 사실, 하나님의 사랑과 가까이 계심이라는 사실,

이것이야말로 하나님께서 자기를 사랑하는 사람들에게 마련해 주신 비밀입니다.

그러나 예수 그리스도 안에 나타난 하나님의 사랑의 비밀에 참여하는 이는 하나님을 사랑하는 사람들뿐입니다. **그 비밀이 하나님께 사랑받고 하나님을 사랑하는 것을 의미합니다.** 하나님께서 우리를 사랑하시고 우리가 그분을 사랑하는 것, 이보다 더 큰 비밀은 이 세상에 존재하지 않습니다. 피조물이 창조주와 견줄 수 없듯이, 모든 인간적 사랑은 이 비밀과 견줄 수 없습니다. 세상의 창조주께서 여러분을 사랑하신다는 이 사실은 상식이 아니라, 비밀 중에서도 가장 큰 비밀입니다. 다만 하나님을 사랑하는 사람만이 이해하는 비밀입니다. 하나님의 비밀은 하나님께 사랑받고 하나님을 사랑하는 것을 의미합니다. 그런데 하나님께 사랑받는 것은 그리스도를 의미하고, 하나님을 사랑하는 것은 성령을 의미합니다. 그러므로 하나님의 비밀은 그리스도와 성령을 의미합니다. 하나님의 비밀은 성삼위일체를 의미합니다.

"하나님께서는 성령을 통하여 이런 일들을 우리에게 계시해 주셨습니다." 하나님의 말씀, 하나님의 이야기, 하나님의 비밀은 우리의 눈이나 귀나 마음으로 인지할 수 있는 것이 아니라, 하나님께서 우리에게 주시는 성령으로만 인지할 수 있습니다. 그리스도 안에 자리한 하나님의 비밀은 너무나 커서, 그 분만이 그것을 알고, 그분이 성령을 주시는 사람만이 그것을 알 수 있습니다.

예수 그리스도 안에서 우리를 죽기까지 사랑하신 하나님, 성령 안에서 우리의 마음을 열어 주셔서 자기를 사랑하게 하신 하나님이 동일한 하나님, 곧 성부이자 세상의 창조주시라는 것입니다. 세상을 처음부터 끝까지 껴안으시고 창조하시며 구원하시는 하나님이 세 분이 아니라 한 분이시라는 것, 그러면서도 그분이 매번 창조주 성부로서, 예수 그리스도로서, 성령으로서 계시는 하나님이라는 것, 바로 이것이 우리가 비밀로 받들고 비밀로 이해하는 "**하나님의 깊은 경륜**"입니다.

이제까지 우리가 한 말은 모두 다 하나님의 비밀을 가리킨다고 할 수 있습니다. 하나님의 자기 계시와 예수 그리스도의 낮아지심, 하나님께서 온 세상에 성령을 주심이 하나님의 비밀의 본질입니다. 하나님께서 사랑 안에서 자기를 영화롭게 하신 것, 바로 이것이 그분의 비밀입니다.

예배를 시작하면서 "하나님의 이름으로, 성부와 성자와 성령의 이름으로"라고 말했는데, 이는 우리가 하나님의 사랑의 비밀을 간청하는 것이라고 할 수 있습니다.

교회는 수백 년 전부터 삼위일체 하나님에 관해 가르쳐

왔는데, 이것은 종교의 합리주의적 조직화가 전혀 아닙니다. 교회가 삼위일체 하나님에 관해 가르쳐 온 것은 살아 계신 하나님의 비밀을 온갖 방법을 동원하여 끊임없이 알리려는 의지일 뿐입니다.

삼위일체 교의의 의미는 어린이도 이해할 수 있을 만큼 단순합니다. 이를테면 실제로는 한분 하나님이 계시지만, 이 하나님은 완전한 사랑이셔서 그 자신이 예수 그리스도이시고 성령이시라는 것입니다. 삼위일체 교의는 인간이 하나님의 열렬한 사랑을 약하게나마 찬양한 것일 뿐입니다. 하나님은 이 사랑 안에서 스스로 영광을 받으시며, 이 사랑 안에서 온 세상을 껴안으십니다. 삼위일체 교의는 하나님을 경배하고 경외하고 사랑하며, 그분께 몰두하라는 촉구입니다.

성부와 성자와 성령께 이제부터 영원까지 영광만 있기를. 아멘.

누가복음 13:1-5

1934년 7월 8일, 삼위일체 주일 후 여섯째 주일[14 15]

바로 그때에 몇몇 사람이 와서, 빌라도가 갈릴리 사람들을 학살해서 그 피를 그들이 바치려던 희생제물에 섞었다는 사실을 예수께 일러드렸다. 예수께서 그들에게 대답하셨다. "이 갈릴리 사람들이 이런 변을 당했다고 해서, 다른 모든 갈릴리 사람보다 더 큰 죄인이라고 생각하느냐? 그렇지 않다. 내가 너희에게 말한다. 너희도 회개하지 않으면, 모두 그렇게 망할 것이다. 또 실로암에 있는 탑이 무너져서 치여 죽은 열여덟 사람은 예루살렘에 사는 다른 모든 사람보다 더 많이 죄를 지은 사람이라고 생각하느냐? 그렇지 않다. 내가 너희에게 말한다. 너희도 회개하지 않으면, 모두 그렇게 망할 것이다."

여러분은 이 본문에 깜짝 놀라서, 이 본문은 오늘날 읽기에도 너무나 현실적이어서 예배에는 위험한 본문이라고 생각할지도 모르겠습니다. 우리는 교회 안에서만이라도 신문과 뉴스의 세계에서 벗어나고 싶어 합니다. 세상에서 벗어나는 것을 중시한다면, 이러한 태도가 대단히 옳을지도 모르겠습니다. 그러나 이 세상에서 벗어나는 것은 그런 것이 아닙니다. 이 세상에서 벗어난다는 것은, 우리가 교회에서 나가자마자 세상이 다시 우리를 습격하는 일이 없게 하고, 세상이 우리를 사로잡아 노예로 만드는 일이 없게 하며, 우리가 세상을 **이긴 상태로** 예배를 마치고 나가는 것을 의미합니다.

그러므로 우리가 이 사건들에서 "벗어나는 것", 이 사건들에 대해 눈을 감는 것, 이 사건들을 되도록 빨리, 그리고 잠시만이라도 잊는 것이 중요하지 않습니다. 오히려 우리가 **그리스도인으로서** 이 사건들에 대해 어떤 자세를 취할 것인가가 중요합니다. 이 사건들에서 벗어나는 것이 중요한 것이 아니라, 이 사건들에서 **어떻게** 벗어날 것인지가 중요합니다.

도무지 장례식장에 가고 싶어 하지 않는 사람들이 있습니다. 어째서 그럴까요? 그들은 고인을 직접 가까이함으로써 오는 충격을 두려워하기 때문입니다. 그들은 인생의 이 측면을 보려 하지 않고, 그렇게 보지 않음으로써 그 사건을 없이할 수 있다고 생각합니다.

이처럼 인생의 어둡고 컴컴한 면을 보지 않고, 이 세상의 재앙들을 외면하고, 유쾌한 낙천주의자가 되어 자기를 관조하며 경건한 삶을 영위하는 것이 굉장히 신심 깊은 일이라고 여기는 사람들도 있습니다.

그러나 진실을 기만하는 것은 결코 선하지 않습니다. 자기 삶의 진실을 기만하는 사람은 하나님의 진리도 기만합니다. 곤경에 처한 이웃을 보라고 하나님께서 우리에게 주신 눈을 감고, 슬픈 일과 끔찍한 일을 보아야 할 곳에서 눈을 감는 것은 결코 경건하지 않습니다. 우리를 짓누르는 경악스런 사건들을 외면하는 것은 결코 옳은 길이 아닙니다.

그러나 이러한 사건들을 해결하려고 하는 좀 더 인간적이고 진지한 시도도 있습니다. 하지만 이 시도는 비기독교적인 길로 밝혀집니다. 간단한 예를 들어 보겠습니다. 우리가 보는 가운데 거리에서 불행한 사건이 일어납니다. 누군가 그것을 무시하고 지나칩니다. 우리는 몹시 놀라서 넋 나간 듯이 잠시 서 있다가, 대뜸 묻습니다. "누구 잘못이지?" 이는 우리의 일상에서 있을 법한 매우 일반적인 태도를 가리키는 한 예입니다. 경악스런 일이 우리에게, 우리의 일신에, 우리 가족에게, 우리 민족에게 닥치고, 우리가 넋 나간 상태에서 깨어나자마자 드는 의문입니다. **"누구 잘못이지?"** 그때부터 우리는 안절부절못하고, 우리의 생각이 이리저리 날뛰고, 이 불행한 사건에 어떤 식으로든 가담한 사람들이 눈앞에 떠오르고, 우리의 눈이 점점 더 예민해져 날카로워지고, 점점 더 기분이 나빠져 "누구 잘못이지? 누가 옳은 거지? 누가 옳지 않은 거지?" 하고 물을 것입니다. 인간은 철저히 도덕주의자입니다. 한 사람을 고소하고, 다른 사람을 풀어 주려고 하는 것이 인간입니다. 일어난 사건을 재판하려고 하는 것이 인간입니다. **한쪽 사람을 옳다 하고, 다른 쪽 사람을 옳지 않다고 함으로써 끔찍한 재앙을 끝내려고** 하는 것이 인간입니다. 삶 속에서 일어난 소소한 사건들을 떠올려 보고, 전쟁이나 혁명과 같은 대재앙도 떠올려 보십시오. 인간이 재판관이 되려고 하는 것은 그 어디에서나 마찬가지일 것입니다.

이제 이러한 판단을 잠시 멈추기를 바랍니다. 누가는 예수께서 그분의 출신지에 재앙이 닥쳤다는 소식, 우리 식으로 말하면 떠들썩한 신문 기사를 어떻게 받아들이시고 뭐라고 말씀하셨는지를 유일하게 보도하는데, 이는 우리에게 엄청난 가치가 있습니다.

목격자들은 빌라도가 갈릴리 사람들, 곧 예수의 지방 사람들 몇 명을—아마도 폭도나 국사범이었을 텐데—어떻게 처형시켰는지, 이 처형이 어떤 상황에서 이루어져 경건한 유대인들의 피를 끓게 했는지를 예수께 알렸습니다. 더 자세히 말하면, 성전에 희생제물을 바치려던 사람들이 붙잡혀 성전 구역에서 살해되었다는 소식이었습니다. 감정을 대단히 격앙시키고, 의견과 반대 의견을 촉발하고, 정치적 토론을 강력하게 일으키는 소식이었을 겁니다. 아마도 사람들 사이에 다양한 의견이 오갔을 것입니다. 빌라도가 옳다는 의견과 옳지 않다는 의견이 오고 갔겠지요. 그리고 갈릴리 사람들이 폭군에게 희생되었다는 의견과 반대로 마땅한 벌을 받았다는 의견도 오고 갔을 것입니다. 어떤 이들은 주제넘게도 갈릴리 사람들이 아무 죄 없이 그토록 두려운 운명에 처하고, 그토록 끔찍한 죽음을 맞았을 리가 없다는 의견을 개진한 것으로 보입니다. "분명 그들에게 매우 중한 죄가 있었을 거야. 그렇지 않았다면 하나님께서 그토록 끔찍한 불행이 일어나게 하실 리 없지"라는 것이지요. 이것은 다름 아닌 진지한 사람들, 경건한 사람들의 해석이었습니다. 하나님은 존재하시며, 행복이든 불행이든 모든 것이 그분으로부터 오며, 그분의 심판은 옳으니, 이 사실과 이 사건을 분리해선 안 된다는 것입니다. 이 죄인들은 하나님의 진노를 받아 처형된 것이니, 이들을 저버려도 되며 당연히 그렇게 해야 한다는 것입니다. 이런 식으로 그들은 사건을 마무리 지었습니다. 이것이 이 사건에 대한 공식적인 견해, 오늘날 우리로 치면 이 사건에 대한 일간지의 견해였습니다.

이제 예수의 차례입니다. 예수는 다음과 같은 견해를 화제의 실마리로 삼는 듯합니다. 이를테면 이 끔찍한 사건을 하나님과 관련지어 생각해야만 하며, 여기서 행동하는 이는 빌라도가 아니라 선한 일에서든 악한 일에서든 유일하게 활동하는 하나님 자신이라는 것입니다. 그러나 예수는 하나님께서 관여하신다는 이 견해를 일반적인 생각과는 전혀 다른 의미로 받아들이십니다.

예수는 빌라도가 옳은지 그른지를 전혀 언급하지 않으시고, 갈릴리 사람들이 옳은지 그른지도 언급하지 않으시며, 정치적 판단이나 도덕적 판단 또한 일절 언급하지 않으십니다. 분명한 사실은, 예수는 판결하지 않으신다는 것입니다. 예수는 두 쪽 중 어느 한쪽이 옳다고 시인하지 않으며, 이 사건을 진지하게 도덕적으로 해석한 경건한 사람들이 옳다고 시인하지도 않으십니다. **예수는** 경건한 자들의 해석을 **거부하십니다**.

"이 갈릴리 사람들이 이런 변을 당했다고 해서, 다른 모든 갈릴리 사람보다 더 큰 죄인이라고 생각하느냐? 그렇지 않다." 예수는 경건한 자들의 견해를 거부하시고, 이 경악스런 사건을 심판자처럼 종결지으려는 그들의 시도도 거부하십니다. 예수께서 거부하신다는 것은 다양한 충고, 다양한 해석, 유식한 체하며 판단하는 것을 **중지하신다**는 뜻입니다. 이 사건을 간단히 종결지으려는 시도를 중지하시는 것입니다. 중지가 먼저입니다. 그 이유는 이 사건이 너무나 엄청나서 하나님께서 친히 활동하시기 때문입니다. "그렇지 않다." 이 말씀은, "여기에는 어리석은 인간이 파악할 수 없는 **하나님의 비밀**이 자리하고 있으니, 모든 판결, 곧 이쪽이나 저쪽을 옳다고 인정하는 행위를 그만두고, 조용히 삼가며 침묵하여라. 여기에는 하나님의 비밀이 자리하고 있다"라는 뜻입니다.

예수는 침묵과 경외하는 마음을 명령하시고, 거센 부정을 선언하십니다. 그러고는 하나님을 드러내 보이십니다. 그분은 스스로 판결함으로써 그 현장에 있으려고 했던 자들에 대한 반박으로 넘어가십니다.

"그렇지 않다. (…) 너희도 회개하지 않으면, 모두 그렇게 망할 것이다." 여기서 무엇이 우선일까요? 예수는 이 판결의 근거로 자신이 일생토록 행한 일을 하십니다. 즉, 그분은 회개를 촉구하십니다. "여기에 하나님이 계신다. 그러니 회개하여라." 예수는 성전에서 일어난 끔찍한 사건에 대한 이 충격적인 신문 보도를, 하나님의 말씀을 듣는 모든 이에게 건네시는 하나님의 회개 촉구, 대충 들어 넘길 수 없는 새로운 회심 촉구로 여기십니다. 그분은 이 사건을, 인간은 하나님의 비밀과 권능 앞에 겸손하고 회개해야 하며 하나님이 옳다고 시인해야 한다는 자신의 설교에 대한 명백하고 생생한 예화로 삼으십니다.

이제 상황이 위태로워집니다. 우리는 이 사건의 구경꾼, 관찰자, 심판자가 될 수 없고, 수신자, 당사자가 되기 때문입니다. 다시 말해, 이런 일이 바로 우리에게 일어난다고 하나님께서 직접 말씀하신다는 생각이 드는 것입니다.

특별히 이 말씀이 의미하는 바는 다음과 같습니다. "심판받지 않으려거든 심판하지 말아라! 너희는 저 갈릴리 사람들보다, 저 빌라도보다 더 나은 사람인 체하지 말아라. 하나님의 무시무시한 섭리를 마주하여 '하나님, 감사합니다. 나는 이 다른 사람들과 같지 않습니다' 하고 오만하게 말하지 말고, 너희 자신을 위해 '하나님, 죄인인 나에게 자비를 베풀어 주십시오' 하고 기도하여라."[16]

예수께서도 여기서 죄의 문제를 제기하십니다. 하지만 그분은 그 문제에 달리 답하십니다. 그 답은 빌라도나 갈릴리 사람들을 겨냥하지 않고, 우리 자신을 겨냥합니다. 끔찍한 인간적 재앙에 직면하여, 그리스도인에게 중요한 것은 오만한 구경꾼의 자세, 심판자의 자세, 아는 체하는 자세가 아닙니다. 중요한 것은 다음과 같은 인식입니다. "이 사건이 일어난 곳은 나의 세상, 내가 사는 세상, 내가 죄짓는 세상, 내가 날마다 미움과 불친절의 씨를 뿌리는 세상이다. 이 사건은 나와 내 형제가 뿌린 씨의 열매다. 이 피해자들, 갈릴리 사람들, 빌라도, 이들은 내 형제들이다. 죄와 증오와 악의와 불친절에 싸인 내 형제들이요, 죄에 싸인 나의 형제들이다. 그들이 당하는 일은 나도 당할 수 있다. 그들은 하나님의 손가락일 뿐이다. 그 손가락은 우리 위에도 닥친다. 그러니 회개하고, 우리의 죄를 알자. 심판하지 말자."

어렵겠지만, 우리는 이렇게 생각해야 합니다. 이 자세만이 세상을 이긴다고, 회개를 통해서만 세상이 새로워질 수 있다고 믿어야 합니다. 정말 이러면 더 나은 성과가 있을까요? 과연 이렇게 함으로 뭔가 개선되긴 할까요? 그렇습니다. 이렇게 함으로써만 모든 것이 개선될 것입니다. 그렇다면 도대체 그것이 어떻게 가능하겠습니까? 우리가 회개하면, 하나님께서 다시 우리에게 이르는 길을 찾으실 것입니다. 우리가 회개하면, 어떤 사람도 옳지 않고 하나님만이 옳으시다는 사실이 그분의 여러 길에서, 끔찍한 사건 속에서, 그리고 그분의 자비 안에서 드러날 것입니다.

우리 시대의 한 위인[17]은 이교의 그리스도인이라고 불러도 될 만한 비그리스도인으로서, 자신의 전기에서 그가 학교를 운영하면서 한 젊은이를 위해 온 힘을 기울인 일에 대해 말합니다. 어느 날 이 학교 공동체 안에서 그에게 커다란 충격을 주는 불의한 일이 일어났습니다. 그때 그는 죄를 범한 그 학생을 처벌하고 심판하라는 촉구를 듣지 않고, 회개하라는 촉구만 들었습니다. 그는 가서 며칠 동안 단식하고 단념하면서 회개했습니다. 이것은 무슨 뜻일까요? 첫째, 그가 자기 학생의 죄를 그 자신의 죄로, 자신의 사랑 부족으로, 자신의 인내 부족으로, 자신의 진실성 부족으로 인식했다는 뜻입니다. 둘째, 그가 겸손히 죄를 인정하는 마음속에서만 하나님의 영이 활동하실 수 있음을 알았다는 뜻입니다. 셋째, 그가 회개 안에 믿음과 사랑과 소망이 존재함을 알았다는 뜻입니다. 아직 충분히 믿지 못하고, 아직 충분히 사랑하지 않는 우리가 어떻게 심판자가 될 수 있겠습니까? 예수께서 말씀하십니다. "그럴 수 없다."

회개를 통해 쇄신으로 나아가는 길은 고요한 길, 놀라운 길, 더딘 길입니다. 그러나 이 길만이 하나님의 길입니다. 우리가 이러한 인식을 품고 교회에서 돌아와 그것을 진지하게 생각할 때만, 우리는 신문의 세상, 끔찍한 사건의 세상, 심판의 세상을 극복하게 될 것입니다.

주님, 주님의 백성을 회개로 이끄시고, 우리에게서 그 일을 시작해 주십시오! 아멘.

마태복음 11:28-30

1934년 9월 말엽[18]

수고하며 무거운 짐을 진 사람은 모두 내게로 오너라. 내가 너희를 쉬게 하겠다. 나는 마음이 온유하고 겸손하니, 내 멍에를 메고 나한테 배워라. 그리하면 너희는 마음에 쉼을 얻을 것이다. 내 멍에는 편하고, 내 짐은 가볍다.

예수께서 이 말씀을 하신 뒤로, 이 세상에는 의지할 곳이 없어 "누구도 나를 찾아오지 않았다, 누구도 나를 원하지 않았다, 누구도 나에게 도움을 주지 않았다"라고 말할 수 있는 사람은 없게 되었습니다. 살아가면서 이 말씀을 들어 본 적이 있으면서도 그렇게 말하는 사람은 거짓말하는 자입니다. 그 사람은 예수 그리스도와 그분의 말씀이 지닌 진지함을 가볍게 여기고 조롱하는 자입니다. 그분은 수고하며 무거운 짐을 진 사람들을 모

두 다 부르셨습니다. 그분은 자신의 공동체를 좁게 설정하지 않으셨습니다. 그분은 정신적 귀족층이나 영적이고 종교적인 귀족층을 자기 주위에 모으지 않으셨습니다. 오히려 그분은 자신의 공동체를 되도록 넓게, 단 한 사람도 "나에게 하신 말씀이 아니다. 왜냐하면 나는 수고하며 무거운 짐을 진 사람 축에 들지 않기 때문이다"라고 양심껏 말할 수 없을 정도로 넓게 설정하셨습니다. 이 부르심에서 드러나는 놀라운 사실은, 그분이 실로 모든 사람으로 하여금 "우리도 부름받았어. 이것은 바로 우리에게 하신 말씀이야"라고 시인하도록 하신다는 사실입니다.

수고하며 무거운 짐을 진 사람들, 이들은 누구입니까? 이 단어에는 한계나 제한이 없습니다. 자신이 그렇다고 느끼는 사람이든, 그럴 마음이 없어 자신이 그렇지 않다고 느끼는 사람이든 간에 우리는 모두 수고하며 무거운 짐을 진 사람들입니다. 수고하며 무거운 짐을 진 사람들은 가혹한 외적 운명의 지배를 받으면서 노동할 수밖에 없는 남자들과 여자들과 아이들입니다. 자기 의지와 상관없이 태어나서 이생의 어둠, 강제 노동, 외적인 불행과 도덕적 불행에 처한 모든 사람입니다. 저는 이번 휴가 중에 들른 프랑스 북부의 광산 도시[19]에서 만난 사람들에게 깊은 인상을 받았습니다. 그들은 기쁨이 없고, 채찍질을 받고, 무시당하고, 모욕당하고, 창피당하는 삶을 살고 있습니다.

그 삶은 아버지에게서 자식에게로, 자식에게서 그 자식에게로 이어지며 영향을 미치는 삶이었습니다. 그들은 노동이 하나님께서 인간에게 내리신 저주로 경험되는 곳에서 수고하며 무거운 짐을 진 사람들로 살아갑니다.

우리는 외적인 빈곤 가운데서만 수고하며 무거운 짐을 진 사람들을 찾을 위험이 있습니다. 하지만 예수는 가장 수고하며 무거운 짐을 진 사람들을 빈자들 가운데 찾지 않으시고, 부자들 가운데서 찾으셨습니다. 예수를 사랑했던 부자 청년을 떠올려 보십시오. 그 청년은 너무 유약해서 예수를 뒤따르지 못하고 슬퍼하며 떠나갑니다. 그는 겉보기에 원하는 것을 다 가지고 있는 듯하지만, 속은 공허하고 텅 비어 있었습니다. 모든 것을 소유하고 있더라도, 외적인 삶의 가장 중요한 요소인 내적 평화와 영적 기쁨, 사랑과 결혼과 가족을 돈으로 살 수 없음을 아는 것보다 더 심하게 자신을 압박하는 인식은 없을 것입니다. 그래서 외견상 성공한 것처럼 보이는 사람이 집안에는 매우 큰 내적 슬픔이 있다고 하지요. 부에는 필연적으로 따라붙는 무거운 책임감과 부담감이 도사리기 마련입니다. 이제 수고하며 무거운 짐을 진 사람들은, 렘브란트가 「백 굴덴 판화Hundert-Gulden-Blatt」에서 묘사한 주름 잡힌 얼굴의 사람들, 곧 가난한 사람들, 비참한 사람들, 병든 사람들, 한센병 환자들, 누더기를 걸친 사람들로만 보이지 않습니다. 수고하며 무거운 짐을 진 사람들은 성공한 젊은이의 복면 속에도 있고, 꽤 성공한 인생의 베일 속에도 있습니다. 그들은 거대한 이익 사회 한가운데서 한없는 쓸쓸함을 느끼고, 모든 것을 빛바래고 공허한 것으로 여기며, 자기의 생을 역겨워하기까지 합니다. 왜냐하면 그들은 무엇보다도 자기 영혼이 썩어 없어지는 것처럼 느끼기 때문입니다. 성공한 사람보다 더 외로운 사람은 없습니다.

그러나 게으름을 피우며 사는 삶에 도취한 나머지 쓸쓸함을 느끼지 못하는 것처럼 보이는 사람들, 곧 자기들이 수고하며 무거운 짐을 진 사람이 되고 싶다고 생각하지 않는 사람들도 실은 수고하며 무거운 짐을 진 사람 축에 듭니다. 사실 그들은 자기들도 그런 사람 축에 든다는 것을 마음 깊이 알고 있지만, 이 사실을 시인하는 것이 두려운 것입니다. 그래서 그들은 거짓 행복에 더욱 격렬하게 몸을 던지며, 진리가 그들에게 건네는 모든 말씀 앞에서 도망치는 것이지요. 그들은 수고하며 무거운 짐을 진 사람이 되고 싶어 하지 않으므로, 마치 예수 그리스도의 눈에 정직하지 않은 사람들처럼 보입니다.

"너희 수고하며 무거운 짐을 진 사람은 **모두** 내게로 오너라." "수고하며 무거운 짐을 진"이라는 표현은 "모두"에 대한 제한이 아니라 **설명**입니다. 예수께서 이렇게 부르시는데, 도대체 누가 "이건 나와 무관해"라고 말할 수 있다는 것입니까? 도대체 누가 "나는 수고하며 무거운 짐을 지는 것이 무엇인지 정말 몰라"라고 말할 수 있다는 것입니까?

인간의 내면의 힘이 끝에 다다랐을 때, 그 자신이 짐이 될 때, 더는 견딜 수 없을 때, 자기 앞에 있는 산이 두려울 때, 채무에 짓눌릴 때, 자기가 온 세상에 속았다고 느낄 때가 있습니다. 그런 때는 어떤 말도, 어떤 이상도, 어떤 미래의 환상도 도움이 되지 않습니다. 그때 우리에게 필요한 것은 다만 한 가지뿐입니다. 우리가 전적으로 신뢰할 수 있는 한 사람이 필요합니다. 모든 것을 이해해 주고, 모든 것을 들어주고, 모든 것을 참아주고, 모든 것을 믿어 주고, 모든 것을 바라고, 모든 것을 용서해 주는 단 한 사람이 필요합니다. 사람들이 "당신은 쉼이시고, 부드러운 평화이십니다. 당신은 그리움이시고, 그리움을 달래 주는 분이십니다"프리드리히 뤼케르트라고 말할 수 있는 바로 그 한 사람이 필요합니다. 그 시선 아래 있기만 해도 우리의 괴로움이 풀리고, 우리의 마음이 열려 말없이 사랑하게 되는 한 사람이 필요합니다. 우리의 짐을 가볍게 해주고, 온갖 다툼과 온갖 걱정을 해결해 주고, 우리의 영혼을 이 세상에서 구원해 주는 한 사람이 필요합니다. 누가 이 한 사람을 아시나요? 이 한 사람은 어디 있나요?

모든 사람이 이 사람을 모실 수 있고, 발견할 수 있다는 것은 모든 기적 중의 기적입니다. 이분이 각 사람을 자기에게로 부르시고, 자청해서 우리를 초대하십니다. 바로 우리의 쉼이고, 우리의 평화이며, 우리의 위안이며, 우리의 구원인 예수 그리스도입니다. 그분만이 참된 사람입니다. 그분만이 참된 사람이면서도 하나님이며, 구원자이며, 평화이며, 쉼입니다. "수고하며 무거운 짐을 진 사람은 모두 내게로 오너라. 내가 너희를 쉬게 하겠다." 이념이나 말이나 설교자가 아니라, 바로 이 "나"가 중요합니다. 이 "**나**", 곧 우리 모두를 아시고, 우리가 끝까지 버텨내야 할 모든 것을 버티고 이겨 내신 우리의 구원자, 인간 예수가 중요합니다.

짐에 짓눌린 사람을 도울 방법은 두 가지입니다. 첫째는 짊어질 짐이 더는 없도록 그에게서 짐을 전부 제거해 주는 것이고, 둘째는 그를 도와주어 그의 짐을 좀 더 가볍게 해주는 것입니다. 예수께서는 첫 번째 길을 가려고 하지 않으십니다. 그분은 우리의 짐을 제거해 주지 않으십니다. 친히 십자가를 지신 예수께서는 인간이 자신의 사명에 맞는 짐꾼이 되라고 하십니다. 즉, 각 사람은 자기 십자가를 지는 자가 되어야 합니다. 그분은 우리가 이 짐을 질 때만, 이 짐이 있을 때만 거룩해진다는 것을 아십니다. 그분은 하나님께서 인간에게 부과하신 짐을 제거해 주지 않으십니다. 다만 그분은 짐을 어떻게 져야 하는지 알려 주심으로써 인간의 짐을 가볍게 해주십니다.

"내 멍에를 메고 나한테 배워라." 멍에는 또 하나의 짐이지요. 그러나 멍에는 짐이면서 다른 짐을 가볍게 해주는 특성이 있습니다. 우리를 짓누르는 짐을 우리는 이 멍에를 통해 견딜 수 있습니다. 우리는 멍에를 어깨에 지고 물통을 나르는 사람의 이미지를 알고 있습니다. 짐을 나르는 가축의 멍에도 알고 있습니다. 고통을 느끼거나 상처를 입지 않고 무거운 짐을 끌 수 있게 해주는 멍에지요. 예수께서는 우리 인간에게 그런 멍에를 메워, 우리의 짐이 너무 무겁지 않게 하십니다. 그분은 그것을 "내 멍에"라고 부르십니다. 그분은 그 멍에를 메고 자신의 짐을 지셨습니다. 우리의 모든 짐보다 천배는 더 무거운 짐이었습니다. 그분이 지신 짐은 우리 모두의 짐이었기 때문입니다. "내 멍에를 메고." 이 말씀이 의미하는 바는 다음과 같습니다. "내 멍에를 나와 함께 메고, 내게서 더는 떨어지지 않도록 나와 손발을 맞추어라. 이 멍에를 메려는 모든 사람과 손발을 맞추어라. 장차 우리에게서 이 멍에가 벗겨질 때까지 손발을 맞추어라."

"나한테 배워라." 내가 이 멍에를 어떻게 메는지 보고, 너희도 그대로 메라는 뜻입니다. "나는 온유하고 마음이 겸손하니, 나한테 배워라." 그분이 메시는 멍에는 온유함과 겸손함입니다. 이것이 우리가 메야 하는 멍에입니다. 예수께서 우리에게 알려 주시는 멍에는 우리를 도와서 우리의 짐을 가볍게 해주는 멍에입니다. 온유하다는 것은 헛되이 저항하지 않는 것을 의미하지요. 짐에 반발하지 않고, 짐에 반감을 품지 않으며, 피부가 쓸려 상하거나 다치지 않는 것을 의미합니다. 온유하다는 것은 우리에게 짐을 부과하고 우리를 돕는 이가 하나님이시라는 것을 알기에 그 짐을 묵묵히 인내하면서 진다는 뜻입니다. "온유하고 마음이 겸손하니." 여기서 겸손하다는 것은 자기 뜻을 완전히 희생하고, 자기 뜻을 관철하려 하지 않는 것을 의미합니다. 내 뜻이 이루어질 때보다 그분의 뜻이 이루어질 때 더 기뻐하는 것입니다. 겸손하다는 것은 우리가 종이고 하나님은 주인이시며, 종이 마땅히 짐을 져야 한다는 것을 아는 것입니다. 그리고 겸손하다는 것은 이 짐이 우리를 거룩하고 겸손하며 깨끗하게 할 때, 우리의 어깨에서 이 짐을 치워 주실 선한 주님이 우리에게 계시다는 것을 안다는 뜻이기도 합니다.

이 멍에를 메려고 하는 사람, 그래서 그분한테 배우려고 하는 사람은 엄청난 약속을 받습니다. "그리하면 너희는 마음에 쉼을 얻을 것이다." 이 말씀이 도착점입니다. 이 쉼은 궁극적 쉼입니다. 물론 예수의 멍에를 메고 온유함과 겸손함 속에서 그분과 손발을 맞추는 것도 쉼이라고 할 수 있습니다. 그러나 우리가 열망하는 충만한 쉼은 모든 짐이 벗겨지는 그곳에 있을 것입니다.

이러한 희망의 기쁨, 수고와 죄로부터의 구원을 발견하는 것과 관련하여, 오늘 본문은 "내 멍에는 부드럽고, 내 짐은 가볍다"라고 말합니다. 하지만 누군가 이 말씀에 대하여 "그리스도의 대의는 가벼운 대의다"라며 이 말씀을 가지고 장난을 친다면, 그 사람에게는 화가 있을 것입니다. 이 말씀을 제대로 이해한 사람이라면, 이 그리스도의 대의의 진지함과 두려움에 놀라 뒤로 물러설 것이고, 이 대의가 우리의 실질적인 생활에 의미하는 바가 두려워서 감히 접근할 엄두도 내지 못할 것입니다. 예수 그리스도와 그분의 뜻을 위하는 것이 무엇인가를 이해한 사람에게 우리는 다음과 같이 말할 수밖에 없습니다. "예수께로 가서 그분의 멍에를 메고 보십시오. 그러면 갑자기 모든 것이 달라지고, 모든 불안, 모든 경악이 사라지고, 예수와 함께하는 사람에게 갑자기 '내 멍에는 편하다'라는 말씀이 들릴 것입니다."

그러나 결론부에 다다른 지금 우리에게 이런 물음이 생겨납니다. "예수께서는 죽으셨는데, 어떻게 우리가 그분께 나아갈 수 있을까요? (…) 어떻게 그분이 우리를 위로하며, 어떻게 그분이 우리를 도우실 수 있을까요?" 이 물음에 대해 우리는 다음과 같은 말로 대답할 수 있을 것입니다. "그렇지 않습니다. 예수께서는 살아 계십니다. 여기 우리 한가운데 살아 계십니다. 이곳에서든 당신의 집에서든 그분만을 바라보십시오. 그분을 부르십시오. 그분께 여쭈십시오. 그분께 청하십시오. 그러면 바로 그때 그분이 당신과 함께 계실 것이고, 당신은 그분이 살아 계신다는 것을 알게 될 것입니다. 비록 그분이 보이지 않아도, 당신은 그분께 말씀드리게 될 것입니다. 그분의 음성이 들리지 않아도, 당신은 그분이 계시고, 도우시고, 위로하신다는 것을 알게 될 것입니다. 무엇보다도 당신은 당신의 멍에를 메고, 기뻐하며, 그분을 기다리며, 그분과 더불어 누리는 궁극적 쉼을 갈망하게 될 것입니다."

> 시간이 조금 더 지나면, 승리를 거두게 될 것이다.
> 그러면 모든 논쟁이 모조리 사라지고,
> 나는 생명 시냇물을 즐기며
> 영원토록 예수와 함께 이야기를 나누게 될 것이다.[20]

고린도전서 13장 설교 I

고린도전서 13:1-3

1934년 10월 14일, 삼위일체 주일 후 스무째 주일

내가 사람의 모든 말과 천사의 말을 할 수 있을지라도, 내게 사랑이 없으면, 울리는 징이나 요란한 꽹과리가 될 뿐입니다. 내가 예언하는 능력을 가지고 있을지라도, 또 모든 비밀과 모든 지식을 가지고 있을지라도, 또 산을 옮길 만한 모든 믿음을 가지고 있을지라도, 사랑이 없으면, 아무것도 아닙니다. 내가 내 모든 소유를 나누어 줄지라도, 내가 자랑삼아 내 몸을 넘겨줄지라도, 사랑이 없으면, 내게는 아무런 이로움이 없습니다.

제가 고린도전서 13장을 연속해서 해설하겠다고 다짐한 이유는 이러합니다. 첫째, 고린도전서 13장은 고린도 공동체만큼이나 우리 공동체에도 필요한 내용이기 때문입니다. 공동체 안에서 이루어지는 모든 아름답고 선한 일에도 불구하고, 공동체의 지체들이 서로 사랑해야 한다는 이 한 가지 사실이 선명하지 않

고 자명하지도 않다면, 그런 기독교 공동체를 어떻게 평가할 수 있겠습니까? 이 으뜸 의무를 진지하게 생각하지 않는 공동체가 자기 자신과 세상에 어떤 이미지를 보여주겠습니까? 초기 기독교 안에 깃든 인정미가 이방인들을 설득할 수 있었던 것은, 두 이웃인 주인과 종, 곧 적대 관계의 두 형제가 대립하지 않고, 함께 지내며 서로 위해 주는 모습을 그들이 보았기 때문입니다. 그렇습니다. 두 눈으로 똑똑히 볼 수 있었기 때문입니다. 그때 곧바로 정말 인상적인 것이 그리스도인다움Christwerden이 되었습니다. 우리는 이미 그리스도인이니 더는 바뀔 게 없다고 생각하는지요? 또는 이렇게 말하고 싶은 건 아닌지요? "우리가 그리스도인이 되면, 우리에게도 많은 것이 바뀔 거야." 이 말씀은 우리 공동체에도 심판의 말씀이 되지 않을까요? 공동체 안에서 많은 일들이 이루어지고, 구성원들이 예배를 드리고, 갖가지 선한 일을 해도, "사랑이 없으면" 그 공동체는 "아무것도 아닙니다."

둘째, 제가 우리 독일 교회의 특별한 처지를 보았기 때문입니다. 보고 싶든 보고 싶지 않든 간에, 옳다고 여기든 아니든 간에, 지난 수백 년 동안 이보다 더한 일은 없었다는 듯이, 지금 우리의 교회는 믿음을 지키기 위해 싸우고 있습니다.

예수 그리스도를 유일한 주님으로 시인하는 신앙고백을

위한 이 싸움에 안팎에서 참여하는 이라면 다음의 사실을 잘 알 것입니다. 이를테면 이 신앙의 투쟁은 엄청난 유혹, 자만의 유혹, 독선의 유혹, 독단의 유혹을 받고 있으며, 좀 더 자세히 말하면, 우리의 적을 사랑하지 않으려는 유혹을 받고 있다는 것입니다. 하지만 우리의 적은 사랑을 통하지 않고는 정복되지 않습니다. 도대체 어떤 적이 사랑 아닌 다른 방법으로 정복되겠습니까? "아버지, 저 사람들을 용서하여 주십시오. 저 사람들은 자기네가 무슨 일을 하는지를 알지 못합니다."눅 23:34 하지만 정말로 많은 사람들이 예수의 이 말씀을 통해 실제로 정복되었습니다. 그래서 우리는 가장 격렬한 신앙의 투쟁에 대해서도 "사랑이 없으면, 아무것도 아닙니다"라고 말할 수 있을 것입니다.

셋째, 개신교회는 주 예수 그리스도를 믿는 믿음의 승리와 그 능력만을 비할 데 없이 담대하게 선포하고, 순전한 성서의 메시지를 세상에 다시 들려주었기 때문입니다. 하지만 믿음에 관한 이 말씀을 누가 곧이곧대로 들을까요? 더 자세히 말해 믿음에 관한 이 말씀은 만유 위에 뛰어나신 하나님을 **사랑하는** 것임을 누가 알아들을까요? 하나님을 사랑한다는 것은 상황이 좋지 않을 때, "하나님이 도와주실 거야!"라고 말하는 것만을 의미하는 게 아닙니다. 그런 것은 빈약한 믿음에서 나올 것입니다. 하나님을 사랑한다는 것은 그분을 좋아하고, 기꺼이 그분을 생각하고, 기꺼이 그분께 기도하고, 기꺼이 그분 앞에서 그분하고만 살아가는 것을 의미합니다. 또한 그분의 모든 말씀과 당부를 아주 간절히 기다리고, 그분을 슬프게 하지 않고, 다만 그분 안에서 즐거워한다는 뜻입니다. 그 이유는 그분이 살아 계시고, 그분이 하나님이시기 때문입니다. 우리가 그분을 알고, 그분을 모시고, 그분과 대화하며 살고 있기 때문입니다. 그리고 하나님을 사랑한다는 것은 그분을 사랑하는 마음으로 형제를 사랑한다는 뜻입니다. 우리는 냉정해진 개신교회 안에서 이런 사랑을 하고 있는지요? 우리는 이런 사랑을 듣고 곧바로 "이것은 경건주의로군"이라고 말하지 않을 수 있는지요? 설령 그것이 경건주의와 같다고 해도 말입니다. 오로지 믿음에 관해 설교하는 개신교회에 대해서도 "사랑이 없으면, 아무것도 아닙니다"라는 이 말씀은 거듭거듭 성립하지 않습니까?

이제부터는 이어지는 모든 내용에서 다른 사람을 보지 않고 우리 자신만 들여다보며 우리의 사랑에 관해 스스로 물어보도록 합시다. 저 고독해 보이고, 기이해 보이고, 괴팍해 보이고, 무뚝뚝해 보이고, 이기적으로 보이는 우리의 이웃이 저 세 번째 이유 때문에 큰 사랑에 대한 갈망을 우리보다 더 많이 품고 있을지 누가 알겠습니까? 그리고 오랜 시간이 흐른 뒤에야 장애를 극복하고 마음이 자유로워지리란 것을 누가 알겠습니까? 우리의 모든 친절과 우리가 평소에 즐겨 말하는 모든 것이 하나님과 형제들에 대한 큰 사랑의 참된 돌파를 점점 더 방해하는 것이 아닌지 누가 알겠습니까? 그래서 우리에게만 주의를 기울이며 이야기해 보려고 합니다.

먼저 이 자리에서 아주 단순한 것부터 말씀드리겠습니다. 우리의 삶은 그 속에 사랑이 있을 때만 의미와 가치가 있으며, 그 속에 사랑이 없으면 아무것도 아니라는 것입니다. 삶은 그 속에 사랑이 있는 만큼 가치가 있습니다. 다른 모든 것은 아무것도 아니고, 결단코 아무것도 아닙니다. 그런 것은 조금도 중요하지 않고, 그지없이 하찮은 것입니다. 온갖 좋은 것과 좋지 않은 것, 온갖 큰 것과 작은 것도 중요하지 않습니다. 우리가 받아야 할 유일한 질문은 우리에게 사랑이 있느냐 혹은 없느냐입니다.

우리는 이런 순간을 알고 있을 것입니다. 사람들의 무덤가에 서 있는데, 우리 쪽에서는 그들에 대해 할 말이 조금은커녕 전혀 없는 순간이지요. '이 인생 안에 말로 표현할 수 없는 결핍과 무의미와 헛된 시간과 헛수고가 얼마나 많이 있었을까? 그는 사랑한 사람이 없었을 거야. 그를 사랑한 사람도 없었을 거야'라는 생각만이 우리를 짓누르는 순간입니다. 눈물도 없이, 아픔도 없이 멍하니 바라보다가 이렇게 생각하는 순간입니다. '이 인생이 마침내 안식에 들었구나. 아마도 안식을 열망했을 거야. 저 사람은 구두쇠였을 거야. 저 사람은 질투가 심했을 거야. 저 사람은 폭군이었을 거야. 저 사람은 자기만 알고 구하고 바라는 사람이었을 거야. 저 사람은 남을 미워하는 사람이었을 거야. 저 사람은 홀로 남아서 고독했을 거야. 영면에 들어서도 혼자였겠지?' 무엇보다 우리를 큰 충격에 빠뜨리는 것은 이러한 무덤들 앞이 아닐까 싶습니다. 이런 무덤들은 우리에게 "사랑이 없으면, 아무것도 아닙니다"라는 말씀에 대해 아주 간결하면서도 생생한 설교를 전해 줍니다.

우리는 어머니, 성실한 아버지, 행복한 자녀를 무덤으로 배웅하던 순간도 떠올릴 수 있습니다. 무덤 주위에 이들에게서 사랑을 받았던 사람들이 모두 서 있습니다. 엄청나게 많은 수입니다. 서로 일면식은 없으나 자신들이 왜 그 자리에 있는지 잘 아는 사람들입니다. 우리는 침묵하려 하지 않고 입을 열어, 이 생에서 영광을 입은 사랑을 찬미합니다.

이것은 매우 소박한 삶의 경험입니다. 이 경험 속에서 우리는, 어째서 바울이 그토록 사랑만 예찬하는가를 멀리서나마 이해해 볼 작정입니다. 사랑이 없는 삶은 아무것도, 정말 아무것도 아니며, 살아갈 가치가 없습니다. 사랑이 있어야, 삶의 모든 의미가 충만해집니다. 이 사랑에 비하면 다른 모든 것은 조금도 중요하지 않습니다. 사람들이 사랑하며 산다면, 행복과 불행이, 빈부가, 명예와 수치가, 고향과 타향이, 삶과 죽음이 무슨 대수겠습니까? 사랑하며 사는 사람들은 그런 것을 알지도 못하고 차별하지도 않습니다. 그들은 행복과 불행, 빈부, 명예와 수치, 고향과 타향, 삶과 죽음은 단지 사랑을 더 힘차게, 더 순수하게, 더 충만하게 하도록 돕는 요소일 뿐이라는 것을 압니다. 사랑은 옹근 통짜das Eine입니다. 모든 차별 너머에서, 모든 차별 앞에서, 모든 차별 가운데서 "사랑은 죽음처럼 강합니다."아 8:6

사랑 앞에서는 다른 모든 것이 작아지고, 위대해 보이던 것이 무효로 되며, 참상慘狀이 사라집니다. 절도 있는 삶, 명예가 넘치는 삶, 명성이 넘치는 삶, 화려함이 넘치는 삶인들, 어찌 사랑하는 삶에 견주겠습니까? 이 물음은 여기서 그치지 않고, 무시무시한 공격력을 지닌 채 우리를 계속 다그쳐 옵니다. 사랑의 삶이 아니라면, 신심 깊은 삶, 도덕적인 삶, 절도 있는 삶, 희생적인 삶, 세상을 등진 삶이 무슨 소용이겠습니까?

본문은 경건을 위한 나름의 진지함, 나름의 능력, 나름의 헌신, 나름의 열성을 지닌 사람들을 우리 앞에 세웁니다. 그들은 인류가 자랑스러워하고, 우리가 자랑스러워하는 사람들 축에 듭니다. 그들은 우리가 "창조주께서 저들을 자랑스러워하실 거야"라고 말하면서 우러러보고 공경하고 존경하는 사람들이자, 우리가 그 앞에 무조건 몸을 굽히는 사람들입니다. 그들은 우리가 감히 비판할 엄두를 내지 못하는 사람들입니다. 그들은 이미 모든 인간적인 면을 넘어선 것으로 여겨지는 사람들입니다. 그들은 고독한 고고함과 위대함을 두른 사람들입니다. 오늘 본문은 그들을 세워 놓은 다음 어마어마한 연극을 펼쳐, 고고한 사람들, 우리가 도달하지 못할 진지함과 신심을 지닌 사람들을 공박하고, "사랑이 없으면"이라는 말로 넘어뜨립니다. 우리에게 전부로 여겨지던 그들이 아무것도 아닌 것이 되어, 하나님 앞에서 사라집니다. 하나님께서 진리의 빛을 그들에게 쏟아부으시자, 온갖 능력과 고고함을 지닌 그들이 냉랭하고 냉정한 심장의 소유자일 뿐이라는 사실이 훤히 드러났기 때문입니다.

"내가 사람의 모든 말과 천사의 말을 할 수 있을지라도." 무엇에 관한 말일까요? 내가 거룩하게 여기는 것, 인생에서 중대하고 진지한 것을 일러 주는 말일지도 모르겠습니다. 누구에게 하는 말일까요? 내가 이것들을 가르쳐 주고 싶은 사람, 내가 거룩한 대의를 위해 확보해 두고 싶은 사람에게 건네는 말일지도 모르겠습니다. 거룩한 대의를 가정할 수 있다면, 그것은 우리가 가장 위대하고 거룩한 것을 말함으로써 다른 모든 것을 잊고 무아지경에 빠지게 하는 것, 우리가 느끼고 다른 이들이 말없이 늘 간직할 수밖에 없는 것을 말로 표현하는 비범한 은사를 나누어 주는 것입니다. 또 그것은 우리가 이 일을 서로 정직하게 헌신적으로 수행하는 것이 아닐까 싶습니다.

"내가 사람의 모든 말과 천사의 말을 할 수 있을지라도, 내게 사랑이 없으면, 울리는 징이나 요란한 꽹과리가 될 뿐입니다." 이 말씀은 우리를 번개처럼 파고들어 마비시키며 파괴하는 말씀이 아닐 수 없습니다. 우리의 가장 거룩한 말들조차도 거룩하지 않은 것이 되고, 하나님을 부인하는 것이 되며, 천박한 것이 될 수 있다니, 이는 우리가 전혀 고려하지 못한 가능성입니다. 사랑이 없는 말은 심장이 없는 말이나 다름없습니다. 우리의 가장 내밀한 연합을 위해 우리 인간에게 주어진 **말**이 사랑으로부터 떨어져 나가 자신을 섬기고 자신을 사랑하다가 더럽혀지는 것은 있을 수 있는 일입니다. 울리는 징, 요란한 꽹과리는 마음이 담기지 않은 헛된 수다, 영혼이 담기지 않은 공허한 잡담을 의미합니다. 우리의 말들은 그렇게 될 수 있고, 우리가 서로 나누는 말들도 그렇게 될 수 있습니다. 우리의 가장 거룩하고, 가장 진지하며, 가장 신뢰할 만한 확언들도, 설령 그것들이 우리의 사랑에 대한 확언들일지라도, 그 자체가 사랑이 아니면 그렇게 될 것입니다. 사랑이 으뜸입니다. 진지하고 경건하게 말하는 사람도 사랑의 심판을 받습니다. 울리는 징, 요란한 꽹과리는 아무것도 아닙니다. 모세처럼 무거운 혀, 말을 더듬는

혀를 소유한 사람, 입을 다문 채 말이 없는 사람이라야 같은 사랑에 의해 구출될 것입니다. 울리는 징, 요란한 꽹과리는 사랑이 없는 말입니다. 사랑이 으뜸입니다.

말보다 더 깊은 곳에는 지식, 곧 앎이 자리하고 있고, 이 세상의 비밀과 저세상의 비밀이 자리하고 있으며, 헌신이 자리하고 있으며, 하나님을 생각하는 것과 현재 및 과거에 잠기는 것과 미래를 깨닫는 것을 아우르는 기도가 자리하고 있습니다. 이것 역시 우리를 몹시 떨게 하는 경건한 삶의 양상이 아닐는지요? 진리, 곧 지식을 획득하려면 참으로 많은 희생과 단념이 필요합니다. 그러나 "내가 예언하는 능력을 가지고 있을지라도, 또 모든 비밀과 모든 지식을 가지고 있을지라도." 우리가 이렇게 말한다고 해도 격렬한 갈망은 충족되지 않습니다. "내가 그것을 소유하고 있다면, 내 갈망이 진정될 텐데. 내가 이 길을 걷는 이유와 저 사람이 저 길을 걷는 이유를 내가 안다면, 내가 하나님의 어두운 길을 여기서 미리 알 수 있다면, 이것이야말로 더없는 복이 아니겠는가?" 다시 한번 동일한 말씀이 반복됩니다. "사랑이 없으면, 아무것도 아닙니다." 사랑 없는 지식, 사랑 없는 앎, 사랑 없는 진리는 아무것도 아닙니다. 사랑 없는 진리는 진리가 아닙니다. 진리는 하나님이고, 하나님은 사랑이시기 때문입니다. 그러므로 사랑 없는 진리는 거짓이요 아무것도 아닙니다. 바울은 "사랑으로 진리를 말하라"고 다른 서신에서 말합니다.[21] 제 잇속을 차리려고 말한 진리, 적개심으로 말한 진리, 증오로 말한 진리는 진리가 아니고 거짓입니다. 진리는 하나님을 변호하고, 하나님은 사랑이시기 때문입니다. 진리는 사랑의 해명이고, 그렇지 않으면 아무것도 아닙니다.

이제는 사이에 자리한, 아직 풀이하지 않고 남겨 둔 단문을 다뤄 보겠습니다. 그 단문은 무시무시한 수수께끼를 우리 앞에 드러냅니다. "내가 (…) 산을 옮길 만한 모든 믿음을 가지고 있을지라도, 사랑이 없으면, 아무것도 아닙니다." "내가 모든 믿음을 가지고 있을지라도." 무슨 의도로 한 말이든, 이 말이 우리 내면의 현絃을 울리지 않나요? 모든 믿음, 모든 확신, 곧 내 삶의 온갖 걱정과 불안 가운데 내가 하나님과 함께 있고 하나님이 나와 함께 계신다는 모든 확신, 내일 일을 더는 두려워하지 않게 해주는 모든 믿음, 이것은 우리가 날마다 청하는 것이 아닌가요? 우리는 그것으로 기꺼이 만족하지 않나요? 이 믿음은 우리가 죽을 때까지 고수할 만한 것이 아닌가요? 하지만 그것도 빛이 바랩니다. "사랑이 없으면, 아무것도 아닙니다." 모든 믿음을 가지고 있으면서도 사랑하지 않는 사람, 이것이 수수께끼가 아니고 무엇이겠습니까? 하나님을 사랑하지 않고, 형제를 사랑하지 않는 것, 이것이 우리가 들여다보아야 할 어두운 심연이 아니고 무엇이겠습니까? 가장 깊은 근저에서 독재를 부리며 제 잇속만 차리는 믿음, 자신을 추구하는 믿음, 하나님을 부인하는 믿음, 하나님을 위해서가 아니라 나를 위해서 믿는 믿음, 이것이 어두운 심연이 아니고 무엇이겠습니까?

하나님, 이 심연 앞에서, 우리를 기만하는 이 미신 앞에서 우리를 지켜 주십시오. 우리가 하나님과 함께 있을 때나 하나님에게서 멀리 떨어져 있을 때, 하나님, 누가 우리를 이 곤경에서 구해 주겠습니까?

이제 더는 거침이 없습니다. 상황이 점점 더 두렵고 더 절망적으로 변합니다. 하나님 없는 믿음, 사랑 없는 믿음에 이어 사랑 없는 사랑의 행위가 등장합니다. 겉은 사랑을 닮았는데 매우 낯선 행위가 등장합니다. 이 길만이 사랑일 수 있다는 듯이, "내가 내 모든 소유를 나누어 줄지라도", 내가 포기하고 희생할지라도 "사랑이 없으면", 곧 이 희생이 내 마음의 사욕과 허영에서 온 것이라면, **이 희생이 하나님과 이웃과 내 마음을 기만하는 것이라면, 내게는 아무런 이로움이 없습니다.**

경건한 사람이 하나님을 위해, 그리스도를 위해 자기 목숨을 제물로 바쳐 순교하는 것 외에 마지막으로 무엇을 더 할 수 있겠습니까? "내가 자랑삼아 내 몸을 넘겨줄지라도", 내가 내 진지함과 내 경건을 죽음으로 증명하고 확증할지라도, "하나님, 당신을 위해 죽을 수 있다니 실로 은혜입니다!"라며 하나님의 대의를 위해 순교자가 될지라도, 사랑이 없으면 내게는 아무런 이로움이 없습니다. 내가 순교에 이르기까지 하나님을 사랑한 것으로 보이지만, 하나님을 사랑한 것이 아니라 나 자신만을 사랑하고, 순교자가 되려는 나의 열정과 꿈만을 사랑한 것이라면, 그 순교자에게도 심판이 내려지고, 사랑이 그를 넘어뜨려 아무것도 아닌 존재가 되게 할 것입니다.

이 말씀을 이해하시겠는지요? 아니면 이해하지 못하시겠는지요? 말을 하고, 지식을 소유하고, 믿음을 소유하고, 베풀어 주며, 목숨을 바치지만, 이 모든 일을 우리 자신을 위해서만 하고, 이 모든 일을 사랑 없이, 하나님 없이 하는 자들이 어느 모로 보나 우리라는 것을 모르시겠습니까? 하나님은 사랑이시고, 다만 우리의 깔축없는 사랑을 원하시는 까닭에, 사랑 없이 하는 그런 행위에 심판을 내리신다는 것을 이해하지 못하시겠습니까? 이 사랑은 **누구**일까요? 하나님과 사람을 위하는 이 사랑은 무엇입니까? 사랑은 말이 아닙니다. 사랑은 지식이 아닙니다. 사랑은 믿음이 아닙니다. 사랑은 자선 행위가 아닙니다. 사랑은 목숨을 내주는 것이 아닙니다. 우리에게 사랑이 있는지요? 이미 우리에게도 심판이 내려진 것인지요? 이제 우리는 사랑을 향해 외칩니다. "사랑이여, 하나님 자신에게서 와서 우리를 구출해 주시오. 아무것도 아닌 것이 되게 하는 심연으로부터 우리를 구해 주시오. 오, 모든 사랑의 하나님, 길 잃은 우리의 마음속에 오셔서, 사랑으로, 사랑을 통해 우리를 구해 주십시오."

아멘.

고린도전서 13장 설교 II

고린도전서 13:4-7

1934년 10월 14일, 삼위일체 주일 후 스물한째 주일

사랑은 오래 참고, 친절합니다. 사랑은 시기하지 않으며, 뽐내지 않으며, 교만하지 않습니다. 사랑은 무례하지 않으며, 자기의 이익을 구하지 않으며, 성을 내지 않으며, 원한을 품지 않습니다. 사랑은 불의를 기뻐하지 않으며, 진리와 함께 기뻐합니다. 사랑은 모든 것을 덮어 주며, 모든 것을 믿으며, 모든 것을 바라며, 모든 것을 견딥니다.

지난 주일에 우리는 우리의 삶이 모든 이상과 진지함, 모든 지식, 모든 믿음, 자선 행위, 희생을 담고 있을지라도, 바울이 사랑이라 부르는 한 가지가 없으면, **아무것도 아니라는 것을** 배웠습니다. 우리가 진지하게 온갖 의무를 이행하며 힘을 다해 영위하는 삶 전체가 사랑에서 비롯하지 않고, 마음의 교만이나 불안이나 허영에서 비롯한 것이라면, 그것은 아무것도 아닙니다. 우리

의 완전한 경건도 "사랑이 없으면" 아무것도 아닙니다.

인간의 모든 삶과 행위가 사랑에서 비롯하지 않으면 아무것도 아니라니, 우리는 이렇게 묻지 않을 수 없습니다. "모든 것을 좌우하는 이 사랑은 도대체 무엇입니까?"

실로 사랑 없이 사는 사람은 없으며, 저마다 사랑을 품고 있으며, 저마다 사랑의 힘과 그 열정을 알고 있습니다. 사람은 이 사랑이 자기 삶의 의미 전체를 구성하며, 자기가 알고 품은 이 사랑이 없으면 더는 살 가치가 없어 삶 전체를 포기할 수 있다는 것도 압니다. 그러나 모든 사람이 그 힘과 열정과 의미를 알고 있는 이 사랑은 **인간의 자기 사랑입니다**. 인간의 마음을 사로잡고, 그를 활동적이고 독창적이게 하는 것이 바로 이 사랑입니다. 이 사랑이 없으면 인간의 삶은 더는 영위할 가치가 없게 됩니다.

이처럼 우리는 사랑을 잘 알지만, 이 사랑은 악마의 거울에 비친 사랑, 자기 사랑이라는 일그러진 모습의 사랑에 지나지 않습니다. 이 자기 사랑은 근원에서 떨어져 나간 사랑, 전도된 사랑입니다. 이 사랑은 자기 자신으로 만족하고 그래서 열매를 맺지 못하도록 저주받은 사랑입니다. 이 사랑은 내 자아의 협소한 무대에서만 활동할 수 있기에 사실상 하나님을 미워하고 형제를 미워하는 사랑입니다. 이쪽 사랑이나 저쪽 사랑이나 힘도 같고, 열정도 같고, 배타성도 같아 보이지만 그 목적지가 다릅니다. 이쪽은 나 자신이 목적지이고, 저쪽은 하나님과 형제가 목적지입니다.

자기 사랑은 영악합니다. 자기 사랑은 자신이 원형적 사랑의 일그러진 상이라는 것을 알기에 위장하고, 가장하고, 무수한 형태로 변장하면서 진짜 사랑과 비슷해지려고 합니다. 그리고 이 시도에 성공하면, 인간의 눈으로는 진짜와 가짜를 더는 구별할 수 없을 정도가 됩니다. 자기 사랑은 이웃 사랑, 애국심, 사회 사랑, 인간애를 가장하면서 들통나지 않으려고 합니다. 그러나 바울은 연막을 치려는 온갖 시도와 모든 거짓된 모습을 타파하면서 자기 사랑에 책임을 강요하고, 하나님 앞에 유효한 사랑의 모습을 자기 사랑 앞에, 그리고 우리 앞에 제시합니다.

본문에 열거된 특성들 하나하나는 다른 것으로 풀이할 수 있습니다. 하지만 이 특성들이 한꺼번에 등장하면, 자기 사랑의 마력이 분쇄되고, 하나님 사랑과 이웃 사랑이 현실이 된다는 것은 틀림없는 사실입니다. 이런 일은 어디서 이루어질까요? 이 물음은 **인간이 사랑하여** 이런저런 일을 하는 것이 아니라, **사랑**이 이런저런 일을 한다는 뜻입니다. 사랑, 그것은 무엇일까요? 그것은 누구에게서 올까요? 우리가 그것을 알 수 있는 출처는 어디일까요?

이 자리에서는 어떤 대답도 하지 않고, 먼저 이 말씀을 귀 기울여 들어 보도록 하겠습니다. "사랑은 오래 참고, 친절합니다." 사랑은 기다리고, 오래 기다리며, 끝까지 기다릴 줄 압니다. 사랑은 조급하지 않으며, 조금도 서두르지 않으며, 어떤 일도 강행하지 않습니다. 사랑은 긴 시간을 고려하며, 사람이 마침내 굴복하기를 기다립니다. 완전히 실패할 것만 같아도 기다리고 참고 계속 사랑하고 친절합니다. 이것만이 사람을 이길 수 있고, 이것만이 모든 사람을 옥죄는 사슬을 풀 수 있습니다. 이 사랑만이 사람에 대한 두려움과 변화에 대한 두려움, 그리고 새로운 삶에 대한 두려움이라는 사슬을 풀 수 있습니다. 물론 오래 참는 것은 인간의 분망한 마음에 조금도 적합하지 않아 보이고, 친절하기도 매우 부적절해 보입니다. 하지만 사랑은 오래 참고 친절합니다. 사랑은 기다립니다. 이는 마치 어떤 사람이 길을 잃고 헤매는 다른 사람을 기다리다가, 그가 돌아오자 기뻐하는 것과 같습니다.

사랑은 시기하지 않습니다. 그러나 자기 사랑은 시기합니다. 자기 사랑은 자기 자신을 위해 뭔가를 원하고, 다른 사람을 차지하여 자기 소유로 삼으려 하며, 다른 사람에게서 뭔가를 원합니다. 반면에 **사랑**은 그럴 마음이 없습니다. 사랑은 다른 사람에게서 아무것도 원하지 않고, 무엇이든 다른 사람을 위해 원합니다. 사랑은 다른 사람을 움켜쥐거나 소유하려 하지 않고, 시기심에 사로잡혀 그를 독차지하려 하지도 않습니다. 사랑은 다른 사람을 사랑하려고만 합니다. 달리 뾰족한 방법이 없기 때문입니다. 사랑은 다른 사람을 원하되, 그를 위해서만 그렇게 합니다. 사랑은 다른 사람에게서 아무것도 바라지 않고, 다른 사람을 위해 모든 것을 바랍니다. 시기는 사랑을 강화하고 보호하기는커녕 도리어 사랑을 파괴하고, 더럽히고, 욕보입니다.

그러나 사랑은 시기하지 않고, 자기를 위해 아무것도 바라지 않기에, 자기를 과시하지 않습니다. 사랑은 눈에 띄지 않으려 하고, 드러나려 하지도 않습니다. 사랑은 자기를 돋보이게 하지 않고, 뽐내지 않으며, 특별한 존재가 되려고 하지도 않습니다. 사랑은 자랑하지 않으며, 교만하지 않으며, 무례하지 않습니다. 우리는 우리의 사랑의 특별함을 가리키려고 여러 가지 방법을 동원합니다. 때로 우리는 성인, 무죄한 사람, 바보, 순교자를 자처하며 우리의 사랑을 가지고 장난을 칩니다. 우리는 갑자기 사랑을 거둘 수도 있다며 다른 사람을 근심하게 합니다. 다시 말해 사랑을 가지고 장난치며, 사랑을 가지고 지근덕거리는 것입니다. 심지어 우리는 우리의 사랑을 돋보이게 하려고 예의, 관례, 자제, 겸손과 같은 질서를 어기기까지 합니다. 그러나 **사랑은 무례하지 않습니다.** 우리는 사랑하기로 작정하고 나서 무슨 짓이든 다 하려고 하지만, 사랑은 그러지 않습니다. 사랑이 그러지 않는 이유는 **자기의 이익을 구하지 않기** 때문입니다. 사랑은 자기를 위해서는 아무것도, 실로 아무것도 원하지 않습니다. 사랑은 자기를 잊습니다. 사랑은 자기를 거의 보지 못합니다. 이는 눈이 자기를 보지 못하는 것과 같습니다. 어쨌든 우리의 사랑이 늘 구하는 것이기도 하지만, 사랑이 구해도 되는 자기 이익은 보답으로서의 사랑과 감사뿐입니다. 그러나 사랑은 그 이익이 자기 공로로 얻는 것이라면 그것마저도 **구하지 않습니다.** 사랑은 그것을 구하지 않고, 은밀히 구하지도 않을 때만 그것을 얻게 될 것입니다. 사랑은 다른 사람이 이익을 얻을 때 기뻐하고 감사합니다. 또 사랑은 다른 사람의 사랑이 또 다른 사람에게로 향할 때 질투하지 않습니다. 이는 자녀가 마음을 다해 사랑할 만한 사람을 만났을 때, 어진 어머니가 기뻐하며 물러서는 것과 같습니다.

사랑은 다른 사람의 악행과 죄에도 **성내지 않습니다.** 사랑은 자기를 위해서는 어떤 선도 기대하지 않기 때문입니다. 사랑은 도무지 자기를 모르고, 다른 사람만을 압니다. 사랑은 다른 사람의 악행을 슬퍼하고 또 슬퍼하면서 그만큼 더 그를 사랑하되 성내지는 않습니다. 보답으로서의 사랑을 받지 못해 삶 전체가 비참해질 때, 사랑은 우리에게 말합니다. "그대가 다른 사람에 대한 미움과 경솔함으로 그대의 사랑이 부서지게 한다면, 그대는 아직 제대로 사랑한 것이 아니다. 그렇지 않으면 그대는 모든 괴로움에서 벗어날 수 있었을 텐데 성을 내는구나." 사랑은 성내지 않습니다. **사랑은 원한을 품지 않습니다.** 정의가 우리에게 선행과 악행을 기록하여 되갚으라고 요구할 때, 사랑은 눈먼 상태, 의식적으로 눈먼 상태가 됩니다. 사랑은 악행을 보되, 원한을 품지 않고 용서합니다. 과연 사랑만이 용서할 수 있습니다. 사랑은 악행을 잊고, 마음에 담아 두지 않습니다. "사랑은 마음에 담아 두지 않는다." 이것 하나만이라도 우리가 이해했으면 좋겠습니다. 사랑은 날마다 다른 사람에게 새롭게 다가가고, 새로운 사랑으로 대하고, 뒤에 있는 것을 잊습니다. 그렇게 사랑은 스스로 사람들의 조롱거리가 되고, 바보가 됩니다. 그런데도 사랑은 헤매지 않고 사랑하기를 계속합니다.

그러면 사랑은 정의와 불의에 무관심할까요? 그렇지 않습니다. 아닙니다. 사랑은 불의를 기뻐하지 **않고,** 진리를 기뻐합니다. 사랑은 상황을 있는 그대로 보려고 합니다. 사랑은 증오를 가까스로 감추고 크게 키우는 호의의 가장무도회를 거부하고, 증오와 불의와 속임수를 똑똑히 보려고 합니다. 사랑은 명확한 관계를 만들고, 제대로 보려고 합니다. 사랑은 진리를 기뻐합니다. 사랑은 진리 안에서만 새로이 사랑할 수 있기 때문입니다.

이제는 우리가 더는 해석할 엄두도 내지 못할 엄청난 요약을 살펴볼 차례입니다. 깊이와 진지함과 넓이가 어마어마한 요약입니다. "사랑은 모든 것을 덮어 주며, 모든 것을 믿으며, 모든 것을 바라며, 모든 것을 견딥니다." 여기서는 **"모든 것"**이라는 표현이 중요합니다. 이 표현은 타협할 용의가 없다는 뜻입니다. 본문에서 말하는 모든 것은 실제로 모든 것을 의미합니다. 우리는 근사한 순간에 "나는 당신을 위해 무슨 일이든 할 것입니다. 당신을 위해 모든 것을 바칠 것입니다. 모든 짐을 당신과 함께 짊어질 것입니다"라고 말하면서도, 암암리에 "당신이 똑같은 정도로 내 편이 되어 준다면"이라는 무언의 조건을 답니다. 하지만 사랑은 이런 조건을 알지 못합니다. 사랑의 **모든 것**에는 조건이 없습니다. 그것은 무조건적입니다.

사랑은 모든 것을 덮어 줍니다. 즉, 사랑은 어떤 악행도 더는 두려워하지 않고, 인간의 죄에 대한 공포를 온전히 받아들여 주시합니다. 사랑은 악행을 덮어 주지 못할 만큼, 피를 주시하지 못할 만큼 편협하지 않습니다. 사랑은 모든 것을 덮어 줍니다. 어떤 죄과도, 어떤 악행도, 어떤 악덕도, 어떤 화禍도 사랑이 주시하지 못할 만큼, 사랑이 받아들이지 못할 만큼 중하지 않습니다. 사랑은 가장 큰 죄과보다 자신이 더 크다는 것을 알기 때문입니다.

사랑은 모든 것을 믿고, 그래서 바보가 되고, 그러면서도 어디까지나 옳습니다. 사랑은 배반당하고 기만당하면서도 현장을 떠나지 않습니다. 하지만 모든 것을 믿는 것은 바보 같은 짓이 아닐까요? 내가 모든 것을 믿으면 사람들이 나를 조롱하지 않을까요? 내가 내 사랑을 가지고 나를 위해 뭔가를 꾀한다면, 그것은 바보 같은 짓이 맞을 겁니다. 하지만 내가 정말로 아무 조건 없이, 무한히, 선입견 없이 사랑하려고만 한다면, 그것은 바보 같은 짓이 아니라, 인간을 이기는 **그** 길, 인간이 깜짝 놀라서 회심하는 **그** 길이 될 것입니다. 사랑은 **모든 것을** 믿습니다. 왜냐하면 사랑은 마침내, 정말로 마침내 모두가 사랑에 굴복하리라는 것을 믿는 일만 할 수 있기 때문입니다. 여러분은 누구의 기대도 받지 못하는 나쁜 사람과 대화해 본 적이 있는지요? 그의 말을 경청하고 그에게 믿음을 선사해 본 적이 있는지요? 그러자 그가 자기를 믿어 준 것 때문에 주저앉아 여러분에게 "당신은 나를 다시 믿어 준 첫 번째 사람입니다"라고 말한 적이 있는지요? 그가 여전히 여러분을 속이는데도 그를 믿어 주어, 그가 위안을 얻게 된 적이 있는지요? 우리가 믿지 않았는데 그가 진실을 말했다는 사실이 나중에 밝혀졌을 때, 우리의 불신으로 인해 절망을 느낀 나머지 그가 헤매게 되었다는 사실을 여러분은 듣지 않았나요? 이런 일을 경험한 사람은 사랑이 결단코 차별하지 않는다는 것을 이해할 것입니다. 사랑은 눈을 뜨고서는 모든 것을 믿고, 눈을 감고서는 참된 미래를 봅니다.

사랑은 모든 것을 바랍니다. 사랑은 누구도 포기하지 않습니다. 길 잃은 사람은 아직 돌이킬 시간이 있습니다. 그가 버리고 깨뜨리고 파묻고 잊었던 사랑을 다시 시작할 시간이 있으며, 병이 물러가고 그가 치유되어 일어설 시간이 있습니다. 사랑은 병상 옆에서 환자를 위해 희망을 놓지 않는 의사와 같습니다. 이 희망 덕분에 환자는 다시 일어섭니다. 사랑은 환자가 다시 일어서는 것만을 바라기에 환자를 절대로 포기하지 않습니다. 그래서 사랑은 모든 것을 바랍니다. 개인을 위해서만이 아니라 민족과 교회를 위해서도 포기하지 않습니다. 사랑 없이 모든 것을 바라는 것은 어리석은 낙관이자 경솔함입니다. 사랑으로 모든 것을 바라는 것이야말로 능력입니다. 이 능력 덕분에 민족과 교회가 다시 일어설 수 있습니다. 우리의 사랑의 희망이 다른 이에게 능력이 되기를 무조건 바라는 것, 이것이 우리의 임무입니다.

사랑을 위하여, 다른 이를 일으켜 세워 주고 돕기 위하여 모든 것을 믿고 모든 것을 바라는 사람은 참고 견디지 않으면 안 됩니다. 세상은 그를 바보로, 위험한 바보로 여기는데, 이는 그가 자신의 바보짓으로 악의에 도전하기 때문입니다. 그러나 악의가 드러나야 비로소 사랑을 받을 수 있습니다. 그러므로 **사랑은 모든 것을 견딥니다.** 사랑은 이 견딤 속에서 기뻐합니다. 이 견딤이 사랑을 점점 더 크게 해주고, 점점 더 매력적인 것으로 만들어 주기 때문입니다. 조금도 견디지 못하는 사랑은 약한 사랑으로 머물고, 모든 것을 견디는 사랑은 승리를 유지합니다.

모든 것을 참고, 모든 것을 믿고, 모든 것을 바라고, 모든 것을 견디며 십자가에 달리기까지 하신 분이 아니라면, 자기 이익을 구하지 않고, 성내지 않고, 악행에 원한을 품지 않고, 그래서 악행에 희생당하신 분이 아니라면, 십자가에서까지 원수를 위해 기도하시고, 그래서 악을 완전히 이기신 분이 아니라면, 누가 이 사랑이겠습니까? 바울이 본문에서 언급한 이 사랑이 예수 그리스도 자신이 아니라면 누구겠습니까? 이 13장 전체에 감도는 상징이 십자가가 아니라면 무엇이겠습니까?

고린도전서 13장 설교 III

고린도전서 13:8-12

1934년 10월 28일, 삼위일체 주일 후 스물둘째 주일

사랑은 없어지지 않습니다. 그러나 예언도 사라지고, 방언도 그치고, 지식도 사라집니다. 우리는 부분적으로 알고, 부분적으로 예언합니다. 그러나 온전한 것이 올 때에는, 부분적인 것은 사라집니다. 내가 어릴 때에는, 말하는 것이 어린아이와 같고, 깨닫는 것이 어린아이와 같고, 생각하는 것이 어린아이와 같았습니다. 그러나 어른이 되어서는, 어린아이의 일을 버렸습니다. 지금은 우리가 거울로 영상을 보듯이 희미하게 보지마는, 그때에는 얼굴과 얼굴을 마주하여 볼 것입니다. 지금은 내가 부분밖에 알지 못하지마는, 그때에는 하나님께서 나를 아신 것과 같이, 내가 온전히 알게 될 것입니다.

"우리가 벌이는 모든 소란, 오락가락하는 생각과 숙고, 모든 근심과 염려, 모든 소원과 소망 가운데 참으로 끝까지 남는 것은

무엇일까요?" 이와 같이 우리가 물을 때, 그리고 우리가 성서에서 답을 얻고자 할 때, 우리는 이런 답변을 받을 것입니다. "이 모든 것 가운데 마지막까지 남는 것은, 우리가 우리의 생각과 근심과 소원과 소망 속에서 품었던 사랑 한 가지뿐이다." 다른 모든 것은 전부 그치고 사라질 것입니다. 우리가 사랑으로 생각하지 않고, 사랑으로 열망하지 않은 모든 것, 사랑 없는 모든 생각, 사랑 없는 모든 지식, 사랑 없는 모든 말은 사라지지만, **사랑은 없어지지 않습니다**.

아시다시피, 그치고 마는 것은 시작할 가치가 없습니다. 그치고 마는 일들에 종사하며 시간을 낭비하기에는 인생이 너무 짧고 중대하기 때문입니다. 우리는 때때로 이 사실을 분명하게 깨닫고는 충격을 받습니다. 연말연시나 생일을 맞이하여 지난해에, 혹은 우리 뒤에 자리하고 있는 우리 생의 한 시기에 우리가 했던 일을 돌아볼 때면, 그리고 우리가 영속적인 일을 하지 않았으며, 우리의 모든 염려와 수고, 우리의 모든 생각과 말이 이미 오래전에 사라지고 없으며, 다만 우리가 의식한 적 없는 뜻밖의 사랑의 행위, 사랑의 생각, 타인을 위한 희망만이 영속한다는 사실을 깨달을 때면, 공포가 우리를 엄습하곤 합니다.

여기서 목적지는 분명합니다. 우리의 지식, 우리의 깨달음, 우리의 사고, 우리의 언행 등 모든 것이 마침내 사랑으로 바꿔고, 사랑에 동화되는 것입니다. 사랑 안에서 사랑으로 생각한 것만이 영속하고, 결단코 그치지 않기 때문입니다.

그런데 어째서 다른 모든 것은 사라질까요? 어째서 사랑만이 없어지지 않을까요? 인간은 사랑 안에서만 자기를 내줄 수 있고, 타인을 위해 자기 뜻을 바칠 수 있기 때문입니다. 사랑은 나의 자기로부터 비롯하지 않고, 다른 자기, 곧 하나님의 자기로부터 비롯하기 때문입니다. 하나님은 사랑 안에서만 우리를 통해 일하시지만, 우리는 사랑 이외의 모든 것 안에서 행동합니다. 생각과 말과 지식은 우리의 것이지만, 사랑은 하나님의 것입니다. 우리에게서 비롯하는 것은 사라질 수밖에 없고, 하나님에게서 비롯하는 것은 모두 다 영속합니다. 사랑은 하나님 자신이자 하나님의 뜻이므로 결단코 그치지 않으며, 길을 잃지 않으며, 제 길을 고수하며, 몽유병자와 같은 확신을 품고 제 길을 갑니다. 사랑은 이 세상의 모든 어둠과 수수께끼 한가운데를 돌파하면서 제 길을 가고, 인간의 불행의 심연 속으로 들어가며, 인간이 빛나는 정점까지 올라갑니다. 사랑은 친구에게는 물론이고 원수에게도 다가가며, 자신은 버림받을지언정 아무도 버리지 않습니다. 사랑은 연인이 죄를 짓거나 수치를 당하거나 고독할 때도 그의 뒤를 따라다닙니다. 사랑은 모든 것을 알지 못하더라도 꾸밈없이 있으면서 절대 그치지 않습니다. 사랑은 자기가 발을 들여놓는 모든 장소를 거룩하게 합니다. 사랑은 어디서나 부분적인 것을 찾아내고, 어디서나 온전한 전체를 증언합니다.

사랑은 우리의 사고와 인식의 세계 안으로 흘러들고 싶어 합니다. 인식은 사랑과 가장 유사합니다. 인식도 타인을 대상으로 삼고 타인을 지향합니다. 인식은 세계와 인간과 하나님의 비밀을 파악하고 이해하고 설명하려고 합니다. 인식에 관여하지 않는 사람은 없습니다. 인간은 인식하는 존재이고, 인식은 그의 토대입니다. 설령 그가 원하지 않고, 사고를 자기의 사명으로, 자기의 목적으로 삼지 않더라도 그렇습니다. 인간에게 인식을 시도하게 하고, 동시에 인식의 한계를 알게 하는 물음이 있습니다. 그 엄청난 물음은 이렇습니다. "나 자신의 길은 무엇인가? 다른 사람의 길은 무엇인가? 인간의 모든 길을 피하는 하나님의 길은 무엇인가?" 이 물음을 모르는 사람, 이 물음을 계속해서 제기하지 않는 사람은 없습니다. 그러나 자신의 인식 능력으로 이 물음에 답할 수 있는 사람도 없습니다.

인간이 오랜 역사에 걸쳐 제시해 왔고, 우리가 날마다 제시하는 온갖 해답은 부분적인 것에 지나지 않아서 사라지고 맙니다. 이는 많이 생각하고 많이 아는 사람들도 잘 아는 사실이며, 최근에 승리를 확신하며 우쭐하는 자연과학도 잘 아는 사실입니다. 시대를 초월하는 위대한 사상가들 가운데 하나이자 모든 지혜의 처음과 끝이라 할 수 있는 사람도 그것을 알고 있었습니다. 그는 이렇게 말했습니다. "나는 내가 모른다는 사실을 안다."소크라테스 그러나 그것이 끝이었고, 그의 마지막 확신이었습니다.

그러나 바울은 이 확신을 넘어서는 한없이 위대한 확신을 품습니다. 우리의 지식은 부분적이므로 장차 온전한 것이 와서 부분적인 것을 중지시키리라는 것입니다. 온전한 것은 바로 사랑입니다. 인식과 사랑의 관계는 부분적인 것과 온전한 것의 관계와 같습니다. 인식하는 인간 안에서 온전함의 갈망이 자라면 자랄수록, 그는 점점 더 많은 사랑을 갖게 될 것입니다. **온전한 것을 인식하는 것이 온전한 사랑입니다.** 바로 이것이 까다로우면서도 의미심장하고 참된 바울의 명제입니다.

어떤 사람은 이렇게 물을지도 모르겠습니다. "도대체 인식이 사랑과 어떤 관계가 있나요?" 인식은 주관적 판단이 전혀 없는 매우 객관적이고 사실적인 앎을 의미합니다. 이는 틀림없는 사실입니다. 그러나 사실 자체를 있는 그대로 볼 수 있으려면, 그것을 사랑해야 합니다. 우리가 어떤 사실이나 어떤 사람을 알지도 이해하지도 못하는 것은 그 사실이나 그 사람을 하찮게 여기기 때문입니다. 우리가 어떤 사실이나 어떤 사람을 끊임없이 저주하는 것은 그 사실이나 그 사람을 미워하기 때문입니다. 우리는 오직 사랑할 때 사람을 온전히 알 수 있습니다. 우리는 한 사람을 사랑하는 만큼만 그 사람을 압니다. 세상살이에 약삭빠르고 세상 물정을 잘 안다는 사람도, 엄밀히 말하면 사람과 세상을 알지도 이해하지도 못하는 자입니다. 그는 인간의 사악함을 속속들이 알고 있어서 조심한다고 말하지만, 이는 그의 속임수에 지나지 않습니다. 그런데도 그가 그렇게 하는 것은 인간을 이해하지 못하기 때문입니다. 우리 마음에 들지 않는 어떤 사람이 우리를 소스라치게 하는 일을 했다고 상상해 보십시오. 그런 다음 우리가 무척 아끼는 어떤 사람이 우리가 이해하지 못할 일을 했다고 상상해 보십시오. 그러면 우리는 즉각 첫 번째 사람에게서, 그가 어떤 나쁜 동기로 그렇게 행동하게 되었는가 하는 온갖 해명을 구하려 할 것입니다. 그러나 다른 한편으로는, 우리가 사랑하는 사람이 어째서 그렇게 행동했는지 제대로 이해하고자 끊임없이 용서의 근거를 구하고 묻고 찾을 것입니다. 그때 우리는 전자보다는 후자를 더 잘 알게 될 것입니다.

모든 실제적 앎은 부분적인 사랑, 허영과 명예욕과 이기심으로 둘러싸인 사랑입니다. 그렇지만 그 속에는 온전함에 대한 갈망, 부분적인 것의 중단에 대한 갈망, 완전한 것의 출현에 대한 갈망, 진리와 인식과 사랑에 대한 갈망이 내재하고 있습니다.

"그러나 온전한 것이 올 때에는, 부분적인 것은 사라집니다." 부분적인 것이 온전함에 이르는 점진적 향상은 있을 수 없습니다. 부분적인 것이 결단코 도달할 수 없는 것, 곧 온전한 것 자체가 완전한 자유와 절대적 힘을 등에 업은 채 오고 또 올 것입니다. 그러면 부분적인 것은 그치고 부서질 것입니다. 이는 우리가 실상에 직면할 때 허상이 깨지는 것과 같습니다.

어릴 때를 부분적인 인식에 빗대고 어른이 된 때를 온전한 사랑에 빗대다니, 놀라운 생각이 아닐 수 없습니다. "내가 어릴 때에는, 말하는 것이 어린아이와 같고, 깨닫는 것이 어린아이와 같고, 생각하는 것이 어린아이와 같았습니다." 사랑 없는 앎은 어리석은 앎이고, 유치한 생각이며, 불법적인 방법으로 세상의 주인이 되려는 우둔한 시도입니다. 사랑 없는 인식의 자랑은 미련한 어린아이의 자만, 진지하게 여길 만한 가치가 조금도 없는 자만, 성인이 그저 비웃을 뿐인 자만에 지나지 않습니다. "그러나 어른이 되어서는, 어린아이의 일을 버렸습니다." 우리라면 정반대로 "어린아이의 일은 인식하는 사랑이고, 어른 됨은 사랑 없는 냉철한 인식이다"라고 말했겠지만, 바울은 "사랑이야말로 성숙한 통찰의 주제, 참된 인식의 주제, 성년기의 주제다"라고 말합니다. 사랑의 길은 용감한 행동의 길입니다. 바로 이것이 사랑을 온갖 몽상, 온갖 나약함, 온갖 감상과 구별해 줍니다. 사랑은 하나님 앞에서의 진리를 의미하고, 하나님 앞에서의 온전한 인식을 의미합니다.

"지금은 우리가 거울로 영상을 보듯이 희미하게 보지마는." 이 세상은 하나님의 생각을 거울처럼만 받아들입니다. 우리 눈에는 하나님의 생각이 거울에 비친 문자로만 보입니다. 하나님의 거울 문자는 읽기가 어렵습니다. 하나님의 거울 문자는 큰 것이 작은 것이 되고, 작은 것이 큰 것이 되며, 옳은 것이 틀린 것이 되고, 틀린 것이 옳은 것이 되며, 절망적인 것이 약속을 기대하고, 유망한 것이 심판을 기대함을 의미할 것입니다. 실로 하나님의 거울에 비친 문자는 십자가의 승리를 암시하고, 죽음이 생명을 암시함을 의미할 것입니다. 우리는 예수 그리스도 안에서, 그분의 생애와 말씀과 죽음 속에서 하나님의 거울 문자를 읽습니다. "지금은 우리가 거울로 영상을 보듯이 희미하게 보지마는." 십자가의 어렴풋한 말씀은 하나님의 거울 문자여서 식별하기가 쉽지 않고 이해하기도 쉽지 않습니다. 그런데도 지금 우리는 그렇게 보는 수밖에 없습니다. 그러나 "그때에는 얼굴과 얼굴을 마주하여 볼 것입니다." "그때에는", 곧 온전한 것이 갑작스레 들이닥치는 때가 되면, 세상이라는 거울이 깨질 것입니다. 하나님의 광채와 빛이 우리 자신을 에워싸는 때가 되면, "그때에는" 마지막이 될 것입니다. 우리의 마지막이 되면,

우리가 죽고 그치고 떠나가는 때가 되면, "그때는" 얼굴과 얼굴을 마주하여 보게 될 것입니다. 그때에는 우리에게 명백함이 있고, 온전한 사랑이 있게 될 것입니다. "얼굴과 얼굴을 마주하여 볼 것입니다." 하나님을 있는 그대로 보고, 그분의 사랑을 믿음 안에서가 아니라 그분의 사랑 안에서 보고, 감지하고, 느끼고, 지각하며 기뻐하게 될 것입니다. "마음이 깨끗한 사람은 복이 있다. 그들이 하나님을 볼 것이다"[22]라고 하였으니, 그때에는 얼굴과 얼굴을 마주하여 보게 될 것입니다.

"지금은 내가 부분밖에 알지 못하지마는, 그때에는 하나님께서 나를 아신 것과 같이, 내가 온전히 알게 될 것입니다." 이것이 해답입니다. "하나님께서 나를 아신 것과 똑같이", 이것이야말로 사랑이시고 온전한 분이신 하나님께서 나를 아신 것만큼 내가 알고 싶어 하고, 온전함을 경험하고 싶어 하는 이유입니다. 그분의 빛이 내 눈을 찾고, 그분의 사랑이 내 마음을 찾으며, 그분이 이미 오래전에 나를 아시고 사랑하셨으므로, 나는 그분을 다시 알고 사랑하지 않을 수 없으며, 온갖 부분적인 것을 헤치고 그분께로, 온전함을 향해 나아가지 않을 수 없습니다. 그분이 나를 알지 않으셨다면, 나는 그분을 알지 못했을 것입니다.

하나님과 사람은 서로를 압니다. 하나님과 사람은 얼굴

과 얼굴을 마주하여 봅니다. 하나님과 사람은 서로 번갈아 압니다. 하나님과 사람은 자신들의 서로 사랑을 압니다. 하나님과 사람은 서로가 없으면 자신들이 존재할 수 없다는 것을 압니다. 하나님과 사람은 함께, 나란히, 서로 상대 속에 존재합니다. 하나님과 사람은 인식 안에서, 그리고 사랑의 복된 비밀 안에서 하나가 됩니다. 그리고 사람은 바닥에 주저앉아 두 손을 뻗습니다. 그는 이제 그 자신이 아닙니다. 그는 이제 하나님 안에 있기 때문입니다. 바로 이것이 완성입니다. 아멘.

고린도전서 13장 설교 IV

고린도전서 13:13

1934년 11월 4일, 종교개혁 기념 주일

그러므로 믿음, 소망, 사랑, 이 세 가지는 항상 있을 것인데, 그 가운데서 으뜸은 사랑입니다.

일련의 고린도전서 13장 설교를 준비한 것은 이 본문을 종교개혁 기념 주일에 맞추기 위함이었습니다. 이는 예수 그리스도에 대한 믿음의 특별한 능력과 구원과 승리를 독보적으로 말해 온 교회, 곧 믿음 안에서 성장한 교회가 사랑 안에서 더욱 성장해야 함을 말하려는 것입니다. 한편으로는 본래의 종교개혁으로 돌아가고, 다른 한편으로는 개신교를 처음부터 위태롭게 했던 위험과 변질을 저지하려는 것입니다. 하지만 홀로 구출하고 구원하는 믿음의 메시지가 딱딱하게 굳어져 죽은 말씀이 되었습니다. 그 메시지가 사랑을 통해 생생히 유지되지 못했기 때문입니다. 믿음의 교회, 신앙고백에 가장 충실하고 가장 정통적인 믿음의 교회가 일체를 포괄하는 순수한 사랑의 교회가 되지 않으면 아무 유익이 없습니다. 사랑이신 그리스도를 믿는다면서 미워한다면, 그것이 무슨 소용이겠습니까? 믿음으로 그리스도를 주님이라 부르면서 그분의 뜻을 행하지 않는다면, 그것이 무슨 소용이겠습니까? 그런 믿음은 믿음이 아니라 위선입니다. 그리스도를 믿는다고 맹세하면서 자기 형제를 먼저 찾아가 화해하지 않고, 형제—하나님을 부인하는 형제, 인종이 다른 형제, 추방당한 형제, 버림받은 형제—의 현실을 달래 주지 않는다면, 그것은 아무 유익이 없습니다. 한 민족에게 그리스도에 대한 믿음을 촉구하는 교회는 그 민족 안에서 활활 타오르는 사랑의 불, 화해의 세포가 되어야 하고, 온갖 증오를 제압하고 사람을 교만과 증오로부터 구출하여 사랑의 사람으로 변화시키는 발화점이 되어야 합니다. 우리의 교회는 종교개혁 시절부터 많은 일들을 수행해 왔지만, 가장 위대한 이 일에는 아직 성공하지 못한 것 같습니다. 이 일은 이전보다 오늘날 더 필요한 일입니다.

"믿음, 소망, 사랑, 이 세 가지는 항상 있을 것인데." 믿음, 이는 사람과 교회가 자신의 위대한 행위로는 살 수 없으며, 오직 하나님이 친히 행하시고 이루신 위대한 행위들로만 살 수 있음을 의미합니다. 그리고 결정적인 것은 하나님의 위대한 행위들이 이 세상에서 보이지 않게 감추어져 있다는 것입니다. 그 위대한 행위들을 가리켜 보이는 것이 궁극적으로 중요한데도, 교회는 세상과 민족들의 역사 속에서 그러지 않고 있습니다. 그러려고 힘쓰던 교회는 이미 오래전에 이 세상의 법과 권력에 예속된 듯합니다. **성공한 교회**는 아직은 참으로 **믿음의 교회**라고 할 수 없습니다. 하나님이 이 세상에서 행하셨고, 온 세상이 의지하여 살게 된 일은 다름 아닌 골고다의 십자가입니다. 이것이야말로 하나님의 "성공"입니다. 만일 교회의 성공과 개인의 성공이 믿음의 행위라면, 그런 것도 하나님의 성공으로 보일 것입니다. 믿음이 항상 있다는 것은 **사람은 보이지 않는 것에 기대어 살아야 한다**는 뜻입니다. 믿음이 항상 있다는 것은 사람이 자신의 가시적 공로가 아니라, 하나님의 비가시적 행위에 기대어 살아야 한다는 뜻입니다. 믿음의 사람은 오류를 보면서 진리를 믿고, 죄를 보면서 용서를 믿으며, 죽음을 보면서 영생을 믿습니다. "내 은혜가 네게 족하다. 내 능력은 약한 데서 완전하게 된다"고후 12:9라고 하였으니, 그는 아무것도 보지 않고 "하나님의 행위와 은혜"를 믿습니다. 바로 이것이 종교개혁의 교회가 하는 일입니다. 종교개혁의 교회는 제 행위로 살지 않고, 제 사랑의 행위로도 살지 않습니다. 종교개혁의 교회는 보지 않고 믿는 것으로 삽니다. 곤경을 보면서 구원을 믿고, 이설을 보면서 하나님의 진리를 믿으며, 복음에 대한 배반을 보면서 하나님의 성실하심을 믿습니다. 종교개혁의 교회는 성인聖人들의 가시적 공동 사회가 아니라, 모든 허위에 맞서 은혜를 믿고 은혜로만 사는 죄인들의 교회입니다. 언젠가 루터는 "성인이 되려고 하는 자여, 교회에서 나가라" 하고 소리쳤습니다. 죄인들의 교회—은혜의 교회—는 있는 그대로 믿음의 교회입니다. 믿음은 항상 있습니다. 믿음은 하나님 앞에서 하나님으로만 살기 때문입니다.

있는 것은 죄뿐이고, 죄는 믿음 없이 사는 것을 의미하지만, 믿음은 보이지 않는 것을 고수합니다. 믿음은 그것이 이미 와 있다는 듯이 그것에 의지하여 살면서, 동시에 성취의 때, 보게 되는 때, 소유하게 되는 때가 오기를 기대하며 기다립니다. 믿음은 확실히 그때가 오기를 바랍니다. 그것은 마치 배고픈 아이가 빵을 주겠다는 아버지의 약속을 믿고, 그때를 기다려 기어이 빵을 얻으려고 하는 것과 같습니다. 그것은 음악 청취자가 불협화음의 난해한 상호 침투를 기꺼이 따라가며, 이 불협화음이 다시 조화롭게 되리라고 확신하는 것과 같습니다. 그것은 환자가 마침내 통증을 가라앉히려고 쓴 약을 먹는 것과 같습니다. 바라지 않는 믿음은 병든 믿음입니다. 그런 믿음은 배고픈데도 먹지 않는 아이와 같고, 피곤한데도 잠을 청하지 않는 사람과 같습니다. 사람은 확실히 믿는 만큼 확실히 바랍니다. 한없이 바라는 것은 흠이 아닙니다. 장차 하나님을 뵙게 되는 때를 바라지 않으면서 어떻게 하나님에 관해 말할 수 있겠습니까? 장차 영원 속에서 평화를 경험하기를 바라지 않으면서 어떻게 사람들 사이의 평화와 사랑에 관해 말하겠습니까? 새로운 세상에 참여하게 되는 때를 바라지 않으면서 어찌 새로운 세상과 새로운 인류에 관해 말하겠습니까? 왜 우리가 우리의 소망을 부끄러워해야 합니까? 우리가 장차 부끄러워해야 할 것은 우리의 소망이 아니라, 우리의 초라하고 근심스러운 절망 상태입니다. 하나님을 조금도 신뢰하지 않고, 겸손을 가장한 채 하나님의 약속이 주어진 데로 손을 뻗치지 않고, 이생에서 체념하며 하나님의 영원한 능력과 영광을 고대하지 않는 절망 상태를 우리는 부끄러워해야 합니다. 여러분에게 드리는 당부입니다. 소망하십시오! 소망을 무산시키지 마십시오. 우리가 바라면 바랄수록, 우리의 소망은 더욱더 커집니다. 사람은 소망과 함께 성장합니다. 그 소망이 하나님을 바라고 그분의 전적인 능력을 바라는 소망이라면 말입니다. 소망은 항상 있습니다.

"믿음, 소망, 사랑, 이 세 가지는 항상 있을 것인데, 그 가운데서 으뜸은 사랑입니다." 이 13장 서두의 구절들이 다시 울림을 일으키는군요. "내가 (…) 산을 옮길 만한 모든 믿음을 가지고 있을지라도"—덧붙여, 모든 소망을 품고 있을지라도—"사랑이 없으면, 아무것도 아닙니다." 그중에 으뜸은 사랑입니다.

하나님 **앞에서** 믿음을 가지고 영위하는 삶보다 더 위대한 삶은 무엇일까요? **이 세상에서** 하나님을 **향한** 소망을 품고 영위하는 삶보다 더 위대한 삶은 무엇일까요? 바로 하나님 **안에서** 사랑하며 영위하는 삶이 더 위대합니다. "나에게 순종하며, 흠 없이 살아라."창 17:1 "사랑 안에 있는 사람은 **하나님 안에** 있고."요 15:9-10 23 창조주와 피조물의 무한한 차이를 절대로 잊지 않는 겸손한 믿음보다 더 위대한 것은 무엇일까요? 하나님의 오심을 갈망하고, 그분의 현존을 보고 싶어 하는 확신에 찬 소망보다 더 위대한 것은 무엇일까요? 하나님께서 이미 이 세상 곳곳에 가까이 계심을 확신하는 사랑, 그분의 사랑에 의지하는 사랑, 그분의 사랑은 우리의 사랑만을 원한다는 사실을 아는 사랑이 더 위대합니다. 그리스도 안에서 구원을 열망하며 그분을 굳게 붙잡고 그분에게서 의롭다 인정받는 믿음보다 더 위대한 것은 무엇일까요? 시시각각 복된 죽음과 귀천을 준비하는 소망보다 더 위대한 것은 무엇이겠습니까? 섬기는 사랑, 다른 사람을 위해 모든 것을 잊는 사랑, 형제를 행복하게 해주려고 자신의 행복까지 포기하는 사랑이 더 위대합니다. 다른 사람을 위해 자기 사랑을 잃는 사람은 그것을 얻을 것이기 때문입니다.

믿음과 소망은 항상 있습니다. 믿음과 소망 없이도 사랑을 소유할 수 있다고 생각하는 사람은 없을 것입니다! 믿음 없는 사랑은 원천 없는 강과 같습니다. 그것은 사람이 그리스도 없이 사랑을 소유할 수 있다고 말하는 것이나 다름없습니다.

믿음만이 하나님 앞에서 의롭다 인정합니다. 소망은 우리가 목표점을 향하게 하고, 사랑은 우리를 완전하게 합니다.

믿음만이 의롭다 인정합니다. 우리 개신교회는 이 명제 위에 세워졌습니다. 어떤 사람이 "내가 하나님의 심판을 견딜 수 있으려면 어찌해야 합니까?"라고 묻자, 루터는 성서에서 "당신이 예수 그리스도 안에서 하나님의 은혜와 자비를 믿음으로써"라는 비할 데 없는 답변을 찾아냈습니다. "어떻게 사람은 하나님 앞에서 의롭다 인정을 받습니까?"라는 질문에는 "은혜를 통해서만, 믿음을 통해서만"이라고 답했습니다. 따라서 우리는 고린도전서 13장의 주장을 이렇게 뒤집어 말해도 될 것입니다. "내가 온갖 선한 일을 행할 만한 모든 사랑을 소유하고 있을지라도, 믿음이 없으면 아무것도 아닙니다." 믿음만이 의롭다 인정합니다. 그러나 사랑은 완전하게 합니다.

믿음과 소망은 영원 안으로 들어가 사랑으로 형태가 바뀝니다. 결국 사랑이 전부가 되며, 완성은 사랑을 의미합니다. 그렇지만 이 세상에서 완성의 상징은 다름 아닌 십자가입니다. 십자가야말로 완전한 사랑이 이 세상에서 걸어야 하는 길, 거듭거듭 건게 될 길입니다. 이것이 우리에게 제시하는 것은 두 가지입니다. 첫째, 이 세상은 때가 차면 붕괴하지만, 하나님의 형언할 수 없는 인내는 계속 존재한다는 것입니다. 하나님의 인내는 마지막까지 기다리는 인내입니다. 둘째, 이 세상에서 교회는 십자가 아래 있는 교회로 존속한다는 것입니다. 이 세상에서 가시적 영광의 교회가 되려는 교회는 십자가에 달리신 주님을 부인하는 교회입니다. 믿음, 소망, 사랑은 모두 십자가를 통해 완성에 이릅니다.

우리는 이제 교회에서 나가 세상 속으로 들어갑니다. 세상은 우리가 이 자리에서 말한 것들을 갈망합니다. 말들만 갈망하는 것이 아니라, 그 말들이 현실이 되는 것까지 갈망합니다. 수없이 실망과 환멸을 느낀 인류에게는 무엇보다도 믿음이 필요합니다. 상처로 고통스러워하는 인류에게는 소망이 필요합니다. 불화와 불신에 빠진 인류에게는 사랑이 필요합니다. 연민을 필요로 하는 우리의 영혼을 더는 동정하지 않더라도, 궁핍한 인류만은 동정하십시오. 인류는 새롭게 믿는 법, 소망하는 법, 사랑하는 법을 우리에게서 배우고 싶어 합니다. 그러니 거절하지 마십시오. 우리 다 같이 오늘 종교개혁 기념 주일에 "믿으십시오, 소망하십시오, 무엇보다도 사랑하십시오! 그러면 여러분은 세상을 이기게 될 것입니다" 하고 소리쳐 알립시다. 아멘.

IV.

핑켄발데 신학원 시절의 설교 초안
1935–1937년

의인에 관한 설교 초안

로마서 3:23-26

1935년, 필기 노트[1]

모든 사람이 죄를 범하였습니다. 그래서 사람은 하나님의 영광에 못 미치는 처지에 놓여 있습니다. 그러나 사람은, 그리스도 예수 안에서 얻는 구원으로 말미암아, 하나님의 은혜로 값없이 의롭다는 선고를 받습니다. 하나님께서는 이 예수를 속죄제물로 내주셨습니다. 그것은 그의 피를 믿을 때에 유효합니다. 하나님께서 이렇게 하신 것은, 사람들이 이제까지 지은 죄를 너그럽게 보아주심으로써 자기의 의를 나타내시려는 것이었습니다. 하나님께서 오래 참으시다가 지금 이때에 자기의 의로우심을 나타내신 것은, 하나님은 의로우신 분이시라는 것과 예수를 믿는 사람은 누구나 의롭다고 하신다는 것을 보여주시려는 것입니다.

1. 우리는 으레 하나의 사실로부터 시작하곤 한다. 이를테면 복음서에서 중요한 것은 개인의 사적 영혼 구원이라는 것이다. 죄

인이 절망으로부터 천복天福에 이르는 길을 따라가는 것이 중요하다는 것이다. 이 종교적 개인주의와 방법론에는 인간이 중심에 있다. 그러나 루터는 은혜로우신 하나님에 관해 물으면서 무엇보다 하나님의 구원을 중시하고, 그럼으로써 우리 영혼의 구원도 중시한다. 그는 "우리가 하나님과 나란히 의로울 수 있는가?"라는 물음을 던지지 않고, "하나님만이 홀로 의로우시다는 사실이 정말 참된 것인가?"라는 물음을 던진다. 그는 우리의 의뿐만 아니라 하나님의 의에 대해서도 의구심을 품는다. 하나님은 자기의 의로우심을 나타내야 하며, 우리 앞에서 실제로 자기의 의로우심을 나타내신다. 바울과 수도원 시절의 루터는 우리가 하나님 앞에서 얼마나 의로운가를 중시하지 않고, 하나님이 우리와 비교하여 얼마나 올바르시고 의로우신가를 중시한다. 하나님은 우리보다 의로우셔서 직접 이 의인義認을 수행하셨다. 이 지점에서 우리는 그분 앞에 설 준비를 제대로 하게 된다. 그분만이 홀로 의로우시다는 사실을 인정하는 것이 곧 믿음이다. 이 믿음 안에서 우리는 하나님 앞에 제대로 준비된다. 그리고 경건한 물음도 이 믿음 안에서 나온다.

2. 하나님의 의인이 중요하다면, 그분만이 직접 자기의 의로우심을 나타내신다는 것은 분명한 사실이다. 따라서 우리는 그분의 행위를 보는 수밖에 없다. 우리의 의인이 하나님께

달려 있다면, 우리의 의인은 하나님의 행위로 인식될 수밖에 없다.[ὃν προέθετο 2]

3. 어째서 바울은 하나님의 의인에 의구심을 품는가? 어째서 하나님은 자기의 의로우심을 나타내셔야 하는가? 이 물음은 두 가지 사실로 인해 생겨난다. 1) 하나님은 자기의 거룩한 율법을 짓밟게 하시고도 처벌하지 않으신다. 2) 하나님은 자기의 은혜를 베푸시되, 인간의 죗값을 요구하지 않으신다. 하나님이 자기의 율법을 범하신 것인가? 그분은 이제 더는 하나님이 아닌가? 그분은 더는 진지하게 대할 수 없는 분인가? 그래서 우리 역시 불성실해도 되는가?

4. 하나님은 자기의 의로우심을 직접 나타내시면서, 자기의 의를 알리시는 것으로 답하신다. 그분은 행동하신다. 그 장소는 그리스도의 십자가다. 이 십자가가 하나님이 대담하게 택하신 장소다. 그분은 이 십자가에서 홀로 행동하시면서 자기의 의를 나타내신다. 십자가는 인간 세계에서 이루어진 하나님의 의인이다. 만일 **우리**가 하나님의 의로우심을 밝히려 했다면, 우리는 경건한 이들에게 베푸는 하나님의 도우심을 참조하도록 했을 것이다. 그러나 하나님은 죄와 죽음에 대한 승리 안에서 자기의 의로우심을 나타내신다.

5. 하나님의 의인으로서 십자가는 속죄다. 이 속죄에는

두 방향이 있다. 한쪽은 속죄하는 쪽이고, 다른 한쪽은 속죄를 받는 쪽이다. 속죄는 죄책을 인정하는 행위이므로 당연히 보상이 필요하다. 죄책은 하나님의 의에 대한 훼손이고, 속죄는 훼손하는 자의 죽음이다. 하지만 하나님은 죄인이 살기를 바라신다. 그분은 죄인을 살리심으로써 자기의 의를 나타내려 하신다. 그러나 속죄가 완수되어야 하고, 그래야 하나님은 실로 하나님이 되신다. 하나님은 몸소 그렇게 하시고 개입하신다. 그분은 자기의 의로우심을 위해 자기를 찢으신다. 그분은 우리의 속죄를 위해 피 흘리는 그리스도를 내주시면서[προέθετο] 고통당하신다.

6. 그리스도께서 십자가에서 흘리신 피는 하나님의 진노와 하나님의 심판을 보여주고, 면죄[免罪]하는 속죄와 은혜를 성취하면서 하나님의 의로우심을 나타낸다. 이 속죄를 마주하여 우리는 예전에는 알지도 못하고 믿지도 못했을 사실, 곧 우리 모두 죄인이라는 사실을 하나님의 판결로 인정한다. 우리 가운데 의인이 하나라도 있었다면, 하나님은 개입하지 않으셨을 것이다. 그러나 그분만이 홀로 의로우시고, 우리는 모두 죄인이다. 만일 우리가 우리의 구원을 진실로 여긴다면, 우리는 우리의 죄도 진실로 여기지 않으면 안 된다. 우리는 대담한 은혜에 힘입어 죽지 않고 살 것이기에, 우리가 심판받고 은혜 입은 죄인임을 깨달아야 한다.

7. 그리스도의 십자가는 하나님만이 홀로 의로우시고, 하나님만이 홀로 의롭게 하신다는 표지다. 이 표지를 보는 순간 우리는 올바른 자세를 취하게 된다. 우리는 그분만이 홀로 의로우시다는 사실을 인식하고 고백함으로써 그분 앞에서 의롭게 된다. 지금 우리는 그분의 의로우심 덕분에 제대로 준비된다. 하나님의 깰 수 없는 놀라운 의로우심에 감사한다.

예정에 관한 설교 초안

고린도전서 1:18

1935년, 필기 노트[3]

십자가의 말씀이 멸망할 자들에게는 어리석은 것이지만, 구원을 받는 사람인 우리에게는 하나님의 능력입니다.

1. 구분이 이루어진다. "멸망할 자들"과 "구원을 받는 사람"이 나뉘어 있다. 본문은 이 구분을 주어진 사실로 여긴다. 놀랍고 무서운 사실이 아닐 수 없다. 인류는 나뉜다. 인간은 둘, 곧 선택된 사람과 저주받은 사람 중 한쪽만 될 수 있다. 중간은 없다. 인생에는 이 엄혹함, 냉엄함, 번복 불가가 있는지도 모른다. 우리는 감히 이 구분에 대해 직접 질문하지도, 생각하며 살아가지도 않는다. 우리에게는 친구들과 형제자매들과 아버지들과 어머니들이 있다. 그런데도 우리는 두려움에 떨며 아버지 하나님께—우리는 모두 그분의 사랑스러운 자녀다—호소하기를 더

좋아한다. 그러면서도 우리는 "멸망할 자들에게는"이라는 표현은 물론이고 "구원을 받는 사람인 우리에게는"이라는 표현도 이해하지 못한다. 우리는 누구인가? 우리는 확실히 하나님과 함께 있는가? 바울은 "구원을 받는 사람인 우리에게는!"이라고 말하는데, 그의 곤경과 두려움과 결정의 배후에는 무엇이 작용하고 있는가?

2. 멸망할 자들이 있다는 것은 오늘날 우리에게 낯선 사실이다. 그러나 이는 우리가 성서적 사고에서 얼마나 멀리 떨어져 있는가를 드러낼 뿐이다. 이것은 놀라운 일이 아니다. 더 놀라운 일은 구원을 받는 사람들이 있다는 것이다! 그리고 가장 놀라운 일은 "그러나 우리에게는"이라는 이 표현, 곧 우리가 구원을 받는 사람들에 속해 있다는 것이다.

3. 이 최종 결정이 내려지는 자리는 어딜까? 궁극적인 기준이 있어야 한다. 아무리 찾아도, 우리에게서는 그 기준을 찾을 수 없다. 우리에게는 궁극적 결정을 좌우할 만큼 중대해 보이는 것이 조금도 없다. 한 사람이 자기 민족, 진리, 종교에 대해 어떤 자세를 취하는가로 영원한 멸망이나 구원이 인식될 수 있을까? 인류 안에는 궁극적 결정을 판단할 자리가 없다. 그러나 하나님은 그런 자리를 가리켜 보이셨다. 우리가 구원을 받는 사람들에 속하는지, 멸망할 자들에 속하는지 그리스도의 십자

가에서 결정된다. 이 십자가에서 인류가 선택된 사람과 저주받은 사람으로 나뉜다는 사실을 듣는 것이야말로 가장 놀라운 일이다.

4. 멸망할 자들은 십자가를 바보의 믿음, 불합리한 것이라고 여긴다. 1) 건강한 자연인은 십자가를 어리석은 것이라고 여긴다. "나는 약함보다 강함을 더 좋아해"라고 누가 말하고 싶지 않을까? 하지만 그리스도의 약함을 어리석은 것으로 여기는 사람들은 멸망할 자들이다. 2) 윤리 의식도 십자가를 어리석은 것으로 여긴다. 선한 영웅은 죽지 않는 법이므로, 선인이 매를 맞는다는 것은 우리가 보기에 옳은 일이 아니다. 그러나 선인이 매를 맞는 것을 승인하지 않는 사람들은 멸망할 자들이다. 3) 이 길에서 하나님의 영광을 찾지 않는 종교는 십자가를 어리석은 것이라고 여긴다. 여기서 가장 중대한 것은 십자가다. 하나님은 그러한 감춤과 약함 속에 계시지 않던가? 하나님은 이 인간적인 불행 속에 현존하시지 않던가? 그러나 이를 어리석은 것이라고 여기는 사람들은 멸망할 자들이다.

5. 구원을 받는 사람들은 이 십자가를 하나님의 능력으로 여긴다. "어리석음"에 맞서는 것은 "능력"이지 인식이나 지혜가 아니다. 하나님의 능력은 다름 아닌 하나님의 낮아짐과 약함에 있다. 하나님의 능력은 십자가로 이어지는 능력이다. 이것

은 우리에게도 능력이다. 우리가 십자가 아래로 다가가고, 그 아래서 산다면 말이다. 십자가는 세상과 싸우면서 하나님의 능력을 실제로 나타낸다. 믿음은 비천함과 황량함 속에서 임박한 하나님의 능력을 인지하고, 성화聖化와 고난 속에서 용서하는 하나님의 능력을 식별한다.

6. 우리는 이 능력에 기대어 살아가는 사람들인가? 우리는 "멸망할 자들"인가? 아니면 우리는 "그러나 우리에게는"이라는 표현을 우리에게 적용하는가? 우리는 어느 쪽에 속해 있는가? 우리가 십자가를 어리석은 것이라고 여긴 적이 전혀 없었다는 듯이 하나님과 우리 자신을 속이지 말자. 우리 멸망할 죄인들에게는 하나님의 능력이 중요하다는 것을 더욱더 확실히 믿자. 루터는 "예정이 그대들을 불안하게 하거든 십자가로 피하라"고 말한다. 우리가 십자가로 피하면, 십자가가 온갖 어리석음과 죄 가운데 있는 우리에게 하나님의 능력이 될 것이다.

삼위일체 주일 설교 초안

출애굽기 20:2-3

1935년, 필기 노트[4]

나는 너희를 이집트 땅 종살이하던 집에서 이끌어 낸 주 너희의 하나님이다. 너희는 내 앞에서 다른 신들을 섬기지 못한다.

1. "나는 있다"Ich bin라고 하나님은 말씀하신다. 그분 이외에 누가 이렇게 말할 수 있을까? 만일 우리가 이렇게 말할 수 있다면, 말하는 순간 우리는 이전과는 다른 존재가 될 것이다. 이처럼 모든 것은 변화와 소멸을 겪는다. 오늘날 우리는 고백교회의 일원으로서 상황이 얼마나 빠르게 변하고 있는지를 아주 잘 알고 있다. 변화하는 사건들 한가운데 우리가 "나는 있다"라는 말씀을 듣게 된다면, 큰 위안이 될 것이다. 우리가 소란스러운 일상을 벗어나도, 하나님은 "나는 있다"라고 하신다. 우리가 고통과 곤경을 벗어나도, 하나님은 "나는 있다"라고 하신다. 우리가

죽음의 자리를 벗어나도, 하나님은 "나는 있다"라고 하신다. 하나님이 어둠 속에 머무르지도, 침묵하지도 않으신다는 사실을 이해하게 되었으니, 정말로 은총이 아닐 수 없고 복음이 아닐 수 없다! "나는 있다"라는 이 말씀은 정말로 든든한 발판이며 피난처다. 처음과 끝을 쥐고 계시는 분, 시간 이전에도 계셨고 시간 이후에도 계실 분, 만물의 근원이신 분, 처음과 끝을 정하시는 분이 "나는 있다"라고 말씀하신다. 창조주 하나님이 그렇게 말씀하신다.

2. "나는 주다"라고 하나님은 다시 한번 말씀하신다. 자기가 주主라고 말하는 사람은 많다. 그러나 그들은 수년도 못 가서 더는 존재하지 않으니, 그들을 아는 이가 하나도 없게 된다. 그들은 다른 주들의 희생물이 되고 만다. 우리도 대개 주가 되려고 한다. 그러나 우리는 우리의 주권에 끝이 있음을 곧 알게 된다. 우리에게는 우리의 삶을 주도하거나 좌우할 힘이 없다. 질병과 죄와 죽음이야말로 강력한 지배자다. 그것들은 우리를 부순다. 그래서 하나님이 직접 "나는 주다"라고 말씀하셔야 한다. 그분은 처음부터 영원까지 "나는 주다"라고 말씀하신다. 정말이다. 그분은 우리를 노예로 부리는 모든 주를 다스리고, 고통과 죽음과 죄를 지배하시는 주님이다. 그분이 그것들을 이기셨다. 그분은 부활하여 살아 계신 분으로서, 우리에게 "나는 주다"라고 소리쳐 알리신다. 주 예수 그리스도께서 "나는 주다"라

고 말씀하신다.

3. "나는 주 너희의 하나님이다"라고 하나님은 세 번째로 말씀하신다. 영원 속에 계시고 세상의 영광보다 더 강력한 하나님이 우리에게 무슨 소용인가? 그 하나님이 나에게 아랑곳이나 하실까? 그런 하나님은 내게는 아무 상관이 없을지도 모른다. 그런 하나님은 이생 이후에도 끝이 있어선 안 되므로, 내가 끝내 그분의 무섭고 놀라운 영원 속에 떨어지면 어쩌나 하는 두려움과 절망을 자아내는 원인이 아닐까? 그러나 그분은 "나는 주 너희의 하나님이다"라고 말씀하신다. 처음부터 계셨고 앞으로도 계실 하나님이 나의 소유가 되려고 하신다. "너희의 하나님"이라는 표현은 그분이 나와 함께 계시고, 내 곁에 계시고, 내 안에 계시고, 나를 위해 계신다는 뜻이다! 그렇다. 어떤 사람이 "나는 네 거야"라고 나에게 말한다면, 그와 나는 서로에게 속하는 사이가 된다. 내가 소유한 것은 무엇이나 네 것이고, 네가 소유한 것은 무엇이나 내 것이다. 하나님과 인간이 계약을 맺는다! 하나님의 주권이 내 것이 된다. 그분은 멀리 계시지 않고 가까이 계신다. "나는 주 네 하나님이다." 이 말씀은 정말로 복음이 아닐 수 없다. 성령 하나님은 "나는 주 네 하나님이다"라고 말씀하신다.

4. 우리에게 "나는 너를 이집트 땅 종살이하던 집에서

인도해 낸 (…) 이다"라고 말씀하신 삼위일체 하나님은 백성에게 자기를 알리며 내어주신다. 그분은 한 백성, 한 교회를 원하신다. 그분은 이 백성을 직접 선택하시고 부르시고 해방하셨다. 그분은 이 백성을 종살이에서 끌어내어 소유로 삼으셨다. 이는 세상을 위한 하나님의 가시적 표지다. 하나님은 자기 백성에게 성실하시다. 그 백성은 하나님의 공동체다. 즉, 이스라엘 민족 안에서 시작되어 오늘날 고백교회 안에서 우리 앞에 있는 공동체다. 삼위일체 하나님은 처음부터 자기 교회에 성실하셨고, 오늘도 성실하셔서 자기 교회를 종살이하던 집에서 인도해 내려고 하신다.

5. "너희는 내 앞에서 다른 신들을 섬기지 못한다." 삼위일체 하나님은 한분이시고 유일한 하나님이시다. 그분 옆에는 다른 신들이 있을 수 없다. 성부 하나님, 성자 하나님, 성령 하나님, 이 하나님이야말로 한분이신 하나님으로서 우리가 신뢰하는 분, 우리에게 자기를 주기로 약속하신 분이다. 우리는 그분 위에 미래를 세워야 한다. 하나님의 백성에게는 인간을 신뢰하고, 다른 신들을 믿고, 다른 신들을 토대로 이 세상의 나라들과 조직들을 세우는 것이 좋다는 식의 약속은 전혀 주어지지 않았다. 다만 모든 계명의 서두에서 삼위일체 하나님을 믿고, 그분을 신뢰하는 것이 좋다는 약속이 주어졌다. 다른 신은 없다.

율법에 관한 설교 초안
갈라디아서 3:10-13

1935년, 필기 노트[5]

율법의 행위에 근거하여 살려고 하는 사람은 누구나 다 저주 아래에 있습니다. 기록된 바 "율법책에 기록된 모든 것을 계속하여 행하지 않는 사람은 다 저주 아래에 있다" 하였습니다. 하나님 앞에서는 율법으로는 아무도 의롭게 되지 못한다는 것이 명백합니다. "의인은 믿음으로 살 것이다" 하였기 때문입니다. 그러나 율법은 믿음에서 생긴 것이 아닙니다. 오히려 "율법의 일을 행하는 사람은 그 일로 살 것이다" 하였습니다. 그리스도께서 우리를 위하여 저주를 받은 사람이 되심으로써, 우리를 율법의 저주에서 속량해 주셨습니다. 기록된 바 "나무에 달린 자는 모두 저주를 받은 자이다" 하였기 때문입니다.

1. 이 본문은 우리의 이해를 넘어선다. 하나님의 율법과 관계있는 사람들은 어디에 있는가? 이 경건한 자들은 어디에 있는가?

율법에 의지해 살아가는 사람들은 어디에 있는가? 율법 안에서,ἐν νόμῳ 곧 율법의 범위 안에서 살아가는 사람들은 어디에 있는가? 이 범위는 당사자가 택한 율법의 반대말일까? 율법 안에서 살고, 제 뜻대로 살지 않는 사람들은 어디에 있는가?

2. 본문은 마치 높은 산꼭대기에서 시작하고, 우리는 골짜기에 서 있는 듯하다. 그러나 산꼭대기는 위험하다. 그곳은 벼락이 떨어지는 곳이다. 첫 번째 벼락은 저주다. 이 저주는 율법을 가장 진지하게 생각하는 사람들에게 내리는 저주인가? 누가 감히 저주의 소리를 내뱉는가? 경험에 따른 판결이 아니라 성서의 판결이 주어진다. 게다가 성서는 한 번 더 이 판결의 근거를 댄다. 율법을 모두 다 지키는 자는 아무도 없다는 것이다. 한 조항이라도 위반하는 자는 율법 전부를 위반하는 것이다. 하나님의 율법과 그것과의 관계는 그만큼 중대하다. 달갑지 않아도, 하나님의 율법을 한 조항이라도 위반하는 곳에서는 저주의 저주를 받는 수밖에 없다.

3. 성서는 두 번째 증거를 제시한다. 11절이 그것이다. "의인은 믿음으로 살 것이다"라고 성서는 말한다. 다른 길이 열린다. 그 길은 믿음이다. 행위, 곧 자취自取, Selbernehmen의 반대말은 수용Annehmen이다.

4. 우리는 율법의 행위 없이 믿는 사람들인가? 우리는

율법의 행위를 피하는 사람들인가? 우리는 즉시 믿음 안으로 뛰어드는가? 믿음은 자기 추구가 될 수도 있다! 우리의 믿음은 하나님의 거룩한 길들만을 따르는가, 아니면 자기만족을 구하는가? 우리의 믿음은 하나님의 계시를 기대하는가? 그렇다면 그것은 그릇된 믿음일 것이다. 우리는 믿음을 곧바로 우리를 위해 이용할 정도로 경솔해선 안 된다. 계명들과 관계가 없는 사람, 계명들에 대한 복종을 조금도 알지 못하는 사람이 믿음으로 복종할 수 있겠는가?

5. 율법 자체는 정말 죽음에 이르는 길인가? 그렇지 않다. 그것은 하나님의 율법이다. 율법 자체는 약속을 담고 있다. 율법을 행하는 사람은 살 것이라는 게 그 약속이다. 그러나 율법의 약속은 우리에게 치명적인 위협이 된다. 우리는 그 약속을 완전히 분실했다. 율법과는 전혀 관계하지 않고 오직 자신의 행위와 관계하는 우리는 실로 많은 저주 아래 있다.

6. 율법의 길은 저주로 이어진다. 믿음의 길은 우리에게 불가능해 보인다. 누가 도와줄 것인가? 그리스도께서 우리를 대신하시고, 우리를 위해 저주를 받은 사람이 되신다. 그분은 자기를 위해서도, 어떤 이상理想을 위해서도 고난받지 않으신다. 그분은 오로지 우리와 관련해서만 저주를 받은 사람이 되시고, 우리를 대신해 우리에게 도움이 되시려고 저주를 받은 사람

이 되신다. 저주의 온갖 힘이 그분 위에 쏟아지고, 율법이 그분에게 그분의 전권을 요구하고 인수한다. 이런 일이 벌어지는 까닭에, 이제 율법은 그분에 대한 권리를 잃기도 한다. 저주가 송두리째 내려 그분 위에 정체해 있으면서 맹위를 떨치는 바람에, 우리는 자유롭게 되었다. 성서는 누구도 말할 엄두를 내지 못할 내용, 누구도 말해선 안 될 내용을 증언한다. "나무에 달린 자는 모두 저주를 받은 자다!" 그분 위에 내린 저주가 실효를 얻어서 대리 형벌의 고통이 된다.

7. "그리스도께서 우리를 위하여 저주를 받은 사람이 되셨다." 이것이야말로 구원이다. 그분 안에서 율법이 관철되었다. 그야말로 율법의 성취다. 그분이 우리를 위해 저주를 받은 사람이 되심으로써 율법이 성취된 것이다. 그분이 율법의 저주와 관계있듯이, 우리는 율법의 성취와 관계있다. 그분은 저주를 받으시고, 우리는 구원을 받는다.

8. 인간에게 율법의 저주를 내리지 않고 믿음을 통해 생명을 선사하는 것이 하나님의 길이다. 이 하나님의 길을 순순히 받아들이는 것, 그것이 믿음이다. 우리는 저주받은 십자가와 성취된 율법에 순종하는 믿음 안에서 산다.

이사야 53:1-12

1935년, 필기 노트[6]

우리의 설교를 누가 믿을 것인가? 주님의 능력이 누구에게 나타나는가?[7] 그는 주님 앞에서 마치 연한 순과 같이 마른 땅에서 나온 싹과 같이 자라서, 그에게는 고운 모양도 없고 훌륭한 풍채도 없으니, 우리가 보기에 흠모할 만한 아름다운 모습이 없다. 그는 사람들에게 멸시를 받고, 버림을 받고, 고통을 많이 겪었다. 그는 언제나 병을 앓고 있었다. 사람들이 그에게서 얼굴을 돌렸고, 그가 멸시를 받으니, 우리도 덩달아 그를 귀하게 여기지 않았다. 그는 실로 우리가 받아야 할 고통을 대신 받고, 우리가 겪어야 할 슬픔을 대신 겪었다. 그러나 우리는 그가 징벌을 받아서 하나님에게 맞으며 고난을 받는다고 생각하였다. 그러나 그가 찔린 것은 우리의 허물 때문이고, 그가 상처를 받은 것은 우리의 악함 때문이다. 그가 징계를 받음으로써 우리가 평화를 누리고, 그가 매를 맞음으로써 우리의 병이 나았다. 우리는 모두 양처럼 길을 잃고, 각기 제

갈 길로 흩어졌으나, 주님께서 우리 모두의 죄악을 그에게 지우셨다. 그는 굴욕을 당하고 고문을 당하였으나, 아무 말도 하지 않았다. 마치 도살장으로 끌려가는 어린 양처럼, 마치 털 깎는 사람 앞에서 잠잠한 암양처럼, 끌려가기만 할 뿐, 아무 말도 하지 않았다. 그가 체포되어 유죄판결을 받았지만 그 세대 사람들 가운데서 어느 누가, 그가 사람 사는 땅에서 격리된 것을 보고서, 그것이 바로 형벌을 받아야 할 내 백성의 허물 때문이라고 생각하였느냐? 그는 폭력을 휘두르지도 않았고, 거짓말도 하지 않았지만, 사람들은 그에게 악한 사람과 함께 묻힐 무덤을 주었고, 죽어서 부자와 함께 들어가게 하였다. 주님께서 그를 상하게 하고자 하셨다. 주님께서 그를 병들게 하셨다. 그가 그의 영혼을 속건제물로 여기면 그는 자손을 볼 것이며, 오래오래 살 것이다. 주님께서 세우신 뜻을 그가 이루어 드릴 것이다. "고난을 당하고 난 뒤에, 그는 생명의 빛을 보고 만족할 것이다. 나의 의로운 종이 자기의 지식으로 많은 사람을 의롭게 할 것이다. 그는 다른 사람들이 받아야 할 형벌을 자기가 짊어질 것이다. 그러므로 나는 그가 존귀한 자들과 함께 자기 몫을 차지하게 하며, 강한 자들과 함께 전리품을 나누게 하겠다. 그는 죽는 데까지 자기의 영혼을 서슴없이 내맡기고, 남들이 죄인처럼 여기는 것도 마다하지 않았다. 그는 많은 사람의 죄를 대신 짊어졌고, 죄 지은 사람들을 살리려고 중재에 나선 것이다."

1. 이 대목이야말로 구약성서의 경계다. 불꽃들이 신약성서로 뚜렷하게 옮겨 튄다. 우리는 사실적인 예언의 소름 돋는 수수께끼를 마주하고 있다. 한밤중인데도 예언자는 벌써 깨어 있다. 그는 이미 손가락으로 해가 떠오르는 방향을 가리키고 있다. 다른 이들의 눈이 아직 닫혀 있을 때, 그에게 비밀이 드러난다. 절대적인 믿음을 요구하는 설교가 그에게 맡겨진다. 장차 있을 구원, 하나님과 이루는 화해, 이름 없는 한 사람의 대리 고난과 죽음을 다루는 엄청난 설교다. 그러나 예언자의 음성을 믿는 이는 누구인가? 주님의 능력이 나타나는 이는 누구인가? 이름 없는 한 사람의 대리 고난을 통해 구원이 이루어진다는 이 설교가 참이라고 믿는 이는 누구인가? 이 설교는 어떻게 믿음을 얻는가?

2. 이름 없는 그는 누구인가? 일부러 자기 이름을 숨기는 그는 누구인가? 그는 개인인가, 아니면 하나님의 백성인가? 학자들이 골머리를 앓으며 애썼다. 그들은 답을 알지 못하지만, 적지 않은 것을 찾아냈다. 이를테면 이름 없는 그는 둘 다일지도, 곧 개인과 백성을 아우르는 사람일지도 모른다는 것이다. 아담이 개인이면서 동시에 인류인 것처럼 말이다. 그렇다면 그는 새 아담인가? 예언자는 나름의 그럴싸한 근거들을 확보하지 못해서 이름을 들지 않은 게 아닐까? 예언자는 그가 오리라는 것을 잘 알고 있었다. 확실히 예언자는 이미 그가 온 것을 보고

있다. 그러나 모든 이름 위에 뛰어난 그 이름은 그에게 알려지지 않는다.

3. 그러나 예언자는 그를 충분히 알고 있다. 예언자가 알고 있는 그는 사람들이 큰 기대를 하며 생각하는 것과는 정반대의 모습이다. 마른 땅에서 싹터 나와, 가난한 티가 역력하고, 모든 인간적 풍모와 기쁨을 찾아볼 수 없는 모습이다. 건강한 사람들의 의견과 기준들이 그를 찌른다. 십자가와 고통이 그에게 떨어져 그를 괴롭힌다. 그는 홀로 멸시를 받는다. 아무도 그와 상종하려 하지 않는다. 이것이 그의 실상이다. 예언자의 손가락이 그를 가리킨다. 예언자는 그의 편을 들며 믿음을 요구한다. "우리의 설교를 누가 믿을 것인가?"

4. 이 말씀에 놀라는 당신의 모습은 어떻게 된 것인가? 아니다. 당신은 놀라면서, 이것이 바로 당신의 진짜 모습임을 알아야 한다. 이것이 우리의 모습이다. 우리의 병고와 우리의 악행과 우리의 죄, 모든 것을 그의 위에 쌓아 올리고, 그래서 무서워하는 그 모습이다. 믿음이 없다면 자기 때문에 고통받는 한 사람을 보게 될 뿐이다. 하지만 믿음은 하나님이 우리 대신 매를 맞게 하신 이가 바로 그분이라는 것을 알게 한다. 이 모습은 우리의 형벌이다. 이름 없는 그가 나와 인류가 받아야 할 고난을 받는다. 그렇다. 그는 한 사람이면서 새 백성이 아닐까? 이

름 없는 그가 세상의 법칙을 깬다. 저마다 하나님 앞에서 자기 자신을 대변해야 한다는 것은 세상의 규칙이다. "각기 제 갈 길로 흩어졌으나." 이것은 불신앙의 규칙이다. 그는 이 법칙을 깨고, 다른 이들이 받을 벌과 심문을 받는다. 그러므로 그에게는 아름다움과 부와 명예와 같은 인간의 법칙이 더는 유효하지 않다. 그 모든 것은 깨지는 수밖에 없다. 그가 더는 자기를 대변하려고 하지 않기 때문이다. 그가 이 세상의 법칙을 무효로 한 까닭에 우리가 평화를 누린다. 우리는 업신여김을 가장 많이 받은 그를 통해서만 평화를 누린다. 그가 모든 것을 담당하지 않았다면, 우리는 저주 안에 있었을 것이다.

5. 이름 없는 그는 설명과 해석을 조금도 제공하지 않는다. 그저 말없이 고난을 받을 뿐이다. 그렇지 않다면 그것은 진짜 고난이 아닐 것이다. 그러나 그가 말없이 고난을 받음으로 그에 대한 믿음이 불가피해진다. 자기 자신을 해석하는 고난은 이미 완전한 고난이 아니다. 그러나 믿음은 말 없는 그를 보고 그 안에서 구원자를 알아본다. 하지만 우리의 설교를 누가 믿을 것인가?

6. 이와 같은 고난을 받으면서 그가 체포되어 유죄 판결을 받는다. 그는 영원히 산다. 그는 사악한 자들 가운데 무죄 상태로 죽음을 맞이한다. 이것이 바로 하나님이 그와 함께 걷는

길이다. 하나님이 그를 치신다. 하나님은 살아 있는 사람들의 땅에서 자기 종을 떼어 내신다. 그러나 죽은 자들은 그 속건제물을 통해 산다.

7. 이것은 그가 온 인류를 대신하여 죽어서 모든 사람이 살게 되었다는 뜻이다. 그는 대리의 법칙을 통해 사람들을 얻고, 그들은 그의 소유가 된다. 하나님은 자기의 매 맞는 종을 통해 우리를 대하신다. 대리의 법칙은 이제부터 그의 공동체 전체에 적용된다. 멸시받은 그를 존중하는 사람은 그를 통해 의로워져 그의 새로운 생명의 법에 들어간다.

8. 멸시받은 그가 자기 원수들 가운데서 다스린다. 그가 강한 자들을 전리품으로 얻으면, 그들은 몸을 굽힐 수밖에 없다. 그가 죄지은 사람들 가운데로 나아가 그들을 살리려고 중재에 나섰으니, 그들은 살 수 있다. 그는 업신여김을 가장 많이 받은 분이기에 자기 원수들을 능가하는 주가 되어 승리한다. 이 설교를 누가 믿을 것인가?

9. 이름 없는 그는 누구인가? 개인인가? 하나님의 백성인가? 새 인류인가? 답은 신약성서에서 제시된다. 예언자의 손가락은 그리스도를 가리키고 있다. 그리스도는 십자가에 달리신 분, 고대했던 메시아다. 그분이야말로 대리 고난을 통해 공동체를 세우신 분, 공동체의 벌과 죄를 짊어지시는 분이다. 그

분은 우리 사이에서, 원수들 한가운데서 다스리시며, 그들을 살리려고 중재에 나서신다. 그러나 십자가에 달리신 이 메시아를 마주하여 오늘날에도 여전히 제기되는 물음은 이러하다. 우리의 설교를 누가 믿을 것인가? 바로 이 자리에서 주님의 능력이 누구에게 나타나는가?

십자가에 관한 설교 초안

갈라디아서 6:14

1935년, 필기 노트[8]

그러나 내게는 우리 주 예수 그리스도의 십자가 외에 결코 자랑할 것이 없으니. 그리스도로 말미암아 세상이 나를 대하여 십자가에 못 박히고 내가 또한 세상을 대하여 그러하니라.[개역개정]

1. 세상은 빵만 가지고는 살지 못하나 자랑거리만 가지고는 산다. 세상은 모든 것을 빼앗겨도 자랑거리만은 빼앗기지 않는다. 가장 보잘것없는 사람조차도 저마다 자기 자랑거리를 가지고 있다. 그래서 그것을 고이 간직하고, 자기의 생존을 위한 의미와 힘을 자랑에서 끌어낸다. 가난한 자의 자랑거리는 그의 가난이고, 병든 자의 자랑거리는 그의 병고다. 사람은 어떤 상황에서도 자기 자랑의 근거를 댈 줄 안다. 자랑은 사람의 본성이다. 그것은 죽음에 이르러서야 끝난다. 주검의 수치는 우리를 가장

많이 경악시킨다.

2. 세상에 고정된 이 법칙은 어디서 온 것인가? 그것은 최초의 세상과 반대되는가? 최초의 피조물은 하나님 자랑을 자기의 자랑거리로 여기며 살았다. 그러나 인간은 하나님처럼 되려고 하면서 스스로 자랑하려고 했다. 이제 우리는 하나님을 더는 우리의 자랑거리로 여기지 않고 하나님을 거역한다.

3. 자랑은 욕정, 교만, 질투의 원인이다. 그것은 악행, 비애, 절망의 원인이기도 하다. 그것들은 모두 스스로 무언가가 되려고 하는 데서 비롯된다.

4. 인간이 깨지고, 하나님께 반항하는 자랑의 세계가 깨지면, 자랑도 깨지게 마련이다. 이것은 죽음 속에서만 가능한 일이다. 죽은 사람만이 자랑거리를 갖지 않는다. 새로이 자랑할 곳이 있다면, 바로 하나님이 이 세상에서 자랑거리를 다시 마련하시는 곳뿐이다.

5. 사람이 스스로 자기 자랑에서 벗어나는 것은 불가능하다. 그가 자랑할 만한 것을 전혀 갖지 않는 것도 불가능하다. 자살은 자기 자랑이 없는 상태가 되려는 시도겠지만, 그것은 용인할 수 없는 일이다. 하나님은 그런 짓을 전혀 바라지 않으신다. 그분은 인간에게 참된 자랑거리를 마련해 주려 하신다. 이 자랑거리는 십자가에 달리신 하나님 자신이다.

6. 그리스도의 십자가야말로 자랑 욕구가 강한 이 세상에서 하나님이 발견되는 장소다. 우리의 새 자랑거리인 이 장소는 이해할 수 없는 장소다. 평소에 영광의 상징은 낡고 너덜너덜한 깃발로, 명예의 상징도 너덜너덜한 상태로 남아 있게 마련이다. 사람들은 십자가도 그런 영광의 상징으로 이해하고 싶어 한다. 너덜너덜한 깃발과 같다는 것이다. 하지만 이 상징은 수치羞恥의 기둥, 교수대, 처형대로 남아 엄연하게 존재한다. 이것은 하나님의 아들을 위한 것이다.

7. δἰ οὗ.[9] 이 표현은 무슨 뜻인가? 이는 내가 그리스도께 주의를 기울이는 것을 의미한다. 무엇보다도 내 자랑의 세계가 그분에게 달려 있음을 아는 것이다. 죄와 수치가 그분의 자리에 걸려 있다. 그리스도는 세상의 수치가 되셨다. 세상의 수치가 그분 위에 내려지고, 그분은 그것을 십자가로 가져가셨다. 모든 육신이 거기서 죽임을 당한다. 그것이 하나님의 판결이다. "세상이 나를 대하여 십자가에 못 박혔다." 세상은 유죄 판결을 받고 죽었다. 그리하여 이 자랑거리는 이제 처형대로 드러난다. 그것은 다시 자기 자랑의 불씨가 될 수 있을까? 세상이 십자가에 못 박혔지만, 나는 그것을 면제받았다는 자랑의 불씨가 될 수 있을까? 십자가를 면제받았다는 새로운 자랑거리가 있을까?

8. 그렇지 않다. 우리 자신도 함께 유죄 판결을 받고 십

자가에 못 박혔다. 광경이 바뀐다. 이제 나는 십자가에 못 박힌 세상을 보지 않고 맞서지도 않는다. 오히려 세상이 나에게 맞선다. 나 자신이 십자가에 못 박힌 사람이 되었기 때문이다. 나는 세상에 의해 십자가에 못 박힌 사람, 곧 하나님으로부터 유죄 판결을 받은 사람이다. 이제 세상은 판결과 경멸을 나에게 퍼붓는다. 세상의 모든 수치가 나에게 떨어진다. 나는 무방비 상태로 못 박히고, 세상은 나를 거슬러 우쭐거린다. 나는 세상에 대응할 힘이 없다. 자랑할 근거가 더는 존재하지 않는다.

9. 하지만 바로 이것이 새로운 자랑의 근거가 된다. "내가 또한 세상을 대하여 십자가에 못 박혔다"라고 했는데, 이 일이 일어나는 십자가는 그리스도의 십자가이지 다른 어떤 것이 아니다. "세상을 대하여 십자가에 못 박혔다"라는 말은 그리스도의 십자가에 참여하는 것을 의미한다. 하나님은 판결로 나를 그리스도와 함께 십자가에 못 박히게 하신다. 그래서 나는 그리스도의 고난을 함께 겪는다. 이 일이 다만 믿음 안에서 이루어진다. 믿음이란 십자가를 뒤따르는 것이다. 세상에 의해 십자가에 못 박히는 것, 바로 그것이 뒤따름[제자도]이다. 그것이야말로 내가 하나님으로부터 직접 받는 참되고 본원적인 자랑거리다. 그 자랑거리는 최초의 세상에서 보던 것과는 달라 보이지만, 같은 자랑거리다. 즉, 하나님의 자랑, 그리스도의 자랑, 십자가의 자

랑, 나의 자랑이다.

10. 그리스도께서 세상을 대하여 십자가에 못 박히셔서 세상이 죄를 씻게 되었다. 우리가 세상의 죄와 고통에 마음을 쓰는 것은 우리가 그리스도와 함께 십자가에 못 박혔기 때문이다. 그리스도께서는 우리의 믿음과 십자가 짐을 통해서 세상의 죄와 죽음을 삼키신다. 따라서 궁극적인 자랑거리는 세상이 심판을 받고 유죄 판결을 받은 것이 아니다. 그리스도께서 자기 십자가, 공동체의 십자가를 통해 세상에 은총을 내리시고 평화를 이루시는 것이 궁극적인 자랑거리다. 십자가에서 이루어진 평화, 바로 하나님의 구원이 우리의 자랑거리다.

대제사장에 관한 설교 초안

히브리서 4:15-16

1935년, 필기 노트[10]

우리의 대제사장은 우리의 연약함을 동정하지 못하시는 분이 아닙니다. 그는 모든 점에서 우리와 마찬가지로 시험을 받으셨지만, 죄는 없으십니다. 그러므로 우리는 담대하게 은혜의 보좌로 나아갑시다. 그리하여 우리가 자비를 받고 은혜를 입어서, 제때에 주시는 도움을 받도록 합시다.

1. '우리는 제사장을 원하지 않아. 우리는 우리와 하나님 사이를 이어 주는 이를 조금도 필요로 하지 않아. 우리는 하나님과 직접 소통하려고 해. 우리는 할 말을 직접 그분에게 해. 그분은 우리를 알고 계시니, 중재자 없이도 우리를 가장 잘 이해하실 거야. 우리 구원의 중재자, 곧 나보다 더 잘 살고 자신을 월등한 존재로 여기는 자가 우리에게 무슨 소용이야? 우리는 가난한데, 그는 급료를 받아. 그는 집도 있어. 우리는 온갖 시험에 내맡

겨지건만, 그는 안전한 삶을 영위해. 급료를 받고 하는 그의 동정이 무슨 소용이야? 그는 경건해질 시간이 있어. 그는 곤궁한 우리에게 빌붙어 사는 자야.' 이렇게 목사를 거부하며 던지는 비난은 옳다.

2. "우리는 하나님 자신을 원하지, 누군가 중간에 서는 것을 원하지 않아요. 그분은 우리를 이해하실 거예요"라고 그들은 말한다. 그분은 의롭고 거룩하신 분인데 우리를 이해하실까? 고통이 없는 하나님이 어찌 우리를 동정하실 수 있는가? 우리의 고통을 해결해 달라고 그분에게 요구할 권리는 누가 주는가?

3. 하나님이 직접 그 권리를 주신다. 그분은 먼 곳에 계시지 않는다. 그분은 친히 고난을 받으시면서 그 권리를 주신다. 고난받는 하나님이 우리를 이해하신다. 그분은 우리를 속속들이 이해하신다. 그분을 가리켜 예수 그리스도라고 부른다. 고난받는 하나님은 사람이시며, 우리의 제사장이 되신다. 우리는 대제사장 예수 그리스도 안에서 하나님을 모시기만 하면 된다.

4. 우리의 고통이 지닌 뾰족한 가시는 시험이 된다. 고통은 우리의 시선을 우리 자신에게로 이끈다. 고통은 우리의 눈길을 하나님으로부터 철수시킨다. 고통의 시험성이야말로 인간 고통의 원인이자 본질이다.

5. 이 시험 안으로 하나님이 들어오신다. 그분은 무신론

의 시험을 받으신다. 이 제사장은 지독한 불신의 시험을 받으신다. 하나님은 죄의 가장자리로 다가오신다. 바로 이것이 그분의 동정이다.

6. 당신은 가난으로 시험받고 있는가? 그리스도는 더 가난하셨다. 당신은 하나님을 부인하는 환경으로 시험받고 있는가? 그리스도는 더 깊이 그 환경 속에 계셨다. 당신은 육체의 의지로 시험받고 있는가? 그리스도는 신체 고문으로 더 많은 고통을 겪으셨다. 당신은 고독으로 시험받고 있는가? 그리스도는 더 고독하셨다. 당신은 불신앙 때문에 슬퍼하는가? 그리스도는 더 슬퍼하셨다. 당신은 하나님의 거리 두심에 낙심하는가? 그리스도는 그 거리 두심에 낙망하여 소리치며 죽임을 당하셨다. 그분은 우리와 마찬가지로 시험을 받으셨다. 그래서 그분은 정말로 함께 동정하실 수 있다.

7. 동정하는 이가 있음을 아는 것이 좋다. 그러나 그것은 우리에게 어떤 도움을 주는가? 우리가 염두에 둘 것은 동정하는 이가 하나님이라는 사실이다. 당신은 쓰러져도, 그리스도는 쓰러지지 않으신다. 하나님은 하나님으로 머무르신다. 그리스도는 우리와 함께 고난을 받으시면서 절망에 이르신다. 그러나 그분의 절망은 순종이다! 그분의 불신앙은 신앙이다! 그분의 쓰러짐은 신실함이다! 그분은 죄 없는 분으로서 시험을 받으신

다. 이 죄 한가운데서 그분은 당신의 하나님이 되신다.

8. 하나님이 고난을 받으시는 것은 당신과 함께하시려는 것이다. 그래서 그분의 고난은 "은혜의 보좌"다. 당신은 시련의 시간에 이 보좌에서 자비를 입는다. 이 고난은 당신의 확고한 기대가 되어, 고난 한가운데 있는 당신에게 기뻐할 권리를 준다. 그리스도의 십자가야말로 하나님의 보좌다. 이 보좌에서 그분은 당신을 알아보시고, 당신은 더는 혼자가 아니게 된다. 당신은 시련과 시험을 받고 있는가? 두려워 떨지 말고 담대하게 여기로 나아오라. 바로 여기에 하나님 자신이 계시고, 여기서 고난이 끝나기 때문이다.

9. 우리에게는 대제사장이 계신다. 십자가는 그분의 제단이고, 그분 자신이 제물이다. 그분이 직접 제물을 바치고, 그분이 직접 제물을 받으신다. 그분은 범사에 당신에게 유익을 주는 모든 것이시다. 그분은 동정이며 도움이시다. 그분이야말로 당신이 찾는 제사장이시다.

당신은 그분의 제사장직으로부터 이런 사실을 배우게 될 것이다. 이를테면 당신이 공동체 안에서 제사장직으로, 참된 동정Mitleiden으로 부름받은 것은 십자가가 참으로 도움이 되게 하기 위해서라는 것이다. 곧 함께 아파하는Mit-leiden 직분으로 부름받은 그 길 위에 십자가가 진정한 도움이 된다는 것이다.

로마서 6:1-11

1935년, 필기 노트[11]

그러면 우리가 무엇이라고 말을 해야 하겠습니까? 은혜를 더하게 하려고, 여전히 죄 가운데 머물러 있어야 하겠습니까? 그럴 수 없습니다. 우리는 죄에는 죽은 사람인데 어떻게 죄 가운데서 그대로 살 수 있겠습니까? 세례를 받아 그리스도 예수와 하나가 된 우리는 모두 세례를 받을 때에 그와 함께 죽었다는 것을 여러분은 알지 못합니까? 그러므로 우리는 세례를 통하여 그의 죽으심과 연합함으로써 그와 함께 묻혔던 것입니다. 그것은, 그리스도께서 아버지의 영광으로 말미암아 죽은 사람들 가운데서 살아나신 것과 같이, 우리도 또한 새 생명 안에서 살아가기 위함입니다. 우리가 그의 죽으심과 같은 죽음을 죽어서 그와 연합하는 사람이 되었으면, 우리는 부활에 있어서도 또한 그와 연합하는 사람이 될 것입니다. 우리의 옛사람이 그리스도와 함께 십자가에 달려 죽은 것은, 죄의 몸을 멸하여서, 우리가 다시는 죄의 노예가 되지 않게 하려는 것임을 우리는 압니다. 죽은 사람은 이미 죄의 세력에서 해방되었습니다. 우리가 그리스도와 함께 죽었으면, 그와 함께 우리도 또한 살아날 것임을 믿습니다. 우리가 알기로, 그리스도께서는 죽은 사람들 가운데서 살아나셔서, 다시는 죽지 않으시며, 다시는 죽음이 그를 지배하지 못합니다. 그리스도께서 죽으신 죽음은 죄에 대해서 단번에 죽으신 것이요, 그분이 사시는 삶은 하나님을 위하여 사시는 것입니다. 이와 같이 여러분도, 죄에 대해서는 죽은 사람이요, 하나님을 위해서는 그리스도 예수 안에서 살고 있는 사람이라는 것을 알아야 합니다.

1. 바울과 루터의 이름으로 은혜가 선포되었다. 그런데 사람들은 제공된 은혜를 백화점의 상품처럼 여겼다. "하나님이 용서해 주실 것이오. 그것이 그분의 일이니."볼테르 은혜는 양심의 위안거리가 되었다. "하나님은 사랑이셔. 그렇지 않으면 아무것도 아니지. 그분은 아무것도 아닌 것을 중요시하지 않으셔. 지금 우리의 삶을 영위하세. 우리는 하나님이 뭔가 하실 수 있다고 믿는 수밖에 없어. 그분은 용서해 주실 만큼 크신 분이야. 기독교적 생활이 중요한 게 아니라, 오직 은혜의 선포만이 중요해." 이런 말이 매우 현실적인 것처럼 여겨졌다.

2. 그러나 그 말은 결코 현실적이지 않다. "우리는 죄에는 죽은 사람이다." 죄는 이제 우리 안에 살고 있지 않다. 극단

적으로 말하면, 죄는 죽었다. 죄와 은혜의 결합은 모두 죽었다.

3. 이런 일이 일어나는 곳은 어디인가? 다름 아닌 세례다. 세례는 우리를 오로지 생명과 연결하는 것처럼 여겨진다. 그러나 본문에서는 세례가 생명을 위협하는 십자가와 연결된다. 세례가 어떻게 그런 일을 할 수 있는가? 세례는 우리를 그분의 죽음 속에 담가서 그분과 함께 죽게 한다. 그리스도는 세례 안에 현존하신다. 그분은 죄에는 죽으신 분이다. 이것이 사람의 눈에 보이는가? 보이지 않는다. 그러나 그리스도에게 주의를 기울이는 사람은 그것을 본다. 내가 받는 세례는 십자가에 못 박히신 분이 나에게 내리신 사형 선고다.

4. 그러나 이 세례는 새로운 생명에 이르는 수단이기도 하다. 그리스도, 곧 십자가에 못 박히신 분은 부활하신 분이기도 하다. 세례는 그리스도 안에서 행하는 세례다. 그러므로 세례는 새로운 생명을 또한 가져온다. 이것이 우리 눈에 보이는가? 보이지 않는다. 그러나 우리가 그리스도를 확실히 본다면, 우리는 그리스도의 부활과 그 속에 있는 우리도 보게 될 것이다.

5. 우리는 그것을 "아는가?" 이 구절들은 "알다"라는 표현을 자주 언급한다.[3, 6, 9절] 우리가 아는 것은 그리스도이지 다른 어떤 것이 아니다. 우리는 그분의 고난 속에 있기에 그분과 함께 고난을 받고, 그분의 십자가 안에 있기에 그분과 함께 십

자가에 못 박히고, 그분의 부활 속에 있기에 그분과 함께 살고 있음을 안다. 우리는 우리가 얻는 경험을 보지 않고, 우리에게 내려지는 판결을 듣는다.

6. 우리는 그분과 함께 죽은 자로서 죄의 요구를 받지 않는다. λογίζεσθε[12]: “여러분도 (…) 한 사람이라는 것을 알아야 합니다.” 감지하지도, 느끼지도 말고, 당신을 죽은 자로 알아라. 이것을 믿는 사람은 더는 죄를 짓지 않는다. 여러분은 죽은 자이며 하나님을 위하여 살고 있는 자다.

7. 바로 이것이 새로운 생명의 근거다. 그것은 사유 경험도, 체감도, 체험도 아니다. 오로지 그리스도, 십자가, 부활, 세례를 가리키는 것이다. 다만 믿어라, 그리고 알아라. 그러면 새 생명을 얻어 더는 죄를 짓지 않게 될 것이다. 그러면 은혜가 무엇인지도 알게 될 것이다.

청년 설교 초안

요한계시록 22:1-5

1935년, 필기 노트[13]

천사는 또, 수정과 같이 빛나는 생명수의 강을 내게 보여주었습니다. 그 강은 하나님의 보좌와 어린양의 보좌로부터 흘러 나와서 도시의 넓은 거리 한가운데를 흘렀습니다. 강 양쪽에는 열두 종류의 열매를 맺는 생명나무가 있어서 달마다 열매를 내고, 그 나뭇잎은 민족들을 치료하는 데 쓰입니다. 다시 저주를 받을 일이라고는 아무것도 그 도성에 없을 것입니다. 하나님과 어린양의 보좌가 도성 안에 있고, 그의 종들이 그를 예배하며, 하나님의 얼굴을 뵐 것입니다. 그들의 이마에는 그의 이름이 적혀 있고, 다시는 밤이 없고, 등불이나 햇빛이 필요 없습니다. 그것은 주 하나님께서 그들을 비추시기 때문입니다. 그들은 영원무궁 하도록 다스릴 것입니다.

1. 여러분이 자리에 둘러 앉아서 아름다운 도시들, 숲들, 강들에

관해 듣는다고 생각해 보자. 어떤 사람이 그것들을 본 이야기를 하면서 여러분을 유혹하면, 여러분은 기꺼이 달려가서 자기 눈으로 직접 보고 싶을 것이다. 이 도시 안에 자리한 의자, 이 도시에서 진행되는 일, 이 도시에 감도는 공기는 몇 배나 답답한 느낌을 주기에, 그 모든 것을 직접 보고 싶다는 갈망이 커질 것이다. 그리하여 여러분은 떠날지도 모른다. 길이 멀기에 온 힘을 요구하지만, 여러분은 마침내 그 장엄함이 실제로 존재한다는 사실에 깜짝 놀란다. 그 다음 여러분은 다른 나무들이 자라고 다른 하늘이 환히 빛나는 전혀 다른 땅에 관해서도 듣는다.

2. 여러분이 보고 들었던 것과 전혀 다른 땅이 있다는 것을 알게 된다면 어찌하겠는가? 그런 땅이 있다는 게 틀림없다고 확신한다면 어찌하겠는가? 여러분은 그 땅을 보는 일에 모든 것을 걸지 않겠는가? 어떤 사람이 저 거대하고 어두운 숲 뒤에 그 땅이 있는데, 길이 멀고 힘들다고 여러분에게 말한다면 어찌하겠는가? 여러분은 휴식을 충분히 취한 다음 바로 출발하지 않겠는가?

3. 이 땅은 존재한다. 그리고 거기에 이르려고 길을 나서는 사람들이 있다. 아무것도 그들을 막지 못한다. 그들은 들은 것을 보려고 한다. 그들은 다름 아닌 그리스도인들이다. 그들은 듣고서 눈으로 확인하려고 달려가는 순례자들이다. "천사는 (…)

내게 보여주었습니다." 그들은 이 말씀에 유념하여 머뭇거리거나 겁내지 않고 출발한다. 그들은 이제 수정처럼 맑은 강, 우람찬 나무들, 열매들, 순수하고 거룩한 사람들이 있는 그 땅의 소식을 알고 있다. 길은 크고 깊은 숲속으로 나 있다. 때때로 영화로운 도시가 얼핏 눈에 들어왔다가 다시 사라지고, 숲이 거대하고 위협적으로 다가온다. 그 숲을 뚫고 가는 데는 용기가 필요하다. 하지만 용기가 있으면 놀랄 일이 없다. 숲은 바로 이 세상살이다. 특정 시점에 이르면, 우리는 피로한 나머지 눈이 저절로 감기게 될 것이다. 그러나 그때가 되면 우리는 어떤 위험에도 눈길을 보내지 않고, 경이로운 땅에 있는 영화로운 도시에만 눈길을 두게 될 것이다. 그리고 우리는 마침내 목적지에 도착하게 될 것이다. 그 목적지는 죽음이라 불린다. 하지만 그제야 우리는 우리가 들었던 것을 실제로 보게 될 것이다.

4. 사실 이 죽음은 죽음이 아니라 생명이다. 우리는 그 목적지에 이르러 비로소 참으로 살기 시작한다. 그 땅은 생명의 땅이다. 수정처럼 빛나는 생명수의 강이 흐르는 곳으로 보도된 땅이다. 우리는 그 물로 다가가서 기분을 상쾌하게 한다. 여러분은 수정처럼 빛나는 강을 한 번이라도 본 적이 있는가? 그것은 특별한 강이 틀림없다. 그 물은 우리가 알고 있는 것과는 전혀 다른 물, 영원한 생명수다. 그 물은 늪, 비탈, 덤불숲에서 흘

러나오는 물이 아니라, 하나님의 보좌에서 흘러나오는 물이다. 불순한 것과 탁한 것이 조금도 없는 물이다. 그 물은 하나님의 어린양이 서 있는 보좌에서 흘러나오는 물이다. 어린양은 순결함과 무결함과 평화다. 목마름을 영원히 풀어 주고 순결함을 선사하는 물이 그분으로부터 흘러나온다. 둔치에는 언젠가 오래전에 사람의 운명을 결정했던 나무가 서 있다. 그 나무의 열매를 먹지 말라는 명령이 이제 더는 존재하지 않는다. 그 나무는 생명나무다. 그 나무는 죽지 않는다. 그 나무의 잎들은 생명을 주고, 모든 상처를 치료하는 힘을 가지고 있다. 모든 민족이 그 나무와 관계를 맺고 건강해질 것이다. 병과 고통과 죽음이 더는 존재하지 않을 것이다. 아담의 경작지에 내려진 저주가 풀린다. 추방된 자와 저주받은 자가 더는 존재하지 않는다. 한가운데 있는 보좌로 눈길들이 또 한 번 쏠린다. 그분은 기이한 통치자, 어린양이다. 봄[Schauen]을 위한 기나긴 순례를 마치고 도착한 이들이 그분의 보좌 주위로 모여든다. 그리워하던 땅, 약속의 땅, 생명의 땅에 다다른 것이다. 그들은 하나님의 자녀로서 그리스도를 바라본다. 그들의 얼굴은 그리스도 이름의 광채를 반사한다. 그들은 신실함을 유지한 그리스도인들이다. 그분을 섬기는 종들이 있다. 그들의 이마에 그분의 이름이 적혀 있다. 그들은 어쩌면 이 세상에서 그분을 업고 다녔는지도 모른다. 그러나 아무도 그것을 보지 못했다. 그 땅에서야 비로소 그것이 훤히 드러난다. 모든 땅에 밤이 오고, 밤은 죽음의 서곡이다. 하지만 그 땅에는 밤이 없고, 하나님이 직접 빛이 되신다. 그 땅은 풍요와 생산의 땅, 생명과 빛의 땅, 맑음과 순결함의 땅, 진리와 드러남의 땅이다.

5. 잠시라도 그 장엄함을 멀리서 보는 것을 허락받는다면, 우리는 기쁨에 가득 차지 않을까? 만약 우리가 그곳에 있어도 된다면 크게 놀라면서 기도하지 않을까? 그러나 거기에 있는 것만이 아니다. 승리한 사람들은 함께 영원무궁하도록 다스리기까지 한다. 이 세상에서 조롱받은 사람들은 정당한 대우를 받을 것이고, 이 세상에서 함께 순례하려고 하지 않은 사람들은 부끄러워 얼굴을 붉힐 수밖에 없을 것이다. 하나님을 사랑하는 이들은 영원토록 다스릴 것이다.

6. 이 땅에서 부르는 이가 누구인가? 저 땅으로 인도하는 이는 누구인가? 그 땅에서 다스리는 이는 누구인가? 제물로 바쳐진 어린양을 보라. 어린양을 아는 사람은 거기에 들어가는 길을 찾을 것이다. 우리와 그 땅 사이에 십자가에 못 박히신 그리스도께서 서 계신다. 여기에서 마음을 다해 그분을 사랑하는 이들을 그 나라로 인도하신다. 숲은 칠흑같이 어둡다. 우리와 목적지 사이에는 비애, 단념, 복종, 십자가가 자리하고 있다. 어

린양은 이곳에서 도살되고 십자가에 못 박히시지만, 그곳에서는 보좌 위에서 다스리신다.

7. 이제 우리 눈에 그 땅이 더욱 잘 보인다. 참 생명의 땅, 하나님을 섬기는 이들의 땅이다. 그리스도의 십자가를 통해 그 땅이 여러분 앞에 잠시 반짝 빛나고 있다. 그 땅이 다시 사라지게 하려는가? 아니면 길을 떠나 그곳을 향해 순례하려는가? 그분과 함께 순례하면서, "당신의 낙원을 우리에게 보여주십시오" 하고 그분에게 청하려는가? 그 땅은 다른 모든 땅보다 멀지만 더 장엄하지 않을까? 여러분은 내일과 모레에 대한 안목만 가지고 있는가? 우리는 숲속으로 출발한다. 우리는 방향과 목적지를 알고 있다. 그분이 우리를 인도하신다.

오 주님, 처음과 끝은 당신의 것입니다.
그사이의 짧은 시간, 곧 인생은 내 것이었습니다.
나는 어둠 속에서 헤매다가 나를 잃어버렸습니다.
주님, 당신에게는 광휘가 있습니다. 빛이 곧 당신의 집입니다.
—프리츠 로이터의 묘비명

대림절 설교 초안

시편 50:1-5

1935년, 필기 노트[14]

전능하신 분, 주 하나님께서 말씀하시어, 해가 돋는 데서부터 해 지는 데까지, 온 세상을 불러 모으신다. 더없이 아름다운 시온으로부터 하나님께서 눈부시게 나타나신다. 우리 하나님은 오실 때에, 조용조용 오시지 않고, 삼키는 불길을 앞세우시고, 사방에서 무서운 돌풍을 일으키면서 오신다. 당신의 백성을 판단하시려고, 위의 하늘과 아래의 땅을 증인으로 부르신다. "나를 믿는 성도들을 나에게로 불러 모아라. 희생제물로 나와 언약을 세운 사람들을 나에게로 불러 모아라."

1. 창조 첫째 날에 말씀하신 이래로 "전능하신 분, 주 하나님께서 말씀하시어, 해가 돋는 데서부터 해 지는 데까지, 온 세상을 불러 모으신다." 그분은 말씀과 간절한 마음으로 자기 작품을 사랑하신다.

2. 그러나 여러분은 두려운 자연 한가운데서 그분을 어떻게 인식하는가? 여러분은 어디서 그분의 이름을 알아내는가? 우리는 "피조물은 잠자코 있다"라고 말하는 수밖에 없다. 물론 하나님은 세상을 향해 말씀하시지만, 우리에게는 그렇게 하지 않으신다. 그분은 다른 곳, 곧 시온으로부터 우리에게 오신다! 그분은 시온에서만 우리에게 자기의 친절과 광휘를 보여주신다. 밤이 지나가고 아침이 빛나듯이, 그분은 시온에서 우리에게 나타나신다. 친히 택하신 처소, 곧 스스로 세우신 언약과 성실의 장소인 시온에서 나타나신다. 이곳에서 창조주는 자기를 알리셨다. 바로 은혜와 자비가 그분의 영광이고, 친절은 아름다운 광채다.

3. 이 광채 속에서 창조주 하나님은 우리의 하나님이 되신다. 세상을 불러 모으시는 분이 시온으로부터 오셔서 우리의 하나님이 되신다. 우리에게 침묵하지 않으시고 말씀하시는 그분이 바로 우리의 하나님이시다. 그분은 자연에게 말씀하시지 않는다. 베들레헴으로부터 나오는 광채, 그것은 하나님이 시온으로부터 우리에게 건네신 말씀die Sprache이다.

4. 휘도는 칼이 낙원 입구에서 위협하듯이, 야곱이 얍복에서 성난 하나님을 상대로 씨름해야 했듯이, 그분은 삼키는 칼을 앞세우신다. 이처럼 그리스도는 세례자를 앞세우신다. 그분

은 자기를 믿는 성도들에게 오셔서, 그들을 심판하려고 불러 모으신다. 대림절 메시지와 성탄절 메시지는 무시무시한 메시지이기도 하다. "예수 그리스도여, 찬양받으소서. (…) 주님, 불쌍히 여기소서!"

5. 그분은 자기 성도들에게 오셔서 심판하시는가? 그분은 "내가 아는 이는 너희뿐이다!"라고 하신다. "하나님의 집에서부터 심판을 시작할 때가 되었다."벧전 4:17 번개가 높다란 나무들에 먼저 떨어진다. 그러나 하나님의 성도는 주님의 심판과 인자하심으로 거룩해진다. 천사의 휘도는 칼을 통과해야만 약속의 땅에 들어갈 수 있다. 심판을 지나야만 은혜, 곧 하나님의 용서와 인자하심의 광채가 나타난다.

6. "나를 믿는 성도들을 나에게로 불러 모아라. 희생제물로 나와 언약을 세운 사람들을 나에게로 불러 모아라." 성도들은 십자가의 희생을 통해서만 거룩해진다. 대림절의 이면에는 십자가가 자리하고 있다. 여기 이 희생 속에서 심판과 인자하심이 하나가 된다.

7. 성탄에 맞추어 하늘이 열리고, 성금요일에 하늘이 어두워지듯이, 이 시편에서도 만물이 공동체를 섬기게 된다. 바로 이것이 목적이다. 다른 모든 창조물의 말은 시온으로부터 오는 말씀을 섬겨야 한다. 하나님이 장차 자기 공동체 안에 들어오시

면, 하나님의 의가 모든 창조물 위에 숨김없이 선포될 것이다. 그러면 공의가 베들레헴에서 시작되어 골고다에서 완성되었음이 명백해질 것이다. 그러면 하늘과 땅이 그분에게 굽힐 것이다. 그때 그리스도는 온 세상의 심판자가 되신다.

대림절 설교 초안

누가복음 21:25-36

1935년, 필기 노트[15]

"그리고 해와 달과 별들에서 징조들이 나타나고, 땅에서는 민족들이 바다와 파도의 성난 소리 때문에 어쩔 줄을 몰라서 괴로워할 것이다. 사람들은 세상에 닥쳐올 일들을 예상하고, 무서워서 기절할 것이다. 하늘의 세력들이 흔들릴 것이기 때문이다. 그때에 사람들은 인자가 큰 권능과 영광을 띠고 구름을 타고 오는 것을 볼 것이다. 이런 일들이 일어나기 시작하거든, 일어서서 너희의 머리를 들어라. 너희의 구원이 가까워지고 있기 때문이다." 예수께서 그들에게 비유를 하나 말씀하셨다. "무화과나무와 모든 나무를 보아라. 잎이 돋으면, 너희는 스스로 보고서, 여름이 벌써 가까이 온 줄을 안다. 이와 같이 너희도 이런 일들이 일어나는 것을 보거든, 하나님의 나라가 가까이 온 줄로 알아라. 내가 진정으로 너희에게 말한다. 이 세대가 끝나기 전에, 이 모든 일이 다 일어날 것이다. 하늘과 땅은 없어질지라도, 내 말은 절대로 없어지지 않을 것이다.

너희는 스스로 조심해서, 방탕과 술 취함과 세상살이의 걱정으로 너희의 마음이 짓눌리지 않게 하고, 또한 그날이 덫과 같이 너희에게 닥치지 않게 하여라. 그날은 온 땅에 사는 모든 사람에게 닥칠 것이다. 그러니 너희는 앞으로 일어날 이 모든 일을 능히 피하고, 또 인자 앞에 설 수 있도록, 기도하면서 늘 깨어 있어라."

1. 목사관의 토지를 그리스도의 강림을 준비하는 일에 이용하려고 했던 크리스토프 블룸하르트Christoph Blumhardt의 이야기다. 그는 그 토지에 새 마차를 갖추고서, 그리스도께서 오시면, "내가 그분을 마중 나가서 저 마차에 모실 거야"라고 말했다. 그리스도의 강림을 고대한 블룸하르트의 마음은 참으로 확신에 차 있었다! 그의 일상생활은 늘 준비된 상태에 초점을 맞추었다! 그는 장차 주 예수의 심판을 견디려면 어떻게 해야 하는지를 생각했다. 그 확신은 엄청난 것이다. 확실한 것은 없다. 우리의 죽음조차도 확실하지 않다. 그리스도의 재림만은 확실하다! 블룸하르트의 이 믿음이 클수록, 그는 이 재림을 위해 작아졌다. 재림이 일어나면, 세상이 더는 지금과 같아 보이지 않을 것이기 때문이다. 피조물 전체가 연루되어 변할 것이다. 해와 달과 별들이 질서를 잃을 것이다. 하나님이 이 땅에 오시면, 별들은 그분 앞에서 빛을 잃는 수밖에 없다. 땅도 놀랄 것이다. 피조물은

그분을 향해 몸을 펴고, 완전히 풀어져 그분을 갈망할 것이다. 바다는 두렵고 기뻐서 부글부글 끓을 것이다. 피조물이 그분을 공경할진대, 하나님이 구원자이자 심판자로서 함께하시는 사람들은 얼마나 더 그분을 공경하겠는가. 하나님이 오시면, 그들은 목이 타고, 조만간 닥칠 일들을 두려워하며 흥분할 것이다. 낡은 세상을 무너뜨리기 위해 그분이 오시면, 심판이 온 인류에게 닥칠 것이다.

2. 이 땅의 한 부분에서 모든 것이 완전히 달라질 것이다. 그곳에는 근심이 아니라 기쁨이, 두려움이 아니라 당당한 얼굴들이 있을 것이다. 그곳은 다름 아닌 그리스도의 공동체다. 이 공동체는 그분이 자신들을 구원하러 오신다는 것을 알고 있다. 공동체는 광산에 갇혀 오랫동안 고통스럽게 격리된 뒤 두들기는 소리와 깨뜨리는 소리가 가까이 다가오고 있음을 감지하는 광부들과 같다. 그 소리는 마지막으로 붕괴하는 소리인가? 아니면 구조대가 내는 소리인가? 구조대가 내는 소리다. "너희의 머리를 들어라. 너희의 구원이 가까워지고 있기 때문이다." 이 세상은 그리스도인들에게 족쇄와 같다. 그리스도인들에게 이 세상은 너무 비좁다. "사랑하는 주 예수여, 당신은 어디서 그토록 오래 머무시나요? 자, 오십시오! 저는 이 세상이 너무 무섭습니다."[16] 땅의 슬픔과 시련이 그들을 불안하게 하지만, 그리

스도께서 그들을 기쁘게 하신다. 그분은 구원을 가져오시기 때문이다.

3. 이 일은 언제 일어나는가? 내일 일어날 것으로 안다면, 우리는 어떤 자세를 취해야 할까? 예수께서 말씀하신다. "이 일이 너희가 생존해 있는 동안에도 일어날 조짐이 있으니, 너희는 준비하여라!" 예수께서 착각하신 것일까? 32절을 글자 그대로만 이해하면 그럴지도 모른다. 그러나 우리는 예수께서 이 일이 내일 일어날 수 있다고 말씀하시며, 우리를 즉시 참회로 부르시고, 방향 전환을 미룰 시간을 더는 남겨 두지 않으신다는 사실에 감사하면 안 될까? 32절의 의미는 이러하다. "준비하여라! 오늘도!" 그분이 우리에게 시간을 남겨 두셨다면, 우리는 방향을 전환하지 않은 채로 머물 것이다. 모든 것이 신속히 지나가지만, 예수의 말씀은 영존한다. 그러므로 방향을 전환하라! 구원의 때가 가까이 왔다!

4. 이 일이 내일 일어난다면, 우리는 어찌해야 하는가? 우리는 기도와 경계 태세로 무장할 것이다. 그날이 우리를 덮치지 않도록, 우리는 깨어 있을 것이다. 먹는 일과 마시는 일은 무엇인가? 욕망과 탐욕은 무엇인가? 그것들은 즉시 지나가는 까닭에 영원을 획득하지 못한다. 잠시라도 절제하여라. 세상에 빠져 근심하거나 불안해하지 말고, 인자 앞에 설 자격을 갖추어

라. 누가 자격을 갖춘 사람인가? 그분을 기다린 사람. 그 밖의 요구 사항은 없다. 블룸하르트가 고대했던 것처럼. 모든 참된 기독교 공동체가 그분을 기다리고 재림을 고대했던 것처럼. 신부가 신랑의 도착을 고대하는 것처럼. 예수의 날은 기다리는 공동체에 성대한 축제일이 될 것이다.

저절로 자라는 씨의 비유에 관한 설교 초안

마가복음 4:26-29

1935년, 노트 필기[17]

예수께서 또 말씀하셨다. "하나님 나라는 이렇게 비유할 수 있다. 어떤 사람이 땅에 씨를 뿌려 놓고, 밤낮 자고 일어나고 하는 사이에 그 씨에서 싹이 나고 자라지만, 그 사람은 어떻게 그렇게 되는지를 알지 못한다. 땅이 저절로 열매를 맺게 하는데, 처음에는 싹을 내고, 그다음에는 이삭을 내고, 또 그다음에는 이삭에 알찬 낟알을 낸다. 열매가 익으면, 곧 낫을 댄다. 추수 때가 왔기 때문이다."

1. 오늘 하나님 나라의 일들이 독일 고백교회 안에서 일어나고 있다. 진정한 설교, 경청, 연대, 고난이다. 최근에 우리는 총회[18]를 열었다. 이 모임은 어떠했는가? 불안, 조급함이 있었다. 우리는 이틀 안에 모든 일정을 처리해야 했다! 꼭 그래야 했을까? 물론, 옳지 않은 것이 있다.

2. 뒤따르는 사람과 제자가 되려고 하는 이들이 많다. 그들은 하나님 나라와 그것의 성장을 알고, 밤낮으로 그것을 위해 애를 쓴다. 그들은 서로 바라보며 삶과 성화를 염려한다. 그러다가 옛 상태로 되돌아가면, 그들은 다시 회복할 때까지 고군분투한다. 거기에는 예수에 대한 엄청난 사랑이 있다. 우리가 그것에 대하여 무슨 말을 하겠는가? 그러나 여기에도 옳지 않은 것이 있다.

3. 본문: 씨에서 싹이 트지만, "그 사람은 어떻게 그렇게 되는지를 알지 못한다." 하나님 나라는 저절로 온다. 하나님 나라이기 때문이다. 하나님 나라는 수고와 고생과 조급함의 나라가 아니다. 씨는 저절로 자란다. 우리는 그 일에 대하여 조금도 알지 못한다.

4. 우리는 날마다 기도하면서 이렇게 말한다. "파수꾼아, 밤이 거의 지나갔느냐? 모든 수단을 강구해야 하지 않겠느냐? 조직에 모든 것을 투입해야 하지 않겠느냐?" 중요한 것은 하나님 나라다. 그러나 씨는 저절로 자란다. 전력을 다하는 이들이 필요하지 않다. 씨는 저절로 자란다.

5. 처음에 이 말씀은 우리에게 상당한 불쾌감을 유발한다. 이는 수수방관하는 것을 의미하지 않는가?

6. 그렇다고 말하는 자는 자기가 정말로 아무것도 하지

않았으며, 한계에 부딪혀 주저앉은 적도 없다는 것을 알리는 셈이 된다. 그러나 이 복음은 이런 한계에 부딪힌 사람의 삶에 평화를 전하며 말한다. "네가 할 수 있는 만큼만 하고, 자고 깨고, 순종하고, 경건하여라. 그러나 네가 알지 못해도, 하나님 나라가 자라고 있다는 것을 명심하여라. 이것 때문에 너는 자존심이 상하겠지만, 위안도 얻게 될 것이다. 이 일은 하나님께서 너를 위해 남몰래 하시는 일이다. 이 일을 실행하는 능력은 그분에게만 있다."

7. 이 일은 어린아이만 이해할 수 있다. 이 일은 하나님의 기적이다. 친히 모든 것을 하시고, 모든 것을 홀로 하시는 하나님의 기적이다. 우리가 이 일을 믿으려고만 하면, 우리는 몹시 놀라서 경배하게 될 것이다.

8. 그러나 본질적인 전제는 씨가 뿌려져 **있어야** 한다는 것이다. 그렇지 않으면 아무것도 자라지 않는다. 씨가 뿌려져 **있어야** 자란다. 우리는 이것을 알고 있는가?

9. "우리에게 뿌려져 있는가?"라는 물음이 우리를 새로운 불안 속으로 몰아넣을 수 있다. 새로운 추구, 새로운 불안이 시작된다. 해결책은 한 가지뿐이다. 즉, 씨 뿌리는 사람을 보고, 씨, 싹, 그 말씀, 그 나라에 주의를 기울이는 것이다. 자학에서 벗어나 그분께로 피하라. 말씀이 홀로 여러분에게서 그 일을 할 것이다!

고린도전서 15:12-20

1935년, 필기 노트[19]

그리스도께서 죽은 사람 가운데서 살아나셨다고 우리가 전파하는데, 어찌하여 여러분 가운데 더러는 죽은 사람의 부활이 없다고 말합니까? 죽은 사람의 부활이 없다면, 그리스도께서도 살아나지 못하셨을 것입니다. 그리스도께서 살아나지 않으셨다면, 우리의 선포도 헛되고, 여러분의 믿음도 헛될 것입니다. 우리는 또한 하나님을 거짓되이 증언하는 자로 판명될 것입니다. 그것은, 죽은 사람이 살아나는 일이 정말로 없다면, 하나님께서 그리스도를 살리지 아니하셨을 터인데도, 하나님께서 그리스도를 살리셨다고, 하나님에 대하여 우리가 증언했기 때문입니다. 죽은 사람들이 살아나는 일이 없다면, 그리스도께서 살아나신 일도 없었을 것입니다. 그리스도께서 살아나지 않으셨다면, 여러분의 믿음은 헛된 것이 되고, 여러분은 아직도 죄 가운데 있을 것입니다. 그리고 그리스도 안에서 잠든 사람들도 멸망했을 것입니다. 그리스도 안에서 우리가 바라는 것이 이 세상에만 해당되는 것이라면, 우리는 모든 사람 가운데서 가장 불쌍한 사람일 것입니다. 그러나 이제 그리스도께서는 죽은 사람들 가운데서 살아나셔서, 잠든 사람들의 첫 열매가 되셨습니다.

1. 죽은 사람의 부활을 입증하는 증거가 발견되었다니, 우리는 이 소식을 듣고 깜짝 놀란다. 이 주장보다 더 중대한 것이 있을까? 여러분은 다른 세상의 소식도 조금 들을 것이다. 강신술 신자들의 집회에는 방문객이 엄청나게 몰려든다. 우리가 부활이 있다는 것을 확신하지 못하고 있다며, 바울 사도는 증명을 시작한다.

2. 그는 문제가 되는 것, 격렬한 논쟁을 불러일으키는 것을 본문에서 증명한다. 이것은 초기 기독교 공동체 안에서 벌어진 일이다. 다들 영생은 믿는 것 같았지만, "몸과 영혼"의 부활에는 충격을 받는다. 바울의 증명은 바로 그것을 겨냥한 것이다.

3. 죽은 사람의 부활을 알리는 증거는 교의나 강신술이 아니라, 부활하신 그리스도다. 그분만이 유일한 증거이시다. 그분은 모든 현실적인 것 중에서 가장 명백한 증거이기 때문이다. 이 사실에는 의심의 여지가 전혀 없었다. 부활하신 그리스도는 끝의 시작, 실로 새로운 세상의 시작이셨다. 새로운 세상은 이 세상 전체와 다른 세상이었다. 부활하신 그리스도만이 유일한 증거이신데, 이는 하나님께서 그분 안에서 우리를 대하시기 때

문이고, 그리스도의 모든 것이 우리를 위한 것이기 때문이다. 그리스도께서 사람들 가운데 한 사람이 아니시기 때문이며, 그분의 사랑, 용서, 의로우심, 부활이 우리를 위해 이루어졌기 때문이다! 그리스도께서 몸과 영혼을 가진 분으로 부활하신 것은 하나님께서 우리를 위해 하신 일이다. 이 부활로 죽음은 패하고 우리의 몸과 영혼은 부활에 관여하게 되었다. 그리스도께서 살아나셨으니, 죽은 자들도 살아날 것이다. 그리스도께서 우리를 위해 죽으시고 살아나셨기 때문이다.

초기 기독교 공동체 안에는 여전히 공통의 전제들이 있었다. 증거는 실제로 증거였다! 당시의 전제는 다음과 같다. "거짓 증거들을 찾지 말아라! 단 하나의 증거가 있을 뿐이다. 여러분은 이미 그 증거를 가지고 있다. 그리스도께서 부활하셨다." 이것은 의심할 수 없는 사실이었다.

4. 불가능! 이 "불가능"은 밝혀져야만 한다. 만일 우리가 이 불가능을 전제한다면, 다시 말해 "그리스도께서 살아나지 않으셨다면", 이 말을 하자마자 믿는 청중은 의미를 잃고 말 것이다. 모든 것이 무너지고 그 결과를 예측할 수 없게 될 것이다. 하지만 바울은 경악스럽게도 가장 확실한 전제를 의심해 보도록 한다.

5. 우리는 그저 몸서리를 치며 이 문장들 속으로 떠밀린

다. "믿음도 헛되고, 부활하신 분에 대한 선포, 복음의 선포도 헛되다." 믿음은 모험, 결단, 육신과 생명에 위험을 초래하는 행위였으며 "그리스도께서 심판하러 다시 오신다"라는 전제 아래 수행하는 경주, 훈육, 뒤따름이었다. 이것이 헛되다고? 그렇다면 설교자는 거짓말쟁이자 하나님을 모독하는 자일 것이며, 바울은 파렴치한 자일 것이다. 믿음이 헛되다고? 그렇다면 은혜는 착각이 될 것이고, 공동체 생활은 무의미하게 될 것이며, 죽은 자들의 희망은 거짓말에 집착한 셈이 될 것이며, 우리는 사람들 가운데 가장 불쌍한 사람이 될 것이며, 우리의 존재 전체는 그에 집착하는 셈이 될 것이다.

두 번째 간접 증명은 이러하다. 그렇지 않으면—그리스도께서 살아나지 않으셨다면—여러분의 존재 전체는 아무것도 아닌 것이 되고, 불쌍하게 되고, 멸망하게 될 것이다.

그리스도는 이생에서 우리에게 부활의 소망을 주신다. 우리는 오직 이 소망으로 산다. 이는 바울이 자기 공동체에 보내는 칭송이다. 그가 우리한테도 이렇게 말해 줄까? "여러분의 생명은 부활에 달려 있습니다."

6. 숨 막히는 불가능은 이렇게 끝난다. "죽은 사람들은 살아난다! 어째서? 그리스도께서 살아나셨기 때문이다. 그리스도께서 살아나지 않으셨다면, 여러분도 살아나지 못할 것이다.

그리스도께서 살아나셨으니, 죽은 사람들도 살아날 것이다. 그리스도만을 바라보자. 증명은 성공했고, 여러분의 의심은 분쇄되었다. 여러분의 의심이 어떻게 무너지는지를 보라. 그리스도는 여러분의 생명, 산 자들과 죽은 자들의 생명**이시다**."

고린도전서 15:20-28

1935년, 필기 노트[20]

그러나 이제 그리스도께서는 죽은 사람들 가운데서 살아나셔서, 잠든 사람들의 첫 열매가 되셨습니다. 한 사람으로 말미암아 죽음이 들어왔으니, 또한 한 사람으로 말미암아 죽은 사람의 부활도 옵니다. 아담 안에서 모든 사람이 죽는 것과 같이, 그리스도 안에서 모든 사람이 살아나게 될 것입니다. 그러나 각각 제 차례대로 그렇게 될 것입니다. 첫째는 첫 열매이신 그리스도요, 그다음은 그리스도께서 재림하실 때에, 그리스도께 속한 사람들입니다. 그때가 마지막입니다. 그때에 그리스도께서 모든 통치와 모든 권위와 모든 권력을 폐하시고, 그 나라를 하나님 아버지께 넘겨드리실 것입니다. 하나님께서 모든 원수를 그리스도의 발 아래에 두실 때까지, 그리스도께서 다스리셔야 합니다. 맨 마지막으로 멸망받을 원수는 죽음입니다. 성경에 이르기를 "하나님께서 모든 것을 그의 발 아래에 굴복시키셨다" 하였습니다. 모든 것을 굴복시켰다고 말할 때에는, 모든 것을 그에게 굴복시키신 분은 그 가운데 들어 있지 않은 것이 명백합니다. 그러나 모든 것이 하나님께 굴복당할 그때에는, 아들까지도 모든 것을 자기에게 굴복시키신 분에게 굴복하실 것입니다. 그래서 하나님은 만유의 주님이 되실 것입니다.

1. "그러나 이제", 곧 지금 실제적인 것이 언급된다. 앞에서 바울은 불가능한 것에 관해, 곧 생각과 의심과 우려의 세계, 하나님 없는 세계, 부활 없는 세계에 관해 말했다. 인간의 말을 과감히 생각해 본 것이다. "그러나 이제" 하나님의 말씀, 곧 실제적인 것을 증명한다.

2. 우리는 영생에 관한 질문에서 우리의 영혼이 중요하다는 듯이 행동하면서도, 실제로는 그것을 묻지 않는다. 부활은 전혀 다른 세계로서 선포되는 것이 아니다. 하나의 새로운 세계가 창조되었고, 지금도 유효하며, 이미 완결된 상태다. 그 세계는 그리스도와 함께 시작하여, 하나님 경배로 끝나는 세계다. 우리의 세상은 정말로 시작과 끝이 있다. 이 세상의 끝은 부활의 세계를 의미한다. 따라서 방금 말한 부활의 세계는 **우리의** 세계다! 부활의 세계는 우리의 땅에서 완성되어야 한다. 나와 너는 그 세계에 있게 될 것이다. 모든 권세, 모든 나라가 그 세계에 있게 될 것이다.

3. 우리 세상의 처음은 아담이다. 그의 행위 안에 온 인류가 포함되어 있다. 아담, 곧 첫 사람, 죄의 원조는 죽었다. 우리는 날마다 그 안에 있다. 이것은 이전das Vorher이다. 그러나 끝이신 그리스도는 순종이시다. 순종의 원조이며, 죄가 없는 분이며, 생명을 가져오신 분이며, 우리를 위하는 분이다. 우리는 새 사람으로서 그분 안에 있다. 우리는 그분의 죽음과 부활을 통해서 그분과 같게 되었다. 아담과 그리스도, 두 선조, 두 가문이 있다면, 우리는 어느 쪽에 속해 있는가?

4. 우리에게서 이루어진 이 부활 세계의 시작을 어떻게 생각해야 하는가? 자의와 혼란으로 생각하지 말고 시작, 역사, 목표로 생각해야 한다. 그리스도의 부활은 어떻게 부활의 세계가 되는가?

5. 그리스도가 먼저다. 당연히 그분이 먼저다. 그분이 원조이시니 그렇다. 첫 열매가 이미 우리 뒤에 자리하고 있다! 그 다음은 그리스도께 속한 사람들이다. 이 시기는 승천에서부터 재림까지의 모든 시기를 포함한다. 교회의 역사 전체. 부활의 세계는 막대한 시간을 셈에 넣는다.

두 번째는 이 세상에 재림하시는 그리스도다. 우리의 영혼이 그리스도께로, 하늘로 가는 것이 아니다. 그분이 우리에게로, 이 땅으로 오신다. 그분은 이 땅에 성실히 거하실 것이다!

그분은 이 땅에서 자기 공동체를 깨우실 것이다. 우리는 이 땅에서 그분과 함께 다스리며 심판할 것이다! 얼마나 오래? 요한은 천 년이라고 말한다. 그러나 본문에서 바울은 "그때"라는 표현 이외에 연월일을 제시하지 않는다. 마지막 원수는 죽음이다. 죽음은 이미 힘을 빼앗기기는 했지만, 아무 힘도 없는 상태는 아니다. 죽음은 또 한 번 힘을 빼앗겨야 한다. 죽음은 자연법칙이 아니라 원수다.

6. 그리스도께서 자기 나라를 세우시는 때는 하나님의 일이 완수되는 때다. 그때는 그리스도께서도 더는 자기를 위하지 않고 굴복하실 것이고, 그것을 자기의 영예로 삼으실 것이다. 하나님께서 친히 세상을 선물하실 것이다. 이제 하나님은 만유의 하나님이 되실 것이다. 그리스도께서 굴복하신다는 것은 그분의 일이 끝난다는 뜻이다. 그러나 이로써 그분은 위격과 본질상 하나님과 완전히 하나가 된다.

7. "하나님은 만유의 주님이 되실 것입니다." 이 말씀은 저주가 끝났다는 뜻인가? 아니면 하나님께서 자기 원수를 심판하는 분이자 지옥을 다스리는 분이라는 뜻인가? 본문은 이 질문에 눈길을 보내지 않는다. 본문은 인간에 관해서는, 인간의 출구의 비밀에 관해서는 한마디도 하지 않고, 성서가 끊임없이 말하려고 하는 것을 언급한다. 이를테면 하나님은 결국 하나님

이 되실 것이고, 변함없이 하나님으로 계시리라는 것이다. 그러니 하나님이 만유의 주님이 되시게 해드려라. 그러면 여러분은 하나님 안에 있게 될 것이다.

제5계명에 관한 설교 초안

출애굽기 20:12

1936년, 필기 노트[21]

너희 부모를 공경하여라. 그래야 너희는 주 너희 하나님이 너희에게 준 땅에서 오래도록 살 것이다.

1. 모든 것이 첫 계명에 달려 있다. 하나님만이 주님이라는 사실은 우리가 가장 먼저 믿어야 하는 언약이다. 우리가 아니라, 그분이 주님이시다. 하나님은 날마다 그것을 우리에게 상기시키신다. 그러나 그분은 눈에 보이는 주들을 우리 앞에 두신다. 우리는 그들에게 굽히지 않으면 안 된다. "하나님이 주님이시면, 우리는 자유로워서 누구에게도 신경 쓸 필요가 없을 거야"라고 생각할지도 모르겠다. 그러나 하나님은 우리의 이러한 출구를 허락하지 않으시고, 우리 앞에 가시적인 주들을 두어서, 우리가 주가 아니라는 것을 알게 하신다. 그분은 섭리 가운데 결정적으

로 부모라는 선물 안에서 우리의 주님으로 머무르신다. 그분은 단호한 말씀과 계명으로 우리에게 부모를 주로 세우신다. 그러므로 우리는 말씀으로 묶인다. 말씀이 우리를 묶는다. 그 외에는 어떤 것도 묶지 못한다.

2. 공경은 사랑과 다르다. 공경이 더 절대적이고 더 포괄적이다. 공경은 하나님이 부모의 주권에 부여한 청구권이다. 하나님을 찾고 공경하는 것이 첫째다. 우리는 부모를 보면서 하나님의 주권과 영광을 떠올려야 한다. 이것은 부모답지 않은 이들을 볼 때도 마찬가지다. 하나님은 주님이 되려고 하시고 실제로 주님이시라는 사실이 바로 부모 안에서 명백해진다.

3. 자녀와 부모의 관계는 특별한 방식으로 표현된다. 자녀는 범사에 복종의 의무가 있다. 바로 이 점이 오늘날 잊히고 있다. 오늘날 우리의 자녀는 부모와 다르게 생각하는 법을 배운다. 그들이 듣는 말은 이러하다. "너희가 으뜸이며, 그 점이 중요해. 너희가 부모를 가르쳐야 해. 하지만 청소년 단체와 국가에는 먼저 복종해야 해." 게다가 오늘날 부모는 자기 자녀의 호의를 얻으려고 애쓴다. 그리하여 부모는 하나님으로부터 받은 권위를 잃어버린다. 그러나 부모는 말씀을 증거로 삼을 수 있다. 부모의 첫째 과제는 자녀를 이해하는 것이 아니라, 사랑 안에서 그들이 부모에게 순종하도록 이끄는 것이다. 아버지와 어

머니는 하나님이 보내신 이들이다. 부모는 자녀와 마찬가지로 하나님의 계명에 묶여 있다.

4. 이 계명은 하나님의 백성인 이스라엘이 받은 계명이다. 이스라엘에서 아버지는 특별한 직책을 맡은 자이며 동시에 말씀을 전하는 자였다. 이스라엘 백성의 존속은 그 질서의 존속과 연결되어 있었다. 그러므로 이 계명은 약속을 담고 있다. 백성이 아버지들로부터 떠나면, 백성은 약속을 상실한 채 뿔뿔이 흩어질 수밖에 없다. 말씀의 아버지들에 대해 말했으니, 교회 안에 있는 아버지들에 대해서도 말해야겠다. 육신의 아버지에게 하듯이 그들에게도 순종해야 한다. 하나님이 우리의 주인이시며, 주님임을 알도록 그들을 우리에게 세우신다. 그들이 전하는 말씀에 교회의 존속이 달려 있다. 그들의 가르침, 참된 가르침이 교회의 현존을 유지한다. 그들이 선포하는 말씀이 그들의 공간을 선포의 장소로 만든다. 하나님이 우리에게 약속하신 그 땅은 다름 아닌 교회다. 교회는 이 세상에서 영원히 하나님의 참된 말씀을 기초로 삼는다.

5. 하나님의 말씀은 우리를 육신의 아버지와 영적인 아버지에게 묶는다. 그러나 하나님의 말씀은 우리를 자유롭게 하여 그분의 계명을 올바로 이행하게 한다. 인간의 유용한 진리들에 복종하는 것이 중요한 것이 아니라, 오로지 하나님의 말씀

이 중요하다. 하나님의 능력 안에는 아버지에 대한 순종으로부터 우리를 해방하는 힘이 자리하고 있다. "나보다 아버지나 어머니를 더 사랑하는 사람은 내게 적합하지 않다."마 10:37 주님을 뒤따르는 곳에는 새로운 자유와 그분 말씀의 새로운 이행이 발생한다. 우리는 그리스도를 뒤따름으로써 그분의 약속대로 우리가 이 세상에서 버린 모든 것, 곧 아버지들, 어머니들, 형제들, 자매들을 받는다.마 19:29 박해를 받는 시기에 공동체는 약속의 땅이다. 하나님의 말씀만이 묶는다. 하나님의 말씀만이 푼다. 하나님의 말씀이 하나님의 약속을 이행한다. 그분, 성부 하나님과 성자 하나님이 주님이시다. 이것이야말로 우리가 믿어야 하는 첫 번째 약속이다.

구리 뱀에 관한 설교 초안

민수기 21:4-9

1936년, 필기 노트[22]

그들은 에돔 땅을 돌아서 가려고, 호르 산에서부터 홍해 길을 따라 나아갔다. 길을 걷는 동안에 백성들은 마음이 몹시 조급하였다. 그래서 백성들은 하나님과 모세를 원망하였다. "어찌하여 우리를 이집트에서 데리고 나왔습니까? 이 광야에서 우리를 죽이려고 합니까? 먹을 것도 없습니다. 마실 것도 없습니다. 이 보잘것없는 음식은 이제 진저리가 납니다." 그러자 주님께서 백성들에게 불뱀을 보내셨다. 그것들이 사람을 무니, 이스라엘 백성이 많이 죽었다. 백성이 모세에게 와서 간구하였다. "주님과 어른을 원망함으로써 우리가 죄를 지었습니다. 이 뱀이 우리에게서 물러가게 해달라고 주님께 기도하여 주시기 바랍니다." 그리하여 모세가 백성들을 살려 달라고 기도하였다. 주님께서 모세에게 말씀하셨다. "너는 불뱀을 만들어 기둥 위에 달아 놓아라. 물린 사람은 누구든지 그것을 보면 살 것이다." 그리하여 모세는 구리로 뱀을 만들어서 그것을 기둥 위에 달아 놓았다. 뱀이 사람을 물었을 때에, 물린 사람은 구리로 만든 그 뱀을 쳐다보면 살아났다.

1. 하나님의 백성이 약속의 땅으로 가는 도중에 큰 난관에 봉착한다. 그들은 어디로 돌아서야 하는가? 그들 앞에는 드넓은 광야와 하나님의 약속이 있다. 그들 뒤에는 안전과 안녕이 있는 이집트, 좋았던 옛 시절과 평안이 있다. 그들은 비참한 종살이를 완전히 망각한 채, 과거의 모든 것을 황금과 같이 여기고, 현재의 모든 것을 싫어하고, 미래를 두려워한다. 바야흐로 하나님과 약속을 택할 것인가, 아니면 이집트와 안전한 과거를 택할 것인가를 결정할 때다. 뒤돌아보는 눈길이 불평을 부채질한다. 화를 내며 불안한 현재와 좋았던 옛 시절을 비교하는 일에 굴복하지 않는 이는 누구인가? 뒤돌아보는 눈길이 다시 절망을 부채질한다. "이 광야에서 우리를 죽이려고 합니까?" 그러나 좋았던 옛 시절은 아무 힘이 없어서, 현재의 난관을 타개하지 못한다. 뒤돌아보는 눈길과 불평과 절망은 서로 긴밀하게 연결되어 있다.

2. 그 눈길은 하나님을 멀리한다. 그래서 약속이 잊히고, 하나님의 길은 버림받는다. 뒤돌아보는 눈길은 도움이 안 될 뿐만 아니라, 난관 속으로 더 깊이 유도하기까지 한다. 백성이 뒤

돌아보는 까닭에, 하나님의 진노가 이스라엘 위에 내리고, 그들은 죽는 수밖에 없다. 하나님의 약속을 시야에서 놓치는 백성은 죽는 수밖에 없다. 불뱀이 죽음을 가져온다.

3. 백성은 자기들이 누구와 관계하고 있는지 깨닫는다. 그들이 제멋대로 희망을 팽개치고 스스로 망하게 되었음을 인정한다. 노한 하나님께서 나타나시고, 백성의 죄가 커진다. 그들은 돌이키고 싶지만, 더는 기도하지 못하고, 더는 눈길을 하나님께로 돌리지 못한다. 과거와 이집트와 너무 깊은 관계를 맺었기 때문이다. 죄가 더 커져 이스라엘에게 맞선다. 그들에게는 다른 한 사람, 곧 기도하는 사람이 필요하다. 바로 모세가 기도해야 한다. 그가 중재자가 되어야 한다.

4. 어떻게 백성의 눈길이 다시 하나님과 약속으로 유도되는가? 하나님께서 모세에게 구리 뱀을 설치하라고 명하시고, 그 징표에 이런 약속의 말씀을 담으신다. "누구든지 그것을 보면 살 것이다." 정말로 기이한 징표다! 치명적인 뱀이 세워져 생명을 가져온다. 승리의 상징이 아니라 죽음의 상징이 세워진다. 그들은 찬란한 미래를 보는 것이 아니다. 하나님께서 그들에게 보내신 벌과 죽음과 죄책이 징표로 세워지고 설치된다. 그들은 그 징표 앞에서 도망치지 않고, 이 진노와 심판 속에서 하나님을 다시 발견한다. 이 징벌을 통해 그들을 살리시려는 하나

님을 발견한다.

5. 이 일은 어떻게 일어났는가? 그들은 난관에 봉착해서도 하나님을 보려고 하지 않았고, 알려고 하지도 않았다. 그러나 하나님께서 그들을 완전히 바꾸신다. 이제 그들은 그분을 진노하고 벌하시고 죽음을 가져오는 하나님으로 본다. 그들은 그분에게 순종함으로써 그분을 발견한다. 그들은 이 무시무시한 모습 속에서 하나님을 발견하는 수밖에 없다. 그들은 징벌과 죽음을 통해서만 하나님을 가까스로 발견할 수 있다. 하나님은 죽음으로 이스라엘을 치셨는데, 생명이 이 죽음을 통해서 온다. 하나님께서 친히 이 죽음 속에 계신다. 그분이 친히 이 뱀 안에 계신다. 죄책 속에, 징벌 속에, 죽음 속에 계시는 하나님, 그분은 십자가에 못 박힌 그리스도이시다. 그분을 보는 사람은 살 것이다. 우리가 우리의 죄책과 징벌로 눈길을 돌리는 데에 하나님에게로 이르는 통로가 있다. 바로 여기서 이스라엘은 하나님을 되찾는다.

청원하는 과부에 관한 설교 초안

누가복음 18:1-8

1936년, 필기 노트[23]

예수께서 제자들에게, 늘 기도하고 낙심하지 말아야 한다는 뜻으로 비유를 하나 말씀하셨다. "어느 고을에, 하나님도 두려워하지 않고, 사람도 존중하지 않는, 한 재판관이 있었다. 그 고을에 과부가 한 사람 있었는데, 그는 그 재판관에게 줄곧 찾아가서, '내 적대자에게서 내 권리를 찾아 주십시오' 하고 졸랐다. 그 재판관은 한동안 들어주려고 하지 않다가, 얼마 뒤에 이렇게 혼자 말하였다. '내가 정말 하나님도 두려워하지 않고, 사람도 존중하지 않지만, 이 과부가 나를 이렇게 귀찮게 하니, 그의 권리를 찾아 주어야 하겠다. 그렇게 하지 않으면, 그가 자꾸만 찾아와서 나를 못 견디게 할 것이다.'" 주님께서 말씀하셨다. "너희는 이 불의한 재판관이 하는 말을 귀담아들어라. 하나님께서 자기에게 밤낮으로 부르짖는, 택하신 백성의 권리를 찾아 주시지 않으시고, 모른 체하고 오래 그들을 내버려 두시겠느냐? 내가 너희에게 말한다. 하나님께서는 얼른 그들의 권리를 찾아 주실 것이다. 그러나 인자가 올 때에, 세상에서 믿음을 찾아볼 수 있겠느냐?"

1. 우리가 어렸을 때, 우리에게는 불가능한 것이 없어 보였다. 우리의 계획들은 기발했고, 우리는 거물이 되고자 했다. 우리는 온갖 반대를 분쇄하려고 했다. 실현하지 못할 것이 없었다. 나이가 들면서 우리는 세상을 알게 되었고, 세상이 나보다 더 강하다는 것도 인식하게 되었다. 이제 우리는 그렇게 적응한 상태이며, 어린아이의 생각을 버렸다. 그래야 옳다. 우리는 지금 현실 세계에서 살고 있다. 이제 우리는 가능한 것에 기대를 건다.

2. 우리는 벽에 부딪혀, 그 벽을 통과하지 못한다. 우리는 관통할 수 없도록 출구를 막아선 암석층을 마주한 광부처럼 속수무책이다. 이 벽을 마주한 우리를 엄청난 불안이 사로잡는다. 우리가 망치로 쳐 두들기고, 작은 돌덩이를 잘게 부수어 흙이 되게 해도, 그 뒤에 벽이 버티고 선 채 물러날 기미를 보이지 않는다. 이 벽은 이름이 여럿이다. 가난, 질병, 공권公權의 상실, 테러, 빚, 죄 등이다. 먼저 불안과 함께 의지가 생긴다. 우리는 돌파하려고 할 뿐 갇혀 있으려 하지 않는다. 사람들이 굶주릴 수밖에 없고, 난치병으로 고생하고, 법의 보호를 받지 못한 채 강자에게 넘겨진다는 것을 우리는 인정하려 하지 않는다. 불안과

이상주의가 의지력을 뒤덮는다. 그래서 실제로 억지를 부리는 것처럼 보인다. 우리는 매우 빈번히 오성이라는 수단, 의지라는 수단을 동원하여 우리의 죄에 맞서 싸워 왔다. 그러나 벽은 여전히 뚫리지 않는다. 결국엔 우리의 절망에 대한 비웃음처럼 작은 성과만이 도드라진다.

3. 본문은 불가능한 일을 보도한다. 한 가난한 여인이 폭력배에게 자기 권리를 빼앗긴다. 그녀는 완전히 혼자다. 그 도시에는 그녀를 도와줄 자가 아무도 없다. 그곳에는 제 생각과 전횡을 위해서만 살아가는 한 재판관이 있다. 폭력배는 그의 비호를 받으며 안심한다. 과부가 조금이라도 바로잡는 것은 생각할 수 없는 일이다. 과부는 한없이 무방비 상태다. 불가능한 일이 일어난다. 과부에게는 한 가지 가능성이 남아 있었다. 다름 아닌 기도다. 그녀는 기도할 수 있다. 권력자에게 청원한다고 도움이 될까? 어리석은 시도다! 그러나 그녀는 포기하지 않는다. 그녀는 자기가 벽을 돌파해야 함을 알고 있다. 그리고 재판관은 굴복한다! 호의가 아니라 자의恣意로. 기적이 일어났다. 과부가 믿음을 빼앗기지 않았기 때문이다. 여러분도 그리하면 도움을 받을 수 있다.

4. 공동체는 매우 강력한 권력자들의 폭력에 시달린다. 공동체는 세상이 얼마나 강한지, 자기가 얼마나 무방비 상태인

지를 너무나 분명하게 안다. 과부가 제 권리를 잃었듯이, 공동체도 제 목표를 잃는다. 공동체는 영원한 생명과 정의와 승리를 믿지만, 보이는 것은 죽음과 불의와 불안뿐이다. 누가 벽을 돌파하는가? 누가 공동체를 도와서 생명과 정의와 승리로 이끄는가? 누가 오늘 그리고 저 시절에 적대자들로부터 공동체를 구하는가?

5. 무방비 상태에서 공동체가 지닌 수단은 한 가지뿐이다. 그것은 다름 아닌 기도다. 기도는 벽을 뚫는다. 기도는 공동체를 하나님의 보좌로 데려간다. 물론 그것은 끊임없이, 밤낮없이 바치는 기도여야 한다. 그렇지 않으면 벽은 바위처럼 단단해져서 공동체에 근심거리가 될 것이다. 공동체의 기도를 받으시는 분은 불의한 재판관이 아니라, 하나님, 곧 자기 사람들을 아끼셔서 그들의 기도를 들어줄 날을 고대하시는 하나님이다. 권력자도 과부에게 불가능한 일을 해주었는데, 하나님께서 공동체에 불가능한 일을 이뤄 주시지 않겠는가? "하나님께서는 얼른 그들의 권리를 찾아 주실 것이다." 공동체가 감히 바랐던 것보다 더 빨리 갑자기 도움이 찾아올 것이다. 갑자기 마지막 날이 공동체 앞에 이르고, 공동체는 자유롭게 될 것이다!

6. "세상에서 믿음을 찾아볼 수 있겠느냐?" 우리는 도우시는 분의 능력과 준비를 의심하고, 그분을 의심한다. 반면, 예

수께서는 우리의 믿음을 의심하신다. 그분은 불가능한 일이 없는 믿음을 제자들에게 분명하게 알려 주시고, 불가능한 일이 없는 기도를 가르쳐 주셨다. 그분이 오시면 이 믿음과 이 기도를 다시 찾아보실 수 있을까? 그분이 오늘 오신다면 우리 가운데서 그런 믿음을 찾아보실 수 있을까? 하나님께서 우리를 도우려고 하신다. 우리는 그것을 믿고 끊임없이 기도할 마음이 있는가?

요한계시록 1:9-20

1936년, 필기 노트[24]

예수 안에서 여러분의 형제요 예수 안에서 환난과 그 나라와 인내에 여러분과 더불어 참여한 사람인 나 요한은, 하나님의 말씀과 예수에 대한 증언 때문에 밧모라는 섬에 갇혀 있게 되었습니다. 주님의 날에 내가 성령에 사로잡혀 내 뒤에서 나팔 소리처럼 울리는 큰 음성을 들었습니다. 그 음성은 이렇게 말하였습니다. "네가 보는 것을 책에 기록하여, 일곱 교회, 곧 에베소와 서머나와 버가모와 두아디라와 사데와 빌라델비아와 라오디게아의 교회로 보내라." 그래서 나는 내게 들려오는 그 음성을 알아보려고 돌아섰습니다. 돌아서서 보니, 일곱 금 촛대가 있는데, 그 촛대 한가운데 '인자와 같은 분'이 계셨습니다. 그는 발에 끌리는 긴 옷을 입고, 가슴에는 금띠를 띠고 계셨습니다. 머리와 머리털은 흰 양털과 같이, 또 눈과 같이 희고, 눈은 불꽃과 같고, 발은 풀무불에 달구어 낸 놋쇠와 같고, 음성은 큰 물소리와 같았습니다. 또 오른손에는 일곱 별을 쥐고,

입에서는 날카로운 양날 칼이 나오고, 얼굴은 해가 강렬하게 비치는 것과 같았습니다. 그를 뵐 때에 내가 그의 발 앞에 엎어져서 죽은 사람과 같이 되니, 그가 내게 오른손을 얹고 말씀하셨습니다. "두려워하지 말아라. 나는 처음이며 마지막이요, 살아 있는 자다. 나는 한 번은 죽었으나, 보아라, 영원무궁하도록 살아 있어서, 사망과 지옥의 열쇠를 가지고 있다. 그러므로 너는, 네가 본 것과 지금의 일들과 이 다음에 일어날 일들을 기록하여라. 네가 본 내 오른손의 일곱 별과 일곱 금 촛대의 비밀은 이러하다. 일곱 별은 일곱 교회의 심부름꾼이요, 일곱 촛대는 일곱 교회다."

1. 투옥된 요한은 활짝 열린 하늘을 볼 자격을 하나님으로부터 받는다. 그리스도로 인해 갇힌 사람이 눈을 얻게 된다. 바로 하나님이 그에게 보여주시는 것을 보는 눈이다. 우리가 여전히 안전과 자유 속에 있을 때, 우리의 눈은 흐리고 제한적이다. 그러나 우리가 고난을 받으면 받을수록, 우리는 요한이 보는 계시를 더 많이 이해하게 될 것이다.

2. 요한은 자신의 교회에서 분리되었지만, 교회의 축제일, 주님 부활의 날, 새로운 세상이 시작하는 날에 참여한다. 그는 지금도 자기 교회를 섬기고 있다. 그는 교회로부터 떨어져 있으면서도 교회의 영광을 이전보다 많이 경험한다. 우리는 아직 교회 한가운데 있고, 우리가 무엇을 영위하고 있는지 아직은

다 알지 못한다. 그러나 교회로부터 떨어져 있을 때 우리는 교회의 영광을 전부 알게 될 것이다.

3. 요한에게는 예배 초대장이 닿지 않는다. 안식과 성전을 향해 나아오라고 부르는—새해의 시작과 공판일의 시작을 알리기 위해서도 울리는—즐거운 나팔 소리도 들리지 않는다. 그러나 요한은 주일에 천상의 나팔 소리를 듣는다. 천상의 예배에 초대하는 소리다. 이 예배를 위하여 하늘이 요한에게 열린다.

4. 요한의 첫 시선은 일곱 촛대, 곧 일곱 교회를 향한다. 그 교회들이 한자리에 모여 있다. 그 수는 완전수다. 요한은 하나님의 완벽한 교회를 본다. 천상의 빛으로 환하게 빛나며 반짝이는 교회다. 그러나 모든 시선이 한가운데 계신 분, 곧 예언자가 예언한 "옛적부터 계신 분"[25]에게로 향한다. 그분은 사람의 모습을 하고 있지만 하나님이시다. 그분은 다름 아닌 그리스도이시다.

5. 투옥되어 고독 속에 있는 이 제자는 육신의 눈으로 뵈었던 주님을 뵙는다. 영광에 싸인 주님이다. 그분은 대제사장의 복장을 하고 계신다. 흰 머리털은 옛적부터 계신 분, 영원하신 분을 상징한다. 눈은 불꽃같아서 꿰뚫어 보고, 모든 것을 훤히 드러내고, 이글거린다. 나라면 그 눈을 들여다보지 못할 것이다. 발은 놋쇠처럼 묵직하다. 그분은 다가가는 곳마다 모든 속된 것

을 심판하여 가루로 만든다. 그분의 발이 불처럼 작열한다. 그분이 다가가는 곳에서 깊은 어둠이 밝아진다. 그 음성은 하나님의 음성 같다. 사람의 귀가 견뎌 내지 못하는 음성이다. 그 음성은 모든 것을 압도한다. 가볍게 흘려듣던 예수의 낮은 음성이 여기서는 엄청나게 흐르는 물소리와 같이 되어 온 세상을 가득 채운다. 그분의 손은 일곱 별을 쥐고 있다. 이 일곱 별은 그분이 황제에게서 빼앗으신 세계 패권을 상징한다. 요한은 로마 황제의 독재 아래서 영원하고 유일한 주님의 통치권에 관해 알게 된다. 크나큰 위안이 아닐 수 없다! 그분의 입에서 양날 칼이 나온다. 이 칼은 상처를 입히고 가르고 심판하고 죽이는 그분의 말씀이다. 이 칼은 그분의 통치권을 나타낸다. 그분의 모습 전체는 밝은 해와 같다. 이 해에서 빛이 나온다. 이 빛은 천상의 예배를 위해 그리스도를 에워싼 교회의 촛대다.

6. 이런 자세로 그리스도를 아는 것이 예배다. 그러한 예배를 드릴 때 우리는 이미 사라지고 없을 것이다. 이것이야말로 하나님의 장엄함을 마주한 우리의 최후다. 우리는 그것을 고대하지 않을지도 모르겠다. 그것을 접하면 우리가 죽게 되기 때문이다. 그러나 이 전능하신 분은 다름 아닌 그리스도이시다. 하나님은 사람이 하나님의 장엄함을 접하고서 죽기를 바라지 않으신다. 사람은 하나님의 장엄함을 보아야 한다. 그러기 위해

사람은 죽어서 부활한다. 그분이 영원한 죽음 속에 가두지 않으시는 이는 죽지 않는다. 그분이 열쇠를 쥐고 계신다.

7. 오늘은 주님의 날이다. 오늘 우리는 예배를 드리고 있다. 하늘은 우리에게 더는 닫혀 있지 않다. 저 위에도 예배가 있다. 완벽한 교회가 그리스도 앞에 선 채, 영광에 싸인 그분의 빛을 받아 환히 빛난다. 저 위에서는 그 빛이 해처럼 빛나지만, 이곳에는 미광微光만 존재할 따름이다. 이곳에서 우리는 그분의 말씀을 듣지만, 저 위에서는 전능하고 자비로우신 분이 자기 교회와 더불어 영원토록 예배를 거행하신다. 오늘 우리가 믿음 안에서 천상의 예배와 하나가 되기를 기원한다.

승천주일 회람[26]에 게재한 설교 초안

사도행전 1:1-11

1935년

데오빌로님, 나는 첫 번째 책에서 예수께서 행하시고 가르치신 모든 일을 다루었습니다. 거기에 나는 예수께서 활동을 시작하신 때로부터 그가 택하신 사도들에게 성령을 통하여 지시를 내리시고 하늘로 올라가신 날까지 하신 모든 일을 기록했습니다. 예수께서 고난을 받으신 뒤에, 자기가 살아 계심을 여러 가지 증거로 드러내셨습니다. 그는 사십 일 동안 그들에게 여러 차례 나타나시고, 하나님 나라에 관한 일들을 말씀하셨습니다. 예수께서 사도들과 함께 잡수실 때에 그들에게 이렇게 분부하셨습니다. "너희는 예루살렘을 떠나지 말고, 내게서 들은 아버지의 약속을 기다려라. 요한은 물로 세례를 주었으나, 너희는 여러 날이 되지 않아서 성령으로 세례를 받을 것이다." 사도들이 한 자리에 모였을 때에 예수께 여쭈었다. "주님, 주님께서 이스라엘에게 나라를 되찾아 주실 때가 바로 지금입니까?" 예수께서 그들에게 말씀하셨다. "때나 시기는 아버지께서 아버지의 권한으로 정하신 것이니, 너희가 알 바가 아니다. 그러나 성령이 너희에게 내리시면, 너희는 능력을 받고, 예루살렘과 온 유대와 사마리아에서, 그리고 마침내 땅끝에까지 이르러 내 증인이 될 것이다." 이 말씀을 하신 다음에, 그가 그들이 보는 앞에서 들려 올라가시니, 구름에 싸여서 보이지 않게 되었다. 예수께서 떠나가실 때에, 그들이 하늘을 쳐다보고 있는데, 갑자기 흰 옷을 입은 두 사람이 그들 곁에 서서 "갈릴리 사람들아, 어찌하여 하늘을 쳐다보면서 서 있느냐? 너희를 떠나서 하늘로 올라가신 이 예수는, 하늘로 올라가시는 것을 너희가 본 그대로 오실 것이다" 하고 말하였다.

1. 부활 이후 여러 날이 지난 뒤 기이한 불안, 초조, 동요가 자리 잡는다. 십자가에 달리셨던 분이 제자들 가운데 다시 함께 계시면서 여러 표적과 갖가지 은사로 자신을 알리셨다. 그분은 제자들에게 자신의 정체를 드러내시고 다시 감추셨지만, 매 순간 그들 가까이에 계셨다. "부활하셨다!"라는 외침이 사방에서 제자들에게 들려왔다. 그 은밀한 환호성 가운데 작은 목소리의 걱정이 섞여 있었다. "그래, 부활이 일어났고, 부활절이 지나갔어. 하지만 이제 모든 것은 어떻게 될까? 결과는 무엇일까? 앞으로 무슨 일이 일어날까? 이 모든 것의 끝은 무엇일까?" 이 물음들에 답하시려고 예수께서 그들에게 나타나셨다. 예수께서는 "사십

일 동안 그들에게" 나타나시고, "하나님 나라에 관한 일들을 말씀하셨다."3절

2. 하나님 나라, 그것은 끝이 되어야 했다. 예수 이야기에 담긴 모든 사건에 의해 그 나라가 지상에 더 가까이 내려오긴 했지만, 아직 온전히 와 있는 것은 아니었다. 예수께서 사셨고, 제자들은 그분을 보았다. 그러나 세상, 곧 인간들은 여전히 아무것도 알아듣지 못했고, 아직 아무 관계도 없었다. 아직 마지막 일이 일어나지 않은 상태였다. 부활하신 분은 제자들에게 그 일에 대한 마음의 준비를 시키셨다.

3. 그래서 그분은 제자들에게 예루살렘을 떠나지 말라고 지시하셨다. 필요한 지시였다. 예루살렘은 불행한 사건이 벌어진 곳, 바로 예수께서 십자가에 못 박히신 곳이었다. 제자들이 예루살렘을 떠나고 싶어 한 것은 충분히 이해할 수 있는 일이다. 그러나 예수께서는 그들을 예루살렘에 붙들어 매신다. 하나님의 아들의 피에 책임이 있는 하나님의 교회, 불충하고 배반하고 부인한 교회가 바로 언약의 장소가 되어야 하기 때문이다. 이 교회를 버리지 말고, 언약을 기원하여라! 마지막 일, 곧 성령의 강림을 기다려라. 그분이 하나님의 성실하심을 통해 교회를 새롭게, 의롭게, 거룩하게 하실 것이다.

4. 이제 제자들은 불편한 요구를 이해하고, 예루살렘에

서 조만간 일어날 일들을 기다리려고 한다. 그러나 새로운 교회는 하나님의 성전의 가시적인 영광을 다시 얻을 것인가? 바로 이 영광 속에서만 교회가 확실히 하나님 나라가 된다는 것을 다들 깨달을 것인가? "주님, 주님께서 이스라엘에게 나라를 되찾아 주실 때가 바로 지금입니까?" 우리가 이 물음을 얼마나 가까이해야, 하나님의 성실하심이 힘차고 장엄하게 가시화될 것인가?

5. 예수께서는 이 물음을 내치지 않으시고, 그 속에 담긴 격정, 열망, 호기심만을 내치신다. "때나 시기는 아버지께서 아버지의 권한으로 정하신 것이니, 너희가 알 바가 아니다." 영광의 때는 예루살렘에도, 교회에도, 이스라엘 민족에게도 온다. 그러나 그때가 오기까지, 제자들에게는 하나님 나라에 관한 단 하나의 확실한 표지만 남아 있다. 즉, 하나님 나라를 선포하는 증인들이 있고, 하나님 나라를 믿는 제자들이 있으리라는 것이다. "성령이 너희에게 내리시면, 너희는 능력을 받고, 예루살렘과 온 유대와 사마리아에서, 그리고 마침내 땅끝에까지 이르러 내 증인이 될 것이다." 이는 성취가 있을 것이라는 신호다. 예수에 관한 증언이 예루살렘을 넘어 세상 끝까지 이를 것이다. 그 나라는 어디에 있는가? 그 나라는 어디서 가시화되는가? 성령의 능력 안에서 이루어지는 증언과 믿음이 있는 곳, 바로 그곳이 제자들의 물음에 예수께서 답하신 곳이다.

6. 마침내 마지막 일이 언급된다. 적은 수의 사도들의 시야가 넓어져 세상 끝에까지 다다른다. 모든 땅의 끝이 지금 그리스도에 관한 말씀을 기다리고 있다. 그 말씀이 모든 땅의 끝에 파고들 것이다. 땅에서 부활하신 그리스도는 그분의 작품이자 소유이면서도, 그분을 배척했던 땅을 다스리는 주님이 되실 것이다. 그리스도는 자신의 말씀을 통해 세상 끝까지 다스리실 것이다. 바로 이것이 예수께서 제자들에게 말씀하신 마지막 일이다. 이 말씀을 인증이라도 하겠다는 듯이 예수께서 하늘로 들려 올라가셔서 구름에 싸여 눈에 보이지 않게 되는 일이 일어났다.

7. 그분은 하늘을 차지하시고 높아지셔서 하나님 오른편에서 시간과 공간을 다스리신다. 이제 그분은 전능한 분이요 편재하는 분으로서 하나님 나라가 오게 하신다. 지금 그분은 하늘과 땅의 모든 권세를 쥐고 계신다. 그분은 온 땅을 다스리는 임금이 되셨다. 하지만 육신의 눈으로 그분을 더는 볼 수 없다. 그분은 눈에 보이지 않는 하나님의 영광 안으로 들어가셨기 때문이다. 우리는 눈에 보이는 증거를 더는 갈망해서는 안 된다. 설령 갈망한다고 해도, 우리는 그분의 모습을 보지 못하고 그냥 지나쳤음을 알게 될 것이다. 이제 그분이 재림하실 때까지 남아 있는 것은 오로지 그분의 말씀과 증언뿐이다.

8. 조심하라! 어찌하여 하늘을 쳐다보며 서 있는가? 여

러분은 그분을 더는 보지 못한다. 지나간 것을 보지 말아라! 과거 속에서 그리스도를 찾지 말아라! 그러다가는 구름과 안개만 보게 될 것이다! 그분이 다시 오실 때까지 여러분은 그분을 보지 못할 것이다. 그러니 기다리며 왕이신 그리스도의 말씀을 고수하여, 그것이 세상 끝에까지 닿게 하여라! 그분의 오심을 기다려라! 그분의 날에 왕이신 그분의 말씀이 너희를 보호하게 하여라!

9. "그분이 우리 가까이 오셨을 때, 그분은 우리에게서 멀리 계셨다. 이제 그분은 우리에게서 멀리 계시지만, 우리 가까이에 계신다."[루터] 그리스도는 하늘로 올라가셔서 온 땅을 다스리는 왕이 되셨다. 그리스도께서 하늘로 올라가셔서, 하나님 나라가 이 땅에 더 깊숙이 내려왔다. 그분은 곧 눈에 보이게, 또한 영광스럽게 오실 것이다. 그분은 이 땅 위에 그분의 나라를 세우실 것이다. 그때가 되어서야 끝이 있게 될 것이다.

주현절 설교 초안

이사야 60:1-6

1936년

일어나라. 빛을 발하라. 이는 네 빛이 이르렀고 여호와의 영광이 네 위에 임하였음이니라. 보라, 어둠이 땅을 덮을 것이며 캄캄함이 만민을 가리려니와 오직 여호와께서 네 위에 임하실 것이며 그의 영광이 네 위에 나타나리니 나라들은 네 빛으로 왕들은 비치는 네 광명으로 나아오리라. 네 눈을 들어 사방을 보라. 무리가 다 모여 네게로 오느니라. 네 아들들은 먼 곳에서 오겠고 네 딸들은 안기어 올 것이라. 그때에 네가 보고 기쁜 빛을 내며 네 마음이 놀라고 또 화창하리니 이는 바다의 부가 네게로 돌아오며 이방 나라들의 재물이 네게로 옴이라. 허다한 낙타, 미디안과 에바의 어린 낙타가 네 가운데에 가득할 것이며 스바 사람들은 다 금과 유향을 가지고 와서 여호와의 찬송을 전파할 것이며.[개역개정]

1. 모든 민족과 종교들과 사람들은 빛이 어둠을 이긴다고 곧잘

말한다. 그것은 이교의 지혜요 희망이다. 그것은 태양이 밤을 이기듯이 꼭 필요한 사건이기도 하다. 그러나 성서가 말하는 빛은 "자연의 빛"이 아니라 "은총의 빛"이다. 그리고 은총의 빛은 완전히 다른 빛이다. "일어나라. 빛을 발하라." 사람에게 이렇게 명령하는 것이 어떤 의미가 있을까? 사람이 이 명령에 따라 빛을 발할 수 있을까? 아니다. 기적을 행하시는 분이 그렇게 말씀하실 때만, 이 명령은 의미를 지닌다. "네 빛이 이르렀고." 그런데 이 빛은 어떤 빛인가? 해처럼 밤의 뒤를 잇는 빛, 곧 자연의 빛이 아니라 전혀 다른 빛이다. 이 빛은 "주님의 영광"을 의미하고, 구원과 은총과 용서를 의미하며, 예수 그리스도를 의미한다. 베들레헴 마구간, 죄인들과 가난한 이들의 구원자, 예수 그리스도의 고난과 십자가와 죽음을 의미한다. 그래서 "네" 빛이다. 이 빛은 또 무엇을 의미하는가? 너에게 맞는 빛, 너에게 속하는 빛, 너를 돕는 빛을 의미한다. 하나님의 빛은 예수 그리스도 안에 있다. 이 빛은 다가오는 빛이다. 네 안에는 그 빛이 들어 있지 않다. 그 빛은 너에게서 나오는 것이 아니다. 그래서 너는 그 빛을 조금도 알지 못하고 느끼지도 못한다. 이 빛은 주님의 영광으로서 하나님으로부터 **임하는** 빛이며 네 위에 나타나는 빛이다. 기이한 영광이며 빛이다. 이것은 구유와 십자가를 의미하고, 육신의 눈에 가장 깊은 밤처럼 보이는 빛을 의미한다. 그러나 이 빛만이 정녕 빛이어서, 이 빛에 견주면 이 세상에서 떠오르는 태양과 선의 승리는 깊디깊은 어둠에 지나지 않는다. "빛을 발하라." 이는 홀로 우리 내면을 밝고 환하게 하시는 분이 하신 명령이다. 그렇다면 우리의 내면이 밝아지고 환해진다는 것은 무엇을 의미할까? 그것은 선이 우리 안에 있는 악을 이기는 것을 의미하지 않는다. 우리가 마침내 이 승리로 만족을 얻는 것을 의미하지도 않는다. 오히려 그것은 그리스도께서 너에게 떠오르시고, 네 안에 거하시고, "마구간과 구유로부터" 너에게로 들어가시는 것을 의미한다. 다르게 말하면, 눈에 띄지 않게 약한 상태로 계시다가 용서와 성화를 통해 네 안에서 밝아지시는 것이다. 그분의 소유인 우리 안에서, 곧 모든 공동체 안에서 밝아지시는 것을 의미한다. "빛을 발하라." 이는 너의 자신만만한 능력으로 빛을 발하라는 뜻이 아니라, 그리스도께서 너에게 오셨으니 말과 행동으로 그리스도를 전하라는 뜻이다.

2. "보라."[2절] 이 빛 속에서 너는 온 세상이 어둡다는 것을 깨닫게 된다. 전쟁과 곤궁뿐만 아니라 너의 가장 빛나는 성취조차도 어둡다는 것을 또한 깨닫게 된다. 빛이신 예수 그리스도를 통해 보면 이 모든 것은 어둠에 지나지 않는다. 커다란 저항, 모든 민족, 온 땅은 태양과 이상들과 가치들이 있을지라도 암흑이다. 하지만 너와 시온과 공동체와 믿음의 사람 위에는 주님의

영광, 하나님의 빛, 예수 그리스도께서 임하신다.

3. 기운을 내라. 땅의 어둠을 슬퍼하지 말아라. 너로 인해 그 어둠이 밝아지고 환해질 것이다. 그들이 네 빛으로 나아올 것이다. 민족들과 왕들, 어둠의 세력들과 나라들, 그들이 구유의 빛을 보게 될 것이다. 이방인들이 나아오고, 왕들이 굴복한다.

4. 곧이어 예언자들은 비할 데 없이 놀라운 사건, 우리가 그 한가운데 자리하고 있는 사건을 본다. 예수의 강림에서 시작하여 세상의 마지막 때까지 이어지는 사건이다. "네 눈을 들어 사방을 보라." 아무도 보지 못하는 것을 너만 보게 될 것이다. 네가 그것을 보는 것은, 네가 빛을 보기 때문이다. 바로 네가 예수 그리스도를 보기 때문이다. **진실로** 너는 믿음 안에서 하나님의 교회가 이 땅 위에서 완성되는 것을 볼 것이다. 너는 네 신실한 자녀들, 곧 유대인과 이방인이 어머니인 교회로 나아오는 축제 행렬을 보게 될 것이다. 그들이 길을 잃고 외롭게 흩어져 있던 먼 곳에서 나아올 것이다. 딸들이 안겨 올 것이다. 남자들과 여자들, 청년들이 환호하며 자기 어머니의 품으로 돌아올 것이다. 이 아들들은 누구이고, 이 딸들은 누구인가? 자연의 눈은 잘 보지 못하지만, 믿음은 그리스도의 빛을 본다. 믿음은 이 빛 안에서 그들 모두를 본다.

이방인들도 그 빛으로 나아올 것이다. 그러면 하나님의

교회는 기뻐하고 놀랄 것이다. 그들이 "돌아올" 것이다. 어둠을 뒤로하고, 빛으로 나아올 것이다. 이 기쁨의 날이 이 땅 위에서 시작될 것이다. "낙타가 네 가운데에 가득할 것"이다. 예수 그리스도의 빛으로, 하나님의 말씀으로 나아오고, 몰려오고, 이쪽저쪽에서 운반해 올 것이다. 땅의 재화, 금과 유향이 그분에게 기쁨을 안겨 드릴 것이다. 하나님의 말씀으로 쇄도하는 이 무리는 누구인가? 이 땅의 이방인들이다. "네 눈을 들어 보라." 무엇을? 누구를? 빛이신 예수 그리스도를 보아라. 예수 그리스도 안에서 모든 것은 참되며 충만함에 이른다.

변화주일 설교 초안

마태복음 17:1-9

1936년

그리고 엿새 뒤에, 예수께서는 베드로와 야고보와 그의 동생 요한을 따로 데리고서 높은 산에 올라가셨다. 그런데 그들이 보는 앞에서 그의 모습이 변하였다. 그의 얼굴은 해와 같이 빛나고, 옷은 빛과 같이 희게 되었다. 그리고 모세와 엘리야가 그들에게 나타나더니, 예수와 더불어 말을 나누었다. 그때에 베드로가 예수께 말하였다. "선생님, 우리가 여기에 있는 것이 좋습니다. 원하시면, 제가 여기에다가 초막을 셋 지어서, 하나에는 선생님을, 하나에는 모세를, 하나에는 엘리야를 모시도록 하겠습니다." 베드로가 아직도 말을 하고 있는데, 갑자기 빛나는 구름이 그들을 뒤덮었다. 그리고 구름 속에서 "이는 내 사랑하는 아들이다. 나는 그를 좋아한다. 너희는 그의 말을 들어라" 하는 소리가 들려왔다. 제자들은 이 말을 듣고서, 얼굴을 땅에 대고 엎드렸으며, 몹시 두려워하였다. 예수께서 가까이 오셔서, 그들에게 손을 대시고 말씀하셨다. "일어나거라. 두려워하지 말아라." 그들이 눈을 들어서 보니, 예수밖에는 아무도 없었다. 그들이 산에서 내려올 때에, 예수께서 그들에게 명하셨다. "인자가 죽은 사람들 가운데서 살아날 때까지는, 그 광경을 아무에게도 말하지 말아라."

1. 예수께서는 제자들과 함께 고난과 멸시와 치욕과 경멸을 받으시기 전에, 제자들에게 하나님 영광의 주님으로 모습을 나타내 보이셨다. 예수께서는 제자들과 함께 인간의 죄책과 악과 증오가 난무하는 나락으로 내려가기 전에, 그들을 데리고 높은 산에 올라가셨다. 그들은 그 산의 도움을 받아야 한다. 예수의 얼굴이 기진맥진하여 창백해지기 전에, 그분의 옷이 찢기고 피로 물들기 전에, 제자들은 그분의 신적 광채를 보지 않으면 안 되었다. 그분의 얼굴이 하나님의 얼굴같이 빛나고, 그분이 걸치신 옷이 환히 빛난다. 제자들은 예수를 변모한 아드님으로, 영원하신 하나님으로 미리 알고, 겟세마네에서 그분의 수난을 함께 겪게 된다. 이것은 정말로 크나큰 은총이다. 부활을 알고서 십자가로 나아가게 된 것이다. 제자들과 우리는 바로 이 점에서 똑같다고 할 수 있다. 우리는 다만 부활을 아는 지식 안에서 십자가를 질 수 있다.

2. 변모하신 예수 곁에 모세와 엘리야가 선다. 율법과 예

언이 예수를 존중한다. 그들은 예수와 더불어 말을 나눈다. 루터는 이것을 일컬어 "대단원"이라고 말한다. 그들은 그리스도 증언을 되풀이한다. 여기서 이 증언대로 되었다고 인정하는 것 이외에 무슨 말을 할 수 있을까? 예수와 모세와 엘리야는 십자가에 대해, 하나님의 비밀에 대해 말을 나눈다. 구약성서와 신약성서가 변모의 빛 속에서 만나 말을 나눈다. 그리고 이제 약속이 성취가 된다. 이것이 대단원의 전부다.

3. 제자들은 이 대단원을 볼 필요가 있었다. 그러나 그들에게 이 대단원을 보여주시는 분은 예수다. 이제 제자들은 이 대단원을 붙잡아 유지하려고 한다. 그들은 변모의 세계에 머물고 싶어 한다. 더는 죽음이 있는 현실 세계로 돌아가려고 하지 않는다. 그들은 예수의 영광과 능력이 눈에 보이는 세계에 머물고 싶어 한다. 약속의 성취가 눈에 보이는 세계에 머물고 싶어 하는 것이다. 봄Schauen의 세계에 머물려고 할 뿐, 더는 믿음의 세계로 돌아가려 하지 않는다. 부활에 관해 듣게 될 때, 우리도 이런 상태가 된다. 더는 돌아가고 싶지 않게 되는 것이다. 눈에 보이도록 부활하신 예수, 거룩하게 변모하신 예수, 그분의 가시적 능력과 영광을 바랄 뿐이다. 더는 십자가로, 목격을 거부하는 믿음의 세계로, 믿음에 기댄 고난으로 돌아가려고 하지 않게 된다. "여기에 있는 것이 좋습니다! 여기에다가 초막을 셋 짓겠습

니다."

4. 제자들의 이 바람은 허용되지 않는다. 하나님의 현존을 가리키는 빛나는 구름 속에서 하나님의 영광이 아주 가까이 임한다. 그리고 아버지의 음성이 들린다. "이는 내 사랑하는 아들이다. (…) 너희는 그의 말을 들어라." 그들은 그분의 말씀을 듣고, 그분에게 복종하지 않으면 안 된다. 그들이 그분의 말씀을 듣게 하려고 영광이 그들에게 나타난 것이다. 우리가 사는 동안 주 예수께 복종하도록 부활의 메시지가 있는 것이다. 우리는 눈에 보이는 영광을 즐겨서는 안 되고, 그 자리에 체류해서도 안 된다. 변모하신 예수를 아는 사람, 곧 예수를 하나님으로 인정하는 사람은 다시 그분을 십자가에 못 박히신 분으로 인정하고, 그분의 말씀을 듣고, 그분에게 복종하지 않으면 안 된다. 루터의 그리스도 비전, 십자가에 달리신 주님!

5. 제자들은 깜짝 놀란다. 이제 곧 그들은 무엇이 중요한지를 이해한다. 그들은 아직 세상 안에 있는 몸이었다. 그들은 그런 영광을 견뎌 낼 수 없었다. 죄를 지은 상태여서 하나님의 영광을 감당할 수 없었다. 그때 예수께서 그들에게 가까이 오셔서 그들을 부르신다. 그분은 주님이시다. 살아 계신 주님이시다. 그분이 그들을 재촉하신다. 그분은 그들을 다시 세상 안으로 인도하신다. 그분은 물론이고 그들도 아직은 세상에서 살아야 하

기 때문이다.

6. 그런 까닭에 방금 본 영광의 장면은 물러가는 수밖에 없다. "그들이 눈을 들어서 보니, 예수밖에는 아무도 없었다." 그들이 전에 알던 분, 그들의 주님, 나사렛 사람 예수만 보였다. 그들은 그분에게 보냄을 받은 상태다. 그들은 그분의 말씀을 듣고, 그분에게 복종하고, 그분을 뒤따르지 않으면 안 된다. 그들이 방금 알게 된 분은 부활하신 분이지만, 그들의 눈에는 사람이신 분, 고난받으시는 분, 십자가로 다가가시는 분만 보인다. 그들은 그분을 믿고, 그분의 말씀을 듣고, 그분을 뒤따르지 않으면 안 된다. 그들은 고난의 길로 돌아갈 것을 지시받는다. 우리는 그들보다 더 큰 확신을 품고 믿음 안에서 그분에게 나아갈 수 있다. 우리가 부활을 잘 알고 있기 때문이다. 하지만 우리가 생활하는 세계는 부활하신 분의 세계가 아니라 십자가의 세계다. 그래서 듣고, 믿고, 뒤따르는 것이 필요하다.

7. 당시에 일어난 일은 부활의 날까지 비밀로 남는다. 그것은 예수와 함께 겟세마네에 갔던 이들, 곧 예수와 함께 고난을 받지 않으면 안 되었던 이들에게 위로가 되는 비밀이었다. 그러나 바로 그들에게서 믿음이 부서지고 말았다. 그들은 예수께서 골고다에서 수치를 당하시는 모습을 보는 순간, 다볼 산에서 뵈었던 그분의 얼굴을 잊어버린다. 믿음이 부서진다. 하지만

부활의 날에 그들은 받아들여지고, 믿음도 그들에게 다시 주어진다. 그때부터 그들은 부활하신 분을 십자가에 달리신 분으로, 십자가에 달리신 분을 부활하신 분으로 인식한다. 지금 우리는 하나님을 우리가 듣고 뒤따라야 할 인간 예수로 인식하고, 그 인간 예수를 우리에게 자기의 영광을 보여주려고 하시는 하나님의 아들로 인식한다.

종교개혁 기념 주일 설교 초안[27]

요한계시록 2:1-7

1936년

에베소 교회의 심부름꾼에게 이렇게 써 보내라. "오른손에 일곱 별을 쥐시고, 일곱 금 촛대 사이를 거니시는 분이 말씀하신다. 나는 네가 한 일과 네 수고와 인내를 알고 있다. 또 나는, 네가 악한 자들을 참고 내버려 둘 수 없었던 것과, 사도가 아니면서 사도라고 자칭하는 자들을 시험하여 그들이 거짓말쟁이임을 밝혀 낸 것도, 알고 있다. 너는 참고, 내 이름을 위하여 고난을 견디어 냈으며, 낙심한 적이 없다. 그러나 너에게 나무랄 것이 있다. 그것은 네가 처음 사랑을 버린 것이다. 그러므로 네가 어디에서 떨어졌는지를 생각해 내서 회개하고, 처음에 하던 일을 하여라. 네가 그렇게 하지 않고, 회개하지 않으면, 내가 가서 네 촛대를 그 자리에서 옮기겠다. 그런데 네게는 잘하는 일이 있다. 너는 니골라 당이 하는 일을 미워한다. 나도 그것을 미워한다. 귀가 있는 사람은, 성령이 교회들에 하시는 말씀을 들어라. 이기는 사람에게는, 내가 하나님의 낙원에 있는 생명 나무의 열매를 주어서 먹게 하겠다."

1. 그리스도께서 한 공동체를 바른길로 부르신다. 그 길은 개혁의 길이다. 그분은 일곱 별을 오른손에 쥐고 계신다. 이것은 바로 그분이 모든 교회를[별-심부름꾼-공동체의 대표] 다스리신다는 뜻이다. 일곱이란 수는 모든 교회를 의미한다. 그분은 일곱 촛대 사이를 거니신다. 이것은 그분이 늘 자기 교회 가까이에 계신다는 뜻이다. 그분이 자기 교회를 아시고, 다시 부르시는 것은 이 때문이다.

2. 그리스도께서 자기 공동체에 다정하게 말씀하신다. "나는 네가 한 일과 네 수고와 인내를 알고 있다." 그분은 우리를 잘 아시는 분으로서 우리에게 말씀하신다. "나는 안다." 이것은 자기 공동체 안에서 일어난 일이 가시적 행위이든, 불안이든, 긴장이든, 확고함이든, 인내이든, 어느 것도 잊지 않으신다는 뜻이다. 그리스도는 우리가 우리의 공동체에서 행한 일을 하찮게 여기지 않으신다. 힘들게 일하면서도 공동체의 구성원을 세우고 돕는 이에게 그분은 "나는 그것을 알고 있다"라고 말씀하신다. 그분은 우리 고백교회들의 수고를 아신다. 그분은 그 교회들 사이를 거니신다. 우리가 누군가를 위해 뭔가를 하는데, 그분이 "나는 알고 있다. 그것은 허무하고 아무 성과 없는 세월이 아니었다. 내가 안다"라고 말씀하신다면, 이 말씀은 우리에

게 완전한 보상이 될 것이다. 예수께서는 우리와 다정하게 말을 나누신다. 내적 위기가 공동체에 닥쳤고, 악이 공동체 안에 갑자기 나타났다. 그러나 공동체의 징계와 영적인 능력이 충분히 강하여, 악이 공동체에 조금도 힘을 쓰지 못했다. 악은 공동체에서 떨어져 나갔다. 이렇게 되기까지 공동체는 많은 포기와 자기 부정을 해야 했다. 그리스도는 이 일에 대해서도 "나는 그것을 알고 있다. 그것은 잊히지 않을 것이다"라고 말씀하신다. 설상가상으로 계속해서 시험과 유혹이 끊이지 않았다. 그리스도를 자처하는 자들과 특별한 위임을 받았다고 하는 자들이 공동체를 그릇된 길로 이끌었다. 그때 많은 것이 깨졌다. 공동체에는 냉철함, 기도, 하나님의 말씀에서 오는 인식이 필요했다. 이런 일이 있은 뒤에야 공동체는 그들이 거짓말쟁이임을 깨닫고 그들과 결별했다. 그때 일어난 양심의 갈등, 곧 공동체의 온갖 근심과 고투는 진리가 승리를 거두는 한 잊히지 않는다. 그리스도는 "나는 그것을 알고 있다"라고 말씀하신다. 자기 이익을 위해서만 애쓴다는 비난을 듣고 어찌할 바를 모르는 모든 사람에게 그리스도께서 말씀하신다. "나는 그것을 알고 있다. 네가 내 이름 때문에 수고하는구나." 곤경에 처한 공동체를 걱정하며 밤새 기도하고, 이른 아침 다시 일터에 나서는 모든 사람에게 "나는 그것을 알고 있다. 너는 지치지 않는구나"라고 말씀하신다. 그분은 나의 모든 눈물을 가죽 부대에 담으신다.시 56:8 이처럼 그분은 우리와 다정하게 말을 나누신다. 그분은 우리를 부수거나 없애지 않으신다. 그분은 자기 공동체가 문제 되는 곳이면 어디에나 계셨다. 그분은 우리를 보셨고, 지금도 우리에게 다정하게 말을 건네시며, 우리 사이를 거니신다.

3. **그리스도께서 자기 공동체를 나무라신다.** 우리는 지금 우리 주님께 감사하고 그분을 신뢰한다. 그러나 그분이 우리와 함께하시는 것은 우리를 칭찬하시려는 것이 아니다. 우리를 바른길로 인도하시려는 것이다. 그분이 이 모든 것에도 불구하고 우리에게 맞서실 수밖에 없다고 말하는 것은 그리스도의 진리에 부합한다. 어째서 그럴까? 그분은 우리가 용감하고 도전적이며 활동적인 공동체인 것을 아신다. 우리가 그분의 이름을 용기 있게 고백하는 공동체인 것도 아신다. 그리고 이 모든 것이 결코 작은 일이 아니라는 걸 알고 계시면서도 "그러나 너에게 나무랄 것이 있다"라고 말씀하신다. 그분이 자신의 고백 공동체에 맞서시는 것이다! "네가 처음 사랑을 버렸기 때문이다. 그러므로 어디서 떨어졌는지를 생각해 내라." 처음 행위를 기억하고, 초기 기독교를 생각하고, 종교개혁을 잊지 말아라. 처음 사랑이 없어질 위험에 처해 있다. 많은 일을 했지만, 이는 필요에 의해서 자기를 지키려고 엄격히 자신 있게 행한 일, 자기 이

익을 위해서, 자기의 안전을 위해서만 말하고 행한 일에 지나지 않는다. 처음 사랑, 곧 처음 행위는 예수와 형제자매에 대한 열렬한 헌신 속에서만 공동체를 결속시켰다. 아무도 자신을 위해 무언가를 가지려고 하지 않았다. 모든 것이 주님과 형제자매의 소유였다. 그것은 형제자매 섬김의 경쟁이었다. 복음 사랑, 예배 사랑이었으며, 하나님 나라의 일에 대한 사랑이었다. 오늘 우리의 사랑은 다른 많은 것들, 세상, 안전, 관습에 집착한다. 처음 사랑은 원수를 기꺼이 사랑하는 것이기도 했다. 원수를 위해 기도하고, 축복하고, 친절을 베푸는 사랑이었다. 처음 사랑은 주님이 자기의 첫 공동체에 주신 선물이었다. 그분은 우리에게도 이 사랑을 선물로 주셨을까? 첫 성찬식? 회심? 고백교회의 처음 행위? 처음 사랑을 생각하고, 처음 행위를 생각하라. 다만 처음 자체이신 예수 그리스도를 생각하라. 네가 어디서 떨어졌는지를 생각하여라! 이것이 모든 개혁의 기초다. 이것은 인간과 지나간 역사를 기리는 것이 아니다. 이는 루터의 구호를 귀담아듣는 것이 아니라, 방향을 전환하라는 하나님의 호소를 감사한 마음으로 듣는 것이다. 처음이 그랬다. 출발은 지금과 달랐다. 처음에 하던 일을 하여라. 우리에게 그토록 다정하게 말을 건네시던 주님이, 이제는 우리가 회개하지 않고 방향을 전환하지 않으면, 우리 공동체의 촛대를 옮기겠다고 위협하신다. 우리는 종교개혁을 기릴 것이 아니라 종교개혁을 수행해야 한다. 여러 설교단에 "(…) 년에 쇄신"이라는 글귀가 자리하고 있다. 우리 공동체는 "1936년에 쇄신"이라고 할 것이다. (6절이 공동체에 증언하는 바는 이러하다. "그런데 네게는 잘하는 일이 있다. 너는 법을 지키지 않는 광신적 사랑을 미워하였다.")

4. 그리스도께서 자기 공동체에 영광을 약속하신다. 그 이유는 이 공동체가 약속을 귀 기울여 듣고 회개에 이르게 하려는 것이다. 우리는 회개 안에서만 희망을 품을 수 있다. 우리는 온전히 귀 기울여 들음으로써 방향 전환과 희망으로 이어진 길을 걸을 수 있다. 오로지 말씀만이 방향 전환과 희망을 일으킨다. 바로 이것이 종교개혁의 선포였다. "귀가 있는 사람은 (…) 들어라." 그러므로 세상의 겉모습에 취해 말씀에 맞서는 것이면 무엇이든 극복하는 것이 중요하다. 우리는 저마다 자기 자신에 대항하여 이 극복을 성취해야 한다. 그래야 원수까지도 극복할 수 있다. 공동체는 영광 속에서, 육신과 영혼과 정신을 확실하게 만드는 뭔가를 얻게 될 것이다. 공동체는 생명 나무의 열매를 먹게 될 것이다. 우리는 이 약속에 따라 낙원에서 귀 기울여 들을 뿐만 아니라, 하나님의 영광도 충분히 분별하게 될 것이다. 우리는 승리하는 교회가 될 것이다.

국민애도일[28]과 설교자[29]

1936/1937년

1. 우리는 국민애도일이 존재하지 않는다는 듯이 행동해선 안 된다. 한술 더 떠서 국민애도일에 관해 부수적으로 혹은 부차적으로만 말해서도 안 된다. 그러기에는 사안이 너무 중대하다. 그런데도 우리는 짜증을 낼 뿐 교화하려고 하지 않는다. 국민과 정부는 우리 국민의 역사 속에서 일어난 특정한 대사건과 관련하여 하나님의 말씀을 설교해 달라고 우리에게 부탁했고, 우리는 그것을 거절하지 않았다.

2. 1914-1918년에 벌어진 사건을 두고 하나님의 말씀을 선포하는 것이 우리의 과제다. 이것은 새로운 전쟁 소문이 도는 오늘의 세계 속에서 꼭 필요한 과제다. 처음에는 "국민애도일"로 표현했다. 그 당시에는 두 가지를 선포했다. 첫째는 애도하는 이들, 곧 전쟁의 상처로 비참해진 국민에게 복음의 위로

를 선포하고, 둘째는 "어찌하여 하나님이 그런 일을 허용하셨는가?"라는 물음에 대해 그리스도의 십자가를 설교함으로써 대답을 제시했다. 그런데 국민애도일을 "현충일"로 부르면서부터는 세계 대전을 대하는 국내의 자세가 바뀌었다. 애도가 퇴조하고 자부심이 부상하여, 1914-1918년 군인들이 국민과 조국을 위해 수행하고 희생하고 봉사한 것을 조망하기 시작했다. 누가 이런 생각을 거절하려 하겠는가? 죽음을 목격한 성인들과 청소년들 앞에서 누가 말없이 겸손해지려 하지 않겠는가? 2백만 명이 죽었고, 우리 중에도 다수의 사람들이, 곧 그들과 함께 있었던 다수의 사람들이 죽어 가면서 전사자들과 말없이 연대하고 있다. 우리가 딛고 살아가는 터전이 형제들의 피를 통해 유지되고, 싸워서 얻게 되었다는 것을 잊어야 할까? 감사하기를 그쳐야 할까? 1914-1918년의 희생과 봉사는 우리 그리스도인들에게 면목 없는 일이다. 국민의 대의를 위해 그토록 목숨을 바치다니! 이 일은 우리가 신앙의 대의를 위해 죽을 준비를 하는 것과 어떤 관계가 있을까?[30]

3. 우리는 사람들과 그들의 행적에 마음을 쓰는 것으로 만족해선 안 된다. 우리는 그 모든 것 위에 계신 하나님을 바라본다. 프랑스에는 한 장의 전쟁 사진이 있다. 파괴된 참호의 철조망 한가운데서 십자가에 못 박힌 그리스도를 보여주는 사진

이다. 참호 속의 그리스도. 이것은 무엇을 의미할까? 이것은 우리를 회개로 몰아넣는다. 승전이든, 전투든, 패전이든 간에 문제는 우리가 그 모든 것 속에서 그리스도 설교를 듣는가, 우리가 회개하는가다. 이때에만 사건은 하나님께서 우리를 위해 베푸신 "복된" 사건이 된다. 자부심과 애도는 그리스도를 거쳐 회개에 이른다.

4. 회개해야 하는 이유는 하나님께서 1914-1918년에도 불구하고, 그리고 1914-1918년을 지나서도 우리를 여전히 보존하실 만큼 선하시기 때문이다. 회개해야 하는 이유는 우리가 세계 대전이라는 사건 속에서 알게 된 대로 우리의 세계가 타락한 세계이기 때문이며, 주님의 말씀대로 전쟁은 하나님의 심판 아래 이루어질 세계의 최후 파멸의 전조이기 때문이다. 회개해야 하는 이유는 전쟁이 하나님에 대한 믿음의 시련이 되어, 수많은 사람들에게서 믿음을 앗아 가기 때문이다. 회개해야 하는 이유는 전쟁이 하나님의 평화 복음에 어긋나는 죄이기 때문이다. 회개해야 하는 이유는 기독교와 교회가 대체로 분별없이 공범이 되어, 전쟁을 축복하고 하나님 앞에서 정당화했기 때문이다. 회개해야 하는 이유는 세계 대전이 "기독교" 민족들이 서로 벌인 전쟁이었으며, 그리스도인들이 그리스도인들을 대적했기 때문이다. "참호 속의 그리스도." 이는 무신론적 세계에 대한 심

판을 뜻한다. 그러나 이 무신성 안에 들어와 모든 죄를 짊어지신 하나님의 무한한 사랑도 뜻한다. 물론 용서는 그리스도의 십자가 안에서 이루어진 하나님의 자비를 믿는 믿음 안에만 존재했고, 지금도 그러하다.

5. 하나님은 진정으로 회개하는 사람을 새로 세우셔서 자기를 섬기게 하신다. 지금 우리에게 중요한 물음은 이렇다. 그리스도인들이 전쟁에 직면하여 국민을 섬기는 것은 어떤 것인가? 정부를 위해 기도하고, 날마다 평화를 기원하기! 모든 그리스도인은 오직 평화를 간구하고 선포한다. 선포를 통한 복음 섬김, 행동, 헌신, 희생하는 마음! 우리는 모든 전쟁과 전쟁 소문 속에서 이러한 사실을 알게 된다. 이를테면 우리는 이방인이자, 조만간 시작될 새로운 세계의 시민이라는 것이다. 그 세계는 하나님께서 활을 꺾으시고 창을 부러뜨리시는 세계, 곧 영원한 평화가 하나님과 함께 인간 가운데 자리하게 될 세계다. 오늘날 예수 그리스도를 통해 말과 삶으로 그 세계를 미리 증언하는 것이야말로 우리가 우리 국민에게 할 수 있는 가장 큰 섬김이다.

(신학원에서 사순절 둘째 주일 설교를 연습할 즈음 이런 본문들을 제안했다: 사 2:2-4, 40:6-8, 66:8, 마 24:6 이하, 눅 15:29-32, 요 16:33, 고후 5:14-16, 요일 3:13-18.)

국민애도일 설교 초안[31]

요한복음 15:13-14, 로마서 5:6-8, 10

1937년

사람이 자기 친구를 위하여 자기 목숨을 내놓는 것보다 더 큰 사랑은 없다. 내가 너희에게 명한 것을 너희가 행하면, 너희는 나의 친구이다.

우리가 아직 약할 때에, 그리스도께서는 제때에, 경건하지 않은 사람을 위하여 죽으셨습니다. 의인을 위해서라도 죽을 사람은 거의 없습니다. 더욱이 선한 사람을 위해서라도 감히 죽을 사람은 드뭅니다. 그러나 우리가 아직 죄인이었을 때에, 그리스도께서 우리를 위하여 죽으셨습니다. 이리하여 하나님께서는 우리들에 대한 자기의 사랑을 실증하셨습니다. (…) 우리가 하나님의 원수일 때에도 하나님의 아들의 죽으심으로 말미암아 하나님과 화해하게 되었다면, 화해한 우리가 하나님의 생명으로 구원을 얻으리라는 것은 더욱더 확실한 일입니다.

1. 그리스도를 언급하지 않고 날을 기념하려는가? 이날에 그리스도에 대해 설교하거나 그 설교를 듣지 않고 우리 국민의 용사들에 대해 설교하고 그 설교를 들을 셈인가? 하나님의 아들의 희생을 찬양하지 않고, 우리 국민의 아들들의 희생을 기릴 셈인가? 그리스도만큼 큰 사랑을 지닌 이가 없다는 사실을 숨길 셈인가? 전몰자들의 "더 큰 사랑"에 비하면 **우리의** 사랑이 부끄러운 것이어서, 마땅히 그들의 사랑에 경의를 표하지 않으면 안 된다는 사실을 은폐할 셈인가? 우리는 그리스도께 빚지고 있기에, 인간의 영웅성과 인간의 희생을 그분 곁에 나란히 두지는 않는다. 우리는 전몰자들에게 빚지고 있지만, 하나님께서 노를 발하시며 우상을 깨부수시는 까닭에, 그들을 우상화하지 않는다. 하지만 우리는 전몰자들의 생명 희생을 통해 우리의 자기애와 자아도취를 깨부수고, 자기를 쇄신하며 우리 주님의 십자가 앞으로 나아갈 수 있다. 이는 분명 전몰자들 덕분이다.

2. 사람이 자기 친구를 위하여 자기 목숨을 내놓는 것보다 더 큰 사랑은 없다. 물론 그리스도의 사랑은 이보다 훨씬 더 컸다. 그리스도는 자기 친구를 위해서는 물론이고, 자기 친구가 아닌 이들을 위해서도 자기 목숨을 내놓으셨기 때문이다. "내가 너희에게 명한 것을 너희가 행하면, 너희는 나의 친구이다." 그분의 제자들 가운데 누가 그분이 명하신 것을 모두 행했

는가? 우리가 아직 원수였을 때, 그리스도께서 우리를 위해 죽으셨다. 이 사실로 하나님은 우리에 대한 자기의 사랑을 확증하신다. 그리스도는 자기의 모든 원수를 친구로 여기셨다. 그분은 죽으실 때 누구도 죽음에 빠뜨리지 않으시고, 자기의 죽음을 통해 모든 이를 죽음으로부터 생명 안으로 끌어넣으셨다. 그분은 자기 목숨을 위해 싸우지 않고 도리어 자기 목숨을 기꺼이 내어주시고, 도살장으로 끌려가는 어린양처럼 처벌을 묵묵히 감수하셨다. 의로우신 분이 불의한 이들을 위해 그렇게 하신 것이다! 그리함으로써 기쁨을 얻으시겠다는 듯이.

3. 그리스도의 죽으심을 우리 전몰자들의 죽음과 같은 수준으로 보아서도 안 되지만, 우리의 것보다 더 큰 그들의 사랑에 경의를 표하는 일을 거절해서도 안 된다. "의인을 위해서라도 죽을 사람은 거의 없습니다. 더욱이 선한 사람을 위해서라도 감히 죽을 사람은 드뭅니다." 이처럼 때때로 의인을 위해, 혹은 선인으로 판단되는 사랑하는 이를 위해 희생하고 목숨을 걸고 양보하는 것—"율법을 가지지 않은 이방 사람이, 사람의 본성을 따라 율법이 명하는 바를 행하는" 것[32]—은 자기애와 증오의 세계 가장자리에나 있을 법한 일이다. 우리가 그리스도의 죽으심을 통해 우리의 약함과 하나님에 대한 적대감으로부터 자유롭게 되지 않는다면, 우리는 그리스도의 공동체로서 그런 일

을 보면서 부끄러움을 느낀 나머지 우리의 목숨을 더 하찮게 여기고 말 것이다. 요한일서 3장 16절[33]—오늘 "죽을" 각오를 하는 것만 아니라, 그리스도의 죽으심에 대한 증언을 통해 우리 국민을 섬기는 일에 우리의 **목숨**을 내놓기.

V.

핑켄발데 시절의 설교

1935–1939년

시편 42편[1]

1935년 6월 2일, 부활절 후 여섯째 주일, 칭스트

1절: 하나님, 사슴이 신선한 물을 찾아 울부짖듯이, 내 영혼이 당신을 찾아 울부짖습니다.

여러분은 쌀쌀한 가을밤 숲속에서 크게 울부짖는 사슴의 울음소리를 들어 본 적이 있는지요? 뭔가를 갈망하는 그 울음소리에 숲 전체가 떠는군요. 1절에서는, 한 사람의 영혼이 이 땅의 재물이 아닌 하나님을 찾아 그렇게 울부짖습니다. 한 경건한 사람이 하나님에게서 멀리 옮겨진 채 구원과 은혜의 하나님을 그리워합니다. 그는 하나님을 압니다. 그래서 그분에게 울부짖습니다. 그는 미지의 신을 찾는 자가 아닙니다. 그런 탐구자라면 조금도 찾아내지 못할 것입니다. 그는 일찍이 하나님의 도우심과 가까이 계심을 경험한 사람입니다. 그래서 그는 허공에 대고

외칠 필요가 없습니다. 그는 자기의 하나님을 부릅니다. 하나님이 우리에게 정말로 나타나셔서 그분을 우리가 발견했을 때만, 바로 그때만 우리는 하나님을 제대로 찾아 나설 수 있습니다.

주 하나님, 내 영혼 안에서 당신에 대한 절절한 그리움을 일깨우소서. 당신은 나를 아시고, 나는 당신을 압니다. 나를 도우셔서, 당신을 찾고 발견하게 하소서. 아멘.

> 성실하신 하나님, 돕는 이들을 도우소서.
> 불안과 난관 속에서 도우소서. 나를 불쌍히 여기소서!
> 저는 당신의 사랑스러운 아이입니다.
> 세상과 모든 죄와 악마에 맞서는 아이입니다.[2]

2절: 내 영혼이 하나님, 곧 살아 계신 하나님을 갈망하니, 내가 언제 하나님께로 나아가 그 얼굴을 뵈올 수 있을까?

하나님을 갈망하십시오. 우리는 물이 없을 때 육신의 목마름을 압니다. 우리는 행복과 생명에 대한 열망이라는 갈증을 압니다. 하나님을 그리워하는 영혼의 목마름도 알지요. 생각이나 이상理想으로만 존재하는 신은 이 목마름을 채워 주지 못합니다. 우리의 영혼은 살아 계신 하나님, 모든 참 생명의 근원이신 하나님을 갈망합니다. 그분이 우리의 목마름을 채워 주실까요? 하나님의 얼굴을 뵐 수 있는 데로 나아가 그분의 얼굴을 뵙는 것이야말로 모든 생명의 목적이자 영원한 생명입니다. 우리는 예수 그리스도, 곧 십자가에 못 박히신 분 안에서 하나님의 얼굴을 뵙습니다. 우리가 이 세상에서 하나님의 얼굴을 뵙는다면, 그분의 얼굴을 매우 또렷하게 영원토록 뵙게 되기를 바랄 것입니다. 예수께서는 이렇게 말씀하십니다. "목마른 사람은 다 나에게로 와서 마셔라."요 7:37

주님, 우리가 주님의 얼굴을 직접 뵙는 것을 갈망하게 하소서. 아멘.

> 달콤한 빛, 달콤한 빛,
> 구름을 뚫고 나오는 태양이시여!
> 오, 내가 언제 당신께로 가서,
> 모든 경건한 이들과 함께
> 당신의 사랑스러운 얼굴을 뵈올 수 있을까![3]

3절: 사람들은 날이면 날마다 나를 보고 "너의 하나님이 어디 있느냐?" 하고 비웃으니, 밤낮으로 흘리는 눈물이 나의 음식이 되었구나.

사람들이 우리를 보고 소란을 떱니다. 의심하고 비웃으며 "너의 하나님이 어디 있느냐?"고 묻습니다. 그들은 죽음, 죄, 난관, 전쟁, 용기, 능력, 명성을 보면서 "너의 하나님이 어디 있느냐?"고 묻습니다. 아직 하나님을 뵙지 못해서, 그분을 우리 형제자매에게 증명하지 못해서 흐르는 눈물은 조금도 부끄러워할 필요가 없습니다. 그것은 하나님으로 인해 흘리는 눈물이자, 하나님이 그 수효를 헤아리시는 눈물이니까요.시 56:8

"너의 하나님이 어디 있느냐?"는 물음에, 우리는 삶과 죽음과 부활로 하나님의 참 아들임이 입증되신 분, 곧 예수 그리스도를 가리키는 것 외에 무슨 대답을 할 수 있을까요? 그분은 죽음 가운데서 우리의 생명이 되셨고, 죄 가운데서 우리를 용서하는 분이 되셨고, 난관 속에서 우리를 돕는 분이 되셨으며, 전쟁 속에서 우리의 평화가 되셨습니다. "여러분은 이 사람을 가리키며 '이 분이야말로 하나님이시다'라고 말해야 합니다."루터

주 예수여, 내가 이 세상에서 하나님과 그분의 능력과 사랑을 보지 못해서 논박당할 때, 당신이 나의 주님이요 나의 하나님이시니, 내가 당신을 꿋꿋이 바라보게 하소서. 아멘.

다른 목표, 곧 행복 찾기를
추구할 사람은 추구하라지.

내 마음은 오로지
그리스도를 삶의 토대로 삼는 일만 추구할 테니.
그분의 말씀은 참되고, 그분의 업적은 뚜렷하며,
그분의 거룩한 입은 모든 원수를 이길
힘과 기초 지식을 담고 있기에.[4]

4절: 내가 전에 축제를 벌이는 이들의 무리에 섞여, 기쁨의 함성을 지르고 감사하면서 그들과 기꺼이 동행하여 하나님의 집으로 순례를 떠나곤 했었는데, 이제야 그것을 의식하고 나 자신에게 내 마음을 토로하네.

나는 혼자입니다. 내가 털어놓는 속마음을 들어줄 사람이 없습니다. 그래서 나 자신에게, 그리고 내가 부르짖는 하나님께 내 속마음을 토로합니다. 고독 속에서 자기 속마음을 토로하고, 근심을 마음속에서 삭이는 것은 좋은 일입니다. 그러나 내가 고독하면 고독할수록, 내 안에서는 다른 그리스도인들과 연합하기를 갈망하고, 함께 드리는 예배와 기도와 찬송과 감사와 축제를 갈망하는 마음이 더욱더 커집니다. 그들을 떠올릴수록 내 안에서 그들에 대한 사랑이 커집니다. 하나님을 부르는 사람은 누구든지 예수 그리스도를 부르십시오. 예수 그리스도를 부르는 사람은 누구든지 교회를 부르십시오.

성령 하나님, 나에게 형제자매를 주셔서, 내가 믿음과 기도 안에서 그들과 연합하고, 나에게 주어진 모든 짐을 그들과 함께 지도록 해주십시오. 나를 당신의 교회로, 당신의 말씀으로, 성만찬으로 다시 데려가 주십시오. 아멘.

마음과 마음이 함께 하나가 되어
하나님의 마음 안에서 쉼을 구하네.
너희 사랑의 불꽃이
구원자를 향해 타오르게 하여라.
그분은 머리이시고, 우리는 그분의 지체이니
그분은 광명이시고, 우리는 미광微光이니
그분은 스승이시고, 우리는 형제자매이니
그분은 우리의 소유이고, 우리는 그분의 소유이니.[5]

5절: 내 영혼아, 네가 어찌하여 슬퍼하고, 내 안에서 그리도 불안해하느냐? 너는 하나님을 기다려라! 이제 내가, 자기 얼굴을 보여주시며 나를 도우시는 하나님께 감사하련다.

비애와 불안은 잠시만 지속됩니다. 그것은 나의 마음을 사로잡지 못합니다. 여러분도 여러분의 영혼에 말을 걸어, 영혼이 괴로워하며 걱정하는 일이 없게 하십시오. 영혼에게 말하십시오. "너는 하나님을 기다려라! 모든 일이 갑자기 이로운 쪽으로 바뀌기를 기다리지 말고, 하나님을 기다려라!" 그러면 그분의 얼굴인 예수 그리스도께서 나를 반드시 도와주실 것이고, 나는 그 도우심에 대해 그분에게 확실히 감사하게 될 것입니다. 예수 그리스도께서 여러분과 함께하셔야만, 여러분은 감사할 수 있습니다.

삼위일체 하나님, 내 마음을 굳세게 해주셔서, 오직 당신과 당신의 도우심만을 기초로 삼게 하소서. 내가 당신의 도우심으로 당신에게 영원토록 감사하게 하소서. 아멘.

> 도대체 내가 무엇 때문에 슬퍼하겠는가?
> 내가 여전히 그리스도를 모시고 있는데,
> 누가 내게서 그분을 빼앗으려 하겠는가?
> 하나님의 아들이 믿음 안에서
> 나에게 두신 하늘을
> 누가 내게서 강탈하려 하겠는가?[6]

6절: 나의 하나님, 내 영혼이 내 속에서 슬퍼하므로, 내가 요단 땅과 헤르몬과 작은 산에서 당신을 기억합니다.

이 퇴보는 어찌 된 일일까요? 과연 위안이 있은 다음에 슬픔이 계속해서 이어져야 할까요? 위안을 받으려 하지 않고, 한 슬픔에서 다른 슬픔으로 빠지는 것이 사람의 마음입니다. 그런 마음은 하나님만이 다잡으실 수 있습니다. 예루살렘 성전으로부터 멀리, 교회와 신도의 공동생활로부터 멀리 떨어져 있는 까닭에, 갈망은 쉬이 채워지지 않고 깨어 있습니다. 평화와 기쁨이 있는 영적 고향을 그리워하고, 마음이 하나님의 집에 머무릅니다. 언제 그 고향을 다시 보게 될까요?

아버지, 아버지께서 나를 타향에 보내셨으니, 내가 영적 고향을 그리워하는 마음을 유지하게 하시고, 아버지께서 우리를 위로하실 영원한 고향에 내 생각을 맞추게 하소서. 아멘.

> 지상에 세워진 도시 예루살렘아,
> 내가 네 안에 있게 해달라고 하나님께 부탁드려다오!
> 나의 애타는 마음이 너무나 큰 갈망을 품고 있어서
> 더는 나와 함께 있지 못하고,
> 산과 골짜기 위로 멀리
> 평원 위로 멀리
> 모든 사람 위로 날아올라
> 이 세상을 급히 벗어나는구나.[7]

7절: 당신의 큰물이 시원한 소리를 내니, 이쪽과 저쪽에서 깊은 파도가 밀려옵니다. 당신께서 일으키신 큰 물결과 너울이 나를 덮칩니다.

큰물, 깊은 파도, 큰 물결, 너울. 세상이라는 바다가 경건한 사람을 덮치는 소리가 들리는지요? 그 바다는 경건한 사람을 삼키려 하고, 그는 물에 빠져 더는 디딜 곳을 찾지 못하는 자와 같아 보입니다. 이제 그의 의지력도 말을 듣지 않습니다. 이처럼 세상은 우리를 지배하는 힘을 획득할 수 있습니다. 그러나 우리는 바람과 바다를 복종시키시고,[마 8:23-27] 제때 나타나셔서 바다를 꾸짖어 잠잠하게 하는 분을 알고 있지 않습니까?

주 예수 그리스도여, 내가 가라앉지 않게 하소서! 당신의 강력한 말씀으로 나를 구해 주소서! 당신만이 그리하실 수 있습니다. 아멘.

> 내가 끝끝내 난관에 봉착하더라도
> 가라앉지 않게 하소서.
> 내가 처절한 죽음의
> 파도를 연거푸 마실 것 같으니,
> 주님, 주님, 사랑으로 불타는 내게
> 당신의 신실한 손을 내미소서!

그리스도 주님, 바다 위에 있는 우리에게 오소서![8]

8절: 낮에는 주님이 자기의 선을 약속하시고, 밤에는 내가 그분께 노래를 불러 드리며 내 생명의 하나님께 기도합니다.

우리가 하나님 없이 지낼 때는, 밤도 낮도 한없이 길어 따분할 따름입니다. 그러나 내가 하나님의 선을 굳게 붙잡고 믿는다면, 하나님을 사랑하는 이들에게는 모든 일이 가장 좋게 될 수밖에 없음을 내가 안다면, 최악의 날도 기쁜 날이 될 것입니다. 내가 깊디깊은 밤중에 하나님, 나의 죽음이 아니라 나의 삶을 원하시는 하나님, 내 생명의 하나님께 노래를 불러 드리며 기도한다면, 그 밤은 평온한 밤, 구원의 밤이 될 것입니다. 하나님의 약속들은 유효하여 밤낮으로, 주마다, 해마다 이루어집니다. 내가 그 약속들을 붙잡기만 하면!

성령 하나님, 당신의 모든 약속을 내게서 성취하소서. 나는 밤낮으로 준비되어 있습니다. 당신이 나를 가득 채우소서. 아멘.

내가 무슨 일을 하든지,
나의 하나님께서 내게 호의를 품고 계시니,
내가 그분께 노래를 불러 드리지 않으랴?

내가 그분께 감사드리지 않으랴?
이것이 진짜 사랑,
그분의 성실한 마음을 움직이는 사랑,
한없이 올라가 다다르는 사랑,
그분 섬김을 연습하는 사랑이다.
모든 일에는 하나님의 시간,
곧 영원하신 하나님의 사랑이 필요하다.[9]

9절: 내 반석이신 하나님께 여쭙는다. 어찌하여 나를 잊으셨습니까? 어찌하여 내가 원수에게 짓눌려 슬프게 다녀야 합니까?

어찌하여 나를 잊으셨습니까? 이는 그리스도인들이 저마다 언젠가는 던질 물음입니다. 모든 일이 그에게 맞설 때, 그의 모든 현세적 희망이 무너질 때, 그가 세계적 대사건들의 흐름 속에서 완전히 길을 잃었다고 느낄 때, 삶의 목표가 다 물거품이 될 때, 모든 것이 무의미해 보일 때 말입니다. 그러나 그때 중요한 것은 그가 이 물음을 누구에게 던지느냐입니다. 암울한 운명이 아니라, 내 반석이신 하나님, 내 삶의 영원한 토대이신 하나님께 이 물음을 던지는 것이 중요합니다. 나는 회의에 빠져도, 하나님은 반석처럼 마음을 바꾸지 않으십니다. 나는 흔들려도, 하나님은 흔들리지 않으십니다. 나는 불성실해도, 하나님은 성실하십니다. 하나님은 내 반석이십니다.

주 나의 하나님, 내가 어느 때나 의지할 수 있는 확고한 토대가 되어 주십시오. 아멘.

성실하신 주 하나님,
내가 당신의 것이 되고, 당신의 것으로 머무르게 하소서.
내가 당신에게서 어떤 것도 내치지 않게 하소서.
나를 붙잡아 당신의 가르침 곁에 두소서.
주님, 내가 흔들리지 않게 하시고,
내게 끈기를 주소서.
그 대가로 나는 당신께
영원히 감사드리겠습니다.[10]

10절: 내 원수들이 날마다 나에게 "네 하나님이 어디 있느냐?"라고 말하면서 나를 부끄럽게 하니, 내 온몸이 죽을 것 같습니다.

믿음 때문에 치욕을 당하고 놀림감이 되는 것, 바로 이것이야말로 수천 년 동안 경건한 이들이 받은 훈장입니다. 하나님의 이름이 의심과 비방을 받고서 하루가 지나가야 육신과 영혼이 편한 것입니다. "네 하나님이 어디 있느냐?" 나는 세상과 하나님의 모든 원수 앞에서 인정하려고 하려고 합니다. 극심한 난관 속에서 하나님의 선하심을, 죄책 속에서 용서를, 죽음 속에서 생명을, 패배 속에서 승리를, 황량함 속에서 하나님의 은혜로운 현존을 믿습니다. 예수 그리스도의 십자가에서 하나님을 발견한 사람은, 하나님이 이 세상에서 묘하게 숨으시는 것 같이 보여도 우리가 아주 멀리서도 그분을 믿기만 하면, 바로 그곳에 그분이 가장 가까이 계신다는 것을 잘 압니다. 십자가에서 하나님을 발견한 사람은 자기가 하나님께 용서를 받았기 때문에 자기의 원수들도 모두 용서합니다.

하나님, 내가 치욕을 당하더라도 나를 버리지 마소서. 당신께서 나를 용서하신 것처럼 모든 불경한 자를 용서하시고, 결국엔 당신의 사랑스러운 아들의 십자가를 통해 우리 모두를 당신께로 데려가소서. 아멘.

주 우리 하나님, 난관과 고난 속에서
밤낮으로 당신의 선하심을 바라며
당신께 호소하는 사람들이
망하지 않게 하소서.[11]

11절: 내 영혼아, 네가 어찌하여 슬퍼하고, 내 안에서 그리도 불안해하느냐? 너는 하나님을 기다려라! 그분은 내 얼굴의 도움이시고 내 하나님이시니, 내가 그분께 변함없이 감사하련다.

모든 근심을 떠나보내고 기다립시다! 하나님은 도우실 때를 아시고, 그때는 올 것입니다. 그래서 하나님은 실로 하나님이십니다. 그분이 여러분의 얼굴을 돕는 분이 되실 것입니다. 그분은 여러분을 지으시기 전에 이미 여러분을 아시고, 여러분을 사랑하셨습니다. 그분은 여러분을 멸망하지 않게 하십니다. 여러분은 그분의 손안에 있습니다. 마침내 여러분은 여러분에게 맞섰던 모든 것에 대해 감사하게 될 것입니다. 여러분은 전능하신 하나님이 여러분의 하나님이심을 배웠을 테니 말입니다. 여러분의 구원은 다름 아닌 예수 그리스도이십니다.

삼위일체 하나님, 당신께서 나를 선택하시고 사랑해 주셔서, 내가 당신께 감사드립니다. 당신께서 나를 이끄신 모든 길에 대하여, 내가 당신께 감사드립니다. 당신께서 내 하나님이 되어 주셔서, 내가 당신께 감사드립니다. 아멘.

물러서라, 너희 슬픔의 영들아!
내 기쁨의 스승

예수께서 들어가신다.

하나님을 사랑하는 사람들에게는

너희 슬픔조차도

순전한 기쁨이 되게 마련이다.

예수, 내 기쁨이시여,

내가 여기서

조롱과 경멸을 감내하오니,

당신은 슬픔 속에도 계시기 때문입니다.[12]

스가랴 3:1-5

1935년 7월 21일, 삼위일체 주일 후 다섯째 주일[13]

주님께서 나에게 보여주시는데, 내가 보니, 여호수아 대제사장이 주님의 천사 앞에 서 있고, 그의 오른쪽에는 그를 고소하는 사탄이 서 있었다. 주님께서 사탄에게 말씀하셨다. "사탄아, 나 주가 너를 책망한다. 예루살렘을 사랑하여 선택한 나 주가 너를 책망한다. 이 사람은 불에서 꺼낸 타다 남은 나무토막이다." 그때에 여호수아는 냄새나는 더러운 옷을 입고 천사 앞에 서 있었다. 천사가 자기 앞에 서 있는 다른 천사들에게, 그 사람이 입고 있는 냄새나는 더러운 옷을 벗기라고 이르고 나서, 여호수아에게 말하였다. "보아라, 내가 너의 죄를 없애 준다. 이제, 너에게 거룩한 예식에 입는 옷을 입힌다." 그때에 내가, 그의 머리에 깨끗한 관을 씌워 달라고 말하니, 천사들이 그의 머리에 깨끗한 관을 씌우며, 거룩한 예식에 입는 옷을 입혔다. 그동안 주님의 천사가 줄곧 곁에 서 있었다.

"내가 보니." 예언자의 두 눈에 뭔가 보였습니다. 예언자는 뭔가를 발견하는 눈이 있는 사람입니다. 사람들이 성서의 세계를 조금이라도 이해하던 시대에 그려진 고대 예언자의 초상을 잘 살펴보십시오. 눈이 중요합니다. 눈이 예언자를 만듭니다.

우리에게 신적인 것을 볼 줄 아는 눈이 없다는 것은 이해하기 어려운 수수께끼입니다. 우리에게는 귀가 중요합니다. 들음은 그리스도인을 만들고 믿음을 만들어 냅니다. "눈앞의 가리개가 / 맞지 않아서 / 그분의 맑음이 들어올 수 없구나 / (…) / 낮에도 빛을 볼 수 없으니 / 이것이야말로 가장 큰 괴로움이구나."[14] 이것이 우리의 실상입니다. 우리는 귀에 울리는 것을 제대로 말하고 선포하고 외칩니다. 타락한 세상에서 날마다 그 소리를 들을 수 있으며, 죄로 인해 파손된 우리의 삶을 향해 "새로운 세상이다. 새로운 삶이다. 자, 들어라" 하고 말하는 소리를 들을 수 있지만, 볼 수는 없습니다. 왜냐하면 우리 "눈앞의 가리개가 맞지 않기" 때문입니다. 우리는 죽음을 보고, 느린 부패와 분해를 보고, 질병과 슬픔을 보고, 투쟁과 죽임과 절망을 보되, 눈에 보이는 모든 것을 거스르는 놀라운 외침을 듣습니다. "너희는 눈에 보이는 것을 믿지 말고, 귀에 들리는 것을 믿어라. 너희 눈에 보이는 모든 것은 이미 끝났다. 죽음이 죽었다. 투쟁이 격퇴되었다. 죄가 죄가 되었다. 너희 눈의 세상은 이제 살아 있지 않다. 그러니 들음의 사람, 귀가 있는 사람이 되어라. 하나님은 너희 귀를 통해 너희에게 말씀하시기 때문이다."

그런데 "내가 보니"라고 예언자는 말합니다. 다시 우리는 그 **자신**이 보았다고 말하는 것만을 듣습니다. 그는 보이지 않는 것을 보고 싶어 하는 과감하고 호기심 강한 눈으로 보지 않고, 열린 눈, 곧 주님이 열어 주시고 비춰 주신 눈, 순종하는 눈으로 보았습니다. 눈앞의 가리개가 잠시 열리고, 세상의 덮개와 시간의 덮개가 잠시 벗겨졌습니다. 스가랴의 눈이 보다가 깜짝 놀랐습니다. "내가 보니, 여호수아 대제사장이 주님의 천사 앞에 서 있고." 하나님께서 보여주셨다는 뜻입니다. 기이한 일이 아닐 수 없습니다! 예언자는 날마다 성전 안에서, 공동체 안에서 여호수아 대제사장을 볼 수 있었습니다. 유배 생활을 끝내고 돌아온 유대 공동체의 지도자인 그를 누구나 알고 있었습니다. 그가 적에 의해 파괴된 성전, 황폐해진 하나님의 공동체, 오래된 예배를 재건하는 일에 착수한 사람이라는 것을 누구나 알고 있었습니다. 누구나 그랬을 테지만, 그의 경건과 의로움, 하나님의 성전을 위한 그의 열성, 약속에 대한 그의 확고한 믿음을 모든 유대인이 공손히 우러러보고 그 앞에 머리를 조아렸습니다. 다들 하나님의 교회를 재건하던 그 시절에 경건한 모범인 그에게 모든 희망을 걸었습니다. "여호수아 대제사장", 곧 하나님께 택함을 받아 백성 앞에 서서 백성을 위해 헌신하고, 기도하고, 경고하고, 위로하고, 촉구하는 사람. 이는 모든 백성이 이미 보았던 모습입니다. "여호수아 대제사장이 주님의 천사 앞에 서 있고." 그는 제단 앞이나 백성 앞에 서 있지 않고, 주님의 천사를 마주 보고 서 있습니다. 모든 사람이 매 순간 실제로 서 있는 곳이 아니라, 알든 모르든 간에 언젠가는 반드시 서야만 하는 곳, 온통 빛만 있는 곳, 모든 것이 빛으로 나아오는 곳, 사람이 날마다 기도하며 들어서는 곳입니다. 바로 그곳에 여호수아 대제사장이 어찌 서지 않겠습니까? 경건하고 거룩한 제사장이 어찌 그 오른편에 있지 않겠습니까? 예언자에게는 그 모습이 얼마나 영광스럽고 위대해 보였겠습니까?

"그의 오른쪽에는 그를 고소하는 사탄이 서 있었다." 사탄이 여호수아 대제사장 옆에 서 있다니! 사탄은 여기서 무엇을 찾으려는 것일까요? 그의 입장을 누가 허락한 것일까요? 사탄은 이 사람에게 무슨 볼일이 있는 것일까요? 사탄은 겁을 먹고 낙담한 상태로 그 자리에 서 있는 것이 아닙니다. 값나가는 노획물을 차지하고 그 자리에 서 있는 것이 아닙니다. 사탄은 그를 고소하는 자로서, 원수로서 그를 반대하는 무시무시한 것에 관해 말하려고 거기에 서 있는 것입니다. 세상에 감추어져 있던 것을 공개하려고, 그의 가면을 벗기려고 서 있는 것입니다. 그를 죄인으로, 불의한 자로 만들려고 서 있는 것입니다. 여호수아 대제사장을 말입니다! "그의 오른쪽에는 (…) 사탄이 서 있었다." 사탄은 이렇게 말합니다. "여호수아는 구원받을 만한 자가 아닙니다. 그는 여느 사람과 마찬가지로 구원을 잃은 자입니다. 그의 예복도 그를 구원해 줄 수 없습니다. 제사장, 교황, 목사, 성도 가운데 그만이 나에게 속해 있는 게 아닙니다." 사탄은 성도를 고소하는 일을 낙으로 여깁니다. 가난하고 불행한 죄인이 하나님의 보좌 앞으로 나아오면, 사탄은 그에 대한 고소를 조금도 즐거워하지 않지만, 경건함과 의로움의 광채를 두른 사람, 교회 지도자, 교회 개혁가, 세인들 앞에 하나님의 사람이었던 자가 하나님의 보좌 앞으로 나아오면, 사탄은 그 옆에 자리하게 마련입니다. 사탄은 막무가내로 등장하여 오른편에 자리합니다. 파괴와 황폐화 이후 약속을 믿는 믿음 안에서 재건된 교회가 여호수아의 모습으로 심판대 앞에 섰을 때, 사탄은 심판대 쪽으로 나아오게 마련입니다. 사탄이 무시무시한 표정을 지으며 여호수아 대제사장 옆에 서는 것입니다.

여호수아는 자신을 방어할까요? 그는 자신을 고소한 자에게 맞서 발언해도 될까요? 아닙니다. 누구도 할 말이 없습니다. 자기방어도 있을 수 없습니다. 이때는 사탄과 영원한 대변자 그리스도, 양쪽만이 발언합니다. 이들의 발언이 판결을 좌우

합니다. 여호수아는 잠자코 있어야 합니다. 이제 주 그리스도께서 발언하십니다.

"주님께서 사탄에게 말씀하셨다. '사탄아, 나 주가 너를 책망한다. 예루살렘을 사랑하여 선택한 나 주가 너를 책망한다. 이 사람은 불에서 꺼낸 타다 남은 나무토막이다.'" 그리스도는 그분의 대제사장 여호수아를 이렇게 변호하십니다. "사탄아, 나 주가 너를 책망한다. 너는 이 사람에 대해 아무 권한도 없다는 것을 알지 못하느냐? 너는 이 대제사장을 모독할 만큼 네 경기 규칙을 부정확하게 아는 것이냐?" 사탄이 책망을 받고 있습니다. 사탄을 책망하시다니 참 놀랍지 않습니까! 사탄은 이를 어떻게 이해할까요? 사탄은 하나님께 책망받는 것밖에 바라는 것이 없는 걸까요? "너 사탄아, 나 주가 너를 책망한다. 너 사탄도 넘지 말아야 할 한계들이 있으니, 너는 그것을 존중해야만 한다. 하나님의 대제사장이 여기 있다. 사탄아, 네 손가락을 치워라. 하나님의 소유가 이 자리에 있다." "예루살렘을 (…) 선택한." 예루살렘이 선택됩니다! 예루살렘이, 성전과 성벽과 예배가 재건됩니다. 여호수아 대제사장이 있는 예루살렘이야말로 온갖 불성실, 온갖 약함, 온갖 죄에 맞서는 하나님의 도시이자 하나님의 교회입니다. 하나님께서 선택하신 곳에서 사탄은 아무 권한이 없습니다. 하나님께서 교회를 신임하실 때, 사탄은 교회의 어떤 죄도 고소하지 못합니다. 하나님의 선택은 사탄의 고소보다 더 강합니다. "예루살렘을 (…) **선택한** 나 주가 너를 책망한다." "이 사람은 불에서 꺼낸 타다 남은 나무토막이다." 함께 타 없어지지 않도록 불에서 건져 낸 나무토막, 하나님께서 아끼시고 거룩하게 여기시는 나무토막, 저주받지 않은 나무토막이라는 뜻입니다. 하나님께서 한 사람을 두고 "구원받은 사람이다"라고 말씀하실 때, 사탄은 제 권한을 잃습니다. 사탄이 여호수아 대제사장을 고소하자, 주님은 "내가 선택하고, 내가 구원했다"라고 말씀하십니다.

"그때에 여호수아는 냄새나는 더러운 옷을 입고 천사 앞에 서 있었다." 대제사장이 더러운 옷을 입고 있습니다. 예언자는 대제사장이 날마다 성전 안에서 하얗게 빛나는 옷을 입고 성스러운 치레를 한 채 백성 앞에서 제 직무를 수행하는 모습을 보았는데, 이제는 대제사장이 더럽고 불결한 옷을 입고 하나님 앞에 서 있습니다. 정말 끔찍한 모습이지 않습니까? 여호수아 대제사장은 남모르는 죄인, 알려지지 않은 죄인일까요? 그는 오점과 악의를 가리기 위해 성스러운 옷을 입는 자들 가운데 하나일까요? 그는 위선자이며 꾸며 대는 자일까요? 그는 경건한 체하다가 사악해진 것일까요? 그래서 예언자가 얼굴을 드러내는 것일까요? 여호수아 대제사장은 주님의 천사 앞에 서 있고,

사탄은 그를 고소하려고 옆에 서 있습니다. 주님이 여호수아의 편을 드시건만, 그는 불결하고 더러운 옷을 걸치고 있습니다.

사탄의 고소는 옳지 않은 것일까요? 그는 더러운 옷을 입고 서 있는 이 사람에 대한 권한이 없는 것일까요? 주님이 사탄을 책망하시며 "내가 선택하고, 내가 구원했다"라고 말씀하신들, 그게 무슨 소용이겠습니까? 여호수아가 더러운 옷을 입고 있으며, 선택이 효력을 잃고, 구원이 아무 도움도 되지 않는데 말입니다. 사탄은 즐거워하며 자신의 작품을 가리켜 말합니다. "보십시오. 더러운 옷입니다!" 여호수아 대제사장은 더러운 옷을 입은 채 하나님 앞에 서서 아무 말도 못 합니다. 예언자가 자기 공동체와 여호수아 대제사장에게 자신의 얼굴을 드러내며 전해야 했던 무시무시한 메시지는 이와 같습니다. "여호수아마저 그날에 더러운 옷을 입고 있었는데, 도대체 누가 그날에 견딜 수 있을 것이며, 도대체 누가 깨끗한 옷을 입고 하나님 앞에 나아갈 수 있겠는가? 여호수아가 더러운 옷을 입었으니, 공동체 전체가 더러운 옷을 입게 될 것이다. 그때는 세상 앞에서 행한 온갖 성실, 온갖 믿음, 온갖 고백이 아무것도 아닌 것이 될 것이다. 그때는 이 거룩한 도시도, 이 깨끗해진 교회도 아무것도 아닌 것이 될 것이다. 그때는 온갖 거룩함이 하나님 앞에 더러운 옷과 같이 될 것이다."

“그때에 여호수아는 냄새나는 더러운 옷을 입고 (…) 있었다.” 이는 그가 남모르는 위선자였기 때문도 아니고, 그가 경건을 가장하다가 사악해졌기 때문도 아닙니다. **여호수아가 더러운 옷을 입고 있었던 것은, 그가 하나님 앞에 서 있었기 때문입니다.** 하나님 앞에서는 우리의 모든 거룩함과 경건함과 의로움, 교회에서 감당한 우리의 모든 수고, 하나님이 택하신 도시를 건설하면서 기울인 우리의 모든 수고가 더러운 옷처럼 되고 말기 때문입니다. 도대체 누가 이 옷은 여러 가지 더러운 실로 짜여 있기 때문이라고 감히 말하겠습니까? 이 옷은 다름 아닌 우리입니다. 우리는 우리의 일과 우리 교회의 일에 열중합니다. 그때에 불완전하고 치명적이고 불명료한 것들이 얼마나 많은 영향을 미치는지요? 우리의 살과 피는 우리의 교회 활동에 얼마나 자주 나쁜 장난을 치는지요? 요컨대, 우리는 여호수아 대제사장이 더러운 옷을 입고 서 있는 곳에 깨끗한 옷을 입고 서게 되리라고 믿을 만한 근거가 전혀 없다는 것을 잘 알고 있습니다. 그런 광경에 직면할 때는 어디서 희망을 찾아야 할까요?

여호수아가 서 있던 그곳에서만 찾을 수 있습니다. 그는 아무 말도 하지 않았고, 방어하는 말도 하지 않았습니다. 그는 더러운 옷을 입고 있었고, 권리를 잃은 상태였습니다. 이제는 그를 변호하시고, 그의 편이 되어 주시고, 사탄을 책망하시고 배척하시는 하나님이 그의 희망입니다. 더러운 것을 깨끗하게 해주시는 하나님, 곧 그리스도가 그의 희망입니다. 하나님께서 이제 두 번째로 말씀하십니다. 그분이 친히 하셔야 하는 말씀입니다. 그분의 말씀은 곧 행위입니다. "그가 입고 있는 냄새나는 더러운 옷을 벗기라!" 이 말씀은 그의 더러운 옷을 찢어 버리라는 뜻입니다. 하나님은 자신의 대제사장이 불에서 꺼낸 타다 남은 나무토막과 같은 상태로 자기 앞에 서 있는 것을 원하지 않으십니다. 여호수아는 깨끗해집니다. 바로 이것이 하나님의 말씀이 지닌 능력입니다. 예루살렘을 택하신 하나님께서 그것을 원하시고, 하나님만이 그리하실 수 있습니다. "그가 입고 있는 냄새나는 더러운 옷을 벗기라!" 이는 사탄의 이 작품, 그의 힘과 위력과 간계를 상기시키는 이 작품을 벗기라는 뜻입니다. 여호수아는 깨끗한 상태로 하나님 앞에 서는데, 이는 그가 실제로 깨끗해서, 사탄의 고소가 그에게는 해당하지 않아서였을까요? 아닙니다. 다음과 같이 비할 나위 없는 이유 때문입니다. "보아라, 내가 너의 죄를 없애 준다." 이것이야말로 구원의 말씀입니다. 이것이야말로 창조의 말씀이며, 은혜요 용서입니다. "보아라, 내가 너의 죄를 없애 준다." "**내가** 그것을 없애 준다"고 하셨으니, **하나님께서** 그리하신 것이고, **그분이** 그것을 짊어지신 것입니다. 이제 우리는 자유롭습니다. 그분이 우리 편이 되어 주셔서, 우리를 자유롭게 하십니다. "보아라, 내가 너의 죄를 없애 준다." 이 말씀은 여호수아는 깨끗하고 자유로우며, 심판을 받지 않으며, 살아야 한다는 뜻입니다. 이 용서의 말씀으로 여호수아는 삽니다. 그는 이제 깨끗한 옷을 입고 있습니다. "더러운 옷을 벗기라"고 전능하신 하나님께서 말씀하십니다. "보아라, 내가 너의 죄를 없애 준다"라고 은혜로우신 하나님께서 말씀하십니다. 하나님께서 우리에게서 죄와 더러움을 없애 주시는 곳엔 용서와 새로운 삶이 자리합니다.

"이제, 너에게 거룩한 예식에 입는 옷을 입힌다." 거룩한 예식에 입는 옷은 무엇일까요? 그것은 죄와 더러움을 가려 주는 용서의 말씀입니다. 그것은 은혜입니다. 우리는 은혜를 입어야 하나님 앞에 나아갈 수 있습니다. 우리에게 주어지고, 우리에게 건네진 하나님의 말씀 자체가 참되고 유일한 예복입니다.

"그때에 내가, 그의 머리에 깨끗한 관을 씌워 달라고 말하니, 천사들이 그의 머리에 깨끗한 관을 씌우며, 거룩한 예식에 입는 옷을 입혔다. 그동안 주님의 천사가 줄곧 곁에 서 있었다." 이것은 가시적인 공증이요, 하나님께서 자기의 말씀으로 찍으신 인장이며, 정결한 성화와 의로움의 옷입니다. 이것은 친히 택하신 예루살렘에 대한 하나님의 긍정, 친히 구출하신 대제사장에 대한 하나님의 긍정입니다. 예루살렘은 죄를 벗고 깨끗하게 되고, 여호수아는 거룩해져 새로이 헌신하게 되는데, 이는 그 자신의 거룩함과 의로움 덕분이 아니라, 친히 택하신 교회를 날마다 정결케 하시고 거룩하게 하시는 하나님, 모든 더러움을 무릅쓰고 자신의 선택을 고수하시는 하나님의 행위 덕분입니다. "주님의 천사가 줄곧 곁에 서 있었다." 사탄이 사라지고, 주님의 천사가 그곳을 지키며 여호수아 대제사장 쪽으로 가까이 가서 그를 보호합니다.

여호수아의 이 모습과 이야기는 우리 교회의 모습이자 이야기입니다. 다음 세 장면을 명심하시기 바랍니다. "내가 보니, 여호수아 대제사장이 주님의 천사 앞에 서 있고, 그의 오른쪽에는 그를 고소하는 사탄이 서 있었다." 교회는 매 순간 그리고 마지막 때에 하나님 앞에 서고, 사탄은 교회를 고소합니다. "여호수아는 냄새나는 더러운 옷을 입고 (…) 서 있었다." 교회, 곧 우리 고백교회는 더러운 옷을 입고 하나님 앞에 서 있습니다. 더러운 옷을 벗으십시오. "내가 (…) 너에게 거룩한 예식에 입는 옷을 입힌다." 이는 하나님께서 우리에게 하시는 말씀이자, 우리의 공동체에 하시는 말씀입니다. 하나님, 이 말씀이 바로 우리의 생명이니, 우리가 깨끗한 옷을 입고 당신 앞에 설 준비를 하게 하소서. 아멘.

용서에 관하여

마태복음 18:21-35

1935년 11월 17일

그때에 베드로가 예수께 다가와서 말하였다. "주님, 내 형제가 나에게 자꾸 죄를 지으면, 내가 몇 번이나 용서하여 주어야 합니까? 일곱 번까지 하여야 합니까?" 예수께서 대답하셨다. "일곱 번만이 아니라, 일흔 번을 일곱 번이라도 하여야 한다. 그러므로, 하늘나라는 마치 자기 종들과 셈을 가리려고 하는 어떤 왕과 같다. 왕이 셈을 가리기 시작하니, 만 달란트 빚진 종 하나가 왕 앞에 끌려왔다. 그런데 그는 빚을 갚을 돈이 없으므로, 주인은 그 종에게, 자신과 그 아내와 자녀들과 그 밖에 그가 가진 것을 모두 팔아서 갚으라고 명령하였다. 그랬더니 종이 그 앞에 무릎을 꿇고, '참아 주십시오. 다 갚겠습니다' 하고 애원하였다. 주인은 그 종을 가엾게 여겨서, 그를 놓아주고, 빚을 없애 주었다. 그러나 그 종은 나가서, 자기에게 백 데나리온 빚진 동료 하나를 만나자, 붙들어서 멱살을 잡고 말하기를 '내게 빚진 것을 갚아라' 하였다. 그 동료는 엎드려 간청하였다. '참아 주게. 내가 갚겠네.' 그러나 그는 들어주려 하지 않고, 가서 그 동료를 감옥에 집어넣고, 빚진 돈을 갚을 때까지 갇혀 있게 하였다. 다른 종들이 이 광경을 보고, 매우 딱하게 여겨서, 가서 주인에게 그 일을 다 일렀다. 그러자 주인이 그 종을 불러다 놓고 말하였다. '이 악한 종아, 네가 애원하기에, 나는 너에게 그 빚을 다 없애 주었다. 내가 너를 불쌍히 여긴 것처럼, 너도 네 동료를 불쌍히 여겼어야 할 것이 아니냐?' 주인이 노하여, 그를 형무소 관리에게 넘겨주고, 빚진 것을 다 갚을 때까지 가두어 두게 하였다. 너희가 각각 진심으로 자기 형제자매를 용서해 주지 않으면, 나의 하늘 아버지께서도 너희에게 그와 같이 하실 것이다."

설교를 시작하면서 이런 질문을 드리고 싶습니다. 우리 주변이나 가정, 혹은 우리의 친구들 가운데 누가 우리에게 부정한 일을 저질렀는데 용서해 주지 않은 적이 있는지요? 화가 나서 그 사람과 갈라선 일이 있는지요? 드러나게 화를 내지는 않고 남몰래 노여움을 품고서 '더는 이 일을 참지 못하겠어. 더는 이 사람과 같이 지낼 수 없어'라고 생각하면서 말입니다.

없다면, 우리가 너무 부주의해서 그런 사람이 없다고 말하는 게 아닐까요? 우리가 다른 사람들을 중요하게 여기지 않아서, 그들과 화목하게 지내는지 불화하며 지내는지도 모르는 건 아닐까요? 언젠가는 한 사람씩 일어서서 우리에게 불평을 말하지 않을까요? "너는 나와 사이가 좋지 않다고 나를 떠났어. 너는 나를 참아 주지 않았어. 너는 나와 맺은 관계를 깨고 말았어. 내가 네 마음에 들지 않자, 너는 나를 저버렸어. 언젠가 내가 너에게 고통을 주자, 너는 나를 홀로 남겨 두었어. 언젠가 내가 네 명예를 훼손하자, 너는 나와 관계를 끊었어. 나는 너를 다시 찾을 수 없었어. 내가 너를 종종 찾았는데도, 너는 나를 멀리했어. 우리 사이에 솔직한 말이 더는 오가지 않아서, 나는 너의 어떤 말도 바라지 못했어. 네가 용서만 하면 되는데, 나를 용서해 줄 순 없었니? 내가 여기서 이렇게 너를 고발하고 있는데, 나를 알아보겠니?" 우리가 더는 떠올리지 않던 이름들이 그 시간에 생생히 떠오르지 않을까요? 우리가 죄를 용서해 주지 않고 밀어낸 여러 사람, 여러 피해자가 떠오르지 않을까요? 그들 가운데는 좋은 친구, 형제자매, 부모도 있지 않을까요?

그 시간에는 우리에게 맞서는 목소리, 크고 위협적이며 무시무시한 목소리가 들릴 것입니다. "너는 무정한 사람이었어. 네 모든 친절도 너를 돕지 못하는구나. 너는 돌처럼 딱딱하고 오만하고 차가운 사람이었어. 너는 우리 가운데 누구도 걱정해 주지 않았어. 너는 우리를 소중히 여기지 않고 미워했어. 너는 용서가 어떤 일을 하는지 조금도 알지 못했어. 용서를 경험하는 사람에게 용서가 어떤 기쁨을 주는지, 용서하는 사람을 용서가 얼마나 자유롭게 해주는지를 너는 알지 못했어. 너는 줄곧 무정한 사람이었어."

우리는 다른 이들과 너무 경박하게 지냅니다. 우리는 무뎌져서 '우리가 누군가에 대해 나쁜 생각을 품지 않으면, 이는 그를 용서한 것이나 다름없다'라고 생각하기도 합니다. 그러고는 우리가 그에 대해 좋지 않은 생각을 품고 있다는 것을 완전히 간과해 버립니다. 용서하는 것, 이는 되도록 누군가에 대해서 좋은 생각을 품고, 그를 참아 주는 것을 의미할 수도 있습니다. 그런데도 우리는 곧바로 이 길을 외면하고, 그를 참아 주기보다는 멀찍이 떨어져 걸어가면서 그의 침묵에 익숙해지는 쪽을 택합니다. 그를 조금도 진지하게 대하지 않는 것입니다. 그러나 참아 주는 것은 중요합니다. 타인의 모든 점, 타인의 까다롭고 불쾌한 모든 면을 참아 주고, 그가 행한 부정과 죄에 대해서 한마디도 하지 않는 것입니다. 끊임없이 참아 주고 사랑하는 것은 용서와 다를 바 없을 것입니다.

부모와 친구와 아내와 남편과 외국인 등 우리와 마주치는 모든 사람을 이런 식으로 대하는 사람은 이 일이 얼마나 어려운 일인가를 대번에 알게 됩니다. 그는 이따금 "더는 못하겠어. 더는 그를 참아 주지 않을 테야. 내 능력에 한계가 왔어"라고 발설합니다. 그러고는 계속 참아 주지 못하고 말합니다. "주님, 내 형제가 나에게 자꾸 죄를 지으면, 내가 몇 번이나 용서해 주어야 합니까? 그가 나를 모질게 대하고, 내 마음을 상하게 하고 화나게 하는데, 그에게는 사려 깊음도 다정한 면도 없는데, 그가 나에게 고통을 끝없이 주는데, 내가 얼마나 오래 참아 주어야 합니까? 주님, 몇 번이나 참아 주어야 합니까? 언젠가는 끝이 있어야 하고, 언젠가는 부정을 부정이라 부르고, 내 권리가 짓눌리는 일이 있어선 안 되니, 일곱 번이면 되겠습니까?" 우리는 베드로를 비웃습니다. 일곱 번이라니요. 우리한테는 적게 여겨집니다. 우리는 이미 자주 용서하고 눈감아 준 사람들이니까요! 그러나 우리는 비웃어선 안 됩니다. 베드로를 비웃을 만한 동기가 우리에게는 없습니다. 일곱 번 용서하기, 정말로 용서하기, 우리가 당한 부당한 일을 가장 좋은 일로 변화시키기, 악을 선으로 갚기, 타인을 우리가 가장 사랑하는 형제자매라도 되는 양 받아들이기, 이는 결단코 작은 것이 아닙니다. 이처럼 용서하고 잊어 주는 것을 일컫는 속담이 있습니다. "동업자끼리는 서로 헐뜯지 않는 법이다!" 다른 사람을 떼어 내지 않고 계속 참아 주려고 하는 순수한 사랑에서 비롯된 용서, 이것은 결단코 작은 일이 아닙니다!

"이 사람과 어떻게 손을 끊지? 그를 얼마나 참아 주지? 그에 대한 내 권리는 어디서 시작되지?"라고 묻는 것은 정말로 괴로운 일입니다. 이런 물음은 베드로처럼 예수께로만 가져갑시다. 다른 사람에게 가져가거나 자신에게 물을 경우, 우리는 아무 조언도 얻지 못할 것입니다. "하지만 예수께서 대단히 기묘한 방식으로 도와주실 거예요"라는 불충분한 도움만 얻을 것이기 때문입니다. 예수께서는 "베드로야, 일곱 번만이 아니라, 일흔 번을 일곱 번이라도 하여야 한다"라고 말씀하십니다. 그분이 아시니, 그분만이 조언하실 수 있습니다. "베드로야, 횟수를 세지 말고 무수히 용서하여라. '얼마나 오래?'라는 물음과 씨름하지 말아라. 베드로야, 끝없이, 헤아릴 수 없이 해야 해. 그것이 바로 용서이며, 너를 위한 은총이란다. 그것만이 너를 자유롭게 해준단다! 네가 한 번, 두 번, 세 번 하면서 횟수를 세면, 상황이 네게 점점 더 위험한 쪽으로 전개될 테고, 형제자매와의 관계가 점점 더 고통스럽게 될 거야. 그런데도 너는 알아채지 못한 채 횟수만 세고, 다른 사람의 오래된 죄를 계속해서 세기만 하니, 실은 네가 아직도—한 번도!—제대로 용서하지 않은 게 아니냐? 베드로야, 횟수를 세는 일에서 벗어나거라. 용서는 횟수도 끝도 알지 못한단다. 너는 네 권리에 마음 쓸 필요가 없어. 네 권리는 하나님이 잘 맡아 두고 계셔. 그러니 너는 끝없이 용서만 하면 돼! 용서는 시작과 끝이 없고, 날마다 끊임없이 이루어지지. 그 이유는 그것이 하나님에게서 오기 때문이야." 용서는 이웃과 공동생활을 할 때 발생하는 온갖 경련 증세에서 벗어나게 합니다. 우리는 용서함으로써 우리 자신으로부터 해방되기 때문입니다. 용서함으로 우리는 우리 자신의 모든 권리를 포기하고 다른 사람을 돕고 섬길 수 있습니다.

들어보십시오. 우리는 이제 더는 예민할 필요가 없습니다. 예민함은 전혀 도움이 되지 않습니다. 우리는 우리의 명예에 마음 쓸 필요가 없습니다. 다른 사람이 우리에게 부당한 일을 반복해서 저질러도, 우리는 격분할 필요가 없습니다. 우리는 더는 다른 사람을 바로잡아 줄 필요가 없습니다. 그를 그저 있는 그대로 받아들이고, 그의 모든 것을 끝없이 무조건 용서하기만 하면 됩니다. 우리가 이웃과 평화롭게 지내도 되고, 누구도 무엇도 우리의 평화를 방해하지 못하게 된다니, 이것이야말로 크나큰 은혜가 아니겠습니까? 우리가 맺어 가는 친구와 형제 관계는 용서를 통해서 정말로 필요한 것을 얻습니다. 그것은 다름 아닌 확고하고 항구적인 평화입니다.

예수께서 베드로에게 이것을 일러 주신 것은 대단히 즐겁고 멋진 것을 선사하기 위해서입니다. 인간들의 고통스러운 대립으로부터 그를 해방하기 위함입니다. 예수께서는 "너희는 서로 용서하여라" 하고 말씀하십니다. 이는 참으로 기쁜 메시지입니다.

그러나 예수께서 우리에게 크나큰 도움을, 대단히 큰 선물을 주려고 하실 때, 우리가 그 자리에서 하는 말이 다음과 같다면 참으로 곤란한 일이 아닐 수 없습니다. "아, 예수께서 우리에게 명하신 이 의무는 참으로 어려운 일, 대단히 어려운 일이야! 이것은 우리에게 도움이 되지 않고 부담만 될 뿐이야. 도대체 누가 그대로 하여, 자기 형제자매의 모든 잘못을 용서하고 그들과 더불어 그것을 짊어질 수 있단 말인가?" 반항심이 다시 깨어납니다. "아니, 나는 그렇게 하지 않을 테야. 나는 그럴 수 없어. 그 사람은 용서를 받을 자격이 없어."

보십시오. 예수께서는 우리가 그렇게 말할 때 우리에게 노하십니다. 그분에게 끝없이 도우심을 구하기만 하면 되는데도, 우리는 그분의 도우심에 어깃장을 놓으며 "이것은 전혀 도움이 되지 않아"라고 말합니다. 이는 예수께서 바라시는 것이 아닙니다. "네가 용서하지 못하고, 용서하려고 하지도 않아서, 다른 사람이 용서를 못 받는 거야. 네가 그리 말하다니, 도대체 너는 어떤 사람이냐?"

이제 예수께서는 크게 노하시며 저 무시무시한 이야기, 악한 종의 이야기를 들려주십니다. 자비를 경험하고도 변함없이 무정한 사람으로 지내다가 자기가 입은 모든 자비를 몰수당하고 하나님의 무시무시한 심판까지 자초한 사람의 이야기, 예수께서는 이 격한 이야기를 들려주심으로써, 그분이 베푸실 수 있는 가장 큰 도움을 우리에게 베푸시며 진정한 용서에 이르는 길을 가리켜 보이십니다. 이제부터 그 길을 말씀드려 보겠습니다.

우리가 사는 동안 하나님이 우리를 고소하셨던 시기, 우리가 탕자였던 시기가 기억나는지요? 그 시기는 생명과 관계된 시기였지요? 하나님은 우리에게 해명을 요구하셨고, 그때 우리에게 있는 것은 죄과, 엄청나게 큰 죄과뿐이었습니다. 하나님 앞에서 우리의 삶은 더럽고, 불순하고, 유죄 상태였습니다. 죄과 말고는 제시할 것이 아무것도 없었습니다. 그 당시 우리의 기분이 어땠는지, 우리가 바랄 것이 얼마나 없었는지, 모든 것이 얼마나 무익하고 무의미해 보였는지가 기억나는지요? 우리는 더는 스스로 도울 수 없었고, 완전히 혼자였으며, 우리 앞에는 처벌, 정당한 처벌만 남아 있었습니다. 그분 앞에서 우리는 똑바로 서 있을 수도 없었습니다. 우리는 겁먹은 상태로 주 하나님 앞에 털썩 주저앉아 "주님, 참아 주십시오" 하고 간청했습니다. 그러고는 본문의 악한 종처럼 온갖 수다를 늘어놓았습니다. "내가 모든 빚을 갚고 보상하겠습니다." 우리는 빚을 전혀 갚지 못하리라는 것도 정확히 알고 있었습니다. 그때 갑자기 모든 것이 바뀌었습니다. 하나님의 얼굴이 진노의 표정을 띠지 않고, 우리 인간에 대한 걱정과 고뇌의 빛을 띠었습니다. 그분은 우리의 모든 죄과를 없애 주셨고, 우리는 용서를 받았습니다. 우리는 자유롭게 되었고, 불안에서 벗어났으며, 다시 기뻐하며 하나님의 얼굴을 뵙고 감사할 수 있게 되었습니다.

이처럼 우리는 한때 저 악한 종과 같은 상태였습니다. 하지만 우리는 어찌나 잘 잊어버리는지요! 지금도 우리는 우리에게 사소한 부정을 저지른 사람, 우리를 속이거나 헐뜯은 사람에게 가서 그의 멱살을 잡고 "네가 죄를 지었으니 보상해! 나는 너의 죄를 도저히 용서할 수 없어!"라고 말합니다. 우리는 오히려 이렇게 말해야 했다는 것을 정말 모르는 걸까요? "다른 사람이 우리에게 저지른 것은 우리가 하나님과 그 사람에게 저지른 것에 비하면 아무것도 아니야. 정말 아무것도 아니야. 우리에게 남을 정죄하는 사명을 맡겼단 말인가? 우리 자신이 남보다 훨씬 중한 죄인인데."

31-34절. 은혜가 낭비되면 이제 과거의 모든 죄가 다시 일어납니다. 진노가 우리에게 닥쳐서 우리는 타락한 사람이 되고 있습니다. 이는 우리가 은혜를 업신여겼기 때문입니다. 전체적인 교훈은 이러합니다. "너는 다른 사람의 죄는 보면서도 너 자신의 죄는 깨닫지 못하는구나. 참회하면서, 너를 향하신 하나님의 자비를 알아차려라. 그럴 때만 너는 용서할 수 있단다."

어떻게 우리가 서로의 모든 죄를 진심으로 용서하는 데

까지 나아가게 될까요? 사랑하는 형제자매 여러분, 하나님은 사람을 큰 죄에서 구해 내어 용서하실 때, 그 사람에게 한 형제자매를 보내십니다. 그 형제자매는 우리의 죄를 털어놓아도 될 사람이며, 죄인이 벌이는 고된 싸움을 아는 사람입니다. 또한 자기 형제가 하나님의 이름으로 기도하면서 자기를 자유롭게 해준 것을 경험한 사람이며, 판결을 즐기며 용서하지 않으려고 하는 병적 욕망이 없는 사람입니다. 그가 원하는 것은 단 하나뿐입니다. 즉, 형제의 마음고생을 한없이, 조건 없이, 끝없이 함께 나누고 섬기고 돕고 용서하는 것입니다. 그는 죄지은 형제자매를 더는 미워하지 않고 더욱더 사랑하며, 그 형제자매의 모든 것을 용서해 주는 사람입니다. 주 우리 하나님, 우리가 당신의 자비를 경험하게 해주셔서, 우리가 자비를 끝없이 행하게 하소서! 아멘.

요한계시록 14:6-13

1935년 11월 24일, 위령주일

나는 또 다른 천사가 하늘 한가운데서 날아다니는 것을 보았습니다. 그에게는, 땅 위에 살고 있는 사람과 모든 민족과 종족과 언어와 백성에게 전할, 영원한 복음이 있었습니다. 그는 큰 소리로 외쳤습니다. "너희는 하나님을 두려워하고, 그분께 영광을 돌려라. 하나님께서 심판하실 때가 이르렀다. 하늘과 땅과 바다와 물의 근원을 만드신 분께 경배하여라." 또 두 번째 다른 천사가 뒤따라와서 말하였습니다. "무너졌다. 무너졌다. 큰 도시 바빌론이 무너졌다. 바빌론은 자기 음행으로 빚은 진노의 포도주를 모든 민족에게 마시게 한 도시다." 또 세 번째 다른 천사가 그들을 뒤따라와서 큰 소리로 말하였습니다. "그 짐승과 그 짐승 우상에게 절하고, 이마나 손에 표를 받는 사람은 누구든지, 하나님의 진노의 포도주를 마실 것이다. 그 포도주는, 물을 섞어서 묽게 하지 않고 하나님의 진노의 잔에 부어 넣은 것이다. 또 그런 자는 거룩한 천사들과 어린양 앞에서 불과 유황으로 고통을 받을 것이다. 그들에게 고통을 주는 불과 유황의 연기가 그 구덩이에서 영원히 올라올 것이며, 그 짐승과 짐승 우상에게 절하는 자들과, 또 그 이름의 표를 받는 자는, 누구든지, 밤에도 낮에도 휴식을 얻지 못할 것이다. 하나님의 계명과 예수를 믿는 믿음을 지키는 성도들에게는 인내가 필요하다." 나는 또 하늘에서 들려오는 음성을 들었습니다. "기록하여라. 이제부터 주님 안에서 죽는 사람들은 복이 있다." 그러자 성령께서 말씀하셨습니다. "그렇다. 그들은 수고를 그치고 쉬게 될 것이다. 그들이 행한 일이 그들을 따라다니기 때문이다."

"나는 (…) 보았습니다." 천막이 찢어지고, 우리 눈에는 그 위에 짙은 안개가 드리워진 것으로 보이겠지만, 요한은 죽음 이후의 세계를 보게 됩니다. 그 세계는 활기 없는 세계와는 전혀 다른 세계, 활기 가득한 세계, 행동과 표정과 말과 고통과 환희가 넘치는 세계임이 밝혀집니다. 죽음 이후의 세계는 최고도의 생명입니다. 우리가 죽으면, 무無나 소멸이 우리를 기다리는 것이 아닙니다. 우리는 죽어서 뜻밖의 사건으로 나아가게 됩니다. 그때는 누구도 "곧 모든 것이 끝날 거야"라는 거짓 위로로 마음의 위안을 얻지 못합니다. 오히려 그는 이런 말을 듣게 될 것입니다. "곧 모든 것이 시작될 거야. 곧 너에게 매우 심각하고, 매우 결정적인 일이 일어날 거야."

본문은 다른 세계에 들어갈 준비를 하도록 우리를 돕고 싶어 합니다. "그리스도인들, 곧 그리스도의 공동체는 어떻게 죽음을 배우는가?"라는 질문에 본문은 답을 제시해 줍니다. 위령주일인 오늘 죽음에 대한 위로와 도움으로 전하는 기쁜 소식은 세 가지입니다.

"나는 또 다른 천사가 하늘 한가운데서 날아다니는 것을 보았습니다. 그에게는, (…) 전할, 영원한 복음이 있었습니다." 우리의 눈에 하나님의 천사들이 보일 때, 우리는 이미 제정신이 아닐지도 모릅니다. 그때는 하늘이 열리고, 새로운 세계가 열리는 때입니다. 천사가 **영원한 복음**을 가지고 하늘 한가운데를 날아다닙니다. 이 복음은 땅의 한가운데에 필요한 것과 마찬가지로 하늘 한가운데에도 필요합니다. 그것은 영원한 복음입니다. **복음이 영속한다**는 것은 모든 신자에게 커다란 위안입니다. 그것은 우리가 주일마다 듣고 설교하는 우리의 복음이며, 우리가 집에서 성서를 펼칠 때 접하는 복음이며, 우리가 아침과 저녁에 읽는 복음이며, 우리가 처음으로 그것을 제대로 이해했을 때 우리 삶에 새로운 전환을 안겨 준 복음이며, 이 세상에서 조롱받고 공격당하고 비방당하지만 사람들이 비밀리에 은밀하게 믿는 복음이며, 모든 시대의 순교자들이 공공연히 고백한 복음입니다. 복음은 영존합니다. 그러므로 우리는 복음이 오늘날 몰락하는 것처럼 보여도 두려워하거나 염려할 필요가 전혀 없습니다. 우리가 복음의 몰락을 경험하고 내다보는 세월이 십 년이든 그 이상이든 무슨 상관이겠습니까? 그래도 복음은 영원하고 영존합니다. 복음은 온 세상에 하나님을 전하는 유일하고 참된 것으로서 변함없이 존재합니다.

이 세상에 수많은 종교와 사상과 의견과 세계관이 있을지라도, 가장 훌륭한 세계관들이 나서서 사람들의 마음을 움직이고 뒤흔들지라도, 그것들은 모두 물거품이 되어 사멸하고 말 것입니다. 그것들은 모두 붕괴될 수밖에 없습니다. 그것들은 참되지 않기 때문입니다. 변함없이 존재하는 것은 복음뿐입니다. 종말이 오기 전에, 복음이 온 땅의 모든 민족과 종족과 언어권에 전해질 것입니다. 이 세상에는 여러 길이 있는 것처럼 보이지만, 땅 위의 모든 인간에게는 하나의 길, 곧 복음이 있을 뿐입니다.

복음의 언어는 아주 단순해서 누구라도 그 언어를 이해하게 마련입니다. "너희는 하나님을 두려워하고, 그분께 영광을 돌려라. 하나님께서 심판하실 때가 이르렀다. 하늘과 땅과 바다와 물의 근원을 만드신 분께 경배하여라." 이것은 첫 계명, 완전한 복음입니다. "너희는 하나님을 두려워하여라." 하나님 이외에는 아무것도 두려워하지 마십시오. 다가오는 날을 두려워하지 말고, 다른 사람들을 두려워하지 말며, 권세와 힘이 여러분의 재산과 목숨을 빼앗더라도 두려워하지 말며, 세상의 거물들을 두려워하지 말며, 여러분 자신을 두려워하지 말며, 죄도 두려워하지 마십시오. 여러분은 이 모든 두려움으로 죽게 될 것입니다. 이 모든 두려움에서 벗어나십시오. 그것들은 여러분을 위해 있는 것이 아닙니다. 하나님 한분만을 두려워하십시오. 그분은 이 세상의 모든 권세를 다스리는 능력을 가지고 계시기 때문입니다. 온 세상은 그분을 두려워할 수밖에 없습니다. 그분은 권능을 소유하셔서, 우리에게 생명을 주실 수도 있고, 우리를 망하게 하실 수도 있습니다. 그분에게 다른 모든 것은 장난에 불과합니다. 오직 하나님만이 진실하시고, 끝까지 진실하십니다. 하나님의 진실하심을 두려워하고, 그분께 영광을 돌리십시오. 그분은 이 세상의 창조주이시며, 우리의 창조자로서 영광을 받고 싶어 하십니다. 그분은 그리스도 안에서 인간과 평화를 이루신 화해자로서 영광을 누리고 싶어 하시며, 우리를 모든 죄와 모든 짐에서 풀어 주는 구원자로서 영광을 누리고 싶어 하십니다. 그분의 거룩한 복음 안에서 그분께 영광을 돌리십시오. "하나님께서 심판하실 때가 이르렀기" 때문입니다.

다가올 심판의 날에 하나님은 우리에게 무엇을 물으실까요? 그분은 심판 때 우리에게 자기의 영원한 복음에 관해서만 물으실 것입니다. "너희는 복음을 믿고 순종했느냐?" 그분은 우리가 독일인인지 유대인인지, 나치국가사회주의자인지 아닌지, 고백교회 소속인지 아닌지, 위대하고 영향력 있고 성공한 사람인지, 필생의 작품을 내보였는지, 사람들에게 존경을 받았는지, 아니면 보잘것없고 하찮고 실패한 자로 오인되었는지를 묻지 않으실 것입니다. 다만 하나님은 장차 모든 사람에게 복음의 심판을 견딜 용기가 있는지를 물으실 것입니다. 복음만이 우리의 심판자가 될 것입니다. 복음 앞에서 영들은 영원히 갈라질 것입니다. 우리가 **세상과 교회 안에서** 복음을 얼마나 무시했는지를 알게 된다면, 우리는 정말 불안하고 두렵게 될 것입니다!

요한이 보았던 첫 번째 광경에서 영원한 복음을 주목하시기 바랍니다. 영원한 복음이란 모든 민족을 대상으로 하는 영원한 선포, 인간에 대한 영원한 심판을 의미합니다. 영원한 복음, 이것은 신도의 공동체에 유일하고 영원한 위안이자, 죽을 수밖에 없는 모든 이들에게 건네는 희소식입니다.

"또 두 번째 다른 천사가 뒤따라와서 말하였습니다. '무너졌다. 무너졌다. 큰 도시 바빌론이 무너졌다. 바빌론은 자기 음행으로 빚은 진노의 포도주를 모든 민족에게 마시게 한 도시다.'" 이는 요한이 본 광경입니다. 하지만 그는 이미 다른 것도 본 상태입니다. 더 자세히 말하면, 크고, 강력하고, 힘을 자랑하는 바빌론, 세상에 우뚝 선 바빌론, 모든 사람이 그 앞에서 떨며 무릎을 꿇는 바빌론, 하나님의 원수 바빌론, 하늘에 닿을 때까지 탑 쌓기를 그칠 줄 모르는 바빌론, 십자가에 달리신 그리스도를 거슬러 제 힘을 자랑하는 바빌론을 보았던 것입니다. 창녀가 제 정부를 독한 포도주로 취하게 하듯이, 화려하고 매혹적인 악습으로 사람들을 도취시키는 바빌론, 사람들을 변질시켜 망하게 하고 온갖 낭비와 사악한 사치로 취하게 하는 바빌론, 사람들이 사랑하며 열렬히 숭배하는 바빌론, 사람들이 의식을 잃은 채 그 그물로 달려드는 바빌론, 제 숭배자들에게 맹목적인 사랑과 도취만을 요구하는 바빌론, 사람들의 마음과 격렬한 욕망이 추구하는 것을 헤프게 베푸는 바빌론을 보았던 것입니다. 이 바빌론이 영원하지 않을 것이라고, 이 바빌론이 깊이 추락할 것이라고 누가 말할 엄두를 내겠습니까? 이 도시의 시민이 될 수도 없고 되려고도 하지 않는 공동체, 이 도시의 가장자리, 외곽에 거주하며 견디는 수밖에 없는 기독교 공동체는 그 도시의 중심을 바라보며 얼마나 많이 불안해하고, 바빌론을 대신하여 얼마나 많이 기도했을까요? 이 도시의 멸망을 고대하며 얼마나 많이 기도했을까요? 바빌론은 누굴까요? 로마일까요? 그렇다면 오늘의 바빌론은 어디일까요? 다들 무서워서 말할 엄두를 내지 못하는군요. 공동체는 아직 알지 못하지만, 무시무시한 일들이 다가오고 폭로가 일어나는 것을 보게 될 것입니다.

이제 하늘의 음성, 곧 신도의 공동체를 위한 기쁜 소식이 들려옵니다. “무너졌다. 무너졌다. 큰 도시 바빌론이 무너졌다.” 모든 것이 끝났습니다. 하나님께서 판결을 내리셨습니다. 바빌론은 이미 심판받았습니다. 바빌론은 존속할 수 없습니다. 하나님의 심판을 견디지 못하기 때문입니다. 그러니 여러분은 바빌론을 두려워하지 마십시오. 바빌론은 여러분에게 아무런 해도 끼칠 수 없습니다. 바빌론은 이미 심판받았습니다! 바빌론은 먼지와 재와 부스러기처럼 아무것도 아닙니다. 바빌론을 너무 진지하게 여기지 마십시오. 여러분은 증오나 질투로 괜히 수척해지지 마십시오. 모든 것은 일시적이고 잠정적일 뿐 더는 중요하지 않습니다. 다른 것이 중요하니, 믿음 안에 굳게 머무르십시오. 그리스도를 굳게 붙잡으십시오. 전능하신 하나님께서 말씀하시니 그 음성을 귀 기울여 들으십시오. “너희는 바빌론에 마음을 빼앗기지 말아라. 냉정함을 유지하고, 두려움이 너희를 이기지 못하도록 하여라. 무너졌다. 대도시 바빌론이 무너졌다.” 생명에 이르는 것만이 중요합니다. 그러나 바빌론에 예속된 자들은 죽음과 심판에 떨어집니다. 바빌론이 무너졌으니, 신도의 공동체는 기뻐하십시오! 바로 이것이 죽을 수밖에 없는 공동체에 건네는 두 번째 기쁜 소식입니다.

"또 세 번째 다른 천사가 그들을 뒤따라와서 큰 소리로 말하였습니다. '그 짐승과 그 짐승 우상에게 절하고.'" 그 짐승은 바빌론의 지배자, 불경하고 불손하며 난폭한 자입니다. 두렵고 떨리는 사실은 다음과 같습니다. 이를테면 그 짐승은 사람들의 섬김을 받는 것으로 만족하지 않고, 사람들의 이마와 손에 표를 찍고, 사람들의 생각과 행동까지 가시적으로 소유하고 싶어 하며, 그 스스로 교리 자체가 되려고 한다는 것입니다. 그리스도인들이 십자가의 표를 받듯이, 그 짐승은 자기에게 속한 자들이 하나님을 모독하는 표를 받기를 원합니다. 그들은 그 짐승을 숭배하며 이렇게 말합니다. "이 짐승보다 더 큰 이가 있으랴? 누가 이 짐승에게 맞서려 하겠는가? 이 짐승보다 더 훌륭하고 신성한 이가 있으랴?" 생명책에 기록되지 않은 자들, 하나님과 그리스도께 이름을 선택받지 못한 자들, 하나님과 그리스도의 마음에 들지 못한 자들, 하나님 모독을 자기의 이름으로 삼은 자들이 모두 그 짐승을 숭배합니다.

"하나님의 진노의 포도주를 마실 것이다." 하나님의 진노는 독한 포도주와 같아서, 사람은 그것을 뼛속까지 깊이 느끼게 될 것입니다. 방금 언급한 것은 형언할 수 없을 만큼 무시무시해서 부언하지 못하겠습니다. 이런 메시지가 과연 우리에게 기쁨의 근거가 될 수 있을까요? "거룩한 천사들과 어린양 앞에서 불과 유황으로 고통을 받을 것이다." 그들은 자신들이 내쫓은 그리스도를 고통 가운데 바라볼 수밖에 없을 것입니다. "그들에게 고통을 주는 불과 유황의 연기가 그 구덩이에서 영원히 올라올 것이며", "밤에도 낮에도 휴식을 얻지 못할 것이다." 이런 말씀들을 마주할 때는 떠들썩하지 말고, 잠잠히 이렇게 아뢰십시다. "하나님, 우리 죄인들에게 은혜를 베푸시고, 우리 모두에게 당신의 구원을 선사해 주십시오! 하나님, 영광은 마땅히 당신께만 돌려야 합니다. 우리 원수들이 보는 앞에서 우리에게 쉼을 주셨으니, 당신만이 의로우십니다. 그렇습니다. 당신만이 우리의 위안이시고 우리의 기쁨이십니다!"

우리는 온 세상에 대한 하나님의 무시무시한 심판을 마주하여 십자군과 같은 소종파의 포효를 발할 것이 아니라, 다만 겸허하게 다음과 같이 간구해야 합니다. "하나님, 인내하지 못하는 당신의 성도들에게 인내력을 주십시오. 불순종하는 당신의 공동체에 순종을 허락하셔서 당신의 사랑의 계명을 지키게 해주십시오. 믿음 없는 우리에게 예수를 믿는 믿음을 주십시오. 당신이 오실 때, 우리에게 다가오실 때, 우리를 불러 모아 당신 앞에 세우실 때, 우리에게 이렇게 말씀해 주십시오. '여기에 성도들의 인내가 있고, 하나님의 계명과 예수를 믿는 믿음을 지키는 성도들이 있다.' 하나님, 모든 것이 당신의 은혜입니다."

하나님의 이 심판을 마주하여, 미움과 조급함과 불신에 빠지는 이 시험을 마주하여, 죽음으로 인도받는 것이 은혜라는 것을 이해하시겠는지요? 자기가 과연 끝까지 견딜 것인지를 우리 가운데 누가 알 수 있을까요? 마지막 시험의 시간에 자기가 어떤 모습으로 설 것인지를 우리 가운데서 누가 알 수 있겠습니까? 그래서 "이제부터 주님 안에서 죽는 사람들은 복이 있다" 라고 한 것입니다. "죽는 사람들은 복이 있다"라는 이 말씀을 우리는 이해하지 않으면 안 됩니다. 지치고 고단해서가 아니라, 믿음을 지키지 못할까 봐 두려워하며, 믿음을 지키게 된 것을 기뻐하며 죽는 이들은 "이제부터", 곧 바빌론과 그 짐승의 힘이 막대해지는 그때부터 복이 있습니다. 그러나 죽는 이들이 다 복이 있는 것은 아닙니다. 첫 순교자들의 고난 가운데서든, 고요한 고독의 고통 가운데서든, "주님 안에서 죽는 사람들", 정해진 때에 죽는 법을 배운 사람들, 믿음을 지킨 사람들, 마지막 때까지 예수를 굳게 붙잡은 사람들이 복이 있습니다. 복된 죽음의 약속, 부활의 약속은 예수 그리스도의 공동체를 위해서만 있습니다. 이 약속은 예수 공동체의 차지입니다. 그것을 자기 것으로 요구하는 사람은 하나님을 방해하는 자입니다. **"주님 안에서 죽는 사람들은 복이 있다."** 그리스도 안에서 죽음을 맞이하는 것이 우리에게 선물로 주어지기를 바랍니다. 우리의 마지막 시간이 미약한 시간이 되지 않기를 바랍니다. 우리가 늙어서 죽든 젊어서 죽든, 빨리 숨지든 오랜 고통 뒤에 숨지든, 바빌론의 지배자에게 붙잡혀 죽든, 아니면 고요히 평화롭게 죽든 간에, 우리가 그리스도에 대한 신앙을 고백하는 자로서 죽을 수 있다면 좋겠습니다. 다만 우리가 임종의 자리에서 입 밖에 내는 마지막 단어가 "그리스도"이기를 바랍니다. 바로 이것이 오늘 우리가 드려야 할 기도입니다.

"그러자 성령께서 말씀하셨습니다. '그렇다. 그들은 수고를 그치고 쉬게 될 것이다. 그들이 행한 일이 그들을 따라다니기 때문이다.'" 그때 우리는 오늘날 우리가 겪는 고생과 수고와 죄와 시련을 그치고 쉬게 될 것입니다. 더는 약해지는 것을 두려워하지 않고, 죄와 바빌론의 힘도 두려워하지 않게 될 것입니다. 그때는 우리가 그리스도를 주님으로 알아뵙고 알현할 것이므로, 쉼이 있을 것입니다. "그들이 행한 일이 그들을 따라다니기 때문이다." 그 일은 그리스도께 이르는 길을 우리에게서 제거하지 않습니다. 이것은 믿음이 하는 일입니다. 하나님 안에서, 그리스도 안에서 행한 일은 우리를 따라다니게 마련입니다. 하나님은 창세 때부터 우리에게 그 일을 하도록 준비시키셨습니다. 이 세상에서는 그 일이 식별되지 않습니다. 그 일은 감추어져 있습니다. 그 일을 할 때는 오른손이 하는 것을 왼손이 모르게 하기 때문입니다.[15] 그러나 그 일은 우리의 것이므로 하나님의 영원한 선물로서 우리와 함께 있을 것입니다.

주님, 당신의 복음을 통해 죽는 법을 당신의 공동체에 가르쳐 주십시오. 당신께서 부르실 때까지 견디는 능력을 우리에게 베풀어 주십시오. 우리는 당신의 영원한 복음을 보고 싶습니다! 아멘.

유다에 관한 설교

마태복음 26:45-50

1937년 3월 14일, 부활절 전 둘째 주일[16]

"보아라, 때가 이르렀다. 인자가 죄인들의 손에 넘어간다. 일어나서 가자. 보아라, 나를 넘겨줄 자가 가까이 왔다." 예수께서 아직 말씀하고 계실 때에, 열두 제자 가운데 하나인 유다가 왔다. 대제사장들과 백성의 장로들이 보낸 무리가 칼과 몽둥이를 들고 그와 함께하였다. 그런데 예수를 넘겨줄 자가 그들에게 암호를 정하여 주기를 "내가 입을 맞추는 사람이 바로 그 사람이니, 그를 잡으시오" 하고 말해 놓았다. 유다가 곧 바로 예수께 다가가서 "안녕하십니까? 선생님!" 하고 말하고, 그에게 입을 맞추었다. 예수께서 그에게 "친구여, 무엇 하러 여기에 왔느냐?" 하고 말씀하시니, 그들이 다가와서, 예수께 손을 대어 붙잡았다.

예수께서는 최후의 만찬을 들기 전까지 제자들에게 비밀을 말씀하지 않으셨습니다. 엄밀히 말하면 고난의 길 위에서 그들에게 일러 두긴 하셨습니다. 더 엄밀하게 말하면 인자가 죄인들의 손에 넘겨져야 한다고 세 번 말씀하셨습니다. 하지만 아직 가장 깊은 비밀까지 그들에게 밝히신 것은 아니었습니다. 거룩한 만찬을 드시면서 마지막 친교를 가질 때에야 그분은 비로소 그 비밀을 말씀하셨습니다. 배신으로 인해 인자가 죄인들의 손에 넘겨지리라는 것이었지요. "너희 가운데 한 사람이 나를 배신할 것이다."

원수들만으로는 그분을 장악할 수 없습니다. 그래서 한 친구가 가담합니다. 가장 친한 친구가 그분을 넘겨줍니다. 바로 그분의 제자가 그분을 배신합니다. 외부가 아닌 내부에서 가장 끔찍한 일이 벌어집니다. 골고다를 향한 예수의 길은 제자의 배신과 함께 시작됩니다. 겟세마네에서 한쪽 제자들은 저 이해할 수 없는 잠을 자고, 한 제자는 그분을 배신했습니다. 그리고 마침내 "모든 제자가 그분을 버리고 달아났습니다."[17]

겟세마네의 밤이 완성됩니다. "**보아라, 때가 이르렀다.**" 예수께서 예고하셨고, 제자들이 오래전부터 알고 기도했던 그 시간, 예수께서 맞이할 준비를 하시고, 제자들은 전혀 준비하지 않은 그 시간, 세상의 어떤 방법으로도 미룰 수 없는 그 시간이 이르렀습니다. "보아라, 때가 이르렀다. 인자가 죄인들의 손에 넘어간다."

"넘어간다"라고 예수께서 말씀하셨는데, 이는 예수를 장악하는 것은 세상이 아니며, 그분의 사람들이 직접 그분을 넘기고, 그분을 포기하고, 그분을 단념한다는 뜻입니다. 사람들이 그분에게 절교를 선언합니다. 더는 그분을 맡으려 하지 않고 "저 분을 다른 사람들에게 넘기세"라고 말합니다. 그렇게 예수께서는 버림받으시고, 그분을 지키던 친구들의 손은 맥이 빠집니다. 이제는 죄인들이 그분에게 제멋대로 손을 댈 것입니다. 불경한 손으로 그분을 건드려선 안 되건만, 죄인들이 그분을 건드리고, 놀려 대고, 조롱하고, 때릴 것입니다. 우리가 바꿀 수 있는 상황이 전혀 아닙니다. 예수를 넘긴다는 것은 더는 그분 편에 서지 않는다는 뜻입니다. 예수를 넘긴다는 것은 그분을 세상의 조롱과 권력에 맡긴다는 뜻입니다. 예수를 넘긴다는 것은 세상이 제 악의에 따라 그분을 처리한다는 뜻입니다. 예수를 넘긴다는 것은 그분에게 더는 친절을 베풀지 않도록 한다는 뜻입니다. 예수를 세상에 넘긴 것은 바로 그분의 사람들입니다. 이것이 그분의 죽음입니다.

예수께서는 자기에게 어떤 일이 닥칠지 아시고, 제자들에게 단호하고 결연하게 촉구하십니다. "**일어나서 가자.**" 이는 위협적인 원수들이 그분 앞에서 번번이 물러날 수밖에 없었고, 그분이 그들 한가운데를 거침없이 가로질러 가시면서 그들을 낙담시킨 뒤의 일입니다. 당시에는 아직 때가 이르지 않았지만, 이제는 때가 이르렀습니다. 이제 그분은 자진하여 그들에게 다가가십니다. 예수께서는 자기가 넘겨질 때가 임박한 것이 의심할 나위 없이 명백해지자, "**보아라, 나를 넘겨줄 자가 가까이 왔다**"라고 말씀하십니다. 그분은 다가오는 무리와 원수들의 칼과 몽둥이에는 시선을 조금도 보내지 않으십니다. 그들에게는 아무런 힘도 없습니다! 예수의 시선은 오로지 어둠의 시간을 몰고 올라오는 사람을 향합니다. 그분의 제자들도 원수가 어디 있는지 당연히 압니다. 한순간 모든 것이, 곧 구원사와 세계사가 한 배신자의 결정에 달리게 됩니다. "보아라, 나를 넘겨줄 자가 가까이 왔다." 밤중에 제자들은, 그가 제자요 형제요 친구인 유다라는 것을 알고 몸서리칩니다. 그들이 몸서리를 친 이유는, 예수께서 같은 날 저녁 그들에게 "너희 가운데 한 사람이 나를 넘겨줄 것이다"라고 말씀하실 때, 그들 가운데 누구도 다른 사람에게 죄를 씌울 엄두를 내지 못했기 때문입니다. 누구도 다른 사람이 이 일을 하리라고 믿지 않았습니다. 그래서 저마다 "주님, 그 사람이 나입니까? 그 사람이 나입니까?"라고 물을 수밖에 없었습니다. 하지만 그 이전에도 그들의 본심은, 그런 행위를 형제인 그 다른 사람처럼 할 수 있는 상태였습니다.

"예수께서 아직 말씀하고 계실 때에, 열두 제자 가운데 하나인 유다가 왔다. 대제사장들과 백성의 장로들이 보낸 무리가 칼과 몽둥이를 들고 그와 함께하였다." 여기서 중요한 두 사람만 보도록 하지요. 제자들과 추적자들은 뒤로 물러납니다. 양측 모두 제 할 일을 불충분하게 합니다. 오직 두 사람만 자기가 해야 할 일을 합니다.

예수와 유다입니다. 먼저 유다는 어떤 사람입니까? 이것이 문제입니다. 이는 기독교가 아주 오랫동안 골똘히 생각해 온 물음 가운데 하나입니다. 복음서 저자가 "**열두 제자 가운데 하나인 유다**"로 표현한 것에 주목해 봅시다. 복음서 저자가 이 짧은 문구로 표현한 공포가 조금이라도 느껴지는지요? "열두 제자 가운데 하나인 유다." 이 표현 말고 무엇을 더 말할 수 있었겠습니까? 이 표현으로 사실상 모든 것을 다 말한 셈이 아닐까요? 칠흑같이 어두운 유다의 비밀을 말함과 동시에 그의 행위에 대한 극도의 경악까지 말한 것이 아닐까요? 열두 제자 가운데 하나인 유다, 이것이 의미하는 바는 이렇습니다. "이런 일이 발생하다니, 있을 수 없는 일이야. 정말로 있을 수 없는 일이야. 그런데도 일어났어." 아니, 이 표현에는 더 설명하고 이해할 것이 없습니다. 그것은 설명하거나 이해할 수 있는 것이 아닙니다. 그것은 철두철미 수수께끼로 남아 있습니다. 하지만 그 일이 이루어졌습니다. 열두 제자 가운데 하나인 유다, 이는 그가 밤낮으로 예수 주위에 있으면서 그분을 뒤따른 사람, 그렇게 하는 데 적지 않은 돈을 지출한 사람, 예수와 함께하려고 모든 것을 버린 사람, 베드로와 요한과 주님의 형제요 친구이자 이들의 신뢰를 받던 사람이라는 것만을 의미하는 게 아닙니다. 이 표현은 바로 예수께서 유다를 직접 부르시고 택하셨다는 훨씬 더 이해할 수 없는 면을 또한 드러냅니다. 이것이야말로 수수께끼가 아닐 수 없습니다. 예수께서는 누가 자기를 배신할지 처음부터 알고 계셨기 때문입니다. 예수께서는 요한복음에서 "내가 너희 열둘을 택하지 않았느냐? 그러나 너희 가운데서 하나는 악마다"라고 말씀하십니다.[18] 열두 제자 가운데 하나인 유다, 이 표현에서 독자인 우리는 몹시 당황스럽습니다. 하지만 우리는 유다만 주목할 것이 아니라, 그를 택하신 주님도 주목해야 합니다. 그리고 그분이 택하신 사람들, 그분이 사랑하신 사람들도 주목해야 합니다. 그들은 그분이 자기의 전 생애에서 자기 인품의 비밀에 참여시키시고, 복음의 선포를 위해 파송하신 사람들입니다. 그들은 주님이 마귀 축출과 치유의 전권을 맡기신 사람들이며, 유다도 그들 가운데 하나였습니다. 예수께서 유다를 남몰래 미워하셨다는 암시는 어디에도 없습니다. 아니, 유다는 제자들의 돈주머니를 관리하는 그의 직무로 인해 다른 제자들보다 훨씬 돋보였습니다. 사실 요한이 유다를 두고 "그는 도둑이어서"라고 한 차례 말한 적이 있지만,[19] 이는 유다가 예수 도둑이었음을, 바로 그가 자기 뜻에 부합하지 않는 예수를 훔쳐서 세상에 팔아넘겼음을 어렴풋이 알리는 암시에 불과한 것 아닐까요? 은화 서른 닢도 예수의 선물을 아는 자에게 세상의 선물이 얼마나 천하고 보잘것없는지를 가리키는 상징에 불과한 것 아닐까요? 어쨌든 예수께서는 처음부터 누가 자기를 배신할지 알고 계셨습니다! 요한은 예수와 유다의 연대감을 가리키는 대단히 불가해한 몸짓도 보도합니다. 만찬이 있던 그 밤에 예수께서 빵조각을 적셔서 유다에게 건네십니다. 바로 이 몸짓으로 최고의 연합을 알리시자마자, 사탄이 유다에게 들어갑니다. 그 후 예수께서는 반은 부탁조로, 반은 명령조로 유다에게 말씀하십니다. "네가 할 일을 어서 하여라." 아무도 무슨 일이 벌어졌는지 알지 못합니다.[20] 이 모든 것은 예수와 유다만이 아는 일이었습니다.

열두 제자 가운데 하나인 유다는 예수께서 택하시고 자기 공동체 안으로 끌어들여 사랑하신 사람입니다. 이는 예수께서 자신을 배신한 사람에게도 완전한 사랑을 보이고 증명하고 싶어 하신다는 뜻이 아닐까요? 그것은 예수께서 자기에게는 배신할 것이 조금도 없음을 알고 계신다는 뜻이 아닐까요? 그것은 예수께서 고난의 길에서 성취되는 하나님의 뜻을 깊은 사랑으로 사모하신다는 뜻도 되지 않겠습니까? 그것은 예수께서 배신을 통해 길을 열어 주는 자, 잠시 그분의 운명을 틀어쥐는 자까지 사랑하신다는 뜻이 아닐지요? 그것은 예수께서 유다를 신적 의지의 집행자로 여겨 사랑하시되, 이런 일이 벌어지게 하는 그 사람에게 화가 있으리라는 사실도 아신다는 뜻이 아닐까요? 열두 제자 가운데 하나인 유다, 이 표현은 심오하고 불가해한 수수께끼가 아닐 수 없습니다.

그러나 이 표현은 유다 쪽에서 보아도 수수께끼입니다. 유다는 예수에게 무엇을 바라던 것일까요? 악인이 죄 없는 사람, 마음이 깨끗한 사람에게서 벗어나지 않는 것은 반드시 있어야 할 일입니다. 악인은 죄 없는 사람을 미워하면서도 버리지는 않습니다. 악인은 죄 없는 사람을 사랑하지만, 음울하고 충동적인 사랑으로 그리합니다. 악인, 곧 악마는 그 사랑으로 하나님 안에서, 마음이 깨끗한 사람 안에서 제 근원을 알기까지 합니다. 악인은 선인의 제자가 되려고 합니다. 악인은 선인의 가장 열정적인 제자가 됩니다. 자기가 그를 배신할 때까지 말입니다. 악인은 자기가 하나님을 섬겨야 한다는 것을 알고, 자기가 갖지 못한 하나님의 능력 때문에 그분을 사랑하지만, 하나님을 쥐락펴락하겠다는 단 하나의 열망만 품습니다. 그래서 그는 제자이면서도 자기의 주님을 배신할 수밖에 없습니다. 예수께서는 유다를 택하시고, 유다는 예수를 떠나지 않습니다. 예수와 유다는 처음부터 서로 긴밀한 관계입니다. 어느 쪽도 다른 쪽을 놓아주지 않습니다.

이제 이야기 안에서 예수와 유다가 입맞춤을 통해 연결되는 장면을 살펴보도록 하겠습니다. 섬뜩한 내용을 들어 보십시오. "예수를 넘겨줄 자가 그들에게 암호를 정하여 주기를 '내가 입을 맞추는 사람이 바로 그 사람이니, 그를 잡으시오' 하고 말해 놓았다. 유다가 곧바로 예수께 다가가서 '안녕하십니까? 선생님!' 하고 말하고, 그에게 입을 맞추었다. 예수께서 그에게 '친구여, 무엇 하러 여기에 왔느냐?' 하고 말씀하시니, 그들이 다가와서, 예수께 손을 대어 붙잡았다." 그리고 이 말씀도 들어 보십시오. "유다야, 너는 입맞춤으로 인자를 넘겨주려고 하느냐?"[21] 또 한 번 이 물음을 붙잡아 보십시오. 입맞춤으로 인자를 넘겨주는 유다는 어떤 사람인가? 이 입맞춤이 관례적인 인사법이었다고 말하는 것은 확실히 피상적인 언급입니다. 이 입맞춤은 그 이상입니다! 이 입맞춤은 유다가 걷는 길의 절정이자, 예수와 유다의 연합을 가리키는 가장 심원한 표현이요, 예수와 유다의 한없이 깊은 분리를 가리키는 표현입니다.

"친구여, 무엇 하러 여기에 왔느냐?" 여전히 유다를 사랑하시고, 그 순간에도 유다를 친구라 부르시는 예수의 음성이 들리는지요? 예수께서는 이때도 유다를 떼어 내려 하지 않으십니다. 그분은 유다의 입맞춤을 받아들일 뿐, 그를 거부하지 않으십니다. 아니, 유다는 그분에게 입맞춤하지 않으면 안 됩니다. 예수와의 연합이 완성되어야 합니다. "무엇 하러 여기에 왔느냐?" 예수께서는 유다가 무엇 하러 왔는지 잘 아시면서도 그렇게 물으십니다. "유다야, 너는 입맞춤으로 인자를 넘겨주려고 하느냐?" 제자가 보여주는 신뢰의 궁극적 표현이 배신과 결합합니다. 뜨거운 사랑의 더할 나위 없는 상징이 열정적 증오와 짝을 이룹니다. 우세한 힘으로 예수에 대한 승리를 거머쥐게 되었음을 의식하며 비굴한 몸짓을 즐깁니다. 유다의 입맞춤은 깊은 속까지 분열된 행동이었습니다. **예수를 떠나지 않고도 그분을 팔아넘기는 짓이었습니다!** "유다야, 너는 입맞춤으로 인자를 배신하느냐?" 유다는 어떤 사람일까요? 여기서 우리는 그의 이름에 관해서도 언급해야 하지 않을까 싶습니다. "유다", 그는 속속들이 분열된 백성, 예수를 배출한 백성, 메시아 약속을 받았으면서도 메시아를 배척한 선민을 대변하지 않을까요? 메시아를 사모했으나 사랑하지는 않았던 백성을 대변하지 않을까요? "유다", 이 이름은 우리말로 '감사'를 의미합니다. 이 입맞춤은 제자의 민족이 예수께 바치는 감사이면서, 동시에 영원한 절교가 아니었을까요? 유다는 누군가? 배신자는 누군가? 우리도 이 물음을 마주하면 "주님, 그 사람이 나입니까? 그 사람이 나입니까?"라는 제자들의 말을 하는 것 말고 무슨 말을 할 수 있겠습니까?

"그들이 다가와서, 예수께 손을 대어 붙잡았다." "내가 바로 그 사람이니, 내가 지옥에서 무력하게 참회합니다. 채찍과 굴레, 당신께서 견디셨던 일이 내 영혼을 거머쥐었습니다."[22] 최종 결말도 살펴봅시다! 예수 그리스도께서 골고다 십자가에서 속죄의 고난을 완수하시던 바로 그 시간, 유다는 나가서 스스로 목을 맨 채 무익한 후회와 함께 영겁의 벌을 받았습니다. 무시무시한 연합이었습니다!

기독교는 이 유다에게서 여러 번 되풀이하여 신적 저주와 영겁의 벌이라는 어두운 비밀을 보았습니다. 기독교는 배신자에 대한 하나님의 위엄과 심판을 두려움과 함께 깨닫고 증언했습니다. 그러면서도 배신자를 오만하고 거만한 태도로 보지 않았습니다. 다만 자신의 엄청난 죄를 돌아보며, 깨닫고 떨면서 "오, 너 가련한 유다야, 네가 무슨 짓을 한 것이냐!" 하고 읊조렸습니다. 오늘 우리도 이처럼 "오, 너 가련한 유다야, 네가 무슨 짓을 한 것이냐!" 하고 읊조리며, 우리 모두의 죄로 인해 십자가에 달리시고 우리를 구원하신 분에게로 피하여 이렇게 기도하기를 바랍니다.

오, 그리스도, 하나님의 아들이시여, 도와주소서.

당신의 쓰라린 고난을 통해

우리가 당신께 늘 복종하고

모든 악덕을 피하고

당신의 죽으심과 그 동기를

충실히 숙고하게 하소서.

비록 가난하고 약한 몸이지만, 이를 위해

당신께 감사의 제물을 바치게 하소서. 아멘.[23]

보복 시편에 관한 설교

시편 58편

1937년 7월 11일

자신이 망하지 않게 해달라고 선창하는 다윗의 황금 시편. 너희가 옳은 일을 말하려 하지 않고, 사람의 자식들을 타당하게 재판하려 하지도 않으니, 너희는 말 못 하는 자들이냐? 너희는 하나같이 이 땅에서 부당한 판결을 내리고, 곧장 내달아 너희 손으로 죄를 범하는구나. 악한 자들은 모태에서부터 나쁜 길로 빠졌으며, 거짓말쟁이들은 태어날 때부터 길을 잃었구나. 그들의 독은 뱀의 독과 같고, 그들은 제 귀를 틀어막고서 마술사의 소리도 듣지 않고 능숙한 마법사의 소리도 듣지 않는 귀먹은 독사 같구나. 하나님, 그들의 이빨을 그 입안에서 부러뜨려 주십시오. 주님, 젊은 사자들의 이빨을 부수어 주십시오. 그들은 흘러가는 하천처럼 사라질 것입니다. 그들이 화살로 겨누어도, 그 화살은 꺾이고 맙니다. 그들은 달팽이가 녹아내리듯이 사라집니다. 여인의 사산아처럼, 그들은 해를 보지 못합니다. 너희의 냄비가 가시나무 불 속에서 데워지기도 전에, 진노가 가시나무들을 생가지와 함께 빼앗아 갈 것이다. 의로운 사람은 그런 보복을 보면서 기뻐하고, 악한 자의 피로 자기 발을 씻을 것입니다. 그래서 사람들이 "과연 의인이 열매를 즐기는구나. 과연 이 땅에서는 하나님이 심판관이시구나" 하고 말할 것입니다.[24]

이 무시무시한 보복 시편이 우리의 기도가 될 수 있을까요? 우리가 이렇게 기도해도 될까요? 이 물음에 대한 대답은 애당초 아주 분명합니다. 안 됩니다. 우리는 결단코 이런 식으로 기도해선 안 됩니다! 우리는 우리를 곤경 속으로 끌고 가는 온갖 적개심에 막중한 책임이 있습니다. 우리는 죄인인 우리를 쳐서 겸손하게 하는 하나님의 의로운 징계를 인정해야 합니다. 교회가 곤경에 처한 이 시기에도 우리는 다음의 사실을 인정해야 합니다. 이를테면 하나님은 우리를 향해 진노의 손을 드시어 우리의 일상생활 속에서 말씀의 다스림을 받도록 우리의 죄, 온갖 영적 태만, 불순종과 은밀한 불순종, 심각한 무규율 상태를 벌하신다는 것입니다. 이것을 인정하지 않는다면, 각 사람의 은밀한 죄에서 공동체의 죄에 이르기까지 하나님의 진노가 임할 수 있다는 사실을 부정할 셈인지요? 우리가 죄를 지어서 하나님의 진노를 받는 것이라면, 어떻게 우리의 원수들에게 보복해 달라고 하나님께 청하겠습니까? 그 보복이 도리어 우리 자신에게 닥치지 않을까요? 그러므로 우리는 이 시편대로 기도해서는 안 됩니다. 그 이유는 그렇게 기도해도 될 만큼 우리가 선하기 때문이 아니라(그래도 될 만큼 우리가 선하다는 생각은 참으로 피상적인 생각, 이해할 수 없는 오만입니다!), 그렇게 기도하기에는 우리가 너무 부도덕하고 악하기 때문입니다!

죄과가 전혀 없는 사람만이 그렇게 기도할 수 있을 것입니다. 이 보복 시편은 무죄한 자의 기도입니다. "자신이 망하지 않게 해달라고 선창하는 다윗의 황금 시편." 이 시편을 기도로 바치는 이는 다윗입니다. 다윗 자신은 무죄한 사람이 아닙니다. 그러나 하나님은 다윗의 자손이라 불리는 예수 그리스도를 다윗 안에 예비해 두고 싶어 하셨습니다. 그래서 다윗은 망해서는 안 됩니다. 그로부터 그리스도가 오셔야 하기 때문입니다. 다윗은 제 목숨을 유지하려고 제 원수들을 상대로 그렇게 기도한 적이 한 번도 없었던 것 같습니다. 우리가 아는 대로, 다윗은 자신에게 쏟아지는 온갖 비방을 겸허히 감내했습니다. 중요한 사실은 다윗 안에 그리스도가 계시고, 그와 함께 하나님의 교회도 거기에 자리하고 있다는 것입니다. 그래서 그의 원수들은 예수 그리스도의 원수들이자 그분의 거룩한 교회의 원수들입니다. 그래서 다윗은 제 원수들 앞에서 망해서는 안 됩니다. 이 시편은 죄 없으신 그리스도가 다윗 안에서 그와 함께—그리스도와 함께 거룩한 교회 전체가—바친 기도입니다. 그러니 우리 죄인들은 이 보복의 노래를 기도로 바쳐서는 안 됩니다. 무죄 자체만이 이 보복을 기도로 바칩니다. 그리스도의 무죄가 세상 앞에 나타나 고소합니다. 우리가 고소하는 것이 아니라, 그리스도가 고소하십니다. 그리스도가 죄를 고발하시면, 우리는 곧바로 피고인의 자리에 서게 되지 않을까요? "너희가 옳은 일을 말하려 하지 않고, 사람의 자식들을 타당하게 재판하려 하지도 않으니, 너희는 말 못 하는 자들이냐?" 부당한 일이 벌어지는데도 세상 사람들이 입을 열지 않습니다. 가난한 이들과 불행한 이들에 대한 압제가 하늘을 찌를 듯 시끄럽게 소리치는데도 세상의 재판관들과 지배자들은 침묵합니다. 박해받는 공동체가 극도의 곤경에 처해 하나님께 도움을 구하고 사람들이 정의를 구하는데도, 땅 위에서는 그들의 권리를 찾아 주기 위해 누구도 입을 열지 않습니다. 그야말로 악한 시대입니다. "너희가 옳은 일을 말하려 하지 않고, 사람의 자식들을 타당하게 재판하려 하지도 않으니, 너희는 말 못 하는 자들이냐?" 사람의 자식들은 부당한 일을 당하는 사람들입니다. 악한 시대에는 이런 일이 늘 쉽게 묵살되는 것일까요? 여러분, 잘 들어 보십시오. 사람의 자식들은 여러분처럼 하나님의 피조물입니다. 그들은 여러분처럼 고통과 불행을 겪는 사람들이며, 여러분이 폭력을 가하는 사람들입니다. 그들은 여러분처럼 행복과 희망을 품는 사람들이며, 여러분처럼 명예도 느끼고 치욕도 느끼는 사람들입니다. 사람의 자식들, 그들은 여러분처럼 죄인들입니다. 그들은 여러분처럼 하나님의 자비가 필요한 사람들, 바로 여러분의 형제자매들입니다! "너희는 말 못 하는 자들이냐?" 오, 아닙니다. 그들은 말 못 하는 사람들이 아닙니다. 현세에서는 그들의 목소리가 잘 들리니 말입니다. 하지만 그들이 입 밖에 내는 말은 무자비하고 편파적인 말이어서 법에 따라 판결하는 것이 아니라, 사람의 외모에 따라 판결합니다.

"너희는 하나같이 이 땅에서 부당한 판결을 내리고, 너희 손으로 폭력의 대로大路를 닦고 있구나." 세상의 지배자들이 부당한 일에 대해 입을 다물면, 곧바로 손이 폭행을 저지릅니다. 무법 세상에서 사람의 손이 하는 말은 무섭습니다. 법이 없는 곳에서는 육신의 곤경과 고통이 발생하고, 박해받고 투옥되고 매를 맞는 공동체가 이 육신으로부터의 구원을 갈망하게 됩니다. 내가 사람의 손이 아니라 하나님의 손에 떨어지게 하소서! 아직도 이 소리가 들리지 않습니까? 그리스도가 여기서 하시는 말씀입니다! 그분은 불공정한 판결을 받으시고 사람의 손에 던져졌습니다. 불공평한 세상을 고소하는 것은 무죄이지, 우리 죄인들이 아닙니다. 우리 죄인들이 겪을 것은 하나님의 공의로운 진노뿐입니다. 그렇지 않으면 곳곳에서 발생하는 개인의 과실들이 중요해지고 말 것입니다. 아니, 여기서 악의 비밀 자체가 모습을 드러냅니다. "악한 자들은 모태에서부터 나쁜 길로 빠졌으며, 거짓말쟁이들은 태어날 때부터 길을 잃었구나." 이 악의 심연을 들여다보는 것은 완전한 무죄뿐입니다. 우리는 아직도 고치고 개선할 것이 있다고 믿고 싶어서, 여기저기서 뭔가를 달성하려고 무수한 방법을 시도하다가, 심각한 부정이 계속해서 발생하면 큰 불안과 급작스런 경악과 격노에 빠져듭니다. 무죄만이 모든 것이 그럴 수밖에 없음을 압니다. 무죄는 어두운 비밀을 압니다. 이를테면 사탄이 이미 모태에서부터 제 사람들을 움켜쥐고서 거칠게 몰아댄다는 것입니다. 이제 그들은 사탄의 일을 하는 수밖에 없습니다. 세상은 세상으로 머물고, 사탄은 사탄으로 머뭅니다. 이 인식의 심연에서 무죄는 완전한 평안을 얻습니다.

"그들의 독은 뱀의 독과 같고, 그들은 제 귀를 틀어막고서 마술사의 소리도 듣지 않고 능숙한 마법사의 소리도 듣지 않는 귀먹은 독사 같구나." 동양에서 마술사는 제 목소리로 뱀을 길들여 복종시키는 것으로 알려져 있습니다. 그러나 귀먹은 뱀은 이 목소리를 듣지 못하는 까닭에 마술사를 향해 돌진합니다. 악한 자는 귀먹은 뱀과 같아서 능숙한 마법사의 목소리를 듣지 못합니다. 여기서 능숙한 마법사는 하나님 자신입니다. 하나님은 자신의 은혜로운 말씀으로 우리의 마음을 사로잡아 움직이십니다. 그분은 자신의 달콤한 사랑의 말씀으로 우리를 꾀시고, 우리를 설득하시고, 우리의 마음을 제압하셔서, 우리가 홀리기라도 한 듯이 그분의 말씀을 듣고, 그분에게 복종할 수밖에 없게 하십니다. 그러나 귀 기울여 듣는 자들이 있고, 귀먹거나 제 귀를 틀어막아서 듣지 못하는 자들이 있다는 것은 커다란 수수께끼입니다. 과연 우리도 우리의 귀가 들으려고 하지 않는 때가 있다는 것을 압니다. 우리가 일부러 불순종하며 하나님의 뜻을 거슬러 우리의 마음을 완고하게 만들고, 죄 위에 죄를 쌓고, 마침내 더는 듣지 못하게 되는 때 말입니다. 그때는 사탄이 우리를 지배하는 때입니다. 사탄이 마음을 완고하게 만든 자들은 사탄을 섬기며 하나님 나라와 그분의 말씀에 맞서 싸우게 마련입니다. 그들은 더는 듣지도 못하고 복종하지도 못합니다. 그들의 귀가 들으려고 하지 않고 하나님의 은혜에 맞서기 때문입니다. 그래서 그들의 입도 하나님의 법을 위해서 말하지 못합니다. 그들은 하나님의 원수이자 그분의 공동체의 원수입니다. 그들은 다윗이 알고, 그리스도께서 아시며, 하나님의 교회가 아는 원수입니다.

이런 인식은 기도로 이어집니다. 원수가 이러하기에, 인간의 방법은 평화로 나아가는 데 아무 도움이 되지 않습니다. 인간의 능력도 원수를 이기는 데 아무 도움이 되지 않습니다. 다만 우리는 하나님의 이름을 부르는 수밖에 없습니다. 드디어 우리의 시편에서 우리를 떨게 하는 무시무시한 소원 기도가 시작됩니다. 우리가 읽어 내려가며 전율과 동시에 내적으로 크게 저항하며 그저 따라 말하기만 하는 기도입니다. 이 기도는 하나님을 부르며 원수들에게 보복해 달라고 청합니다. "하나님, 그들의 이빨을 그 입안에서 부러뜨려 주십시오. 주님, 젊은 사자들의 이빨을 부수어 주십시오." 여기서 무엇보다도 우리는 하나님의 원수들, 곧 그분 교회의 원수들을 눈앞에 두고 할 수 있는 것이 오직 기도뿐임을 배우는 게 좋겠습니다. 이 원수들 앞에서는 우리의 용기—그것이 제아무리 가상해도—, 우리의 온갖 용맹도 부서지게 마련입니다. 우리는 이것을 사탄의 공격과 관련짓습니다. 바로 이때는 홀로 사탄을 제압하시는 하나님이 직접 상황을 맡으셔야 합니다. 그래서 우리가 곤경에 처할 때 하나님께 진지하게 기도하지 않으면 안 된다는 사실을 배울 수 있다면, 이는 정말로 대단한 일입니다. 하나님께 보복을 맡기는 사람은 자기의 모든 보복을 포기하는 사람입니다. 직접 보복하려고 하는 사람은 자기가 어떤 분과 관계하고 있는지를 아직 알지 못한 사람입니다. 하나님은 그 사람의 보복을 직접 맡으려 하시는 분인데 말입니다. 그러므로 보복을 오로지 하나님께 맡기는 사람은 보복하지 않고, 보복을 생각하지도 않고, 미워하지 않고, 항의하지 않고, 직접 고난을 받으며 감내할 준비가 되어 있는 사람입니다. 그는 온유하고 화평케 하는 사람, 자기 원수를 사랑하는 사람입니다. 그는 자신의 고난보다 하나님의 대의를 더 중히 여기는 사람입니다. 그는 하나님이 승리하실 것임을 아는 사람입니다. 주님은 "보복은 나의 일이니, 내가 보복하겠다"라고 말씀하십니다.[신 32:35] 그분은 반드시 보복하실 것입니다! 덕분에 우리는 보복과 앙갚음으로부터 완전히 벗어나게 됩니다. 자신의 보복 기원과 증오로부터 완전히 벗어난 사람, 다시는 기도를 이용하여 사적인 복수심을 채우지 않는 사람은 깨끗한 마음으로 기도할 수 있습니다. "하나님, 그들의 이빨을 그 입안에서 부러뜨려 주십시오. 주님, 젊은 사자들의 이빨을 부수어 주십시오"라고 기도할 수 있습니다. 이 구절은 "하나님, 여기 해를 입는 것은 오로지 당신의 대의입니다. 당신의 명예가 더럽혀지고 있습니다. 하나님, 당신께서 들어오셔서 당신의 원수를 없애 주십시오. 당신의 힘을 행사하시고, 당신의 의로운 진노를 발하십시오"라는 뜻입니다. 하나님은 무시당하는 분이 아니시니, 그분이 자기 원수들을 무섭게 재판하실 것입니다. 우리가 이 시편의 섬뜩한 바람을 두려워하는 것처럼, 하나님의 힘은 그

힘의 공격을 받는 자보다 훨씬 더 두려울 것입니다. 우리가 사람의 주먹을 두려워할진대, 자기의 나라와 자기의 이름과 자기의 명예 때문에 악한 자를 격파하는 하나님의 주먹은 얼마나 더 두려워해야 하겠습니까. 세상의 주님이 자기 나라를 세우십니다. 그분의 원수를 갚는 것은 그분의 일입니다.

이제 다윗은 엄청난 환호성을 지릅니다. 그는 하나님이 자신의 기도를 들어주실 것이라 확신합니다. 그는 쇄도하는 장면들을 보면서 투쟁과 곤경과 고난 한가운데서 악한 자들의 몰락을 봅니다. "그들은 흘러가는 하천처럼 사라질 것입니다." 그들은 갑작스럽게 최후를 맞이할 것입니다. 물이 신속히 흘러가 버리듯이, 그들도 더는 존재하지 못할 것입니다. "그들이 화살로 겨누어도, 그 화살은 꺾이고 맙니다." 치명적인 화살이 휙휙 소리를 내며 날아가도, 더는 해를 입히지 못하고 힘을 잃고 맙니다. "그들은 달팽이가 녹아내리듯이 사라집니다." 이처럼 다윗은 그의 원수들을 한껏 경멸합니다. 사람이 달팽이를 밟아 으깨듯이, 하나님께서 이 세상의 권력자들과 거물들을 밟아 으깨시는 때가 올 것입니다. "여인의 사산아처럼, 그들은 해를 보지 못합니다." 그들은 너무나 빨리 파멸해서 어둠과 망각 속에 자리할 것이고, 아무도 그들의 일을 묻지 않을 것입니다. "너희의 냄비가 가시나무 불 속에서 데워지기도 전에, 진노가 가시나무들을 생가지와 함께 빼앗아 갈 것이다." 하나님의 원수들이 세운 계획은 하나님의 진노 때문에 익지 못할 것입니다. 악한 자들은 재빨리 강제로 제거되어, 아무것도 완성하지 못할 것입니다. 바로 이것이 하나님의 보복입니다. 하나님의 보복은 속히, 우리가 예감한 것보다 신속히 올 것입니다.

"의로운 사람은 그런 보복을 보면서 기뻐하고, 악한 자의 피로 자기 발을 씻을 것입니다." 우리는 이 시편 때문에 또 한 번 전율하게 됩니다. 그리스도인으로서 우리가 이 결말대로 기도하는 것은 절대로 있을 수 없는 일이 아닐까요? 사랑하는 교우 여러분, 우리가 이 대목을 피한다면, 이는 전체 가운데서 아무것도 이해하지 못한 것입니다. 중요한 것은 하나님과 그분의 의뿐입니다. 하나님의 의가 승리하려면, 악한 자가 제거되어야만 합니다. 여기서 인간의 우정과 동정심은 더는 중요하지 않습니다. 하나님께서 승리하시는 것이 중요합니다. 하나님의 보복과 악한 자의 피를 기뻐하지 않고 놀라 뒤로 물러서는 사람은, 아직 그리스도의 십자가에서 무슨 일이 일어났는지 모르는 사람입니다. 악한 자에 대한 하나님의 의로운 보복은 이미 우리에게 닥쳤습니다. 악한 자의 피는 이미 쏟아졌습니다. 악한 자에 대한 하나님의 사형 선고가 내려졌습니다. 하나님의 의가 성취되었습니다. 바로 이 일이 예수 그리스도의 십자가에서 이루어졌습니다. 예수 그리스도께서 죽으셨습니다. 예수께서 하나님의 진노와 보복을 당해 악한 자의 죽음을 맞으셨습니다. 그분의 피는 하나님의 의가 계명 위반에 대해 요구한 피입니다. 하나님의 보복은 이 시편이 알고 있는 것보다 더 무시무시하게 세상 한가운데서 실행되었습니다. 우리가 죽지 않게 하시려고, 무죄하신 그리스도께서 악한 자의 죽음을 맞으셨습니다. 지금 우리는 악한 자로서 십자가 아래 서 있습니다. 따라서 이해하기 어려운 수수께끼가 풀립니다. 바로 무죄하신 예수 그리스도께서 "아버지, 저들을 용서하여 주십시오. 저들은 자기네가 무슨 일을 하는지를 알지 못합니다"눅 23:34라고 기도하시는 시간은, 하나님께서 악한 자에게 보복하시는 시간이자, 우리의 시편이 성취되는 시간이라는 것입니다. 보복을 당하신 그분만이 악한 자에 대한 용서를 청할 수 있습니다. 오직 그분이 하나님의 진노와 보복으로부터 우리를 해방해 주셨기 때문입니다. 그분 이전의 누구도 그렇게 기도하지 못했습니다. 하지만 그분이 자기 원수들을 용서하셨고, 그분만이 그렇게 하실 수 있는 분입니다. 우리는 십자가에 못 박히신 그분을 보면서, 악한 자들에 대한 하나님의 진실하고 생생한 진노와 이 진노로부터의 해방을 알게 됩니다. "아버지, 저들을 용서해 주십시오. 저들은 자기네가 무슨 일을 하는지를 알지 못합니다"라는 음성을 듣게 됩니다.

"의로운 사람은 그런 보복을 보면서 기뻐하고, 악한 자의 피로 자기 발을 씻을 것입니다." 이것이야말로 하나님의 진정한 기쁨이 아닐까요? 하나님의 의가 십자가에서 승리하는 것과, 그리스도의 승리를 보고 기뻐하는 것이야말로 의로운 이들의 기쁨이 아닐까요? 하나님의 보복이 사라지고, 악한 자의 피가 우리를 씻어 하나님의 승리에 참여시킵니다. 악한 자의 피가 우리를 구원하고, 우리를 모든 죄로부터 깨끗하게 해줍니다. 이것이야말로 기적이 아닐 수 없습니다.

이처럼 보복 시편 한가운데서 피투성이 구원자, 곧 하나님의 보복을 당하고 악한 자들을 위해 죽어 우리를 구원으로 이끄는 피투성이 구원자의 이미지가 생겨납니다. 누구도 이 구원에서 배제되지 않습니다. 그리스도는 모든 이를 대신하여 하나님의 보복을 온전히 감내하셨습니다. 그분에게 나아가는 사람, 그분의 편이 되는 사람은 하나님의 진노와 보복을 더는 당하지 않습니다. 그가 누구든 간에, 그는 그리스도의 의의 보호를 받습니다. 그러나 그분에게 나아가려 하지 않는 사람, 악한 자의 모습으로 그리스도의 십자가 앞에 엎드리려 하지 않는 사람, 그리스도의 십자가에 반항하는 사람에게는 하나님의 엄혹한 심판, 곧 하나님의 보복이 그리스도에게 닥쳤던 것처럼 닥칠 것입니다. 그는 생명이 아니라 영원한 죽음을 맞게 될 것입니다.

"사람들이 '과연 의인이 열매를 즐기는구나. 과연 이 땅에서는 하나님이 심판관이시구나' 하고 말할 것입니다." 이 세상의 행복이나 권력, 명예는 의인의 열매가 아닙니다. 의인의 열매는 예수 그리스도의 십자가로 세우는 공동 사회, 하나님의 진노로부터의 구원과 다르지 않습니다. "과연 이 땅에서는 하나님이 심판관이시구나." 그렇다면 악한 자들에 대한 하나님의 심판은 이 땅 어디에 자리할까요? 세인들 앞에서 겪는 가시적인 불행, 실패, 수치에 자리하지 않고, 오로지 예수 그리스도의 십자가에만 자리합니다. 그런데 우리는 이 사실로 충분하지 않습니까? 이 십자가 안에서 하나님의 모든 원수가 넘어져 심판받는 모습이 보이지 않습니까? 우리는 불안해하면서 이 하나님의 심판보다 더 많은 것을 보려고 하니 도대체 어찌 된 일인지요? 이 세상에서 하나님의 의에 대해 갈피를 못 잡겠거든, 다만 그리스도의 십자가를 바라봅시다. 이 십자가에 심판이 있고, 은혜가 있습니다.

우리는 장차 최후 심판의 날에 의인이 구원받는 것과 악인이 영원한 형벌을 받는 것을 보게 될 것입니다. 하지만 십자가에 못 박히신 분은 그것을 사랑으로 덮으셔서, 우리가 그것을 보지 못하도록 하십니다. 우리는 그것을 참을 수 없겠지만, 그 모든 것이 의인의 기쁨을 위한 것이라고 확신해도 좋습니다. 그날에 구원과 심판 가운데 명백해지는 것은 바로 그리스도의 승전, 그리스도의 대승리입니다. 그러나 그날이 오기까지는, 사탄이 그리스도와 그분의 공동체에 맞서는 원수들을 다그쳐 부당한 일과 폭력과 거짓말을 계속하게 할 것입니다. 그리스도는 이 광란의 도가니 한복판에서 우리를 대신하여 이 시편을 기도로 바치십니다. 그분은 십자가에서 죄 없이 고난받으심으로써 악한 자들을 고소하시고, 그들에 대한 하나님의 보복과 의를 청하시고, 모든 악한 자에게 자신을 내주십니다.

이제 우리는 그리스도의 십자가로 인해 진노로부터 구원을 받은 까닭에, 겸손히 감사드리며 이 시편을 함께 기도로 바칩니다. 우리의 모든 원수를 그리스도의 십자가 아래로 데려가셔서 그들에게 은혜를 베풀어 주시라고 하나님께 열심히 간청하고, 그리스도께서 그분의 모든 원수를 눈에 띄게 이기시고 그분의 나라를 세우시는 그날이 속히 오기를 간절히 갈망합니다. 이렇게 우리는 이 시편으로 기도하는 법을 배웠습니다. 아멘.

원수 사랑에 관하여

로마서 12:16-21

1938년 1월 23일, 주현절 후 셋째 주일, 그로스-슐뢴비츠 수련목회자 모임

스스로 지혜가 있는 체하지 마십시오. 아무에게도 악을 악으로 갚지 말고, 모든 사람이 선하다고 생각하는 일을 하려고 애쓰십시오. 여러분 쪽에서 할 수 있는 대로 모든 사람과 더불어 화평하게 지내십시오. 사랑하는 여러분, 여러분은 스스로 원수를 갚지 말고, 그 일은 하나님의 진노하심에 맡기십시오. 성경에도 기록하기를 "'원수 갚는 것은 내가 할 일이니, 내가 갚겠다'고 주님께서 말씀하신다" 하였습니다. "네 원수가 주리거든 먹을 것을 주고, 그가 목말라 하거든 마실 것을 주어라. 그렇게 하는 것은, 네가 그의 머리 위에다가 숯불을 쌓는 셈이 될 것이다" 하였습니다. 악에게 지지 말고, 선으로 악을 이기십시오.

"하나님께서 나에게 자비를 베풀어 주셨습니다"[25]라고 우리는 찬송했습니다. 그리스도의 온 교회가 새로운 날을 맞을 때마다

이 찬송을 부릅니다. “하나님께서 나에게 자비를 베풀어 주셨습니다.” 내가 하나님 앞에서 마음을 닫고 죄의 길을 걸을 때, 하나님보다 죄를 더 좋아할 때, 죄로 말미암아 비참과 불행에 빠질 때, 길을 잃고 귀로를 찾지 못할 때, 그때 하나님의 말씀이 나에게 다가왔습니다. 그때 나는 하나님께서 나를 사랑하신다는 말씀을 들었습니다. 그때 예수께서 나를 발견하시고, 전적으로 그분 홀로 나와 함께해 주시고, 나를 위로하시고, 나의 모든 죄를 용서해 주시며, 악을 내 탓으로 돌리지 않으셨습니다. “하나님께서 나에게 자비를 베풀어 주셨습니다.”

내가 하나님의 계명 때문에 그분을 몹시 싫어하는데도, 그분은 나를 친구처럼 대해 주셨습니다. 내가 그분에게 악한 일을 행하는데도, 그분은 내게 선한 일을 행하셨습니다. 그분은 나의 악행을 기록하지 않으시고, 끊임없이 나를 찾으시되 화를 내지 않으셨습니다. 그분은 나와 함께 고난받으시고, 나를 위해 죽으셨습니다. 나에게는 너무 어려운 일이 그분에게는 조금도 어렵지 않았습니다. 그렇게 그분께서 나를 이기셨습니다. 하나님이 자기 원수를 이겼습니다. 아버지가 자기 자녀를 되찾았습니다. 이것이 우리가 이 찬송을 부르면서 드려야 할 고백이 아닐까요? 어찌하여 하나님이 나를 사랑하시는지, 어찌하여 하나님이 나를 소중히 여기시는지, 나는 그 이유를 조금도 알지 못합니다. 나는 그분이 자기 생명을 통해 내 마음을 복종시키려고 하셨다는 것을 이해하지는 못하지만, "하나님께서 나에게 자비를 베풀어 주셨습니다"라고 말할 수는 있습니다. 내가 아무것도 알지 못하고 이해하지도 못하는 까닭에, 우리의 본문은 "스스로 지혜가 있는 체하지 마십시오"라고 말합니다. 이 말씀의 뜻은 이러합니다. "여러분은 평소 여러분이 하는 일에서 대단히 지혜로운 사람이겠지만, 한 가지 일에 대해서는 충분히 알지 못한다는 것이지요. 우리는 한 가지 일, 곧 자비라는 신성한 일에 대해서는 미숙한 아이처럼 어리석고 우둔합니다. 그 한 가지 일은 원수를 친구로 만들고, 하나님의 원수를 이기는 것입니다."

오늘 우리가 읽은 본문은 그리스도인이 원수를 대하는 방법, 혹은 그리스도인이 원수를 "이기는" 방법에 대해 말합니다. 이 물음은 개인의 삶과 기독교 공동체의 생활에서 계속해서 제기되는 대단히 중대한 물음입니다. 바로 여기서 우리는 처음부터 끝까지 어리석은 사람이 되고 맙니다. 우리가 자진해서 철저하게 잘못된 생각을 하는 까닭에 우리의 본문이 "스스로 지혜가 있는 체하지 마십시오"라는 말씀으로 시작하는 것입니다.

우선 이 말씀은 우리와 함께하시는 하나님의 길을 우리의 지혜로 이해하는 것이 대단히 어려운 일임을 상기시킵니다. 하나님이 우리를 찾으셔서 용서하신 것과, 하나님이 우리 대신

자기 아들을 희생하셔서 우리의 마음을 얻으시고 돌이키도록 하신 것은 우리의 지혜가 범접할 수 없는 낯선 사실입니다. 이 사실이 말하는 바는, 여러분이 원수를 만나거든 먼저 하나님에 대한 여러분의 적대감과 여러분에 대한 하나님의 자비하심을 생각하라는 것입니다.

"스스로 지혜가 있는 체하지 마십시오." 이는 인류의 시작을 상기시키는 중요한 말씀이기도 합니다. 악마가 아담과 이브에게 약속한 것은 다름 아닌 지혜였습니다. 악마는 그들을 하나님처럼 지혜롭게 만들고자 했고, 그렇게 그들은 선과 악을 알게 되었습니다. 이와 동시에 그들은 선과 악을 판단하는 자가 되었습니다. 악마가 아담에게 지혜를 선사한 이래로, 인간은 자기가 신성한 것을 이해할 수 있고, 그것에 참견해야 한다고 생각합니다. 그들은 하나님과 사람을 상대하는 법을 알고 있다고 생각했습니다. 어쩌면 그들은 자신들의 지혜를 이용하여 선한 세상을 건설하려고 했는지도 모르겠습니다. 하지만 무슨 일이 벌어졌습니까? 인간의 몸으로부터 세상에 나온 첫 사람은 형제를 살해했습니다. 그때 악의 씨가 싹텄습니다. 바로 이것이 첫 사람이 가진 지혜의 열매였습니다! 이것은 우리가 고민할 거리를 제공하지 않습니까? "스스로 지혜가 있는 체하지 마십시오." 이 말씀은 여러분이 형제 살해범이 되지 않게 하려는 것입니다.

사람을 상대하려면 어떻게 해야 하는지, 원수를 상대하려면 어떻게 해야 하는지, 무엇이 선하고 무엇이 악한지를 알고 있다고 생각하지 마십시오. 알고 있다고 생각한다면, 사람들이 서로 화를 내게 될 것입니다. "스스로 지혜가 있는 체하지 말고" 사람에게로, 원수에게로 이어지는 하나님의 길을 주목하십시오. 성서가 어리석은 길이라고 부르는 그 길을 바라보십시오. 하나님께서 원수들에게 쏟으시는 사랑의 길, 십자가에 달리시기까지 그들에게 입증해 보이는 그 사랑의 길을 바라보십시오. 예수 그리스도의 십자가를, 하나님께서 모든 사람에게, 곧 우리뿐만 아니라 우리의 원수들에게까지 펼치시는 위대한 사랑의 길로 인정하는 것이 바로 최고의 지혜입니다. 당신은 하나님께서 우리를 원수들보다 더 사랑하신다고 생각합니까? 특별히 우리가 하나님의 사랑을 특별하게 많이 받는 자녀들이라고 생각합니까? 그렇게 생각한다면, 우리는 바리새주의에 깊이 빠진 것이고, 그리스도인이 되기를 포기한 것입니다. 하나님께서 우리의 원수들을 덜 사랑하시겠습니까? 그분이 우리뿐만 아니라 그들을 위해서도 오셔서 고난을 받으시고 죽기까지 하셨는데요? 십자가는 누군가의 사적 소유가 아닙니다. 십자가는 모든 사람의 것이며,모든 사람과 관계가 있습니다. 하나님은 우리의 원수들을 사랑하십니다. 이것이 십자가가 우리에게 건네는 말씀입니다. 그분은 그들을 위해 고난받으셨고, 곤경과 아픔을 겪으셨습니다. 그분은 그들을 위해 자기의 사랑하는 아들을 내주셨습니다. 우리가 원수를 마주칠 때마다 하나님께서 우리 모두를 사랑하셔서 모든 것을 내주셨다고 즉시 생각할 수 있는 것이 대단히 중요합니다. 그러니 여러분 자신을 지혜로운 사람으로 여기지 마십시오. 우리의 지위가 우리의 원수들보다 먼저라고 여기지 마십시오. 여러분은 본래 하나님의 원수였고, 여러분에게는 공로나 자격이 없는데도 하나님께서 자비를 베풀어 주셨다고 여기십시오. 그런 다음 하나님께서 여러분의 원수를 위해서도 십자가에 달리셨으며, 여러분만큼 그를 사랑하신다고 생각하십시오.

그러므로 "아무에게도 악을 악으로 갚지 말고, 모든 사람이 선하다고 생각하는 일을 하려고 애쓰십시오. 여러분 쪽에서 할 수 있는 대로 모든 사람과 더불어 화평하게 지내십시오." 할 수만 있으면 나를 두고 끊임없이 악담하고, 나를 비방하고, 나에게 부당한 일을 뻔뻔히 저지르고, 나를 괴롭히며 들볶는 이웃이나 타인이 있다고 가정해 봅시다. 그를 보기만 해도, 우리 안에서 피가 머리끝까지 솟구칠 것입니다. 대단히 격한 분노가 치밀어 오를 것입니다. 우리 안에서 이런 반응을 일으키는 자, 그가 바로 원수입니다. 그러나 그런 때야말로 우리가 주의해야 할 때입니다. 그런 때는, 사람이 아니라 하나님께서 나에게 자비를 베풀어 주셨고, 예수 그리스도가 원수를 위해 죽으셨다는 사실을 바로 그 자리에서 떠올리는 것이 중요합니다. 이렇게 떠올리면 갑자기 모든 것이 달라집니다. 우리 귀에 이런 말씀이 들려옵니다. "악을 악으로 갚지 말아라. 손을 들어 폭력을 행사하지 말아라. 입을 열어 격분하지 말고 침묵하여라. 그러면 너에게 악을 행한 자가 너에게 해가 되지 않을 것이다. 너에게 해가 되지 않고, 그에게 해가 될 것이다. 그리스도인은 부당한 일을 참으면 해를 입는 것이 아니라, 부당한 일을 저지르면 해를 입는다. 악마가 네게서 달성하려고 하는 것은 한 가지뿐이다. 그것은 너 역시 악인으로 만드는 것이다. 그러면 악마가 정말로 이길지도 모른다. 그러니 악을 악으로 갚지 말아라. 그에게 손해를 입히지 말고, 네가 손해를 입어라. 그러면 너에게 나쁜 일이 일어나도, 너는 위험에 처하지 않고, 너에게 악을 행한 다른 이가 위험에 처하게 될 것이다. 네가 도와주지 않는 한, 그는 그 속에서 상하고 말 것이다. 그러니 다른 이를 위해서나 그에 대한 네 책무를 위해서라도 악을 악으로 갚지 말아라. 네가 악을 악으로 갚으면, 하나님께서 네게 보복하시지 않겠느냐?"

"모든 사람이 선하다고 생각하는 일을 하려고 애쓰십시오. (…) 모든 사람과 더불어 화평하게 지내십시오." 누구를 마주하든 간에 예외는 없습니다. "모든 사람과 더불어"입니다. 존경할 만한 사람을 마주해서만 존경할 만한 사람이 되는 것이 아니라, 존경할 만하지 않은 사람을 마주해서도 존경할 만한 사람이 되고, 화평을 사랑하는 사람을 마주해서만 화평을 사랑하는 사람이 되는 것이 아니라, 우리를 화평하게 살도록 하지 않는 사람을 마주해서도 화평을 사랑하는 것입니다. 그 반대는 이방인도 할 수 있는 일입니다. 그러나 예수 그리스도는 존경할 만한 사람들과 화평을 사랑하는 사람들을 위해서 죽으신 것이 아니라, 죄인들과 원수들, 존경할 만하지 않은 사람들, 미워하는 사람들, 살인자들을 위해서 죽으셨습니다. 우리의 마음은 친구들, 의인들, 존경할 만한 사람들 사이에서만 사는 것을 중히 여기지만, 예수 그리스도는 원수들 한가운데 계셨습니다. 그분은 바로 그 자리에 계시려고 하셨습니다. 우리도 마땅히 그 자리에 있어야 합니다. 이 화평과 사랑으로 우리는 모든 이단 및 타종교와 구별됩니다. 경건한 사람들은 자기들끼리 있으려고 하지만, 그리스도는 우리가 그분처럼 원수들 한가운데 있기를 바라십니다. 그분은 자기 원수들 한가운데서 하나님의 사랑의 죽음을 맞으시며, "아버지, 저들을 용서하여 주십시오. 저들은 자기네가 무슨 일을 하는지를 알지 못합니다"라고 기도하셨습니다.[26] 그리스도는 원수들 사이에서 자신의 승리를 쟁취하려 하십니다.

그러니 움츠러들거나 고립되지 말고, 모든 사람이 선하다고 생각하는 일을 의중에 두며, 여러분 쪽에서 할 수 있는 대로 모든 사람과 더불어 화평하게 지내십시오.

"여러분 쪽에서 할 수 있는 대로." 사람들이 여러분에게서 화평을 빼앗고, 여러분을 비방하고, 여러분을 박해할 때, 주먹을 꽉 쥐고 있으라는 말이 아닙니다. "여러분 쪽에서 할 수 있는 대로." 이 말은 여러분이 결단코 싸움의 원인이 되어선 안 된다는 뜻입니다. 여러분의 마음은 언제나 화평으로 가득 차 있어야 합니다. 이것은 화평을 위해서는 하나님의 말씀까지도 침묵해야 한다는 뜻일까요? 결단코 아닙니다. 하나님께서 자기의 세상과 더불어, 자기의 사람들과 더불어 이루신 화평을 설교하는 것보다 더 화평으로 가득 찬 말씀과 일이 있을까요? "여러분 쪽에서 할 수 있는 대로." 그러나 여러분이 해서는 안 되는 일이 하나 있습니다. 그것은 하나님의 말씀에 관해 침묵하는 일입니다. 여러분은 갈기갈기 찢기고 분열된 인류 한가운데서 화평을 위해, 곧 사람과 하나님의 화해를 위해 하나님의 말씀을 전해야 합니다. 그리스도는 우리가 아직 원수였을 때 우리와 화평을 이루셨습니다. 그분은 십자가에서 우리의 모든 원수와도 화평을 이루셨습니다. 이제 우리도 모든 사람 앞에서 이 화평을 증언합시다!

"여러분은 스스로 원수를 갚지 말고." 제 손으로 원수를 갚으려는 자는 세상과 인간의 심판자가 되려고 하는 입니다. 오히려 그가 하려던 복수와 심판이 그의 머리로 떨어질 것입니다. 원수를 갚으려는 자가 제 손으로 원수의 목숨을 빼앗으면, 이는 하나님께서 이미 그 원수의 머리에 손을 얹으셨으며, 십자가에서 그를 위해 죽으셨다는 사실을 무시하는 것입니다. 원수를 갚는 자는 그리스도의 죽으심을 무효케 하는 자이며, 화해와 속죄의 피에 대해 죄를 짓는 자입니다. 그리스도는 나와 나의 원수를 위해 죽으심으로써 둘 다 구원하셨습니다. 내가 원수를 갚으려고 한다면, 나는 다른 사람의 구원을 경멸하는 셈이 될 것입니다. 설령 나의 복수 추구가 다른 사람에게 해가 되지 않더라도, 나는 그리스도의 죽으심과 결별을 선언하는 셈이 될 것입니다.

원수 갚기를 포기하는 것은 그리스도께서 우리에게 요구하시는 고통스런 희생입니다. 어쩌면 가장 괴로운 희생일지도 모르겠습니다. 인간의 본성이 원수 갚기를 격렬히 요구하기 때문입니다. 우리 인간의 피는 다른 모든 욕망보다 복수심을 좋아합니다. 그러나 우리가 알다시피, 더는 복수해선 안 됩니다. 원수가 내 눈앞에 서 있어서 마침내 복수할 수 있겠다는 마음이 나를 덮칠 때, 곧바로 예수 그리스도께서 내 원수 뒤에 서서 부탁하십니다. "네 손을 쳐들지 마라. 복수는 내게 맡겨라. 내가 복수하겠다."

"하나님의 진노하심에 맡기십시오. 성경에도 기록하기를 '원수 갚는 것은 내가 할 일이니, 내가 갚겠다'고 주님께서 말씀하신다 하였습니다." 정말 무시무시한 말씀입니다. 우리가 하나님께서 복수하신다는 말씀을 듣고 그 의미를 알 수 있다면, 곧바로 "아니, 복수하지 말아 주십시오. 나는 내 원수가 하나님의 진노하시는 손에 떨어지는 것을 바라지 않습니다"라고 청하지 않겠습니까? 그러나 하나님은 "원수 갚는 것은 내 일이니, 내가 갚겠다"라고 말씀하십니다. 하나님께서 악인들에게 복수하려 하시면, 복수할 수밖에 없으십니다. 그러나 기적 중의 기적이 일어납니다. 그것은 하나님께서 이미 이해할 수 없는 방식으로 복수하셨다는 사실입니다. 하나님은 전에 하나님의 원수였고 지금도 날마다 그분을 거슬러 죄를 짓는 우리와 우리 원수들이 아니라, 그분 자신, 곧 그분의 사랑하는 아들에게 복수하셨습니다. 하나님은 우리의 모든 죄를 그 아들에게 돌리고 벌하십니다. 그러고는 그 아들을 절망과 비참의 구렁 속으로 떠밀어 넣으십니다. 바로 그 시간에 예수는 "아버지, 저들을 용서하여 주십시오. 저들은 자기네가 무슨 일을 하는지 알지 못합니다"라고 기도하십니다. 자기가 직접 괴로움과 고통을 겪고, 우리를 용서하시고 받아들이시는 것, 바로 이것이 하나님의 복수입니다. 자기가 직접 고난을 받고 자기 원수를 용서하시는 것, 바로 이것이 하나님의 복수입니다. "스스로 지혜가 있는 체하지 마십시오"라는 말씀이 기억나지 않습니까? 여러분에게 이르는 하나님의 길은 대단히 놀랍고 고상하며, 대단히 자비롭고 다정합니다!

하나님의 복수에 관한 이 말씀 뒤에 이어지는 말씀도 놀랍지 않습니까? "네 원수가 주리거든 먹을 것을 주고, 그가 목말라 하거든 마실 것을 주어라. 그렇게 하는 것은, 네가 그의 머리 위에다가 숯불을 쌓는 셈이 될 것이다." 하나님께서 원수를 위해 자기 목숨, 곧 자기의 전부를 내주셨으니, 여러분도 여러분이 가진 것을 원수에게 주십시오. 그가 주리면 빵을 주고, 그가 목말라 하면 물을 주고, 그가 약하면 도움을 주며, 축복, 자비, 원수 사랑을 베풀어 주십시오. 이런 것을 받을 자격이 그에게 있냐고요? 있습니다. 그렇지 않다면 누가 사랑받을 자격이 있겠으며, 미워하는 사람만큼 우리의 사랑을 필요로 하는 이가 어디 있겠습니까? 원수보다 더 가난한 이가 어디 있겠습니까? 원수보다 더 도움이 필요한 이가 어디 있겠습니까? 원수보다 더 사랑에 굶주린 이가 어디 있겠습니까? 여러분 앞에 서 있는 원수를 거지처럼 가난한 상태로 여러분에게 부탁하면서도 차마 이렇게는 말하지 못하는 사람으로 바라본 적이 있습니까?

"나를 도와주십시오. 내가 품고 있는 미움으로부터 나를 구출해 줄 한 가지를 내게 선물로 주십시오. 나에게 사랑, 하나님의 사랑, 십자가에 달리신 구원자의 사랑을 선물로 주십시오." 모든 위협과 주먹질은 확실히 이 사랑이 없어 생기는 것이며, 엄밀히 말하면 하나님의 사랑과 평화와 형제애를 달라고 애걸하는 행위입니다. 여러분이 여러분의 원수를 쫓아낸다면, 이는 가난한 자 중에서도 가장 가난한 그분을 쫓아내는 것과 다름없습니다.

숯불. 숯불이 우리 몸에 닿으면 활활 타면서 고통을 줍니다. 사랑도 불타면서 고통을 줄 수 있습니다. 사랑은 우리가 얼마나 가난한 처지에 있는지를 가르쳐 알게 합니다. 증오와 위협에 맞서 오직 사랑을 찾는 자에게 찾아오는 것이 바로 타는 듯한 회개의 고통입니다. 하나님은 이 고통을 우리에게 가르쳐 주셨습니다. 우리가 그분을 영접한 때가 바로 이 회개의 순간이었습니다.

이제 우리는 마지막 구절에 이르렀습니다. "악에게 지지 말고, 선으로 악을 이기십시오." 그리스도께서 우리에게 이처럼 행하셨습니다. 그분은 우리의 악에 당황하지도, 굴하지도 않으셨습니다. 그분은 선으로 우리의 악을 이기셨습니다. 이런 일은 어떻게 일어날까요? 우리가 타인의 악과 증오에 우리의 악과 증오를 양분으로 제공하지 않고, 악을 허공 속으로 밀어 넣어 그것이 발화할 곳을 찾지 못하도록 함으로써, 그 일은 일어납니다. 우리가 어떻게 악을 이길 수 있을까요? 끝없이 용서함으로 이길 수 있습니다. 이 일이 어떻게 이루어질까요? 타인을 진리 안에 있는 사람, 그리스도께서 대신해 죽으신 사람, 그리스도께서 사랑하시는 사람으로 받아들임으로 이루어집니다. 어떻게 공동체는 자기 원수에 대해서 승리를 거둘까요? 그리스도의 사랑이 원수를 이기게 함으로 승리를 거둡니다. 아멘.

고난이라는 보화

로마서 5:1-5

1938년 3월

그러므로 우리는 믿음으로 의롭다 하심을 받았으므로, 우리 주 예수 그리스도로 말미암아 하나님과 더불어 평화를 누리고 있습니다. 우리는 또한, 그리스도로 말미암아 지금 서 있는 이 은혜의 자리에 [믿음으로] 나아오게 되었으며, 하나님의 영광에 이르게 될 소망을 품고 자랑을 합니다. 그뿐만 아니라, 우리는 환난을 자랑합니다. 우리가 알기로, 환난은 인내력을 낳고, 인내력은 경험을 낳고, 경험은 희망을 낳는 줄을 알고 있기 때문입니다.[27] 이 희망은 우리를 실망시키지 않습니다. 하나님께서 우리에게 주신 성령을 통하여 그의 사랑을 우리 마음속에 부어 주셨기 때문입니다.

"우리는 (…) 하나님과 더불어 평화를 누리고 있습니다." 이 말씀과 같이 지금은 우리가 하나님과 벌이던 싸움이 끝난 상태입니다. 반항하던 우리의 마음이 하나님의 뜻에 다소곳이 순종하게 되었습니다. 우리의 사사로운 소원이 잠잠해졌습니다. 하나님이 이기셨고, 그분이 미워하는 우리의 혈과 육은 패했습니다. 그러니 우리의 혈과 육은 침묵해야만 합니다. "이제 우리는 믿음으로 의롭다 하심을 받았으므로, (…) 하나님과 더불어 평화를 누리고 있습니다." 하나님은 의로우십니다. 우리가 방금 부른 찬송가로 고백해 봅니다. "당신은 의로우시니, 당신의 뜻대로 되게 하소서." 우리가 하나님의 길을 이해하든지 못하든지, 하나님은 의로우십니다. 우리에게 벌을 주시며 징계하시든지 은혜를 베푸시든지, 하나님은 의로우십니다. 하나님은 의로우시지만, 우리는 위반자입니다. 우리의 눈으로 볼 수 없지만, 우리는 오직 하나님이 의로우시다는 것을 믿음으로 인정해야만 합니다. 믿음으로 하나님이 자기보다 의로우시다고 시인하는 자는 하나님 앞에서 의로운 자리에 다다른 사람입니다. 그는 하나님 앞에서 제대로 준비되어 그분의 판단을 견딜 수 있는 사람입니다. 그는 하나님의 의를 믿음으로써 의롭다 하심을 받은 사람이며, 하나님과 더불어 누리는 평화를 찾은 사람입니다.

"우리는 (…) 우리 주 예수 그리스도로 말미암아 하나님과 더불어 평화를 누리고 있습니다." 이렇게 지금은 우리를 상대로 한 하나님의 싸움도 끝났습니다. 하나님은 자기에게 굴복하려 하지 않는 의지를 미워하셨습니다. 그분은 수없이 외치시고, 경고하시고, 위협하셨습니다. 급기야 더는 참을 수 없어 우리에게 격노하기까지 하셨습니다. 그러다가 우리를 칠 자세를 취하시고, 달려들어 기어이 치셨습니다. 그런데 우리가 아니라, 이 세상에서 유일하게 무죄하신 분을 치셨습니다. 그는 다름 아닌 그분의 사랑하는 아들, 우리 주 예수 그리스도입니다. 예수 그리스도는 우리를 위해 십자가에서 죽으셨습니다. 하나님의 진노에 맞으신 것입니다. 하나님이 직접 그분을 십자가로 보내셨습니다. 하나님의 아들이 하나님의 뜻과 정의에 다소곳이 순명하여 죽음에 이르자, 비로소 하나님의 진노가 진정되었습니다. 정말 놀라운 비밀이 아닐 수 없습니다. 하나님께서 예수 그리스도를 통해 우리와 더불어 평화를 이루셨으니 말입니다.

"우리는 하나님과 더불어 평화를 누리고 있습니다." 십자가 아래에 평화가 있습니다. 십자가 아래에 하나님의 뜻에 대한 순종이 있습니다. 십자가 아래에 우리 의지의 끝이 있습니다. 십자가 아래에 하나님 안에서 누리는 쉼과 고요가 있습니다. 십자가 아래에 우리의 모든 죄를 용서받고 누리는 양심의 평화가 있습니다. 십자가 아래, 바로 그곳에 "우리를 에워싸는 은혜의 길"이, 날마다 하나님과 더불어 누리는 평화의 길이 있습니다. 십자가 아래야말로 이 세상에서 하나님과 더불어 누리는 평화를 찾을 수 있는 길입니다. 예수 그리스도 안에서 하나님의 진노가 진정되고, 우리가 패자의 신분으로 하나님의 뜻 안에 들어가게 되었습니다. 그러므로 예수 그리스도의 십자가는 그분의 공동체가 딛고 서서, 다가올 하나님의 영광을 기쁘게 소망하는 영원한 토대입니다. "우리는 하나님의 영광에 이르게 될 소망을 품고 자랑을 합니다." 십자가 안에서 하나님의 정의와 승리가 이 땅 위에 시작되었습니다. 하나님은 장차 십자가 안에서 온 세상에 널리 알려지실 것입니다. 우리가 십자가 안에서 얻는 평화는 하나님 나라에서 누리는 영원하고 영광스러운 평화가 될 것입니다.

이 세상에서 사람에게 주어지는 최상의 복, 곧 예수 그리스도 안에서 얻는 하나님 인식과, 십자가 안에서 누리는 하나님의 평화로 충만해진 상태가 끝이라면 정말 좋겠지요. 하지만 성서는 아직 우리를 놓아줄 마음이 없습니다. 성서는 이제 "그뿐만 아니라"라고 말합니다. 아직 전부 다 말한 것이 아니라는 겁니다. 예수 그리스도의 십자가에 관해, 예수 그리스도 안에서 누리는 하나님의 평화에 관해 말한 뒤에도 아직 할 말이 남아 있다니, 그것이 무엇일까요? 자, 사랑하는 교우 여러분, 아직 할 말이 남아 있습니다. 여러분에 관한 말씀, 십자가 아래서 살아가는 여러분의 삶에 관한 말씀, 평화가 말에 그치지 않고 현실이 되게 하시려고 하나님이 그분의 평화 안에서 이루어지는 여러분의 생활을 검증하시는 방법에 대한 말씀입니다. 여러분이 이 세상에서 잠시 동안 살아가면서 어떻게 평화를 유지할 것인가를 놓고 할 말이 아직 남아 있습니다.

그래서 "그뿐만 아니라, 우리는 환난을 자랑합니다"라고 하는 것입니다. 우리가 실제로 하나님의 평화를 찾았는지는, 우리에게 닥치는 환난을 대하는 태도에서 검증됩니다. 예수 그리스도의 십자가 앞에 무릎을 꿇은 것 같지만, 살면서 그때그때 만나는 환난에 대해서는 저항하고 반항하는 그리스도인이 많습니다. 그들은 자신들이 그리스도의 십자가를 사랑한다고 여기면서도, 십자가가 자신들의 삶에 자리하는 것은 싫어합니다. 이러한 태도는 예수 그리스도의 십자가를 싫어하는 것과 다르지 않습니다. 그들은 사실상 십자가를 경멸하는 사람, 모든 수단을 동원하여 십자가에서 도망치려고 하는 사람과 같습니다. 자기 삶 속에 자리하는 고난과 환난을 해롭고 나쁜 것으로만 여기는 사람은, 하나님과 더불어 누리는 평화를 아직 찾지 못한 사람입니다. 엄밀히 말하면, 그는 세상과 더불어 누리는 평화만 추구하는 사람입니다. 어쩌면 그 사람은 자기 자신과 자기의 모든 문제를 예수 그리스도의 십자가로 가장 잘 해결할 수 있다고, 그럼으로써 마음의 평화를 얻을 수 있다고 생각했는지도 모릅니다. 그는 십자가를 이용만 할 뿐 사랑하지 않는 사람입니다. 그는 자기 자신을 위해서만 평화를 추구하는 사람입니다. 그러나 환난이 닥치면, 그 평화는 신속히 사라지고 맙니다. 그것은 하나님과 더불어 누리는 평화가 아닙니다. 그가 하나님이 보내시는 환난을 싫어하기 때문입니다.

자기 삶에 닥치는 환난과 절망, 곤경과 비방, 갇힌 상태를 싫어하기만 하는 자는, 그가 예전에 십자가에 관해 아무리 빼어난 말을 했더라도 예수의 십자가를 싫어하는 사람이며, 하나님과 더불어 평화를 누리고 있지 못한 사람입니다. 그러나 예수 그리스도의 십자가를 사랑하는 사람, 곧 예수 그리스도의 십자가 안에서 평화를 찾은 사람은 자기 삶에 닥친 환난도 사랑하기 시작합니다. 그는 마침내 성서의 말씀처럼 "우리는 환난을 자랑합니다"라고 말할 수 있게 될 것입니다.

우리의 교회는 지난 몇 해에 걸쳐 많은 환난을 겪었습니다. 교회 질서가 파괴되고, 그릇된 선포가 난입했으며, 엄청난 적대감과 악담과 비방이 이어졌습니다. 감금과 온갖 곤경이 지금까지 이어지고 있습니다. 앞으로도 교회에 어떤 어려움이 더 닥칠지 아무도 알 수 없습니다. 그러나 이 모든 일을 겪으면서 우리가 깨달은 것이 있습니다. 그것은 하나님께서 이 모든 일로 우리를 시험하려 하셨고, 지금도 그러하시다는 사실입니다.

그리고 이 모든 일에서 중요한 것은 단 한 가지 물음뿐이었다는 사실입니다. 바로 우리가 하나님과 더불어 평화를 누리고 있는지, 아니면 완전히 세속적인 평화 속에서 이제껏 살아온 것인지 묻는 것입니다. 환난에 대한 불평과 저항, 환난에 대한 반항과 혐오가 우리에게서 참으로 많이 드러났습니다! 우리는 예수의 십자가가 우리 삶에 그늘을 조금이라도 드리우기 시작하면 부정과 외면과 두려움을 아주 많이 드러내곤 했습니다! 우리는 하나님과 더불어 누리는 평화를 잘 유지할 수 있다고 생각하면서도, 고난과 절망과 악담, 우리 생존의 위기는 자주 피했습니다! 최악의 경우, 우리는 그리스도인 형제자매들로부터 이런 말을 거듭거듭 듣게 되지 않을까요? "저들은 고난받는 형제자매들을 경멸했어. 저들이 그렇게 한 이유는, 저들의 양심이 저들을 끊임없이 괴롭혔기 때문이야."

환난 속에서 자신의 믿음이 참된 믿음임을 입증해 보이지 않는 자를 하나님은 그분의 나라에 받아들이지 않으실 것입니다. "우리가 하나님 나라에 들어가려면, **반드시** 많은 환난을 겪어야 합니다."[28] 그러므로 우리는 너무 늦기 전에 우리의 환난을 좋아하는 법, 우리의 환난을 즐거워하고 자랑하는 법을 배워야 합니다.

그것은 어떻게 이루어질까요? "우리가 알기로, 환난은

인내력을 낳고, 인내력은 경험을 낳고, 경험은 희망을 낳는 줄을 알고 있기 때문입니다. 이 희망은 우리를 실망시키지 않습니다." 이처럼 하나님의 말씀은 환난을 처음부터 제대로 바라보고 이해하는 법을 가르칩니다. 환난은 우리 삶 속에서 무정해 보이고 고약해 보이지만, 사실은 그리스도인이 발견할 수 있는 가장 큰 보화를 가득 담고 있습니다. 환난은 진주를 품은 조개와 같습니다. 환난은 우리가 점점 더 깊이 들어가면서 처음에는 광석을, 그다음에는 은을, 마지막에는 금을 차례차례 찾아내는 깊은 수직갱과도 같습니다. 환난은 먼저 인내력을 낳고, 그다음에는 경험을 낳으며, 그다음에는 희망을 낳습니다. 환난을 피하는 자는 하나님이 자기 사람들에게 주시는 가장 큰 선물을 던져 버리는 것과 같습니다.

"환난은 인내력을 낳고." 인내력을 문자 그대로 번역하면[29] '아래 머무르는 것,' Darunterbleiben '짐을 팽개치지 않고 짊어지는 것'이 됩니다. 오늘날 우리는 교회 안에서 짊어지기Tragen가 지닌 진기한 복을 거의 모르고 있습니다. 짊어지고 털어 버리지 않는 것, 짊어지고 주저앉지 않는 것, 그리스도께서 십자가를 지신 것처럼 짊어지는 것, 십자가 아래 머무르는 것, 십자가 아래서 그리스도를 발견하는 것! 하나님이 짐을 지우시면, 인내하는 사람은 머리를 숙이며 '겸손해질 수 있어 좋습니다' 하고 생각합니다. 이것은 **아래** 머무르기darunter bleiben입니다. 하지만 아래서 **아래** 머무르기darunter bleiben가 무엇보다 중요합니다! 인내력은 흔들림 없이 머무르는 것fest bleiben과 힘차게 머무르는 것stark bleiben이기 때문입니다. 이는 단순히 병약한 양보나 굴복, 고난 자체를 즐기는 것을 의미하지 않습니다. 이는 하나님의 은혜인 짐을 지면서 강해지는 것, 하나님의 평화를 굳건히 유지하는 것을 의미합니다. 하나님의 평화는 인내하는 사람들 곁에 있습니다.

"인내력은 경험을 낳고." 그리스도인의 삶은 말에 있지 않고, 경험에 있습니다. 경험이 없는 사람은 그리스도인이라 할 수 없습니다. 여기서 말하는 경험은 생활 경험이 아니라, 하나님 경험입니다. 또 여기서 말하는 경험은 온갖 신적인 체험이 아니라, 믿음을 증명하고 하나님의 평화를 입증하는 가운데 쌓이는 경험을 의미하며, 예수 그리스도의 십자가를 경험하는 것을 의미합니다. 인내하는 사람만이 경험하는 사람입니다. 인내하지 못하는 사람은 아무것도 경험하지 못합니다. 하나님께서 이런 경험을 주시려고 유혹과 불안과 염려를 보내시는 사람—개인이나 교회—은 날마다 시간마다 하나님의 평화를 달라고 외치게 마련입니다. 여기서 말하는 경험은 우리를 지옥의 구렁으로, 죽음의 심연으로, 죄과의 심연으로, 불신의 어둠 속으로 이끕니다. 하지만 하나님은 이 모든 상황 속에서도 그분의 평화를 우리에게서 빼앗아 가지 않으십니다. 우리는 이 모든 상황 속에서도 날마다 하나님의 능력과 하나님의 승리, 그리스도의 십자가에서 이루어진 평화조약 체결을 더 많이 경험하게 됩니다.

그러므로 경험은 희망을 낳습니다. 모든 환난의 극복은 이미 최후 승리의 서곡이요, 모든 파도의 극복은 우리가 열망하는 땅에 우리를 더 가까이 데려다줄 것입니다. 희망은 경험과 더불어 자랍니다. 영원한 영광이 비추는 빛은 환난의 경험 속에서만 어렴풋이 감지할 수 있습니다.

"이 희망은 우리를 실망시키지 않습니다." 희망이 있는 곳에는 굴복도 없고, 온갖 약함도 없고, 비명도 비탄도 없고, 조급한 외침도 없습니다. 희망이 있는 곳에서 승리는 이미 선취됩니다. "모든 희망을 버려라!"라는 문구가 적혀 있는 문,[30] 고난의 문, 상실의 문, 죽음의 문이, 우리를 위해서 하나님을 바라는 큰 희망의 문으로, 영예와 영광의 문으로 된다니, 이것이야말로 교회와 그리스도인의 삶에 자리한 고난의 비밀입니다. "이 희망은 우리를 실망시키지 않습니다." 우리는 교회 안에서, 그리고 우리의 교회를 위해서 하나님을 바라는 이 큰 희망을 품고 있는지요? 그렇다면 우리는 모든 것을 얻은 것입니다. 혹시라도, 이 큰 희망을 더는 품고 있지 않습니까? 그렇다면 우리는 모든 것을 잃은 것입니다. "환난은 인내력을 낳고, 인내력은 경험을 낳고, 경험은 희망을 낳습니다. 이 희망은 우리를 실망시키지 않습니다." 그러나 이 말씀은 예수 그리스도 안에서 하나님의 평화를 발견하고 유지하는 모든 사람을 위한 말씀입니다. 그 사람들을 두고 성서는 이렇게 말합니다. "하나님께서 우리에게 주신 성령을 통하여 그의 사랑을 우리 마음속에 부어 주셨기 때문입니다." 이 말씀은 하나님에게 사랑받고, 그래서 오직 하나님을 사랑하는 사람들만이 할 수 있는 말씀입니다.

환난에서 희망까지 하나로 이어지는 이러한 단계는 세상의 눈으로 보면 전혀 자명하지 않습니다. 오히려 루터가 말한 대로, 그것은 전혀 다른 것을 의미할 수도 있습니다. 이를테면 환난이 조급함을 낳고, 조급함은 완고함을 낳고, 완고함은 절망을 낳고, 절망은 우리를 부끄럽게 한다는 것입니다. 우리가 하나님의 평화를 잃어버리고, 하나님과 더불어 누리는 평화보다 세상과 더불어 누리는 세속적인 평화를 더 원하며, 우리 삶의 안전을 하나님보다 더 사랑할 때는 그렇게 말할 수밖에 없습니다. 그렇다면 환난은 우리에게 파멸을 안겨 줄 수밖에 없습니다.

그러나 하나님은 우리의 마음속에 그분의 사랑을 부어 주셨습니다. 하나님께서 성령을 통하여 이해할 수 없는 일이 그 안에서 일어나게 하시는 사람이 있습니다. 그 사람은 세상의 재화나 선물이나 평화 때문이 아니라, 오로지 하나님으로 인해 하나님을 사랑하기 시작합니다. 그는 예수 그리스도의 십자가 안에서 하나님의 사랑을 만나고, 예수 그리스도로 인해 하나님을 사랑하기 시작합니다. 그는 오직 성령의 인도를 받아 하나님의 사랑에 영원토록 참여하는 것만을 간절히 바랄 뿐, 그 이외의 것은 조금도 바라지 않습니다. 그는 하나님의 사랑에 기대어, 예수 그리스도의 온 공동체와 더불어 이렇게 말합니다. "우리는 하나님과 더불어 평화를 누리고 있습니다. 우리는 환난을 자랑합니다. 하나님께서 우리의 마음속에 그의 사랑을 부어 주셨습니다." 아멘.

견신례 설교[31]

마가복음 9:24

1938년 4월 9일, 키코브

내가 믿습니다, 사랑하는 주님.[32] 믿음 없는 나를 도와주십시오.

견신례를 받는 사랑하는 여러분! 이 말씀은 매우 냉철한 말씀입니다. 우리가 너무도 쉽게 우리의 믿음을 장담壯談하지 않을 수 있다면 좋겠습니다. 믿음은 장담을 추구하지 않습니다. 오늘 우리가 **실제로** 믿음을 갖는 것이 대단히 중요합니다. 그래서인지 호언장담하려는 의욕이 우리에게서 싹 사라집니다. 우리가 믿는지 안 믿는지는 날마다 드러날 것입니다. 장담은 아무 도움이 되지 않습니다. 여러분이 그리스도의 수난사를 배워서 알고 있듯이, 베드로는 예수께 말합니다. "내가 선생님과 함께 죽는 한이 있을지라도, 절대로 선생님을 모른다고 하지 않겠습니다."[33] 그러자 예수께서는 "오늘 밤에 닭이 두 번 울기 전에, 네가 세 번 나를 모른다고 할 것이다"라고 대답하십니다.[34] "베드로는 바깥으로 나가서 비통하게 울었다"라는 진술로 이 이야기는 끝을 맺습니다.[35] 그는 주님을 모른다고 했습니다. 장담은 아무리 솔직하고 진지해도 부인에 가장 가깝습니다. 여러분과 우리가 그렇게 장담하지 않도록 하나님께서 지켜 주시기를 빕니다.

견신례를 받는 이날은 여러분과 우리 모두에게 중요한 날입니다. 여러분이 오늘 모든 것을 알고 계시는 하나님과 기독교 공동체의 여러 사람들 앞에서 기독교 신앙을 고백하는 것은 결단코 하찮은 일이 아닙니다. 여러분은 일생토록 이날을 회상하며 기뻐할지도 모르겠습니다. 그러나 바로 그런 이유로 나는 오늘 여러분에게 당부합니다. 정말로 분별 있는 그리스도인이 되십시오. 여러분은 오늘 아무 말도, 아무 일도 하지 마십시오. 여러분이 내적 감동을 받아 앞으로 할 수 있는 말보다 훨씬 많은 말을 하거나 약속했다가, 나중에 이날을 회상하면서 비통해하며 후회할 것이 틀림없으니 말입니다. 여러분의 믿음은 아직 약하고 검증되지 않았으며, 아주 초보적인 상태입니다. 그러므로 여러분은 나중에 여러분의 신앙을 고백할 때 여러분 자신과 여러분의 선한 결심과 여러분이 가진 믿음의 확고함을 신뢰하지 말고, 여러분의 고백을 받으시는 분, 곧 성부 하나님과 예수 그리스도와 성령을 신뢰하며 마음속으로 이렇게 기도하십시오.

"내가 믿습니다, 사랑하는 주님. 믿음 없는 나를 도와주십시오." 오늘 이 자리에 함께한 우리 모두가 이렇게 기도해야 하지 않을까요?

견신례는 진지한 시간입니다. 그러나 여러분이 알다시피, 교회 안에서, 그리스도인들과 여러분의 부모님들과 형제자매들과 대부들로 이루어진 공동 사회 안에서, 아무도 방해하지 않는 예배 의식 속에서 자기의 믿음을 고백하는 것은 비교적 쉬운 일입니다. 그렇지요? 교회 안에서 이 공동 고백의 시간을 갖게 해주시는 하나님께 감사드리기를 바랍니다. 그러나 이 모든 것은 견신례 이후, 곧 다시 평일이 오고 일상생활이 그 모든 결정과 함께 올 때, 비로소 매우 진지하고 실제적인 것이 됩니다. 그제야 오늘의 이 시간이 진지한 날이었는지 드러날 것입니다. 여러분은 오늘 여러분의 믿음을 마지막으로 소유하는 것이 아닙니다. 여러분은 오늘 마음을 다해 고백하는 여러분의 믿음이, 내일도 모레도, 날마다 새롭게 획득되기를 바라야 합니다. 우리는 믿음을 그날그날 쓸 만큼 하나님으로부터 받습니다. 믿음은 하나님께서 우리에게 주시는 **일용할** 양식입니다. 여러분은 만나 이야기를 알고 있습니다. 이스라엘 자손이 날마다 광야에서 받은 양식 말입니다. 그들이 그것을 이튿날까지 보존하려고 하면, 그것은 부패해 있었지요. 하나님의 모든 선물이 그러하고,

믿음도 그러합니다. 우리는 믿음을 날마다 새로 받습니다. 그렇지 않으면 그것은 썩고 말 것입니다. 믿음을 지키는 데 하루는 충분한 시간입니다. 온갖 불신, 온갖 의심, 온갖 불명료함, 온갖 혼란, 온갖 소심함, 온갖 불확실함을 뚫고 믿음을 향해 나아가, 그것을 하나님에게서 획득하려고 하는 새로운 투쟁이 아침마다 이루어질 것입니다. "내가 믿습니다, 사랑하는 주님. 믿음 없는 나를 도와주십시오." 이것이야말로 여러분이 살면서 날마다 맞이하는 아침에 적합한 기도입니다.

"내가 믿습니다." 기독교 공동체가 이날을 정해 여러분을 교회의 독립적 구성원으로 인정하며 기대하는 것이 있습니다. 그것은 여러분의 믿음이 여러분의 독자적인, 가장 독자적인 결단이어야 함을 여러분이 이해하는 것입니다. "우리가 믿습니다"가 점점 더 "내가 믿습니다"로 바뀌어 가는 것입니다.

믿음은 결단입니다. 우리는 결단을 피해선 안 됩니다. "너희는 두 주인을 섬기지 못한다"라고 하였으니, 여러분은 이제부터 하나님 한분만을 섬겨야 합니다. 그렇지 않으면 하나님을 섬기는 것이 결단코 아닙니다. 여러분은 주님 **한분**만을 모셔야 합니다. 그분은 세상의 주님이시며, 구원자이시며, 새로운 세상의 창조자이십니다. 주님을 섬기는 것이야말로 여러분이 얻을 수 있는 최고의 영예입니다. 그러나 하나님께 드리는 이

"예"[Ja]라는 결단에는 똑같은 정도로 분명한 "아니오"[Nein]가 필요합니다. 여러분의 결단은 온갖 부당한 일, 온갖 악행, 온갖 거짓, 약자와 빈자를 갖은 수로 괴롭히고 억압하는 행위, 온갖 신성모독, 성스러운 것을 경멸하는 온갖 행위에 대한 부정을 요구합니다. 여러분의 결단은 하나님만을 섬기는 일에 방해가 되는 온갖 것—그것이 여러분의 직업이든, 여러분의 재산이든, 여러분의 주택이든, 여러분의 세상 명예이든 간에—에 대한 철저한 부정을 요구합니다. 믿음은 결단을 의미합니다.

그 결단은 무엇보다 여러분의 가장 주체적인 결단이어야 합니다! 아무도 그 결단을 여러분에게서 떼어 낼 수 없습니다. 그 결단은 고독으로부터, 마음의 고독으로부터 하나님과 더불어 와야 합니다. 그 결단은 여러분의 내면이 원수와 격렬히 싸운 결과로 이루어집니다. 여러분은 지금도 여전히 공동체, 여러분을 낳은 가정들, 여러분을 돌보는 부모들, 여러분에게 도움을 베푸는 사람들에게 둘러싸여 있습니다. 정말 감사한 일이 아닐 수 없습니다! 하지만 하나님은 여러분을 점점 더 고독 속으로 이끄십니다. 이는 여러분을 준비시켜 생의 위대한 순간을 맞이하여 결단케 하시려는 것입니다. 그 순간에는 아무도 여러분을 도와줄 수 없습니다. 그 순간에는 오직 이 한 가지가 유효합니다. "내가 믿습니다. 그렇습니다. 나 자신이 믿습니다. 다른 수가 없습니다. 사랑하는 주님, 믿음 없는 나를 도와주십시오."

견신례를 받는 사랑하는 여러분, 교회는 여러분이 하나님의 말씀과 교제하고 기도하면서 성인이 되기를 고대합니다. 오늘 여러분이 소유한 믿음은 시작이지 종결이 아닙니다. 여러분은 우선 성서와 기도 안으로 들어가야 합니다. 전적으로 여러분 혼자서 들어가야 합니다. 필요하다면, 하나님의 말씀을 무기로 삼아 자기를 칠 줄도 알아야 합니다. 기독교 공동 사회는 하나님이 우리에게 주시는 가장 큰 선물 중 하나입니다. 그러나 하나님은 자기 마음에 들지 않으면 이 선물을 우리에게서 빼앗아 가실 수도 있습니다. 그분은 이미 우리의 여러 형제자매들에게서 그것을 빼앗아 가셨습니다. 그때 우리는 우리의 가장 독자적인 믿음으로 서기도 하고 넘어지기도 할 것입니다. 하지만 우리가 일생토록 그분을 멀리하더라도, 죽음의 시간과 최후 심판의 시간에 저마다 이 고독 속에 놓이게 될 것입니다. 그때 하나님은 "네 부모가 믿었느냐?"라고 묻지 않으시고 "**네가** 믿었느냐?"라고 물으실 것입니다. 하나님은 우리가 우리 생의 가장 고독한 순간에도 여전히 "내가 믿습니다, 사랑하는 주님. 믿음 없는 나를 도와주십시오"라고 기도할 수 있도록 허락하십니다. 이렇게 기도하면, 우리는 영원한 생명을 얻게 될 것입니다.

"내가 믿습니다, **사랑하는 주님**." 살면서 "사랑하는 주님"이라고 말하는 것이 늘 쉬운 것은 아닙니다. 하지만 믿음은 그렇게 말하는 법을 배워야 합니다. "내가 믿습니다, 무정한 주님, 엄격한 주님, 두려운 주님. 내가 주님께 굴복합니다. 내가 침묵하고 순종하겠습니다"라고 간혹 말하고 싶은 사람은 없겠지만, "사랑하는 주님"이라고 말하는 법을 배우는 것은 새롭고도 어려운 싸움입니다. 하지만 우리는 그리 말하는 법을 배운 뒤에야 비로소 예수 그리스도의 아버지 하나님을 알게 됩니다.

여러분의 믿음은 어려운 시험을 받게 될 것입니다. 예수 그리스도께서도 시험을 받으셨습니다. 우리 모두보다 더 많이 받으셨습니다. 먼저 하나님의 계명을 더는 지키지 못하도록 하는 시험이 여러분에게 다가올 것입니다. 그 시험은 여러분을 매우 거세게 몰아붙일 것입니다. 사탄, 곧 빛을 운반한다는 루시퍼가 빛을 가장하고서 아름답고 유혹적이고 순진한 모습으로 여러분에게 다가올 것입니다. 그는 계명의 뜻을 모호하게 하여 여러분을 의심으로 이끌 것입니다. 그는 여러분에게서 하나님의 길을 걷는 기쁨을 빼앗으려고 할 것입니다. 사탄은 처음에는 우리를 흔들리게 하다가, 우리의 믿음을 우리 마음에서 통째로 떼어내 짓밟은 다음 내던져 버릴 것입니다. 그 시간은 여러분의 생에서 아주 힘겨운 시간이 될 것입니다. 여러분이 하나님의 말씀에 싫증을 내는 시간, 모든 것이 반발하는 시간, 마음이 더는 귀 기울이려 하지 않기에 어떤 기도도 입 밖에 내고 싶지 않은 시간이 될 것입니다. 그러나 그때에야 여러분의 믿음은 그만큼 살아 있게 될 것입니다. 그때에야 여러분의 믿음이 시험을 받아 강해지고, 여러분은 더 큰 과제와 고투로 성장하게 될 것입니다. 하나님은 시험을 통해 우리를 움직이십니다. 그분은 결단코 여러분을 놀리는 분이 아니시니, 이것을 믿으십시오. 아버지는 자녀의 마음을 확고하게 하려고 하십니다. 이 모든 일이 여러분에게 닥치는 것은 그 때문입니다. 많은 시험이 우리를 여전히 당황하게 할 때, 우리의 저항이 막 실패하려고 할 때, 심지어 패배가 이미 정해졌을 때도, 우리는 우리 믿음의 마지막 잔재를 가지고 "내가 믿습니다, 사랑하는 주님. 믿음 없는 나를 도와주십시오"라고 기도하지 않으면 안 됩니다. 사랑하는 주님, 그분은 과연 우리를 시험하여 강하게 하시는 성부이십니다. 사랑하는 주님, 그분은 과연 우리처럼 모든 시험을 겪으셨으나 죄가 없으셔서 우리에게 모범이 되고 도움이 되시는 예수 그리스도이십니다. 사랑하는 주님, 그분은 과연 고투 속에서 우리를 성화聖化하려고 하시는 성령이십니다.

여러분의 믿음은 고난을 통해 검증될 것입니다. 여러분은 아직 고난을 많이 알지 못합니다. 그러나 하나님은 자기 자녀들에게 고난이 필요할 때, 그들이 이 세상에서 너무 방심하고 살 때 곧바로 고난을 보내십니다. 그러면 커다란 고통과 괴로운 포기가 우리 삶에 찾아들고, 막대한 손해와 질병과 죽음이 닥칩니다. 믿음 없는 우리는 반항합니다. “어찌하여 하나님은 내게 이것을 요구하시는가? 하나님이 이를 내버려 두시다니 어찌 된 일인가? 어찌하여, 도대체 어째서?” 이는 우리의 믿음을 질식시키는 불신의 물음입니다. 누구도 이 곤경을 피하지 못합니다. 모든 것이 수수께끼 같고 암담하기만 합니다. 하나님에게 버림받은 것만 같은 그 시간에 우리는 이렇게 말합니다. “내가 믿습니다, 사랑하는 주님. 믿음 없는 나를 도와주십시오. 그렇습니다, 사랑하는 주님. 어둠 속에서도, 의심 속에서도, 하나님에게 버림받은 상태에서도 믿음 없는 나를 도와주십시오. 사랑하는 주님, 당신은 진실로 모든 것을 통하여 나를 가장 알맞은 상태에 있게 하시는 나의 사랑하는 성부이십니다. 사랑하는 주 예수 그리스도여, 당신은 ‘나의 하나님, 어찌하여 나를 버리셨습니까’ 하고 외치셨고, 내가 있는 곳에 있으려고 하셨으며, 지금은 내 곁에 계십니다. 이제 나는 당신이 내가 곤경에 처해 있을 때도 나를 버리지 않으신다는 것을 압니다. 내가 믿습니다, 사랑하는 주님. 믿음 없는 나를 도와주십시오.”

여러분의 믿음은 여러분에게 시험과 고난뿐만 아니라, 무엇보다도 전쟁을 몰고 옵니다. 오늘 견신례를 받는 여러분은 이 세상의 신들을 상대로 한 예수 그리스도의 전쟁에 참여하는 신병들입니다. 이 전쟁은 목숨을 전부 걸 것을 요구합니다. 사랑하는 여러분, 우리 주 하나님은 우리 목숨을 걸 만한 분이지 않습니까? 이 전쟁이 이미 진행 중이니, 여러분은 지금 함께 입대하지 않으면 안 됩니다. 우상 숭배와 인간에 대한 두려움이 곳곳에서 우리를 막아서고 있습니다. 하지만 이 전쟁에서 호언장담으로 뭔가를 할 수 있다고 생각하지 마십시오. 이 전쟁은 벌벌 떨면서 수행하는 전쟁입니다. 가장 버거운 적이 우리의 맞은편이 아니라 우리 자신 안에 자리하고 있기 때문입니다. 여러분이 알아 두면 좋은 것이 있습니다. 즉, 이 전쟁을 수행한 사람들과 지금도 수행하고 있는 사람들이 가장 깊은 곳으로부터 "내가 믿습니다, 사랑하는 주님. 그래요, 사랑하는 주님! **믿음 없는** 나를 도와주십시오" 하고 고백하는 법을 배워서 알게 되었다는 사실입니다. 우리가 모든 시험을 마주하여 달아나지 않고 굳게 서서 싸울 수 있다면, 이는 우리의 강한 믿음과 투지와 용기 때문이 아닙니다. 우리가 더는 달아나지 않는 이유는 하나님이 우리를 붙잡으셔서 우리가 더는 그분에게서 벗어나지 않게 하시기 때문입니다. 하나님은 우리 안에서, 우리를 상대로, 우리를 통해 싸움을 수행하십니다.

"믿음 없는 나를 도와주십시오." 하나님은 우리의 기도를 들으십니다. 그분은 시험의 한복판에, 고난과 고된 싸움의 한가운데에 평화의 피난처를 마련해 두셨습니다. 그것은 다름 아닌 성찬입니다. 성찬에는 죄의 용서가 있고, 죽음의 극복이 있으며, 승리와 평화가 있습니다. 성찬식은 우리가 쟁취한 것이 아닙니다. 하나님께서 친히 예수 그리스도를 통해 그것을 제정하셨습니다. 정의도 그분의 것이고, 생명도 그분의 것이며, 평화도 그분의 것입니다. 우리는 불안 속에 있고, 하나님께는 평온이 있습니다. 우리는 전투 속에 있고, 하나님께는 승리가 있습니다. 이 성찬식에 여러분을 초대합니다. 믿음으로 나아와 용서와 생명과 평화를 받으십시오. 이 세상에서 여러분에게 마지막까지 남아 있는 것은 하나님의 말씀과 성찬뿐입니다. 아멘.

고백에 대한 설명 초안

잠언 28:13

자기의 죄를 숨기는 사람은 잘되지 못하지만, 죄를 자백하고 그것을 끊어 버리는 사람은 불쌍히 여김을 받는다.

우리의 궁극적 공동 고백을 위한 준비. 지난 몇 달을 생각하고, 형제들의 공동 사회에서 이루어진 우리의 삶을 생각해 본다. "잘되었다." 도대체 무엇이? 나의 바람들과 내가 그리스도인으로 서는 것을 놓고 상상한 것이, 하나님의 말씀에 순종하며 살아가는 나의 개인적인 기독교 생활이 잘되었다. 하나님과 사람이 보기에 잘되는 길은 **한** 길뿐이다. 그것은 우리의 죄를 부인하지 않고 고백하는 것이다. 지금까지 그것이 잘되지 않았어도, 아직 시간은 충분하다. 우리가 하나님 앞에 무릎 꿇고 그분에게 우리의 모든 죄를 고백한다면, 잘될 것이다.

"죄를 부인하는 것"은 여러 가지로 이루어진다. 1. 죄를 남에게 떠넘기거나, 남에게 부담을 주면서 자기의 죄에서 벗어나는 방식. 이는 형제를 피고로 만들어 기만하고 죽이는 짓이다! 2. 죄를 내 천성이나 본성, 기질 탓으로 돌리며 "나는 그것을 좇지 않아요", "그것은 내 책임이 아니에요", "나는 다른 것이 필요해요"라고 말하는 방식. 이는 하나님께서 나에게 지우신 책임으로부터 달아나려는 나약한 발뺌이자, 창조주를 피고로 만드는 짓이다. 3. 모든 것을 얕잡아 보고, 모든 문제를 동료에게 돌려서 해결하는 방식. 이는 엄연한 죄다. 형제를 긍정하고, 기도 시간과 예배 시간에 말씀 아래 함께 서는 것을 긍정하는 것이 중요하다.

어찌하여 우리는 우리의 죄를 부인하는가? 1. 자신이 그리스도인으로서 매를 맞고, 모든 책임을 지는 것이 두려워서. 2. 하나님이 두려워서. 다시 말하면, 하나님과 다투며 그분의 자비를 구하는 것이 두려워서. 3. 결과가 두려워서. 자기의 죄를 고백하면 그 죄와 결별해야 하고, 그 결과가 가시적으로 드러날 것이다. 그러면 사람들이 알아챌 것이고, 그는 사람들에게로 가서 용서를 구할 것이며, 결국엔 온갖 평온과 편안함을 뒤로한 채 자신과 자기 안의 죄에 맞서는 싸움을 받아들이기 시작하고, 어쩌면 고백도 하러 가야 할 것이다. 그래서 부인할 테지만, 제

뜻대로 해서는 잘되지 못한다.

"죄를 고백하고 끊어 버리는 사람은 잘된다." 이 일은 어떻게 일어나는가? 1. 모든 책임이 자신에게 있고, 달라져야 하는 것은 상황이나 다른 사람들이나 자신의 기질이 아니라 자기 자신임을 인정함으로. 그러지 않으면 아무 도움도 받지 못한다. 예배를 무시하고, 기도 시간을 이용하지 않고, 형제를 존중하거나 그를 위해 기도하지 않고, 그에게 충고와 도움을 청하지도 않았기 때문이다. 자기 자신이 바뀌어야 한다! 2. 형제에게로 가서 그의 용서를 구하여, 우리를 가르는 것이 우리 사이에 존재하지 않게 함으로.[마5장] 3. 고백. 마지막 경고. 다른 방식으로 죄인이 되지 말고, 고백하는 죄인이 되어라. 그러면 잘될 것이다. "끊어 버리기", 곧 죄를 미워하는 것은 하나님을 사랑함으로써 자란다. 새로운 생활은 하나님의 도우심으로 시작된다. 우리가 다 함께 죄인으로서 공동으로 용서하고 새롭게 시작한다면, 우리의 공동체는 진정한 기독교 공동체와 형제단이 될 것이고, 이 새로운 시작은 영원히 이어질 것이다.

고백

미가 4:9

1938년 12월 3일, 대림절 둘째 주일 전날, 그로스-슐뢴비츠 수련목회자 모임

어찌하여 너는 그렇게 큰 소리로 우느냐? 너에게 왕이 없느냐?[36]

성찬식에 참여할 수 있도록 준비하기를 바랍니다. 성찬식에 앞서 우리가 할 일은 참회입니다. 참회라는 휘도는 칼을 통과하지 못한 사람은 은혜의 나라에 들어가지 못합니다. 평화의 식사에 앞서, 죄에 대한 염려와 죽음에 대한 공포로 인한 인간 마음의 울부짖음이 먼저 할 일입니다. 진지하고 철저한 참회를 피해선 안 됩니다. 그러나 참회는 위험한 일입니다. 그 일로 잘못될 수도 있으니까요. 휘도는 칼을 통과하여 은혜와 생명의 나라에 이르려면 어찌해야 할까요? 오늘 말씀에서 우리는 도움을 얻을 수 있습니다. 본문은 예수 없이 참회하는 일이 없게 하라고 경고합니다. 본문은 우리를 예수와 함께하는 참회로 부릅니다.

"어찌하여 너는 그렇게 큰 소리로 우느냐? 너에게 왕이 없느냐?"라고 주 하나님은 말씀하십니다. 한 외침이 그분에게 들립니다. 그분의 공동체로부터 들려오는 소리입니다. 공동체가 직면한 외적 곤경 속에서 도움과 구조를 바라는 소리입니다. 죄로부터, 우세한 악마로부터, 율법으로 인한 저주로부터 구원을 바라는 소리입니다. 정의와 성화, 승리와 극복을 바라는 소리입니다. 이것이 공동체의 올바른 외침 아니겠습니까? 그러나 하나님은—기이하게도—이런 외침을 전혀 달가워하지 않으십니다. "어찌하여 너는 그렇게 큰 소리로 우느냐? 너에게 왕이 없느냐?" 왜냐하면 그 외침은 예수 없는 참회의 소리에 지나지 않기 때문입니다. 하나님은 그 외침이 자기 귀에 들려도 귀 기울여 듣지 않으십니다. 하나님을 거스르는 외침, 하나님을 거스르는 참회이기 때문입니다. 여러분의 마음은 하나님이 오랫동안 여러분을 돕지 않으셨다는 듯이 외칩니다. 여러분의 마음은 여러분이 버림받기라도 한 듯이 외칩니다. "너에게 왕이 없느냐?" 자기의 죄와 결점에 맞서는 모든 외침은 하나님의 마음에 들지 않습니다. 만일 여러분이 참회하고 싶은 마음에 하나님의 거룩한 계명 아래 서서 자신을 질책하기 시작하고, 이제껏 살아오면서 거듭 경험할 수밖에 없었던 죄의 힘에 저항한다면, 이제 일상적인 실패에 대한 커다란 자책과 반발이 찾아올 것입니다.

기도와 예배를 소홀히 하고, 하나님의 이름을 가볍게 대하고, 묵상 시간과 기도 시간을 범하고, 부모와 교사와 윗사람의 말을 거스르고, 살해와 간음을 생각하고, 거짓말하고, 범죄에 몰두하는 것, 이 모든 것이 우리를 섬뜩하게 고발하며 우리의 마음을 상하게 합니다. "어째서 우리는 우리의 문제를 완전히 해결하지 못하는가? 어째서 우리는 죄를 완전히 해결하지 못하는가? 이러고도 우리가 여전히 그리스도인이란 말인가? 우리는 과연 회개했는가? 우리가 믿기는 하는 것인가?" 그러면서 이제까지 살아오며 뒤로했던 수많은 과정과 시작 가운데 하나를 다시 따릅니다. "이번에는 잘되어야 할 텐데. 잘되지 않을지도 몰라. 오늘부터, 아니 어쩌면 내일부터 하나님이 도와주실 거야." 이는 새로운 삶과 정의와 거룩함을 구하는 마음의 외침일지도 모르나, 하나님은 그런 참회를 달가워하지 않으십니다. 건방지거나 혹은 소심한 마음에서, 교만과 자포자기에서, 불만과 새로운 결심에서 비롯하는 참회이기 때문입니다. 하나님은 말씀하십니다. "너에게 왕이 없느냐? 너는 참회를 원하면서 먼 데서 도움을 구하고, 왕이 너와 함께하면서 오랫동안 너를 도와 왔다는 사실을 잊고 있구나. 너는 예수 없는 참회를 하고 있지만, 이 참회는 너를 죄와 곤경 속으로 점점 더 깊이 몰아넣을 뿐이다. 다시 시작해도 다시 실패하니, 네 외침은 더 커지고, 하나님을 더욱 부인하는 외침이 될 거야. 그러니 예수 없는 참회를 하지 않도록 조심해라!"

예수 있는 참회를 하여라! 너에게 왕이 없느냐? 아니다, 왕이 너와 함께 있다. 네가 간구하는 모든 도움이 왕과 함께 있다. 왕은 네게 모든 도움을 주었다. 도움이 멀리 있다는 듯이 외치지 말아라. 도움은 가까이에, 아주 가까이에 있단다. 왕이 너와 함께하면서 이 모든 것, 곧 평화와 정의와 순결과 진리와 복음을 선물했다! 왕이 네게 더없이 큰 선물을 주었다. 네가 이제껏 가장 많이 무시했던 선물이지. 왕이 네게 준 선물은 다름 아닌 형제다. 죄의 곤경에 처한 너를 도와주고, 왕의 이름으로 네 죄를 사하여 줄 수 있는 형제 말이다." 하나님은 여러분의 죄와 여러분의 갈망을 아셔서, 그 갈망을 오래전에 채워 주셨습니다. 함께 계시는 여러분의 왕 예수 그리스도와 그분이 여러분에게 주시는 모든 것을 바라보십시오. 여러분을 향한 하나님의 행동과 자비를 바라보고, 여러분에게 왕이 없다는 듯이 외치지 마십시오. 이제 참회하십시오. 더는 여러분의 죄에 대해서 오만하게 반항하지 말며, 더는 여러분 자신의 결심에 의지하여 새로 시작하려고 하지 마십시오. 그런 시작은 더 심각한 재발을 초래할 뿐입니다. 이제 여러분은, 여러분의 죄를 겸손하고 침착하게 여러분 자신의 큰 죄과로 인정하십시오. 여러분의 왕께서는 그 죄과를 대속하시려 참회하셨고, 그 죄과 때문에 지금도 여러분과 함께하고 계십니다. 이제 여러분은, 진실로 모든 죄와 여러분의 온 마음을 여러분 자신과 여러분의 죄를 홀로 해결하시는 분에게 내어드리십시오. 여러분이 완전히 달라지려면 어찌해야 하는지 알고 싶습니까? 마침내 여러분 자신과 여러분의 죄를 해결하려면 어찌해야 하는지 알고 싶습니까? 다만 여러분이 왕이 함께 계심을 인정할 때 여러분은 달라질 수 있습니다. 여러분의 죄는 왕이신 예수 그리스도만이 해결하실 수 있습니다. 우리가 그분에게 우리의 죄를 내어드리면, 그분이 우리에게서 그 죄를 완전히 가져가십니다. 그분은 여러분에게 새로운 시작을 주십니다. 여러분에게 오셔서 여러분과 더불어 착수하셨던 시작이지요. 그것은 새로운 시작이었습니다. 그 시작이 오래전부터 지금까지 이루어지고 있습니다. 제가 드리는 말씀을 믿으십시오. 그분은 이미 오래전부터 여러분과 더불어 그분의 왕국에 이르는 길을 걷고 계십니다. 아멘.

위령주일 성찬식 추도사

고린도전서 15:55

1939년 11월 26일, 벤디쉬-티초브(지구르츠호프) 수련목회자 모임

죽음을 삼키고서, 승리를 얻었다. 죽음아, 너의 승리가 어디에 있느냐? 죽음아, 너의 독침이 어디에 있느냐?

죽음과 생명의 싸움, 그것은 기이한 전쟁이었다. 생명이 승리를 얻고, 생명이 죽음을 이겼다.[37]

여러분은 이 세상에서 얻을 수 있는 승리 가운데 가장 큰 승리의 축제에 초대받았습니다. 그것은 예수 그리스도께서 죽음을 상대로 하여 거두신 승리의 축제입니다. 빵과 포도주, 곧 우리 주 예수 그리스도의 살과 피가 그 승리의 상징입니다. 예수께서는 오늘도 이 빵과 포도주 안에 생생히 현존해 계십니다. 그분은 약 2천 년 전 십자가에 못 박히고 무덤에 안치되셨던 분과

같은 분입니다. 예수께서는 부활하셔서 무덤 문을 여시고 승리자가 되셨습니다. 오늘 여러분은 그분이 거두신 승리의 상징을 받게 됩니다. 여러분은 축성된 빵과 잔을 받으면서, "내가 이 빵을 먹고, 이 포도주를 마시는 것은, 예수 그리스도께서 죽음을 이기신 승리자로서, 지금도 살아 계신 주님으로서 우리를 만나 주시기 때문이다"라고 이해해야 합니다.

우리는 살아가면서 승리에 대해 말하는 것을 좋아하지 않습니다. 승리는 우리에게 너무 엄청난 단어입니다. 우리는 살아오면서 너무 많은 패배를 겪었습니다. 너무 많은 무력한 시간, 너무 많은 난폭한 죄가 거듭해서 승리를 없애 버렸기 때문입니다. 그러나 우리 안에 있는 영은 이 단어, 곧 죄에 대한 최후 승리와 우리의 삶에 불안하게 도사리고 있는 죽음의 공포에 대한 승리를 갈망합니다. 하지만 하나님의 말씀은 우리에게 우리의 승리에 대해 아무 말도 하지 않습니다. 하나님의 말씀은 **우리가** 죄와 죽음을 이길 것이라고 약속하지 않습니다. 하나님의 말씀은 다만 한 사람이 이 승리를 거두었으며, 이 사람을 우리가 주님으로 모시면 그가 우리를 다스리실 것이라고 힘차게 선언합니다. 우리가 승리하는 것이 아니라 예수께서 승리하십니다.

오늘 우리는 이것을 선포하고 믿으면서, 우리 주위에 보이는 모든 것과 우리가 사랑하는 이들의 무덤과 저기 시들어 가는 자연과 전쟁이 우리에게 다시 몰고 오는 죽음을 마주하고 있습니다. 우리는 죽음의 지배를 보면서, 죽음에 대한 예수 그리스도의 승리를 선포하고 그렇게 믿습니다. 승리가 죽음을 삼켰습니다. 예수는 승리자이시고, 죽은 자들의 부활이시며, 영원한 생명이십니다.

본문에서 "죽음아, 너의 승리가 어디에 있느냐? 죽음아, 너의 독침이 어디에 있느냐?"라고 노래하지요. 이것은 승전가를 부르며 죽음과 죄를 제압하려는 풍자 노래 같습니다. 죽음과 죄가 마치 세상의 주인인 양 거드름을 피우며 인간에게 불안을 주고 있지만, 이는 겉만 그러할 뿐입니다. 그것들은 힘을 잃은 지 오래입니다. 예수께서 그것들의 힘을 빼앗으셨습니다. 더욱이 예수와 함께하는 사람은 이 음울한 지배자들을 더는 두려워할 필요가 없습니다. 우리에게 고통을 주는 죽음의 독침, 곧 죄는 이제 힘이 없습니다. 지옥은 예수와 함께하는 우리에게 아무 짓도 할 수 없습니다. 그것들은 무력합니다. 그것들은 그물에 걸린 난폭한 개처럼 여전히 사납게 날뛰지만, 우리에게 어떤 해도 끼치지 못합니다. 예수께서 그것들을 꽉 쥐고 계시기 때문입니다. 그분은 여전히 승리자이십니다.

그러나 우리는 이렇게 묻습니다. "그렇다면 어째서 우

리 삶 속에서는 다르게 보이나요? 어째서 이 승리가 거의 보이지 않는지요? 어째서 죄와 죽음이 우리를 무섭게 지배하나요?" 이제 하나님께서 여러분에게 다음과 같은 물음을 던지십니다. "내가 너희를 위해 이 모든 일을 했건만, 너희는 아무 일도 일어나지 않았다는 듯이 살고 있구나! 너희는 죄와 죽음의 공포가 너희를 종으로 부릴 수 있기라도 하다는 듯이 그것에 굴복하고 있구나! 어찌하여 너희 삶 속에 승리가 없는 것이냐? 예수가 죽음과 죄뿐만 아니라 너희 삶을 지배하는 승리자라는 것을 너희가 믿으려 하지 않았기 때문이다. 그래서 너희의 믿음 없음이 너희에게 패배를 안기고 있는 것이다." 그러나 오늘 이 성찬식에서 예수의 승리가 또 한 번 여러분에게 선포될 것입니다. 그분이 오늘의 여러분을 위해서도 죄와 죽음을 누르고 승리하셨다는 소식입니다. 이것을 믿음으로 이해하십시오. 예수께서 오늘 또 한 번 모든 무거운 죄를 용서해 주시고, 여러분을 완전히 깨끗하고 순전하게 해주실 것입니다. 이제부터 여러분은 더는 죄를 지을 필요가 없고, 죄가 더는 여러분을 지배하지도 못할 것입니다. 예수께서 여러분을 다스리실 것입니다. 그분은 모든 시험보다 강하신 분입니다. 여러분이 시련의 때에 죽음의 공포 가운데 있더라도, 예수께서 여러분을 다스리실 것이고, 여러분은 "예수는 나의 죄와 나의 죽음을 이기신 승리자이십니다" 하고 고백하게 될 것입니다. 여러분이 이 믿음을 버릴 때마다, 여러분은 침몰하고, 패배하고, 죄를 짓고, 죽을 수밖에 없을 것입니다. 여러분이 이 믿음을 굳게 붙잡을 때마다, 예수께서 승리를 유지하실 것입니다.

위령주일에 우리는 고인들의 무덤 옆에서 이런 질문을 받습니다. "그대는 장차 어떻게 죽을 것입니까?" 우리는 죽음과 죄의 힘을 믿습니까? 아니면 예수 그리스도의 능력을 믿습니까? 둘 중 하나가 있을 따름입니다. 지난 세기의 한 성직자가 임종을 맞게 되었습니다. 사는 동안 예수 그리스도의 승리를 종종 설교하고 훌륭한 일들을 수행한 성직자였습니다. 그가 임종의 자리에서 엄청난 고통과 곤경에 처하자, 그의 아들이 몸을 굽혀 그 죽어 가는 사람의 귀에 대고 이렇게 소리쳤습니다. "아버지, 이기실 거예요." 절망스런 순간이 우리에게 닥치고, 가장 암담한 순간이 닥칠 때, 우리의 귀를 향해 "이길 것이다"라고 외치시는 예수 그리스도의 음성을 우리 모두가 듣게 되기를 바랍니다. 승리가 죽음을 삼켰습니다. 기뻐하십시오. 하나님이 허락해 주셔서, 우리 모두 "나는 죄를 용서받는 것과 몸의 부활과 영생을 믿습니다"[38]라고 말할 수 있게 되기를 바랍니다. 우리 모두 이 믿음으로 살고 죽기를 바랍니다. 이를 위해 성찬을 받아 모십시다. 아멘.

율리 본회퍼 여사[39]를 기리는 추도사

시편 90편

1936년 1월 15일, 베를린-할렌제 공동묘지 부속 예배당

주님은 대대로 우리의 거처이셨습니다. 산들이 생기기 전에, 땅과 세계가 생기기 전에, 영원부터 영원까지, 주님은 하나님이십니다. 주님께서는 사람을 티끌로 돌아가게 하시고 "죽을 인생들아, 돌아가거라" 하고 말씀하십니다. 주님 앞에서는 천 년도 지나간 어제와 같고, 밤의 한 순간과도 같습니다. 주님께서 생명을 거두어 가시면, 인생은 한 순간의 꿈일 뿐, 아침에 돋아난 한 포기 풀과 같이 사라져 갑니다. 풀은 아침에는 돋아나서 꽃을 피우다가도, 저녁에는 시들어서 말라 버립니다. 주님께서 노하시면 우리는 사라지고, 주님께서 노하시면 우리는 소스라치게 놀랍니다. 주님께서 우리 죄를 주님 앞에 들추어 내놓으시니, 우리의 숨은 죄가 주님 앞에 환히 드러납니다. 주님께서 노하시면, 우리의 일생은 사그라지고, 우리의 한평생은 한숨처럼 스러지고 맙니다. 우리의 연수가 칠십이요 강건하면 팔십이라도, 그 연수의 자랑은 수고와 슬픔뿐이

요, 빠르게 지나가니, 마치 날아가는 것 같습니다. 주님의 분노의 위력을 누가 알 수 있겠으며, 주님의 진노의 위세를 누가 알 수 있겠습니까? 우리에게 우리의 날을 세는 법을 가르쳐 주셔서 지혜의 마음을 얻게 해주십시오. 주님, 돌아와 주십시오. 언제까지입니까? 주님의 종들을 불쌍히 여겨 주십시오. 아침에는 주님의 사랑으로 우리를 채워 주시고, 평생토록 우리가 기뻐하고 즐거워하게 해주십시오. 우리를 괴롭게 하신 날수만큼, 우리가 재난을 당한 햇수만큼, 우리에게 즐거움을 주십시오. 주님의 종들에게 주님께서 하신 일을 드러내 주시고, 그 자손에게는 주님의 영광을 나타내 주십시오. 주 우리 하나님, 우리에게 은총을 베푸셔서, 우리의 손으로 하는 일이 견실하게 하여 주십시오. 우리의 손으로 하는 일이 견실하게 하여 주십시오.

오늘 우리는 고이 잠드신 우리 할머니의 무덤 앞에 깊이 감사하는 마음으로 섰습니다. 오늘도 우리 가운데 함께하시는 하나님의 손길이 우리 위에 자비로이 함께하고 있습니다. 우리는 할머니의 생을 생각하지 않고서 우리 자신의 생을 생각할 길이 없습니다. 할머니는 우리 가족의 일원이셨고, 앞으로도 변함없이 우리 가족의 일원이십니다. 할머니에게는 하나님의 손길이 끝까지 자비로이 임했습니다. 하나님의 손길은 할머니를 홀로 있게 하지 않고, 자녀와 손자와 증손자를 보게 했습니다. 하나님의 손길은 할머니의 마지막 중환 중에도 할머니를 며칠간 건강하고 즐겁게 하여서, 해마다 그랬듯이 할머니가 성탄 전야를 온 가족과 더불어 또 한 차례 축하할 수 있게 해주었습니다. 할머니는 대단한 명민함과 사랑으로 우리 한 사람 한 사람의 마음을 일신상으로 또는 직업상으로 움직이는 일에 마지막까지 함께하셨습니다. 할머니는 가까이 지내던 모든 이의 안부를 물으셨고, 그 한 사람 한 사람에게 선하고 긍정적인 기대와 바람을 품으셨습니다. 하나님은 할머니에게 주변을 있는 그대로 명료하게 보고, 그것에 순응하는 능력을 주셨습니다. 오늘 우리는 할머니가 더는 우리 곁에 계시지 않아 슬퍼하지만, 우리가 얼마나 감사해야 하는지도 절대로 잊어선 안 되겠습니다.

"주님은 대대로 우리의 거처이셨습니다." 할머니처럼 오래 살다 보면, 특별한 피난처가 필요하다는 것을 배우는 때가 있습니다. 할머니는 일찍이 아버지를 여의시고, 전쟁으로 두 아들과 세 손자를 잃으셨습니다. 노년에는 할머니의 주위가 더 고요해졌습니다. 할아버지가 돌아가시고, 할머니의 형제자매들이 돌아가셨으며, 할머니가 돌아가시기 몇 년 전에는 우리의 선량한 삼촌이자 할머니의 맏아들인 오토 삼촌이 돌아가셨기 때문입니다. 하지만 하나님은 할머니의 인생에 뚜렷이 개입하셨고, 할머니는 어린 시절부터 알게 된 고백, 곧 "주님은 대대로 우리의 거처이셨습니다. 산들이 생기기 전에, 땅과 세계가 생기기 전에, 영원부터 영원까지, 주님은 하나님이십니다"라고 고백하는 법을 거듭거듭 배우셨습니다. 할머니는 병환 중에도 이 말씀에 의지하셨습니다. 하나님의 뜻에 순응하며, 자기에게 부과된 짐을 짊어지며, 주어진 상황을 차분하고 명료하게 바라보며, 현실을 주시하셨습니다. 때에 따라 필요하고 적합한 일을 하며, 남이 도와주지 않아도 불평하지 않고 말없이 진정하며, 매사에 내적 명랑과 힘찬 삶의 긍정을 유지하셨습니다. 할머니는 이런 마음 자세로 자기 삶을 붙잡고 살아가셨고, 같은 자세로 죽음을 맞이하셨습니다. 우리는 할머니의 믿음과 순전한 마음을 통해 그분을 사랑하는 방법을 배울 수 있었습니다.

"주님께서는 사람을 티끌로 돌아가게 하시고 '죽을 인생들아, 돌아가거라' 하고 말씀하십니다." 할머니는 이 귀환을 삼대 안에서 보셨고, 그것을 생의 가장 큰 기쁨으로 여기셨습니다. 할머니는 자기 자녀, 손자, 증손자를 변함없이 위하셨고, 언제나 모든 일에 힘쓸 수 있도록 시간과 침착함과 조언을 갈무리하고 계셨습니다. 할머니는 우리와 같은 시대의 사람이었지요. 하지만 할머니의 판단과 조언은 언제나 벌어진 일들과 상당한 거리를 둔 상태에서, 모든 인간사에 대한 비길 데 없는 지식과 큰 사랑에서 나온 것이었습니다. 할머니는 여러 세대가 오고 자라는 것을 보시면서 떠나갈 준비를 하셨습니다. 다들 할머니의 경험과 지혜로 느끼셨겠지만, 할머니는 인간의 지식과 판단과 삶의 모든 한계를 겸허히 인정하셨습니다. "주님 앞에서는 천 년도 지나간 어제와 같고, 밤의 한 순간과도 같습니다."

"우리의 연수가 칠십이요 강건하면 팔십이라도, 그 연수의 자랑은 수고와 슬픔뿐이요." 할머니는 아흔셋의 몸으로 이전 시대의 유산을 우리에게 전달하셨습니다. 할머니와 더불어 한 세계가 가라앉고 있지만, 우리 모두 그 세계를 어떤 식으로든 우리 안에 간직하고, 또 간직하기를 바랍니다. 불굴의 정의, 자유로운 사람의 기탄없는 발언, 내뱉은 말의 구속력, 명료하고 냉철한 의견 표명, 사생활과 공적인 삶에서의 정직함과 솔직함. 이 모든 것은 할머니가 진실로 마음을 다해 매달린 가치들이었습니다. 할머니는 그 속에서 사셨습니다. 할머니는 이 목표들을 자기 삶 속에서 실현하는 데는 수고와 노고가 있어야 함을 경험으로 아셨고, 이 노고와 수고를 아끼지 않으셨습니다. 할머니는 이 목표들이 경시되고, 인간의 권리가 억압당하는 것을 가만히 지켜보지 않으셨습니다. 그런 이유로 할머니의 말년은 커다란 슬픔으로 얼룩졌습니다. 할머니는 우리 국민의 일원인 유대인들의 운명 때문에 그 슬픔을 겪으셨습니다. 할머니는 그들과 함께 짐을 나누어 지셨고, 고난도 함께 겪으셨습니다. 할머니는 다른 시대, 다른 정신세계에서 오신 분이었습니다. 할머니는 가셨지만, 그 세계는 할머니와 함께 가지 않았습니다. 감사하게도 할머니의 유산은 우리에게 의무로 남아 있습니다.

그러나 할머니의 생애는 물론이고 할머니의 죽음도 우리에게는 가르침이 되었습니다. 주님, "우리에게 우리의 날을 세는 법을 가르쳐 주셔서 지혜의 마음을 얻게 해주십시오." 할머니의 생애와 같이 깊은 뜻을 지닌 자각적인 삶도 인간의 모든 것을 짓누르는 죽음의 법 아래에 있습니다. 우리도 언젠가는 우리의 모든 이상과 목표와 노고와 함께 떠나가지 않으면 안 됩니다. 지혜로운 사람이 되는 것은 자신의 한계와 자신의 끝을 아는 것을 의미합니다. 그렇지만 이 한계 너머, 곧 영원부터 영원까지 계시면서 우리가 원하든 원하지 않든 우리를 보호하시고, 우리를 영원히 맡아 주시는 하나님을 아는 것을 또한 의미하지요. 이토록 충만하고 풍성한 삶을 놓고 우리가 무얼 더 말하겠습니까? 우리는 우리의 거처이신 하나님을 부르고, 곤경과 슬픔 속에서 그분께로 피합니다. 예수 그리스도, 그분 안에 모든 진리와 정의와 자유와 사랑이 있기 때문입니다. 우리는 예수 그리스도의 십자가에서 엄청난 사랑을 통해 온갖 증오와 불친절과 불안을 극복하신 하나님을 부릅니다. 부디 할머니가 죄와 죽음 아래 은폐되고 숨겨진 것을 영원 속에서 볼 수 있기를, 예수 그리스도 안에서 영원한 하나님의 얼굴을 평화로이 명료하게 뵐 수 있기를 바랍니다.

> 오 주님, 처음과 나중, 이것들은 주님의 것이고,
> 그사이의 짧은 시간, 곧 인생은 나의 것입니다.
> 내가 어둠 속에서 길을 잃어, 나를 훤히 알지 못해도,
> 주님, 주님께는 명료함이 있고, 빛이 주님의 집입니다.[40]

우리 모두 더는 슬퍼하지 않기를 바랍니다. 슬퍼하는 것은 할머니의 뜻이 아니었습니다. 할머니는 단 한 사람도 슬퍼하기를 바라지 않으셨습니다. 우리는 우리의 노고와 일상의 일로 돌아가야 합니다. 이것이야말로 할머니가 생각하신 바였습니다. 할머니는 무엇보다도 행동과 일상의 일을 사모하셨습니다. 그러니 우리 모두 할머니의 모습과 할머니의 삶과 죽음을 통해 강해지되, 대대로 할머니의 거처이자 우리의 거처인 하나님을 믿는 믿음으로 강해질 수 있기를 바랍니다. 우리가 예수 그리스도를 통해 강해져, 할머니의 무덤에서 일어서기를 바랍니다. "주 우리 하나님, 우리에게 은총을 베푸셔서, 우리의 손으로 하는 일이 견실하게 하여 주십시오!" 아멘.

신부 H. 쇤헤어와 신랑 A. 쇤헤어에게 건네는 주례사

데살로니가전서 5:16-18

1936년 4월 15일, 팔켄제 교회

항상 기뻐하십시오. 끊임없이 기도하십시오. 모든 일에 감사하십시오. 이것이 그리스도 예수 안에서 여러분에게 바라시는 하나님의 뜻입니다.

이 말씀을 그대들에게 주는 우리의 당부로 받아들이기를 바랍니다. 그대들이 이 뜻에 순종하여 "예"라고 대답하기를 바랍니다.

그대들은 이제 자립해서 생활하려고 합니다. 그대들이 알다시피, 미래와 내일의 모든 것이 불확실합니다. 하지만 확실한 것은 그러한 순간에 우리가 하나님의 뜻과 하나가 되어야 함을 아는 것입니다. 이것만 있으면 충분합니다. 이것만 있으면 우리는 모든 불확실한 것을 돌파해 갈 수 있습니다.

그대들은 하나님의 뜻과 하나가 되려고 이 자리에 있습니다. 그대들은 잠시 후 이렇게 말하게 될 것입니다. "죽음이 우리를 갈라놓을 때까지 서로를 위해 살겠습니다. 서로에게 성실하겠습니다." 그대들 두 사람이 삶을 공동으로 영위하려면, 두 뜻이 "한뜻"이 되어야만 합니다. 한뜻이 되지 않으면, 자기 뜻을 추구하거나 다른 이의 뜻을 추구하게 되겠지요. 그러나 그대들의 뜻을 **한**뜻이 되게 해주는 유일한 확신은 그대들에게 있지 않고, 하나님의 뜻에 있습니다. 그대들의 결혼을 확고하게 해주는 확신은 그대들, 그대들의 사랑, 그대들의 결심에 있지 않고, 예수 그리스도에게 있습니다. 예수 그리스도에게 그 확신을 구하십시오! 예수 안에서 그대들은 하나가 될 수 있고, 하나가 되어야 하며, 하나가 될 것입니다. 그러므로 우리는 우리의 생각이 사사로운 일 주변을 맴도는 날에, "먼저 하나님의 나라를 구하여라. 그리하면 이 모든 것을 너희에게 더하여 주실 것이다"[41]라고 말해야 하겠습니다. 그러면 그분이 그대들에게 다른 모든 것도 함께 주실 것입니다. 먼저 하나님의 나라를 구하십시오!

감사하게도 하나님은 그분의 뜻을 우리에게 숨기지 않고 알리십니다. 그분은 그대들이 앞서 들은 "항상 기뻐하십시오"라는 말씀 안에서 그대들을 향한 예수 그리스도의 뜻을 알려 주십니다.

그대들은 그대들이 서로 만들고 서로 누리는 즐거움 속에서 기뻐하게 될 것입니다. 인생에서 사랑하는 사람, 하나됨을 아는 사람과 함께 사는 것만큼 큰 기쁨을 주는 것은 없습니다. 사람이 기뻐하고, 외적인 근심 속에서도 기뻐할 수 있는 이유는 다른 사람을 가졌기 때문입니다. 하지만 이것은 오늘 기뻐하고 내일 기뻐하고 미래에도 반복해서 기뻐하라는 뜻이 아니라, **모든** 시간에 기뻐하라는 뜻입니다. 그대들이 서로에게서 시간을 빼앗아 갈 때만이 아니라, 그대들에게 시간이 허락되지 않는 곳, 외적인 난제가 그대들을 압박하고 짓누르는 곳에서도 기뻐해야 한다는 뜻입니다.

어떻게 해야 과장하지 않고 이렇게 말할 수 있을까요? 자기 기쁨의 근거를 하나님에게서, 그분의 뜻에서 받을 때만 그렇게 말할 수 있고, 그렇게 될 수 있습니다. 그대들은 하나님에게 구원을 받았습니다. 구원으로 말미암아 미래에 대한 온갖 근심과 불안으로부터 해방되고, 그대들 자신에게서도 자유롭게 되었으니, 항상 기뻐하십시오. 그대들은 구원을 받아 하나님과 항상 함께하고, 하나님도 여러분과 항상 함께하시니, 항상 기뻐하십시오. 그대들이 구원받은 사람들이어서 기뻐하는 것임을 아십시오.

신랑 A., 그대는 기뻐하는 목사가 되십시오! 예수 그리스도와 하나됨을 아는 사람은 자기가 구원받았음을 알고 있고, 그래서 그렇게 보이는 사람은 자기가 맡은 공동체에 큰 도움이 될 것입니다. 사람들이 그에게 찾아와 짐을 지울 것이고, 그는 짐을 져야 할 것입니다. 그러므로 그대의 직무를 수행하면서 항상 기뻐하십시오.

친애하는 신부 H., 그대에게 말합니다. 그대의 남편을 항상 도와서, 그가 기뻐하게 하십시오. 이것은 그대가 그대의 남편과 공동체에 행하는 봉사입니다. 그대의 기도와 성실로 남편을 도우십시오. 그대의 일과 그대의 시간을 안배함으로 남편을 도와 함께 기뻐할 수 있도록 하십시오. 그러면 그대들은 "모든 것이 다 여러분의 것입니다. 그리고 여러분은 그리스도의 것입니다!"[31]라는 바울의 말을 이해하게 될 것입니다.

이 기쁨은 끊임없는 기도를 통해서만 옵니다. 끊임없이 기도하지 않는 가정은 그리스도인의 가정이 아닙니다. 신랑 A., 그대는 끊임없이 하는 기도가 어떤 것인지를 지난 몇 해에 걸쳐 배웠고, 그런 기도가 많은 도움이 된다는 것을 알았으며, 앞으로 살아가면서도 이를 더 많이 알게 될 것입니다. 친애하는 H., 그대는 그대의 남편이 이 거룩한 직무를 반드시 수행해야만 하며, 그대가 도와줄 때만, 그대가 이 직무와 이 끊임없는 기도에 경외심을 품을 때만, 그대의 남편이 그 일을 제대로 할 수 있다는 것을 명심하십시오.

날마다 그대들의 결혼 생활을 확고하게 해달라고, 그대

들의 결혼 생활을 변치 않게 해달라고, 그대들의 죄를 용서해 달라고 함께 기도하십시오. 이 기도 속에서 날마다 그대들의 죄를 서로 용서해 주십시오. 그대들은 용서가 지배하는 결혼 생활을 영위하고, 이를 위하여 함께 성실히 기도하며 서로를 위해 기도하십시오.

친애하는 신부 H., 그대에게 특별히 해주고 싶은 이야기가 있습니다. 아내가 복음을 위해 드리는 중보기도로 남편을 되찾았다는 이야기입니다. 나는 그대에게 그대의 남편, 그대의 가족, 그대의 집을 드나드는 모든 이들, 그대가 만나는 모든 이들을 위해 중보기도를 드리라고 간절히 권합니다. 그리고 그대들은 모든 일에 감사하십시오. 그대들은 모든 일에 감사할 때만, 장차 임종의 순간에 크리소스토무스처럼 "모든 일에 감사하십시오!"라고 말할 수 있을 때만, 바르게 기도할 수 있습니다. 그대들의 행복을 놓고 감사함은 물론이고, 그대들의 삶에 찾아드는 온갖 수수께끼, 복음으로 인해 겪는 병과 고난과 박해에도 감사하십시오. 모든 일에 감사하십시오! 그대들이 이 시간까지 받은 모든 것에 감사하십시오. 그대들이 서로를 소유하고 있다는 사실에 감사하십시오. 무엇보다도 그대들이 하나님의 말씀과 하나님의 뜻을 끝까지 간직하리라는 사실에 감사하십시오. 그대들이 생의 마지막에 "모든 일에 감사합니다!"라고 기쁘게 말할 수 있다는 사실에 감사하십시오.

이제 하나가 되었다는 큰 기쁨과 확신을 품고 가서, 눈을 들어 예수 그리스도의 십자가를 바라보고, 항상 기뻐하며 끊임없이 기도하십시오. 아멘.

주례사

요한복음 13:34

1936년 7월 18일, 마그데부르크

이제 나는 너희에게 새 계명을 준다. 서로 사랑하여라. 내가 너희를 사랑한 것같이, 너희도 서로 사랑하여라.

예수 그리스도의 계명인 이 사랑은 인간의 마음에서 나오는 사랑과는 다르지만, 오늘 우리는 이 인간적인 사랑을 놓고도 감사해야 하겠습니다. 서로의 사랑에 대한 하나님의 긍정을 그대들에게 선포하는 것이야말로 교회에서 거행하는 혼인 예식의 의미이기 때문입니다. 하나님은 결혼 생활의 질서를 바라시고, 남편과 아내가 서로를 사랑하는 일에 은혜를 베푸십니다. 우리는 이를 업신여겨서도 안 되고, 하찮게 여겨서도 안 됩니다. 창조주께서 자기 피조물들을 긍정하시고, 그들의 의지에 동의하신다는 사실은 믿기 어려울 정도로 엄청난 사실입니다. 우리는 창조주의 호의를 놓고 감사하지 않을 수 없습니다.

그러나 우리는 우리의 마음에서 나오는 모든 것이 변덕과 이기심이라는 이중의 저주 아래 놓여 있다는 사실도 알고 있습니다. 이 저주는 우리 마음의 가장 크고 바람직한 소원들과 의도들보다 우위에 있습니다. 사랑은 변덕과 이기심으로 인해 그대들 안에서 정반대가 되기도 합니다. 죄의 힘이 사랑을 쥐락펴락하는 것입니다.

이 곤경에서 우리를 구출할 이는 하나님이십니다. 그분은 우리의 사랑이 영원하고 헌신적이고 순수하기를 바라십니다. "이제 나는 너희에게 새 계명을 준다. (…)"라고 예수께서 말씀하시는데, 이는 그분을 아는 사람은 자기 이웃과 더불어 새로운 삶을 시작한다는 뜻입니다. 이 삶은 예수의 계명대로 영위하는 삶입니다. 예수께서는 제자들, 곧 그분을 뒤따르려는 자들에게 말씀하십니다. 이 새 계명은 무엇입니까? "내가 너희를 사랑한 것같이, 서로 사랑하여라." 그대들의 서로 사랑은 예수 그리스도께서 그대들을 사랑하신 것과 같아야 합니다. 물론 이는 새로운 것입니다.

우리를 향한 예수 그리스도의 사랑, 이 사랑은 어떤 사랑일까요? 이 사랑을 경험한 사람만이 이 사랑으로 다른 사람을 다시 사랑할 수 있습니다. 예수의 사랑, 이것은 영원으로부터 와서 영원을 향하는 사랑입니다. 이 사랑은 덧없는 것에 의지하지 않고, 우리를 에워싸는 사랑입니다. 그 이유는 우리가 영원해야 하기 때문입니다. 이 사랑은 그 무엇의 방해도 받지 않습니다. 이 사랑은 우리를 향하신 하나님의 영원한 성실입니다. 그대들은 이 사랑을 경험으로 알고 있지요? 예수의 사랑, 이 사랑은 고통과 양선과 고난을 마다하지 않고 타인을 유익하게 하는 사랑입니다. 예수께서는 이 사랑으로 우리를 위해 우리를 사랑하셨고, 그래서 이 세상에서 사람들의 조롱과 미움을 사셨습니다. 예수의 사랑은 십자가를 지는 사랑입니다. 그대들은 이 사랑을 경험으로 알고 있지요? 예수의 사랑, 이 사랑은 우리를 있는 그대로 사랑하는 사랑입니다. 어머니는 자기 아이를 있는 그대로 사랑합니다. 어머니는 자기 아이를 많이 사랑할수록, 그 아이가 자기의 사랑을 필요로 한다는 것을 알기에 그 아이가 처할 더 큰 곤경에 대비합니다. 우리를 향한 예수의 사랑도 이와 같습니다. 그분은 우리를 있는 그대로 받아들이십니다. 예수의 사랑, 이 사랑은 우리의 모든 죄를 용서하는 사랑입니다. 이 사랑은 당연한 벌로 우리를 몇 번이고 괴롭히지 않는 사랑입니다. 이 사랑은 우리의 죄를 몇 번이고 덮어 주고 관대히 처리하는 사랑입니다. 예수의 사랑, 이 사랑은 우리를 위해 날마다 기도하며 우리 편이 되어 주는 사랑입니다. 예수의 사랑, 이 사랑은 우리를 향하신 아버지 하나님의 영원한 사랑입니다. 우리는 이 사랑을 자주 경험하지 않았습니까?

"서로 사랑하여라. 내가 너희를 사랑한 것같이, 너희도 서로 사랑하여라." 그대들이 예수 그리스도를 뒤따르는 사람으로서 결혼 생활을 영위하고 싶다면, 이 신적인 사랑으로 서로 사랑하십시오. 서로 영원히 하나님과 함께하면서, 서로의 잘못을 고발하지 않도록 서로 사랑하십시오. 그대들의 공동 사회가 영원하신 하나님을 위해 부름받았다는 것을 명심하십시오. 설령 어느 한쪽에만 도움이 된다고 해도, 한쪽이 다른 한쪽을 위해 어떤 양선과 고난도 마다하지 않을 정도로 순전하게 사랑하십시오. 그대들은 있는 그대로 서로를 받아들이십시오. 서로 상대의 결점을 늘어놓지 말고, 하나님께서 그대들을 있는 그대로 받아들이셨음을 명심하십시오. 서로 사랑하여, 날마다 서로의 죄과를 용서하십시오. 용서가 없으면, 그대들은 그리스도인으로서 함께 살 수 없습니다. 서로 사랑하여, 서로를 위해 기도하십시오. 남편과 아내로서만이 아니라 그리스도인으로서 서로 사랑하십시오. 그러면 그대들의 공동 사회는 이 시대와 함께 사라지지 않고, 영원히 존속하게 될 것입니다. 아멘.

VI.

전시戰時 설교

신년주일을 위한 낭독 설교

마태복음 2:13-23

1940년

도우소서, 주 예수여. 잘되게 하소서![1]

박사들이 돌아간 뒤에, 주님의 천사가 꿈에 요셉에게 나타나서 말하였다. "헤롯이 아기를 찾아서 죽이려고 하니, 일어나서, 아기와 그 어머니를 데리고 이집트로 피신하여라. 그리고 내가 너에게 말해 줄 때까지 거기에 있어라." 요셉이 일어나서, 밤사이에 아기와 그 어머니를 데리고 이집트로 피신하여, 헤롯이 죽을 때까지 거기에 있었다. 이것은 주님께서 예언자를 시켜서 말씀하신 바, "내가 이집트에서 내 아들을 불러냈다" 하신 말씀을 이루시려는 것이었다. 헤롯은 박사들에게 속은 것을 알고, 몹시 노하였다. 그는 사람을 보내어, 그 박사들에게 알아 본 때를 기준으로, 베들레헴과 그 가까운 온 지역에 사는, 두 살짜리로부터 그 아래의 사내아이를 모조리 죽였다. 이리하여 예언자 예레미야를 시켜서

하신 말씀이 이루어졌다. "라마에서 소리가 들려왔다. 울부짖으며, 크게 슬피 우는 소리다. 라헬이 자식들을 잃고 우는데, 자식들이 없어졌으므로, 위로를 받으려 하지 않았다." 헤롯이 죽은 뒤에, 주님의 천사가 이집트에 있는 요셉에게 꿈에 나타나서 말하였다. "일어나서, 아기와 그 어머니를 데리고 이스라엘 땅으로 가거라. 그 아기의 목숨을 노리던 자들이 죽었다." 요셉이 일어나서, 아기와 그 어머니를 데리고 이스라엘 땅으로 들어왔다. 그러나 요셉은, 아켈라오가 그 아버지 헤롯을 이어서 유대 지방의 왕이 되었다는 말을 듣고, 그곳으로 가기를 두려워하였다. 그는 꿈에 지시를 받고, 갈릴리 지방으로 물러가서, 나사렛이라는 동네로 가서 살았다. 이리하여 예언자들을 시켜서 말씀하신 바, "그는 나사렛 사람이라고 불릴 것이다" 하신 말씀이 이루어졌다.

사랑하는 교우 여러분! 이집트 피신 이야기, 베들레헴 영아 살해 이야기, 성가족의 나사렛 귀환 이야기를 읽을 때면 우리의 눈길을 끄는 것이 있습니다. 바로 이야기의 마지막 대목마다 구약성서의 말씀이 등장하고, "이리하여 (…) 하신 말씀이 이루어졌다"라는 짧은 진술로 그 말씀이 매번 장식되고 있는 것입니다. 어쩌면 우리는 대충 읽으면서 '이것은 그저 부차적인 형식일 뿐이야'라고 생각할지도 모르겠습니다. 그러나 그렇게 하면 오늘 본문 가운데 특히 중대하고 아름다운 것을 간과하는 셈이 될 것입니다. "이리하여 이루어졌다." 이 말씀은 하나님께서 미리 정해 두신 일 말고는 예수에게 어떤 일도 일어날 수 없다는 뜻입니다. 그것은 예수와 함께하는 우리에게도 하나님께서 계획하시고 약속하신 일 말고는 어떤 일도 일어날 수 없다는 뜻이기도 합니다. 또한 그것은 인간의 생각과 계획과 착오가 함께 영향을 끼치고, 살해자 헤롯이 잔혹하게 관여할지라도 결국엔 모든 일이 하나님께서 예견하시고 미리 원하시고 말씀하신 대로 진행되기 마련이라는 뜻입니다. 하나님은 그분의 통치를 포기하지 않으십니다. 하나님은 친히 약속하신 일만을 이루십니다. 이것이야말로 엄청난 위안이 아닐 수 없습니다. 말씀을 붙들고 마음속에 품는 사람은 성서 안에서 이 위안을 늘 새롭게 얻습니다. 동방의 나라에서 온 현자들이 예수께 경배하며 값진 선물을 바치고 돌아갔지요. 그런데 같은 구절 안에서 유대인의 왕 헤롯이 아기를 찾아서 죽이려 한다고 보도하다니 놀라운 대조이지 않습니까? 헤롯은 다윗의 왕좌에 앉아 하나님의 백성, 곧 자기 백성을 다스리는 왕이자 폭군입니다. 그는 이 백성의 역사와 약속과 희망을 익히 알면서도, 하나님께서 약속을 실행에 옮기셔서 자기 백성에게 정의와 진리와 평화의 왕을 주려 하신다는 말을 듣고 영아 살해를 꾀합니다. 이미 수차례 피로 더럽혀진 잔인한 그 지배자는 무력하고 순진한 아기가 두려워서 살해하려고 합니다. 이 세상 모든 권력 수단은 헤롯의 편이지만, 하나님은 그 아기의 편입니다.

하나님은 헤롯과는 다른 수단을 가지고 계십니다. 그분은 꿈에 요셉에게 천사를 보내셔서 헤롯의 권력이 미치지 못하는 이집트로 피신하라고 지시합니다. 하나님이 친히 수단이 되시다니 신비로운 일이 아닐 수 없습니다. 그분에게는 눈에 보이지 않는 세력과 종들이 있습니다. 그분이 그들을 시켜 자기의 사람들에게 길을 알려 주십니다. 과연 그분은 우리에게 자기의 말씀을 주시고, 그 속에서 우리에게 자기의 완전한 뜻을 드러내십니다. 그리고 특별한 때에는 특별한 방식으로 우리를 도우셔서, 우리가 바른길을 잃지 않도록 하십니다. 우리 가운데 이처럼 하나님의 특별한 도우심과 인도하심을 경험하지 못한 분은 없을 것입니다. 하나님께서 꿈에 요셉에게 밤에 이집트로 피신하라고 지시하시자, 그는 잠시도 지체하지 않고 하나님의 지시에 순종하여, 아기와 그 어머니를(우리의 이야기는 이 순서로 예수와 마리아를 두 차례나 언급합니다!) 데리고 피신합니다. 우리를 향한 하나님의 말씀이 성취되려면 우리가 그 말씀에 순종해야 하고, 그러려면 한밤중에라도 일어나서 그분의 뜻대로 해야만 합니다. 요셉은 그리했습니다.

아기 예수는 부모와 함께 피신해야 합니다. 하나님께서

베들레헴에서 그 아기를 헤롯으로부터 보호하실 수도 있지 않았을까요? 그러나 우리가 던져야 할 물음은 하나님께서 모든 것을 마음대로 하셔도 되지 않았느냐가 아니라, 그분이 실제로 무엇을 **원하셨느냐**입니다. 하나님은 예수께서 이집트로 피신하기를 지시하심으로써, 예수의 길이 처음부터 박해의 길임을, 그러나 그분이 예수를 보호하실 수 있으며, 그분이 허락하지 않으면 어떤 것도 예수에게 타격을 가할 수 없음을 알리십니다. 이제 예수는 전에 자기 백성이 예속과 곤경 가운데 살아야 했던 이집트에서 살게 됩니다. 자기 백성이 있었던 곳에 왕이 있게 된 것입니다. 모름지기 왕은 자기 백성의 역사를 자기 몸으로 겪어야 합니다. 이스라엘이 이집트에서 곤경을 겪었으므로, 예수의 곤경도 이집트에서 시작됩니다. 하나님의 백성이 이집트 낯선 땅에서 곤궁한 삶을 살았으니, 그 백성의 왕도 그리하지 않으면 안 됩니다. 그러나 하나님은 자기 백성을 이집트에서 끌어내어 약속의 땅으로 데려가셨듯이, 자기 아들을 거기서 불러내어 이스라엘 땅으로 소환하셨습니다. 전에 예언자가 이스라엘 백성을 향해 전했던 말씀이 이제 예수에게서 이루어집니다. "내가 이집트에서 내 아들을 불러냈다." 이집트 피신은 막다른 재난이 아니라, 하나님의 약속이자 그 성취였습니다. 예수는 이집트에서 자기 백성의 괴로움과 즐거움, 하나님 백성의 괴로움과 즐거움, 우리 모두의 괴로움과 즐거움에 완전히 하나가 되셨습니다. 그분은 이집트로 대변되는 낯선 곳에서 함께하시는 분이니, 우리도 낯선 곳에서 그분과 함께 하나님의 땅으로 이동하게 될 것입니다. 동방 나라의 현자들이 하나님의 지시에 따라 예루살렘을 거치지도 않고, 어디서 예수를 찾을 수 있는지 알려 주지도 않고 돌아가자, 헤롯은 몹시 노합니다. 심한 불안과 질투에 휩싸인 그는 베들레헴에 사는 세 살 아래의 모든 영아를 살해할 것을 지시합니다. 그는 이 지시를 내림으로써 신적인 아기를 타격할 유일하고 안전한 길을 확보했다고 생각합니다. 하지만 그의 타격이 아무리 영리하고 잔인해도, 그는 목표를 이루지 못합니다. 헤롯이 그리스도를 제거하려고 했지만 그리스도는 살아 계시고, 그분을 대신해 그리고 그분을 위하여 첫 순교자들이 생겨납니다. 베들레헴의 순진한 영아들이 같은 나이의 왕인 주님의 생명을 보호합니다. 그들은 기독교의 첫 순교자, 자기들의 구원자인 예수 그리스도의 생명을 위해 죽는 증인이 됩니다. 모든 박해는 예수 그리스도의 완전한 제거를 목표로 삼고, 그리스도 살해를 꾀하지만, 그것은 그리스도를 조금도 해치지 못합니다. 그리스도는 살아 계시고, 모든 시대의 순교자들도 그분과 함께 살아 있습니다.

순진한 영아들이 살해당할 때 베들레헴 전역에 닥쳤듯

이, 주 예수 그리스도께서 박해를 받으실 때는 큰 슬픔, 비명, 비탄, 흐느낌, 통곡이 사람들에게 닥칩니다. 하나님의 백성이 곤경과 난관에 봉착할 때면, 눈물이 거듭거듭 흘렀습니다. 마치 이스라엘 백성의 어머니 라헬이 베들레헴 인근에 있던 자기 무덤에서 일어나 자기의 모든 자식의 슬픔을 마주하여 우는 것과 같았습니다. 이는 예레미야 예언자가 예루살렘의 멸망이 임박한 마지막 시기에 보았던 장면입니다. 하지만 베들레헴의 어머니들이 예수 그리스도를 대신해 죽은 자기 자식을 애도하여 우는 지금에야 비로소 그 예언자의 말이 완전히 성취되었습니다. "라마에서 소리가 들려왔다. 울부짖으며, 크게 슬피 우는 소리다. 라헬이 자식들을 잃고 우는데, 자식들이 없어졌으므로, 위로를 받으려 하지 않았다." 예수 그리스도의 순교자들에 대한 애도가 시작되었으니, 이 애도는 마지막 때까지 멈추지 않을 것입니다. 하나님을 멀리하고 그리스도를 적대시하는 세상, 무죄한 이들의 피, 자신의 죄과와 죄로 말미암은 애도입니다. 예수 그리스도는 바로 이것들 때문에 고난받으셨습니다. 그러나 이처럼 형용할 수 없이 슬픈 애도 한가운데에는 엄청난 위로가 있습니다. 예수 그리스도께서 살아 계시며, 우리도 그분과 더불어 고난받으면 그분과 함께 살게 되리라는 위로입니다.

사악하고 잔인한 사건이었지만, 베들레헴 영아 살해는

마침내 약속을 이행하시는 하나님께 도움이 되었습니다. 하나님은 자기 백성에게 닥치는 슬픔과 눈물을 귀히 여기십니다. 그 눈물은 그리스도 때문에 흘린 것이므로, 그리스도께서 그것을 영원히 떠맡으시기 때문입니다.

이집트에서 요셉은 하나님의 귀환 명령을 날이 지나고 해가 지나도록 기다립니다. 그는 스스로 결정해서 움직이려고 하지 않고, 하나님의 지시를 기다립니다. 하나님은 밤중의 꿈에 요셉에게 또 한 번 지시하십니다. 일어나서 아기와 그 어머니를 데리고 귀향하라는 지시입니다. "그 아기의 목숨을 노리던 자들이 죽었다." 강력한 지배자 헤롯은 자신의 목표를 이루지 못하고 죽었지만, 예수는 살아 계십니다. 이것은 교회의 역사 속에서 늘 진행되던 일입니다. 먼저 하나님의 자녀들, 예수 그리스도의 제자들에게 곤경과 박해가 닥쳤고, 그다음에 "그들이 죽었다"라고 말하는 때가 이르렀습니다. 네로Nero가 죽었고, 디오클레티아누스Diocletianus가 죽었고, 루터의 적들이 죽었고, 종교개혁의 적들이 죽었지만, 예수는 살아 계시고, 그분의 사람들도 그분과 함께 살아 있습니다. 박해의 시기가 갑자기 끝나고, 그러면 다음과 같은 사실이 드러납니다. "예수께서 살아 계신다."

아기 예수는 하나님의 부르심을 받고 이스라엘 땅으로 귀환합니다. 하나님의 나라를 차지하고 자신의 왕위에 오르려고 이스라엘 땅으로 돌아옵니다. 처음에 요셉은 예수를 유대 땅으로 데려가려고 합니다. 이스라엘의 왕이 나오리라고 기대되는 땅이었습니다. 하지만 하나님의 특별한 지시가 그의 의지를 막습니다. 그는 나사렛으로 가라는 지시를 받습니다. 나사렛은 이스라엘 사람들에게 이렇다 할 감흥을 주지 못하는 지역입니다. "나사렛에서 무슨 선한 것이 나올 수 있겠소?"[2]라고 할 정도였습니다. 그러나 바로 그런 이유로 예수는 나사렛에서 성장하지 않으면 안 되었습니다. "예언자들을 시켜서 말씀하신 바, '그는 나사렛 사람이라고 불릴 것이다' 하신 말씀이 이루어지려면" 말이지요. 이 예언은 이해하기 쉽지 않아 보입니다. 이런 형식의 예언을 어디서도 찾아볼 수 없기 때문입니다. 그러나 우리는 성서 본문에 정확히 주의할 줄 알아야 합니다. 우리가 주의해야 할 것은 개별 예언서가 아니라, 예언서**들**이 담고 있는 뜻입니다. 이 예언은 확실히, 구약성서에서 미래의 왕이 비천하고 볼품없는 모습으로 출현하리라고 반복해서 예언한 것을 염두에 두고 있습니다. 물론 구약성서에는 나사렛에 관한 언급이 전혀 없습니다. 하지만 복음서 저자는 이새의 뿌리에서 한 싹, 한 어린 가지가 돋아날 것이며, 그루터기에서 난 연약하고 보잘것없는 가지가 이스라엘의 메시아가 될 것이라는 이사야서의 유명한 구절[3]에서 연관성을 찾습니다. 가지를 뜻하는 히브리어 단어는 '네제르'nezer 입니다. 이것은 나사렛Nazareth 이란 지명의 어간음語幹音이기도 하지요. 복음서 저자는 예수가 가난하고, 업신여김을 받고, 보잘것없게 되리라는 구약성서의 약속이 이처럼 깊이 감추어져 있음을 알아냅니다. 요셉이, 온 세상이 이해하기 쉽지 않은 길, 곧 보잘것없는 나사렛을 향해 가는 길에서 온 세상의 구원자와 함께하시는 하나님의 길이 또 한 번 성취됩니다. 말하자면 그분은 너무나 가난하고 눈에 띄지 않는 비천한 모습으로 살고, 볼품없는 자들과 멸시받는 자들의 삶을 공유하심으로써 모든 사람의 불행을 짊어질 수 있고, 그들의 구원자가 되실 수 있다는 것입니다.

이제까지 우리는 우리의 이야기를 토대로 어떻게 하나님께서 아기 예수에 대한 세 가지 대예언이 이루어지게 하셨는가를 배웠습니다. 예수께서는 하나님의 백성의 역사를 자기 몸으로 경험하시고, 자기 사람들에게 평화뿐만 아니라 자기로 인해 겪는 고난과 죽음도 주시고, 모든 사람을 구원하는 분이 되시려고 은밀하고 비천한 곳에서 사셨습니다. 그러나 이 모든 것은 하나님의 약속에 따라 일어난 일로서, 이 세상을 구원하시려는 하나님의 뜻이 이루어진 것이라고 하겠습니다.

새해에 접어들면, 우리의 길은 인간의 여러 계획과 실수, 여러 적대감과 곤경의 영향을 받게 될 것입니다. 그러나 우리가 예수와 함께 머무르고, 예수와 함께 걷는 한, 하나님께서 내다보고 의도하며 약속하신 일 이외에 어떤 일도 일어나지 않을 것이라 확신해도 좋습니다. 예수에 관하여 주님이 하신 말씀이 이루어졌다고 말하는 것이야말로 예수와 더불어 영위하는 삶의 즐거움입니다. 아멘.

주님, 우리가 주님을 찬양합니다. 주님은 모든 것을 쥐고 힘차게 다스리십니다. 주님은 그리스도를 위해 주님의 사람들을 인도하셔서, 그들이 주님의 조언에 따라 모든 곤경과 적대를 안전하게 헤쳐 나가도록 하십니다. 새해에도 주님의 이름을 위해 주님의 교회와 그 모든 지체를 올바른 길로 인도해 주십시오. 아멘.

나는 하나님을 벗어나지 않으렵니다.[4]

성서일과의 요한복음 성구에 따른 설교 묵상 I
요한복음 20:19-31

1940년, 부활절 후 첫째 주일[5]

그날, 곧 주간의 첫날 저녁에, 제자들은 유대 사람들이 무서워서, 문을 모두 닫아걸고 있었다. 그때에 예수께서 와서, 그들 가운데로 들어서셔서, "너희에게 평화가 있기를!" 하고 인사말을 하셨다. 이 말씀을 하시고 나서, 두 손과 옆구리를 그들에게 보여주셨다. 제자들은 주님을 보고 기뻐하였다. [예수께서] 다시 그들에게 말씀하셨다. "너희에게 평화가 있기를 빈다. 아버지께서 나를 보내신 것 같이, 나도 너희를 보낸다." 이렇게 말씀하신 다음에, 그들에게 숨을 불어넣으시고 말씀하셨다. "성령을 받아라. 너희가 누구의 죄든지 용서해 주면, 그 죄가 용서될 것이요, 용서해 주지 않으면, 그대로 남아 있을 것이다." 열두 제자 가운데 하나로서 쌍둥이라고 불리는 도마는, 예수께서 오셨을 때에 그들과 함께 있지 않았다. 다른 제자들이 그에게 "우리는 주님을 보았소" 하고 말하였으나, 도마는 그들에게 "나는 내 눈으로 그의 손에 있는 못자국을 보고, 내 손가락을 그 못자국에 넣어 보고, 또 내 손을 그의 옆구리에 넣어 보지 않고서는 믿지 못하겠소!" 하고 말하였다. 여드레 뒤에 제자들이 다시 집 안에 모여 있었는데 도마도 함께 있었다. 문이 잠겨 있었으나, 예수께서 와서 그들 가운데로 들어서셔서 "너희에게 평화가 있기를!" 하고 인사말을 하셨다. 그러고 나서 도마에게 말씀하셨다. "네 손가락을 이리 내밀어서 내 손을 만져 보고, 네 손을 내 옆구리에 넣어 보아라. 그래서 의심을 떨쳐 버리고 믿음을 가져라." 도마가 예수께 대답하기를 "나의 주님, 나의 하나님!" 하니, 예수께서 도마에게 말씀하셨다. "너는 나를 보았기 때문에 믿느냐? 나를 보지 않고도 믿는 사람은 복이 있다." 예수께서는 제자들 앞에서 이 책에 기록하지 않은 다른 표징도 많이 행하셨다. 그런데 여기에 이것이나마 기록한 목적은, 여러분으로 하여금 예수가 그리스도요 하나님의 아들이심을 믿게 하고, 또 그렇게 믿어서 그의 이름으로 생명을 얻게 하려는 것이다.

1. 19-20절. 아침에는 기적이 일어났고, 저녁에 제자들이 함께 모여 있다. 갑자기 밤이 오고 불안의 그림자가 제자들에게 드리운다. 제자들은 격앙된 유대인들을 마주해야 하는 새로운 상황에 처하여 안전하게 있고자 조심스럽게 문을 닫아건다. 물론 문을 닫아걸면 주님이 들어오시지 못한다는 것을 생각지 못하고 한 일이다. 그때 "예수께서 와서, 그들 가운데로 들어서셨

다." 이상하게도 우리는 예수의 현존을 가장 애타게 열망해야 할 시간에 온갖 다른 일들이 두려워 문을 닫아걸곤 한다. 그러나 이보다 더 놀랍게도 예수께는 이 닫힌 문이 장벽이 되지 않는다. 부활하신 분은 사람에게 이르는 길에서 더는 사람에게 구애받지 않으신다. 우리의 몸이 우리를 방해하고 구속하는 것과 달리, 그분의 새 몸은 그분을 더는 방해하거나 구속하지 않는다. 예수의 몸은 이제 그분의 영의 완전한 도구가 된다. 부활하신 분은 두려워하는 제자들 가운데로 들어서셔서 **"너희에게 평화가 있기를!"** 하고 말씀하신다. 확실히 이것은 당시의 일상적인 인사말이자, 거기에 응답하는 훌륭한 인사말이었다. 이 인사말에는 사람들이 서로 인사로 말할 수 있는 모든 것이 담겨 있기 때문이다. 그러나 누가 인사하느냐에 따라 차이가 있다. 어머니의 신심 깊은 인사말, 연로한 그리스도인의 신심 깊은 인사말은, 여느 사람이 그 인사말을 형식적으로 사용할 때와는 다른 무게가 있다. "너희에게 평화가 있기를"(여기서 "있기를"이라는 표현 대신 "있다"로 보완하는 것이 더 좋다). 부활하신 분의 입에서 나온 이 인사말은, "너희의 모든 두려움을 끝내라. 너희에 대한 죄와 죽음의 지배를 끝내라. 이제 너희는 하나님과 더불어, 사람들과 더불어, 너희 자신과 더불어 평화를 누려라"라는 뜻이다. 이는 친히 우리를 위해 평화를 쟁취하신 분이 하시는 말씀이다.

그분은 싸움에서 이기고 쟁취한 승리의 가시적인 상징으로 삼으시겠다는 듯이, 구멍 뚫린 두 손바닥과 상한 옆구리를 보여주신다. "너희에게 평화가 있기를." 이는 평화이신 예수 그리스도께서 여러분과 함께하신다는 뜻이요, 십자가에 못 박히고 부활하신 분이 여러분과 함께하신다는 뜻이다. 살아 계신 주님의 말씀과 징표가 제자들을 기쁘게 한다. 불안하고 음울한 며칠이 지나고 주님과의 연합이 회복된다.

2. 21-23절. 그러나 곧바로 **헌신하지** 않는 예수와의 연합은 존재하지 않는다. 예수를 위해 헌신할 때만 그분과의 연합은 이루어진다. 이것은 예수께서 제자들에게 줄곧 말씀하신 바다.요 15:1 이하 이제 그분은 변용된 몸으로 제자들에게 최고의 파송을 개시하신다. 그들은 이 파송을 받고 그분과의 연합을 입증해 보여야 한다. "나도 너희를 보낸다."현재형이다! 예수의 제자 파송은 아버지의 예수 파송과 닮아 있다. 예수는 아버지께로 가기 전에 자기 일을 제자들의 손에 맡기신다. 제자들에게 선사하신 평화가 그들이 하는 일의 동력이 되어야 하기에, 예수께서 "다시" 그들에게 말씀하신다. "너희에게 평화가 있기를." 이 평화는 예수의 부활에서 유래하므로 파송의 효력이 있다. 여기서도 상징이 말씀 쪽으로 다가선다. 창조주가 첫 사람에게 하셨던 일을 이제 예수께서 제자들에게 행하신다. 새 생명의 숨, 새로

운 파송의 숨, 부활의 숨이 제자들에게 닿아 그 속을 가득 채운다. 그분은 죄와 죽음을 상대하여 싸우신 분, 승리를 쟁취하시고 부활의 아침에 오신 분이므로, 누구도 얻을 수 없었던 것, 곧 성령을 제자들에게 주신다. "성령을 받아라." 성령에는 쇠락과 감퇴가 없다. 부활하신 분은 자기 사람들에게 성령, 곧 오순절의 영을 주신다. 그분은 파송을 위해 제자들을 성령으로 무장시키신다. 예수의 일은 성령을 소유할 때만 수행할 수 있다. 그 일은 하나님의 전권을 받아서 죄를 용서하거나 그대로 두는 것이다. 그 일은 예수께서 지상에서 하신 일이고, 제자들의 의무이며, 또한 모든 신자의 의무다.[마 16:19, 18:18] 경건한 체하는 자들의 눈에는, 예수가 하나님의 유일한 영광을 훔치는 자로 보였는데, 예수를 그렇게 보이게 한 것은 다름 아닌 죄의 용서였다. 이제는 제자들이 그 일을 해야 한다. 죄의 저주를 자기 몸에 받았으나 죄가 없는 분만 하실 수 있는 일, 곧 하나님의 이름으로 죄를 용서하는 일을 이제부터는 제자들이 하나님의 이름으로 성령 안에서 행한다. 그러나 죄의 용서는 하나님의 자유롭고 순수한 은혜의 선물이므로, 개전改悛의 기미가 보이지 않아 죄를 용서할 필요가 없는 곳에선 죄를 용서하지 않고 그대로 두어야 한다. 달리 말하면 하나님의 심판을 선포하는 것이다. 죄를 용서하려고만 하고 그대로 두려고 하지 않는 것은 신적인 용서를 인간의 일로 만들어 버리는 것이며, 죄를 가지고 장난하는 것이다. 은혜의 낭비는 하나님을 모욕하고 사람을 해친다. 반면에 심판의 선포는 은혜의 선포에 조력하고, 죄를 그대로 두는 것은 언젠가 있을 참회, 회개, 용서에 조력한다. 제자는 그리스도의 위임을 받아 확실히 그리고 즐거이 죄를 용서하기도 하고, 그대로 두기도 해야 한다. 이 일은 그에게 맡겨진 주님의 일이기 때문이다. 그는 이 일이 두렵다고 뒤로 물러서선 안 된다. 공적인 말씀 선포와 개인적인 고백 속에서 두 가지를 다 행해야 한다. 두 가지 다 부활하신 분이 숨을 불어넣으신 일이다. 그리스도께서 살아 계시면서 우리에게 성령을 주셨기에 전권을 행사하는 설교도 있고 고백도 있는 것이다.

3. 24-29절. "내가 직접 경험하고 검증할 수 없다면, 가장 위대한 기적의 메시지라 한들 나에게 무슨 도움이 되겠는가? 죽은 것은 죽은 것이다. 소원은 사람을 속기 쉽게 만든다"라고 의심은 시시때때로 말한다. 예수의 제자 도마 역시 그렇게 생각한다. 그에 관해 전하는 몇몇 표현에[요 11:16, 14:5] 근거하여 우리가 알고 있듯이, 그는 항상 희생할 각오가 되어 있으면서도 예수를 향해 품은 의문을 숨김없이 드러내고 분명한 대답을 요구한 제자였다. 그는 예수의 죽음 이후에 다른 제자들과 헤어졌고, 부활이 일어난 날에도 멀리 떨어져 있었다. 그는 병적인 광

신에 빠져들고 싶지 않았다. 다른 제자들이 그에게 소식을 전하자, 그는 딱딱하게 반응한다. "내가 직접 보고 만져 보지 않고서는 믿지 못하겠소." 자기의 믿음을 직접 찾으려 하고, 찾지 못하면 믿지 않겠다고 하는 도마의 말은 옳다. 하지만 그가 믿음을 구하는 길은 틀렸다. 도마는 믿기를 거부하면서도 다음 주일 저녁에 제자 무리를 찾아간다. 이것이 중요하다. 이는 기꺼이 확인하려고 하는 그의 태도, 그가 품은 의심의 솔직함을 보여주기 때문이다. 하지만 개인을 추적하고, 의심하는 사람을 이기고, 그 사람 안에 부활 신앙을 조성하는 것은 다름 아닌 부활하신 분의 대담한 은혜다. 문이 닫혀 있는데도 예수께서 또다시 오신다. 그래서 그분의 놀라운 현존에 대한 의심이 완전히 사라진다. 그분은 평화의 인사말을 건네신다. 모든 제자에게, 그러나 이번에는 특히 평화가 없는 도마의 마음에 알맞은 인사말이다. 예수는 의심하는 제자를 위하여 오신다. 그분은 그의 마음속에서 어떤 일이 일어났는지 훤히 아시고, 그의 깊은 속까지 아신다. 이는 도마에게 건네신 그분의 첫마디 말씀으로 유추할 수 있다. 그분은 마리아에게 거절하셨던 것을[요 20:17] 그에게 허락하심으로 제자의 의심하는 갈망을 진정시키신다. 이는 우리가 뭔가를 얻으려고 하느냐, 아니면 주님이 우리에게 무엇을 주시려고 하느냐의 차이다. 마리아는 거절당하고, 도마는 듣고 보고 만지는 것을 허락받는다. 이해할 수 없게도 주님은 그 의심하는 제자와 동등하게 몸을 낮추시고 자기를 확인해 보라고 하신다. "의심하는 자가 되지 말고 믿음이 깊은 자가 **되어라**." 이는 그리스도께서 그 제자를 얻고자 하신 말씀이다. 그 제자의 최종 결단이 임박하기는 했지만, 아직 그 결단이 내려지지는 않았다. 예수는 그 제자를 아직 결단하지 못한 자로 여기심으로 그에게 방향 전환의 자유를 주신다. 도마가 그의 손을 과감히 내밀었는지는 언급되지 않는다. 손을 내미는 것이 중요한 게 아니다. 중요한 것은 부활에 대한 믿음이 도마를 관통하는 것이다. "나의 주님, 나의 하나님." 이것은 완전한 부활절 고백이다. 이 의심하는 사람 이전의 누구도 이렇게 말한 적이 없다. 의심의 완전한 극복이다. 예수의 대답은 의심을 칭찬하거나 보고 만지는 것을 칭찬하지 않으며, 오로지 믿음만을 복이 있다고 칭찬한다. 믿음은 보이는 것을 기초로 삼아 의심하지 않는 것이 아니라, 하나님의 말씀만을 기초로 삼아 의심하지 않는 것이다. 도마를 따라서 수백만의 의심하는 자들이 생겨날 것이다. 하지만 그들이 품는 의심은 보고 만지는 것으로는 극복되지 않고, 오직 살아 계신 그리스도에 대한 증언으로 극복될 것이다. 도마도 자기의 눈과 손을 신뢰하지 못했다. 오직 그리스도만이 신뢰할 만한 분이다. 도마가 어떻게 행동했는가는 언급하지 않고, 그의 부활절 고백만 보도하는 것은 바로 이 때문이다.

4. 30-31절. 제자들과 도마에게 주어진 것이 우리에게 주어진 것보다 더 큰가? 예수께서 우리가 그분에게 접근하는 것을 더 어렵게 하시는가? 그리스도의 행적 가운데 단편들만이 우리에게 전해졌기 때문에, 우리가 제자들이 경험한 것과 같은 풍부한 표징을 알아차리지 못하는 게 아닐까? 요한은 이렇게 기록한다. "예수께서는 제자들 앞에서 이 책에 기록하지 않은 다른 표징도 많이 행하셨다. 그런데 여기에 이것이나마 기록한 목적은, 여러분으로 하여금 예수가 그리스도요 하나님의 아들이심을 믿게 하고, 또 그렇게 믿어서 그의 이름으로 생명을 얻게 하려는 것이다." 예수는 우리가 이 믿음에 이르게 하시려고 말씀과 표징, 설교와 성사를 정하셨다. 제자들이 더 많이 받은 것도 아니고, 도마가 더 많이 받은 것도 아니다. 그들이 보았던 모습, 곧 가난과 죽음과 변모를 겪으신 예수의 모습이 우리가 보는 모습보다 더 적게 의심받은 것도 아니다. 그들은 그분 자신을 믿음으로, 그분을 주님으로 모셨다. 제자들은 어떤 초자연적인 모습의 그분이 아니라, 그들이 보지 않고 믿은 대로 그리스도이자 하나님의 아들이신 그분을 그들 삶의 기초로 삼았다. 그로써 그분의 이름으로 영원한 생명을 얻을 수 있었다. 우리에게 말씀과 성사가 주어진 것은, 우리가 보지 않고 믿어서

복을 누리게 하려는 것이다.

부활절 후 첫째 주일 Quasimodogeniti[6]과의 연관성이 세 가지 관점으로 자연스럽게 분명해진다. 즉, 예수의 부활은 우리의 새 생명이고, 이제부터 우리는 예수를 위해 헌신하는 가운데 살아야 하며, 이 두 가지는 믿음 안에서만 우리에게 유효하다는 것이다.

성서일과의 요한복음 성구에 따른 설교 묵상 II

요한복음 10:11-16

1940년, 부활절 후 둘째 주일[7]

나는 선한 목자이다. 선한 목자는 양을 위해 자기 생명을 바친다. 삯꾼은 목자가 아니고 양도 자기 양이 아니므로 이리가 오는 것을 보면 양을 버리고 달아난다. 그래서 이리가 양들을 물어 가고 양 떼를 흩어 버린다. 그가 달아나는 것은 삯꾼이므로 양들에게 관심이 없기 때문이다. 나는 선한 목자이다. 나는 내 양을 알고 내 양도 나를 안다. 이것은 아버지께서 나를 아시고 내가 아버지를 아는 것과 같다. 그래서 나는 양들을 위해 내 생명을 버린다. 또 내게는 우리 안에 들어 있지 않은 다른 양들도 있다. 나는 그들을 데려와야 한다. 그 양들도 내 음성을 듣고 한 목자 아래서 한 무리가 될 것이다.

1. 11-13절. 예수, 선한 목자. 이 표현은 일반적인 목가나 전원시와는 아무 관계가 없다. 그와 같은 이해가 본문을 모두 망가

뜨린다. **에고 에이미**Εγώ εἰμι, "나는 …이다" 이 표현은 목자들과 그들의 일에 관해 말하는 것이 아니라, 오로지 예수 그리스도에 관해 말하는 것임을 분명하게 밝힌다. "나는 **그**der 선한 목자다." 다른 선한 목자들과 동렬에 놓이거나, 선한 목자가 무엇인지를 그들에게 배웠다는 뜻의 **한**ein 선한 목자가 아니다(원문에는 정관사가 이중으로 쓰여 "그 목자 그 선한!"으로 되어 있다[8]). 선한 목자가 어떤 사람인지는, **그** 선한 목자로부터만, **그** "나"Ich로부터만, 곧 예수로부터만 듣고 알 수 있다. 누구도 그분 곁에 나란히 있을 수 없다. 예수 그리스도의 교회 안에서 볼 수 있는 목자직은 **그** 선한 목자 옆에 제2의 목자, 제3의 목자를 앉히지 않고, 오직 예수만이 공동체의 그 선한 목자가 되게 한다. 그분은 "목자장" Erzhirte이시고,벧전 5:4 목사는 그분의 목자직을 돕는 사람이다. 그렇지 않으면 그 직무와 무리를 망치고 만다. 여기서 중요한 것은 여러 목자들 가운데 한 목자가 아니라, 오로지 **그** 선한 목자다. 이 사실이 그 선한 목자가 자기 것으로 돌리는 비범한 행위에서 명백하게 밝혀진다. 여기에는 목장, 물통, 도움에 관한 언급은 없고, "그 선한 목자는다시 정관사에 주의하라! 양들을 위해 자기 목숨을 버린다"라는 언급만 있다. 슈타인마이어Steinmeyer가 "물론 목자는 자기 양 떼를 아주 충실히 보살핀다. 그 목자 직무는 그에게 양 떼를 위해 홀로 희생할 것을 결코 요구하지 않는다"라고 말한 것은 과연 옳다. 하지만 예수께서는 자기를 그 선한 목자라고 부르신다. 자기가 양 떼를 위해 죽으시기 때문이다. 이것은 그 선한 목자에게만 적용된다. 그러나 예수의 관점에서 이해할 때, 이 문장은 훨씬 더 풍부한 의미를 획득한다. 첫째, 예수께서 자기 생명의 포기를 현재의 일로 말씀하시는 것이라면,현재형 우리는 벵엘Bengel의 문장을 빌려 말해도 될 것이다. "그 생애 전체가 죽음을 향해 가는 여정이었다." 둘째, 예수께서 자기의 죽음에 "양들을 위해"라는 의미를 부여하신다면, 우리는 이 죽음 속에서 양 떼를 구하는 유일한 결정적 행위, 곧 강요에 의해서가 아닌 기꺼이 내어주는 행위를 볼 수 있다. 셋째, 목자의 죽음이 양들에게 도움이 된다고 말한다면, 이는 예수께서 모든 사람을 위해 죽으셨다는 사실에 대해 다른 의견을 제기하는 것이 아니다. 단지 그의 양 떼가 그 죽음의 열매를 차지할 것임을 가리키는 것이다. 여기서 시선은 세상을 향하지 않고, 예수께서 자기 공동체에 베푸시는 선행을 향한다. 선한 목자와 그의 공동체는 서로에게 속해 있다.

"그러나 삯꾼은." 삯꾼은 목자와 어떻게 다른가? 양들이 그의 소유가 아니라는 사실이 다르다. 양들은 전적으로 선한 목자의 소유다. 선한 목자는 양들이 자기의 재산이고 이 재산에 자기의 목자 생활이 달려 있으므로, 양들에게서 결단코 떨어지지 않고, 죽으면서까지 그들을 구하고자 한다. 그러나 삯꾼은 삯을 위해서만 일하고,[13절] 그런 까닭에 위기에 처하면 양 떼를 버리고 달아난다. 삯꾼도 시간이 오래 지나면 목자와 구별할 수 없을 정도로 비슷해질 수도 있다. 그러나 위기에 처하면 그 진짜 모습이 드러나게 마련이다. 어째서 삯꾼은 양 떼 곁에 머물지 않는가? 자기의 소득원이 위험에 처한 것이 보이면, 오히려 그는 줄행랑을 친다. 이리가 양 떼 한가운데로 침입하여 한쪽을 물어 죽이고 다른 한쪽을 흩어 버린들, 양들이 더는 서로 찾지 못하고 쓸쓸하게, 비참하게, 무방비로 스러질 수밖에 없다고 한들, 그것이 그와 무슨 상관이겠는가? 이리, 곧 예수 공동체의 적은 늘 그렇게 할 것이다. 개인들을 공격하고, 나머지를 흩어 버릴 것이다. 하지만 양들을 소유하지 않고 단지 자기 목숨과 삯을 소유하는 삯꾼에게 그것이 무슨 상관이겠는가? 그는 달아난다. "그는 삯꾼이므로." 달아난다고 다 삯꾼인가? 아니다. 예언자들과 사도들도 달아났으며, 예수께서도 제자들에게 참된 섬김을 위해 필요할 경우 도망칠 것을 지시하셨다. 달아난다고 해서 다 삯꾼인 것은 아니다. 하지만 삯꾼이 달아난다는 것은 틀림없는 사실이다. 말해야 할 때 침묵하는 것, 행동해야 할 때 가만히 있는 것도 도망이다. 선한 목자가 자기 양들을 위해 죽는 것이 확실하다면, 삯꾼이 달아나는 것도 확실하다. 아무리 성실한 목사라도 선한 목자가 아니다. 하지만 그는 "자기의" 공동체가 자기 것이 아니라 주 예수의 공동체이며, 예수께서 그 공동체를 위해 죽으셨으니 그 공동체에 대해서만 선한 목자라는 것을 알기에, 오직 예수를 그 공동체의 선한 목자로 모시면서 달아나지 않는다. 하지만 선한 목자의 공동체보다 자기의 직무, 자기 자신, 자기의 급료를 더 중시하는 목사는 삯꾼이어서 달아나거나, 때로는 "자기의" 공동체를 자기의 소유물로 여겨 그 공동체에 남아 있기도 할 것이다(이 대목에서 복음 설교자의 목사직에 대해 언급해도 되겠다).

2. 14-15절. 새 삽입구의 중요성에 유의하라! "나는 내 양들을 알고." 이는 예수께서 자기를 두고 하신 두 번째 말씀이다. 이것은 대수롭지 않은 말씀으로 여겨지지만, 최고의 말씀이다. 흔히들 이 말씀은 예수께서 우리를 모르셨을 때, 그분이 우리에게 "나는 너희를 도무지 알지 못한다"마 7:23, 25:41라고 말씀하셨을 때를 의미한다고 판단한다. 그렇게 판단한다면, 그것은 우리의 최후이자 저주이며 우리와 그분의 영원한 분리일 것이다. 그러므로 예수께서 우리를 아신다는 것은, 우리의 기쁨을 의미하고, 그분과의 연합을 의미한다. 예수께서는 자기가 사랑하고 자기에게 속해 있는 사람들, 곧 자기 사람들만을 아신다.딤후 2:19 그분은 우리를 잃어버린 자들로, 곧 그분의 은혜가 필요한 죄인들과 그

분의 은혜를 입은 죄인들로 아신다. 그분은 우리 가운데서 자기의 양들을 식별하신다. 그분만이 누가 줄곧 협력했는지 아시기 때문이다. 그분만이 우리를 알아보신다는 것을 우리가 알기에, 그분은 우리에게 자기를 알리시고, 우리는 그분을 우리를 영원히 소유하는 분으로 안다.[갈 4:9, 고전 8:3] 선한 목자는 자기의 양들을 알고, 오로지 그들만을 안다. 그들이 그의 소유이기 때문이다. 선한 목자만이 자기의 양들을 안다. 그만이 누가 영원토록 그의 소유인지 알기 때문이다. 양들은 선한 목자를 알고, 그들만이 선한 목자를 안다. 그들만이 그가 얼마나 선한지 아는 까닭이다. 양들은 그만을 선한 목자로 인정한다. 그들이 그에게만 속해 있기 때문이다. 그리스도를 안다는 것은, 우리를 위하시고 우리와 함께하시는 그분의 뜻을 알고 그대로 행하는 것을 의미하며, 하나님을 사랑하고 형제자매를 사랑하는 것을 의미한다.[요일 4:7-8, 4:20] 아들을 아들로 아는 것이 하나님의 기쁨이고, 아버지를 아버지로 아는 것이 아들의 기쁨이다. 이처럼 서로를 아는 것이 사랑이고 연합이다. 죄인을 자기가 획득한 소유로 아는 것이 구원자의 기쁨이고, 예수를 자기 구원자로 아는 것이 죄인의 기쁨이다. 예수께서는 사랑의 연합, 곧 서로를 아는 연합 속에서 아버지[및 자기의 사람들]와 연결되었다. 그래서 선한 목자는 양들을 위해 자기 목숨을 버려서[15절의 일인칭에 유의하라!] 양 떼를 영원한 소유로 얻을 수 있다. "나는 사랑 안에서 양들을 위해 죽는다. 나는 이 사랑을 통해 내가 아버지를 얼마나 사랑하는지 알린다."그레고리우스

3. 16절. 예수만이 자기 사람들을 아신다. 그런 까닭에 그분만이 자기 양 떼를 이방 세계 한가운데서 얻겠다고 말씀하실 수 있다. 선한 목자의 죽음과 사랑은 선민에게만 유효한 것이 아니다. 선한 목자 예수께서는, 자기 사람들이 가장 적게 있을 것으로 여겨지는 곳, 무신론과 우상 숭배만 있는 곳에서도 그들을 얻으신다. 예수는 우리에게만 필요한 분이 아니다. 그분은 우리에게 의존하는 분이 아니다. 이것은 교만을 삼가도록 교회에 충고와 위로 삼아 하는 말이다. 저 다른 양들을 "데려오는" 것도 선한 목자의 사명이다. "데려오다"라는 표현은 글자 그대로 이스라엘로 "데려오는" 것을 의미하지 않는다. 그분은 그들을 데려오셔야만 한다. 달리 말하면 개별화된 삶, 지도자 없는 생활로부터 그들을 구해 내셔야만 한다. 선한 목자는 자기 양들을 모두 이끌어야 한다. 그래야만 그들이 참된 길을 알고 위험과 손실을 방지할 수 있다. 그들이 모두 예수의 목소리를 알아듣는다면, 예수 공동체가 완성될 것이다. 그러면 다른 목소리는 조금도 필요하지 않아서 양들이 길을 잘못 들 일도 없을 것이다. 누구나 선한 목자의 목소리를 듣게 될 것이다. 그들

모두 그 목소리의 지시, 그 목소리의 명령, 그 목소리의 위로를 받으며 살게 될 것이다. 선한 목자의 목소리는 모두를 하나되게 하는 유일한 목소리가 될 것이다. 하나님의 말씀은 지금 이 세상에서 교회의 일치가 될 것이다. 교회의 일치는 조직, 교리, 전례, 경건한 마음으로 이루어지는 것이 아니라, 하나님의 말씀, 자기 양들을 부르시는 예수 그리스도의 목소리, 선한 목자의 목소리로 이루어진다. 그러면 모든 믿는 사람들의 소망이 이루어질 것이다. 그들이 모두 그분의 목소리만 들을 때, 이 유일한 목소리와 나란히 들려와 주의를 끄는 온갖 것들이 무너질 때, 기독교의 온갖 분열이 끝날 것이다. 그러면 그들 모두 한 목자 아래서 한 무리 양 떼가 될 것이다. 그러면 선한 목자의 지상 과업이 완료될 것이다.

이 본문을 **부활절 후 둘째 주일**Misericordias Domini 9과 관련지어 선한 목자의 자비에 관해 설교하는 것이 일반적이다. 그러나 이는 본문을 왜곡시켜, 나름의 특징을 지닌 본문을 속속들이 인식하지 못하도록 한다. 여기서 다들 제시된 주제를 통해 본문을 정하는 쪽으로 쉽게 빠져들곤 한다. 주제에 따른 주일 명칭을 설교에 활용하는 것이 상책이라고 생각해선 안 된다. 때때로 주일과 본문의 내적 연관성을 떠올리며, 그 연관성을 철두철미 객관적으로 정당화하는 것이 권장된다.

성서일과의 요한복음 성구에 따른 설교 묵상 III

요한복음 14:23-31

1940년, 성령강림절 첫째 날[10]

예수께서 그에게 대답하셨다. "누구든지 나를 사랑하는 사람은 내 말을 지킬 것이다. 그리하면 내 아버지께서 그 사람을 사랑하실 것이요, 내 아버지와 나는 그 사람에게로 가서 그 사람과 함께 살 것이다. 나를 사랑하지 않는 사람은 내 말을 지키지 아니한다. 너희가 듣고 있는 이 말은, 내 말이 아니라, 나를 보내신 아버지의 말씀이다." "내가 너희와 함께 있는 동안에, 나는 이 말을 너희에게 말하였다. 그러나 보혜사, 곧 아버지께서 내 이름으로 보내실 성령께서, 너희에게 모든 것을 가르쳐 주실 것이며, 또 내가 너희에게 말한 모든 것을 생각나게 하실 것이다. 나는 평화를 너희에게 남겨 준다. 나는 내 평화를 너희에게 준다. 내가 너희에게 주는 평화는 세상이 주는 것과 같지 않다. 너희는 마음에 근심하지 말고, 두려워하지도 말아라. 너희는 내가 갔다가 너희에게로 다시 온다고 한 내 말을 들었다. 너희가 나를 사랑한다면, 내가 아버지께로 가는 것을 기뻐했을 것이다. 내 아버지는 나보다 크신 분이기 때문이다. 지금 나는 그 일이 일어나기 전에 미리 너희에게 말하였다. 이것은 그 일이 일어날 때에 너희로 하여금 믿게 하려는 것이다. 나는 너희와 더 이상 말을 많이 하지 않겠다. 이 세상의 통치자가 가까이 오고 있기 때문이다. 그는 나를 어떻게 할 아무런 권한이 없다. 다만 내가 아버지를 사랑한다는 것과 아버지께서 내게 분부하신 그대로 내가 행한다는 것을 세상에 알리려는 것이다. 일어나거라. 여기에서 떠나자."

성령강림절 첫째 날과 둘째 날에[11] 읽는 오래된 복음 성구들은 일반적인 기념주일 설교나 교리 설교를 행할 수 없게 한다. 이 중요한 본문들은 우리가 곁길로 빠지는 것을 허락하지 않고, 우리의 엄청난 주의를 요구한다. 오래된 서신서의 성구들이 최초의 일회적인 성령강림 사건을 언급하는 반면, 우리가 읽은 복음서의 성구는 성령강림이 공동체에 어느 때나 일어난다는 듯이 현재의 성령강림, 곧 지금도 계속되는 성령강림을 말한다. 이는 예수의 고별사에서 끄집어낸 본문을 성령강림절 본문으로 들으면서, 그 본문에다 뭔가를 더 써넣으려는 것은 아니다. 실제로 이 본문은 성령강림을 언급하고 있지만, 그 중심에는 성령이 아니라 예수 그리스도와 그분의 떠나가심과 다시 오심이 자리하고 있다. 그러나 여기서 말하는 다시 오심은 예수 그리스도께서 성령강림절에 성령을 입고 오시는 것을 의미한다. 이와 같이 성령강림절에도 **예수 그리스도**께서 계시고, 게다가 **성령 안에 현존하는 분**으로 계시니, 그 밖의 어떤 것도 설교해선 안 된다. 이는 교회력 전반前半을 주님의 여섯 달semestre domini로 기린 옛 교회가 이 복음 성구들을 택함으로써 분명하고 타당하게 말한 사실이다. 본문은 고별사의 범위 안에서 성령강림을 언급하는 까닭에, 일회적인 계시 사건의 특성보다는 예수께서 떠나가신 뒤에도 **자기 공동체에 계속 머무르신다**는 사실을 더 많이 부각한다. 이 본문을 성령강림절 성구로 삼아 설교할 경우에, 우리는 본문을 곡해하지 않으면서 성령강림을 다음과 같이 세 부분으로 말해도 좋겠다. 1. 예수를 사랑하는 사람들 안에 성부와 성자가 거하시는 것에 관하여, 2. 모든 것을 가르치고 예수 그리스도의 말씀을 생각나게 하려고 성령을 파송하시는 것에 관하여, 3. 예수께서 자기 사람들에게 주시는 선물, 곧 평화와 기쁨과 믿음에 관하여. 오늘 읽은 복음 성구는 23절에서 시작한다. 22절을 포함하는 것은 본문의 대단히 많은 내용 때문에 권장할 만하지 않다. 같은 이유로 31절 하반절[12]도 포함하지 않는다. 이 구절을 포함하면 수난 쪽으로 방향을 급격히 틀게 되기 때문이다.

1. 23-24절. 성령강림은 예수 그리스도를 사랑하고 그분의 말씀을 지키는 사람들에게 일어난다. 언젠가 제자들이 함

께 모여 있을 때 하늘에서 거센 바람이 부는 듯한 소리가 난 것처럼, 오늘도 성령강림은 예수 그리스도에 대한 사랑이 있는 곳곳에서 일어난다. 그분을 사랑하는 사람들은 그분의 말씀과단수형에 유의하라! 약속과 계명을 마음 깊이 새겨 지킨다. 예수를 사랑한다는 것은 무슨 뜻인가? 예수를 사랑한다는 것은 우리에게 말씀을 주시고 지키게 하신 그분에게만 속해 있는 것을 의미한다. 예수를 사랑한다는 것은 다른 모든 것보다 그분과의 연합을 더 추구하는 것을 의미한다. 예수를 사랑한다는 것은 그분의 현존을 열망하는 것을 의미한다. 이처럼 사랑하는 이는 그 사랑을 받는 분의 말씀을 굳게 지키고, 그 말씀에 의지하고, 그 말씀을 놓지 않고, 할 수만 있으면 그 말씀대로 행한다. 그러나 예수에 대한 이러한 사랑은 가장 완전한 사랑을 경험하지 않으면 안 된다. 하나님의 온전한 사랑, 곧 아버지의 예수 그리스도 사랑은 하나님의 아들을 사랑하는 사람에게서 완성된다. 바로 하나님과 예수 그리스도께서 그 사람에게로 가서 **그 사람 안에 사시는 것**이다. 예수를 사랑하면, 그 사람의 몸과 영혼과 영은 지상에 자리한 거룩한 처소, 곧 하나님과 그리스도의 성전이 된다. 예수께서 육신을 입고 오신 것이 세상에 맞춤한 일이었다면, 그분이 영을 입고 오시는 것은 그분을 사랑하는 이들에게 맞춤한 일이다. 여기서 의미를 조금이라도 약화하거나 축소해서는 안 된다. 하나님과 그리스도께서 사람 안에 실제로 완전하게 거하시는 것이 중요하다. 이것은 사랑하는 사람의 모습이 우리의 마음을 차지하는 것과 같은 것도 아니고, 새 능력이 우리를 가득 채우는 것과 같은 것도 아니다. 그것은 인격적인 하나님과 그리스도께서 친히 우리 안에 사시는 것이다. 하나님과 그리스도는 우리와 함께, 우리 곁에, 우리 주위에, 우리 위에 계실 뿐만 아니라 우리 안에도 계신다. 이는 우리가 받게 되는 하나님과 그리스도의 선물이 아니라, 우리가 하나님과 그리스도를 소유하게 되는 것이고, 우리가 이 하나님과 그리스도를 최고의 성물로 우리 안에 간직하는 것이다. 이것이 필요한 이는 공동체가 아니라 개인이다. 예수를 사랑하는 모든 이에게 필요한 이 약속은 그분이 지상에 사실 때 제자들이 그분에게서 받았던 것을 훨씬 능가한다. 예수께서는 그분이 지상에 사시는 동안 주신 것보다 더 적게 주시지 않고, 오히려 훨씬 많은 것을 주시고 자기 사람들을 떠나가신다. 하나님과 그리스도께서 우리 안에 사시면 우리의 마음속 공간을 차지하던 다른 모든 지배자들은 물러날 수밖에 없다. 그리스도께서 지금도 우리 안에 사시면서 다스리고 계시니, 이제부터 우리의 삶은 그리스도께서 우리 안에서 사시는 삶이 된다.[13] 그러나 이 모든 것은 우리가 주님이신 그리스도를 사랑하고, 그분의 말씀을 지킬 때만 실현된다. 그럴 때만 우리는 그것을 증언할 수 있다. 우리의 삶이 그리스도를 갈망하면 갈망할수록, 그리스도께서 우리 안에 더 많이 들어오실 것이다. 우리가 우리의 구원을 우리 안에서 구하지 않고 그분에게 구하면 구할수록, 우리가 그분을 우리를 다스리는 주님으로 모시면 모실수록, 그분이 우리 안에 더욱 충만히 계시면서 우리를 홀로 차지하실 것이다. 그러나 그분을 사랑하지 않고 자기 자신을 사랑하는 사람, 그리스도를 받아들이면서도 그분을 섬기지 않고 그분에게 순종할 마음이 없는 사람은 그분의 말씀들을복수형에 유의하라!14 지키지 않는다. 그런 까닭에 그에게는 어떤 일도 일어나지 않을 것이다. 그리스도의 말씀은단수형에 유의하라!15 하나의 완전한 말이 분열된 말들에 맞서고 있다! 아버지의 말씀이다. 하나님은 그리스도의 말씀을 지키는 사람에게만 자기의 복된 현존을 선사하신다(설교에서는 이런 사실에 유의해야 한다). 즉, 요한은 우리에게 좀 더 친숙한 생각, 곧 하나님께서 사랑하시므로 "가까이 오도록 하시는" 사람, 예수께서 홀로 차지하신 사람만이 예수를 사랑할 수 있다는 생각을, 하나님께서 우리의 예수 사랑을 무응답 상태로, 곧 실현되지 않은 상태로 남겨 두지 않으신다는—우리의 예수 사랑을 사랑하실ἀγαπήσει, 미래형! 것이라는—생각을 통해 보완하는 것이다. "나는 나를 사랑하는 사람을 사랑한다."잠 8:17 더 나아가 다음 사실에도 유의해야 한다. 즉, 그리스도의 내주內住하심은 성취로서의 사랑을 약속하는 것이며, 에베소서 3장 17절이 결정적으로 보완하듯이 믿음으로만 가능해진다는 것이다. 그리스도는 믿음이 **우리 밖에 있는 의**justitia extra nos를 붙잡을 때만 우리 안에in nobis 계신다.

2. 25-26절. 예수께서는 이처럼 그분의 내주하심을 약속하시면서 자기가 떠나가더라도 제자들과 함께 있겠다고 말씀하신다(이리하여 "내가 너희와 함께 있는 동안에"[παρ᾽ ὑμῖν μένων]라는 말도 이해할 수 있게 하신다!). 그러나 예수께서 떠나가셔야, 아버지께서 예수의 이름으로 조력자 **성령을 보내신다**. 성령은 오직 예수의 이름으로 아버지에게서 그리고 아들에게서filioque 발하신다. 아버지와 아들의 내주하심이 성령의 파송과 어떤 관계에 있는지는 상술되지 않는다. 그저 서로 나란히 자리하고 있다. 그러나 내주하심은 개인을 더 많이 염두에 둔 것이지만, 여기서는 제자 동아리를 염두에 둔 것임을 간과해서는 안 된다. 보혜사,"초청받은 자"="대변자"=advocatus 곧 조력자가 공동체에 오신다. 성령은—성령 훼손자들Pneumatomachen이 가르친—중립적 힘이 아니라, 성부와 성자처럼 어엿한 위격이다(ὁ παράκλητος, 이때 우리가 "능력" 대신 성령을 더 자주 청했어야 함을 지적하는 것이 적절하겠다). 성령은 공동체를 도우시며, 동시에 공동체에 "위로자"도 되신다. 성령의 직무는 두 가지, 곧 **가르치기**와 **생각나게 하기**다.

공동체는 세상을 헤쳐 나가는 가운데 지시와 깨달음을 늘 새롭게 필요로 한다. 새로운 적들, 새로운 질문들, 새로운 곤경들에 맞닥뜨릴 때마다 공동체는 성령을 자기에게 "모든 것을 가르쳐 주는" 교사로 여긴다. 공동체는 지시와 깨달음이 없다면 자기에게 중요한 어떤 곳에도 머무르지 않을 것이다. 공동체는 이 깨달음을 확신해도 된다. 인간의 이성이 아니라 성령이 공동체의 교사이기 때문이다. 교회는 자기 역사의 흐름 속에서도 새로운 깨달음을 얻을 것이다. 교회는 배우기를 멈추지 않고, 성령의 말씀에 귀 기울이는 일도 멈추지 않을 것이다. 성령은 죽은 문자가 아니라 살아 계신 하나님이다. 따라서 공동체는 결정을 내릴 때마다 성령에게 속마음을 털어놓아도 된다. 공동체는 성령이 공동체에 현존하시고, 공동체 안에서 활동하시며, 우리가 그 가르침을 진지하게 들으려고만 한다면 우리가 어둠 속에서 헤매도록 놔두지 않으실 것이라고 굳게 믿어도 된다. 성령의 모든 가르침은 예수의 말씀과 연결되어 있다. 새것은 옛것 위에 확실하게 세워진다. 생각나게 하는 것은 가르침과 밀접한 관련이 있다. 교회 안에 생각나게 하기만 있다면, 교회는 죽은 과거에 예속되고 말 것이다. 교회 안에 기억은 없고 가르침만 있다면, 교회는 광신에 넘겨지고 말 것이다. 그러므로 성령은 공동체의 진정한 조력자로서 이 두 가지를 수행하신다. 성령은 교회를 인도하여 전

진시키며 동시에 교회를 예수 곁에 꽉 붙잡아 둔다.마 13:52 [16]

3. 27-31절. 아버지와 아들의 내주하심과 성령의 파송에 이어 이제는 그리스도께서 제자들을 떠나시면서 주시는 선물이 언급된다. 첫 번째 선물은 **평화**다. 제자들은 여기서 말하는 평화가 어떤 것인지 안다. 예수는 자기의 평화를 자기 사람들에게 줄 것이라고 분명하게 반복해서 말씀하신다. 그렇지 않으면 착각과 그릇된 희망이 너무나 쉽게 생길 수 있기 때문이다! 그것은 지상에서의 삶을 누리지 못한 채 자기 목숨을 내놓고 십자가에 달려야 했던 분의 평화다. 그것은 하나님의 진노와 인간의 분노가 우리를 제거겠다고 위협하는 곳에서도 하나님과 그리고 사람들과도 더불어 누리는 평화다. 그리스도의 이 평화만이 변하지 않는 평화다. 세상이 주는 것은 몽상에 불과하고, 깨어나면 당혹감과 두려움만 잔뜩 안겨 줄 뿐이다. 그러나 예수 그리스도의 평화를 맞아들이는 사람은, 평화 없는 세상이 혼란에 빠질 때도 당황하거나 두려움에 사로잡힐 필요가 없다. 이것이 예수께서 자기 공동체에 주시는 평화다. 누구도 그분이 주시는 것과 같은 평화를 줄 수 없다. 두 번째 선물은 **기쁨**이다. 예수는 영광과 변용으로 자기보다 크신 아버지께로 가면서아리우스적 사고를 조심하라! 자기를 사랑하는 이들에게 기쁨을 주신다. 주님이 직접 변용하셔서 영광을 받으셨기 때문이다. 제자들은 이제 마음으

로 그리스도와 함께하기에 그분이 받으신 영광에 경배의 환호성을 지르며 참여한다. 변용하신 분이 돌아오셔서 자신들과 함께 계시리라는 것을 알기 때문이다. 돌아오심이 공동체에 필요하다는 사실에 유의하라! 바로 이것이 그리스도께서 공동체에 주시는 기쁨이다. 예수께서는 이제 자기 사람들에게 **믿음**의 능력을 주실 것을 약속하신다. 믿음은 세 번째 선물이다. 주님이 미리 말씀하신 것 외에는 어떤 일도 일어나지 않으며, 모든 것이 그분의 말씀에 따라 움직인다. 이 세상의 통치자가 오겠지만, 그분에게 아무 짓도 하지 못할 것이다. 그는 예수에게서 어떤 죄도 찾아내지 못할 것이기 때문이다. 예수께서 십자가로 나아가시는 것은 악마의 힘 때문이 아니라, 자기가 아버지를 사랑하고 아버지에게만 죽기까지 순종한다는 것을 세상에 알리는 징표가 되시려는 것이다. 그러나 이 모든 일 속에서 공동체는 예수의 말씀에 의지하여 자기의 주님이 아버지께로 갔다가 다시 오신다는 것을 안다. 공동체는 그분의 말씀을 믿고, 그분의 약속이 이루어지기를 고대한다. 공동체는 그리스도를 믿는 이 믿음 안에서만, 그리고 그리스도 안에서만 그분이 주시는 평화와 기쁨을 누린다. 공동체는 믿음 안에서 성령의 파송을 확신하고, 아버지와 아들을 영접한다. 예수 그리스도는 자기를 사랑하고 자기의 말씀을 지키는 사람들 안에 거하신다.

성서일과의 요한복음 성구에 따른 설교 묵상 IV

요한복음 3:16-21

1940년, 성령강림절 둘째 날

하나님께서 세상을 이처럼 사랑하셔서 외아들을 주셨으니, 이는 그를 믿는 사람마다 멸망하지 않고 영생을 얻게 하려는 것이다. 하나님께서 아들을 세상에 보내신 것은, 세상을 심판하시려는 것이 아니라, 아들을 통하여 세상을 구원하시려는 것이다. 아들을 믿는 사람은 심판을 받지 않는다. 그러나 믿지 않는 사람은 이미 심판을 받았다. 그것은 하나님의 독생자의 이름을 믿지 않았기 때문이다. 심판을 받았다고 하는 것은 빛이 세상에 들어왔지만, 사람들이 자기들의 행위가 악하므로, 빛보다 어둠을 더 좋아하였다는 것을 뜻한다. 악한 일을 저지르는 사람은 누구나 빛을 미워하며 빛으로 나아오지 않는다. 그것은 자기 행위가 드러날까 보아 두려워하기 때문이다. 그러나 진리를 행하는 사람은 빛으로 나아온다. 그것은 자기의 행위가 하나님 안에서 이루어졌음을 드러내려는 것이다.

성령강림절에 읽는 복음 성구가 성령에 관해 한마디도 하지 않다니, 이는 뜻밖의 사실이 아닐 수 없다. 이 성구를 고른 것은 서투른 선택인 것 같다. 실제로 이런 의문을 제기할 수도 있겠다. 성령에 관한 가르침이 대체로 희미해져 잊히고 있으니, 오늘날 성령강림절 둘째 날의 설교에 적합한 본문, 곧 성령에 관한 풍부하고 명확한 진술을 담고 있는 본문을 택해야 하지 않을까? 하지만 오래된 복음 성구도 성령강림절과 무관하지는 않다. 성령강림절 첫째 날에 읽는 복음 성구가 공동체를 겨냥한 성령강림절 선물에 관해 말한다면, 성령강림절 둘째 날에 읽는 복음 성구는 성령이 증언하시는 것처럼 예수 그리스도 안에 자리한 하나님의 사랑이 세상 안에서 믿음과 믿지 않음의 차이를 드러낸다는 점을 분명히 한다. 성령강림절 첫째 날에는 성령강림과 공동체를 언급하고, 성령강림절 둘째 날에는 세상 안에서의 성령강림을 언급한다. 이 둘째 날에, 곧 성령강림절이 지나가기 전에 성령강림절 설교에 감도는 궁극적 엄숙함을 언급하는 것은 의미심장한 일이다. 그리해야 복음 성구가 마음속에 더욱 확고히 자리를 잡아, 다시는 쉽게 잊히지 않을 것이다. 성령강림절 둘째 날에 예수 그리스도를 많이 언급하고 성령에 관해서는 조금도 언급하지 않는 본문을 과감히 택했다는 것은, **예수 그리스도를 증언하는 것**이 성령의 유일한 임무라고 사람들이 알고 있었음을 암시한다. "친애하는 당신이시여, 우리에게 당신의 빛을 주시고, 우리를 가르치셔서 예수 그리스도만을 알게 하소서."[17]

1. 16-18a절. 1)오늘날 하나님의 세상 사랑에 관해 말하기로 다짐한 사람은 형식에 구애받지 않으려고 하기에 적지 않은 어려움을 겪는다. 분명한 사실은 하나님께서 전쟁을 종식시키시고, 가난과 곤경과 박해와 온갖 재앙을 제거하시는 것만이 그분의 세상 사랑의 본질은 아니라는 것이다. 그런데도 우리는 바로 그와 같은 일들 속에서 하나님의 사랑을 찾는 것에 익숙하다. 그래서 우리는 그 사랑을 발견하지 못한다. 우리를 곤란하게 하고, 우리에게 깊은 충격을 주는 사실이 있다. 이를테면 세상이 볼 수 없도록 하나님의 사랑이 숨어 있다는 것이다. 그러한 때에는 우리를 위하지 않는 이 세상에서 하나님의 사랑을 찾을 필요가 없다. 하나님의 사랑이 우리에게 더 밝은 빛을 비추는 곳이 있으니, 우리가 그 사랑을 찾을 곳은 다름 아닌 예수 그리스도뿐이라는 사실에 특히 감사할 필요가 있다. "이처럼." 이것은 하나님의 사랑에 대한 우리 자신의 바람과 생각을 배제하고 예수 그리스도만을 가리키는 표현이다. 우리는 우리에 대한 하나님의 사랑을 예수 그리스도 안에서만 찾아야 한다.

2)하나님은 세상, 곧 타락한 모든 피조물을 사랑하심으

로써 우리에게 어떤 우선권도 주지 않으신다. 그분은 나의 가장 나쁜 원수를 나보다 덜 사랑하시는 것이 아니다. 예수 그리스도는 자기의 원수들과 우리의 원수들을 위해서 죽으셨다. 만일 우리가 우리 자신을 하나님의 사랑을 가장 많이 받는 자로 생각하려고 한다면, 우리는 가장 사악한 바리새인이자 하나님과 십자가의 원수일 것이다. 하나님은 세상을 사랑하심으로써 우리도 사랑하신다. 우리가 우리의 원수들에게도 필요한 이 사랑을 통해 구원을 얻으려 하지 않는다면, 우리는 이미 구원에서 배제된 것이다.

3)세상에 대한 하나님의 사랑은 피조물의 타락과 죄를 관대히 봐주실 정도는 아니었다. 마치 피조물의 타락과 죄가 존재하지도 않는다는 듯이, 친히 신적 권능—자의自意— 을 두르고 계시의 말씀 안에서 죄라고 명명하셨던 것을 발생하지 않은 것으로, 중요하지 않은 것으로 선언하실 만큼은 아니었다. 어째서 하나님은 준엄한 명령을 내려 죄를 간단하게 용서하고 없애 주시지 않는가? 그것은 그분은 하나님이시고, 죄를 미워하시고, 거룩한 진노로 죄인을 벌하시기 때문이며, 죄인이 그분 앞에서 타락하여 저주를 받았기 때문이다. 그러므로 하나님은 우리를 위해 자기 아들을 죄인의 죽음에 내주신다. 성부 하나님은 성자 하나님을 버리심으로, 성자 하나님이 우리의 구원을 위해 고난을 받고

죽게 하신다. 죄인에 대한 하나님의 사랑은 죄인을 얻기 위해서 영원하고 신적인 독생자를 값으로 치른다. 성령은 우리에게 십자가에 달리신 예수 그리스도가 하나님의 아들이요, 세상에 대한 하나님의 사랑의 유일한 계시라고 가르쳐 알게 하신다.

4)하나님은 자신의 사랑에서 단 한 사람도 배제하지 않으신다. 그런 까닭에 우리도 우리 자신을 배제해선 안 된다. 하나님은 아들을 보내시면서 나도 생각하셨다. 그러므로 예수 그리스도 안에서 하나님의 사랑을 발견하는 사람, 곧 예수 그리스도를 믿는 사람은 "모두 다"—여기에는 약간의 빈틈도 없다—영생을 얻는다. **그들**만 영생을 얻지만, 그들이 영생을 **얻는** 것은 그들이 예수 그리스도를 통하여 멸망에서 건짐을 받았기 때문이다. 멸망 아니면 영생, 믿음 아니면 멸망, 둘 중 어느 한쪽이 있을 뿐이다. 이를 결정하시는 분이 바로 예수 그리스도이시다.

5)예수 파송의 목적은 전적으로 세상의 구원이지, 세상의 심판이 아니다. 만일 우리가 경건한 우리를 세상 앞에서 변호하고, 무신론자들에게 유죄 판결을 내려 제거하는 것이 예수의 임무라고 생각한다면, 우리는 다시 한번 우리의 구원의 통로인 하나님의 사랑에서 벗어난 죄인으로 밝혀져 하나님의 정당한 심판을 초래하게 될 것이다. 예수 그리스도께서 **세상**을 구원하러 오실 때만, 우리도 구원을 얻을 수 있다. 그리스도 안에서의

구원은 온 세상에 선포되어야 한다. 온 세상에 필요하고, 결국엔 나에게도 필요한 것이 바로 그 구원이기 때문이다. 이것이 바로 성령강림절의 주요한 사상이다. 예수를 통해 영원한 멸망으로부터 건져진 사람, 예수 안에서 세상에 대한 하나님의 사랑을 발견한 사람은 이제 더는 심판을 받지κρίνεται, 현재형에 유의하라! 않는다. 죄와 율법과 양심과 하나님의 진노도 더는 그를 고소하지 못하고, 그에게 힘과 권리를 조금도 행사하지 못한다. 예수 그리스도 안에 있는 하나님의 사랑이 그를 보호하기 때문이다.롬 8:1 믿음은 심판을 끝맺고, 모든 심판에서 구원하시는 분을 자랑한다. 용서받은 죄는 나에게 더는 해가 되지 않고, 고소하지 않으며, 대항하여 싸우지 않고, 최후 심판의 날에도 나에게 엇서지 않는다. 성령은 내가 이 사실을 확신하게 하신다.

2. 18b-20절. 1)예수께서 세상을 심판하러 오시지 않고 구원하러 오셨어도, 그분의 오심을 통해 구분과 심판도 불가피하게 이루어진다. 예수 파송의 목적은 그 작용과 구분되어야 한다. 예수를 믿지 않는 사람, 예수 안에서 하나님의 사랑을 찾지 않는 사람은 이 사랑에서 스스로 벗어나 심판대로 넘어간 것이며, 자기 자신을 심판한 것이다. 예수께서 먼저 선고하실 필요가 없다. "믿지 않는 사람", 곧 "하나님의 독생자의 이름을 믿지 않은" 그 사람이 이미 선고하고 집행한 것이다. 우리는 이 인상

적인 반복"하나님의 독생자의 이름을 믿지 않은"을 근거로 이런 사실을 유추할 수 있다. 이를테면 사람과 예수의 이름의 만남이 발생해야 하며, (교만 때문이든 절망 때문이든) 이 이름을 의식적으로 거부하는 것은 자기 심판을 의미한다는 것이다. 따라서 예수 그리스도의 이름을 설교하는 것은 영생과 심판을 결정하는 일이 된다.

2)그리스도는 심판하러 오시지 않고 구원하러 오셨지만, 그분과 함께 심판도 세상 안에 들어왔다. 그리스도께서 구원자로서 오신 것, 이것이야말로 심판이었다. 빛이 세상에 들어온 것, 이것이야말로 어둠에 대한 판결이었다. 이상이나 새로운 규범이나 법규가 심판이 아니고, 예수 그리스도가 심판이다. 한 사람이 태어나 모든 사람의 구원이 된 것, 빛이 어두운 세상 안에 들어온 것, 사람들이 빛을 피하고 어둠 가운데 머무르기를 더 좋아한 것, 이것이야말로 영원한 심판이다. 그러니까 예수는 심판하러 오신 것이 아니고 구원하러 오신 빛이었지만, 이 빛으로 인해 사람들의 어둠이 명백해진 것이다. 그들은 자신의 어둠을 더 좋아하게 되었고, 그 속에 머무르고 싶어 했다(μᾶλλον,'더'를 뜻하는 이 표현은 여기서 비교급이 아니라 최상급으로 이해할 수 있다!). 사람들이 빛보다 어둠을 더 좋아하다니, 어찌 그럴 수 있는가? 예수께서 어둠으로 판결하신 것이 우리의 눈에는 환한 빛으로 보이고, 예수의 빛은 우리의 눈에 어둡게 보이기 때문이

다. 한쪽에는 사람들의 빛나는 행위, 그들의 선, 그들의 앎, 그들의 윤리적 성취, 그들의 종교가 있고, 다른 한쪽에는 여물통에 누인 가난한 아기, 죄인들의 친구, 교수대에 달린 범죄자가 있다. 어느 쪽이 빛이고, 어느 쪽이 어둠인가? 하지만 예수는 자기를 빛이라 칭하고, 다른 모든 것을 어둠이라 칭하셨다. 그래서 사람들은 이 빛을 싫어하고, 자기들의 빛나는 어둠을 좋아했다. 그들은 예수를 배척하고 죽였다. 그래서 그들 자신에게 유죄 판결을 내렸다. 하지만 이 상태는 달라질 수 없었다. 실로 "그들의 행위가 악했기" 때문이다. 상스러운 육체적 위반이든 가장 은밀한 정신적 죄이든 간에, 이 악행들은 상스러운 모습보다 훨씬 세련된 모습을 하고 있어서 예수의 빛을 꺼리고 어둠을 좋아할 수밖에 없었을 것이다. 그러나 과거의 악행뿐만 아니라, 현재의 악행과 의도된 악행, 그것을 고수하려는 태도현재분사 πράσσων**18**에 유의하라! 역시 빛을 혐오스럽게 하여 그것에 이르는 통로를 차단한다. 악은 아무리 빛나는 모습을 하고 있어도 자기의 노출을 느끼기 때문이다. 예수의 빛 안에서는 사람들의 행위가 악행으로 인식되고 입증된다. 이는 예수의 빛이 어둠을 알아채기 때문이다. 예수, 이 이름은 죄의 폭로와 고백, 악의 치욕을 감수하는 것을 의미한다. 악은 자신의 빛—예수의 빛에 비하면 어둠에 지나지 않는다—이라는 허상 아래서 자신의 악의를 정당화할 수 있는 동안에만 존속하는 까닭에, 최후의 발악으로 예수의 빛에 맞서 싸운다. 그러나 이 싸움은 예수를 피하는 자의 자기 심판일 뿐이다.

3. 21절. 누가 빛으로 나아오는가? 진리를 행하는 사람! 진리를 행한다는 것은 무슨 뜻인가? 생각과 의지만이 아니라 행동으로도 진리가 나타나게 하는 것을 의미한다. 진리는 악을 발생시키는 어둠에 맞서는 행동을 통해 발현된다. 그러나 어둠 속에서 사는 자가 진리를 행하려면 어찌해야 하는가? 여기서 다음과 같은 교리문답서의 명제가 떠오르지 않는가? "나는 내 이성이나 내 힘으로는 예수 그리스도를 믿을 수 없고, **그에게 나아갈 수** 없으며, 성령께서 (…) 하셔야 함을 믿습니다." 우리는 이 기이한 말이 성서 말씀을 잘 알면서도 빛으로 나아가지 못한 니고데모를 겨냥한 것이라고 생각해야 한다. 니고데모와 우리에게 필요한 것은 해결되지 않는 생각들, 곧 이해하기 어려운 생각들과 씨름하지 않고, 질문들과 문제들에 만족하지 않고, 하나님의 말씀을 아는 만큼 곧바로 실행에 옮기는 것이다. 문제 제기만 하는 것은 진지하게 행하는 것만 못하다. 생각을 통해서는 빛으로 나아가지 못하고, 행함을 통해서만 빛으로 나아갈 수 있다고 예수께서는 말씀하신다. 물론 여기서 말하는 행함은 마음대로 행하는 것이 아니고, **진리**를 행하는 것이다. 진리

자체가 행함을 통해 그대를 빛으로 데려다줄 것이다. 예수의 말씀 속에서 가장 먼저 강조할 것은 진리라는 단어이고, 그다음은 행함이라는 단어다. 이 모든 것은 사고의인Denkgerechtigkeit, 思考義認 사상과도 무관하고, 행위의인Werkgerechtigkeit, 行爲義認 사상과도 무관하다. 그러나 빛으로 나아가기를 원하고 그래서 우리에게도 성령강림이 이루어지기를 바란다면, 더는 지체하지 말고 하나님의 말씀을 마주하며, 할 수 있는 한 즉시 행동과 순종으로 나아가야만 한다. 우리는 끝없는 질문으로 도피하던 상태에서 즉시 진지한 행동, 곧 말씀의 지배를 받는 삶으로 나아갈 것을 요구받는다. 그대가 빛으로 나아가고 싶어 하는데도 여전히 빛을 찾지 못했다면, "진리를 행하라." 그러면 그대가 빛으로 인도되고 있음이 명백해질 것이다. 그대의 행함 속에서 진리가 스스로 빛을 갈망하고, 그 빛 속에서 발현되고 싶어 하기 때문이다. 실로 그대가 빛으로 나아가면서 행한 그대의 행위는 "하나님 안에서 행한" 것으로 판명될 것이다. 그것은 하나님의 말씀에 순종하여 진리의 안내를 받는 가운데 이루어진 행위이기 때문이다. 본문은 갑자기 "빛을 경험하려면 어찌해야 하는가"라는 미해결 문제 속에 우리를 내버려 두겠다고 위협하다가, 우리에게 행함으로 나아가라고 매우 분명하게 외친다. 빛으로 나아가기는 오직 빛, 곧 진리가 우리에게 다가오기 때문에 가능한 일이다. 빛이 우리에게 다가오면, 우리는 행동하고, 순종하고, 진리를 행하고, 빛으로 나아가는 수밖에 없다.

우리는 성령강림절 설교에서 이 본문—정말로 단순하지 않다—을 세 단락으로 나누어 다룰 수 있다. 16-18a절. 성령은 예수 그리스도가 온 세상에 대한 하나님의 사랑임을 밝히면서 우리 안에 그분에 대한 믿음을 조성하신다. 18b-20절. 성령은 우리에게 그리스도 안에서의 구원을 설교하는 것은 믿지 않는 세상에 대한 심판이 된다고 공표하신다. 21절. 성령은 우리에게 진리의 길을 가리켜 보이며 빛으로 나아가게 하신다.

성탄절 설교 묵상
이사야 9:6-7

1940년

한 아기가 우리를 위해 태어났다. 우리가 한 아들을 모셨다. 그는 우리의 통치자가 될 것이다. 그의 이름은 '놀라우신 조언자', '전능하신 하나님', '영존하시는 아버지', '평화의 왕'이라고 불릴 것이다. 그의 왕권은 점점 더 커지고 나라의 평화도 끝없이 이어질 것이다. 그가 다윗의 보좌와 왕국 위에 앉아서, 이제부터 영원히, 공평과 정의로 그 나라를 굳게 세울 것이다. 만군의 주님의 열심이 이것을 반드시 이루실 것이다.

몰락해 가는 백성에게 임박한 멸망, 하나님의 진노, 무서운 징계를 통고하는 불길한 말들과 징조들 한가운데서, 하나님 백성의 극심한 죄과와 곤경 한가운데서 한 음성이 희미하고 비밀스럽게 말한다. 신성한 아기의 탄생이 가져올 구원을 확신하는 음성, 곧 환희에 찬 음성이다. 성취되기까지는 7백 년의 세월이 걸릴 테지만, 예언자는 하나님의 계획과 의지에 심취한다. 그는 미리 보았다는 듯이 미래의 일에 관해 말하고, 예수의 구유 앞에 경배하며 서 있다는 듯이 구원의 때에 관해 말한다. "한 아기가 우리를 위해 태어났다." 언젠가 일어날 일도 하나님의 눈에는 이미 현실로, 틀림없는 사실로 보인다. 그 일은 미래 세대에게만 도움이 되는 것이 아니라, 그 일이 이루어지는 것을 보는 예언자와 그의 세대에게도, 과연 지상의 모든 세대에게 이미 도움이 된다. "한 아기가 **우리를 위해 태어났다**." 이는 인간의 영이 스스로 할 수 있는 말이 아니다.

우리는 내년에 일어날 일도 알지 못하는데 한 사람이 수백 년 뒤를 내다보다니, 이를 어떻게 이해해야 할까? 그 당시의 시간이 오늘날보다 더 투명했던 것도 아니다. 세상의 처음과 나중을 쥐고 계시는 하나님의 영만이 친히 택하신 사람에게 미래의 비밀을 계시할 수 있다. 그러면 그 사람은 예언으로 믿음의 사람들을 강하게 하고, 믿지 않는 사람들에게 경고해야 한다. "한 아기가 우리를 위해 태어났다. 우리가 한 아들을 모셨다"라는 한 개인의 음성이 수백 년에 걸쳐 희미하게 울리고, 다른 예언자들의 산발적 음성이 여기저기서 그 뒤를 잇다가, 마침내 목자들이 한밤에 드리는 경배와 그리스도를 믿는 공동체의 열렬한 환호 속으로 파고든다.

본문이 언급하는 것은 한 아기의 탄생이지, 유력자의 획기적인 행적이나 현자의 비범한 깨달음, 성인의 경건한 행위가 아니다. 한 아기의 탄생이 만물의 거대한 전환을 초래하고, 온 인류에게 행복과 구원을 가져다준다는 사실은 정말로 모든 이해를 초월한다. 왕들과 정치인들, 철학자들과 예술가들, 종교 창시자들과 윤리학자들이 얻으려고 헛되이 애쓰던 일이 한 갓난 아기를 통해 이루어진다. 인간의 가장 대단한 노력과 성취를 무색하게 하겠다는 듯이, 한 아기가 세계사의 중심에 자리한다. 사람의 한 아기가 태어나고, 하나님의 한 아들이 주어졌다. 이것이야말로 세상을 구원하는 비밀이다. 이 구원에는 과거와 미래가 다 포함된다. 전능하신 하나님의 한없는 자비가 한 아기의 모습으로, 곧 하나님 아들의 모습으로 우리에게 다가와서 우리와 동등하게 몸을 낮춘다. **우리를 위해** 이 아기가 태어나고, 이 아들이 주어졌다는 사실, 사람의 아기이자 하나님의 아들이신 이분이 **나와** 관계가 있다는 사실, 내가 그를 알고 모시고 사랑한다는 사실, 내가 그의 소유이며 그가 나의 소유라는 사실, 이 모든 사실이 내 삶을 좌우한다. 한 아기가 우리의 삶을 손에 쥐고 있다.

우리가 이 아기를 만나려면 어찌해야 하는가? 날마다 하는 노동으로 우리의 두 손이 너무 거칠고 투박해서, 이 아기를 바라보며 경배할 때 깍지를 낄 수 없을 정도인가? 우리는 복잡하고 어려운 사상들을 사색하고 난제들을 해결하느라 너무 교만해져 이 경이로운 아기에게 겸손히 굴복하지 못하는가? 우리는 이제 모든 노력과 성취와 중요한 일들을 완전히 잊은 채, 구유 안에 있는 거룩한 아기에게 목자들과 동방 박사들처럼 순전하게 경배하고, 노인 시므온처럼 이 아기를 안고서 그 순간에 우리 생이 성취되었음을 깨달으며 감사할 수 있는가? 교만한 유력자가 이 아기 앞에 무릎을 꿇는 것, 그의 마음이 순수해져서 이 아기가 자신의 구원자임을 알고 경의를 표하는 것은 진실로 진기한 순간이다. 노회하고 영리하며, 노련하고 자신만만한 세상은 믿음 안에서 그리스도인들이 외치는 소리, 곧 "한 아기가 우리를 위해 태어났다. 우리가 한 아들을 모셨다"라는 구원의 외침을 듣고 머리를 가로젓거나 냉소를 보낼지도 모르겠다.

"그는 우리의 통치자가 될 것이다." 이 갓난아기의 연약한 어깨에 이 세상 통치권이 놓여 있다니! 우리는 어쨌든 이 아기의 어깨가 세상의 모든 짐을 짊어지리라는 것을 알고 있다. 십자가와 함께 이 세상의 모든 죄와 곤경이 그 어깨에 지워질 것이다. 그러나 통치권의 본질은 짐꾼이 짐에 짓눌려 주저앉지 않고, 짐을 목적지까지 운반하는 데 있다. 구유 안에 누인 아기의 어깨에 지워진 통치권의 본질은 사람들과 그들의 죄과를 짊어지고 인내하는 데 있다. 그러나 이 짊어짐은 구유에서 시작된다. 다시 말하면, 하나님의 영원한 말씀이 인간의 육신을 입고 짊어지는 바로 그 자리에서 시작된다. 온 세상 통치권은 아기의 낮고 연약한 상태로부터 시작된다. 예전에는 집안을 다스리는 징표로 가장의 어깨에 열쇠를 걸어주곤 했다. 이는 열기도 하고 닫기도 하는 권한, 곧 마음대로 들여보내기도 하고 내쫓기도 하는 권한이 그에게 있음을 의미한다. 이는 십자가를 자기 어깨에 짊어진 분의 통치 방식이기도 하다. 그분은 죄인들을 용서하심으로 문을 열고, 교만한 자들을 쫓아내심으로 문을 닫는다. 겸손한 자들, 보잘것없는 자들, 죄인들을 영접하여 떠맡고, 교만한 자들, 오만한 자들을 내치고 없애는 것이야말로 이 아기의 통치 방식이다.

예언자들이 예언하고, 하늘과 땅이 그 탄생에 환호하는 이 아기는 누구인가? 우리는 그의 이름을 어눌하게 발음할 수밖에 없고, 이 이름 안에 무엇이 포함되어 있는가를 에둘러 말할 수밖에 없다. 이 아기가 누구인지 말해 주는 단어들이 쇄도하며 쌓인다. 이 아기의 이름이 사람의 입술 밖으로 나오는 곳에, 우리가 전에 알지 못했던 기이한 단어의 조합이 생겨난다. "놀라우신 조언자, 전능하신 하나님, 영존하시는 아버지, 평화의 왕." 이 단어들 모두 무한히 깊은 곳에서 나와서 다 함께 단 하나의 이름만을 소리 내려고 한다. 그 이름은 바로 예수다.

이 아기는 "놀라우신 조언자"라 불린다. 이 아기 안에서 기적 중 기적이 일어났고, 하나님의 영원한 조언으로 아기 구원자의 탄생이 이루어졌다. 하나님께서 우리에게 자기 아들을 아기의 모습으로 주셨다. 하나님께서 사람이 되셨다. 말씀이 육신이 되셨다. 이것이 하나님께서 우리를 위해 품으신 사랑의 기적이다. 이 사랑이 우리를 획득하여 구원한다는 사실이야말로 규명할 수 없을 만큼 지혜로운 조언이다. 그러나 이 아기는 하나님의 놀라운 조언자인 까닭에 자신이 모든 기적과 모든 조언의 원천이기도 하다. 예수 안에서 하나님 아들의 기적을 볼 줄 아는 사람은 예수의 모든 말씀과 모든 행적을 기적으로 여기고, 곤경과 의문에 휩싸일 때마다 예수에게서 궁극적이고 가장 심오하고 가장 유용한 조언을 얻는다. 이 아기는 아직 말을 떼기 전인데도 기적과 조언을 두루 갖추고 있다. 구유 안에 있는 아기에게로 가서, 그를 하나님의 아들로 여겨라. 그러면 그대는 그가 기적 중의 기적, 조언 중의 조언임을 알게 될 것이다.

이 아기는 "전능하신 하나님"이라 불린다. 구유 안에 있는 이 아기는 하나님 자신이다. 이보다 더 엄청난 말이 있을까? 하나님께서 아기가 되셨다. 전능하신 하나님께서 마리아의 아기 예수 안에 거하신다. 잠시 멈추어라! 말도 하지 말고, 생각도 하지 마라! 이 말씀 앞에 멈춰 서라! 하나님께서 아기가 되셨다! 이 아기는 우리처럼 가난하고, 우리처럼 불행하고 의지할 만한 곳이 없으며, 살과 피를 지닌 사람이고, 우리의 형제다. 그런데도 그는 하나님이시며 전능하시다. 신성은 어디에 있고, 이 아기의 능력은 어디에 있는가? 바로 하나님의 사랑 안에 있다. 이 사랑으로 아기는 우리와 똑같이 되셨다. 구유 안에 있는 그의 불행이 그의 능력이다. 이 아기는 사랑의 능력으로 하나님과 사람 사이의 간격을 극복하시고, 죄와 죽음을 이기시고, 죄를 용서하시고, 죽음에서 부활하신다. 이 비천한 구유 앞에, 가난한 자들의 이 아기 앞에 무릎을 꿇고, 믿음으로 예언자의 어눌한 말을 따라 말해 보라! "전능하신 하나님!" 그러면 그분이 그대의 하나님이 되어 주시고 그대의 능력이 되어 주실 것이다.

"영존하시는 아버지." 어떻게 이것이 아기의 이름이 될 수 있는가? 이 아기 안에서 하나님의 영원한 부성애가 드러난다. 다만 이 아기가 오직 아버지의 사랑을 이 세상에 가져오려고 함으로써만 드러난다. 이처럼 아들은 아버지와 하나가 되고, 아들을 보는 사람은 아버지를 보는 것과 같이 된다. 이 아기는 자기를 위해서는 아무것도 되려고 하지 않는다. 인간적인 의미에서 신동神童이 되려고 하지 않고, 하늘 아버지께 순종하는 아이가 되려고 한다. 이 아기는 태어난 순간부터 이 세상에 영원을 동반하고, 하나님의 아들로서 하늘에 계신 아버지의 사랑을 우리 모두에게 베푼다. 구유로 가서, 영존하시는 아버지를 구하고 찾아라! 그러면 그분이 그대의 사랑하는 아버지가 되어 주실 것이다.

"평화의 왕." 하나님께서 사랑을 두르고 사람들에게 오셔서 그들과 연합하시는 곳에서 하나님과 사람 사이의 평화, 사람과 사람 사이의 평화가 완성된다. 하나님의 진노가 두렵다면, 구유 안에 있는 아기에게로 가서 하나님의 평화를 선물로 받아라! 다툼과 미움으로 형제와 좋지 않은 사이가 되었다면, 와서 보라, 하나님께서 어떻게 순수한 사랑으로 우리의 형제가 되셨고, 우리를 용서하려고 하시는지를. 이 세상에서는 힘이 다스리지만, 이 아기는 평화의 왕이시다. 이 아기가 있는 곳에서는 평화가 다스린다.

"놀라우신 조언자, 전능하신 하나님, 영존하시는 아버지, 평화의 왕." 이것은 우리가 베들레헴의 구유 옆에서 하는 말, 신적인 아기를 바라보며 급히 하는 말, 여러 개념들로 표현해 보려고 시도하는 말이다. 우리를 위해 이 모든 말을 한꺼번에 담고 있는 이름이 있는데, 그 이름은 바로 예수다. 그러나 이 모든 말은 사실 말로 표현할 수 없는 분 앞에서, 아기의 모습을 하고 계시는 하나님 앞에서 경배하며 하는 무언의 침묵과 같다.

신적인 아기의 탄생과 이름에 관해 들었으니 이제는 그의 나라에 관해 들을 차례다.

7절. 이 가난한 아기의 왕권이 점점 더 커진다. 이 왕권이 온 세상을 움켜쥘 것이고, 모든 사람은 마지막 때까지 의식적으로든 무의식적으로든 거기에 헌신해야 한다. 이 왕권은 사람들의 마음을 다스리는 왕권이 될 것이다. 왕좌들과 큰 나라들조차도 이 권력으로 인해 흥하기도 하고 망하기도 할 것이다. 신성한 아기의 은밀한 왕권은 사람들의 마음을 다스리는 까닭에 이 세상 군주들의 가시적이고 빛나는 권력보다 더 확고하다. 결국엔 지상의 모든 왕권이, 사람들을 다스리는 예수 그리스도의 왕권에 봉사하는 수밖에 없다. 이 왕권은 모든 적개심을 돌파하면서 점점 더 커지고 확고해질 것이다.

예수의 탄생과 더불어 위대한 평화의 나라가 출범한다. 예수께서 진실로 사람들의 주님이 되시는 곳에서는 평화가 다스리게 된다니, 이것이야말로 기적이 아닌가? 온 땅에 기독교가 있어서 세상 한가운데 평화가 있게 된다니, 이것이야말로 기적이 아닌가? 평화가 존재할 수 없는 곳은 사람들이 예수의 다스림을 받으려 하지 않는 곳, 인간의 고집, 반항, 증오, 탐욕이 거침없이 횡행하는 곳뿐이다. 예수는 폭력으로 평화의 나라를 세우려고 하지 않는다. 예수는 사람들이 그분에게 기꺼이 복종하고, 자신들에 대한 지배권을 그분에게 넘겨드리는 곳에서 그들에게 놀라운 평화를 선사하신다. 오늘날 기독교 민족들이 다시 전쟁과 증오 속에서 갈가리 찢어지고, 교회들도 서로 화합하지 않고 있는데, 이는 예수 그리스도의 책임이 아니라, 예수 그리스도가 다스리는 것을 바라지 않는 인간의 책임이다. 그러나 그렇다고 해서 신성한 아기가 우리를 다스리는 곳에서 "평화도 끝없이 이어질 것이다"라고 한 약속이 파기되는 것은 아니다.

예수 그리스도는 "다윗의 보좌와 왕국 위에 앉아서" 다스리신다. 이 보좌와 왕국은 세상의 보좌와 세상의 나라가 아니라, 영적인 보좌와 영적인 나라다. 예수의 보좌와 왕국은 어디에 있는가? 그분이 말씀과 성사로 현존하시면서 다스리고 통치하시는 곳, 즉 교회 안에, 공동체 안에 있다.

예수는 자기 왕국에서 "공평과 정의로" 다스리신다. 믿는 사람들의 공동체라고 해서 그분의 심판이 비껴가는 것은 아니다. 아니, 그분은 믿는 사람들의 공동체를 가장 엄히 심판하신다. 그 공동체는 이 심판을 거부하지 않고 굴복함으로써만 그분의 공동체임이 증명된다. 예수는 죄를 심판하시면서 새로운 의를 주신다. 공의의 나라가 그분의 나라다. 그러나 자기 의의 나라가 아니라, 죄에 대한 심판을 통해 세워지는 신적인 의의 나라다. 심판과 의에 기초할 때, 정의는 강해질 것이다. 불의를 징벌할 때, 이 나라는 지속할 것이다.

사람들이 아무리 갈망해도 실현되지 않던 평화와 의의 나라가 신성한 아기의 탄생과 더불어 시작된다. 우리는 그 나라로 부름을 받았다. 우리가 교회, 곧 신자들의 공동체 안에서 주 예수 그리스도의 말씀과 성사를 받고 그분의 다스림에 굴복할 때, 우리가 구유 안에 있는 아기를 우리의 구원자로 인정하고 사랑 안에서 살아가는 새 생명을 그분에게서 선물로 받을 때, 우리는 그 나라를 발견할 수 있을 것이다. 그 나라는 "이제부터"—이는 예수께서 탄생하신 순간부터를 의미한다—"영원까지" 이어질 것이다.

그 나라가 세계사의 급습을 받고도 다른 모든 나라들처럼 분쇄되거나 멸망하는 일이 없으리라고 누가 보증하는가? "만군의 주님의 열심이 이것을 반드시 이루실 것이다." 자기의 대의를 위한 하나님의 거룩한 열심이 보증한다. 그 나라는 인간의 모든 죄와 온갖 저항에도 불구하고 영원히 존속하며 마침내 완성될 것이라고 보증한다. 우리가 함께하는지 안 하는지는 중요하지 않다. 하나님께서 우리와 함께, 혹은 우리에게 맞서시면서 자기의 계획을 이루실 것이다. 그러나 그분은 우리가 그분과 함께하기를 원하신다. 그분을 위해서가 아니라 우리를 위해서. 우리와 함께하시는 하나님 예수,임마누엘 이는 이 거룩한 밤의 비밀이다. 그러나 우리는 "한 아기가 우리를 위해 태어났다. 우리가 한 아들을 모셨다"라며 환호한다. 나는 예수 그리스도께서 동정녀 마리아에게서 나신 참 사람이요, 영원하신 성부에게서 나신 참 하나님이며 나의 주님이심을 믿는다.

장례식[19] 설교

잠언 23:26

1941년 8월 3일, 키코브

내 아들아, 네 마음을 내게 주고, 네 눈으로 내 길을 즐거워하여라.[20]

오늘 우리는 하나님 앞에서 한스 프리드리히를 추모하고자 이 자리에 모였습니다. 오늘 여기서 우리 함께 하나님께서 그에게 하신 일을 떠올리고, 하나님께서 그를 자기에게로 이끌어 데려가신 길을 다시 한번 생각해 보고자 합니다. 그리하여 하나님께서 우리에게 은혜를 베풀어 주셔서 믿음 안에서 우리가 강해지고, 마음이 굳세어지고, 사랑 안에서 서로 더 긴밀하게 연결된 후에 우리 일상의 일로, 곧 우리 현실적인 의무들로 돌아가고자 합니다.

"내 아들아, 네 마음을 내게 주고, 네 눈으로 내 길을 즐거워하여라." 이 잠언 말씀은 3년여 전 한스 프리드리히가 이곳

교회의 제단에서 견신례 때 암송할 구절로 받은 것이니, 오늘 우리는 세례 때부터 죽음에 이르기까지 그의 전 생애를 이 말씀에 담아 살펴봐도 될 것 같습니다.

한스 프리드리히의 죽음을 마주하니, 그가 거룩한 세례를 받았다는 사실이 다시 한번 새삼 중요하게 다가옵니다. 지난날 하나님께서 자기의 손을 한스 프리드리히의 생 위에 얹으시고 그 어린아이를 영생으로 초대하셨습니다. 그리고 여러분은 그를 세례식에 데려가고, 하나님의 부르심을 믿음으로 받아들여 여러분의 아이를 하나님께 맡겼습니다. "내 아들아, 네 마음을 내게 주고." 미성년인 아이가 이해하지 못할 일을 하나님께서 친히 하셨습니다. 그분은 세례라는 성사 속에서 아이의 마음을 취하시고, 깨끗하게 하시고, 거룩하게 하셔서, 그 아이가 영원토록 그분의 소유로서 그분을 섬길 수 있게 하셨습니다. "내 아들아." 하나님은 한스 프리드리히를 자식으로 받아들이고, 그의 사랑하는 아버지가 되셨습니다. 하나님은 그 아이에게 그 아버지 집의 한 공간을 내주셔서, 영생의 기초를 놓으시고 영원한 목표를 세우셨습니다. 이는 하나님께서 한스 프리드리히의 거룩한 세례식과 우리 각자의 거룩한 세례식에서 하신 일이니, 우리 모두 이 일에 감사드립시다.

한스 프리드리히는 어린 시절 자신의 세례식에서 일어

난 일을 다양한 표현으로 반복해서 들었습니다. 한스 프리드리히는 하나님의 말씀이 삶을 다스리는 집안에서 자랐고, 살아가면서 기독교 신앙이 얼마나 힘이 되고 도움이 되는지를 말씀과 모범을 통해 경험했습니다. 우리는 한스 프리드리히를 이토록 친절히 이끌어 주신 하나님께 겸손히 감사드립니다. 부디 하나님께서 이 집안에 가까이 계시면서 말씀하시기를, 하나님께서 이 집안에 속한 여러 가정을 그분의 영으로 채워 주셔서 부모들과 자녀들이 복을 누리게 되기를 바랍니다.

이어진 세월은 하나님께서 이 아이 안에 넣어 두신 의식적이고 주체적인 결단을 요구하는 시간들이었습니다. 그때그때의 삶에 결정적인 전환, 곧 깨어 있는 믿음으로의 전환이 하나님의 은혜를 통해 다가왔습니다. 한스 프리드리히는 깨어 있는 그리스도인이 되었습니다. 그가 너무 어려서 깨어 있는 그리스도인이 된다는 것이 무슨 뜻인지 알지 못했을 것이라고 여겨선 안 됩니다. 하나님은 노소를 막론하고 모든 사람 안에 믿음의 기적을 일으키십니다. 그러니 누구도 이 점에서 남보다 나을 것이 없습니다. 이 세월 속에서 한스 프리드리히는 하나님의 섭리에 따라 사촌 형제자매들과 함께 할머니 댁으로 갔습니다. 하나님은 한스 프리드리히에게 결정적인 도움이 될 기회를 할머니 댁에 선사하셨습니다. 이와 동시에 한스 프리드리히는 사촌 형제자매들과 함께 견신례 수업을 받았습니다. 그는 견신례를 받을 때, 오늘 우리가 들은 잠언 말씀을 들었습니다. "내 아들아, 네 마음을 내게 주고, 네 눈으로 내 길을 즐거워하여라." 전능하신 하나님과 아버지가 자기의 사랑하는 아들에게 하는 당부 같았습니다. "네 마음을 내게 주어라." 이 말씀은 실로 이런 뜻입니다. "너 자신을 있는 그대로 내게 주어라. 내게 아무것도 주지 않는 일이 없게 하여라. 네 모든 생각, 네 소원, 네 영혼, 네 육신을 내게 주어라. 모든 것을 내게 주어라. 네 마음은 나의 것이니 내게 주어라." 하나님은 한스 프리드리히를 "내 아들아" 하고 부르셨습니다. 그는 이제 미성년자가 아니라, 삶의 모든 기쁨과 위험을 당당히 마주하며 자유로운 결단과 기꺼운 마음으로 이 부르심에 "예, 아버지"라고 응답하는 어엿한 젊은이가 되었습니다. 한스 프리드리히는 하나님의 은혜로 자기 마음을 하나님께 드렸습니다. 그는 자기 마음에 솔직하기를 원했고, 이를 위해 자신과 싸웠습니다. 그 후 얼마 안 가서 선하신 하나님은 한스 프리드리히에게 동갑내기 청년들의 동아리를 선사하셔서, 그가 그들과 함께 주 예수 그리스도에 대한 신앙고백을 통해 연결되어 참된 기독교적 삶을 성취하게 하셨습니다. 한스 프리드리히는 이 동아리에서 참된 기독교적 연합의 완전한 기쁨과 큰 능력을 경험했습니다. 한스 프리드리히는 자신을 다 바쳐 이 동아리에 봉사했고, 이 동아리는 그에게 최후까지 감사하며 충실하게 연을 맺었습니다.

한 사람이 그리스도인이 되는 것은 언제나 신성한 기적이지만, 오늘날 한 젊은이가 깨어 있는 그리스도인이 된다는 것은 비길 데 없이 큰 기적임을 우리 모두 알아 두면 좋겠습니다. 한 젊은이가 깨어 있는 그리스도인이 되는 것은, 그가 하나님을 자기의 창조주요 주님으로 인정하고, 하나님으로부터 모든 것을 받고, 하나님에게 완전히 의지하는 것을 의미합니다. 또 그것은 그가 하나님의 계명을 자기에게 적용하고, 그 계명을 지키려 애쓰는 것을 의미합니다. 또 그것은 죄의 용서가 필요함을 알고, 구원자의 능력과 사랑을 아는 것을 의미합니다. 한 사람이 그리스도인이 된다는 것은, 그가 본성상 여러 비본질적인 것에 집착하는 자기 마음을 하나님과 자기의 구원자에게 드리면서 "나도 내 마음을 어쩌지 못하겠으니, 주님이 내 마음을 받으셔서 주님 곁에 붙들어 두소서" 하고 고백하는 것을 의미합니다. 한스 프리드리히가 그리스도인이 된 시기는 상당한 대가를 치러야만 자기가 그리스도인임을 밝히고, 그리스도인으로 살 수 있는 시기였습니다. 그는 대가 치르기를 두려워하지 않았습니다. 어쩌면 그것이 그에게 특별한 자극이 되었는지도 모르겠습니다. "내 아들아, 네 마음을 내게 주고." 아들은 자기 아버지의 음성을 알아들었습니다.

한스 프리드리히는 인생과 세상, 그 기쁨의 과제에도 열려 있는 사람이었습니다. 하나님은 실제적 삶을 위해 그에게 열린 눈, 깨어 있는 마음, 온전한 사고력을 주셨습니다. 그는 조국의 운명과 미래를 중시하는 대화를 추구하고 거기에 가장 깊이 참여했습니다. 그때 전쟁이 발발했고, 한스 프리드리히는 군인이 되었습니다. 그는 군인이 되는 것을 이제까지 살아온 자신의 삶을 검증하는 기회로, 사람들과 하나님 앞에서 자신의 존재를 입증하는 기회로 이해했습니다. 그는 이 검증의 시간을 견디는 능력을 자명한 것으로, 타고난 것으로 여기지 않고, 위로부터 선사받아야 하는 것, 곧 은혜로 여겼습니다. 그는 그것이 자기에게 선사되기를 바랐고, 바로 이것이 그를 강하게 해주었습니다. 그는 기쁨을 가득 안고 입대했습니다. 그는 투입 직전에 "어쨌든 그것은 바람직하게 될 것이다"라고 썼습니다. 격심한 전투 속에서 가장 용감한 검증 속에서 그는 마지막 시험을 이겨냈고, 자기 목숨을 바쳤습니다. 본래의 의미로 말하자면, 그는 조국을 위해, 선조들이 힘과 무기와 양심과 믿음으로 헌신한 땅을 위해 목숨을 바쳤습니다.

그의 옆에는 신약성서가 펼쳐진 채 놓여 있었습니다. 하나님께서 그에게 마지막 때를 알리시며 "내 아들아, 네 마음을 내게 주어라" 하고 말씀하셨던 것입니다. "이제 마지막이 되었다. 네 목숨을 내게 주어라. 돌아오너라, 내 아들아, 네 아버지에게로."

> 내가 말하네. "아, 내 빛이 사라집니다."
> 하나님께서 말씀하시네.
> "사랑하는 아이야, 어서 오렴.
> 내가 너를 내 곁에 두고
> 영원토록 네 원기를 충분히 돋우어 주겠다."
> —파울 게르하르트

한스 프리드리히의 모습은 우리에게 한 젊은 그리스도인의 초상으로 생생히 남아 있습니다. 그는 용감한 군인이었고, 착한 아들이었으며, 형제였으며, 충실한 벗이었습니다. 그의 마음은 이 세상에서 하나님과 함께했습니다. 그래서 영원히 하나님과 함께할 것입니다.

우리는 또 한 번 그가 견신례 때 받은 잠언을 듣고 이를 우리에게 적용합니다. "내 아들아, 네 마음을 내게 주고, 네 눈으로 내 길을 즐거워하여라." 예수 그리스도 안에서 우리에게 알려진 대로, 우리의 마음을 갈망하시는 것이 바로 하나님 아버지의 마음입니다. 예수 그리스도 안에서 우리를 위해 매를 맞고 고난을 받고 피 흘리신 하나님의 마음이 우리의 마음을 그분께로 이끌며 말하고 있습니다. "네 마음을 내게 주어라. 네 모든 것, 네 모든 생각, 네 바람들, 네 무너진 희망들, 네 의심까지도 다 내게 주어라. 내 아이가 되어라. 네 아버지 품에서 고요해져라. 네 마음을 내게 주어라. 그러면 네가 한스 프리드리히와 영원히 연결될 것이다." "네 눈으로 내 길을 기뻐하여라." 우리는 하나님께서 어찌하여 한스 프리드리히를 우리에게서 데려가셨는지 모르지만, 하나님께 이르는 길이 선한 길이라는 것은 알고 있습니다. 그래서 우리는 하나님께서 한스 프리드리히를 자기 쪽으로 이끄신 그 길을 기뻐하려고 합니다. 그래서 우리는 하나님께서 이제까지 우리를 이끄셨고 여전히 이끄실 그 길도 기뻐하려고 합니다. 우리는 우리의 길도 한스 프리드리히의 길이 끝나고 완료된 곳에서, 곧 예수 그리스도의 아버지 하나님의 품에서만 완성된다고 확신하기 때문입니다. 아멘.

주

I. 바르셀로나 시절의 설교

1. 바르셀로나에서 행한 첫 설교.
2. 참조. 사 55:8-9.—옮긴이
3. 고전 15:19.—옮긴이
4. 고전 15:19.—옮긴이
5. 마 25:40.—옮긴이
6. 성령강림절 후 일곱째 주일.—옮긴이
7. 삼상 3:9.—옮긴이
8. 성령강림절 후 아홉째 주일.—옮긴이
9. 사도신경.—옮긴이
10. 키프리아누스(Cyprianus).—옮긴이
11. 성령강림절 후 열한째 주일.—옮긴이
12. 성령강림절 후 열셋째 주일.—옮긴이
13. Simplicius, *Comm. in Arist. Physicorum libros* IV에서 인용.
14. 테오도르 폰타네(Theodor Fontane)의 담시.—옮긴이
15. 성령강림절 후 열다섯째 주일.—옮긴이
16. 성령강림절 후 열일곱째 주일.
17. 저자 사역.
18. 저자 사역.
19. 마드리드의 독일인 교회에서 행한 설교.
20. 저자 사역.
21. 눅 2:14.—옮긴이
22. 계 22:20.—옮긴이

23. 저자 사역.
24. 참조. 마 11:28-29.—옮긴이
25. 참조. 디트리히 본회퍼, 『옥중서신—저항과 복종』, 김순현 옮김, 복 있는 사람, 2016, 149.
26. 아바나에서 행한 이 설교는 연대를 고려하여 바르셀로나 시절 설교에 이어 배치했다.—옮긴이
27. 디트리히 본회퍼는 1944년 9월 테겔 군 교도소에서 「모세의 죽음」이라는 시를 짓기도 했다.—옮긴이
28. 마 5:6.—옮긴이
29. 본회퍼의 친필 원고에서 이 부분은 괄호 처리가 되어 있다.

Ⅱ. 베를린 시절의 설교

1. 마르틴 루터가 작사한 「내 주는 강한 성이요(Ein Feste Burg)」의 4절에 들어 있는 노랫말.—옮긴이
2. 참조. 사 64:1.—옮긴이
3. 계 3:20.—옮긴이
4. 귄터 덴(Günther Dehn)을 둘러싸고 할레에서 일어난 소요를 암시한다. 참조. Bizer, *Der "Fall Dehn" in Festschrift f.G.Dehn*, 1957, Neukirchen. 귄터 덴은 베를린-모아비트에서 목사로 일했으며, 사민당 당원이라는 이유로 교회에 많은 곤경을 야기했다(참조. 에버하르트 베트게, 『디트리히 본회퍼』, 김순현 옮김, 복 있는 사람, 2009, 72). 할레 소요는 1931년 문화부 장관 아돌프 그리메가 덴을 할레 대학교 실천신학 교수직에 임명하자, 국가사회주의 대학생 단체가 벌인 항의 시위를 가리킨다(참조. 에버하르트 베트게, 『디트리히 본회퍼』, 김순현 옮김, 복 있는 사람, 2014, 284, 295).
5. "네 민족과 너 자신은 네 형제가 피 흘려 산 땅에서 살고 있음을 잊지 마라."—옮긴이
6. 베를린의 운터 덴 린덴(Unter den Linden). 베를린 오페라 극장 맞은편에 있다.
7. 떡갈나뭇잎 영관(Eichenlaubkranz)을 가리킨다. 루트비히 기스(Ludwig Gies)가 1931년에 제작했다. 추모 건물 정면 양쪽 벽에 걸려 있었다.—옮긴이

8. 엡 2:14.—옮긴이
9. Paul Piechowski, *Proletarischer Glaube*, 1928, Berlin.
10. 마 27:46, 막 15:34.—옮긴이
11. 참조. 렘 42:11.—옮긴이
12. 참조. 사 43:1.—옮긴이
13. 눅 2:10.—옮긴이
14. 막 5:36, 눅 8:50.—옮긴이
15. 눅 12:32.—옮긴이
16. 엡 2:14.—옮긴이
17. 고전 14:33.—옮긴이
18. 참조. 엡 5:25.—옮긴이
19. 롬 8:31.—옮긴이
20. 날짜순에 따라, 이 설교 앞에는 1932년 5월 8일 대하 20:12을 본문으로 삼은 부활절 후 여섯째 주일 설교가 자리해야 한다. 참조. G.S. I, 133 이하.
21. 참조. 요 14:12.—옮긴이
22. 1931년 출간된 P. Hindemith, "*Das Unaufhörliche*" *mit dem Text von Gottfried Benn*, siehe Textbuch bei B. Schotts Söhne, Mainz, 14, 19.
23. 위의 책.
24. 1932년 6월 1일, 브뤼닝(Heinrich Brüning) 내각이 물러나고, 파펜(Franz von Papen) 정권이 들어섰다.
25. 참조. 렘 25:15-29.—옮긴이
26. 참조. 마 9:12, 막 2:17, 눅 5:31-32.—옮긴이
27. 본회퍼는 이해에 세계교회친선연맹 청년간사 자격으로 여러 에큐메니컬 대회의 공동 책임을 맡고 있었다.
28. 참조. 암 8:11.—옮긴이
29. J. W. Goethe, *Grenzen der Menschheit.*
30. 마 25:21.—옮긴이
31. 안톤 마카렌코(Anton Makarenkos)가 기획하고, 니콜라이 에크(Nikolai Ekk) 감독이 1931년에 제작한 극영화.—옮긴이
32. 고전 15:28.—옮긴이

33. 아직까지는 날짜 확정이 불가능하다.
34. 저자 사역.
35. 1931년 카이저 출판사에서 「뮌헨 평신도 연극(Münchener Laienspiele)」 시리즈 가운데 제30권 「성 프란체스코 연극(Ein Spiel vom Heiligen Franz)」, von Otto Bruder 3쇄로 간행되었다(1쇄와 2쇄는 노이베르크 출판사에서 간행됨).
36. 롬 9:21.—옮긴이
37. 베를린 대학교 예배 시간에 제국대통령 폰 힌덴부르크(von Hindenburg)가 참석한 가운데 행한 설교.
38. 우리말 찬송가 「내 주는 강한 성이요」.—옮긴이
39. 히틀러의 집권 후에 행한 첫 번째 설교.
40. 고후 12:9.—옮긴이
41. 루터의 종교개혁 찬송가 「내 주는 강한 성이요」 2절 가사 일부.—옮긴이
42. 게르하르트 야코비(Gerhard Jacobi) 목사를 대신하여 행한 설교.
43. 이 설교를 하기 며칠 전에 '독일 그리스도인들'(Deutschen Christen)이 제국감독직을 요구하고, 루트비히 뮐러(Ludwig Müller)를 제국감독 후보로 지명했다. 5월 26일, 지방교회 지도자들이 보델슈빙(Bodelschwingh)을 제국감독으로 선출했다.
44. 게르하르트 야코비를 대신하여 행한 설교.
45. 출 20:2-5.—옮긴이
46. 마 26:69-75, 막 14:66-72, 눅 22:56-62, 요 18:15-18, 25-27.—옮긴이
47. 마 14:28-32.—옮긴이
48. 마 16:23, 막 8:33.—옮긴이
49. 마 4:4.—옮긴이
50. 1932년 7월 12일부터 14일까지 베스터부르크에서 열린 세계교회친선연맹의 독일프랑스 지역 청년회의. 참조. G.S. I, 171 이하, 175.
51. 클라우스 본회퍼(Klaus Bonhoeffer)의 아들.
52. 칼 프리드리히 본회퍼(Karl Friedrich Bonhoeffer)의 아들.

Ⅲ. 런던 시절의 설교

1. 독일 교회에서는 대림절 직전 주일을 위령주일로 지낸다.—옮긴이
2. 지혜서는 외경 중 하나다. 독일 루터교 성서에는 외경이 들어 있다.—옮긴이
3. 사 66:13.—옮긴이
4. 참조. *Bonhoeffer-Gedenkheft*(본회퍼 추모집), 1947, 14, 프란츠 힐데브란트의 인사말.
5. 파울 게르하르트(Paul Gerhardt)의 찬송가 「나는 이 세상의 손님(Ich bin ein Gast auf Erden)」에서.
6. 저자 사역.
7. 웨일스에서 일어난 심각한 갱내 사고.
8. 눅 1:38.—옮긴이
9. 성 바울 교회는 한 달에 한 차례 영어로 예배를 드렸다.
10. 교회 지도자들이 요청한 히틀러 수상 면담이 거듭 연기되던 시기에 행한 설교. 참조. 에버하르트 베트게, 『디트리히 본회퍼』, 516-520.—옮긴이
11. 참조. 렘 1:5-8.—옮긴이
12. 독일 루터교에서는 이 주일을 칸타테(Cantate) 주일로 지킨다. 이날에는 통상적으로 시편 98편을 본문으로 삼아 찬양이나 전례 음악에 관한 설교를 한다.—옮긴이
13. 욥 35:10.—옮긴이
14. 성령강림절 후 일곱째 주일.—옮긴이
15. 1934년 6월 30일 독일에서 룀 반란(Röhm-Putsch)이 촉발한 유혈 사태 이후 행한 설교. 참조. Eberhard Bethge, *Dietrich Bonhoeffer: Eine Biographie*, Gütersloher, 1968, 433-434. 에버하르트 베트게, 『디트리히 본회퍼』, 556-557.—옮긴이
16. 눅 18:11, 13.—옮긴이
17. 마하트마 간디(Mahatma Gandhi).
18. 날짜 기록이 없다.
19. 브뤼에 앙 아르투아(Bruay en Artois). 참조. Eberhard Bethge, *Dietrich Bonhoeffer: Eine Biographie*, 453-454. 에버하르트 베트게, 『디트리히 본회퍼』,

583.—옮긴이

20. 키르케고르의 묘비에 새겨진 시구.

21. 엡 4:15.—옮긴이

22. 마 5:8.—옮긴이

23. 요일 4:16.—옮긴이

IV. 핑켄발데 신학원 시절의 설교 초안

1. E. Bethge와 J. Mickley의 필기 노트.—옮긴이

2. "그를 내주셨다."

3. E. Bethge와 G. Riemer의 필기 노트.—옮긴이

4. E. Bethge, G. Riemer, J. Mickley의 필기 노트.—옮긴이

5. E. Bethge의 필기 노트.—옮긴이

6. E. Bethge와 G. Riemer의 필기 노트.—옮긴이

7. 저자 사역.

8. E. Bethge의 필기 노트.—옮긴이

9. "그분으로 말미암아."

10. E. Bethge의 필기 노트.—옮긴이

11. E. Bethge의 필기 노트.—옮긴이

12. 11절, "아십시오."—옮긴이

13. E. Bethge, G. Riemer, J. Mickley의 필기 노트.—옮긴이

14. E. Bethge의 필기 노트.—옮긴이

15. J. Mickley의 필기 노트.—옮긴이

16. "Liebster Herr Jesu, wo bleibst du so lange? Komm doch! mir wird hier auf Erden so bange." 크리스토프 베젤로비우스(Christoph Weselovius) 작사, 요한 제바스티안 바흐 작곡. 1736년 간행된 슈멜리(Schmelli) 성가집에서.

17. Wolfgang Schrader의 속기 필기 노트를 토대로.—옮긴이

18. 1935년 9월 23일부터 26일까지 구(舊) 프로이센 고백교회 총회가 베를린-슈테글리츠에서 열렸다. 참조. Eberhard Bethge, *Dietrich Bonhoeffer: Eine Biographie*, 555–559. 에버하르트 베트게, 『디트리히 본회퍼』, 701–706.

—옮긴이

19. Wolfgang Schrader의 속기 필기 노트를 토대로.—옮긴이
20. Wolfgang Schrader의 속기 필기 노트를 토대로.—옮긴이
21. G. Riemer의 필기 노트.—옮긴이
22. G. Riemer와 J. Mickley의 필기 노트.—옮긴이
23. G. Riemer와 J. Mickley의 필기 노트.—옮긴이
24. G. Riemer의 필기 노트.—옮긴이
25. 단 7:9.—옮긴이
26. 1936년 4월 25일 발행된 회람 7호에 게재.—옮긴이
27. 1936년 10월 25일 발행된 회람 13호에 게재.—옮긴이
28. 사순절 둘째 주일에 시작하는 국민애도일(Volkstrauertag)은 1936년부터 공식적으로 현충일(Heldengedenktag)로 불렸다.
29. 1937년 1월 21일 발행된 회람 16호에 게재.—옮긴이
30. 구술필기에는 이런 글귀가 추가되어 있다. "세상과 동등하지 않아도 연대는 표명해야 한다. 1914-1918년을 두고 조롱하는 말이나 독선적인 말을 하는 자는 자기 말을 신뢰할 수 없게 하는 자다."
31. 1937년 1월 21일 발행된 회람 16호에 게재.—옮긴이
32. 롬 2:14.—옮긴이
33. "그리스도께서 우리를 위하여 자기 목숨을 버리셨습니다. 이것으로 우리가 사랑을 알게 되었습니다. 그러므로 우리도 형제자매를 위하여 목숨을 버리는 것이 마땅합니다."—옮긴이

V. 핑켄발데 시절의 설교

1. 신학원에서 묵상 보조 자료로 복사하여 발송한 듯한 형식이다.
2. 독일 교회 찬송가. 니콜라우스 폰 젤네커(Nikolaus von Selnecker)와 마르틴 몰러(Martin Moller)의 찬송시.—옮긴이
3. 독일 교회 찬송가. 구스타프 크나크(Gustav Knak)의 찬송시.—옮긴이
4. 루터교 찬송가. 게오르크 바이셀(Georg Weissel)의 찬송시.—옮긴이
5. 니콜라우스 루트비히 그라프 폰 친첸도르프(Nikolaus Ludwig Graf von

Zinzendorf)의 찬송시.—옮긴이

6. 독일 교회 찬송가. 파울 게르하르트(Paul Gerhardt)의 찬송시.—옮긴이

7. 독일 교회 찬송가. 요한 마테우스 마이파르트(Johann Matthäus Meyfart)의 찬송시.—옮긴이

8. 독일 교회 찬송가. 요한네스 다니엘 팔크(Johannes Daniel Falk)의 찬송시.—옮긴이

9. 독일 교회 찬송가. 파울 게르하르트(Paul Gerhardt)의 찬송시.—옮긴이

10. 독일 교회 찬송가. 니콜라우스 젤네커(Nikolaus Selnecker)의 찬송시.—옮긴이

11. 독일 교회 찬송가. 요한 헤르만(Johann Hermann)의 찬송시.——옮긴이

12. 독일 교회 찬송가. 요한 프랑크(Johann Franck)의 찬송시.—옮긴이

13. 핑켄발데 설교자 신학원의 긴급 교회에서 행한 설교. Eberhard Bethge, *Dietrich Bonhoeffer: Eine Biographie*, 450. 에버하르트 베트게, 『디트리히 본회퍼』, 629.—옮긴이

14. 크리스티안 프리드리히 리히터(Christian Friedrich Richter), 「파수꾼이여, 죄의 밤이(Hüter, wird die Nacht der Sünden)」(1704) 중에서.

15. 참조. 마 6:3.—옮긴이

16. 독일에서는 부활절 전 둘째 주일을 '유디카'(Judika)로 부른다.—옮긴이

17. 마 26:56.—옮긴이

18. 요 6:70.—옮긴이

19. 요 12:6.—옮긴이

20. 요 13:21-28.—옮긴이

21. 눅 22:48.—옮긴이

22. 요한 제바스티안 바흐(Johannes Sebastian Bach)의 「마태 수난곡」 합창 가사의 한 부분.—옮긴이

23. 독일 개신교에서 고난주간에 부르는 찬송가 「그리스도시여, 우리를 복되게 하소서(Christus, der uns selig macht)」의 8절. 미하엘 바이세(Michael Weiβe) 작사.—옮긴이

24. 저자 사역.

25. Mir ist Erbarmung widerfahren(딤전 1:13). 필립 프리드리히 힐러(Philipp Friedrich Hiller) 작사, 게오르크 노이마르크(Georg Neumark) 작곡. 독일 개신

교 찬송가(Das evangelische Geasangbuch[EG]) 355장. 한국 개신교의 새찬송가 312장과 곡만 같고 가사는 다르다.—옮긴이

26. 눅 23:34.—옮긴이

27. 저자 사역.

28. 행 14:22.—옮긴이

29. "인내력"으로 번역되는 그리스어 '휘포모네'(ὑπομονή)는 '아래'를 뜻하는 '휘포'(ὑπο)와 '머무름'을 뜻하는 '모네'(μονή)의 합성어다.—옮긴이

30. 단테 알리기에리의 『신곡』 지옥편 제3곡 9행. "여기 들어오는 너희는 모든 희망을 버려라."—옮긴이

31. 루트 폰 클라이스트-레초브(Ruth von Kleist-Retzow)의 세 손자의 견신례에 맞춘 설교. 참조. 에버하르트 베트게, 『디트리히 본회퍼』, 643.—옮긴이

32. 저자 사역.

33. 막 14:31.—옮긴이

34. 막 14:30.—옮긴이

35. 눅 22:62.—옮긴이

36. 저자 사역.

37. 마르틴 루터(Martin Luther)의 글귀.—옮긴이

38. 사도신경 끝부분.—옮긴이

39. 디트리히 본회퍼의 조모.—옮긴이

40. 프리츠 로이터(Fritz Reuter)의 시.—옮긴이

41. 마 6:33.—옮긴이

42. 고전 3:22-23.—옮긴이

VI. 전시 설교

1. Hilf, Herr Jesu, laβ gelingen. 요한 리스트(Johann Rist) 작사, 요한 쇼프(Johann Schop) 작곡. 새해에 부르는 독일 찬송가.—옮긴이

2. 요 1:46.—옮긴이

3. 사 11:1, 10.—옮긴이

4. Von Gott will ich nicht lassen. 루트비히 헬름볼트(Ludwig Helmbold) 작사,

하인리히 쉬츠(Heinrich Schütz) 작곡.

5. 1940년 1월 24일 게오르크 아이히홀츠(Georg Eichholz)에게 발송.
6. Quasimodogeniti는 '갓난아기들처럼'을 의미한다. 참조. 벧전 2:2.—옮긴이
7. 1940년 1월 24일에 게오르크 아이히홀츠에게 발송.—옮긴이
8. ὁ ποιμὴν ὁ καλός.—옮긴이
9. Misericordias Domini는 글자 그대로 '주님의 자비'를 의미한다.—옮긴이
10. 1940년 2월 20일에 게오르크 아이히홀츠에게 발송.—옮긴이
11. 성령강림절 첫째 날은 성령강림절 주일이고, 성령강림절 둘째 날은 성령강림절 주일의 다음 날이다.—옮긴이
12. "일어나거라, 여기에서 떠나자."—옮긴이
13. 참조. 갈 2:20.—옮긴이
14. τοὺς λόγους.—옮긴이
15. ὁ λόγος.—옮긴이
16. "그러므로 하늘나라를 위하여 훈련을 받은 율법학자는 누구나, 자기 곳간에서 새것과 낡은 것을 꺼내는 집주인과 같다."—옮긴이
17. 독일 개신교 찬송가 「이제 우리가 성령을 청합니다(Nun bitten wir den Heiligen Geist)」의 2절 앞부분. 마르틴 루터의 시이다.—옮긴이
18. '저지르다, 행하다'를 뜻하는 πράσσω의 현재분사.—옮긴이
19. 러시아 전선에서 전사한 한스-프리드리히 폰 클라이스트-레초브의 장례식.
20. 저자 사역.

성구

요한계시록

주제 · 인명

ㄱ

ㄴ

ㄷ

ㅅ

ㅇ

ㅊ

ㅋ

ㅌ

ㅍ